法大法考

2022年国家法律职业资格考试

金题解析

刑法

（第一册）

法律职业资格考试培训中心（学院）◎编著

方　鹏◎编写

中国政法大学出版社

2022·北京

图书在版编目（C I P）数据

2022 年国家法律职业资格考试金题解析/法律职业资格考试培训中心（学院）编著.—北京：中国政法大学出版社，2022.5

ISBN 978-7-5764-0438-8

Ⅰ.①2… Ⅱ.①法… Ⅲ.①法律工作者－资格考试－中国－题解 Ⅳ.①D92-44

中国版本图书馆 CIP 数据核字(2022)第 082728 号

出 版 者	中国政法大学出版社
地　　址	北京市海淀区西土城路 25 号
邮寄地址	北京 100088 信箱 8034 分箱　邮编 100088
网　　址	http://www.cuplpress.com（网络实名：中国政法大学出版社）
电　　话	010-58908285(总编室) 58908433（编辑部）58908334(邮购部)
承　　印	保定市中画美凯印刷有限公司
开　　本	787mm×1092mm　1/16
印　　张	116.25
字　　数	2700 千字
版　　次	2022 年 5 月第 1 版
印　　次	2022 年 5 月第 1 次印刷
定　　价	380.00 元（全 8 册）

熟练真题一千道，不用费神就通关

学好真刑法，仗剑走天涯。要想通过法考，必须多动手、多训练。而历年真题是法考复习中最为重要的复习资料，备考法考，必须"来真的"，通过大量做真题，提升自己的能力和水平。

一、历年真题是学习真刑法的基本素材

其一，历年真题是应对 2022 年法考的基本素材。2021 年的刑法命题，呈现出大面积"炒现饭"的趋势，亦即，对过去已经考过的试题，进行改编、重组，变成新题考查考生。例如，关于不作为、因果关系、绑架罪等犯罪既遂标准、微信上使用信用卡账户、洗钱罪、盗窃行为的界定、无权出租房屋、保留所有权买卖汽车、挪用公款等的考查，几乎都来源于历年旧题的改编甚至重复。如果 2022 年的命题仍然呈现这种从"老题库"中编新题的情况的话，那么，要想 2022 年高分过关，就要对历年真题的素材、原理相当熟悉才行。

其二，历年真题是正本清源、辨正观点对错的坚实依据。法考的市场中，弥漫着诸多奇奇怪怪的说法，以所谓"争议"和"观点陈列"为名，扰乱了广大考生的心境，也浪费了无数考生的宝贵光阴。面对着这些所谓"争议"，考生首先就要翻看真题，弄懂真题的观点和结论是什么，以确定自己所学是"真刑法"。例如，捡到信用卡到 ATM 机上使用，以及在微信、支付宝上冒用信用卡账户，到底是定盗窃罪，还是信用卡诈骗罪？做过 2021/客/卷一 10 + 11、2020 新疆延考/主/2、2019/主/2、2019/客/卷一/29、2015/2/57、2017/2/58、2003/2/85 - 88 之后，就会发现，真题从来都是依照司法解释认定该行为构成信用卡诈骗罪，而不是盗窃罪。见深井里有人找来绳子救人、救了一半就走掉，是否构成不作为犯？做了 2014/2/5 就知道，不构成任何犯罪。一起爬山、一起漂流、一起游泳、一起喝酒，一人落难，另一人有无救助义务？一个遇难，唯一在场人有无救助义务？做了 2012/2/4、2011/2/52、2007/2/52 就知道，没有救助义务。刑法中根本就不存在着"唯一救助人，就有救助义务"这种荒谬的说法。

法考这种应试型的考试，是以做对真题为学习目标的。只有学习与真题观点一致的观点，才能助考生做对、考过。因此，考生在遇到疑难问题和争议观点时，首先应当查找真题中给出的官方答案和观点，以做到去伪存真、观点立场正确。

其三，百练才能成仙。法律的根本是运用，法律的学习，光看不练假把式。只有多练真题，才能了解法律职业资格考试考些什么、自己会不会做、水平差多少。温故方能知新，在进行法考复习时，看、做历年法考便是必要环节。只有对以往的真题进行演练、分析、拓展，才能了解法考命题的真实情况、熟悉命题规律、把握理论规则、坚定观点立场。

因此，在以法考讲义为基础正式开始复习时，在学习一个考点知识、规则之后，即应当马上做一下对应的真题，看自己是否掌握。而在之后学习中，真题也要多看几遍，顾盼不离、烂熟于胸。在第一阶段、第二阶段的复习中，应当以真题为题型范本，熟悉命题的基本格局，了解其考查模式、难易水平，适应法律职业资格考试的语境、环境。以真题素材作为刑法理论知识点的经典事例模型。以真题为练手素材，以真题答案为标准答案，搞清原理、弄懂理论。在第三阶段的复习中，也可对真题进行改造、变通，改变其中的事实情节，使其由"旧题"变成"新题"，拓展思维，预测一下命题趋势。学好真题，练好真题，用好真题。当然，由于法考命题很少重复，故考生在学真题、练真题、用真题时，切忌只记答案、机械记忆，而应着眼于弄懂弄透真题背后蕴含的刑法原理和依据、灵活运用。

二、方鹏真题是最好的法考真题用书

本书是最好的法考真题用书。在篇章结构上，本书以法考必考80个考点为纲要，每个大考点之下将小考点也精细入微的一一列明。从而囊括全部考点、无一疏漏。在内容上，将2002年以来至今（包括2018、2019、2020、2021年法考试题）的客观试题包括其中，以求全面（历年真题的主观题，请参见方鹏刑法《主观题突破》）。而在对真题的编排体例和编写理念上，舍弃以时间为序的机械编排方法，以考点知识的固有理论体系为序进行编排，由易到难、由新到旧。以使读者通过阅读、练习，不仅能知悉真题，也能潜移默化的构建完整的知识谱系。

在解析体例格式方面，为了应对法考最难的主观题，本书大部分真题的解析，完全是按主观题的答题标准撰写的，依照"理由、法条依据、结论"的答案范式，作为一篇小的判决书写作。有法条、司法解释和立法解释依据，以及判例依据的，也一一细致列出。考生不仅将其可以作为客观题的训练题，也可以作为主观题的参考答案。

对于法考中的疑难考点，均详细写明推理过程。例如共同犯罪（先确定正犯，再判断共犯）、因果关系的认定（先判断条件，再判断相当性）、认识错误（先区分错误类别，再阐述对罪过的影响）、财产犯罪（四步法：被害人–犯罪对象–占有状态–转移占有手段），授之以渔。

此外，本书已经根据刑法修正案［尤其是《中华人民共和国刑法修正案（十一）》以下简称（《刑法修正案（十一）》）］，以及最新司法解释，对真题答案和解析进行了修正。将最新颁布的司法解释（尤其是2020年、2021年、2022年的解释）等，纳入本书之中。遇到刑法新变动、新的解释时，在解析中也特别写明，并对比新旧规范，提示考生对未来考题进行预测。

在写作思念上，引导思维往返于理论和实例之间，打通被动学习与主动运用之间的隔阂，做到学以致用，学后就能用，将阅读和学习迅速转化为做题的能力。同时也对即将到来的真题进行预测，做到言之有预。概言之，本书不仅归纳既往，亦铺就未来；不仅精析真题，亦鞭辟学理。

学在于勤，业在于精，百练成仙。学好真题、练好真题、用好真题，就能学好刑法，顺利通过法律职业资格考试。

方　鹏

2022年1月1日

目 录

第二部分　历年真题中的不定项选择题

专题一　刑法概说

（1）刑法解释	各种解释方法的识别（特别是扩大解释与类推解释的区分；当然解释、体系解释；文理解释与论理解释）；刑法解释的规则；有权解释与学理解释
（2）刑法的基本原则	罪刑法定原则，包括罪刑法定原则的派生原则、罪刑法定原则的司法运用（关键是禁止类推解释）
（3）刑法的空间效力	空间效力较为简单，多年未考。属地、属人、保护、普遍规则；对外国判决的消极承认
（4）时间效力	刑法时间效力（本年度重点注意《刑法修正案（十一）》的效力）；以及立法解释、司法解释的时间效力

考点一　刑法解释

一、各种解释方法的识别（特别是扩大解释与类推解释的区分；当然解释、体系解释）

1. 根据刑法第 111 条的规定，为境外的机构、组织、人员非法提供国家秘密或者情报的，构成犯罪。司法解释将其中的"情报"解释为"关系国家安全和利益、尚未公开或者依照有关规定不应公开的事项"。这一解释属于下列何种解释？[1]（2008 延/2/1）

　　A. 补正解释　　　　B. 当然解释　　　　C. 反对解释　　　　D. 缩小解释

【疑难辨析】 本题考查刑法解释方法的分类。对于平义、扩大、缩小解释的区分，一般分三步进行判断：第一步，看被解释的字词在日常生活中的含义（以确定一般文义）；第二步，看题干中叙明的解释结论；第三步，比较解释结论与一般文义的范围大小。解释结论与一般文义相同，为平义解释；解释结论小于一般文义，为缩小解释；解释结论大于一般文义而仍在最大文义之内（与被解释的字词系包容关系），为扩大解释。解释结论超出最大文义（与被解释的字词系并列关系），为类推解释。指据刑法条文的正面表述，推导其反面含义，为反对解释。刑法文字发生错误时，统观刑法全文加以补正，为补正解释。运用轻重、属种的当然逻辑进行推理解释，即在出罪时举重以明轻、在入罪时举轻以明重，或将"种"（下位）的概念解释到

---

[1]　D

的"属"（上位）概念中去，被称为当然解释；有时候平义解释也被称为当然解释。

【解析】（1）"情报"的一般文义（日常生活含义）指"有价值的信息"。（2）在解释结论方面，司法解释（《最高人民法院关于审理为境外窃取、刺探、收买、非法提供国家秘密、情报案件具体应用法律若干问题的解释》第1条第2款）将"情报"解释为"关系国家安全和利益、尚未公开或者依照有关规定不应公开的事项"。（3）比较解释结论与一般文义的范围大小，该解释结论的含义要小于一般文义。作出比一般文义要含义较窄的解释，为缩小解释。

2. 关于刑法解释的说法，下列哪一选项是正确的？[1]（2009/2/1）

A. 将盗窃罪对象的"公私财物"解释为"他人的财物"，属于缩小解释

B. 将刑法第171条出售假币罪中的"出售"解释为"购买和销售"，属于当然解释

C. 对随身携带枪支等国家禁止个人携带的器械以外的其他（具有杀伤性的）器械进行抢夺的，解释为以抢劫罪定罪，属于扩张解释

D. 将信用卡诈骗罪中的"信用卡"解释为"（金融机构发行的）具有消费支付、信用贷款、转账结算、存取现金等全部功能或者部分功能的电子支付卡"，属于类推解释

【疑难辨析】本题考查各种解释方法的区分，重点考查扩大解释与类推解释的区分。扩大解释与类推解释的区分：（1）形式上区分：在于是否超过文义的最大范围、超出一般公众的预测可能性；（2）务实的区分方法：解释结论与刑法字词之间的关系。是并列关系（两概念地位平等）则为类推解释；是包容关系（勉强可以包容进来）则为扩大解释。

【解析】A选项，盗窃罪的对象，《中华人民共和国刑法》（以下简称《刑法》）第264条法条字面表述为"公私财物"。（1）一般的文义即为"别人的东西"；（2）将其解释为"他人的财物"，结论与一般文义相同，为平义解释（或当然解释）。

B选项，（1）"出售"一词的一般文义是"卖"（销售）；（2）故而将购买（"买"）解释进来，是将不同类的行为"买"解释到"卖"中，超出"出售"的最大文义，与"卖"是并列关系，属类推解释。（3）此外，刑法第171条第1款规定的罪名为"出售、购买、运输假币罪"，也就是说"购买"和"销售"两类并列行为是互不包容的，购买后销售假币的行为，应定出售、购买假币罪。

C选项，刑法第267条第2款规定，携带凶器抢夺的，依照抢劫罪定罪处罚。（1）而根据《最高人民法院关于审理抢劫、抢夺刑事案件适用法律若干问题的意见》第4条，"携带凶器抢夺"，是指行为人随身携带枪支、爆炸物、管制刀具等国家禁止个人携带的器械进行抢夺或者为了实施犯罪而携带其他器械进行抢夺的行为。（2）此司法解释属扩张解释，理由是："凶器"一般指专门用来行凶的器械，即国家禁止个人携带的器械，此为"凶器"的一般文义。"凶器"的本质是对人具有杀伤性的器械，此为最大文义。将国家禁止个人携带的器械以外的其他具有杀伤性的器械解释到"凶器"中，解释结论超过了该词的一般文义，但未超出其最大文义，系包容关系，属扩张解释而非类推解释。

D选项，（1）《全国人民代表大会常务委员会关于〈中华人民共和国刑法〉有关信用卡规定的解释》规定，刑法中的"信用卡"，是指由商业银行或者其他金融机构发行的具有消费支付、信用贷款、转账结算、存取现金等全部功能或者部分功能的电子支付卡。亦即，金融机构发行的银行卡，既包括可透支的银行卡，也包括不可透支的银行卡。（2）此立法解释属扩张解释。其理由是：如以日常观念或1999年《银行卡业务管理办法》中的"信用卡"[指可透支的银行卡（贷记卡）]作为其一般文义，作出前述解释，解释结论虽超出了一般文义，但并

---

[1] C

未超出最大的文义［指银行卡，即 1996 年《信用卡业务管理办法》规定"信用卡"］的范围，应属扩张解释。在社会公众的一般观念中，"信用卡"一般指可透支的银行卡（贷记卡），也容认其包括不可透支的银行卡（借记卡），系包容关系，如此解释也不出乎民众的意料。

3. 下列哪种说法是正确的？[1]（2006/2/20）

A. 将强制猥亵妇女罪（注：现为强制猥亵、侮辱罪）中的"妇女"解释为包括男性在内的人，属于扩大解释

B. 将故意杀人罪中的"人"解释为"精神正常的人"，属于应当禁止的类推解释

C. 将伪造货币罪中的"伪造"解释为包括变造货币，属于法律允许的类推解释

D. 将为境外窃取、刺探、收买、非法提供国家秘密、情报罪中的"情报"解释为"关系国家安全和利益、尚未公开或者依照有关规定不应公开的事项"，属于缩小解释

【解析】本题考查各种解释方法的区分，重点考查扩大解释与类推解释的区分。

A 选项，（1）"妇女"的一般文义中当然不能包括男性，并且，妇女与男性是对立的并列的概念。（2）将男性解释进"妇女"概念中，显然超出了其最大文义，系并列关系。故此解释属类推解释，而不是扩大解释。（3）注意法条修正：《中华人民共和国刑法修正案（九）》（以下简称《刑法修正案（九）》）已将"强制猥亵妇女罪"修正为"强制猥亵、侮辱罪"，将强制猥亵的对象由原"妇女"扩大至"他人"。现在，强制猥亵男性的行为可构成强制猥亵、侮辱罪。

B 选项，（1）"人"的一般文义指所有具有生命的人，既包括精神正常的人，也包括精神异常的人；（2）将"人"解释为"精神正常的人"，解释结论小于其一般文义，故属缩小解释。（3）此处的缩小解释由于不当的限缩了刑法保护的利益范围，为刑法所不允许，解释结论是错误的。该选项说其是类推解释，说法错误，不当选。

C 选项，（1）对于"伪造"行为和"变造"行为而言，"伪造"的一般文义是"完全做假"，而"变造"指"部分有真"，故"伪造"的一般文义不能包括"变造"。但是，"伪造行为"的最大文义是"做假"，"变造行为"也是一种"做假"，故"伪造"的最大文义可以包含"变造"。将"变造"解释进"伪造"中，一般情况下（刑法没有特别地将二者并列时）可认定为扩大解释。我国刑法中也存在这样的解释，例如，《最高人民法院关于对变造、倒卖变造邮票行为如何适用法律问题的解释》，将"变造或者倒卖变造的邮票"的行为解释进"伪造、倒卖伪造的票证罪"之中。（2）但是，在刑法特别地将"伪造"行为和"变造"行为并列时，将"变造"解释进"伪造"中，就属类推解释。由于我国对于伪造货币和变造货币行为分别规定了不同的罪名，即第 170 条的伪造货币罪和第 173 条的变造货币罪；由此，就"变造货币行为"与"伪造货币行为"而言，两者是完全对立的两种不同类行为，将"变造货币"解释进"伪造货币"之中，就属于法律禁止的类推解释。2013/2/3－C 重复了该选项。

D 选项，（1）根据《最高人民法院关于审理为境外窃取、刺探、收买、非法提供国家秘密、情报案件具体应用法律若干问题的解释》第 1 条第 2 款的规定，为境外窃取、刺探、收买、非法提供国家秘密、情报罪中的"情报"，是指关系国家安全和利益、尚未公开或者依照有关规定不应公开的事项。（2）此司法解释属缩小解释，理由是："情报"的一般文义（日常生活含义）指"有价值的信息"，无论公开与否、内容为何（如日常生活中的购销情报）。司法解释将其中的"情报"解释为"关系国家安全和利益、尚未公开或者依照有关规定不应公开的事项"，其解释结论小于其一般文义，故属缩小解释。2008 延/2/1 重复了该选项。

---

[1] D

4. 关于刑法解释，下列哪一选项是错误的？[1] (2013/2/3)

A. 学理解释中的类推解释结论，纳入司法解释后不属于类推解释

B. 将大型拖拉机解释为刑法第116条破坏交通工具罪的"汽车"，至少是扩大解释乃至是类推解释

C. 刑法分则有不少条文并列规定了"伪造"与"变造"，但不排除在其他一些条文中将"变造"解释为"伪造"的一种表现形式

D. 刑法第65条规定，不满18周岁的人不成立累犯；刑法第356条规定，因走私、贩卖、运输、制造、非法持有毒品罪被判过刑，又犯本节规定之罪的，从重处罚。根据当然解释的原理，对不满18周岁的人不适用刑法第356条

【解析】A选项，（1）刑法禁止（不利于被告人的）类推解释，无论司法解释、立法解释都禁止类推解释。（2）在学理解释中，可将类推解释作为是理论上的一种解释方法（与扩大解释相对立），但出于对罪刑法定原则的遵守，对具体字句运用类推解释得出的结论，显然也是不恰当的。故而该选项说法错误。

B选项，（1）如果将"汽车"的最大文义界定为以汽油、柴油、天然气等燃料或者以电池、太阳能等新型能源由发动机作动力推动、从事交通运输的车辆的话，大型拖拉机也在最大的文义范围内，系包容关系，解释进"汽车"中属于扩大解释。（2）如果认为"汽车"、"拖拉机"二者是并列关系，"拖拉机"虽属交通工具，但不能归入"汽车"之中，则将"拖拉机"解释进"汽车"之中，是将一类交通工具解释到另一类交通工具之中，系并列关系，就有类推解释之嫌。故而该选项说法正确。

C选项，见2006/2/20 - C（上文）。（1）对于"伪造"行为和"变造"行为而言，"伪造"的一般文义是"完全做假"，而"变造"指"部分有真"，故"伪造"的一般文义不能包括"变造"。但是，"伪造行为"的最大文义是"做假"，"变造行为"也是一种"做假"，故"伪造"的最大文义可以包含"变造"。将"变造"解释进"伪造"中，一般情况下（刑法没有特别地将二者并列时）可认定为扩大解释。我国刑法中也存在这样的解释，例如，《最高人民法院关于对变造、倒卖变造邮票行为如何适用法律问题的解释》，将"变造或者倒卖变造的邮票"的行为解释进"伪造、倒卖伪造的票证罪"之中。（2）但是，在刑法特别地将"伪造"行为和"变造"行为并列时，将"变造"解释进"伪造"中，就属类推解释。由于我国对于伪造货币和变造货币行为分别规定了不同的罪名，即第170条的伪造货币罪和第173条的变造货币罪；由此，就"变造货币行为"与"伪造货币行为"而言，两者是完全对立的两种不同类行为，将"变造货币"解释进"伪造货币"之中，就属于法律禁止的类推解释。故而此句说法正确。

D选项，考查当然解释。（1）当然解释指出罪时举重以明轻、在入罪时举轻以明重的解释，或将"种"（下位）的概念解释到的"属"（上位）概念。本选项涉及出罪举重以明轻的当然解释。（2）累犯是更严重的再犯；与再犯相比，累犯的特殊预防必要性更大。既然刑法第65条规定不满18周岁的人犯罪不可能成立一般累犯（重），不适用从重处罚的规定，未成年人实施重的情形都不从重处罚；则举重以明轻，未成年人实施轻的情形，也理应不从重处罚。从而，对于不满18周岁的人，当然也不得适用再犯（轻）从重处罚的规定。此系出罪则举重以明轻的当然原理。故而此项说法正确。

---

[1] A

5. 关于刑法用语的解释，下列哪一选项是正确的？[1] (2014/2/3)

A. 按照体系解释，刑法分则中的"买卖"一词，均指购买并卖出；单纯的购买或者出售，不属于"买卖"

B. 按照同类解释规则，对于刑法分则条文在列举具体要素后使用的"等"、"其他"用语，应按照所列举的内容、性质进行同类解释

C. 将明知是捏造的损害他人名誉的事实，在信息网络上散布的行为，认定为"捏造事实诽谤他人"，属于当然解释

D. 将盗窃骨灰的行为认定为盗窃"尸体"，属于扩大解释

【解析】A选项，考查体系解释。（1）体系解释指根据前后文来解释，体系解释要求前后协调、逻辑一致，并不是要求相同的字词在不同地方都要作相同含义的解释。（2）刑法分则中的"买卖"一词，大部分情况下指"买或者卖"（单纯的购买或者出售），例如刑法第125条规定的非法制造、买卖、运输、邮寄、储存枪支、弹药、爆炸物罪，非法制造、买卖、运输、储存危险物质罪，第280条的伪造、变造、买卖国家机关公文、证件、印章罪，第350条的非法生产、买卖、运输制毒物品、走私制毒物品罪。（3）少部分指购买并卖出，例如《全国人民代表大会常务委员会关于惩治骗购外汇、逃汇和非法买卖外汇犯罪的决定》规定的"非法买卖外汇"（非法经营罪）中的"买卖"（经营）。（4）此外，刑法中的"贩卖"一般指"出售"；"倒卖"一般指购买并卖出，如倒卖车票、船票罪，倒卖土地使用权罪；但倒卖文物罪中的"倒卖"，根据《最高人民法院、最高人民检察院关于办理妨害文物管理等刑事案件适用法律若干问题的解释》（法释〔2015〕23号）第6条的解释，指"出售或者为出售而收购、运输、储存"。故该选项说法错误。

B选项，（1）所谓"同类解释规则"是体系解释之下的次位规则，指的是对于并列、同位、同类的概念，进行相同性质的解释。（2）典型事例是，对于先有列举后又有并列的兜底型规定（"其他"、"等"）的概念，比照之前的列举进行性质相同的解释。例如，刑法第114条规定"放火、决水、爆炸以及投放毒害性、放射性、传染病病原体等物质或者以其他危险方法危害公共安全"，解释"其他危险方法"时要求与之前列举的放火、决水、爆炸、投放危险物质的危险方法性质相当。该选项说法正确。

C选项，考查当然解释的含义。（1）刑法第246条诽谤罪条文规定为"捏造事实诽谤他人"，尽管最大文义是"诽谤"（指散布虚假事实，以捏造的事实来诽谤他人），但通常形式（一般文义）是"捏造＋诽谤"。（2）明知是捏造的损害他人名誉的事实而散布的，虽未超出"诽谤"的最大文义，可构成诽谤罪；但大于一般文义，故解释结论应为扩大解释。（3）也是《最高人民法院、最高人民检察院关于办理利用信息网络实施诽谤等刑事案件适用法律若干问题的解释》第1条第2款的规定。该选项认为其为当然解释，说法错误。

D选项，考查扩大解释与类推解释的区分。（1）盗窃、侮辱、故意毁坏尸体、尸骨、骨灰罪（《刑法修正案（九）》已修正）中的"尸体"，最大文义为"身体、肉体（整体、部分均可）"。骨灰超过了"尸体"的最大含义，两者范畴是并列关系，故为类推解释。该选项认为其为扩大解释，说法错误。（2）注意法条修正：《刑法修正案（九）》修正之前的罪名为"盗窃、侮辱尸体罪"，当时盗窃骨灰的行为不构成犯罪；《刑法修正案（九）》将其修正为"盗窃、侮辱、故意毁坏尸体、尸骨、骨灰罪"，此时盗窃骨灰的行为构成盗窃骨灰罪，不构成盗窃尸体罪。无论在何种情况下，将骨灰解释到"尸体"中，均系类推解释。

---

〔1〕 B

6. 关于刑法解释，下列哪些选项是错误的？[1]（2015/2/51）

A. 刑法规定"以暴力、胁迫或者其他手段强奸妇女的"构成强奸罪。按照文理解释，可将丈夫强行与妻子性交的行为解释为"强奸妇女"

B. 刑法对抢劫罪与强奸罪的手段行为均使用了"暴力、胁迫"的表述，且二罪的法定刑相同，故对二罪中的"暴力、胁迫"应作相同解释

C. 既然将为了自己饲养而抢劫他人宠物的行为认定为抢劫罪，那么，根据当然解释，对为了自己收养而抢劫他人婴儿的行为更应认定为抢劫罪，否则会导致罪刑不均衡

D. 对中止犯中的"（自动放弃犯罪或者）自动有效地防止犯罪结果发生"，既可解释为自动采取措施使得犯罪结果未发生；也可解释为自动采取防止犯罪结果发生的有效措施，而不管犯罪结果是否发生

【解析】A选项，考查文理解释。（1）按文理解释（字义解释），妻子是"妇女"，违背妻子意愿的强行行为是"以暴力、胁迫或者其他手段"，性交属"奸"，故该行为可解释为"强奸妇女"。刑法从未规定妻子不能成为强奸对象。（2）最高人民法院案例认为一般情况下婚内强奸不构成强奸罪，是因出于刑事政策（维护家庭关系）的考虑，亦即，系特别的责任阻却事由（"白俊峰案"）；不正常婚姻状况下丈夫强行与妻子性交的行为，仍可构成强奸罪（"王卫明案"）。

B选项，考查体系解释。（1）体系解释并不一定要求对不同法条中的同一字词进行相同含义的解释，而是要求前后文逻辑一致。（2）抢劫罪的"暴力、胁迫"要求直接、实际对人的人身实施有形力，"暴力"包括杀人；强奸罪的"暴力、胁迫"的核心是违背妇女意志，胁迫还包括以损害其它重大利益（如揭发隐私）相威胁，"暴力"不包括杀人。二者含义并不相同。

C选项，考查当然解释。（1）入罪的当然解释即"举轻以明重"，除了要求对轻重进行比较，还要求符合刑法规定（不属类推）。（2）为了自己收养而抢劫他人婴儿的行为，比为了自己饲养而抢劫他人宠物的行为性质更严重，按照举轻以明重的原理，理应更应定罪。（3）但是，在符合刑法规定的判断上，抢劫罪的对象是"财物"，将婴儿解释为"财物"，系类推解释，不能构成抢劫罪。而应以拐骗儿童罪论处。

D选项，刑法第24条第1款（犯罪中止）规定："在犯罪过程中，自动放弃犯罪或者自动有效地防止犯罪结果发生的，是犯罪中止。"其中的"或者"应当解释为"并且"，亦即，成立犯罪中止不仅要求自动放弃犯罪，而且要求"自动有效地防止犯罪结果发生"。将两个必需要素解为择一要素，解释结论错误。

7. 关于刑法解释以及罪刑法定原则，以下说法正确的有[2]（2018/客/卷一/1仿）

A. 制造大炮的行为的危害性，比制造枪支行为的危害性更大，将大炮解释到"枪支"中，系扩大解释。从而，将制造大炮的行为，认定为刑法第125条规定的非法制造枪支罪，不违反罪刑法定原则

B. "假药"是没有药效的药，所以有药效的不是假药，这是当然解释的结论。从而，不能将生产、销售有药效的药品的行为，认定为刑法第141条规定的生产、销售假药罪（注：现罪名为生产、销售、提供假药罪），否则违反罪刑法定原则

C. 将刑法第111条规定的为境外窃取、刺探、收买、非法提供国家秘密、情报罪中的"情报"，解释为关系国家安全和利益、尚未公开或者依照有关规定不应公开的事项，属缩小

解释，不违反罪刑法定原则

D. 所有刑法解释，应以文义解释优先。在同一种商品上使用与他人注册商标相似的商标，不属使用"相同"的商标。从而，将此行为认定为刑法第213条规定的假冒注册商标罪，违反罪刑法定

【解析】A选项，考查扩大解释与类推解释的区分。（1）制造大炮的行为，危害性确实比制造枪支行为的危害性更大，举轻以明重，可认为是当然解释。（2）但是，罪刑法定原则禁止不利于行为人的类推解释，因此，需要判决该解释方法是扩大解释还是类推解释。（3）"大炮"与"枪支"二者是不同类事物，系并列关系的范畴；"枪支"不能包容"大炮"。并列关系是类推，应认为是类推解释，而不是扩大解释。故而，将制造大炮的行为，认定为非法制造枪支罪，系不利于行为人的类推解释，违反罪刑法定原则。该行为应当认定为无罪。（4）当然，如果制造炮弹，可构成非法制造弹药罪。（3）《最高人民法院关于审理非法制造、买卖、运输枪支、弹药、爆炸物等刑事案件具体应用法律若干问题的解释》对"枪支"的规定，也只列举了各种枪支，没有列举大炮。

B选项，考查当然解释以及"假药"的含义。当然解释是指以种属、轻重比较为基础的逻辑解释。（1）一般公众认为"假药"的通常含义（一般文义）是指没有药效的药。（2）自2019年12月1日起施行的新《中华人民共和国药品管理法》（以下简称《药品管理法》）第98条第1款，虽不再将"未取得药品批准证明文件生产、进口药品"列为"假药"。但仍规定有四类假药：①药品所含成份与国家药品标准规定的成份不符；②以非药品冒充药品或者以他种药品冒充此种药品；③变质的药品；④药品所标明的适应症或者功能主治超出规定范围。（3）其中既包括无药效的药品，也包括部分有药效的药品，如第四类。此解释结论超过了"假药"的一般文义（即没有药效的药），但没有超出"假药"的最大含义（《药品管理法》的规定），系扩大解释，而不是当然解释。（5）将生产、销售、提供前述按假药处理的药品、非药品的行为，认定为生产、销售、提供假药罪，并不违反罪刑法定原则。（6）注：《刑法修正案（十一）》已将本罪修正为生产、销售、提供假药罪。

C选项，考查缩小解释的含义。（1）根据《最高人民法院关于审理为境外窃取、刺探、收买、非法提供国家秘密、情报案件具体应用法律若干问题的解释》第1条第2款的规定，为境外窃取、刺探、收买、非法提供国家秘密、情报罪中的"情报"，是指关系国家安全和利益、尚未公开或者依照有关规定不应公开的事项。（2）此司法解释属缩小解释，理由是："情报"的一般文义（日常生活含义）指"有价值的信息"，无论公开与否、内容为何（如日常生活中的购销情报）。司法解释将其中的"情报"解释为"关系国家安全和利益、尚未公开或者依照有关规定不应公开的事项"，其解释结论小于其一般文义，故属缩小解释。2008延/2/1、2006/2/20－D重复了该选项。

D选项，考查解释方法的位阶关系。（1）所有刑法解释，应先从文义解释开始；但在位阶上，并非都以文义解释优先，文义解释（禁止类推）与目的解释都具有决定性。（2）《最高人民法院、最高人民检察院关于办理侵犯知识产权刑事案件具体应用法律若干问题的解释》第8条规定："刑法第二百一十三条规定的'相同的商标'，是指与被假冒的注册商标完全相同，或者与被假冒的注册商标在视觉上基本无差别、足以对公众产生误导的商标。"也就是说，既包括完全相同的商标，也包括极其近似的商标，这属扩大解释，并不违反罪刑法定原则。

8. 关于刑法解释，下列选项说法正确的有？[1]（2019/客/卷一/1 仿）

A. 按照体系解释，刑法第 364 条传播淫秽物品罪中"传播"，与刑法第 360 条传播性病罪的"传播"含义一致

B. 将副乡长冒充市长招摇撞骗，解释为刑法第 279 条招摇撞骗罪中的"冒充"国家机关工作人员，违反文理解释

C. 将刑法第 326 条倒卖文物罪中"倒卖"，解释为出售或者为出售而收购、运输、储存国家禁止买卖的文物，系论理解释

D. 根据文理解释，可将刑法第 248 条虐待被监管人罪中的"体罚虐待"解释为"体罚或者虐待"

【解析】 A 选项，考查体系解释。（1）体系解释是指根据刑法条文在整个刑法中的地位，联系相关法条的含义，阐明其规范意旨的解释方法。通俗地讲，亦即结合前后文来解释。要求前后协调、逻辑一致，并不是要求相同的字词在不同地方都要作相同含义的解释。（2）传播淫秽物品罪中"传播"指传达给不特定人。传播性病罪的罪状规定中实际上并无"传播"一词，其行为规定为"卖淫、嫖娼"；其具体危险结果是将性病"传染给他人"的危险。

B 选项，考查文理解释，本选项的文理解释指字面含义。"冒充"的文理含义（字面含义）指假冒，即以假充真。不是市长的其他国家机关工作人员（假市长），假冒真市长，当然属"冒充"，不违反文理解释。

C 选项，本选项的"论理解释"指的是平义解释以外的其他解释方法。"倒卖"的字面含义（平义）是"倒手买卖"，即先低价买入后高价卖出。将"倒卖"解释为"出售"（不论有无之前的买入阶段），超出了"倒卖"的平义，是扩大解释。

D 选项，考查文理解释中的按语法解释。刑法第 248 条虐待被监管人罪规定的罪状的原文是"殴打或者体罚虐待"。按照语法原理，"体罚虐待"是一个词，而不是"体罚或者虐待"两个词。字面含义是用体罚手段来虐待，亦即进行肉体折磨。根据语法，只有写成"体罚、虐待"、"体罚或虐待"，才能解释为"体罚或者虐待"。

9. 下列与法律解释相关的分析中，正确的是[2]（2018/客/卷一/87 仿）

A. 李某将其仇人坟墓掘开并将骨头扔掉，其认为白骨不属于尸体，否认其构成侮辱尸体罪。他对白骨的解释属于无权解释、主观目的解释

B. 法官任某在审理案件中认为刑法中"伪造货币罪"中的货币不包括生肖纪念币，该解释为有权解释、文义解释

C. 某法院副院长在接受媒体采访时表示，刑法第 133 条之一规定的危险驾驶罪中的"醉酒驾驶机动车的"行为，应当结合刑法总则第 13 条的"情节显著轻微危害不大，不认为是犯罪"的规定来理解，因此并非只要醉驾就一定入刑，这属于体系解释方法的运用

D. 李某认为刑法第 358 条规定（组织卖淫罪）"组织他人卖淫的"中"他人"不仅包括女性，而且包括男性。其理由是目前组织男性卖淫的现象很普遍，危害性很大，刑法规定此罪是为了打击非法性交易，为了发挥法律的社会功能，应包含男性。其对相关条文的解释为客观目的解释

【解析】 本题本来是一道法理学的题目，但列举的事例都是刑法事例，故而以下以刑法解释方法作答（可能法理学有些理解与刑法不太一样）。

A 选项，（1）在解释效力上，李某的解释，不是有权机关（人大常委会、最高法、最高

---

[1] C 〔2〕 CD

检）的解释，故而属于无权解释，而不是有权解释。（2）在解释理由上，目的解释是指依照规范的目的（法条的保护目的、制订该法条的原因和理由）去解释，"主观目的解释"是指按照立法者立法时的立法目的解释，而不是说按行为人的主观想法来解释，本选项不属目的解释。（3）在解释结论正误方面，白骨确实不属于"尸体"，将其解释为"尸体"属于类推解释，行为人的解释结论是正确的。但是，刑法第302条规定的罪名为"盗窃、侮辱、故意毁坏尸体、尸骨、骨灰罪"，盗窃并扔掉白骨的行为，可构成盗窃、侮辱尸骨罪。

B选项，（1）在解释效力上，法官针对个案解释，因不具有普适效力，不是有权机关（人大常委会、最高法、最高检）的解释，故而属于无权解释，而不是有权解释。（2）在解释理由和结论大小上，"货币"的文义（平义）包括所有国家发生的货币，故解释为不包括生肖纪念币，不是文义（平义）解释，而是缩小解释。（3）在解释结论正误方面，根据《最高人民法院关于审理伪造货币等案件具体应用法律若干问题的解释（二）》第4条，以中国人民银行发行的普通纪念币和贵金属纪念币为对象的假币犯罪，依照假币犯罪定罪处罚。故是该选项的解释结论是错误的。

C选项，（1）在解释理论上，体系解释是指根据刑法条文在整个刑法中的地位，联系相关法条的含义，阐明其规范意旨的解释方法。通俗地讲，亦即结合前后文来解释。本选项根据刑法总论来解释分则，是体系解释。（2）在解释结论正误方面，当前通说认为刑法总则第13条"但书"只有立法指引作用，难以作为具体出罪理由。

D选项，（1）在解释理由上，目的解释是指依照规范的目的（法条的保护目的、制订该法条的原因和理由）去解释，"客观目的解释"是指按照当前社会公众理解的法条目的来解释。本选项解释理由系客观目的解释。（2）在解释结论正误方面，卖淫指不特定的异性之间或者同性之间以金钱、财物为媒介发生不正当性关系的行为。卖淫的主体不限于女性，也包含男性。根据著名的南京"李宁组织同性卖淫案"，以及"王志明组织卖淫案"，载《中国审判案例要览（2006年刑事审判案例卷）》。法条依据见《公安部关于以钱财为媒介尚未发生性行为或发生性行为尚未给付钱财如何定性问题的批复》（公复字〔2003〕5号）："卖淫嫖娼是指不特定的异性之间或同性之间以金钱、财物为媒介发生性关系的行为。"

二、刑法解释的规则

10.①对于同一刑法条文中的同一概念，既可以进行文理解释也可以进行论理解释；②一个解释者对于同一刑法条文的同一概念，不可能同时既作扩大解释又作缩小解释；③刑法中类推解释被禁止，扩大解释被允许，但扩大解释的结论也可能是错误的；④当然解释追求结论的合理性，但并不必然符合罪刑法定原则。关于上述4句话的判断，下列哪些选项是错误的？[1]（2011/2/51）

A. 第①句正确，第②③④句错误　　　　B. 第①②句正确，第③④句错误
C. 第①③句正确，第②④句错误　　　　D. 第①③④句正确，第②句错误

【疑难辨析】 本题考查刑法解释规则，具有较大难度。基本的解释规则是：（1）在解释形式上：禁止不利于被告人的类推解释。（2）在解释技巧（解释结论的大小）上：对同一位置的一个刑法用语的解释，只能有一种解释结论。要么是平义解释，要么是缩小解释，要么是扩大解释。（3）在解释理由上：如得出同一解释结论的，可采用多种不同的解释理由。（4）解释技巧与解释结论的正确与否无关。无论是采用扩大解释、缩小解释，还是平义解释的解释技巧，结论都不一定正确。（5）在解释结论正确性判断上：目的解释、文理解释具有决定性。正

---

〔1〕　ABCD

确的解释结论既需符合法条目的（目的解释），一般也不能突破字词的最大文义（禁止不利于被告人的类推解释）。

【解析】（1）对于第①句话，如在解释理由（解释依据）层面上理解文理解释、论理解释，文理解释指字义解释，论理解释指体系解释、历史解释、比较解释、目的解释等，在解释结论一致的情况下，同时进行文理解释和论理解释是可以的。故此句说法正确。

（2）对于第②句话，扩大解释、缩小解释是解释技巧（解释结论），对于同一特定字词，解释结论只能是平义解释、扩大解释、缩小解释中的一种，不可能同时有数个不同结论。故此句说法正确。

（3）对于第③句话，在解释形式上，刑法禁止（不利于被告人）类推解释，允许扩大解释，故前半句正确；解释结论的正确与解释形式无关，平义解释、扩大解释、缩小解释的结论都有可能是错误的，故后半句也正确。

（4）对于第④句话，当然解释运用轻重、属种的当然逻辑进行推理解释，在逻辑上是正确，故前半句"追求结论的合理性"说法正确；但由于当然解释运用类比原理，解释结论可能超过字词的最大文义而成为类推解释，不必然符合罪刑法定原则，故后半句也正确。从而第①②③④句话说法都正确。

11. 关于罪刑法定原则与刑法解释，下列哪些选项是正确的？[1]（2016/2/51）

A. 对甲法条中的"暴力"作扩大解释时，就不可能同时再作限制解释，但这并不意味着对乙法条中的"暴力"也须作扩大解释

B. 刑法第237条规定的强制猥亵、侮辱罪中的"侮辱"，与刑法第246条规定的侮辱罪中的"侮辱"，客观内容相同、主观内容不同

C. 当然解释是使刑法条文之间保持协调的解释方法，只要符合当然解释的原理，其解释结论就不会违反罪刑法定原则

D. 对刑法分则条文的解释，必须同时符合两个要求：一是不能超出刑法用语可能具有的含义，二是必须符合分则条文的目的

【解析】 A选项，（1）前半句，考查解释规则，对一个刑法条文或者一个刑法用语的解释，只能采用一种解释技巧（即解释结论只能是平义解释、扩大解释、缩小解释中的一种），而不能既扩大解释又限制解释（缩小解释），说法正确。（2）后半句，考查体系解释，相同的字词处于不同法条中或不同地方时，不一定都会作出相同含义的解释。

B选项，考查体系解释。强制猥亵、侮辱罪中的"侮辱"，客观内容是实施侵害他人涉及性尊严的身体权，主观内容是明知侵害他人性尊严的行为而实施；侮辱罪中的"侮辱"，客观内容是贬损他人名誉，主观内容也欲图侵害他人名誉权。两个"侮辱"，客观内容、主观内容均不同。

C选项，考查当然解释与类推解释的关系。（1）当然解释是运用当然逻辑（轻重、种属）进行推理解释。入罪时举轻以明重的当然解释，结论可能超出最大文义，有可能是不利于被告人的类推解释，可能会违反罪刑法定原则。（2）例如，认为既然轻的醉酒驾车行为可构成危险驾驶罪，就举轻以明重，认为重的吸毒驾车行为也当然构成危险驾驶罪，是当然解释，但解释结论是类推解释。本选项说法错误。

D选项，说法正确。在解释结论正确性判断上：目的解释、文理解释具有决定性。正确的解释结论既需符合法条目的（目的解释），一般也不能突破字词的最大文义（禁止不利于被告

［1］ AD

人的类推解释）。

考点二　刑法的基本原则（重点是罪刑法定原则）

1. 关于罪刑法定原则及其内容，下列哪一选项是正确的？[1]（2004/2/16）

A. 罪刑法定原则禁止类推解释与扩大解释，但不禁止有利于被告人的类推解释

B. 罪刑法定原则禁止司法机关进行类推解释，但不禁止立法机关进行类推解释

C. 罪刑法定原则禁止适用不利于行为人的事后法，但不禁止适用有利于行为人的事后法

D. 罪刑法定原则要求刑法规范的明确性，但不排斥规范的构成要件要素

【疑难辨析】本题考查罪刑法定原则的具体内容（派生原则）。罪刑法定原则有6项派生原则：（1）禁止（不利于被告人的）溯及既往［事前的罪刑法定］；（2）排斥习惯法［成文的罪刑法定］；（3）禁止（不利于被告人的）类推解释［严格的罪刑法定］；（4）禁止不确定刑［确定的罪刑法定］；（5）刑法明确性原则；（6）禁止处罚不当罚的行为；禁止不均衡的、残虐的刑罚。

【解析】A选项，罪刑法定原则禁止不利于被告人的类推解释，不禁止有利于被告人的类推解释。罪刑法定原则不禁止扩大解释。该选项说法错误。

B选项，立法解释、司法解释均是刑法解释，都禁止不利于被告人的类推解释，但允许并限制扩大解释。该选项说法错误。

C选项，我国刑法第12条规定了"从旧兼从轻原则"，不禁止有利于被告人的事后法，亦即当新法为轻法时有溯及力。该选项说法正确。

D选项，本选项较难，涉及"规范的构成要件要素"的问题。选项中的"排斥"一词应理解为"存在冲突"。规范的构成要件要素是指司法活动中需要裁判者进行规范的、评价的价值判断才能够认定的犯罪构成要件要素，例如"淫秽物品"和"猥亵"，裁判者价值观的差异会导致法律适用的不同结论。罪刑法定中明确性原则要求刑法规范明确，由此会与规范的构成要件要素之间产生冲突。因此，罪刑法定原则"排斥"规范的构成要件要素。该选项说法错误。但是，刑法条文在制定时，又不可避免存在规范的构成要件要素。

2. 关于罪刑法定原则，下列哪一选项是正确的？[2]（2006/2/1）

A. 罪刑法定原则的思想基础之一是民主主义，而习惯最能反映民意，所以，将习惯作为刑法的渊源并不违反罪刑法定原则

B. 罪刑法定原则中的"法"不仅包括国家立法机关制定的法，而且包括国家最高行政机关制定的法

C. 罪刑法定原则禁止不利于行为人的溯及既往，但允许有利于行为人的溯及既往

D. 刑法分则的部分条文对犯罪的状况不作具体描述，只是表述该罪的罪名。这种立法体例违反罪刑法定原则

【解析】A选项，罪刑法定原则的思想基础之一是民主主义；但罪刑法定原则禁止习惯法。该选项前半句说法正确，后半句说法错误。

B选项，罪刑法定原则中的"法"指刑法，包括刑法典、单行刑法（附属刑法）。根据《中华人民共和国立法法》第8、9条，犯罪和刑罚只能制定法律；有关犯罪和刑罚、对公民政

治权利的剥夺和限制人身自由的强制措施、处罚和司法制度，只能由全国人民代表大会及其常务委员制定。行政机关无制定法律的权限，只有制定法规、规章的权限。注意：我国的所谓"附属刑法"，即行政法规中有关犯罪的规定，不能直接作为定罪依据，而只是对刑法典及单行刑法的提示。

C 选项，我国刑法第 12 条规定了"从旧兼从轻原则"，允许有利于被告人的事后法，亦即，当新法为轻法时有溯及力。

D 选项，明确性原则指的是条文字义能够清楚的为社会公众理解，亦即，相对于社会公众的理解力而言是明确的即可。我国刑法中有很多简单罪状的立法体例，亦即选项所示条文对犯罪的状况不作具体描述，只是表述该罪的罪名。由于这种立法体例一般适用于故意杀人罪等自然犯，能为公众明确的理解，故不违反明确性原则。

3. 下列哪些选项不违反罪刑法定原则？[1]（2014/2/51）

A. 将明知是痴呆女而与之发生性关系导致被害人怀孕的情形，认定为强奸"造成其他严重后果"

B. 将卡拉 OK 厅未经著作权人许可大量播放其音像制品的行为，认定为侵犯著作权罪中的"发行"

C. 将重度醉酒后在高速公路超速驾驶机动车的行为，认定为以危险方法危害公共安全罪

D. 刑法规定了盗窃武装部队印章罪，未规定毁灭武装部队印章罪。为弥补处罚漏洞，将毁灭武装部队印章的行为认定为毁灭"国家机关"印章

【疑难辨析】本题考查罪刑法定原则在司法实务中的运用。罪刑法定原则的基本含义是"法无明文规定不处罚"，在司法实务中的运用，需结合刑法解释来理解：罪刑法定原则在司法实务中的运用，需结合刑法解释来理解：定罪量刑须有法可依；因此，能够解释进刑法（包括扩大解释、将"种"解释进"属"），可定罪；不能解释进刑法（例如类推解释），即使危害性很大，也不能定罪，否则违反罪刑法定原则。简言之，不利于被告人的类推解释，违反罪刑法定原则。由于其中涉及对具体条文字句的解释结论，是扩大解释还是类推解释，故本题难度较大。

【解析】A 选项，考查"其他"型规定的认定和解释。（1）强奸罪加重犯中的"造成其他严重后果"，是一种规范性判断，按照同类解释规则，司法者可类比已经列明的事例进行同类性质的认定。（2）强奸导致被害人怀孕的情况，可以解释进"造成其他严重后果"之中，被"其他"包容，不属类推解释，如此认定并适用加重刑于法有据，没有违反罪刑法定原则。

B 选项，考查侵犯著作权罪中的"发行"的含义。（1）刑法第 217 条（侵犯著作权罪）规定的"发行"，基本含义是发售。播放音像制品的行为，属使用行为。（2）将"使用"解释到"发行"中，是将性质不同的一类行为解释到另一类行为之中，二者是并列关系，属类推解释，违反罪刑法定原则。

C 选项，（1）根据刑法第 114 条，以危险方法危害公共安全罪的客观构成要件要点有二，一是危害公共安全即不特定多数人人身安全，在高速公路在严重违章开车极易造成交通事故危及不特定多数人人身安全；二是危险方法即一次举动可能造成大规模死伤的方法，严重违章开车一次可能撞死撞伤多人。C 选项所举事例完全符合这二个要点要素，其它构成要件如主观故意（放任故意）也符合，故而认定以危险方法危害公共安全罪符合刑法规定。不属类推解释，不违反罪刑法定原则。（2）醉酒开车一般认定为危险驾驶罪，但是，从危险驾驶罪与以危险

———————

[1] ACD

方法危害公共安全罪的法定刑比较和关系来看，危险驾驶罪可认为是危害程度较轻的以危险方法危害公共安全罪；当出现 C 选项所述的"重度醉酒、超速"危害公共安全的程度极其严重时，可以将其认定为以危险方法危害公共安全罪。（3）在司法实践中，"孙伟铭案"（《刑事审判参考》第 586 号）等即是 C 选项所述情形，其致人死伤，构成以危险方法危害公共安全罪的实害犯，如未造成结果，可构成以危险方法危害公共安全罪的危险犯。因此，该认定没有违反罪刑法定原则。

D 选项，"武装部队"是特别的"国家机关"（国家军事机关），将"武装部队印章"解释进"国家机关印章"，是将"种"解释到"属"中，是当然解释，不属类推解释。认定该行为构成刑法第 280 条的毁灭国家机关印章罪，于法有据，不属类推解释，没有违反罪刑法定原则。

考点三　刑法的适用范围

一、刑法的空间效力

1. 下列哪些犯罪行为应实行属地管辖原则？[1]（2005/2/56）

A. 外国人乘坐外国民航飞机进入中国领空后实施犯罪行为

B. 中国人乘坐外国船舶，当船舶行驶于公海上时实施犯罪行为

C. 外国人乘坐中国民航飞机进入法国领空后实施犯罪行为

D. 中国国家工作人员在外国实施我国刑法规定的犯罪行为

【解析】本题考查属地管辖，以及属地管辖与属人管辖的不同适用情况。

A 选项，在中国领空里犯罪，是在中国"领域内"犯罪，根据刑法第 6 条第 1 款，适用属地管辖。

B 选项，犯罪发生在公海上的外国船舶上，不在中国领域内，也不属中国的船舶，不适用属地管辖。行为人是中国公民，根据刑法第 7 条，适用属人管辖。

C 选项，在中国航空器里犯罪，根据刑法第 6 条第 2 款，适用属地管辖。

D 选项，.中国公民在外国犯罪，根据刑法第 7 条，适用属人管辖。

2. 下列关于中国刑法适用范围的说法哪些是错误的？[2]（2004/2/56）

A. 甲国公民汤姆教唆乙国公民约翰进入中国境内发展黑社会组织。即使约翰果真进入中国境内实施犯罪行为，也不能适用中国刑法对仅仅实施教唆行为的汤姆追究刑事责任

B. 中国公民赵某从甲国贩卖毒品到乙国后回到中国。由于赵某的犯罪行为地不在中国境内，行为也没有危害中国的国家或者国民的利益，所以，不能适用中国刑法

C. A 国公民丙在中国留学期间利用暑期外出旅游，途中为勒索财物，将 B 国在中国的留学生丁某从东北某市绑架到 C 国，中国刑法可以依据保护管辖原则对丙追究刑事责任

D. 中国公民在中华人民共和国领域外实施的犯罪行为，按照刑法规定的最高刑为 3 年以下有期徒刑的，也可以适用中国刑法追究刑事责任

【解析】本题考查刑法的空间效力，几个选项分别考查属地管辖中共同犯罪的管辖、属人管辖、属地管辖中"在中国领域内犯罪"的含义，以及保护管辖的含义。

A 选项，考查属地管辖，对于共同犯罪，只要部分犯罪人的部分犯罪行为发生在中国，中

---

〔1〕　AC　〔2〕　ABC

国刑法对于全案都可进行属地管辖。故 A 选项说法错误，当选。

B 选项，D 选项，以上情况均是中国公民在中国领域外犯罪的情况，按属人管辖原则可适用中国刑法，故 B 选项说法错误，当选。法定最高刑 3 年以下有期徒刑的，"可以不予追究"，对"可以不予追究"的反义解释即是：也可以适用中国刑法追究，故 D 选项说法正确，不当选。

C 选项，考查属地管辖中"在中国领域内犯罪"的含义，根据刑法第 6 条第 3 款，犯罪的行为或者结果有一项发生在中国领域内的，就认为是在中国领域内犯罪，适用属地管辖。本案绑架行为发生在中国领域内，适用属地管辖。保护管辖是对外国人在中国领域外对中国公民和国家犯罪适用的规则，本案不适用保护管辖。故 C 选项说法错误，当选。

3. 关于刑事管辖权，下列哪些选项是正确的？[1]（2007/2/51）

A. 甲在国外教唆陈某到中国境内实施绑架行为，中国司法机关对甲的教唆犯罪有刑事管辖权

B. 隶属于中国某边境城市旅游公司的长途汽车在从中国进入 E 国境内之后，因争抢座位，F 国的汤姆一怒之下杀死了 G 国的杰瑞。对汤姆的杀人行为不适用中国刑法

C. 中国法院适用普遍管辖原则对劫持航空器的丙行使管辖权时，定罪量刑的依据是中国缔结或者参加的国际条约

D. 外国人丁在中国领域外对中国公民犯罪的，即使按照中国刑法的规定，该罪的最低刑为 3 年以上有期徒刑，也可能不适用中国刑法

【解析】本题是对刑法空间效力的综合考查，四个选项分别考查了属地管辖中共同犯罪的管辖、拟制领土、普遍管辖、保护管辖。

A 选项，考查属地管辖，对于共同犯罪，只要部分犯罪人的部分犯罪行为发生在中国，中国刑法对于全案都可进行属地管辖。

B 选项，根据刑法第 6 条第 2 款，所谓"拟制领土"只包括船舶、航空器（以及刑诉法规定的驻外使领馆），不包括汽车、列车。此外，本案犯罪不发生在中国领域内，不适用属地管辖；行为人不是中国公民，不适用属人管辖；被害人不是中国公民或国家，不适用保护管辖；犯罪不是国际条约中的犯罪，不适用普遍管辖。故而不适用中国刑法。

C 选项，根据刑法第 9 条最后一句，对案件进行普遍管辖时，定罪量刑的依据"适用本法"即国内法，而不是中国缔结或者参加的国际条约。

D 选项，根据刑法第 8 条，保护管辖的适用有三个条件：中国利益、3 年以上、双重犯罪。如该行为在犯罪地不认为是犯罪，则不适用中国刑法。

二、刑法的时间效力：从旧兼从轻

4. 2021 年 2 月 28 日晚上 11 时，甲从其所住三楼上朝楼下扔了 4 袋垃圾，正好砸在自家汽车上。如现在进行审理，关于甲的行为性质，以下说法**错误**的是？[2]（2021/客/卷一/仿1）

A. 三楼不属于高空，即使甲的行为发生在《刑法修正案（十一）》实施之后，甲也不构成高空抛物罪

B. 甲扔的垃圾砸在自家汽车上，没有危害公共安全，即使甲的行为发生在《刑法修正案（十一）》实施之后，甲也不构成高空抛物罪

C. 甲的行为发生在《刑法修正案（十一）》实施之前，不成立以危险方法危害公共安全罪，根据从旧兼从轻原则，甲不成立犯罪

---

[1] ABD　[2] ABD

D. 甲的行为发生在《刑法修正案（十一）》实施之前，成立以危险方法危害公共安全罪，根据从旧兼从轻原则，甲构成高空抛物罪

【解析】本题考查高空抛物罪、以危险方法危害公共安全罪、《刑法修正案（十一）》、刑法时间效力。

本案发生在《刑法修正案（十一）》生效之前，根据"从旧兼从轻"的刑法时间效力规则。（1）第一步，先依"旧法"即行为当时的刑法及司法解释来认定。①当时刑法未规定高空抛物罪，故不能触犯高空抛物罪。②尽管当时2019年《最高人民法院关于依法妥善审理高空抛物、坠物案件的意见》（法发〔2019〕25号）第5条规定高空抛物有可能构成以危险方法危害公共安全罪，但前提是"足以危害公共安全"；本题情形是"扔了4袋垃圾"，言下之意没有造成不特定多数人员伤亡的可能，不构成以危险方法危害公共安全罪。（2）第二步，后依"新法"即审判时的刑法即现行刑法来认定。现行规定有高空抛物罪，是将其作为妨害社会管理秩序的轻罪；成罪要素是"情节严重"，亦即造成扰乱社会管理秩序即可，不必具有公共安全危险，或者危及造成人身安全。本案三楼属于高空，抛掷物品量多、恶劣，可触犯高空抛物罪。（3）第三步，从旧兼从轻，应当以行为时的刑法，认定其不构成犯罪。故而选项C正确，选项D错误。

如果本案发生在《刑法修正案（十一）》生效之后，在触犯罪名方面，原理同上：①不能触犯以危险方法危害公共安全罪；②仅能触犯高空抛物罪。故而选项A、B错误。

延伸思考，如果将本案案情更改为：甲从高楼上扔出很多砖块、险些砸死很多人。（1）如行为发生在《刑法修正案（十一）》生效之前，则可触犯以危险方法危害公共安全罪。（2）如行为发生在《刑法修正案（十一）》生效之后，则可同时触犯高空抛物罪、以危险方法危害公共安全罪。想象竞合，择一重处，以以危险方法危害公共安全罪论处。

三、立法解释、司法解释的时间效力

5. 关于刑事司法解释的时间效力，下列哪一选项是正确的？[1]（2017/2/1）

A. 司法解释也是刑法的渊源，故其时间效力与刑法完全一样，适用从旧兼从轻原则

B. 行为时无相关司法解释，新司法解释实施时正在审理的案件，应当依新司法解释办理

C. 行为时有相关司法解释，新司法解释实施时正在审理的案件，仍须按旧司法解释办理

D. 依行为时司法解释已审结的案件，若适用新司法解释有利于被告人的，应依新司法解释改判

【疑难辨析】考查司法解释的效力，主要涉及《最高人民法院、最高人民检察院关于适用刑事司法解释时间效力问题的规定》（高检发释字〔2001〕5号）的规定。立法解释、司法解释不是"刑法"而只是"解释"，其时间效力，与"刑法"（刑法典及修正案、单行刑法）的时间效力不同。立法解释、司法解释的时间效力，及于被解释的刑法条款生效时。行为时无解释的，未决案可适用新解释，可溯及既往。行为时有旧解释，审判时新解释，从旧兼从轻。

【解析】A选项，（1）司法解释，以及立法解释，都是刑法解释，是对刑法的解释，不是法律本身，不是刑法的渊源（形式效力来源）。当前我国刑法的渊源只有刑法典、单行刑法。故前半句说法错误。（2）该选项后半句，刑法解释的时间效力与刑法（刑法典、单行刑法）也不一样。根据刑法第12条第1款，刑法的时间效力依照从旧兼从轻的规则，禁止不利于被告人的溯及既往。而刑法有权解释（立法解释、司法解释）的时间效力，根据《最高人民法院、最高人民检察院关于适用刑事司法解释时间效力问题的规定》（高检发释字〔2001〕5号）

〔1〕 B

第1条的规定，"自发布或者规定之日起施行，效力适用于法律的施行期间。"亦即，新解释可以溯及既往。因此后句说法也错误。

B选项，根据前述解释第2条的规定，"对于司法解释实施前发生的行为，行为时没有相关司法解释，司法解释施行后尚未处理或者正在处理的案件，依照司法解释的规定办理"。亦即，行为时无解释的，未决案可适用新解释，可溯及既往。本选项说法正确。

C选项，根据前述解释第3条的规定，"对于新的司法解释实施前发生的行为，行为时已有相关司法解释，依照行为时的司法解释办理，但适用新的司法解释对犯罪嫌疑人、被告人有利的，适用新的司法解释。"亦即，行为时有旧解释，审判时新解释，从旧兼从轻。本选项说法错误。

D选项，根据前述解释第4条的规定，"对于在司法解释施行前已办结的案件，按照当时的法律和司法解释，认定事实和适用法律没有错误的，不再变动。"也就是说，对于已审结的案件不再变动。事实上，即使是刑法（刑法典、单行刑法）的时间效力，根据刑法第12条第2款，对于已审结的案件也不再变动。本选项说法错误。

6. 关于刑法的时间效力以及司法解释的适用，以下说法不正确的有[1]（2018/客/卷一/2仿）

A. 在刑法修正案将生产、销售假药罪（现罪名为：生产、销售、提供假药罪）由具体危险犯修正为抽象危险犯之前，行为人实施了生产、销售假药的行为，但没有造成具体危险。现在对该案进行审理，应当依照修正后的刑法，认定其构成犯罪

B. 行为人在实施某罪行为当时，刑法规定该罪的法定刑为有期徒刑三年以上五年以下，之后刑法修正案将该罪法定刑为有期徒刑一年以上七年以下。现在对该案进行审理，应当依照修正后的刑法对其定罪量刑

C. 行为人实施某连续犯罪行为，在开始实施该行为时，刑法规定该行为构成A罪，实施该行为终了时，刑法修正案将行为的罪名改为B罪，但并未改变该罪的构成要件。现在对该案进行审理，应当依照修正前的刑法，认定其罪名为A罪

D. 行为人实施某罪行为时，其犯罪数额为200万元，刑法对该罪"数额巨大"的具体标准没有明确规定。2016年颁布的司法解释将"数额巨大"规定为100万元，2018年颁布的司法解释将其改成500万元。现在对该案进行审理，则应适用2018年的司法解释，不能认定其犯罪"数额巨大"

【疑难辨析】本题考查刑法的时间效力（从旧兼从轻），以及司法解释的时间效力。对于刑法的时间效力，从旧兼从轻，判断分三段。先依旧法（行为时的法）判，再依新法（审判时的法）判；谁轻适用谁，同重用旧法。司法解释的时间效力参见前题。

【解析】A选项，（1）行为人的行为，按"旧法"（行为时的刑法，具体危险犯）是无罪；（2）按"新法"（审判时的刑法，抽象危险犯）是有罪；（3）旧法是轻法，故应按旧法认定无罪。该选项说法错误。

B选项，考查轻法、重法的划分标准。（1）《最高人民法院关于适用刑法第十二条几个问题的解释》第1条规定："刑法第十二条规定的'处刑较轻'，是指刑法对某种犯罪规定的刑罚即法定刑比修订前刑法轻。法定刑较轻是指法定最高刑较轻；如果法定最高刑相同，则指法定最低刑较轻。"（2）修正前的刑法规定的法定最高刑较低，为轻法。故应当适用修正前的刑法。

---

[1] ABC

C 选项，考查"旧法"的含义。（1）"旧法"指行为时的刑法；行为有连续或继续状态的，指行为终了时的刑法。《最高人民检察院关于对跨越修订刑法施行日期的继续犯罪、连续犯罪以及其他同种数罪应如何具体适用刑法问题的批复》规定，连续犯罪，其中罪名、构成要件、情节以及法定刑均没有变化的，应当适用修订后的刑法，一并进行追诉。（2）本案"旧法"、"新法"均是修正后的刑法，故按修正后的刑法的追究。

D 选项，考查司法解释的时间效力。（1）《最高人民法院、最高人民检察院关于适用刑事司法解释时间效力问题的规定》第 2 条规定："对于司法解释实施前发生的行为，行为时没有相关司法解释，司法解释施行后尚未处理或者正在处理的案件，依照司法解释的规定办理。"亦即，行为时无解释的，未决案可适用新解释，可溯及既往。不存在"中间解释"的问题。（2）故而，本案行为时无旧解释，直接适用 2018 年颁布的新的司法解释。

专题二 犯罪构成理论

(1) "客观不法—主观责任"的犯罪论体系	判断犯罪的顺序：先客观（不法），后主观（有责）。先判断行为客观上有无危害，再判断行为人主观上有无过错。不因行为人主观上有过错，就一律认为构成犯罪。客观（不法）、主观（责任）相统一，重合范围内认定罪名
(2) 构成要件要素的分类	主要涉及记述构成要件要素与规范构成要件要素的区分、客观构成要件要素与主观构成要件要素的区分、积极构成要件要素与消极构成要件要素的区分。其中，规范的构成要件要素的认定具有一定的疑难性，包括四类情况：价值相关概念（好坏）、社会意义概念（公众评价）、法律概念（法律规定）、经验概念（模糊的程度轻重等）

考点一 先客观（不法）判断后主观（责任）判断的犯罪认定顺序

1. 甲女得知男友乙移情，怨恨中送其一双滚轴旱冰鞋，企盼其运动时摔伤。乙穿此鞋运动时，果真摔成重伤。关于本案的分析，下列哪一选项是正确的？[1]（2013/2/5）

A. 甲的行为属于作为的危害行为

B. 甲的行为与乙的重伤之间存在刑法上的因果关系

C. 甲具有伤害乙的故意，但不构成故意伤害罪

D. 甲的行为构成过失致人重伤罪

【疑难辨析】本题考查犯罪构成理论中，"先客观（不法），后主观（有责）"的犯罪认定顺序。先客观判断，指对行为是否符合犯罪客观构成要素（危害行为、行为对象、危害结果、因果关系等）的判断，尤其是，首先需要对行为危害性（客观危险性）进行判断。所谓行为危害性，指依照社会公众的立场，判断行为是否具有造成危害结果的可能性。危害行为的本质在于创设、增加了风险；没有增加风险、甚至降低风险的行为就不是危害行为；不具结果发生可能性；行为时不支配结果，如日常生活行为（风险微小）、发生结果概率极低的行为，均不属危害行为。

【解析】（1）在客观上，赠送他人旱冰鞋，行为时不支配危害结果，是发生危害结果概率极低的日常生活行为，不属危害行为。事实上，乙穿旱冰鞋运动时摔成重伤，风险的制造者主要系乙本人（具有相当性的条件），不能将结果归咎于甲，甲的行为与乙的重伤之间就不存在刑法上的因果关系。（2）在主观上，尽管行为人主观上具有伤害故意。因客观上无危害行为，

---

[1] C

也不能构成犯罪。故而选项 C 说法正确。

2. 关于故意杀人罪，下列哪一选项是正确的？[1]（2006/2/13）

A. 甲意欲使乙在跑步时被车撞死，便劝乙清晨在马路上跑步，乙果真在马路上跑步时被车撞死，甲的行为构成故意杀人罪

B. 甲意欲使乙遭雷击死亡，便劝乙雨天到树林散步，因为下雨时在树林中行走容易遭雷击。乙果真雨天在树林中散步时遭雷击身亡。甲的行为构成故意杀人罪

C. 甲对乙有仇，意图致乙死亡。甲仿照乙的模样捏小面人，写上乙的姓名，在小面人身上扎针并诅咒 49 天。到第 50 天，乙因车祸身亡。甲的行为不可能致人死亡，所以不构成故意杀人罪

D. 甲以为杀害妻子乙后，乙可以升天，在此念头支配下将乙杀死。后经法医鉴定，甲具有辨认与控制能力。但由于甲的行为出于愚昧无知，所以不构成故意杀人罪

【解析】本题考查犯罪构成理论中，"先客观（不法）判断后主观（有责）判断"的犯罪认定顺序。A、B、C 三选项中，行为人主观上均有犯罪故意。关键是看客观上行为人实施的行为是否属于刑法中的危害行为。

选项 A 中，甲实施的劝人在马路上跑步的行为，行为时不支配危害结果。在因果关系上，应将死亡结果归责于乙或汽车司机。不能认定甲的行为系危害行为，应认定为无罪。

选项 B 中，甲实施的劝人下雨时在树林中行走的行为，虽有发生遭雷击死亡的可能，但这种情况发生危害结果概率极低，不支配危害结果，不能认定甲的行为系危害行为，应认定为无罪。

选项 C 中，行为没有导致危害结果的可能性，不属危害行为。以上三项中，行为人的行为均不是刑法中的危害行为，故无需判断有无故意、是否未遂，应认定为无罪。

选项 D 中，客观上，实施了杀人行为。主观上，行为人只是愚昧而无精神问题，有责任能力；在主观方面行为人认识到了对象是人，虽是"升天"但知晓行为性质是结束人的生命，具有杀人故意；虽是出于善良动机，但动机并不是故意杀人罪的构成要件要素（只是酌情量刑情节）。即使主观上误认为杀人"升天"的好事，属违法性认识错误，但公众均能认识到杀人的违法性，应当认为属具有认识可能性的违法性认识错误，不能阻却责任。仍然构成故意杀人罪。

3. 关于犯罪认定以及罪名认定，以下说法正确的有[2]

A. 甲误将淫秽光盘当作普通光盘走私入境。虽不构成走私淫秽物品罪，但如按照普通光盘计算，其偷逃应缴税额较大时，应认定为走私普通货物、物品罪（2011/2/11 - A）

B. 甲以为是劣药而销售，但实际上销售了假药，且对人体健康造成严重危害。法院以销售劣药罪定罪处罚（2014/2/58 - D）

C. 甲明知香肠不符合安全标准，足以造成严重食源性疾患，但误以为没有毒害而销售，事实上香肠中掺有有毒的非食品原料。对甲应以销售不符合安全标准的食品罪论处（2016/2/57 - D）

D. 甲误认为长途公交车上的司机后面座位上的提包是下车的乘客乙遗忘的，下车时顺手将其拿走，实际上是司机丙放在身后的。甲构成盗窃罪（2004/2/88 改）

【解析】本题考查客观（不法）、主观（责任）相统一，重合范围内认定罪名。

A 选项，（1）行为人客观上实施了走私淫秽物品的行为，主观上未认识到对象为淫秽光

_____

盘，没有走私淫秽物品的故意，不构成走私淫秽物品罪。（2）但淫秽物品与普通货物、物品是特别与一般的关系，行为人客观上实施的走私淫秽物品的行为，可以评价为走私"特殊的"普通货物、物品；主观上有走私普通货物、物品的故意。如偷逃应缴税额较大的，客观主观相统一，根据刑法第153条，构成走私普通货物、物品罪。本选项说法正确。

B选项，（1）客观上实施了销售假药行为，主观上具有销售劣药罪的故意，没有销售假药罪的故意，不能构成销售假药罪。（2）客观上，销售假药行为可以评价为销售"最劣的"劣药的行为，主观上具有销售劣药罪的故意。客观主观相统一，根据刑法第142条，构成销售劣药罪；该罪系结果犯，本案情形造成严重危害，可构成该罪。本选项说法正确。

C选项，（1）客观上实施了销售有毒食品的行为，主观上具有销售不符合安全标准食品的故意，没有销售有毒食品罪的故意，不构成销售有毒食品罪。（2）客观上实施了销售有毒食品的行为，可以评价为销售"最"不符合安全标准的食品的行为，主观上具有销售不符合安全标准食品的故意，客观主观统一，根据刑法第143条，构成销售不符合安全标准的食品罪。本选项说法正确。

D选项，（1）客观上，物主司机近在咫尺，提包归司机占有，系他人占有的财物，系盗窃对象；行为人在原占有人不知情的情况拿走其提包，系秘密窃取的盗窃行为；主观上，行为人误认为提包系他人遗忘在公共场所的遗忘物，具有侵占罪故意，主观上没有盗窃他人占有财物的故意，不构成盗窃罪。（2）客观上的盗窃行为，可以评价为特别的侵占行为（盗窃之后的非法所有行为可评价为侵占行为），主观上具有侵占罪故意，主客观相统一，根据刑法第270条，甲的行为构成侵占罪。本选项说法错误。

考点二　构成要件要素的分类

1. 关于构成要件要素的分类，下列哪些选项是正确的？[1]（2008/2/51）

A. 贩卖淫秽物品牟利罪中的"贩卖"是记述的构成要件要素，"淫秽物品"是规范的构成要件要素

B. 贩卖毒品罪中的"贩卖"是记述的构成要件要素，"毒品"是规范的构成要件要素

C. 强制猥亵妇女罪（注：现为强制猥亵、侮辱罪）中的"妇女"是记述的构成要件要素，"猥亵"是规范的构成要件要素

D. 抢劫罪的客观构成要件要素是成文的构成要件要素，"非法占有目的"是不成文的构成要件要素

【疑难辨析】本题考查构成要件要素的分类，包括主观与客观要素、规范与记述要素、积极与消极要素、成文与不成文要素，具有一定的难度。（1）客观的构成要件要素与主观的构成要件要素。说明行为外部的、客观方面的要素即为客观的构成要件要素，如行为、结果、行为对象等；表明行为人内心的、主观方面的要素即为主观的构成要件要素，如故意、过失、目的、动机等。刑事责任年龄、能力虽属责任要素，但其认定是客观的，系客观的构成要件要素。（2）积极的构成要件要素与消极的构成要件要素。积极地、正面地表明成立犯罪必须具备的要素，是积极的构成要件要素。否定犯罪性的构成要件要素，是消极的构成要件要素。（3）成文的构成要件要素与不成文的构成要件要素。刑法明文规定的构成要件要素，是成文

---

[1]　ACD

的构成要件要素。刑法条文表面上没有明文规定，但根据刑法条文之间的相互关系、刑法条文对相关要素的描述所确定的，成立犯罪所必须具备的要素，是不成文的构成要件要素。（4）记述的构成要件要素与规范的构成要件要素。从裁判者（法官）的立场来看，对于与构成要件要素相对应的事实，只需要进行事实判断、知觉的、认识的活动即可确定的要素，是记述的构成要件要素。与此相对，为了确定构成要件要素，需要裁判者的评价的要素，或者说需要裁判者的规范的评价活动、需要裁判者的补充的价值判断的要素，就是规范的构成要件要素。规范的构成要件要素包括四类：价值相关概念（好坏）、社会意义概念（社会功能）、纯粹法律概念（法律创设）、经验概念（模糊的经验感觉等）。

【解析】（1）"贩卖"、"毒品"、"妇女"等要素，无需裁判者进行规范评价，为记述的构成要件要素。

（2）"淫秽物品"、"猥亵"，涉及好与坏的价值评价，是与价值有关的概念，系规范的构成要件要素。

（3）抢劫罪的法条措辞中，客观构成要件要素在法条罪状中已明文规定，是成文的构成要件要素；"非法占有目的"未被明文规定，是不成文的构成要件要素。

2. 关于构成要件要素，下列哪一选项是错误的？[1]（2014/2/4）

A. 传播淫秽物品罪中的"淫秽物品"是规范的构成要件要素、客观的构成要件要素

B. 签订、履行合同失职被骗罪中的"签订、履行"是记述的构成要件要素、积极的构成要件要素

C. "被害人基于认识错误处分财产"是诈骗罪中的客观的构成要件要素、不成文的构成要件要素

D. "国家工作人员"是受贿罪的主体要素、规范的构成要件要素、主观的构成要件要素

【解析】A选项、B选项、C选项说法均正确。A、B两选项比较简单。"淫秽物品"是规范的构成要件要素（价值相关概念）、客观的构成要件要素（行为对象要素）。"签订、履行"是记述的构成要件要素、积极的构成要件要素。

C选项，刑法第266条诈骗罪的条文中并未明文规定"被害人基于认识错误处分财产"，但其是诈骗罪构成的必要客观要素（诈骗行为的组成部分），故其为不成文的构成要件要素。

D选项，"国家工作人员"是对受贿罪的主体身份的规定，故为主体（身份）要素；因其需依照刑法第93条规定的法律标准进行认定，系纯粹的法律概念，故为规范的构成要件要素。但是，国家工作人员要素系身份要素，无需从行为人的内心方面进行认定，故而属于客观的构成要件要素，而不是主观的构成要件要素。D选项认定其为"主观的构成要件要素"，判断错误。

3. 刑法第389条第1款规定："为谋取不正当利益，给予国家工作人员以财物的，是行贿罪。"同条第3款规定："因被勒索给予国家工作人员以财物，没有获得不正当利益的，不是行贿。"关于上述规定，下列哪些选项是正确的？[2]（2008延/2/51）

A. "为谋取不正当利益"是客观的构成要件要素

B. "不正当利益"是规范的构成要件要素

C. "给予国家工作人员以财物"是客观的构成要件要素、积极的构成要件要素

D. 第3款规定的内容，属于消极的构成要件要素

【解析】（1）行贿罪中的"为谋取不正当利益"定位为行为人主观目的要素，系主观要

［1］ D ［2］ BCD

素。注意：受贿罪中的"为他人谋取利益"系客观要素（客观上有承诺即可）。

（2）"不正当利益"中有"正当"一词，是涉及价值相关概念的规范的构成要件要素。

（3）"给予国家工作人员以财物"，是构成要件中的行为要素，是客观要素、积极要素。

（4）"没有获得不正当利益的"，不是行贿。是从反面否定犯罪的成立，故为消极要素。

4. 刑法第 246 条规定："以暴力或者其他方法公然侮辱他人或者捏造事实诽谤他人，情节严重的，处三年以下有期徒刑、拘役、管制或者剥夺政治权利。"关于本条的理解，下列哪些选项是正确的？[1]（2012/2/51）

A. "以暴力或者其他方法"属于客观的构成要件要素

B. "他人"属于记述的构成要件要素

C. "侮辱""诽谤"属于规范的构成要件要素

D. "三年以下有期徒刑、拘役、管制或者剥夺政治权利"属于相对确定的法定刑

【解析】（1）"以暴力或者其他方法"是对方法手段的描述，属于客观的构成要件要素。"公然""侮辱""他人""诽谤"，均为客观的构成要件要素。

（2）对于"暴力""他人"，无需裁判者进行规范评价，为记述的构成要件要素。

（3）对于"侮辱""诽谤"，属于价值相关概念的规范的构成要件要素，需要判断的行为好与坏即进行价值判断，才能认定其是否属于"侮辱""诽谤"，系典型的规范的构成要件要素。法条中的"其他方法""情节严重"，系伴随经验事实判断的概念，也属规范的构成要件要素。

---

[1]　ABCD

专题三　客观不法要件（犯罪的客观要件）

（1）不作为（不作为行为与不作为犯）	不作为的作为义务来源（形式四分法、实质三分法）；先前行为引起的义务；作为之后的不救助行为能否"单独成罪"、纯正的不作为犯与不纯正的不作为犯
（2）因果关系有无的判断	特殊体质与因果关系、介入因素与因果关系、重叠因果关系、同时犯因果关系；共同犯罪中的因果关系等

考点一　不作为行为与不作为犯

（一）不作为犯的作为义务来源（形式义务四分法、实质义务三分法）

1. 关于不作为犯罪，下列选项说法正确的有？[1]（2020/客/1/2 仿）

A. 哥哥看见成年的弟弟在杀害父亲不制止，可构成不作为犯

B. 丈夫在岳母家，看见妻子在伤害岳母不制止，可构成不作为犯

C. 外祖父看见成年女儿遗弃外孙女不理睬，可构成不作为犯

D. 爸爸看见 13 岁的孩子盗窃不制止，可构成不作为犯

【解析】本题在刑法上，考查的是不作为义务来源中的法律法规规定的义务；而实际上考查了民法对扶养义务的具体规定，是一道民刑结合的题目。

选项 A，（1）哥哥对于成年弟弟的犯罪行为，没有制止义务。（2）但是，根据《中华人民共和国民法典》（以下简称《民法典》）第 26 条第 2 款："成年子女对父母负有赡养、扶助和保护的义务。"亦即，儿子对父亲有扶助和保护的义务，可构成不作为犯。

选项 B，（1）丈夫对于妻子的犯罪行为，没有制止义务。（2）根据《民法典》第五编婚姻家庭规定，没有女婿对岳母负有扶助和保护的义务的规定。

选项 C，（1）父亲对于成年女儿的犯罪行为，没有制止义务。（2）但是，根据《民法典》第 1074 条第 1 款："有负担能力的祖父母、外祖父母，对于父母已经死亡或者父母无力抚养的未成年孙子女、外孙子女，有抚养的义务。"本案母亲不抚养，视为无力抚养，因此，外祖父对被遗弃的外孙女负有抚养义务，可构成不作为犯。亦即，刑法认为，第一顺位的保护人不在场或不保护时，第二顺位的保护人当然有"顺位"保护的义务。

选项 D，根据《民法典》第 26 条第 1 款，父母对未成年子女负有抚养、教育和保护的义务。根据第 1188 条："无民事行为能力人、限制民事行为能力人造成他人损害的，由监护人承

---

[1]　ACD

担侵权责任。"由此，可将"教育"义务扩大解释为监督义务，父亲对未成年子女实施的侵权行为具有制止义务，可构成不作为犯。

2. 关于不作为犯罪，下列哪些选项是正确的？[1]（2015/2/52）

A. 儿童在公共游泳池溺水时，其父甲、救生员乙均故意不救助。甲、乙均成立不作为犯罪

B. 在离婚诉讼期间，丈夫误认为自己无义务救助落水的妻子，致妻子溺水身亡的，成立过失的不作为犯罪

C. 甲在火灾之际，能救出母亲，但为救出女友而未救出母亲。如无排除犯罪的事由，甲构成不作为犯罪

D. 甲向乙的咖啡投毒，看到乙喝了几口后将咖啡递给丙，因担心罪行败露，甲未阻止丙喝咖啡，导致乙、丙均死亡。甲对乙是作为犯罪，对丙是不作为犯罪

【疑难辨析】本题考查不作为犯罪中的作为义务来源，主是考查形式义务根据（形式四分法）。作为义务依据在形式上可分为四种（形式四分法）：法律、法规规定的义务；职务或者业务要求的义务；法律行为引起的义务；先前行为引起的义务。

【解析】A选项，父亲对儿童有民法规定的救助义务（《民法典》第26条第1款，保护），救生员对落水者有职务上的救助义务；在因果关系上，只有二人均不救，才致死亡，对于死亡结果均具有因果关系（重叠因果），故均成立不作为犯罪。

B选项，（1）在客观不法层面，离婚尚未生效，夫妻关系尚未解除，丈夫对于妻子有民法规定的救助义务（《民法典》第1059条，扶养）。不救助导致死亡，系不作为致死行为。（2）在主观责任层面上，对于妻子该特定对象认识正确，明知不救会导致死亡结果，对于死亡结果具有故意。对于构成要件要素均有认识，对于事实认识没有错误，具有杀人罪故意。（3）误认为没有救助义务，系对行为法律性质的认识错误，属违法性认识错误，不阻却故意成立；一般公众均可认识到不救有错，属于具有认识可能性的违法性认识错误，不阻却责任。（4）客观不法＋主观故意责任＝故意的不作为犯罪；而不是"过失"的不作为犯罪。

C选项，（1）在不作为义务上，只对母亲有救助义务（《民法典》第26条第2款，保护），不救母亲系不作为行为；对于女友没有救助义务，如不救女友不构成不作为行为；（2）因为只有一项法律义务，不属义务冲突的违法阻却情况，故而不救母亲仍属不法；（3）一般可认为可能具有期待不可能等责任阻却事由，但选项已叙明"如无排除犯罪的事由"，故而甲构成不作为犯罪。

D选项，（1）甲对乙，创设风险"不当为而为之"，系作为行为；主观上具有杀人故意，构成故意杀人罪。（2）甲对丙，投毒行为引起风险，具有因先前行为而引起的作为义务，有能力制止而不制止，系负有消除风险义务而不履行"当为而不为"，系不作为行为；主观上具有杀人故意，构成不作为的故意杀人罪。故而说法正确。（3）但如果深究，把案情修改为：甲给乙投毒后，走了，乙递给丙，丙死。则甲对丙，客观上实施的危害行为实际与投毒杀乙（作为）的行为，是同一行为；主观上系打击错误、具体错误。（4）因此，本选项中甲对丙的行为，实际上是由：投毒（作为）＋不制止（不作为）两阶段组成的，整体上合并评价为一个杀人行为。

3. 下列哪些选项成立不作为犯罪？[2]（2008延/2/52）

A. 过路人甲看见某公寓发生火灾而不报警，导致公寓全部被烧毁

_____

B. 成年人乙带邻居小孩出去游玩，小孩溺水，乙发现后能够救助而不及时抢救，致使小孩被淹死

C. 丙重男轻女，认为女儿不能延续香火，将年仅 1 岁的女儿抱到火车站，放在长椅上后匆匆离开。因为天冷，等警察发现女孩将其送到医院时，女孩已经死亡

D. 司机丁意外撞倒负完全责任的行人刘某后，没有立即将刘某送往医院，刘某死亡。事后查明，即使司机丁将刘某送往医院，也不可能挽救刘某的生命

【解析】A 选项，考查法律、法规规定的义务，与刑法上不作为行为的关系。根据《中华人民共和国消防法》（以下简称《消防法》）的规定，公民发现火情后有报警义务；但此义务为行政法义务。但是，由于刑法上没有规定对应的"不报警"犯罪，故而甲只是行政法上的不作为行为，而不是刑法上的不作为行为。此外，火灾结果与不报警行为也无刑法上的因果关系。

B 选项，考查法律行为引起的义务。成年人乙带邻居小孩出去游玩，因自愿接受行为而成为未成年人的临时监护人，对于小孩的危难负有保护义务。

C 选项，考查法律、法规规定的义务。丙作为父母，依据婚姻家庭法负有抚养未成年子女的义务，有能力履行却不履行，系不作为行为。在性质上，不支配生命，系遗弃行为，不是杀人行为；导致其死亡，系致死行为。将小孩放在火车站长椅上，主观上有遗弃故意，对死亡结果系过失。丙触犯遗弃罪、过失致人死亡罪，系想象竞合。

D 选项，考查先前行为引起的义务，与不作为犯罪的关系。（1）在作为义务有无层面上，依题意行人负完全责任，司机对事故没有责任，亦即，司机未违章而行人违章。即便如此，根据《中华人民共和国道路交通安全法》第 70 条："在道路上发生交通事故，车辆驾驶人应当立即停车，保护现场；造成人身伤亡的，车辆驾驶人应当立即抢救受伤人员，并迅速报告执勤的交通警察或者公安机关交通管理部门"，司机有法律法规规定的法定救助义务。有能力救助而不救助，系不作为行为。（2）但在因果关系上，题意强调"即使司机丁将刘某送往医院，也不可能挽救刘某的生命"，说明不作为行为与死亡结果无因果关系，不符合不作为犯成立的因果关系条件，不构成不作为犯罪。

4. 下列选项中行为人甲构成不作为犯的有[1]（2019/客/卷一/仿 2）

A. 派出所的在押人员乙，告知民警甲说家里有孩子丙无人看管，请求甲帮助看管或通知家属；乙忘了此事，结果孩子因无人看管在家中出现了意外身亡

B. 货车司机甲在高速公路上，将横穿高速的乙撞倒致重伤后，害怕处罚而将乙拖往外地偏僻处抛弃，导致乙流血过多死亡

C. 甲路过河边时，发现有一个小孩乙落水，甲不想惹事，尽管能轻易救助但不救治而匆忙离开，导致乙因无人救助而溺死

D. 母亲甲因外出吸毒，而把两个孩子（1 岁、3 岁）放在家里不管，孩子死亡

【解析】A 选项，警察客观上具有基于职务、业务而救助公民危难的作为义务（《中华人民共和国人民警察法》第 28 条），主观上具有过失，可构成不作为过失犯罪（如玩忽职守罪等）。

B 选项，考查作为与不作为的区分。甲将乙拖往外地偏僻处抛弃的行为，系创设风险、增加风险的作为行为，系作为犯，构成故意杀人罪，而不是不作为犯。如果是撞倒后逃走不救助，系不作为行为。

---

[1] AD

C 选项，甲没有四种形式义务来源的任何一种，没有救助义务，不构成不作为行为。

D 选项，母亲甲客观上负有婚姻家庭法上的扶养义务，系不作为行为；该不作为行为支配生命，属杀人行为。主观上对死亡结果系故意，构成故意杀人罪，系不作为犯。

5. 关于不作为犯，以下说法正确的有[1]（2018/客/卷一/4 仿）

A. 甲、乙共同入户抢劫丙，进入被害人丙家后，甲将丙捆绑后，二人共同实施了抢劫行为。之后，乙为灭口而临时起意杀害了丙，甲站在一旁观看没有制止。乙还可构成故意杀人罪，系作为犯；甲也可构成故意杀人罪，系不作为犯

B. 母亲甲生下女婴丙后不想扶养，让自己的妹妹乙拿去扔掉，乙遂将女婴丙扔到某菜市场。甲有扶养义务，可构成遗弃罪，系不作为犯。乙虽没有扶养义务，但仍可构成遗弃罪

C. 失主甲空手追赶小偷乙，乙逃至河边，为摆脱甲的追赶而跳河，欲游到对岸。乙游至河心时因体力不支，向甲呼救。甲心想"淹死也算活该"，未对乙施救，乙溺亡。甲的行为构成不作为犯的故意杀人罪

D. 父亲甲过失将自己的孩子摔在地上，看孩子没有哭闹，就没有送往医院。三天后孩子死亡，经查明，死亡原因是脑部受到重创导致的，但查明受伤太严重，就算当时被摔当时送往医院也救不活。甲的行为不构成不作为犯的故意杀人罪

【解析】 A 选项，（1）乙抢劫后灭口而杀人，构成抢劫罪（基本犯）、故意杀人罪，两罪并罚。（2）对于甲：只有先前行为与危险的造成具有刑法上的因果关系，行为人才有作为义务。①乙实施的杀人行为，与之前甲、乙的共同抢劫行为，之间具有条件关系。②但是，应当负主要责任的条件是乙的实行过限，与其有因果关系。亦即，甲与乙实施的抢劫行为，与乙实施的杀人行为，仅有条件关系，而无因果关系。③甲不具有因先前行为引起的作为义务，对乙实施的杀人行为没有制止义务，不能构成不作为的故意杀人罪。只构成抢劫罪（基本犯）一罪。

B 选项，（1）对于实行者乙，将女婴扔在菜市场的行为，未支配生命，不属杀人行为，属于遗弃行为；但乙自身没有保护女婴的义务（没有保护人身份），不构成遗弃罪的正犯。（2）对于支配者甲，负有民法规定的抚养义务（具有保护人身份），而利用没有身份的乙实施遗弃行为，构成遗弃罪的间接正犯。（3）乙以作为形式帮助甲实施不作犯，行为本身是作为形式，但构成的罪名是不作为犯。系遗弃罪的帮助犯。

C 选项，（1）失主甲空手追赶小偷乙，追赶行为与落水风险之间虽具有条件关系；（2）但小偷乙自己跳河也是落水风险的另一个条件，并且是应当负主要责任的条件，具有因果关系。（3）亦即，甲的追赶行为与落水风险之间只有条件关系，没在因果关系，甲不具有因先前行为引起的作为义务，不能构成不作为犯。

D 选项，（1）前段行为系过失的作为行为。（2）对于后段行为，甲具有先前行为引起的救助义务，但因死亡结果与不救助行为之间没有因果关系，不能将死亡结果归因于不作为，只能归因于之前的作为。（3）故甲构成过失的作为犯，而不是不作为犯。

6. 关于不作为犯罪的判断，下列哪一选项是错误的？[2]（2014/2/5）

A. 小偷翻墙入院行窃，被护院的藏獒围攻。主人甲认为小偷活该，任凭藏獒撕咬，小偷被咬死。甲成立不作为犯罪

B. 乙杀丙，见丙痛苦不堪，心生悔意，欲将丙送医。路人甲劝阻乙救助丙，乙遂离开，丙死亡。甲成立不作为犯罪的教唆犯

---

[1] BD [2] C

C. 甲看见儿子乙（8周岁）正掐住丙（3周岁）的脖子，因忙于炒菜，便未理会。等炒完菜，甲发现丙已窒息死亡。甲不成立不作为犯罪

D. 甲见有人掉入偏僻之地的深井，找来绳子救人，将绳子的一头扔至井底后，发现井下的是仇人乙，便放弃拉绳子，乙因无人救助死亡。甲不成立不作为犯罪

【疑难辨析】本题主要考查不作为犯中的实质义务根据（特别是A、C选项）。实质的义务根据，是为了说明了具备何种实质条件时，行为人才具有作为义务。包括：基于对危险源的支配产生的监督义务、基于特殊保护关系产生的保护义务、基于对领域的支配产生的报告和救助义务（实质三分法）。在认定行为人是否具有作为义务时，如运用形式四分法难以认定，就可动用实质三分法进行认定。

【解析】A选项，（1）因甲是藏獒的主人，基于对危险物的管理义务，而负有制止狗咬人的作为义务。形式义务来源为民法规定的动物饲主对动物的监管义务，即法律法规规定的义务。在不法积极层面由，属不作为致死行为。（2）在不法消极层面上，对小偷的盗窃行为虽可防卫，但令狗咬死其系属防卫过当，仍为不法行为。

B选项，（1）乙的前段行为系作为的杀人行为；之后，基于先前创设风险的行为而负有对丙的救助义务，可以认为乙具有保护人身份（救助义务），其后段行为如单独评价系不作为行为。在罪数上，后段不行为杀人行为与前段作为杀人行为，可合并整体评价为一个作为的故意杀人罪既遂。（2）路人甲无救助义务（保护人身份），不能成为不作为犯的正犯；但无身份之人教唆有身份之人犯有身份之罪，可成立不作为犯罪的教唆犯。（3）甲是在乙实施后段行为时加入，二人对后段行为成立共同犯罪（不作为的共同犯罪）。

C选项，（1）在客观不法层面上，因甲是乙的监护人，基于监督地位，负有制止乙杀丙的作为义务。有能力制止而不制止，系不作为行为。形式义务来源为民法规定的未成年人监护人对未成年人的监管义务，即法律法规规定的义务。（2）在主观方面，按照题意对结果是过失。构成过失致人死亡罪。C选项说甲不成立不作为犯罪，说法错误。

D选项，甲没有实施创设、升高风险的作为行为。选项问的甲不救助的行为是否属于刑法上的不作为行为，关键要看甲是否负有救助义务，可以从形式四分法或实质三分法方面分析。（1）甲没有四种形式义务来源。（2）在实质义务层面上，风险并非甲监管或创设、甲与乙也无保护关系、风险也未发生在甲支配的领域，甲不负有任何救助乙的作为义务，不构成不作为行为。（3）甲救助乙的半途中停止救助，但其之前行为并未创设和增加风险，没有继续救助到底的义务。故甲不成立不作为犯罪。

7. 关于不作为犯罪，下列哪些选项是正确的？[1]（2011/2/52）

A. 宠物饲养人在宠物撕咬儿童时故意不制止，导致儿童被咬死的，成立不作为的故意杀人罪

B. 一般公民发现他人建筑物发生火灾故意不报警的，成立不作为的放火罪

C. 父母能制止而故意不制止未成年子女侵害行为的，可能成立不作为犯罪

D. 荒山狩猎人发现弃婴后不救助的，不成立不作为犯罪

【解析】A选项，属于基于对危险源的支配产生的监督义务。宠物饲养人对宠物造成的危险负有制止义务。形式义务来源为民法规定的动物饲主对动物的监管义务，即法律法规规定的义务。

B选项，考查法律、法规规定的义务，与不作为犯罪的关系。根据《消防法》的规定，公

民发现火情后有报警义务；但此义务为行政法义务。但是，由于刑法上没有规定对应的"不报警"犯罪，故而只是行政法上的不作为，而不是刑法上的不作为行为。此外，火灾结果与不报警行为也无刑法上的因果关系，故不成立不作为的放火罪。

C选项，属于基于对危险源的支配产生的监督义务。父母是未成年子女的监护人，对其造成的危险负有制止义务。形式义务来源为民法规定的未成年人监护人对未成年人的监管义务，即法律法规规定的义务。

D选项，我国法律未规定荒山狩猎人有救助义务、风险并非其监管或创设，弃婴与狩猎人之间无特殊关系、没有保护义务，风险也未发生在其支配的领域，其在形式和实质上不负有救助乙的作为义务。故而狩猎人不救助，只是违反道德义务，而未违反法律义务，不成立不作为犯罪。

（二）关于"先前行为引起的义务"

8. 下列哪一选项构成不作为犯罪？[1]（2012/2/4）

A. 甲到湖中游泳，见武某也在游泳。武某突然腿抽筋，向唯一在场的甲呼救。甲未予理睬，武某溺亡

B. 乙女拒绝周某求爱，周某说"如不答应，我就跳河自杀"。乙明知周某可能跳河，仍不同意。周某跳河后，乙未呼救，周某溺亡

C. 丙与贺某到水库游泳。丙为显示泳技，将不善游泳的贺某拉到深水区教其游泳。贺某忽然沉没，丙有点害怕，忙游上岸，贺某溺亡

D. 丁邀秦某到风景区漂流，在漂流筏转弯时，秦某的安全带突然松开致其摔落河中。丁未下河救人，秦某溺亡

【疑难辨析】本题考查先前行为与作为义务的关系。并非所有先前行为都能产生作为义务，只有风险是由先前行为创设、增加的，先前行为与危险具有刑法上的因果关系（应当负主要责任的条件），行为人才负有的排除危险的作为义务。

【解析】A选项，武某陷于危险，非甲造成，甲无先前行为引起的义务；武某与甲亦无特殊保护关系，我国刑法也未规定"见危不救罪"，甲在形式上、实质上均无救助义务。故甲不救助，只是违反道德义务，不属刑法上的不作为行为，不成立不作为犯罪。

B选项，造成周某自杀风险的条件有二：一是乙女先前拒绝行为，二是周某的自杀行为。周某自主自决的自杀行为，是造成风险的主要条件，与风险有刑法上的因果关系。自杀一般认为是自杀者本人制造的风险。乙女拒绝的行为，虽与风险有条件关系，但不是负主要责任的条件，无刑法上的因果关系。不认为是其先前行为制造的风险，乙女无救助义务。

C选项，丙将贺某"拉到"深水区，贺某到深水区的风险是由丙"拉"的行为制造的，与丙的先前行为有因果关系，丙有救助义务。

D选项，造成秦某掉落河中风险的条件有二：一是丁"邀"的行为，二是秦某去的行为。秦某是成年人，具有自主自决意思能力。秦某到危险水域漂流自陷风险的行为系造成的风险主要条件，有因果关系。丁"邀"的行为虽与危险有条件关系，但不是负主要责任的条件，无刑法上的因果关系。丁无救助义务。

9. 梁某与好友强某深夜在酒吧喝酒。强某醉酒后，钱包从裤袋里掉到地上，梁某拾后见钱包里有5000元现金就将其隐匿。强某要梁某送其回家，梁某怕钱包之事被发现，托辞拒绝。强某在回家途中醉倒在地，被人发现时已冻死。关于本案，下列哪些选项是正确的？[2]

（2007/2/52）

  A. 梁某占有财物的行为构成盗窃罪

  B. 梁某占有财物的行为构成侵占罪

  C. 梁某对强某的死亡构成不作为的故意杀人罪

  D. 梁某对强某的死亡不构成不作为的故意杀人罪

【解析】（1）强某醉酒掉到在身旁的钱包，因物主近在咫尺，系强某占有的财物，是盗窃罪的对象；不属脱离占有的遗忘物，不是侵占罪对象。梁某趁强某无知情而拿走，系秘密窃取的盗窃行为，根据刑法第264条，构成盗窃罪。选项A正确。（2）本案的疑难问题在于后一行为，担心盗窃行为被发觉而拒送人回家导致死亡，是否构成不作为犯？判断的关键是行为人有无作为义务。只有创设、增加风险的先前行为（具有刑法上的因果关系即系主要条件）才能引起作为义务。梁某虽实施了先行的盗窃行为，但该先行行为没有创设、增加强某生命危险。此外，梁某虽与强某一起喝酒，但强某具有自由意志选择喝与不喝，强某醉酒与梁某与之一起喝酒的行为仅有条件关系，但并非负主要责任的条件，没有因果关系；负主要责任的条件系强某自己饮酒的自陷风险行为，与之有因果关系。故而，梁某没有先前行为引起的救助义务。梁某与强某之间也不存在保护关系，也没有其他作为义务来源，故其不构成不作为犯。（3）当然，如果强某醉酒是由梁某强灌等原因直接导致的，或者梁某盗走的东西系强某保暖、维生之用，则可能因先前行为而产生救助义务。故选项D正确，选项C错误。

  10. 丁某系间歇性精神病人，丁某之妻郭某系丁某的监护人。一日，二人到丁父母家吃饭时，丁某和其父母争吵，突然精神病发作丧失责任能力，拿起菜刀砍其父母，将其父母砍倒（当时未死）。郭某并未劝阻，也并未施救，也未报警，而是关灯关门带丁某离开，丁父母流血休克而亡。后到家后郭某还将丁某沾有血迹的衣服和鞋子洗干净。事后查明，丁某父母被砍后伤重，即使及时送医仍会死亡。关于郭某行为的定性，以下说法正确的有[1]（2018/客/卷一/5仿）

  A. 郭某构成故意杀人罪

  B. 郭某行为系不作为犯

  C. 郭某构成故意杀人罪和帮助毁灭证据罪，数罪并罚

  D. 郭某清洗衣服鞋子的行为，构成帮助毁灭证据罪

【解析】对于丁某的行为，在客观不法层面上，系作为的杀人行为；但在主观责任上，系间歇性精神病人，杀人行为当时无责任能力，不构成故意杀人罪。

  对于郭某：（1）对于前段不制止、不救助的行为。由于其系丁某的监护人，具有法律规定的监护义务，对于丁某的杀人行为，具有监管和制止义务。对于丁某突发的杀人行为，尚可认为无法制止，没有作为能力。（2）对于之后因丁某造成父母重伤之后，可以报警救助，应认为具有救助能力。但是，不作为犯的成立，除了作为义务、作为能力之外，还需不作为行为与危害结果之间具有因果关系，题干已经叙明，丁某父母没有救活的可能性，故而，死亡结果与郭某的不作为行为之间不具因果关系，郭某不能构成不作为犯，即故意杀人罪。（3）对于后段清洗衣服鞋子的行为，可构成帮助毁灭证据罪。由于前行为，郭某并不构成故意杀人罪，不是本犯，因此，具有期待可能性。（4）故而，D选项当选。

---

[1] D

（三）先前作为行为后续的不救助行为能否"独立成立不作为行为（不作为犯）"

11. 关于不作为犯罪，下列哪些选项是正确的？[1]（2010/2/52）

A. 甲在车间工作时，不小心使一根铁钻刺入乙的心脏，甲没有立即将乙送往医院而是逃往外地。医院证明，即使将乙送往医院，乙也不可能得到救治。甲不送乙就医的行为构成不作为犯罪

B. 甲盗伐树木时砸中他人，明知不立即救治将致人死亡，仍有意不救。甲不救助伤者的行为构成不作为犯罪

C. 甲带邻居小孩出门，小孩失足跌入粪塘，甲嫌脏不愿施救，就大声呼救，待乙闻声赶来救出小孩时，小孩死亡。甲不及时救助的行为构成不作为犯罪

D. 甲乱扔烟头导致所看仓库起火，能够扑救而不救，迅速逃离现场，导致火势蔓延财产损失巨大。甲不扑救的行为构成不作为犯罪

【疑难辨析】本题主要考查先前的作为行为创设风险的不救助行为能否"独立成立不作为行为（不作为犯）"。一看因果关系，二看能否合并评价。先看结果可否归因于不救助（因果关系），再看二行为性质是否相同、是否持续行为、结果是否包容。

【解析】选项A，先前行为铁钻刺人是在过失支配下的作为行为，创设风险；后行为不救助是在故意支配下的不作为行为。一看因果关系。救了也不能活，死亡结果与不救助行为之间不具有条件关系和因果关系，不符合构成不作为犯的第三个客观条件"不作为导致结果发生或危险"，虽是不作为行为，但不能构成不作为犯罪。死亡结果归因于之前的过失作为行为，应以重大责任事故罪（包容过失致人死亡罪）论处，系作为犯。选项A错误。

选项B，先前行为盗伐树木作为行为砸中他人，创设风险；后行为不救助，是不作为行为。一看因果关系。不立即救治将致人死亡，死亡结果与不救助行为有因果关系。二看能否合并评价。后行为可独立构成不作为故意杀人罪，不能被先前的盗伐林木罪所包容。前后两罪应数罪并罚。选项B正确。

选项C，考查作为义务的有无判断。甲带邻居小孩出门，因甲因临时监护法律行为而产生救助义务，相当于临时监护人，对于小孩有救助义务。尽管小孩失足跌入粪塘系本人行为造成，但甲基于临时监护人的身份应无条件地救助，其有能力而不及时救造成结果即可构成不作为犯罪。选项C正确。

选项D，乱扔烟头的先前作为行为创设风险，后续的不扑救行为系不作为行为。一看因果关系。扔烟头之后还能扑救，火灾结果与不扑救行为具在因果关系。二看能否合并评价。后行为导致的是故意放火的结果，不能被之前失火行为所包容，后行为可独立构成不作为放火罪。选项D正确。

12. 甲对正在实施一般伤害的乙进行正当防卫，致乙重伤（仍在防卫限度之内）。乙已无侵害能力，求甲将其送往医院，但甲不理会而离去。乙因流血过多死亡。关于本案，下列哪一选项是正确的？[2]（2013/2/7）

A. 甲的不救助行为独立构成不作为的故意杀人罪

B. 甲的不救助行为独立构成不作为的过失致人死亡罪

C. 甲的行为属于防卫过当

D. 甲的行为仅成立正当防卫

【疑难辨析】本题考查是先前行为是正当行为时，行为人有无救助义务，如何判断罪数的

---

[1] BCD [2] C

问题。应采用"三步法"判断：第一步，先不考虑先前行为的防卫、避险性质；而直接将先前作为行为评价为价值中立的"裸的"作为的伤害、杀害行为等（客观不法的积极层面判断：危害行为）。第二步，再看后续的不救助行为，是否与最终结果之间具有因果关系，能否与先前作为行为合并评价（客观不法的积极层面判断：危害结果）。第三步，最后判断合并行为造成的结果是否超过正当限度，以判断结果是否过当（客观不法的消极层面判断：结果是否正当）。

【解析】（1）第一步，先不考虑正当防卫的问题，甲先故意伤害致乙重伤，先前行为创设了风险，有救助义务；不救助致其死亡，系不作为致死行为。

（2）第二步，前后两行为合并评价，伤害+致死，按高度行为吸收低度行为的规则，可合并评价为致死行为一个行为。

（3）第三步，考虑防卫以及是否过当问题。题干已经设定此防卫的最高限度是重伤，故而以致死手段防卫造成死亡结果，超过了必要限度重伤，系防卫过当。认定为防卫过当致人死亡。

（4）在主观罪过方面，防卫过当一般是过失犯罪，也可能是故意犯罪。防卫过当中的罪过不是指对事实结果的心态，而是对过当结果的心态（责任故意）。本题题干中"甲不理会"提示对过当结果（不法结果）系故意，亦即明知过当而有意为之。客观主观相统一，根据刑法第232条罪名应当认定为故意杀人罪；根据刑法第20条第3款属防卫过当，只对过当结果（死亡减除重伤）负责，应当减轻或免除处罚。

（5）A选项、B选项中，之后的不救助行为不能单独评价为不作为行为，而应与之前的伤害行为合并评价，认为"独立"构成不作为犯的说法错误。

13. 甲因家中停电而点燃蜡烛时，意识到蜡烛没有放稳，有可能倾倒引起火灾，但想到如果就此引起火灾，反而可以获得高额的保险赔偿，于是外出吃饭，后来果然引起火灾，并将邻居家的房屋烧毁。甲以失火为由向保险公司索赔，获得赔偿。对于此案，下列哪一选项是正确的？[1]（2008延/2/13）

A. 就放火罪而言，甲的行为属于不作为犯

B. 就放火罪而言，甲的行为属于作为与不作为的结合

C. 就保险诈骗罪而言，甲的行为属于不作为犯

D. 就保险诈骗罪而言，甲的行为属于作为与不作为的结合

【解析】本题考查作为犯、不作为犯的区分。（1）放火罪是不纯正的不作为犯，可由作为和不作为的方式构成。（2）甲没有放稳蜡烛的先前行为，系过失的作为行为；引起火灾的危险，甲负有消除危险的义务（先行行为引起的义务）；甲实施的不扶稳的后行为，系不作为行为。（3）在因果关系上，火灾结果与不扶稳行为有因果关系。按题意，对火灾结果系故意。不能被先前的过失行为包容。后行为可独立成立不作为的放火罪。故选项A正确，选项B说法错误。（2）甲向保险公司虚假索赔，是制造保险公司财产损失的行为，属于作为犯，构成保险诈骗罪。故选项C、D说法错误。

14. 甲因与丙发生婚外情而欲与妻子乙离婚，乙拒绝离婚，丙提议往乙喝的牛奶里投毒。甲投毒后，乙不知牛奶有毒，端给儿子丁喝。甲说儿子已经喝过牛奶了，乙坚持给儿子喝。丁喝完牛奶后中毒，被乙送往医院经抢救未脱险仍死亡。关于本案，下列哪些选项是正确的？[2]（2021/客/卷一/仿2）

_____

[1] A [2] ABC

A. 如认为甲有义务阻止丙将有毒饮料递给丁喝而不阻止，则甲成立不作为故意杀人罪的间接正犯

B. 如认为甲有义务保护丁而不保护，则甲成立不作为故意杀人罪的直接正犯

C. 无论认定丙属于对象错误还是方法错误，只要坚持法定符合说，丙均成立故意杀人罪既遂的教唆犯

D. 按照共犯从属性原则，不能将甲杀丁的事实归属于丙，丙仅成立故意杀人罪未遂的教唆犯

【解析】本题考查不作为、行为个数、认识错误、共同犯罪、间接正犯。

（一）实行者妻子乙：客观上致儿子丁死亡，主观上系意外事件，不构成犯罪。

（二）正犯甲：1. 对妻子乙，利用妻子自己喝毒药杀害妻子，系作为杀人行为；主观上具有直接故意；构成故意杀人罪未遂、直接正犯。2. 对儿子丁：（1）在客观行为上，①利用不知情的乙杀丁，系作为杀人行为、间接正犯行为；②具有因先前投毒行为产生的制止妻子乙的义务，而不制止，利用没有故意的乙杀丁，系不作为杀人行为、间接正犯行为；③甲本人具有因民法规定的保护儿子丁的义务，而不保护，系不作为杀人行为、直接正犯行为。（2）在行为个数上：①甲利用乙杀丁的作为行为，与不制止乙杀丁的不作为行为，是同一个行为；作为吸收不作为，认定为作为的杀人行为。②甲利用乙杀丁的作为杀人行为，与不救助丁的不作为杀人行为，虽是两个阶段，但是整体上，作为杀人行为吸收不作为杀人行为，整体上认定为一个作为的杀人行为。（3）主观上，对于对象人儿子，没有认识错误，具有杀人直接故意。构成故意杀人罪、间接正犯，系犯罪既遂。

（三）教唆犯丙：（1）对于正犯甲实施的杀妻行为，构成杀人罪未遂的教唆犯。（2）对于正犯甲利用妻子乙杀害儿子丁的行为，尽管杀害的具体对象人不同，但都是同性质的杀人行为；丙客观上实施了杀人的教唆行为。主观上系打击错误、具体错误（通说），按法定符合说仍有故意。构成杀人罪既遂的教唆犯。（3）对于甲实施的不救助儿子丁的不作为杀人行为，丙确实没有教唆，不构成该不作为行为的教唆犯。（4）但是，儿子丁的死亡结果，仍与甲利用妻子乙杀丁的作为行为具有因果关系，教唆犯丙对甲的该作为行为导致的结果需要负责。

（四）事例类比：（1）甲对丁的行为个数。假定事例1：甲直接给丁投毒，见丁喝又不制止。作为的杀 + 不作为的杀 = 作为的杀。（2）丙对丁的死亡结果是否负责。假定事例2：丙教唆甲投毒杀乙，甲给乙投毒后，走了；乙不知牛奶有毒，端给儿子丁喝，丁死。则：甲对丁系打击错误、具体错误，有杀人故意；构成故意杀人罪既遂；丙构成故意杀人罪既遂的教唆犯。

（四）纯正（真正）的不作为犯与不纯正（真正）的不作为犯

15. 关于不作为犯罪，下列哪一选项是正确的？[1]（2016/2/1）

A. "法无明文规定不为罪"的原则当然适用于不作为犯罪，不真正不作为犯的作为义务必须源于法律的明文规定

B. 在特殊情况下，不真正不作为犯的成立不需要行为人具有作为可能性

C. 不真正不作为犯属于行为犯，危害结果并非不真正不作为犯的构成要件要素

D. 危害公共安全罪、侵犯公民人身权利罪、侵犯财产罪中均存在不作为犯

【解析】A选项，考查不真正不作为犯的作为义务来源与罪刑法定原则的关系。（1）罪刑法定原则（"法无明文规定不为罪"）只是要求犯罪（罪名）明文规定，不作为犯当然最终是以刑法有明文规定的罪名来定罪的，当然符合罪刑法定原则。（2）不真正不作为犯的作为义

_____

[1] D

务认定，在刑法中称为"开放的构成要件要素"（类似的还有疏忽过失认定中的"应当预见"要素），需要裁判者根据案情具体认定。（3）不作为犯的义务来源，在形式上有四种：法律法规规定、职务业务要求、法律行为引起、先行行为创设，并不只限于法律的明文规定，不真正不作为犯同样如此。故而，A 选项的说法错误。

B 选项，考查不作为犯的成立条件。不作为犯的成立条件，在客观上要求行为人有作为义务、具有作为能力（作为可能性）、不作为行为与危害结果之间具有因果关系。这些成立条件不仅适用于所有真正不作为犯，也适用于所有不真正不作为犯。故而，B 选项的说法错误。

C 选项，（1）如果将危害结果理解为法益侵害结果（广义上理解），则危害结果是全部犯罪，包括作为犯和不作为犯的共同必要要素，不真正不作为犯的成立当然要以危害结果为构成要件。（2）如果将危害结果理解为实害结果（狭义上理解）。不真正不作为犯可以是结果犯，也可以是危险犯（具体危险犯），也可以是行为犯（抽象危险犯）。当不真正不作为犯是结果犯时，危害结果就是该不真正不作为犯的构成要件要素。故而，C 选项的说法错误。

D 选项，刑法规定的 483 个罪名中，十几个真正不作为犯只能由不作为行为构成；其它470 个左右罪名，既可以由作为构成，也可以由不作为构成（不真正不作为犯）。危害公共安全罪、侵犯公民人身权利罪、侵犯财产罪中，当然均存在不作为犯。故而，D 选项的说法正确。

（五）综合题

16. 关于不作为犯罪，下列哪些选项是正确的？[1]（2013/2/51）

A. 船工甲见乙落水，救其上船后发现其是仇人，又将其推到水中，致其溺亡。甲的行为成立不作为犯罪

B. 甲为县公安局长，妻子乙为县税务局副局长。乙在家收受贿赂时，甲知情却不予制止。甲的行为不属于不作为的帮助，不成立受贿罪共犯

C. 甲意外将 6 岁幼童撞入河中。甲欲施救，乙劝阻，甲便未救助，致幼童溺亡。因只有甲有救助义务，乙的行为不成立犯罪

D. 甲将弃婴乙抱回家中，抚养多日后感觉麻烦，便于夜间将乙放到菜市场门口，期待次日晨被人抱走抚养，但乙被冻死。甲成立不作为犯罪

【解析】本题考查不作为犯，涉及作为犯与不作为犯的区分，作为义务来源和内容，先前行为引起的义务，不作为犯的共犯、罪名认定等诸多问题。

A 选项，（1）之前的行为，乙落水时船工甲有作为义务，甲救其上船已履行义务，不构成作为或不作为犯罪。（2）后行为，甲推人下水的行为，创设了风险，是作为行为；乙死亡的原因是因甲将其推入水中溺亡，甲构成作为犯罪。A 选项说法错误。

B 选项，考查作为义务来源和内容。甲有两种身份，分别判断。（1）甲是丈夫，甲、乙是平等的夫妻关系，基于特殊关系甲对乙有保护义务（乙遭遇风险时甲有救助义务）。但甲并非乙的监护人（乙不是精神病人），不存在监督义务（对于乙犯罪的制止义务）。故而乙受贿时，甲与乙虽存在夫妻关系，但没有制止义务，甲的行为不属于不作为的帮助，不成立受贿罪共犯。（2）甲为县公安局长，身为警察的具体职责，根据《中华人民共和国人民警察法》第21条的规定，"人民警察遇到公民人身、财产安全受到侵犯或者处于其他危难情形，应当立即救助；对公民提出解决纠纷的要求，应当给予帮助；对公民的报警案件，应当及时查处。人民警察应当积极参加抢险救灾和社会公益工作。"对于受贿案件，不属危难情形，也无人报警，故

---

[1] BD

也没有基于警察身份的制止义务和立案义务，仅是知情不举。（3）如果本案案情改为乙在杀害丙时甲故意不制止，则甲就可涉嫌不作为的渎职犯罪（滥用职权罪），甚至可以触犯不作为的故意杀人罪，成立想象竞合。故 B 选项说法正确。

C 选项，考查先前行为引起的义务、不作为的共犯。（1）幼童撞入河中的风险是由甲的先前行为导致，无论甲是意外还是过失、故意，均有基于先前行为的救助义务，不救助构成不作为犯。（2）不作为犯实际上是身份犯（要求正犯具有保证人身份），甲有救助的义务具有保证人身份，可成立正犯；乙虽无此身份，但可成立共犯（教唆犯、帮助犯），本案中乙成立不作为犯的教唆犯。故 C 选项说法错误。

D 选项，考查作为义务的来源和罪名认定。（1）甲将弃婴乙抱回家中"抚养多日"，根据形式义务根据说，形成了稳定的抚养关系，负有法律行为（自愿接受的单方法律行为）引起的抚养义务；根据实质义务根据说，负有因特殊关系的保护义务，甲不履行抚养义务也不寻求民政部门或他人抚养，可成立不作为犯。（2）根据题干叙述的案情"放到菜市场门口"，甲的不作为行为应当评价为遗弃行为而不是杀人行为，主观上有遗弃故意，对于乙的死亡是过失，甲触犯遗弃罪、过失致人死亡罪，系想象竞合，应当择一重处。

17. 下列与不作为犯罪相关的表述，哪一选项是正确的？[1]（2006/2/4）

A. 甲警察接到报案：有歹徒正在杀害其妻。甲立即前往现场，但只是站在现场观看，没有采取任何措施。此时，县卫生局副局长刘某路过现场，也未救助被害妇女。结果，歹徒杀害了其妻。甲和刘某都是国家机关工作人员，都没有履行救助义务，均应成立渎职罪

B. 甲非常讨厌其侄子乙（6 岁）。某日，甲携乙外出时，张三酒后驾车撞伤了乙并迅速逃逸。乙躺在血泊中。甲心想，反正事故不是自己造成的，于是离开了现场。乙因得不到救助而死亡。由于张三负有救助义务，所以甲不构成不作为犯罪

C. 甲下班回家后，发现自家门前放着一包来历不明、类似面粉的东西。甲第二天上班时拿到实验室化验，发现是海洛因，于是立即倒入厕所马桶冲入下水道。甲虽然没有将毒品上交公安部门，但不构成非法持有毒品罪

D. 《消防法》规定，任何人发现火灾都必须立即报警。过路人甲发现火灾后没有及时报警，导致火灾蔓延。甲的行为成立不作为的放火罪

【解析】本题考查不作为犯，涉及作为义务的来源、持有行为的定性、不作为犯罪的成立与构成要件等诸多问题。

A 选项，考查职务业务引起的作为义务。（1）甲具有双重身份：作为警察有职务上的救助危难的义务，故意不救助而造成损失，根据刑法第 397 条，可构成滥用职权罪（渎职罪）。作为丈夫有救助妻子的义务，如果在当时的场景下，甲一救助则妻子有极大可能脱险避免死亡，则其不作为行为与杀人的作为行为有等价性，此时，甲故意不救助，根据刑法第 232 条，可构成不作为故意杀人罪。系想象竞合，应当择一重处。（2）对于刘某的行为，虽为国家机关工作人员，但依其职务（卫生局副局长），其具体职责中没有救助危难的作为义务，不构成不作为犯，只是违纪或违反道德的行为。

B 选项，考查作为义务的来源。（1）叔叔与侄子之间，不存在民法、婚姻家庭法上规定的救助义务。（2）乙受伤的风险系张三创设，甲不存在因先前创设风险行为而产生的救助义务。（3）甲携 6 岁儿童乙外出的法律行为，会产生临时监护义务（保护人身份），包括被监护人因他人、本人、监护人而陷于危险时的救助义务。故甲具有因法律行为（自愿接受为临时保护人

---

[1] C

的单方法律行为）而引起的保护义务。

C选项，（1）持有行为一般认为是作为行为，而不是不作为行为。（2）本选项中行为人在持有时并不明知毒品，而明知后又不再持有。因行为人并不具有上缴毒品的义务，不上缴不构成不作为行为。（3）明知是毒品后而不持有，没有实施作为行为，又不属不作为，不构成犯罪。

D选项，考查法律、法规规定的义务，与不作为犯罪的关系。根据《消防法》的规定，公民发现火情后有报警义务；但此义务为行政法义务。但是，由于刑法上没有规定对应的"不报警"犯罪，故而甲只是行政法上的不作为，而不是刑法上的不作为犯罪。此外，火灾结果与不报警行为也无刑法上的因果关系，故不成立不作为的放火罪。

考点二　危害结果

1. 关于危害结果的相关说法，下列哪一选项是错误的？[1]（2008/2/1）

A. 甲男（25岁）明知孙某（女）只有13岁而追求她，在征得孙某同意后，与其发生性行为。甲的行为没有造成危害后果

B. 警察乙丢失枪支后未及时报告，清洁工王某捡拾该枪支后立即上交。乙的行为没有造成严重后果

C. 丙诱骗5岁的孤儿离开福利院后，将其作为养子，使之过上了丰衣足食的生活。丙的行为造成了危害后果

D. 丁恶意透支3万元，但经发卡银行催收后立即归还。丁的行为没有造成危害后果

【解析】刑法中的危害结果（广义结果）包括实害结果和危险结果（具体危险、抽象危险）。构成犯罪的行为肯定造成了结果（实害或危险），由此，只要判断行为是否构成犯罪，就可得出是否造成危害结果的结论。

（1）选项A，甲男明知幼女而与之发生性关系，根据刑法第236条第2款，已构成奸淫幼女型的强奸罪，具有危害结果（抽象危险结果），故选项A错误。

（2）选项B，根据刑法第129条，丢失枪支不报罪要求"造成严重后果"（实为情节要素）才构成犯罪，严重后果通常指枪支落入不法分子手中为其所用实施犯罪行为等结果。本案中无此结果，不构成犯罪，故选项B正确。

（3）选项C，诱骗儿童离开监护人的，根据刑法第262条，构成拐骗儿童罪，当然有危害结果（实害结果），故选项C正确。

（4）选项D，根据刑法第196条第2款，构成恶意透支型的信用卡诈骗，要求经发卡银行催收后拒不归还。本案中丁虽恶意透支，但及时归还，不构成犯罪，没有造成危害结果，故选项D正确。

2. 关于危害结果，下列哪一选项是正确的？[2]（2017/2/2）

A. 危害结果是所有具体犯罪的构成要件要素

B. 抽象危险是具体犯罪构成要件的危害结果

C. 以杀死被害人的方法当场劫取财物的，构成抢劫罪的结果加重犯

D. 骗取他人财物致使被害人自杀身亡的，成立诈骗罪的结果加重犯

---

[1]　A　[2]　C

【解析】A选项，在结果无价值的立场之下，如果将该选项中的"危害结果"，理解为广义的结果（法益侵害结果），即包括实害结果、具体危险、抽象危险，则"危害结果（法益侵害结果）是所有具体犯罪的构成要件要素"说法是正确的。如果将"危害结果"理解为最狭义的结果，即理解为实害结果，因抽象危险犯等的构成无需实害结果，则本句说法就不正确了。在行为无价值的立场之下，行为犯的构成无需危害结果。

B选项，抽象危险是抽象危险犯构成要件（准确地说是基本犯即既遂犯构成要件）的危害结果，不是实害犯、具体危险犯的构成要件的危害结果。

C选项，以杀死被害人的方法当场劫取财物的，根据刑法第263条第5项，构成抢劫罪致人死亡（抢劫"致人死亡"既包括过失致人死亡，也包括故意杀人），系结果加重犯。本选项说法正确。

D选项，（1）根据刑法第266条（诈骗罪）的规定，诈骗罪没有诸如"致人死亡"的结果加重犯的规定，只有数额加重犯（"数额巨大""数额特别巨大"）及情节加重犯（"严重情节""特别严重情节"）的规定。（2）被害人系"自杀身亡"，死亡结果与诈骗行为之间没有刑法上的因果关系。（3）"徐玉玉案"被认定为情节加重犯，情节加重犯的成立无需情节与行为之间具有直接因果关系。

3. 下列哪一犯罪属抽象危险犯？[1]（2015/2/14）

A. 污染环境罪

B. 投放危险物质罪

C. 破坏电力设备罪

D. 生产、销售假药罪（现罪名为：生产、销售、提供假药罪）

【解析】本题考查刑法分则中的抽象危险犯（行为犯）。抽象危险犯（行为犯）是刑法分则规定的以达到抽象危险即行为实施完毕（危险也是一种危害结果）为既遂标准的罪名。所以，直接按照分则规定认定即可。

A选项，根据刑法第338条，构成污染环境罪，要求"严重污染环境"的要件，根据司法解释，"严重污染环境"指非法排污达到一定量或造成严重损失结果，故而，污染环境罪应是实害结果犯。

B选项，根据刑法第114条，达到危害公共安全的危险状态构成危险犯的既遂，投放危险物质罪是具体危险犯。

C选项，根据刑法第118条，达到危害公共安全的危险状态构成危险犯的既遂，破坏电力设备罪是具体危险犯。

D选项，根据刑法第141条，生产、销售假药罪（现罪名为：生产、销售、提供假药罪），只需实施行为完毕即可构成犯罪既遂，无需假药存在危害危险或造成结果，是抽象危险犯（行为犯）。

注意：有考生喜欢问"抽象危险犯与具体危险犯如何区分"这样的问题。事实上，哪个罪名是抽象危险犯、哪个罪名是具体危险犯，纯粹是由立法者在刑法典中规定的，是一个立法规定的问题，不存在"区分"一说。

---

[1] D

考点三 因果关系

一、判断因果关系有无的理论：相当因果关系说

1. 甲、乙打人后驾车逃走，司机谢某见甲、乙打人后驾车逃离，对乙车紧追。甲让乙提高车速并走"蛇形"，以防谢某超车。汽车开出 2 公里后，乙慌乱中操作不当，车辆失控撞向路中间的水泥隔离墩。谢某刹车不及撞上乙车受重伤。赶来的警察将甲、乙抓获（事实三）。（2013/4/2 部分）

【问题】就事实三，甲、乙是否应当对谢某重伤的结果负责？理由是什么？

【疑难辨析】本题考查相当因果关系说。在法律职业资格考试和我国司法实务中，刑法因果关系的判断采"相当因果关系说"。相当因果关系说是在条件说判断的基础上，对造成结果的数个条件进行筛选，挑选出数个条件中"相当性"的条件，作为造成结果的原因。亦即需进行双层次的判断：首先根据"无 A 有无 B"的标准，将造成结果的所有条件（A1、A2…）列举出来；然后从数个条件中筛选出应当负主要责任、作用最大、最为重要、最通常的条件（具有"相当性"的条件），作为造成结果的原因。

【解析】（1）根据条件规则判断。导致谢某重伤结果的因素两个：甲、乙走蛇形水泥撞上隔离墩停车、谢某刹车不及追尾。没有甲、乙撞上隔离墩停车，谢某不会重伤，该因素系谢某重伤的条件之一（A1）。即使甲、乙撞上隔离墩停车，没有谢某的追尾，谢某也不会重伤，该因素系谢某重伤的条件之二（A2）。两个行为都是导致谢某重伤结果（R）的条件。

（2）在相当性判断方面。两个条件相互独立，一般情况下，追尾者对于造成事故负有全部或主要责任。根据相当因果关系说的观点，追尾者谢某负有全部或主要责任，追尾行为（A2）是造成谢某重伤结果的具有相当性的条件，与重伤结果具有刑法上的因果关系。

（3）故而，在规范判断（相当因果关系说）的结论上，谢某的重伤结果与甲、乙撞上隔离墩停车行为（A1）之间，仅有条件关系，而没有因果关系。谢某的重伤与谢某本人的追尾行为（A2）之间，具有刑法上的因果关系。甲、乙不对该结果承担刑法上的责任。

2. 黄某决意报复李某，深夜对其租赁的山坡放火（李某住在山坡上）。大火烧毁山坡上的全部树苗，烧伤了李某，并延烧至村民范某家。范某被火势惊醒逃至屋外，想起卧室有 5000 元现金，即返身取钱，被烧断的房梁砸死。（2012/4/2 部分）

【问题】如认定黄某放火与范某被砸死之间存在因果关系，可能有哪些理由？如否定黄某放火与范某被砸死之间存在因果关系，可能有哪些理由？（两问均须作答）

【解析】根据条件规则判断。导致范某死亡结果的因素，有黄某放火行为、被害人范某返回取钱的涉险行为。黄某不放火，范某不会被烧死，黄某的放火行为是范某死亡的条件之一（A1）。即使黄某放火了，但如果范某不返回取钱，范某也不会被烧死，范某返回取钱的行为是范某死亡的条件之二（A2）。黄某放火、范某返回取钱，均为范某死亡结果（R）的条件。哪个条件与死亡结果之间具有刑法上的因果关系，关键在于判断相当性，即哪一个是应当负主要责任、作用最大、最为重要、最通常的条件。

否定因果关系的大致理由：（1）根据条件说，黄某放火行为、范某返回取钱的涉险行为均与死亡结果之间具有的条件关系。（2）被告人实施的放火行为并未烧死范某，范某为抢救数额有限的财物返回高度危险的场所，违反常理；（3）被害人是精神正常的成年人，对自己行为的后果非常清楚，因此要对自己的选择负责；（4）被害人试图保护的法益价值有限。只有甲对乙的住宅放火，如乙为了抢救婴儿而进入住宅内被烧死的，才能肯定放火行为和死亡后果之间的因果关系。亦即，黄某放火、范某返回取钱两个条件之间系独立关系，范某返回取钱的涉险行为责任大。因此，根据相当因果关系说，放火和被害人死亡之间不具有相当性。被害人的涉险行为才是应当负主要责任的条件，即具有相当性的条件。

肯定因果关系的大致理由：（1）根据条件说，可以认为放火行为和死亡之间具有的条件关系；（2）被害人在当时情况下，来不及精确判断返回住宅取财的危险性；（3）被害人在当时情况下，返回住宅取财符合常理。亦即，黄某放火、范某返回取钱两个条件之间系依附关系，被害人的涉险行为系负次要责任的条件，放火行为系系负主要责任的条件，即具有相当性的条件。

3. 关于因果关系，下列哪一选项是正确的？[1]（2015/2/1）

A. 甲跳楼自杀，砸死行人乙。这属于低概率事件，甲的行为与乙的死亡之间无因果关系

B. 集资诈骗案中，如出资人有明显的贪利动机，就不能认定非法集资行为与资金被骗结果之间有因果关系

C. 甲驾车将乙撞死后逃逸，第三人丙拿走乙包中贵重财物。甲的肇事行为与乙的财产损失之间有因果关系

D. 司法解释规定，虽交通肇事重伤3人以上但负事故次要责任的，不构成交通肇事罪。这说明即使有条件关系，也不一定能将结果归责于行为

【解析】本题考查对"相当因果关系说"理解。

A选项，考查因果关系与行为时发生结果的概率的关系（必然因果关系说与偶然因果关系说）。（1）老旧观点"必然因果关系说"认为，只有行为当时导致结果概率较高（存在必然因果）的条件，才认为与结果有因果关系。（2）但法考观点系"相当因果关系说"，在结果发生之后，首先判断条件关系（结果发生之后判断），将所有导致结果的客观条件，无论是行为当时概率较高的条件，还是行为当时概率较低的条件，只有符合"无A则无B"的规则，都同等作为导致结果的条件；如果认为该条件负主要责任，就认为与结果有因果关系。（3）在本选项的事例中，如果甲不跳楼自杀，就不会砸死行人乙，按照条件关系判断规则，甲跳楼的行为（A）是乙死亡结果（R）的条件。在相当性判断上，因该行为是造成结果的唯一危害行为，故而负全部责任，与死亡结果之间当然具有因果关系。选项A说法错误。

B选项，考查因果关系与被害人过错的关系。（1）在集资诈骗等诈骗案件中，行为人的诈骗行为（A1）、被害人的认识错误（A2），均是导致资金被骗结果（R）的条件。但在相当性上，被害人的认识错误是因行为的诈骗行为引起；在责任方面，刑法认为尽管被害人有过错，但行为人的诈骗行为仍承担主要责任，故而行为人的诈骗行为与被骗结果之间具有相当性，有因果关系。选项B说法错误。

C选项，（1）甲的肇事行为（A1）、丙拿走乙包中贵重财物的行为（A2），均与乙财产损失的结果（R）之间具有条件关系。（2）但造成财产损失的最主要条件显然是丙拿走的行为。故而前者仅有条件关系；后者才是负主要责任的条件，具有因果关系。选项C说法错误。

D选项，考查因果关系与相当性判断、责任认定的关系。根据"相当因果关系说"，诸多条件中，应当负主要责任、作用最大、最为重要、最通常的条件，才与结果之间具有刑法上的因果关系。次要责任仅有条件关系，没有因果关系。选项D说法正确。

[1] D

二、被害人的特殊体质与因果关系的认定（A＋特殊体质→R）：有因果关系

4. 甲与素不相识的崔某发生口角，推了他肩部一下，踢了他屁股一脚。崔某忽觉胸部不适继而倒地，在医院就医时死亡。经鉴定，崔某因患冠状粥样硬化性心脏病，致急性心力衰竭死亡。关于本案，下列哪一选项是正确的？[1]（2012/2/6）

A. 甲成立故意伤害罪，属于故意伤害致人死亡

B. 甲的行为既不能认定为故意犯罪，也不能认定为意外事件

C. 甲的行为与崔某死亡结果之间有因果关系，这是客观事实

D. 甲主观上对崔某死亡具有预见可能性，成立过失致人死亡罪

【疑难辨析】本题考查被害人特殊体质与因果关系的认定，因果关系与犯罪成立的关系。行为人实施了的通常情形下不足以致人死亡的暴力，但由于被害人存在某种疾病或属于特殊体质，而导致了被害人死亡的。因为被害人的特殊体质，是在行为时就已既存的客观事实，并不是可以变动的介入条件；行为人的行为是造成结果的唯一条件（对结果有100%作用）。因此：（1）应当肯定行为人的行为与死亡结果之间，在客观上存在因果关系。（2）至于行为人是否认识到或者是否应当预见被害人存在疾病或者具有特殊体质，只是行为人主观上有无故意、过失的问题，而不影响客观因果关系的判断。（3）行为人是否构成犯罪、构成何罪，应当将客观与主观结合。

【解析】（1）被害人崔某受到打击后导致心脏病而死，系危害行为与特殊体质结合导致结果，应当认为甲的行为（A）与崔某死亡结果（R）之间有条件关系，特殊体系不中断因果关系，因此具有因果关系，这是客观事实。故C选项说法正确。

（2）在甲的主观心态上，其未认识到崔某的死亡结果，甲对死亡结果无故意；一般公众也不能预见"推肩部、踢屁股"会导致死亡结果，甲也无过失，系意外事件。客观（不法）与主观（责任）相结合，仅有不法没有责任，甲不构成犯罪。故而选项ABD说法错误。

三、介入因素与因果关系的认定：A1（条件）→B＋A2（条件）→R（果）

5. 关于因果关系，下列选项说法正确的有？[2]（2021/客/卷一/仿3）

A. 甲系出租车司机，某晚未经乘客同意而抄近道，女乘客李某误以为甲欲行不轨而跳车，不幸死亡。甲的行为与李某死亡结果之间具有因果关系

B. 乙放火意图烧毁张某房子，张某冲进房内试图救出妻子，未料火势猛涨，张某及妻子均被烧死。乙的放火行为与张某死亡结果之间没有因果关系

C. 丙在医院门口捡到一婴儿，旋即发现婴儿有先天性疾病，遂将婴儿扔至垃圾箱旁，后婴儿被冻死。丙扔婴儿的行为与婴儿死亡结果之间不具有因果关系

D. 丁在家中煮面，不料点燃了灶台旁的易燃物，丁心生恐惧，顾不上扑火夺门而出，后火势逐渐变大，致使邻居房屋被烧毁。丁的不扑火行为与火灾结果之间具有因果关系

【解析】本题考查因果关系有无的判断，主要考查介入因素（A1、A2多个条件导致结果R）的情况。此类情形中因果关系的基本判断方法是"两步法"，首先看启动因素A1、介入因素A2是不是大概率导致关系（依附关系 VS 独立关系）。如是依附关系，则结果归责于A1。如是独立关系，则再分别看A1、A2对结果的作用大小，作用大者则可归责。

选项A，货拉拉案。（1）导致李某死亡结果的条件有两个：司机抄近道（A1）、女乘客跳车（A2）。只有司机抄近道（A1）大概率会导致女乘客跳车（A2），二者系依附关系时，才能将死亡结果归责于司机抄近道（A1）。（2）尽管该案已被下级法院判决构成过失致人死亡罪，

言下之意即认定有因果关系；出题者也是想通过"某晚""女乘客"的情境，暗示有因果关系。（3）但是，纯从刑法层面上讲，司机抄近道，导致女乘客跳车，虽对女乘客而言存在可能性，但在公众看来显然不是大概率关系；并且，将死亡结果归责于司机的轻微违规，结果也不在构成要件的范围之内，难以认定应当归责。

选项 B，导致张某死亡结果的条件有两个：乙放火（A1）、张某救妻子（A2）；一般的丈夫在火灾情形下都有大概率的救助妻子，二者是依附关系，不中断因果。

选项 C，本选项考查的危害行为的判断，以及假定因果关系。在危害行为性质上，行为人将婴儿由救助可能性较高、风险较低的医院门口，扔到被救助可能性较低、风险较高的垃圾箱旁，丙实施的是升高风险的作为行为。在客观因果关系上，婴儿死亡结果，既存事实是在垃圾箱旁冻死，而不是在医院门口冻死；尽管行为人如果不捡、不扔，婴儿在医院门口也有冻死的可能性，但因果关系是客观的，不能假定。以既存客观事实认定，显然婴儿死亡是因行为人升高风险的行为导致，具有因果关系。

选项 D，前段行为是过失失火行为；后段因创设风险的先前行为产生扑火义务，是不作为行为。按题意"火势逐渐变大"，说明如果扑火可以阻止火灾结果。故而不扑火的不作为行为与火灾结果具有因果关系。

6. 关于因果关系，下列哪些选项是正确的？[1]（2017/2/52）

A. 甲以杀人故意用铁棒将刘某打昏后，以为刘某已死亡，为隐藏尸体将刘某埋入雪沟，致其被冻死。甲的前行为与刘某的死亡有因果关系

B. 乙夜间驾车撞倒李某后逃逸，李某被随后驶过的多辆汽车辗轧，但不能查明是哪辆车造成李某死亡。乙的行为与李某的死亡有因果关系

C. 丙将海洛因送给 13 周岁的王某吸食，造成王某吸毒过量身亡。丙的行为与王某的死亡有因果关系

D. 丁以杀害故意开车撞向周某，周某为避免被撞跳入河中，不幸溺亡。丁的行为与周某的死亡有因果关系

【疑难辨析】本题考查因果关系有无的判断，专考介入因素（A1、A2 多个条件导致结果 R）的情况。此类情形中因果关系的基本判断方法是"两步三因素法"，首先看启动因素 A1、介入因素 A2 是不是大概率导致关系（依附关系 VS 独立关系）。如是依附关系，则结果归责于 A1。如是独立关系，则再分别看 A1、A2 对结果的作用大小，作用大者则可归责。

【解析】A 选项，（1）杀人行为（A1）、埋尸行为（A2），均与死亡具有条件关系。（2）通常情况下杀人之后大概率会埋尸，故杀人行为（A1）与埋尸行为（A2）之间是依附关系。因果关系不中断，杀人行为与死亡结果之间具有因果关系。（3）主观上，行为人存在事实认识错误，属于因果关系错误中事前故意，系具体错误，仍具有杀人故意，根据刑法第 232 条，构成故意杀人罪既遂一罪。本选项说法正确。

B 选项，（1）乙撞倒李某后逃逸不救助的行为（A1）、多辆汽车辗轧行为（A2），均是李某死亡的条件。（2）由于题意已述"夜间"，提示信息是后车一般看不见、大概率会辗轧，两个条件之间是依附关系。后车没有重大过错，不负主要责任，不中断因果关系。乙的不救助行为应负主要责任，与李某的死亡有因果关系。本选项说法正确。

C 选项，（1）丙送王某毒品的行为（A1）、王某的吸毒行为（A2），均是王某死亡（R）的条件。（2）如果王某是有自主意识能力的人，本人对吸毒可以自主决定，则两个条件是独

立关系，王某系自陷风险、负主要责任，结果归王某负责。（3）但是，本选项中已明示"13周岁的王某"，不具完全自主意识能力，可认为丙对王某具有支配关系，丙送毒品供王某吸食（A1）与王某吸毒（A2）之间存在大概率导致的依附关系，介入因素不中断因果，死亡结果应归责于丙的行为。本选项说法正确。

D选项，（1）丁开车撞周某的行为（A1）、周某避免被撞跳入河中行为（A2），均是造成周某死亡结果（R）的条件。（2）一般人为了躲避撞杀都会跳入河中，两件条件之间是大概率导致的依附关系，介入因素不中断因，死亡结果应归责于撞击行为。本选项说法正确。

7. 关于因果关系的认定，下列哪一选项是正确的？[1]（2016/2/2）

A. 甲重伤王某致其昏迷。乙丐目睹一切，在甲离开后取走王某财物。甲的行为与王某的财产损失有因果关系

B. 乙纠集他人持凶器砍杀李某，将李某逼至江边，李某无奈跳江被淹死。乙的行为与李某的死亡无因果关系

C. 丙酒后开车被查。交警指挥丙停车不当，致石某的车撞上丙车，石某身亡。丙的行为与石某死亡无因果关系

D. 丁敲诈勒索陈某。陈某给丁汇款时，误将3万元汇到另一诈骗犯账户中。丁的行为与陈某的财产损失无因果关系

【解析】本题四个选项中前三个选项均考查介入因素与因果关系的认定，D选项考查条件关系。

A选项，（1）甲的重伤行为（A1）、乙丐的盗窃行为（A2）都是王某财产损失（R）的条件；（2）二者是独立关系，乙丐的盗窃行为（A2）是导致财产损失更重要、直接、应负主要责任的条件，与财产损失有因果关系。甲的重伤行为（A1）与结果之间仅有条件关系。

B选项，（1）乙追砍李某的行为（A1）、李某的跳江行为（A2）均是李某死亡的条件。（2）最初追砍行为（A1）包含了造成最终死亡结果（R）的危险；"无奈"表明最初追砍行为（A1）与李某的跳江行为（A2）之间具有大概率导致的依附关系，被害人没有重大过错，故李某的跳江行为（A2）并不中断因果关系。

C选项，（1）交警指挥不当（A1），丙停车不当（A2），均是石某死亡结果（R）的条件。（2）交警指挥，司机丙须听从，交警的指挥不当行为（A1）对于丙的停车不当行为（A2）具有支配性，系依附关系。介入因素不中断因果，交警的指挥行为（A1）与石某死亡结果（R）之间具有因果关系。丙的停车不当行为（A2）负有次要责任，只是条件。

D选项，（1）在条件关系判断上，没有丁的敲诈（A1）就没有陈某损失，丁的敲诈勒索行为（A1）是导致陈某的财产损失（R）的条件。如果陈某不汇款（A2），也不会有损失，故陈某的汇款行为（A2）也是财产损失（R）的条件。当然，如果陈某没有汇款错误（B），则陈某会将款项汇款至丁的账户，陈某的财产也会损失，故陈某的汇款错误（B）与财产损失（R）没有条件关系。（2）敲诈行为（A1）的责任大，有因果关系。（3）应当注意的是，本选项的问题是丁的行为与"陈某的财产损失"之间有无因果关系，并没有问丁的敲诈勒索罪是"既遂还是未遂"。如果认为敲诈勒索罪的既遂标准是"控制说"，则被害人虽有财产损失，但行为人并未控制财物，应该认定为犯罪未遂才对。（4）需要对比的是2015/2/5－D，"下列哪一行为成立犯罪未遂？发送诈骗短信，受骗人上当后汇出5万元，但因误操作汇到无关第三人的账户"，该选项问题是既未遂的判断。诈骗罪的实行行为是实施骗人行为，既遂标准是取得

---

[1] C

财物（控制说），行为人实施了实行行为但尚未取得财物，是诈骗罪未遂。

8. 关于因果关系，下列哪些选项是正确的？[1]（2015/2/53）

A. 甲驾车经过十字路口右拐时，被行人乙扔出的烟头击中面部，导致车辆失控撞死丙。只要肯定甲的行为与丙的死亡之间有因果关系，甲就应当承担交通肇事罪的刑事责任

B. 甲强奸乙后，威胁不得报警，否则杀害乙。乙报警后担心被甲杀害，便自杀身亡。如无甲的威胁乙就不会自杀，故甲的威胁行为与乙的死亡之间有因果关系

C. 甲夜晚驾车经过无照明路段时，不小心撞倒丙后继续前行，随后的乙未注意，驾车从丙身上轧过。即使不能证明是甲直接轧死丙，也必须肯定甲的行为与丙的死亡之间有因果关系

D. 甲、乙等人因琐事与丙发生争执，进而在电梯口相互厮打，电梯门受外力挤压变形开启，致丙掉入电梯通道内摔死。虽然介入了电梯门非正常开启这一因素，也应肯定甲、乙等人的行为与丙的死亡之间有因果关系

【解析】A选项，考查因果关系在犯罪成立中的作用。因果关系只是客观不法的要素，要成立犯罪，还需主观有责。即使肯定甲的行为与丙的死亡之间客观上有因果关系（如果甲对于车辆失控负主要责任），但甲主观上对于交通事故的结果没有过错，不具有过失，也不能承担交通肇事罪的刑事责任。

B选项，考查介入因素与因果关系有无的判断。(1) 无甲的威胁乙就不会自杀，故甲的威胁行为（A1）与乙的死亡结果（R）之间具有条件关系。但是，乙的自杀行为（A2）也与死亡结果（R）之间也具有条件关系。(3) 在相当性判断上，当自杀是自杀者本人自由选择的自主自愿的自害行为时，二者可认为是独立关系。在责任大小上，自杀者本人的自杀行为（A2）负主要责任，威胁行为（A1）只是次要责任的条件。故而，应当认为自杀行为（A2）与死亡结果（R）之间具有因果关系；威胁行为（A1）与死亡结果（R）之间只有条件关系，而无因果关系。(3) 本选项不构成"强奸致使被害人死亡"的结果加重犯（要求有因果关系），但可以考虑"强奸造成其他严重后果"的情节加重犯（不要求有因果关系）。(4) 注意：在法考和司法实务中，经常出现危害行为引起被害人自杀的案件，例如2011/2/3 - D、2014/2/6 - D，如果自杀对于自杀者而言是意思自由的自决行为，一般归自杀者本人负责。

C选项，(1) 在事实认定上，存在两种事实可能：其一，如果可以证明是甲直接轧死丙，则甲的行为与丙的死亡之间当然有因果关系。其二，如果可以证明是乙直接轧死了丙，则甲撞倒丙后不救助的行为（A1）、乙轧压行为（A2），与丙死亡的结果（R）之间均有条件关系。因选项强调"夜晚无照明路段""乙未注意"，说明甲撞倒丙后不救助的行为（A1），会大概率的导致后车轧压（A2），二行为之间是依附关系；乙不负主要责任，由此，应认定因果关系不中断，甲的行为（A1）与丙的死亡（R）之间有因果关系。(2) 因此，两种可能情形下，甲的行为与死亡结果之间均具有因果关系。即使不能证明是甲直接轧死丙，也必须肯定甲的行为与丙的死亡之间有因果关系。(3) 注意：在法考和司法实务中，经常出现前车驾车撞被害人后逃走，后车轧压被害人致死的事例。例如2011/2/3 - C、2014/2/6 - B。这种事例，关键是看前车、后车司机的责任大小。如果当时情形后车司机会大概率轧压，则不中断因果，前车司机与死亡结果具有刑法上的因果关系。

D选项，在电梯口相互厮打（A1），是在本来就存在的危险环境（A2）中实施危害行为，利用既存危险环境而导致结果（R），虽具体原因是非正常的，但属于危险环境本来就包括的可能，介入因素不中断因果关系。

---

[1] CD

9. 关于因果关系，下列哪一选项是错误的？[1] (2011/2/3)

A. 甲将被害人衣服点燃，被害人跳河灭火而溺亡。甲行为与被害人死亡具有因果关系

B. 乙在被害人住宅放火，被害人为救婴儿冲入宅内被烧死。乙行为与被害人死亡具有因果关系

C. 丙在高速路将被害人推下车，被害人被后面车辆轧死。丙行为与被害人死亡具有因果关系

D. 丁毁坏被害人面容，被害人感觉无法见人而自杀。丁行为与被害人死亡具有因果关系

【解析】A选项，（1）甲放火（A1）、被害人跳河灭火（A2），均是死亡（R）的条件。（2）一般情况下，放火后被害人均会寻找灭火措施，在紧急情况下跳河灭火是正常的，二者是依附关系，介入因素不中断因果关系。甲放火（A1）与死亡结果（R）之间具有因果关系。

B选项，（1）乙放火（A1），被害人为救婴儿冲入宅内（A2），均是死亡（R）的条件。（2）一般情况下，被害人均会救助自己的婴儿，二者是依附关系，介入因素不中断因果关系。甲放火（A1）与死亡结果（R）之间具有因果关系。类似事例参见2013/2/52-D。（3）当然严格地讲，题干中的"被害人"应当理解为婴儿近亲属等普通保护人。如果是消防员、警察或者见义勇为救人者（可理解为临时消防员），因结果系专业人员的责任范围之内应当加以防止的结果，因此对行为人不可因此归责（参见罗克辛客观归责理论）。

C选项，（1）丙在高速路将被害人推下车（A1）、后面车辆轧压（A2），均是死亡（R）的条件。（2）因题干强调"高速路"这种极其危险环境，推下车后被后车轧压的概率极高，两个条件之间是依附关系，后车责任较小或无过错，介入因素不中断因果关系。丙推人行为与死亡结果之间具有因果关系。类似的事例，参见2015/2/53-C、2014/2/6-B。

D选项，（1）丁的伤害（A1）、被害人自杀（A2），二者均与死亡结果（R）之间存在条件关系。（2）当自杀是自杀者本人自由选择的自主自愿的自害行为时，二者可认为是独立关系。在责任大小上，自杀者本人的自杀行为（A2）负主要责任，伤害行为（A1）只负次要责任。故而，应当认为介入因素中断因果关系，自杀行为（A2）与死亡结果（R）之间具有因果关系；伤害行为（A1）与死亡结果（R）之间只有条件关系，而无因果关系。类似的事例，参见2015/2/53-B、2014/2/6-D。

10. 关于因果关系的判断，下列哪一选项是正确的？[2] (2014/2/6)

A. 甲伤害乙后，警察赶到。在警察将乙送医途中，车辆出现故障，致乙长时间得不到救助而亡。甲的行为与乙的死亡具有因果关系

B. 甲违规将行人丙撞成轻伤，丙昏倒在路中央，甲驾车逃窜。1分钟后，超速驾驶的乙发现丙时已来不及刹车，将丙轧死。甲的行为与丙的死亡没有因果关系

C. 甲以杀人故意向乙开枪，但由于不可预见的原因导致丙中弹身亡。甲的行为与丙的死亡没有因果关系

D. 甲向乙的茶水投毒，重病的乙喝了茶水后感觉更加难受，自杀身亡。甲的行为与乙的死亡没有因果关系

【解析】A选项，考查介入因素与因果关系的认定。（1）甲的伤害行为（A1）、警察车辆故障（A2），二者均与死亡结果（R）之间具有条件关系。（2）二者之间系独立关系。因题干中写有"致乙长时间得不到救助"，介入因素（A2）对于死亡结果具有主要作用，中断因果关系。甲的伤害行为与乙的死亡之间不具有因果关系。（3）注意，本选项应当与后例叙述的案

[1] D [2] D

情相区别。2010/2/57－D，"甲向乙的饮食投放毒药后，乙呕吐不止，甲顿生悔意急忙开车送乙去医院，但由于交通事故耽误一小时，乙被送往医院时死亡。医生证明，早半小时送到医院乙就不会死亡"。甲的行为仍然成立犯罪中止（说法正确）。该选项中的"由于交通事故耽误一小时"，应当理解为"由于日常生活中经常出现的它车交通事故（如车祸）耽误一小时"，亦即介入因素系可以预料的日常事件，亦即在行为当时即存在此客观因素，与之前行为是依附关系，则介入因素不中断因果。

B选项，考查介入因素与因果关系的认定。（1）甲撞倒丙后不救助的行为（A1）、乙轧压行为（A2），与丙死亡的结果（R）之间均有条件关系。（2）选项中的"路中央"、"超速驾驶的乙发现丙时已来不及刹车"结合起来，应该理解为"乙虽有超速，但一般不超速的司机当时也会来不及刹车"。亦即，甲撞倒丙后不救助的行为（A1），会大概率的导致后车轧压（A2），二行为之间是依附关系；乙虽有轻微过错，但不负主要责任，由此，应认定介入因素不中断因果关系，甲的行为（A1）与丙的死亡（R）之间有因果关系。类似的例子，参见2015/2/53－C、2011/2/3－C。

C选项，考查因果关系的客观性。（1）因果关系是客观的，与行为人主观认识没有关系。在丙的死亡结果发生之后来叙述客观因果流程，丙死于"中弹"，是甲开枪打死的。如果甲不开枪，丙不会中弹死亡，有条件关系。并且是唯一条件，负全部责任，甲的开枪行为（A），当然与丙死亡结果（R）之间有因果关系。（2）客观因果关系的判断与行为人主观无关。即使甲主观上没有预见到（"不可预见的原因"），对该具体结果而言系意外事件，也不能否定客观因果关系的存在。（3）在主观上，本例系打击错误、具体错误，按法定符合说，甲对丙死具在杀人故意，构成故意杀人罪既遂。按具体符合说，对乙构成故意杀人罪未遂、对丙构成意外事件致人死亡。类似事例参见2010/2/3－B。

D选项，考查介入因素与因果关系的认定。甲的投毒行为（A1）、乙自杀（A2），均与自杀身亡的死亡结果（R）之间存在条件关系。（2）在责任大小上，当自杀是自杀者本人自由选择的自主自愿的自害行为时，二者可认为是独立关系。在作用大小上，乙客观上的死因是"自杀身亡"，而不是中毒身亡，自杀者本人的自杀行为（A2）负主要责任，投毒行为（A1）只是负次要责任的条件。故而，故乙的死亡结果与乙的自杀行为之间具有因果关系，而与甲的投毒行为之间没有因果关系。类似的事例，参见2015/2/53－B、2011/2/3－D。

四、同时犯与因果关系认定

11. 甲、乙上山去打猎，在一茅屋旁的草丛中，见有动静，以为是兔子，于是一起开枪，不料将在此玩耍的小孩打死。在小孩身上，只有一个弹孔，甲、乙所使用的枪支、弹药型号完全一样，无法区分到底是谁所为。对于甲、乙的行为，应当如何定性？[1]（2008延/2/6）

A. 甲、乙分别构成过失致人死亡罪

B. 甲、乙构成过失致人死亡罪的共同犯罪

C. 甲、乙构成故意杀人罪的共同犯罪

D. 甲、乙不构成犯罪

【疑难辨析】本题考查同时犯因果关系（实为证据认定规则）的判断。同时犯因果关系有四种情形，A1、A2谁打中查不清，都无因果。A1、A2都打中都致命，都有因果；A1、A2都打中作用大小查不清，都有因果；事实完全查得清，按查清情况认定。

【解析】（1）甲、乙二人各自使用各自的枪支射击，是各自单独行为而不是共同行为，不

---

[1] D

属于刑法第 25 条第 1 款规定的共同犯罪（共同故意犯罪），也不属于第 2 款规定的"共同过失犯罪"。而是各自单独犯罪，属于过失的同时犯（当然，即使是共同过失犯罪，也分别负责）。因此，存在甲的行为、乙的行为两个行为，而不是只有一个整体行为。

（2）在因果关系层面上，无法查明甲的行为、乙的行为，具体谁造成了死亡结果，根据存疑时有利于被告人的证据推定和事实认定规则，无法查明因果关系，因证明因果关系的举证责任归检控方承担，故而二人对死亡结果均无因果关系。

（3）在主观方面，甲、乙二人对于小孩死亡结果的主观心态是过失，而实害结果、因果关系是成立过失犯罪的必要要件。由于本案是过失的同时犯，甲、乙谁击中查不清，无法证明结果到底是谁所造成，则二人均不对结果负责。过失行为无结果，不能构成犯罪。故二人不能构成犯罪。当然，民法层面上二人承担连带赔偿责任。故答案选 D。

12. 甲以伤害故意砍乙两刀，随即心生杀意又砍两刀，但四刀中只有一刀砍中乙并致其死亡，且无法查明由前后四刀中的哪一刀造成死亡。关于本案，下列哪一选项是正确的?[1]（2015/2/16）

　　A. 不管是哪一刀造成致命伤，都应认定为一个故意杀人罪既遂

　　B. 不管是哪一刀造成致命伤，只能分别认定为故意伤害罪既遂与故意杀人罪未遂

　　C. 根据日常生活经验，应推定是后两刀中的一刀造成致命伤，故应认定为故意伤害罪未遂与故意杀人罪既遂

　　D. 根据存疑时有利于被告人的原则，虽可分别认定为故意伤害罪未遂与故意杀人罪未遂，但杀人与伤害不是对立关系，故可按故意伤害（致死）罪处理本案

【解析】本题考查因果关系、客观与主观相统一认定罪名、另起犯意的罪数、事实假定和逻辑推理。

其一，（1）行为人实施了两行为，前两刀系伤害行为，后两刀系杀人行为。（2）因为无法查明哪刀致死，故而不能确切的认定死亡结果归伤害行为负责（故意伤害罪致死），还是归杀人行为负责（故意杀人既遂）。如果分别孤立的评价二行为，例如可以假设伤害行为与杀人行为二行为之间间隔较大，或者类比于二行为分别由不同行为人实施的情况。由于不能查明哪个行为与死亡结果之间具有因果关系，故应当认为死亡结果既不能归因于伤害行为，也不能归因于杀人行为，从而，应当将二行为分别认定为故意伤害罪未遂、故意杀人罪未遂。D 选项的前半句说法正确。

其二，但是，本案中伤害行为、杀人行为系同一人，并且无明显时空间隔，系连续实施。且可知事实是：死亡不是前两刀造成的，就是后两刀造成的。因此案件事实存在两种可能。（1）第一种可能，假设死亡是前两刀任一刀致死，则分别评价：前行为触犯故意伤害罪致死；后行为杀的是死人，没有杀死活人的可能性，不能触犯故意杀人罪，是不可罚的不能犯。总体评价为故意伤害罪致死。（2）第二种可能，假设死亡是后两刀任一刀致死，则分别评价：前行为触犯故意伤害罪既遂（造成轻伤以上结果）或未遂（未造成轻伤以上结果），后行为触犯故意杀人罪既遂。系另起犯意，按罪数规则（参见方鹏《刑法宝典》第 97 页），故意伤害罪与故意杀人罪是高度行为与低度行为的关系，高度行为吸收低度行为，故对案件总体评价为故意杀人罪既遂。（3）对于这两种可能事实，根据存疑时有利于被告人的原则，前一种可能，即认定为故意伤害罪致死，对被告人更有利，以此定罪即可。D 选项的后半句说法正确。A 选项中的"都应"、B 选项中的"只能"，以及 C 选项中的"应推定"均错误。

---

[1]　D

五、共同犯罪与因果关系认定

13. 甲、乙共谋伤害丙，进而共同对丙实施伤害行为，导致丙身受一处重伤，但不能查明该重伤由谁的行为引起。对此，下列哪些说法是错误的？[1]（2002/2/32）

A. 由于证据不足，甲、乙均无罪

B. 由于证据不足，甲、乙成立故意伤害（轻伤）罪的共犯，但都不对丙的重伤负责

C. 由于证据不足，认定甲、乙成立过失致人重伤罪较为合适

D. 甲、乙成立故意伤害（重伤）罪的共犯

【疑难辨析】本题考查共同犯罪中因果关系的认定。在共同犯罪中，对于共同正犯，一部行为、全部责任，一人既遂、全体既遂。对于共犯（帮助犯、教唆犯），当实行行为与结果之间具有因果关系，共犯行为（帮助、教唆行为）与实行行为之间具有因果关系时，共犯才对结果负责。

【解析】由于甲、乙二人是共同正犯，只有共同实施的一个整体正犯行为，重伤结果与此整体行为有因果关系，则共同正犯人均应承担连带责任，二人均成立故意伤害罪既遂（重伤）。

14. 甲、乙、丙共同故意伤害丁，丁死亡。经查明，甲、乙都使用铁棒，丙未使用任何凶器；尸体上除一处致命伤外，再无其他伤害；可以肯定致命伤不是丙造成的，但不能确定是甲造成还是乙造成的。关于本案，下列哪一选项是正确的？[2]（2016/2/7）

A. 因致命伤不是丙造成的，尸体上也没有其他伤害，故丙不成立故意伤害罪

B. 对甲与乙虽能认定为故意伤害罪，但不能认定为故意伤害（致死）罪

C. 甲、乙成立故意伤害（致死）罪，丙成立故意伤害罪但不属于伤害致死

D. 认定甲、乙、丙均成立故意伤害（致死）罪，与存疑时有利于被告的原则并不矛盾

【解析】（1）甲、乙、丙共同故意伤害丁，由于三人是共同犯罪（共同正犯），构成故意伤害罪；由于是共同犯罪，无论具体是谁造成丁死亡的结果，按照共同正犯对结果共同负责的归责原则，三人均需对此死亡结果承担刑事责任。故而三人均构成故意伤害罪（致人死亡）。（2）本案完全能够证明丁死亡的结果与三人共同故意伤害的实行行为之间具有因果关系，对此证据证明和事实认定没有疑问，与存疑时有利于被告的原则并不矛盾。定罪时无需证明具体是谁造成了死亡结果。这与同时犯的归责原则不同。

15. 下列选项中，行为人甲的行为与被害人的死亡结果之间具有因果关系的是？[3]（2020/客/1/4仿）

A. 黑社会组织老大甲指使成员乙，对丙进行非法拘禁，丙脱逃。乙恼羞成怒，在丙家将其杀死

B. 乙住14楼，甲上门讨债，敲门说"你该还钱了"，乙害怕，试图从14楼爬到13楼阳台，结果失足摔死

C. 甲、乙合谋杀丙，约好由乙开车把丙带到甲家地下室杀害，结果乙在半路被丙的言辞激怒把丙射杀在车里

D. 甲对乙实施抢劫后离开，由于乙受到严重恐吓，神志不清，回家途中坠入河中被淹死

【解析】主要考查共同犯罪中因果关系的认定。

选项A，本题并不考查一般共同犯罪，而是考查集团犯罪分子的责任。（1）正犯乙实施有两个行为：非法拘禁、故意杀人；因杀人行为未发生在拘禁过程中，而是拘禁之后另起犯意实

---

［1］ ABC ［2］ D ［3］ AC

施的,与拘禁行为没有因果关系,故而不属转化犯,而应两罪并罚。(2)如果甲不是集团犯罪首要分子、只是一般教唆犯,则甲只与乙在非法拘禁行为的范围内成立共同犯罪;不对乙实施的单独杀人致死负责。(3)但是,甲是集团犯罪首要分子,根据刑法第26条第3款,按照集团所犯的全部罪行处罚。乙为了黑社会组织利益而实施黑社会组织惯常的暴力杀人犯罪,系集团犯罪。首要分子甲要对该杀人行为负责。

选项B,(1)上门讨债行为,不是危害行为;(2)即使以形式行为理解,导致乙死亡的条件有二:甲讨债(A1)、乙逃走(A2),二者系独立关系。乙逃走(A2)自陷风险的责任大,与死亡有因果关系。甲讨债(A1)与死亡结果之间只有条件关系,而无因果关系。

选项C,(1)正犯乙,提前将丙杀死,仍是杀人行为导致死亡,不影响杀人罪既遂的成立。(2)共犯甲,系因果关系错误中的结果(构成要件)提前实现。按通说,正犯利用了共谋行为,仍系实行行为导致死亡结果,在构成要件的范围之内,仍有因果关系。

选项D,导致乙死亡的条件有二:甲抢劫(A1)、乙坠河(A2)。乙坠河(A2)的责任大,与死亡有因果关系。甲抢劫(A1)与死亡结果之间只有条件关系,而无因果关系。

六、综合题

16. 关于因果关系,下列哪一选项是错误的?[1](2006/2/2)

A. 甲故意伤害乙并致其重伤,乙被送到医院救治。当晚,医院发生火灾,乙被烧死。甲的伤害行为与乙的死亡之间不存在因果关系

B. 甲以杀人故意对乙实施暴力,造成乙重伤休克。甲以为乙已经死亡,为隐匿罪迹,将乙扔入湖中,导致乙溺水而亡。甲的杀人行为与乙的死亡之间存在因果关系

C. 甲因琐事与乙发生争执,向乙的胸部猛推一把,导致乙心脏病发作,救治无效而死亡。甲的行为与乙的死亡之间存在因果关系,是否承担刑事责任则应视甲主观上有无罪过而定

D. 甲与乙都对丙有仇,甲见乙向丙的食物中投放了5毫克毒物,且知道5毫克毒物不能致丙死亡,遂在乙不知情的情况下又添加了5毫克毒物,丙吃下食物后死亡。甲投放的5毫克毒物本身不足以致丙死亡,故甲的投毒行为与丙的死亡之间不存在因果关系

【解析】A选项,(1)甲的伤害行为(A1)、火灾(A2),均是乙死亡(R)的条件。(2)伤害时无火灾,也不会引发火灾,二者是独立关系。火灾(A2)直接导致死亡结果,对死亡负主要责任,与死亡结果之间具有因果关系。

B选项,(1)杀人(A1)、抛尸(A2),与死亡结果(R)均有条件关系。(2)杀人后一般都会抛尸,二者之间有大概率导致的依附关系,介入因素不中断因果关系,死亡结果仍归责于杀人行为。客观上系杀人致死的行为。(2)主观上,行为人存在事实认识错误,系因果关系错误中事前故意(因果关系延后实现)的情况,系具体错误,仍具有杀人故意,根据刑法第232条,构成故意杀人罪既遂一罪。本选项说法正确。

C选项,考查被害人特殊体质与因果关系的认定。(1)客观上,特殊体质不中断因果关系,甲推人行为,与乙死亡结果之间具有因果关系。(2)主观上,根据甲对死亡结果的有无罪过、罪过心态,得出有罪、无罪的结论。

D选项,(1)乙与甲没有共谋、对之后甲的行为不知情,不与甲构成共同犯罪,系乙的单独行为,仅对其本人投毒5毫克的行为负责。如果没有乙的投毒,丙不会死亡,乙投毒行为(A1)是丙死亡结果(R)的条件;对死亡的作用为50%,具有因果关系。可认为是重叠因果。(2)甲知情乙投毒还添加毒药,甲为片面共犯,应对其本人与乙共同的投毒行为(5毫克

_____

[1] D

+5毫克＝10毫克）负责，对死亡结果的作用为100%，也具有因果关系。（3）即使认为片面共同正犯行为不成立共同正犯，也可以片面帮助犯，追究甲对死亡结果100%的责任。

17. 关于因果关系的认定，下列哪些选项是正确的？[1]（2013/2/52）

A. 甲、乙无意思联络，同时分别向丙开枪，均未击中要害，因两个伤口同时出血，丙失血过多死亡。甲、乙的行为与丙的死亡之间具有因果关系

B. 甲等多人深夜追杀乙，乙被迫跑到高速公路上时被汽车撞死。甲等多人的行为与乙的死亡之间具有因果关系

C. 甲将妇女乙强拉上车，在高速公路上欲猥亵乙，乙在挣扎中被甩出车外，后车躲闪不及将乙轧死。甲的行为与乙的死亡之间具有因果关系

D. 甲对乙的住宅放火，乙为救出婴儿冲入住宅被烧死。乙的死亡由其冒险行为造成，与甲的放火行为之间没有因果关系

【解析】A选项，甲、乙二人不是共同犯罪，二人行为各自独立。甲开枪（A1）、乙开枪（A2）均是丙死亡（R）的条件；二人行为对结果的作用一样大（或都超过50%），认为都有因果关系。是重叠因果关系模型。

B选项，（1）甲等的追杀行为（A1）、乙跑到高速公路（A2）、汽车撞人行为（A3），均是乙死亡（R）的条件。（2）根据题意，汽车司机（A3）无责任。甲等人实施的是"追杀"严重危及人身安全的暴力行为（A1），乙是系"被迫"跑到高速公路上（A2）。一般人在此情形之下均会做出此躲避行为，二者系大概率导致的依附关系，被害人无重大过错。介入因素不中断因果关系，死亡结果（R）与甲等的追杀行为（A1）具有因果关系。（3）在法考和司法实务中，经常出现此类甲追乙跑导致死亡的事例，如果"甲追"是严重暴力、一般人都会如"乙跑"，则死亡归责于"甲追"；如果"甲追"是轻缓行为、一般人不会"乙跑"入死路，则死亡归责于"乙跑"。例如下述C选项、2010/2/3－B。

C选项，（1）甲猥亵（A1）、乙挣扎（A2）、后车辗轧（A3），均是乙死亡（R）的条件。（2）"躲闪不及"说明后车（A3）无责任。甲猥亵，一般妇女都会挣扎躲避，二者系大概率导致的依附关系，被害人无重大过错。介入因素不中断因果关系，死亡结果与甲的猥亵行为具有因果关系。此外，"高速公路上"是猥亵行为发生的客观既存因素，不作为条件考虑。

D选项，甲放火（A1）、乙救婴儿（A2），都是死亡结果的条件。一般的父母亲发现婴儿在被放火（A1）的住宅中均会冒险相救（A2），二者系大概率导致的依附关系，介入因素不中断因果关系链，死亡结果与放火行为具有因果关系。类似事例参见2011/2/3－B。

18. 关于刑法上的因果关系，下列哪一判断是正确的？[2]（2010/2/3）

A. 甲开枪射击乙，乙迅速躲闪，子弹击中乙身后的丙。甲的行为与丙的死亡之间不具有因果关系

B. 甲追赶小偷乙，乙慌忙中撞上疾驶汽车身亡。甲的行为与乙的死亡之间具有因果关系

C. 甲、乙没有意思联络，碰巧同时向丙开枪，且均打中了丙的心脏。甲、乙的行为与丙的死亡之间不具有因果关系

D. 甲以杀人故意向乙的食物中投放了足以致死的毒药，但在该毒药起作用前，丙开枪杀死了乙。甲的行为与乙的死亡之间不具有因果关系

【解析】A选项，考查因果关系的客观性。（1）因果关系是客观的，与行为人主观认识没有关系。在丙的死亡结果发生之后来叙述客观因果流程，丙死于"中弹"，是甲开枪打死的。

―――――――――――――

〔1〕 ABC 〔2〕 D

如果甲不开枪，丙不会中弹死亡，有条件关系。并且是唯一条件，负全部责任，甲的开枪行为（A），当然与丙死亡结果（R）之间有因果关系。（2）客观因果关系的判断与行为人主观无关。即使甲主观上没有预见到该具体结果，也不能否定客观因果关系的存在。（3）在主观上，本例系打击错误、具体错误，按法定符合说，甲对丙死具在杀人故意，构成故意杀人罪既遂。按具体符合说，对乙构成故意杀人罪未遂、对丙构成过失致人死亡罪。类似事例参见2014/2/6－C。

B选项，（1）甲的"追赶"行为（A1）、乙撞上汽车行为（A2），均是死亡结果（R）的条件。（2）但因本选项"追赶"行为系一般追赶，本身没有致死的可能性，一般人在此情形下也不会往死路上跑。甲的"追赶"行为（A1）、乙撞上汽车行为（A2）没有大概率关联，系独立关系。题干"乙慌忙"表明乙慌忙中的不小心负主要责任，介入因素中断因果关系链。故而应当甲的死亡结果（R），应归责于其本人行为（A2），而不应归责于甲的追赶行为（A1）。故B选项错误。（3）注意：本案判断因果关系，与乙是否是"小偷"没有关系。如果乙是小偷，甲持砍刀追杀导致乙被迫横穿马路被撞死，则应认定甲的行为与死亡有因果关系；然后再判断防卫是否过当。（4）另外，本选项案情与2013/2/52－B不同。

C选项，考查同时犯因果。（1）在丙死亡结果发生后叙明客观既存因果流程，丙死于甲、乙两枪同时（200%）击中心脏，二人开枪行为对于丙死亡均有作用。（2）甲、乙二人均击中且都致命，对死亡结果的作用都是100%，均超过50%，认定都有因果关系。故选项C错误。

D选项，考查因果关系的客观性。（1）在乙死亡结果发生后叙明客观既存因果流程，乙是因枪杀死亡（R）而不是被毒死。如果甲不投毒（A），乙仍会被枪杀（R），故甲的投毒行为与乙被枪杀致死之间，没有条件关系，更无因果关系。如果丙不开枪（B），乙就不会被枪杀（R），故丙的开枪行为与乙被枪杀致死之间，有条件关系。（2）由于丙的开枪行为，是乙被枪杀致死的唯一条件，对此结果承担全部责任，具有因果关系。故选项D正确。

19. 关于刑法上因果关系的判断，下列哪一选项是正确的？[1]（2007/2/1）

A. 甲为抢劫而殴打章某，章某逃跑，甲随后追赶。章某在逃跑时钱包不慎从身上掉下，甲拾得钱包后离开。甲的暴力行为和取得财物之间存在因果关系

B. 乙基于杀害的意思用刀砍程某，见程某受伤后十分痛苦，便将其送到医院，但医生的治疗存在重大失误，导致程某死亡。乙的行为和程某的死亡之间没有因果关系

C. 丙经过铁路道口时，遇见正在值班的熟人项某，便与其聊天，导致项某未及时放下栏杆，火车通过时将黄某轧死。丙的行为与黄某的死亡之间存在因果关系

D. 丁为杀害李某而打其头部，使其受致命伤，2小时之后必死无疑。在李某哀求下，丁开车送其去医院。20分钟后，高某驾驶卡车超速行驶，撞向丁的汽车致李某当场死亡。丁的行为和李某的死亡之间存在因果关系

【解析】A选项，（1）选项中的"拾得"一词，应当理解为"甲等章某逃跑后，才发现钱包，临时起意拾得钱包"，亦即，不能将获取皮包理解为抢劫行为延伸即"劫"的行为，而应认为甲实施了抢劫殴打（A1）、拾得（A3）前后两个独立行为。（2）甲抢劫殴打章某（A1）、章某逃跑钱包掉下（A2）、甲拾得（A3），均是甲取得财物（R）的条件。（3）依题意，钱包是被害人"不慎"掉下（A2）的，主要责任在于其"不慎"，与之前的甲抢劫殴打（A1）没有依附关系。（4）财物是甲拾得，甲拾得行为（A3）是其取得财物的直接条件，应负主要责任。故而，甲的抢劫暴力行为（A1）和取得财物之间没有因果关系；甲拾得行为（A3）和取

〔1〕 B

得财物之间具有因果关系。(5) 主观上，甲实施抢劫行为时具有抢劫故意，根据刑法第263条，构成抢劫罪。因取得财物与抢劫行为没有因果关系，故甲不能构成抢劫罪既遂，而是抢劫罪未遂。甲拾得财物时有侵占罪故意（或盗窃罪故意），构成侵占罪（或盗窃罪）。取得财物与该行为有因果关系，构成侵占罪（或盗窃罪）既遂。应当数罪并罚。

B选项，(1) 乙的杀人行为（A1）、医生重大失误（A2），均是程某死亡结果（R）的条件。(2) 两条件系独立关系。题意"重大失误"表明医生负主要责任。死亡结果与医生行为有因果关系。注意本选项叙述事实与2008/2/52－D不一样。

C选项，(1) 丙聊天（A1）、项某不放下栏杆（A2），均是黄某被轧死的条件。(2) 丙聊天这样的日常生活行为，项某他人不放下栏杆（A2）的可能性极小；并且，遭遇这种情况，值班人员也需要放下栏杆，A1、A2独立关系。显然，项某的重大疏忽，对事故发生负主要责任甚至完全责任，与结果有因果关系。

D选项，考查因果关系的客观性。(1) 在李某死亡结果发生后叙明客观既存因果流程，李某是被撞死（R）而不是被杀死。如果丁不杀人（A1），李某不会被送医、被撞死（R），故杀人（A1）与李某撞死（R）之间，具有条件关系。即使丁杀人，但如高某不超速（A2），则李某也不会被撞死（R），故超速（A2）与李某撞死（R）之间，也具有条件关系。(2) 两条件之间系独立关系，由于李某死于撞死，非死于杀人，高某超速责任大，与李某死亡结果之间具有因果关系。(3) 关于本选项的犯罪形态，由于因果关系中断，丁的杀人行为与死亡结果之间没有因果关系，故而其不构成故意杀人罪既遂。自动停止、尽了真诚救助义务，构成犯罪中止。

20. 关于因果关系，下列哪些选项是错误的？[1]（2008/2/52）

A. 甲乘坐公交车时和司机章某发生争吵，狠狠踹了章某后背一脚。章某返身打甲时，公交车失控，冲向自行车道，撞死了骑车人程某。甲的行为与程某的死亡之间存在因果关系

B. 乙以杀人故意瞄准李某的头部开枪，但打中了李某的胸部（未打中心脏）。由于李某是血友病患者，最后流血不止而死亡。乙的行为与李某的死亡之间没有因果关系

C. 丙与同伙经预谋后同时向王某开枪，同伙射击的子弹打中王某的心脏，致王某死亡。由于丙射击的子弹没有打中王某，故丙的行为与王某的死亡之间没有因果关系

D. 丁以杀人故意对赵某实施暴力，导致赵某遭受濒临死亡的重伤。赵某在医院接受治疗时，医生存在一定失误，未能挽救赵某的生命。丁的行为与赵某的死亡之间没有因果关系

【解析】A选项，(1) 甲踹章某后背（A1）、章某打甲而使公交车失控（A2），均是撞死骑车人（R）的条件。(2) 一般公交司机在受到干扰时，都不会放弃驾驶，两个条件系独立关系，应分别判断责任大小。甲踹司机后背，即使司机不反抗，也会大概率导致汽车失控，甲对事故的责任大。同时，作为司机的章某负有重大的保障驾驶安全的义务，如其不起身打甲，也不会引发事故，司机的责任也大。二人对事故结果的责任均很大，应当认为都负责任，二人行为与死亡结果之间均有因果关系，系重叠因果关系模型。(3) 本案原型参见《刑事审判参考》（2002年总第28辑）"陆某某、张某某以危险方法危害公共安全、交通肇事案——公交车司机离开驾驶岗位与乘客斗殴引发交通事故的如何定性"。在当年，法院根据该案具体情形认定司机对结果系故意、乘客对结果系过失，故认为司机章某构成以危险方法危害公共安全罪（故意危害公共安全）；乘客甲构成交通肇事罪（过失危害公共安全）。(4) 在《最高人民法院、最高人民检察院、公安部关于依法惩治妨害公共交通工具安全驾驶违法犯罪行为的指导意见》颁

〔1〕 BCD

布后，一般应当认定乘客对结果系故意，构成以危险方法危害公共安全罪，例如"重庆万州汽车坠河案"。（5）在《刑法修正案（十一）》生效后，乘客与司机还另行触犯妨害安全驾驶罪，以重罪以危险方法危害公共安全罪（结果加重犯）论处。

B 选项，考查特殊体质与因果关系认定。（1）客观上，特殊体质不中断因果关系，乙的杀人行为，与李某死亡结果之间具有因果关系。（2）主观上，乙对事实存在认识错误，系因果关系错误中的具体流程偏离（狭义因果关系错误），认识到因果关系的大概流程，对客观流程仍具有杀人故意。根据刑法第232条，构成故意杀人罪既遂。

C 选项，考查共同犯罪的因果关系。"预谋"说明二人是共同正犯，每人对共同整体杀人行为（即开两枪行为）造成的结果承担连带责任。因王某死亡结果，系二人共同行为导致，甲、乙二人均对该结果承担连带责任，与死亡结果有因果关系。

D 选项，（1）丁的杀人行为（A1）、医生的过失行为（A2），与赵某死亡结果（R）之间，均有条件关系。（2）两条件之间系独立关系。题干已叙明丁的杀人行为（A1）已致"濒临死亡的重伤"，故应将其中医生"一定过失"理解为"轻微过失"。丁的责任大，医生的责任小。故而，介入因素不中断因果关系，丁的杀人行为（A1）与死亡结果（R）之间存在因果关系。（3）注意：本选项与 2007/2/1 - B "医生的治疗存在重大失误"，案情不同，结论也不相同。

21. 关于因果关系的判断，以下说法**不正确**的有[1]（2019/客/卷一/仿3）

A. 甲持刀将乙砍成重伤，乙在被家人送往医院的途中，遇到丙驾驶车辆在道路上横冲直撞报复社会，乙被丙当场撞死。则甲的砍人行为与乙的死亡结果之间具有因果关系

B. 甲投毒杀乙，乙中毒后痛苦难堪、必死无疑，乙的另一个仇人丙看见后，心起歹意见状直接将乙捅死。则甲的投毒行为与乙死亡结果之间具有因果关系

C. 甲醉酒后超速开车，压飞一个井盖，井盖飞起砸死一人乙；经侦查实验表明即使不超速也会压飞井盖。则甲醉酒后超速行为与乙的死亡结果之间仍具有因果关系

D. 医生甲故意谋害患者乙，将药剂剂量加大十倍为其注射，乙死亡。事后证明，乙具有特殊体质，即使按正规操作为其注射也会死亡。则甲行为与乙死亡结果之间无因果关系

【解析】 A 选项，在条件关系判断上，甲的砍人行为（A1）、丙的撞击行为（A2），均是乙死亡的条件。在相当性判断上，两个条件是独立关系；乙死于撞死，丙的撞击行为（A2）的作用大，与乙死亡结果具有因果关系。甲的砍人行为，与乙死亡结果之间，只有条件关系，没有因果关系。

B 选项，本选项考查因果关系是客观的、不是假想的。由于客观上乙死于捅死（R），不是死于中毒（A）。乙的死亡结果（R），与甲的投毒行为（B）没有条件关系，更无因果关系。与丙的捅人行为（A）具有因果关系。

C 选项，本选项考查条件关系的认定。如果不醉酒、超速（无A），则也会压飞井盖（仍有R）；故而，醉酒、超速行为与压飞井盖、死亡结果无条件关系，更无因果关系。应将死亡结果归因于井盖放置不当等因素。参见《最高人民法院、最高人民检察院、公安部关于办理涉窨井盖相关刑事案件的指导意见》第5条。

D 选项，本选项考查特殊体质因素。假定甲注射正常剂量的药剂，诱发乙特殊体质而死亡，特殊体质不影响因果关系认定，甲的注射行为与乙的死亡结果之间具有因果关系。与之类比：正常剂量的注射与死亡结果之间都有因果关系，过量注射行为与死亡结果之间更有因果关系。简言之，是注射行为（A），而无需考虑注射是否过量，与死亡结果（R）之间，具有因

---

[1] ABCD

果关系。

22. 关于刑法因果关系，下列选项正确的是？[1]（2019/客/卷一/仿4）

A. 甲用手机向租房人群发送"这个月该交房租了"的诈骗短信，并附上自己的银行卡号，收到短信的租房人乙信以为真，而将短信转发给另一租房人丙，丙遂向甲的卡号转账支付房租，导致被骗。则甲的行为具有因果关系与丙财物损失结果

B. 甲交通肇事逃逸，将丙撞倒在路上，紧随其后的乙驱车经过时未发现乙，驾车从丙身上轧过，现无法查明：丙是在乙轧压之前死亡还是在其轧压之后死亡。则甲的行为与丙的死亡结果之间有因果关系

C. 甲、乙发生口角，甲把瘦小的乙踢伤，致乙心脏病发作死亡。则甲的行为与乙的死亡结果之间无因果关系

D. 警察甲押送犯罪嫌疑人乙时，乙谎称上厕所，甲没有紧跟，从而乙脱逃。则甲的行为与乙的脱逃有因果关系

【解析】A选项，在条件关系上，甲群发短信（A1）、乙转发行为（A2），均与丙的损失结果（R）之间，有条件关系。在相当性判断上，乙（A1）的责任小，只有条件关系；甲（A2）的责任大，具有相当性。故而丙财物损失结果（R），与甲的行为（A1）具有因果关系。

B选项，在条件关系上，甲不救助乙（A1）、乙车轧压（A2），均是丙死亡（R）的条件。在相当性判断上，"紧随其后"表明，不救助（A1）大概率会导致后车轧压（A2），两个条件是依附关系，介入因素不中断因果。丙死亡结果（R），与甲不救助行为（A1）有因果关系。

C选项，客观上，"心脏病"特殊体质不影响因果关系认定，踢伤行为与死亡结果之间具有因果关系。主观上，行为人仅有"踢伤"意图，说明对死亡结果没有故意，只有过失。

D选项，在条件关系上，甲未紧跟（A1）、乙逃走（A2），都与乙脱逃结果（R）之间，都有条件关系。在相当性判断上，甲的职责中就有防止乙脱逃的内容，故而甲（A1）对乙脱离的结果负责，具有因果关系，构成失职致使在押人员脱逃罪。当然，乙本人（A2）也需对脱逃负责，构成脱逃罪。两个条件与结果均有因果关系，系重叠因果关系的模型。

23. 关于因果关系的认定，下列选项说法正确的有？[2]（2020/客/1/3仿）

A. 甲、乙二人一起相约超速飙车，乙因超速将丙撞死。则甲的行为与丙的死亡结果之间没有因果关系

B. 甲在外面带着孙子玩，家长丙委托甲帮忙照顾小孩乙，乙对甲说我要从高处跳下去，甲并未阻拦，乙跳下去摔伤。则甲的不阻拦行为与乙的受伤结果之间具有因果关系

C. 甲教唆乙，为了讨债对丙进行非法拘禁，在拘禁过程中不小心将丙过失致死。则甲的教唆行为与丙的死亡结果之间具有因果关系

D. 甲为了杀乙，把乙打成昏迷状态后，以为乙死亡将其抛在沙滩上离开，乙因为头朝下被入沙子而死。则甲的杀人行为与乙的死亡之间具有因果关系

【解析】选项A，考查因果关系中的结果与构成要件范围。（1）前段行为，甲、乙构成危险驾驶罪（A1）的共同犯罪。但是，危险驾驶罪的结果中并不包括致人死亡的结果（R）。致丙死亡的结果，不在危险驾驶罪的构成要件之内，甲对此结果不能归责。（2）后段乙超速撞死丙的行为（A2），是乙的单独正犯行为。(3)造成丙死亡的结果的条件有两个：甲与乙相约超速飙车的行为（A1），以及乙单独超速撞人行为（A2）；但是，后者即乙的行为（A2），是负主要责任的条件，具有因果关系。甲的行为（A1）仅有条件关系。

选项 B，考查不作为行为与因果关系。（1）关于甲有无阻拦乙的义务以及有无实施不作为危害行为。比照《民法典》第 1189 条的规定，"无民事行为能力人、限制民事行为能力人造成他人损害，监护人将监护职责委托给他人的，监护人应当承担侵权责任；受托人有过错的，承担相应的责任"。可认为本案情形系未成年人乙的监护人丙，临时委托甲进行监护的情形，故甲系乙的临时监护人，负有保护义务，不阻拦系不作为行为。（2）在因果关系认定上，造成乙摔伤的条件有两个：乙自己跳（A1）、甲不阻拦（A2）。由于乙系未成年人、不知危险、责任较小；可认为甲的不阻拦行为（A2）责任较大，具有因果关系。可以类比于：父亲看见儿子跳崖而不制止，导致儿子死亡。

选项 C，考查共同犯罪与因果关系的认定。（1）乙是非法拘禁罪的正犯，对拘禁过程中的过失致死负责；（2）甲是教唆犯，其教唆行为引起了乙的实行行为，当然对乙的拘禁实行造成的结果负责，具有因果关系。二人均构成非法拘禁罪（致人死亡）。

选项 D，考查事前故意的模型。造成乙死亡结果（R）的条件有两个：甲的杀人行为（A1）、抛尸行为（A2）。由于杀人（A1）之后大概率会抛尸（A2），二者之间系依附关系，不中断因果，因此甲的杀人行为与乙的死亡之间具有因果关系。

考点四　其他客观不法要素（数额、次数、情节等）

关于犯罪数额的计算，下列哪一选项是正确的？[1]（2009/2/11）

A. 甲 15 周岁时携带凶器抢夺他人财物价值 3 万元；17 周岁时抢劫他人财物价值 2 万元。甲的犯罪数额是 5 万元

B. 乙收受贿赂 15 万元，将其中 3 万元作为单位招待费使用。乙的犯罪数额是 12 万元

C. 丙第一次诈骗 6 万元，第二次诈骗 12 万元，但用其中 6 万元补偿第一次诈骗行为被害人的全部损失。丙的犯罪数额是 6 万元

D. 丁盗窃他人价值 6000 元的手机，在销赃时夸大手机功能将其以 1 万元卖出。丁除成立盗窃罪外，还成立诈骗罪，诈骗数额是 1 万元

【解析】本题考查犯罪数额的计算，以及刑事责任年龄；受贿罪、诈骗罪、盗窃罪；连续犯、同种数罪、罪数；悔罪、赃物处分。

选项 A，（1）第一段行为，甲携带凶器抢夺，系抢劫行为；行为时 15 周岁，根据刑法第 17 条第 2 款，应当承担责任。客观主观统一，根据刑法第 267 条第 2 款，构成抢劫罪，系犯罪既遂，犯罪数额是 3 万元。（2）第二段行为，17 周岁时抢劫他人财物，根据刑法第 263 条，构成抢劫罪，系犯罪既遂，犯罪数额为 2 万元。（3）罪数上，系同种数罪，按司法实务习惯，以一罪论处，数额累计计算共 5 万元。

选项 B，将受贿的 3 万元作为单位招待费使用，根据《最高人民法院、最高人民检察院关于办理贪污贿赂刑事案件适用法律若干问题的解释》第 16 条的规定，属受贿后的处分行为，仍然计入受贿数额，乙的犯罪数额是 15 万元。

选项 C，丙的两次诈骗都达到数额构成犯罪既遂。（1）如果二次诈骗的被害人是同一人，采用钓鱼式的诈骗，则以最后的损失或所得计，为 6 + 12 - 6 = 12 万。（2）如果二次诈骗的被害人不是同一人，或者"补偿"是犯罪既遂后的悔罪退赃。则事后补偿是酌定情节，与犯罪

---

[1]　A

数额的认定无关。连续两次实施诈骗，是连续犯，以一罪论处，数额累计计算，犯罪数额是18万元。两种情况下犯罪数额都不是6万元。

选项D，（1）丁盗窃他人价值6000元的手机，根据刑法第264条，构成盗窃罪。（2）后行为因系"夸大手机功能"而卖出手机，系民事诈欺，不属虚构重大事实的刑事诈骗行为，不能触犯诈骗罪。（3）丁只构成盗窃罪一罪，在犯罪数额认定上，比照原《最高人民法院关于审理盗窃案件具体应用法律若干问题的解释》（1998）第5条第2款第7项，"销赃数额高于按本解释计算的盗窃数额的，盗窃数额按销赃数额计算"；根据现《最高人民法院、最高人民检察院关于办理盗窃刑事案件适用法律若干问题的解释》第4条第1款第1项"被盗财物有有效价格证明的，根据有效价格证明认定"，可将销赃数额作为"有效价格证明"。丁的盗窃数额是1万元。

专题四　主观责任要件（犯罪的主观要件）

（1）刑事责任年龄	12～16、14～16 周岁人的刑事责任范围；生日当天；隔时犯的处理
（2）精神病	原发性精神病；自陷精神病（原因自由行为）
（3）故意成立的必要认识要素	对行为、对象、结果、因果关系、身份等构成要件事实须认识；对量的要素（数额、情节、次数）、违法性不需认识
（4）故意、过失的认定和判断	疏忽大意过失与意外事件的区分、间接故意与过于自信过失的区分
（5）事实认识错误	对象错误与打击错误、因果关系错误、手段错误；抽象错误与具体错误的分类；法定符合说、具体符合说；事实认识错误与违法性认识错误的区分

考点一　刑事责任年龄

1. 甲（十五周岁）的下列哪一行为成立犯罪？[1]（2010/2/4）

A. 春节期间放鞭炮，导致邻居失火，造成十多万元财产损失

B. 骗取他人数额巨大财物，为抗拒抓捕，当场使用暴力将他人打成重伤

C. 受意图骗取保险金的张某指使，将张某的汽车推到悬崖下毁坏

D. 因偷拿苹果遭摊主喝骂，遂掏出水果刀将其刺成轻伤

【疑难辨析】本题考查刑事责任年龄。根据刑法第 17 条，已满 14 周岁不满 16 周岁的人，犯故意杀人、故意伤害致人重伤或者死亡、强奸、抢劫、贩卖毒品、放火、爆炸、投毒罪的，应当负刑事责任。

【解析】选项 A，系失火行为，15 周岁的人不承担刑事责任。

选项 B，承担故意伤害罪（致人重伤）的刑事责任。根据《最高人民法院关于审理未成年人刑事案件具体应用法律若干问题的解释》第 10 条，已满 14 周岁不满 16 周岁的人盗窃、诈骗、抢夺他人财物，为窝藏赃物、抗拒抓捕或者毁灭罪证，当场使用暴力，故意伤害致人重伤或者死亡，或者故意杀人的，应当分别以故意伤害罪或者故意杀人罪定罪处罚，即承担转化型抢劫罪的刑事责任，以手段行为定罪。

选项 C，毁坏财物的行为系受被害人承诺行为，阻却违法性。而对其中的保险诈骗的帮助行为，15 周岁的人不承担刑事责任。

选项 D，前行为即偷拿苹果系小偷小摸，即使成年犯因未达数额标准亦不构成犯罪。刺成

---

[1]　B

轻伤按题意其目的是报复，而不是为窝藏赃物、抗拒抓捕或者毁灭罪证，系故意伤害轻伤行为，15 周岁的人不承担刑事责任。

2. 关于犯罪主体，下列哪一选项是正确的？[1]（2009/2/2）

A. 甲（女，43 岁）吸毒后强制猥亵、侮辱孙某（智障女，19 岁），因强制猥亵、侮辱妇女罪（现为强制猥亵、侮辱罪）的主体只能是男性，故甲无罪

B. 乙（15 岁）携带自制火药枪夺取妇女张某的挎包，因乙未使用该火药枪，故应当构成抢夺罪

C. 丙（15 岁）在帮助李某扣押被害人王某索取债务时致王某死亡，丙不应当负刑事责任

D. 丁是司法工作人员，也可构成放纵走私罪

【解析】本题对于犯罪主体的考查，表面上看是总论问题，实际上是分则罪名构成要件的理解。如 AD 两项，此外还涉及刑事责任年龄，如 BC 两项。

选项 A，刑法第 237 条规定的强制猥亵、侮辱罪（注：《刑法修正案（九）》修正）的主体是一般主体，既包括男性也包括女性。

选项 B，（1）根据刑法第 267 条第 2 款的规定，携带凶器抢夺的，构成抢劫罪。这是刑法对"抢劫行为"的拟制规定，亦即将携带凶器抢夺行为认定为抢劫行为。（2）在客观不法层面上，行为实施特殊抢劫行为，主观责任层面上 15 岁，可构成抢劫罪。（3）事实上，刑法规定的四种形式的抢劫罪，除《最高人民法院关于审理未成年人刑事案件具体应用法律若干问题的解释》第 10 条规定 14～16 岁对转化型抢劫不能承担抢劫罪的刑事责任以外；对于其他三种形式的抢劫，14～16 岁的行为均可承担抢劫罪的刑事责任。亦即，刑法第 17 条第 2 款规定的"抢劫"包括三种形式的抢劫行为。

选项 C，（1）在客观不法层面上，实施了非法拘禁、过失致人死亡二行为；在主观责任层面上，15 岁的人对非法拘禁行为不负刑事责任，对过失致人死亡行为也不负刑事责任。（2）根据刑法第 238 条第 3 款，为索取债务扣押他人的，构成非法拘禁罪。拘禁过程中致人死亡的，构成非法拘禁罪结果加重犯。成立结果加重犯的前提是触犯非法拘禁罪。

选项 D，根据刑法第 411 条，放纵走私罪的主体是海关工作人员，丁是司法工作人员，不能构成放纵走私罪（正犯）。

3. 已满 14 周岁不满 16 周岁的人实施下列哪些行为应当承担刑事责任？[2]（2006/2/51）

A. 参与运送他人偷越国（边）境，造成被运送人死亡的

B. 参与绑架他人，致使被绑架人死亡的

C. 参与强迫卖淫集团，为迫使妇女卖淫，对妇女实施了强奸行为的

D. 参与走私，并在走私过程中暴力抗拒缉私，造成缉私人员重伤的

【解析】A 选项，B 选项，上述两选项中，"造成被运送人死亡"和"致使被绑架人死亡"均应解释为过失致人死亡，已满 14 不满 16 周岁的人，对过失致人死亡行为不承担刑事责任。对运送他人偷越国（边）境、绑架行为，也不承担刑事责任。如果是"杀害"运送人、被绑架人，则应承担故意杀人罪的刑事责任。

C 选项，在客观不法层面上，实施了强迫卖淫、强奸二行为；在主观责任层面上，14～16 周岁的人，不对强迫卖淫行为承担刑事责任；对强奸行为承担刑事责任，构成强奸罪。注意：《刑法修正案（九）》将强迫卖淫中强奸的罪数规则修正为数罪并罚，不影响本选项结论。

D 选项，客观不法层面上，实施了走私、妨害公务、故意伤害重伤三个不法行为；在主观

---

[1] C　[2]　CD

责任层面上,14～16周岁的人,不对走私、妨害公务行为承担刑事责任;对故意伤害重伤行为承担刑事责任,构成故意伤害罪(重伤)。

4. 对下列哪些情形应当追究刑事责任?[1] (2002/2/41)

A. 15周岁的甲在聚众斗殴中致人死亡

B. 15周岁的乙非法拘禁他人使用暴力致人伤残

C. 15周岁的丙贩卖海洛因8000克

D. 15周岁的丁使用暴力奸淫幼女

【解析】A选项,B选项,根据刑法第238条第2款、第292条第2款,系转化犯(实为想象竞合的提示规定),即客观不法层面上认为实施有聚众斗殴、非法拘禁行为,以及故意杀人、故意伤害(重伤)行为,主观责任层面上15周岁,构成故意杀人罪、故意伤害(重伤)罪。

C选项,14～16周岁的人,对于贩卖毒品行为应当承担刑事责任。D选项,根据刑法第236条第2款,奸淫幼女以强奸论;第17条第2款的"强奸"包括所有强奸行为,14～16周岁的人,对于强奸行为应承担刑事责任。

5. 甲15周岁,系我国某边镇中学生。甲和乙一起上学,在路上捡到一手提包。打开后,发现内有1000元钱和4小袋白粉末。甲说:"这袋七有中文'海洛因'和英文'heroin'及'50g'的字样。我在电视上看过,这东西就是白粉,我们把它卖了,还能发一笔财。"二人遂将4袋白粉均分。甲先将一袋白粉卖与他人,后在学校组织去邻国旅游时,携带另一袋白粉并在境外出售。甲的行为[2] (2004/2/6)

A. 构成走私毒品罪   B. 构成非法持有毒品罪

C. 构成贩卖毒品罪   D. 构成走私、贩卖毒品罪

【解析】(1)客观不法层面上,甲实施贩卖毒品、走私毒品二行为(其中包含有持有毒品行为);在主观责任层面上,已满14周岁不满16周岁的人,对贩卖毒品行为承担刑事责任,根据刑法第347条,仅构成贩卖毒品罪;对走私毒品、持有毒品行为不承担刑事责任。(2)如果是已满16周岁的人,则对贩卖、走私、持有毒品行为均负责;在罪数上对于持有毒品,是吸收犯,不单独定罪。故选项C正确。

考点二　刑事责任能力(精神状况)

1. 间歇性精神病人在不能辨认或者不能控制自己行为时,实施严重危害社会行为的?[3] (2020/客/1/6仿)

A. 应当负刑事责任

B. 不负刑事责任

C. 应当负刑事责任,但可以减轻或免除处罚

D. 待治愈后再追究刑事责任

【解析】(1)刑法第18条第2款:间歇性的精神病人在精神正常的时候犯罪,应当负刑事责任。(2)第1款:精神病人在不能辨认或者不能控制自己行为的时候造成危害结果,经法定程序鉴定确认的,不负刑事责任。(3)本案情形,因行为人在实施行为时,不是精神正常,不能适用第2款;属精神病人,故适用第1款。

---

[1]　ABCD　[2]　C　[3]　B

2. 甲在家中吸毒后产生幻觉，以为前来送快递的快递员乙要杀自己，将其打成重伤。关于甲的行为的定性，以下说法正确的有[1]（2018/客/卷一/6仿）

A. 甲构成故意伤害罪，不需要从轻或者减轻处罚

B. 甲产生了幻觉，在不能辨认或者不能控制自己行为的时候造成危害结果，不构成犯罪

C. 甲产生了幻觉，但是系其自己吸毒导致的，可以从轻或者减轻处罚

D. 甲虽然故意吸毒，但没有伤害的故意，仅成立过失致人重伤罪

【疑难辨析】本题考查原因自由行为（自陷精神病）。原因自由行为处理经验规则是：以清醒时确定过错内容（A罪故意，或过失），以不清醒时确定客观行为（B行为），对重合内容承担刑事责任（行为人在A罪故意支配下实施B行为）。

【解析】在本案中，甲客观不法层面上实施了重伤行为；主观责任方面，因是吸毒后产生幻觉，属原因自由行为，应以清醒时认定责任。甲在清醒时是完全刑事责任能力人，具有责任。在过错形式上，按题意，甲在吸毒时未曾想到自己会重伤，对于重伤结果不明知，没有伤害故意；但是，一般公众认为吸毒后陷入幻觉，有致人伤亡的可能性，应认为甲对重伤结果具有过失。故而，根据刑法第235条，甲构成过人致人重伤罪。D选项正确。C选项，由于甲在清醒时是完全刑事责任能力人，没有从轻减轻的理由，说法错误。

3. 关于刑事责任能力，下列哪一选项是正确的?[2]（2016/2/3）

A. 甲第一次吸毒产生幻觉，误以为伍某在追杀自己，用木棒将伍某打成重伤。甲的行为成立过失致人重伤罪

B. 乙以杀人故意刀砍陆某时突发精神病，继续猛砍致陆某死亡。不管采取何种学说，乙都成立故意杀人罪未遂

C. 丙因实施爆炸被抓，相关证据足以证明丙已满15周岁，但无法查明具体出生日期。不能追究丙的刑事责任

D. 丁在14周岁生日当晚故意砍杀张某，后心生悔意将其送往医院抢救，张某仍于次日死亡。应追究丁的刑事责任

【疑难辨析】选项A、B考查精神病。原发性精神病：行为、责任需同时。自陷精神病（原因自由行为）：行为时认定行为，清醒时认定责任，客观主观统一重合处认定罪名（行为人在A罪故意支配下实施B行为）。

【解析】A选项，考查原因自由行为。客观上，甲实施了重伤行为；主观上，吸毒系自陷无责任能力的原因自由行为，应以清醒时认定责任。甲为完全责任能力人；"第一次吸毒"提示甲清醒时对于重伤结果没有预见而应当预见，只具有过失。客观主观统一，根据刑法第235条，甲的行为构成过失致人重伤罪。

B选项，考查原发性精神病（题意"突发精神病"）、行为与责任同时性原则。（1）在客观行为个数的判断上，行为人砍了数刀，存在两种观点。其一，如认为是数个动作一个行为（多举犯），无论哪个动作导致死亡，都认为是实行行为导致死亡；行为人砍第一刀认为是实行行为，实行行为当时精神正常，具有杀人故意，根据刑法第232条，乙构成故意杀人罪既遂。（2）其二，如认为行为人实施有数行为，第一个行为是杀人未遂行为，实行时具有杀人故意，构成故意杀人罪未遂；第二个行为是杀人既遂行为，实行时系精神病，不应承担刑事责任。从而认定为故意杀人罪未遂。

C选项，只要能够证明已满14周岁，无需确定具体出生日期，就能追究爆炸罪的刑事

---

[1] D 　[2] 　AD（考试当年选A）

责任。

D选项，考查隔时犯问题。（1）在考试当年，以14周岁生日当天24时为界限：（1）第一段，客观上，丁实施了砍杀行为；主观责任年龄不满14周岁，丁不承担刑事责任；（2）第二段，客观上丁并未实施作为行为；丁因先前行为产生救助义务，也进行了救助，未实施不作为行为。因为没有实施危害行为，此时责任年龄虽已满14周岁，也不构成犯罪。（3）应将死亡结果归因于之前的砍杀行为，但因此时未达刑事责任年龄，不能追究丁的刑事责任。（2）在现在，《刑法修正案（十一）》已规定12-14周岁，对杀人致死、情节恶劣，负刑事责任。

4. 关于责任年龄与责任能力，下列哪一选项是正确的？[1]（2015/2/2）

A. 甲在不满14周岁时安放定时炸弹，炸弹于甲已满14周岁后爆炸，导致多人伤亡。甲对此不负刑事责任

B. 乙在精神正常时着手实行故意伤害犯罪，伤害过程中精神病突然发作，在丧失责任能力时抢走被害人财物。对乙应以抢劫罪论处

C. 丙将毒药投入丁的茶杯后精神病突然发作，丁在丙丧失责任能力时喝下毒药死亡。对丙应以故意杀人罪既遂论处

D. 戊为给自己杀人壮胆而喝酒，大醉后杀害他人。戊不承担故意杀人罪的刑事责任

【解析】本题考查刑事责任年龄与责任能力，涉及隔时犯、原因自由行为、行为责任同时性原则、醉酒人责任问题。

A选项，考查14~16周岁的刑事责任范围，以及隔时犯。以14周岁生日当天24时为界限：（1）之前实施了爆炸的作为行为，未满14周岁，不构成爆炸罪；但系12-14岁，如爆炸致死或造成严重残疾，就对杀人、伤害行为负责。（2）之后，因先前行为而负有阻止结果发生的义务，不阻止可认为实施了不作为爆炸行为，已满14周岁，对爆炸行为承担刑事责任。根据刑法第115条，构成爆炸罪的不作为犯。选项A错误。

B选项，考查原发性精神病（题意"精神病突然发作"）、行为与责任同时性原则。第一段行为，客观上实施了"着手伤害"即伤害行为，行为当时有责任，主观心态系伤害故意，客观主观相统一，根据刑法第234条，构成故意伤害罪。第二段行为，客观上实施了"抢走"即抢劫行为，行为当时没有责任，对此行为不负刑事责任，不构成抢劫罪。选项B错误。

C选项，考查原发性精神病（题意"精神病突发发作"）、行为与责任同时性原则。客观不法层面上，行为人丙实施投毒杀人实行行为（被害人近在咫尺，应以投毒为着手实行）；在因果关系上，虽死亡结果发生在丙丧失责任能力之后，但死亡结果仍归因于之前的投毒杀人行为，系杀人致死行为。在主观责任层面上，行为人在实施投毒杀人实行行为当时具有刑事责任能力，行为人就需对与该行为以及有因果关系的结果负责。并不要求在结果发生时行为人有刑事责任能力。根据刑法第232条，构成故意杀人罪既遂。选项C正确。

D选项，考查原因自由行为（题意"醉酒"）。戊客观上实施了杀人行为；主观责任上，自陷醉态（"大醉"）陷入无刑事责任能力状态，系原因自由行为。根据刑法第18条第2款规定，"醉酒的人犯罪，应当负刑事责任"，主观责任以清醒时认定。戊清醒时系完全责任能力人，有杀人故意，客观主观相统一，根据刑法第232条，构成故意杀人罪。选项D错误。

5. 关于刑事责任能力的认定，下列哪一选项是正确的？[2]（2017/2/3）

A. 甲先天双目失明，在大学读书期间因琐事致室友重伤。甲具有限定刑事责任能力

B. 乙是聋哑人，长期组织数名聋哑人在公共场所扒窃。乙属于相对有刑事责任能力

C. 丙服用安眠药陷入熟睡，致同床的婴儿被压迫窒息死亡。丙不具有刑事责任能力

D. 丁大醉后步行回家，嫌他人小汽车挡路，将车砸坏，事后毫无记忆。丁具有完全刑事责任能力

【解析】 A 选项，根据刑法第 19 条规定，盲人犯罪，可以从轻、减轻或者免除处罚。并非因盲人是限定刑事责任能力人；而是因认识能力耗弱。根据第 17、18 条的规定，"刑事责任能力"指辨认能力、控制能力；只与年龄、精神状况有关。由此，盲人具有完全的辨认能力、控制能力，应是完全刑事责任能力人。

B 选项，与 A 选项相同，刑法第 19 条规定，又聋又哑的人犯罪，可以从轻、减轻或者免除处罚。是因其认识能力耗弱。又聋又哑的人具有完全的辨认能力、控制能力，应是完全刑事责任能力人。

C 选项，（1）在客观不法行为方面，丙在熟睡时的实施了致婴儿死亡行为。（2）在主观责任上，系因其之前服用安眠药陷入熟睡而造成，可认为是原因自由行为。以其清醒时即服用安眠药之时来认定刑事责任能力，应认为具有完全刑事责任能力。C 选项错误。（3）在罪过方面，以其清醒时即服用安眠药之时来认定过错有无，丙在清醒时对于服用安眠药后压死婴儿的结果不明知，没有故意；一般公众也认识不了睡觉后压死小孩，应当认定为意外事件。

D 选项，（1）客观上，丁实施了毁坏财物或任意损毁财物行为。（2）主观上，因自身原因"大醉"之后陷入"毫无记忆"的无认识能力状态，行为人虽行为当时无认识能力，但自陷无认识能力系原因自由行为，需以清醒时认定刑事责任能力，应认为具有完全刑事责任能力。刑法第 18 条第 4 款（自陷醉酒）规定的"醉酒的人犯罪，应当负刑事责任"，正是此意。D 选项正确。（3）在罪过方面，虽认为丁没有直接故意，但对于醉酒后闹事大概率应当明知，具有寻衅滋事罪的间接故意，根据刑法第 293 条第 1 款第 3 项，可构成寻衅滋事罪。

考点三　故意的认识要素内容

1. 关于故意的认识内容，下列哪一选项是错误的？[1]（2011/2/5）

A. 成立故意犯罪，不要求行为人认识到自己行为的违法性

B. 成立贩卖淫秽物品牟利罪，要求行为人认识到物品的淫秽性

C. 成立奸淫幼女型的强奸罪，要求行为人认识到对象是幼女（注：原题为"成立嫖宿幼女罪，要求行为人认识到卖淫的是幼女"。因该罪名现已废除，故作修改）

D. 成立为境外非法提供国家秘密罪，要求行为人认识到对方是境外的机构、组织或者个人，没有认识到而非法提供国家秘密的，不成立任何犯罪

【疑难辨析】 本题考查故意成立的必要认识要素。成立故意，行为人需要对客观不法要素（质的要素）的认识。认识到不法要素（尤其是结果、对象、身份要素）等，以及需要认识到不具有正当防卫、紧急避险等违法阻却事由。不法的量的要素（数额、情节、次数）、滥用职权罪中的"重大损失"、丢失枪支不报罪中的"严重后果"，以及违法性认识，责任要素，不是故意成立的必要认识要素。

【解析】 A 选项，违法性认识不是故意的必要认识要素，A 选项说法正确。

B 选项，（1）要成立贩卖淫秽物品牟利罪故意，需要行为人认识到对象是"淫秽物品"

---

[1] D

（即物品＋淫秽性）。不仅需行为人认识到"物品"，亦需认识到"淫秽性"。本选项说法正确。（2）如果进一步延伸，根据刑法第367条（淫秽物品的范围）规定："本法所称淫秽物品，是指具体描绘性行为或者露骨宣扬色情的诲淫性的书刊、影片、录像带、录音带、图片及其他淫秽物品。"由此，"淫秽性"（＝性＋诲淫性）包括事实属性（描述性行为）和规范属性（诲淫性）两项内容。（3）故意是对事实要素的认识。只需行为人认识到"淫秽性"中的事实属性（即描述性行为的事实内容）；无需认识到规范属性（诲淫性），规范属性的定性应由裁判者确定。（4）本选项只问了是否需要认识到"淫秽性"；没有进一步问是否需要认识到"淫秽性"的规范属性（诲淫性）。

C选项，（1）奸淫幼女型的强奸罪的不法要素：行为系奸淫，对象系幼女。在主观故意上，要求行为人认识到行为是奸淫、对象是幼女。（2）注意：《刑法修正案（九）》已废除嫖宿幼女罪，自此以后，嫖宿幼女行为一律以强奸罪论处。

D选项，（1）为境外非法提供国家秘密罪故意的成立，要求认识到对方是境外的机构、组织或者个人，没有认识到而非法提供国家秘密的，不成立为境外非法提供国家秘密罪故意，不构成为境外非法提供国家秘密罪。（2）但是既然认识到了对象是国家秘密，即至少具有泄露国家秘密罪故意，可成立故意泄露国家秘密罪。

2. 关于故意的认识内容，下列哪一选项是正确的？[1]（2008/2/2）

A. 甲明知自己的财物处于国家机关管理之中，但不知此时的个人财物应以公共财产论而窃回。甲缺乏成立盗窃罪所必须的对客观事实的认识，故不成立盗窃罪

B. 乙以非法占有财物的目的窃取军人的手提包时，明知手提包内可能有枪支仍然窃取，该手提包中果然有一支手枪。乙没有非法占有枪支的目的，故不成立盗窃枪支罪

C. 成立猥亵儿童罪，要求行为人知道被害人是或者可能是不满14周岁的儿童

D. 成立贩卖毒品罪，不仅要求行为人认识到自己贩卖的是毒品，而且要求行为人认识到所贩卖的毒品种类

【解析】选项A中，考查故意认识必要素、事实认识与违法性认识的区分。（1）客观不法层面上，盗窃罪的对象是"公私财物"，被解释为"他人占有的财物"，而不是"他人所有的财物"。根据刑法第91条第2款规定"在国家机关、国有公司、企业、集体企业和人民团体管理、使用或者运输中的私人财产，以公共财产论"。在原理上，处于国家机关管理之中的本人财物，系他人占有，也能成为盗窃罪的对象。（2）在主观责任层面上，只要认识到对象是"他人占有的财物"，即可成立盗窃故意。本选项中行为人已认识到了刑法第91条第2款规定中的事实要素（"在国家机关、国有公司、企业、集体企业和人民团体管理、使用或者运输中的私人财产"），就应当认为其已认识到了对象是"公共财产"，成立盗窃罪的故意。（3）本选项中行为人对"他人占有的财物"（或"公共财产"）事实认识无误，成立盗窃故意。只是对对象的法律性质、自己行为的法律性质存在认识错误，系违法性认识错误，不影响故意的成立。本案情形的违法性认识错误属于具有认识可能性的违法性认识错误，亦不阻却责任，仍可成立盗窃罪。故选项A不当选。

选项B中，考查故意认识要素，以及故意要素与目的要素的关系。（1）在故意方面，乙明知可能有枪而盗窃，属于明知对象是枪支的情况，具有盗窃枪支罪的故意。（2）在犯罪目的方面，行为人明知对象是枪支，仍以非法占有财物的目的窃取，应当推定其有非法占有枪支的目的，可以构成盗窃枪支罪，故选项B不当选。

---

[1] C

选项 C 中，猥亵儿童罪的对象是"儿童"，成立此罪故意要求对其有认识。

选项 D 中，贩卖毒品罪的对象是毒品，要求认识对象是"毒品"即可。在认识程度上，不要求认识到"毒品"的具体种类。

考点四　故意、过失的区分

1. 张某和赵某长期一起赌博，某日两人在工地发生争执，张某推了赵某一把，赵某倒地后后脑勺正好碰到石头上，导致颅脑损伤，经抢救无效死亡。关于张某的行为，下列哪一选项是正确的？[1]（2007/2/14）

　　A. 构成故意杀人罪　　　　　　　　B. 构成过失致人死亡罪
　　C. 构成故意伤害罪　　　　　　　　D. 属于意外事件

【解析】 本题考查疏忽大意过失与意外事件的区分。（1）按平常之理推导，行为人对被害人实施推搡行为时，没想到会致死致伤，对被害人的死亡结果、伤害结果没有预见到，不能认为有伤害或杀人故意。（2）问题在于，张某是否有过失（疏忽大意的过失），这涉及疏忽大意的过失与意外事件的区分。依题意，推搡的行为发生在"工地"，一般人可以预见地形复杂危险环境而造成危险的后果，而张某未预见，属应当预见而未预见，系疏忽大意的过失，应认定为过失致人死亡罪，而非意外事件。

2. 某医院妇产科护士甲值夜班时，一新生婴儿啼哭不止，甲为了止住其哭闹，遂将仰卧的婴儿翻转成俯卧，并将棉被盖住婴儿头部。半小时后，甲再查看时，发现该婴儿已无呼吸，该婴儿经抢救无效死亡。经医疗事故鉴定委员会鉴定，该婴儿系俯卧使口、鼻受压迫，窒息而亡。甲对婴儿的死亡结果有何种主观罪过？[2]（1999/2/22）

　　A. 间接故意　　　　　　　　　　　B. 直接故意
　　C. 疏忽大意的过失　　　　　　　　D. 过于自信的过失

【解析】 考查故意、过失、意外事件的认定。（1）就题意而言，护士行为的目的只是为了防止婴儿哭闹，一时之间忘记了俯卧的危险性，应属疏忽大意的过失。（2）而非明知俯卧可能发生危险而放任，或者轻信可以避免，不属间接故意、过于自信的过失。（3）此题系违背医务人员职责的业务过失，可以归纳的经验有：在危险作业或技术作业中（业务中），对于负有特定业务职责的人，即使有违反职责的故意行为，如不能证明其对结果是故意，则应认定为过失。

3. 甲贩运假烟，驾车路过某检查站时，被工商执法部门拦住检查。检查人员乙正登车检查时，甲突然发动汽车夺路而逃。乙抓住汽车车门的把手不放，甲为摆脱乙，在疾驶时突然急刹车，导致乙头部着地身亡。甲对乙死亡的心理态度属于下列哪一选项？[3]（2006/2/3）

　　A. 直接故意　　　　　　　　　　　B. 间接故意
　　C. 过于自信的过失　　　　　　　　D. 疏忽大意的过失

【解析】 本题考查间接故意与过于自信的过失的区分。（1）对于乙死亡的结果，依案情，行为人甲主观上没有追求被害人死亡的意志，因此不是直接故意。（2）显然也意识到了行为的危险，而非没有预见，故非疏忽大意的过失。（3）那么，到底是间接故意还是过于自信的过失呢？"疾驶"说明行为人明知行为造成危害结果的可能性极大，而行为人又无客观依据或采取防果措施不让被害人摔死，既然如此，就不属过于自信的过失，而应认定为间接故意。

4. 甲、乙预谋修车后以假币骗付。某日，甲、乙在某汽修厂修车后应付款4850元，按照预谋甲将4900元假币递给乙清点后交给修理厂职工丙，乙说："修得不错，零钱不用找了"，甲、乙随即上车。丙发现货币有假大叫"别走"，甲迅即启动驶向厂门，丙扑向甲车前风挡，抓住雨刮器。乙对甲说："太危险，快停车"，甲仍然加速，致丙摔成重伤。对于丙的重伤，甲的罪过形式是 [1]（2010/2/92）

A. 故意　　　　　　　　　　B. 有目的的故意

C. 过失　　　　　　　　　　D. 无认识的过失

【解析】本题考查间接故意与过于自信的过失的区分。甲明知高速驾驶汽车，造成乙重伤的可能性极大，仍然加速行驶，而没有采取停车或减速等避免结果的客观措施，也无客观经验把握避免结果，应认定为间接故意。

5. 关于犯罪故意、过失与认识错误的认定，下列哪些选项是错误的？[2]（2013/2/53）

A. 甲、乙是马戏团演员，甲表演飞刀精准，从未出错。某日甲表演时，乙突然移动身体位置，飞刀掷进乙胸部致其死亡。甲的行为属于意外事件

B. 甲、乙在路边争执，甲推乙一掌，致其被路过车辆轧死。甲的行为构成故意伤害（致死）罪

C. 甲见楼下没人，将家中一块木板扔下，不料砸死躲在楼下玩耍的小孩乙。甲的行为属于意外事件

D. 甲本欲用斧子砍死乙，事实上却拿了铁锤砸死乙。甲的错误属于方法错误，根据法定符合说，应认定为故意杀人既遂

【疑难辨析】本题选项A、选项C考查过失与意外事件的区分，选项B考查伤害故意与过失的区分，选项D考查认识错误。本题的难点在于过失与意外事件的区别。区分的关键在于：社会一般人在当时的情形下能否预见，亦即要看"我们能否预见"（"行为人所属的同行的平行评价"）。对于"我们能否预见"的问题：对于生活过失，需结合社会一般人的生活经验，看一般公众在当时的情形下能否预见。对于业务过失，主要是要看行为人是否违反操作规则，违反职务业务惯例、规章的规定。

【解析】A选项，甲未预料到死亡结果；而"精准"、"从未出错"，表明一般公众不可能预见结果；"乙突然移动身体"，说明事发极其偶然。行为人未预见，公众也不可能预见，系意外事件。

B选项，（1）"甲推乙一掌"，甲未预见到伤害、死亡结果，故而对于伤害、死亡结果均无故意，不能构成故意杀人罪、故意伤害罪。（2）因在"路边"推，一般公众可以预见死伤可能性。行为人未预见死亡，一般公众可以预见，行为人对于死亡结果具有过失。构成过失致人死亡罪。

C选项，甲"见楼下没人"，认识到从楼上扔东西可能砸中人，有客观依据可以避免，系过于自信的过失。

D选项，（1）刑法中"方法错误"一般指打击错误（行为偏差），即对具体结果要素认识错误，本选项不是打击错误。（2）本选项中如果行为人误将铁锤当斧子，客观上是铁锤砸死，主观上误认为是斧子砍死的。倒是可以认为是因果关系错误中具体流程偏离，或者"工具错误"。客观上甲实施了用铁锤砸死的杀人行为，主观上系具体错误，对因果流程具有杀人故意，

---

[1] A　[2] BCD

根据刑法第232条，构成故意杀人罪既遂。

考点五　故意、过失认定中的其他问题

一、故意的个数以及择一故意

1. 警察带着警犬（价值3万元）追捕逃犯甲。甲枪中只有一发子弹，认识到开枪既可能只打死警察（希望打死警察），也可能只打死警犬，但一枪同时打中二者，导致警察受伤、警犬死亡。关于甲的行为定性，下列哪一选项是错误的？[1]（2015/2/3）

A. 如认为甲只有一个故意，成立故意杀人罪未遂

B. 如认为甲有数个故意，成立故意杀人罪未遂与故意毁坏财物罪，数罪并罚

C. 如甲仅打中警犬，应以故意杀人罪未遂论处

D. 如甲未打中任何目标，应以故意杀人罪未遂论处

【疑难辨析】本题考查"择一的故意"的处理，以及故意的内容和数目。

甲"认识到开枪既可能'只'打死警察（希望打死警察），也可能'只'打死警犬"，这种情况在刑法中称为"择一的故意"。亦即，行为人认识到数个行为对象中的某一个对象确实会发生结果，但不确定哪个行为对象会发生结果（明知行为会造成数个结果中的一个，并且只能造成一个结果）的心态。择一的故意认识到结果只发生于一个行为对象上，对于"择一的故意"的处理方法：（1）通说认为，行为人主观上有数个结果均有故意。其一，如果对一个行为对象造成了结果，对另一个行为对象不会产生危险的，对另一个行为对象就只能成立不可罚的不能犯；故而只对有危险的对象构成故意犯罪。其二，如果对一个行为对象造成了结果，对另一个行为对象也有危险的，对造成的结果承担故意犯罪既遂的责任，对另一危险承担故意犯罪未遂的责任；系想象竞合犯，应从一重罪论处。（2）少数观点认为，行为人主观上只有一个故意，即对能造成较重结果的对象具有故意，对能造成较轻结果的对象具有过失；或者对直接追求的结果和对象具有故意，对另一结果和对象具有过失（类似于打击错误）。

【解析】本题是一个观点设定题：

（1）B、C、D选项设定的是通说观点，即认为甲主观上具有两个故意：杀人故意、毁坏财物故意。题干描述的是客观上对两个对象均具有危险或造成实害的情况，故而应以两罪的想象竞合论处。①B选项，结果是杀人致警察受伤、毁财致警犬死亡，故而同时触犯故意杀人罪未遂、故意毁坏财物罪既遂，系想象竞合犯，应从一重罪论处。B选项错在"数罪并罚"。②C选项，同样同时触犯故意杀人罪未遂、故意毁坏财物罪既遂，系想象竞合犯，应从一重罪论处；故意杀人罪未遂更重，应以故意杀人罪未遂论处。选项C说法正确。③D选项，同时触犯故意杀人罪未遂、故意毁坏财物罪未遂，系想象竞合犯，应从一重罪论处；故意杀人罪未遂更重，应以故意杀人罪未遂论处。选项D说法正确。

（2）A选项设定的是少数观点，即认为甲只有一个故意，即有杀人故意，对财物毁坏系过失。主客观相统一认定，系故意杀人罪未遂、过失毁财行为（不构成犯罪），故而成立故意杀人罪未遂。选项A说法正确。

（3）在现在，本案还触犯刑法第277条第2款规定袭警罪，择一重处，以故意杀人罪论处。

---

[1]　B

2. 吴某被甲、乙合法追捕。吴某的枪中只有一发子弹，认识到开枪既可能打死甲也可能打死乙。设定吴某对甲、乙均有杀人故意，下列哪一分析是正确的？[1]（2016/2/5）

A. 如吴某一枪没有打中甲和乙，子弹从甲与乙的中间穿过，则对甲、乙均成立故意杀人罪未遂

B. 如吴某一枪打中了甲，致甲死亡，则对甲成立故意杀人罪既遂，对乙成立故意杀人罪未遂，实行数罪并罚

C. 如吴某一枪同时打中甲和乙，致甲死亡、乙重伤，则对甲成立故意杀人罪既遂，对乙仅成立故意伤害罪

D. 如吴某一枪同时打中甲和乙，致甲、乙死亡，则对甲、乙均成立故意杀人罪既遂，实行数罪并罚

【解析】吴某只有一发子弹，"认识到开枪既可能打死甲，也可能打死乙"。如果吴某认为一发子弹有同时造成两人死亡的可能，是典型的数个故意。如果吴某认为一发子弹'只'能造成两人中一人死亡，则为"择一的故意"。由于本题在题干中已明示"设定吴某对甲、乙均有杀人故意"，即采通说观点两故意说。则按设定的四个情景进行推理就非常简单了：

A选项：（1）客观上对甲有杀死危险，客观行为是杀人未遂行为，主观上有杀人故意，对甲构成故意杀人罪未遂；（2）客观上对乙有杀死危险，客观行为是杀人未遂行为，主观上有杀人故意，对乙构成故意杀人罪未遂。在我国刑法司法实践中，同一性质行为造成两个相同法益的结果，认定为一个犯罪，结果合并评价（二个死亡危险）。故本案认定为一个故意杀人罪未遂，两个未遂结果累加考虑，不实施数罪并罚。

B选项：（1）客观上对甲是杀人既遂行为，主观上有杀人故意，对甲构成故意杀人罪既遂；（2）客观上对乙有杀死危险，客观行为是杀人未遂行为，主观上有杀人故意，对乙构成故意杀人罪未遂。在我国刑法司法实践中，同一性质行为造成两个相同法益的结果，认定为一个故意杀人罪既遂，结果合并评价（一个死亡危险）。不实施数罪并罚。

C选项：（1）客观上对甲是杀人既遂行为，主观上有杀人故意，对甲构成故意杀人罪既遂；（2）客观上对乙有杀死危险，客观行为是杀人未遂行为，主观上有杀人故意，对乙构成故意杀人罪未遂（造成重伤结果）。对乙不成立故意伤害罪。在我国刑法司法实践中，同一性质行为造成两个相同法益的结果，认定为一个故意杀人罪既遂，结果合并评价（一死一伤）。

D选项：（1）客观上对甲是杀人既遂行为，主观上有杀人故意，对甲构成故意杀人罪既遂；（2）客观上对乙是杀人既遂行为，主观上有杀人故意，对甲构成故意杀人罪既遂。在我国刑法司法实践中，同一性质行为造成两个相同法益的结果，认定为一个故意杀人罪既遂，结果合并评价（两死）。不实施数罪并罚。

二、故意、过失与故意犯罪、过失犯罪

3. 下列哪一行为构成故意犯罪？[2]（2012/2/5）

A. 他人欲跳楼自杀，围观者大喊"怎么还不跳"，他人跳楼而亡

B. 司机急于回家，行驶时闯红灯，把马路上的行人撞死

C. 误将熟睡的孪生妻妹当成妻子，与其发生性关系

D. 作客的朋友在家中吸毒，主人装作没看见

【疑难辨析】本题考查"故意犯罪"的成立。疑难选项为选项A。故意犯罪的成立，以及任何犯罪的成立，都需先客观判断后主观判断，亦即，先判断行为是否属于危害行为，然后判

---

[1] A 〔2〕 D

断行为人对结果有无过错，仅有过错，行为不认为是危害行为的，不能构成犯罪。

【解析】A选项，考查先客观后主观判断。刑法未将教唆、刺激自杀的行为，规定为刑法中的危害行为。且自杀是自杀者本人创设的危险，教唆自杀与死亡结果没有刑法上的因果关系，围观者也无刑法上的制止或救助义务，不构成不作为。围观者客观上没有实施危害行为，即使其主观上具有故意，也不构成犯罪。

B选项，考查故意、过失是行为当时对既遂结果的心态，而不是对行为的心态。司机是有意闯红灯实施违章行为，但对死亡结果的发生系过失，构成过失犯罪，根据刑法第133条，构成交通肇事罪。

C选项，考查刑法第14条第2款"故意犯罪，应当负刑事责任"；15条第2款"过失犯罪，法律有规定的才负刑事责任"。强奸罪须由故意构成，本案中行为人没有认识到对象系孪生妻妹，主观上只有过失，过失强奸不能构成犯罪。

D选项，明知他人吸毒而予以容留，系故意犯罪，根据刑法第354条，构成容留他人吸毒罪。

4. 下列哪些案件不构成过失犯罪？[1]（2012/2/52）

A. 老师因学生不守课堂纪律，将其赶出教室，学生跳楼自杀

B. 汽车修理工恶作剧，将高压气泵塞入同事肛门充气，致其肠道、内脏严重破损

C. 路人见义勇为追赶小偷，小偷跳河游往对岸，路人见状离去，小偷突然抽筋溺毙

D. 邻居看见6楼儿童马上要从阳台摔下，遂伸手去接，因未能接牢，儿童摔成重伤

【解析】本题考查"过失犯罪"的成立，要求客观上有过失行为，以及行为人主观上有过失。不能认为行为人主观上有过失就一定构成过失犯罪。

A选项，老师将学生赶出教室不是刑法中的危害行为，甚至是合法惩戒权；且学生跳楼自杀是学生自己创设的风险，与老师的行为没有刑法上的因果关系。即使有过失，也不构成犯罪。

B选项，考查间接故意与过于自信过失的区分。"高压气泵塞入肛门充气"，导致人死伤的概率极高，行为人对此也知晓。明知行为导致结果的可能性极高，又未采取有效的避免措施，应当认定为间接故意，而不是过失。根据刑法第234条，修理工构成故意伤害罪。

C选项，考查危害行为、不作为。路人只"追赶"小偷，没有实施严重危及人身安全的暴力行为，故而小偷跳河应当认定为小偷自陷风险。落水风险与小偷跳河有因果关系，与路人追赶行为没有刑法上的因果关系。路人不负有救助义务，不属不作为行为，不构成犯罪。

D选项，考查危害行为。邻居接儿童的行为降低了风险，而未升高或创设风险，不属社会意义上的危害行为，更不属刑法上的危害行为，不构成任何犯罪。应当认为是见义勇为的善举。

5. 以下构成过失犯罪的有[2]（2019/客/卷一/仿5）

A. 醉汉乙被人追杀，打了好几个报警电话，称有案件发生，接电话的警察甲当作是恶作剧，没有理会，导致乙被杀死

B. 法官甲在审理刑事案件时，没有注意到刑法修正的情况，导致本应判无罪的人被判处了死刑

C. 某食品企业没有履行好对产品的质量监管职责，认为自己生产的产品没有质量问题，结果卖出去很多，导致三人轻伤

---

〔1〕 ABCD　〔2〕 AB

D. 甲男的想杀妻子乙,在黑暗中误把女儿丙当作妻子乙杀害

【解析】 A选项,考查业务过失。一般警察均有关注、调查、核实重大警情的预见能力和义务,甲应当预见而未预见,导致重大损失结果,系过失犯罪,涉嫌玩忽职守罪。

B选项,考查业务过失。一般的法官均有学习刑法修正的义务,应当尽到注意义务而不注意,系过失犯罪。主观上,甲不是故意判错案,没有故意;但不构成徇私枉法,可涉嫌玩忽职守罪。

C选项,考查过失犯罪,以造成重大损失结果为成立要素。A企业实施有违反业务规范的过失行为,主观上也具有过失,但客观上因危害结果系轻伤,不属于重大损害(重伤、死亡等),因未达到损害结果的量的要求,不构成过失犯罪,也不构成重大责任事故罪。

D选项,考查认识错误与故意、过失的认定。甲男系对象错误、具体错误,对他人(妻子乙、女儿丙)死亡结果明知且追求,系直接故意。注意:由于本选项是对象错误,不是打击错误,故而无论按法定符合说,还是具体符合说,均认定对客观损害结果为故意,而不是过失。

6. 关于故意犯罪、过失犯罪,以下说法正确的有[1](2019/客/卷一/仿6)

A. 司机遵守交通规则,正常驾驶,行人横穿马路被撞死,则司机不构成过失犯罪

B. 不存在只能由间接故意构成,而不能由直接故意构成的故意犯罪

C. 如果故意犯罪和过失犯罪存在位阶关系,那么在认定犯罪时,只能由故意降为过失,不能由过失升为故意

D. 在事实认识错误中,只有当故意无法认定时,才能继而认定是否存在过失

【解析】 A选项,考查过失行为。司机客观上没有实施过失行为,当然不构成过失犯罪。

B选项,根据刑法第14条的规定,我国刑法中的故意,包容直接故意、间接故意。故而,理论上所有故意犯罪,均可由直接故意构成。

C选项,如果故意、过失存在位阶关系,则故意是最严重的过失,二者是高度罪过和低度罪过关系。因此,在高度罪过即故意不成立时,考虑是否成立低度罪过即过失。说法正确。

D选项,本选项的基本原理同上述选项C。行为人主观上有认识错误时,先判断其对故意成立的必要要素是否明知,以认定其是否成立故意;欠缺对必要要素的认识时,再考虑是否成立过失。

考点六　事实认识错误

一、事实认识错误的分类与处理方法

(一) 对象错误与打击错误(方法错误)

1. 甲与乙因情生仇。一日黄昏,甲持锄头路过乙家院子,见甲妻正在院内与一男子说话,以为是乙举锄就打,对方重伤倒地后遂发现是乙哥哥。甲心想,打伤乙哥哥也算解恨。关于甲的行为,下列哪些选项是错误的?[2](2010/2/54)

A. 甲的行为属于对象错误,成立过失致人重伤罪

B. 甲的行为属于方法错误,成立故意伤害罪

C. 根据法定符合说,甲对乙成立故意伤害(未遂)罪,对乙哥哥成立过失致人重伤罪

D. 甲的行为不存在任何认识错误,理所当然成立故意伤害罪

【解析】 本题考查对象错误与打击错误（方法错误）的区分。（1）甲欲主观上误将乙的哥哥认为是乙而伤害，系对象错误、具体错误。（2）按照法定符合说，只要甲认识到了对象是人及伤害结果，即认为具有伤害故意；对于伤害故意能包容的结果，应认为均有故意。①乙可能受伤的结果，在伤害故意范围内，故甲对乙有伤害故意，成立故意伤害罪未遂。②乙哥哥受重伤的结果，在伤害故意范围内，甲对乙哥哥也有伤害故意，成立故意伤害罪既遂。选项A错误之处在于"过失"二字，选项B的错误在于"方法"二字，选项C的错误也在于"过失"二字。（3）主观心态以行为时的心态认定，甲在实施打伤乙哥哥的行为当时确有误认，只是在实施完毕后发现错误表示不反对，行为当时显然存在认识错误。选项D的错误在于"不存在任何认识错误"。（4）由于本题是对象错误、具体错误，按具体符合说也能得出相同结论。

2. 黄某意图杀死张某，当其得知张某当晚在单位值班室值班时，即放火致使值班室烧毁，其结果却是将顶替张某值班的李某烧死。下列哪些判断不符合黄某对李某死亡结果所持的心理态度？[1]（2002/2/50）

A. 间接故意   B. 过于自信的过失

C. 疏忽大意的过失   D. 意外事件

【解析】 本题表面上考查故意与过失的区分，实际上考查对象错误，以及刑法层面上故意的含义。（1）黄某误将李某认作是张某而烧死，系对象错误、具体错误。（2）根据法定符合说对故意的界定，明知对象是"人"而杀害，知道"人死亡"的结果还希望追求，就具有杀人罪的直接故意；而无需认识到具体为何人。尽管出现了具体错误，但对于对象是"人"的认识并不无错误，故应认定为直接故意。（3）事实上，本题按一般的具体符合说，也会得出直接故意的结论。对于对象错误，法定符合说、具体符合说的结论相同。选项A、B、C、D均错误。

3. 朱某因婚外恋产生杀害妻子李某之念。某日晨，朱在给李某炸油饼时投放了可以致死的"毒鼠强"。朱某为防止其6岁的儿子吃饼中毒，将其子送到幼儿园，并嘱咐其子等他来接。不料李某当日提前下班后将其子接回，并与其子一起吃油饼。朱某得知后，赶忙回到家中，其妻、子已中毒身亡。关于本案，下列哪一说法是正确的？[2]（2004/2/12）

A. 朱某对其妻、子的死亡具有直接故意   B. 朱某对其子的死亡具有间接故意

C. 朱某对其子的死亡具有过失   D. 朱某对其子的死亡属于意外事件

【解析】 本题表面上考查间接故意与过于自信的过失的区分，实际上考查的是事实认识错误、法定符合说与具体符合说，以及刑法层面上故意的含义。

（1）按照题意，朱某在炸油饼投毒时，妻子李某应当近在咫尺、能够立即吃到、有立即导致死亡的危险，故应当以朱某投毒时作为其实施杀人着手实行的时点。区分于在被害人必经道路上投放含有毒物的食物，以被害人捡到时为实行行为时。以实行行为时判断，朱某主观上没有认错对象，不属对象错误，而系打击错误、具体错误。

（2）按照法定符合说，朱某主观上具有杀人罪的直接故意，其妻、其子的死亡结果，均系该故意所能包的事实，故而对于其妻、其子的死亡结果，均系直接故意。

（3）按照具体符合说，朱某对其妻死亡结果是希望追求，应为直接故意。判断其对儿子死亡结果的心态，题眼在于"为防止其6岁的儿子吃饼中毒，将其子送到幼儿园，并嘱咐其子等他来接"，客观上采取了防止结果发生的措施，对其子的死亡应认定为过于自信的过失。

（4）由于本题并未明确提示按何种立场进行判断，则应当按照我国通说即法定符合说进

---

[1] ABCD   [2] A

行认定，故而正确答案是 A 选项。

（二）因果关系错误

4. 甲想杀害身材高大的乙，打算先用安眠药使乙昏迷，然后勒乙的脖子，致其窒息死亡。由于甲投放的安眠药较多，乙吞服安眠药后死亡。对此，下列哪一选项是正确的？[1]（2008/2/3）

A. 甲的预备行为导致了乙死亡，仅成立故意杀人预备

B. 甲虽已着手实行杀人行为，但所预定的实行行为（勒乙的脖子）并未实施完毕，故只能认定为未实行终了的未遂

C. 甲已着手实行杀人行为，应认定为故意杀人既遂

D. 甲的行为是故意杀人预备与过失致人死亡罪的想象竞合犯，应从一重罪论处

【解析】本案属因果关系错误中结果提前实现（构成要件提前实现），涉及的问题有二：一是实行行为的认定，二是故意的认定（对行为的故意、对结果的故意）。

（1）通说认为，客观上，投放安眠药时对致死结果即具有紧迫性；且前后两个动作均是同一实行行为的组成部分，亦即，第一个动作投放安眠药也是实行行为，死亡结果仍为实行行为导致。在主观上，故意存在于着手实行时即可，行为人计划的两个动作都具有致人死亡的危险，故而实施两个动作时均有杀人故意。客观主观相统一，根据刑法第 232 条，构成故意杀人罪既遂。

（2）少数观点：客观上，第一个动作系实行行为；主观上对实行行为有故意，但对死亡结果系过失。触犯故意杀人罪未遂、过失致人死亡罪，系想象竞合。

（3）少数观点：客观上，第一个动作预备行为；主观上对预备行为有故意，但对死亡结果系过失。触犯故意杀人罪预备、过失致人死亡罪，系想象竞合。

（4）由于本题并未明确提示按何种观点进行判断，则应当按照我国通说进行认定，故而正确答案是 C 选项。

5. 刘某基于杀害潘某的意思将潘某勒昏，误以为其已死亡，为毁灭证据而将潘某扔下悬崖。事后查明，潘某不是被勒死而是从悬崖坠落致死。关于本案，下列哪些选项是正确的？[2]（2007/2/54）

A. 刘某在本案中存在因果关系的认识错误

B. 刘某在本案中存在打击错误

C. 刘某构成故意杀人罪未遂与过失致人死亡罪

D. 刘某构成故意杀人罪既遂

【解析】本题属因果关系错误中的事前故意，涉及的问题：抛尸行为是否中断因果关系。

（1）通说观点：杀人后大概率后抛尸，第二个动作（抛尸）并不中断第一个动作（杀人）与死亡之间的因果关系，认定为故意杀人罪既遂一罪。之后的抛尸系过失行为，但因与死亡结果无因果关系，不能触犯过失致人死亡罪。

（2）少数观点：第二个动作（抛尸），中断第一个动作（杀人）与死亡之间的因果关系，故而将第一个动作（杀人）、第二个动作（抛尸）视为二个行为分别评价，分别触犯了故意杀人罪未遂、过失致人死亡罪，按数罪并罚或按想象竞合处理。

（3）由于本题并未明确提示按何种观点进行判断，则应当按照我国通说进行认定，故而正确答案是 AD 选项。

---

[1] C　[2] AD

6. 甲意图勒死乙，将乙勒昏后，误以为乙已经死亡。为毁灭证据，又用利刃将所谓的"尸体"分尸。事实上，乙并非死于甲的勒杀行为，而是死于甲的分尸行为。关于本案，下列哪一选项是正确的？[1]（2008 延/2/4）

A. 甲的行为构成故意杀人（未遂）罪和过失致人死亡罪

B. 甲的行为构成故意杀人（未遂）罪、过失致人死亡罪和故意毁坏尸体罪（原为侮辱尸体罪）

C. 甲的行为构成故意杀人（既遂）罪和故意毁坏尸体罪（原为侮辱尸体罪）

D. 甲的行为构成故意杀人（既遂）罪

【解析】本题属因果关系错误中的事前故意，涉及的问题：分尸行为是否中断因果关系。

（1）通说观点：①客观上实施了杀了行为，杀人后大概率后分尸，第二个动作（分尸）并不中断第一个动作（杀人）与死亡之间的因果关系，系杀人致死；主观上具有杀人故意，根据刑法第232条，构成故意杀人罪既遂。②之后的分尸系过失行为，但因与死亡结果无因果关系，不能触犯过失致人死亡罪。

（2）后行为还涉嫌是否构成帮助毁灭证据罪、故意毁坏尸体罪的问题。①客观上实施了毁灭证据行为，但主观上因行为人是本犯，欠缺期待可能性，不能构成帮助毁灭证据罪。②客观上实施了分尸行为，主观上对此有故意（该罪不因本犯杀人而欠缺期待可能性），根据刑法第302条，构成故意毁坏尸体罪。

（3）故而应以故意杀人（既遂）罪、故意毁坏尸体罪，数罪并罚。

7. 甲为杀害仇人林某在偏僻处埋伏，见一黑影过来，以为是林某，便开枪射击。黑影倒地后，甲发现死者竟然是自己的父亲。事后查明，甲的子弹并未击中父亲，其父亲患有严重心脏病，因听到枪声后过度惊吓死亡。关于甲的行为，下列哪一选项是正确的？[2]（2007/2/5）

A. 甲构成故意杀人罪既遂

B. 甲构成故意杀人罪未遂

C. 甲构成过失致人死亡罪

D. 甲对林某构成故意杀人罪未遂，对自己的父亲构成过失致人死亡，应择一重罪处罚

【解析】（一）甲对林某

1. 客观上实施了杀人行为，主观上具有杀人故意，根据刑法第232条，构成故意杀人罪。

2. 因偶然因素导致未能杀死，客观上具有危险，构成犯罪未遂。

（二）甲对父亲

1. 客观上实施了杀人行为；因开枪引发被害人心脏病发作死亡，被害人特异体质不中断因果关系，应认定死亡结果与开枪行为之间有因果关系，系杀人致死。

2. 主观上误将自己的父亲认为是仇人林某，系对象错误、具体错误，对于父亲死亡结果具有杀人罪故意（法定符合说、具体符合说结论一致辞）。

3. 主观预设的射击杀死的因果流程，客观具体因果流程不同，但认识到了杀人致死的因果流程，系因果关系错误中的具体流程偏离（狭义的因果关系错误），仍具有杀人故意。

4. 客观主观相统一，根据刑法第232条，构成故意杀人罪（既遂）。

（三）罪数：想象竞合，择一重处以故意杀人罪（既遂）论处。

二、法定符合说与具体符合说

8. 甲欲杀乙，向乙开枪，但未瞄准，子弹从乙身边穿过打中丙，致丙死亡。关于本案，下列哪些说法是正确的？[1]（2008延/2/53）

A. 根据具体符合说，甲对乙成立故意杀人（未遂）罪，对丙成立过失致人死亡罪

B. 根据法定符合说，甲对乙成立故意杀人（未遂）罪。对丙成立故意杀人（既遂）罪

C. 具体符合说与法定符合说均认为，甲对乙成立故意杀人（未遂）罪，对丙成立故意杀人（既遂）罪

D. 具体符合说与法定符合说均认为，甲对乙成立过失致人重伤罪，对丙成立过失致人死亡罪

【解析】 本题考查法定符合说与具体符合说。（1）甲对乙：构成故意杀人罪（未遂）。（2）甲对丙：客观上实施了杀人致死的行为；主观上系打击错误、具体错误。①按照法定符合说，丙死结果在甲杀人故意范围之内，对丙也具有杀人故意。根据刑法第232条，构成故意杀人罪（既遂）。②按照具体符合说，丙死结果在甲预想的具体射程之外，没有预见丙死亡结果，但公众能够预料到可能性，系疏忽大意的过失。根据刑法第233条，构成过失致人死亡罪。（3）罪数：一行为触犯两罪，是想象竞合犯。故选项A、B正确。

9. 甲欲杀乙，便向乙开枪，但开枪的结果是将乙和丙都打死。关于本案，下列哪些选项是正确的？[2]（2008/2/54）

A. 根据具体符合说，甲对乙成立故意杀人既遂，对丙成立过失致人死亡罪

B. 根据法定符合说，甲对乙与丙均成立故意杀人既遂

C. 不管是根据具体符合说，还是根据法定符合说，甲对乙与丙均成立故意杀人既遂

D. 不管是根据具体符合说，还是根据法定符合说，甲对乙成立故意杀人既遂，对丙成立过失致人死亡罪

【解析】 本题考查法定符合说与具体符合说。（1）甲对乙：构成故意杀人罪（既遂）。（2）甲对丙：客观上实施了杀人致死的行为；主观上系打击错误、具体错误。①按照法定符合说，丙死结果在甲杀人故意范围之内，对丙也具有杀人故意。根据刑法第232条，构成故意杀人罪（既遂）。②按照具体符合说，丙死结果在甲预想的具体射程之外，没有预见丙死亡结果，但公众能够预料到可能性，系疏忽大意的过失。根据刑法第233条，构成过失致人死亡罪。（3）罪数：一行为触犯两罪，是想象竞合犯。故选项A、B正确。

10. 甲举枪想要杀死乙，却误把丙当成了乙，而开枪打死了丙，根据_____学说，甲构成故意杀人罪既遂。甲举枪想要杀死乙，结果子弹走偏不小心把乙旁边的丙给打死，根据_____学说，甲构成故意杀人罪既遂。以上划横线处，依次可以填入的选项是？[3]（2020/客/1/8仿）

A. 具体符合说，法定符合说　　　　　B. 都可以是法定符合说

C. 都可以是具体符合说　　　　　　　D. 法定符合说，具体符合说

【解析】（1）前半段，系对象错误、具体错误，按法定符合说、具体符合说，主观上对于丙均有杀人故意，构成故意杀人罪既遂。故而，第一处划横线处，填写法定符合说、具体符合说均可。（2）后半段，系打击错误、具体错误，按法定符合说，主观上对于丙有杀人故意，构成故意杀人罪既遂。按具体符合说，主观上对于丙死仅有过失，构成过失致人死亡罪。故而，第二处划横线处，只能填写法定符合说。

---

[1] AB　[2] AB　[3] AB

11. 甲本想打电话给乙骗钱，可是接电话的是丙，丙受骗支付给甲一万元。根据_____学说，甲构成诈骗罪既遂。张某想拐卖不满 14 岁女孩，但是认错了而拐卖了 15 岁男孩，根据_____学说，甲构成拐卖儿童罪未遂。以上划横线中，依次可以填入的选项是？[1]（2020/客/1/9 仿）

A. 具体符合说，法定符合说　　　　B. 都可以是法定符合说
C. 都可以是具体符合说　　　　　　D. 法定符合说，具体符合说

【解析】（1）前半段，系对象错误、具体错误，按法定符合说、具体符合说，主观上对于丙均有诈骗故意，构成诈骗罪既遂。故而，第一处划横线处，填写法定符合说、具体符合说均可。（2）后半段，误将男子（已满 14 岁）认作儿童（不满 14 岁），主观上具有拐卖妇女、儿童罪的故意，客观结果是拐卖了男子（非法拘禁的行为）。系对象错误、抽象错误。按法定符合说、具体符合说，客观上没有拐卖到儿童、仅有具体危险，主观上具有拐卖妇女、儿童罪的故意，均只能构成拐卖儿童罪未遂（与非法拘禁罪既遂想象竞合），不能构成拐卖儿童罪既遂。故而，第二处划横线处，填写法定符合说、具体符合说均可。

三、综合题

12. 关于认识错误的判断，下列哪些选项是错误的？[2]（2011/2/53）

A. 甲为使被害人溺死而将被害人推入井中，但井中没有水，被害人被摔死。这是方法错误，甲行为成立故意杀人既遂

B. 乙准备使被害人吃安眠药熟睡后将其勒死，但未待实施勒杀行为，被害人因吃了乙投放的安眠药死亡。这是构成要件提前实现，乙行为成立故意杀人既遂

C. 丙打算将含有毒药的巧克力寄给王某，但因写错地址而寄给了汪某，汪某吃后死亡。这既不是对象错误，也不是方法错误，丙的行为成立过失致人死亡罪

D. 丁误将生父当作仇人杀害。具体符合说与法定符合说都认为丁的行为成立故意杀人既遂

【解析】A 选项，系因果关系错误中的具体流程偏离（狭义因果关系错误），而不是方法错误（打击错误），成立故意杀人既遂。A 选项说法错误。

B 选项，系因果关系错误中的结果提前实现（构成要件提前实现），成立故意杀人既遂。B 选项说法正确。

C 选项，考查对象错误与打击错误（方法错误）的区分。（1）认识错误一般指实行行为当时行为人的认识错误，故而通常应当以行为人实施实行行为当时的主观认知来识别认识错误，亦即判断"时点"是实行当时。应当以行为人实施实行行为当时的主观认知，按同时性原则，对应于当时的客观事实，来确定认识错误类别。（2）寄送毒药型的杀人，被害人收到毒药时才会有导致既遂结果即致人死亡的危险，故而应被害人收到毒药时为着手实行（到达主义），而不以寄送毒药时为着手实行（寄出主义）。（3）在被害人收到毒药时，行为人丙主观上误认为对象是王某，客观上实际对象是汪某，行为人认错了对象，故为对象错误、具体错误，而不是打击错误（方法错误）。（4）按法定符合说（具体符合说结论一致），对汪某具有杀人故意，成立故意杀人既遂。

D 选项，考查法定符合说与具体符合说。（1）丁对仇人：构成故意杀人罪未遂。（2）丁对生父：为对象错误、具体错误。①按法定符合说，丁主观有杀人故意，客观事实是杀死了生父，生父死亡的结果在杀人故意范围内，实际事实符合行为人犯罪故意，故其主观上对生父有

---

[1]　ABCD　　[2]　AC

故意，构成故意杀人罪既遂。②按具体符合说，丁在杀害被害人时明知被杀的对象人会死亡，客观事实是被杀的对象人（即生父）死亡，实际事实符合行为人具体预想的射程范围，故对其杀害的对象即生父具有杀人故意，构成故意杀人罪既遂。故按具体符合说与法定符合说都认为丁的行为成立故意杀人既遂。D选项说法正确。（3）这说明，对于打击错误、具体错误，法定符合说与具体符合说结论不同；对于对象错误、具体错误，法定符合说与具体符合说结论相同。

13. 关于事实认识错误，下列哪一选项是正确的？[1]（2014/2/7）

A. 甲本欲电话诈骗乙，但拨错了号码，对接听电话的丙实施了诈骗，骗取丙大量财物。甲的行为属于对象错误，成立诈骗既遂

B. 甲本欲枪杀乙，但由于未能瞄准，将乙身旁的丙杀死。无论根据什么学说，甲的行为都成立故意杀人既遂

C. 事前的故意属于抽象的事实认识错误，按照法定符合说，应按犯罪既遂处理

D. 甲将吴某的照片交给乙，让乙杀吴，但乙误将王某当成吴某予以杀害。乙是对象错误，按照教唆犯从属于实行犯的原理，甲也是对象错误

【解析】 A选项，考查对象错误与打击错误的区分。以甲在拨错号码后、实施诈骗实行行为时为时点来判断其认识错误类别。（1）甲主观上认为被诈骗的对象人是乙，客观上被诈骗的对象人实际为丙，甲认错了对象，系对象错误、具体错误，对丙具有诈骗罪故意。诈骗行为与取财结果之间具有因果关系，成立诈骗罪既遂。A选项说法正确。（2）注意：应当以行为人实施实行行为当时的主观认知来识别认识错误。对象错误与打击错误的判断方法非常简单，应从行为人主观认识出发，先看行为人主观上认为的对象为何，再看该对象客观为何，主观认识对象是否与实际对象相符。如果对象不符，是对象（认识）错误；如果对象相符，仅结果错误，是打击错误。

B选项，考查法定符合说与具体符合说。（1）甲对乙：构成故意杀人罪未遂。（2）甲对丙：为打击错误、具体错误。①按法定符合说，丙死结果在杀人故意范围内，具有杀人故意，成立故意杀人罪既遂；②按具体符合说，丙死结果不在甲主观预设的具体射程范围内，甲未预见该结果但应当预见，具有过失，构成过失致人死亡罪。（3）系想象竞合。B选项说法错误。

C选项，考查事前故意、具体错误与抽象错误。（1）本选项设定的现象是因果关系错误中的事前故意。（2）客观因果流程中因果关系不中断，仍在行为人主观犯罪故意包含的事实范围之内，故属于具体的事实认识错误。（3）按照法定符合说，行为人已认识到因果关系的大概流程，对客观事实具有犯罪故意，应按犯罪既遂处理。C选项中的"抽象的事实认识错误"说法错误。

D选项，考查共同犯罪中的认识错误、对象错误与打击错误的区分。（1）认识错误是主观问题，故而对于共同犯罪中的认识错误，应当从各共同犯罪人（参与犯）主观出发、对比客观，各自认定。（2）实行犯乙主观上想杀的是吴某，客观上误将王某当吴某，认错了对象，实行犯乙是对象错误、具体错误。（3）教唆犯甲主观上想杀的是吴某，客观上拿的也是吴某照片，并未认错对象，教唆犯甲是打击错误、具体错误。（4）认识错误问题是主观问题，应当依各自主观各自认定。"教唆犯从属于实行犯"即共犯从属说，只是共犯的客观行为认定从属于正犯（不法是共同的）；但主观上并不从属（责任是分别的）。D选项说法错误。

---

[1] A

专题五　犯罪阻却事由

(1) 正当防卫	不法侵害、正在进行、必要限度（司法解释）；假想防卫、偶然防卫
(2) 被害人承诺	有效的被害人承诺（阻却违法性）的七个构成条件；错误承诺的效力；被害人承诺与刑法分则如人体器官相关犯罪的结合
(3) 紧急避险	紧急避险与正当防卫异同，紧急避险的条件，避险过当；通常情形
(4) 不具认识可能性的违法性认识错误	事实认识错误与违法性认识错误的区分，不具认识可能性的与具有认识可能性的违法性认识错误的区分，违法性认识错误的作用
(5) 欠缺期待可能	以命换命的避险；本犯实施妨害司法犯罪

考点一　正当防卫

一、一般正当防卫的成立条件

（一）起因条件：不法侵害

1. 甲手持匕首寻找抢劫目标时，突遇精神病人丙持刀袭击。丙追赶甲至一死胡同，甲迫于无奈，与丙搏斗，将其打成重伤。此后，甲继续寻找目标，见到丁后便实施暴力，用匕首将其刺成重伤，使之丧失反抗能力，此时甲的朋友乙驾车正好经过此地，见状后下车和甲一起取走丁的财物（约2万元），然后逃跑，丁因伤势过重不治身亡。关于甲将精神病人丙打成重伤的行为，下列选项正确的是[1]（2008/2/94 部分）

A. 甲的行为属于正当防卫，因为对精神病人的不法侵害也可以进行正当防卫

B. 甲的行为属于紧急避险，因为"不法"必须是主客观相统一的行为，而精神病人没有责任能力，其客观侵害行为不属于"不法"侵害，故只能进行紧急避险

C. 甲的行为属于自救行为，因为甲当时只能依靠自己的力量救济自己的法益

D. 甲的行为既不是正当防卫，也不是紧急避险，因为甲当时正在进行不法侵害，精神病人丙的行为客观上阻止了甲的不法行为，甲不得针对丙再进行正当防卫与紧急避险

【解析】本题考查对正当防卫起因条件"不法侵害"的理解。（1）由于未设定观点，故应按通说观点（客观不法论），"不法"指客观不法，不考虑主观责任要素。精神病人的自主攻击行为，客观上是伤害、杀人不法行为，只是因无责任能力，而不构成犯罪。按"客观不法 - 主观责任"的体系，仍属不法行为，因此可以对其进行正当防卫。司法解释依据参见《最高

---

[1]　A

人民法院、最高人民检察院、公安部关于依法适用正当防卫制度的指导意见》第7条第2款。故而A选项正确，B选项不正确，C选项不正确。（2）当然，对于"不法侵害"，理论界有不同观点：主流观点客观不法论认为"不法"指客观不法，不考虑主观责任要素，精神病人的自主攻击行为，亦是不法侵害。而少数观点主观不法论认为需考虑主观责任要素，精神病人的自主攻击行为，不是不法侵害（正当防卫的起因），而是危险（紧急避险的起因）。（3）另外需要思考的问题是：精神病人丙持刀袭击甲，丙是否属于偶然防卫？由于甲只是"手持匕首寻找抢劫目标"即抢劫预备，即使认为不法的预备亦属正在进行不法侵害，丙"持刀袭击"亦属过当，系"不法侵害"。D选项不正确。

2. 严重精神病患者乙正在对多名儿童实施重大暴力侵害，甲明知乙是严重精神病患者，仍使用暴力制止了乙的侵害行为，虽然造成乙重伤，但保护了多名儿童的生命。

观点：

①正当防卫针对的"不法侵害"不以侵害者具有责任能力为前提

②正当防卫针对的"不法侵害"以侵害者具有责任能力为前提

③正当防卫针对的"不法侵害"不以防卫人是否明知侵害者具有责任能力为前提

④正当防卫针对的"不法侵害"以防卫人明知侵害者具有责任能力为前提

结论：

a. 甲成立正当防卫

b. 甲不成立正当防卫

就上述案情，观点与结论对应错误的是下列哪些选项？[1]（2014/2/52）

A. 观点①②与a结论对应；观点③④与b结论对应

B. 观点①③与a结论对应；观点②④与b结论对应

C. 观点②③与a结论对应；观点①④与b结论对应

D. 观点①④与a结论对应；观点②③与b结论对应

【疑难辨析】本题和上题一样，仍然涉及对正当防卫起因条件"不法侵害"的理解，以及主观上"防卫意图"的理解。但不同上题的是，是根据不同理论观点的对应推理，是典型的"设定观点，考查推理"型的观点推理题。

推理逻辑实际上很简单：（1）正当防卫起因条件"不法侵害"，如果按设定观点是"不法侵害"，则成立正当防卫；如果按设定观点不是"不法侵害"，则不成立正当防卫。（2）主观条件"防卫意图"条件，如果按设定观点有"防卫意图"，则成立正当防卫；如果按设定观点不是"防卫意图"，则不成立正当防卫。

对于"不法侵害"，理论界有不同观点：（1）主流观点（即观点①）客观不法论（结果无价值观）认为"不法"指客观不法，不考虑主观责任要素，精神病人的自主攻击行为，亦是不法侵害。（2）少数观点（即观点②）主观不法论（行为无价值观）认为需考虑主观责任要素，精神病人的自主攻击行为，不是不法侵害（正当防卫的起因），而是危险（紧急避险的起因）。

对于"防卫意图"：（1）主流观点（即观点③）认为无需防卫人认识到不法侵害人的责任要素；（2）少数观点（即观点④）认为需要防卫人认识不法侵害人的责任要素。

【解析】题干案情事实是：（1）没有责任能力（严重精神病患者）的乙的重大暴力侵害，问题是：乙是否属于"不法侵害"？（2）甲明知乙是严重精神病患者，防卫人明知侵害者不具

[1] ACD

有责任能力，问题是：甲是否符合防卫认识条件？

（1）根据观点①"不法侵害"不以侵害者具有责任能力为前提（客观不法论），则乙的行为属"不法侵害"，甲成立正当防卫，对应结论a；

（2）根据观点②"不法侵害"以侵害者具有责任能力为前提（主观不法论），则乙的行为不属"不法侵害"，甲不成立正当防卫，对应结论b；

（3）根据观点③防卫认识无需防卫人明知侵害者具有责任能力，则甲符合防卫认识条件，甲成立正当防卫，对应结论a；

（4）根据观点④防卫认识需要防卫人明知侵害者具有责任能力，则甲不符合防卫认识条件，甲不成立正当防卫，对应结论b。

由此：观点①③与a结论对应；观点②④与b结论对应。B选项说法正确，ACD选项说法错误。

（5）通说观点，即《最高人民法院、最高人民检察院、公安部关于依法适用正当防卫制度的指导意见》（以下简称《两高一部正当防卫意见》）第7条第2款：明知侵害人是无刑事责任能力人或者限制刑事责任能力人的，应当尽量使用其他方式避免或者制止侵害；没有其他方式可以避免、制止不法侵害，或者不法侵害严重危及人身安全的，可以进行反击。亦即，系不法侵害可以防卫，但出于人道主义尽量使用其他方式。

3. 甲深夜盗窃5万元财物，在离现场1公里的偏僻路段遇到乙。乙见甲形迹可疑，紧揪住甲，要甲给5000元才能走，否则就报警。甲见无法脱身，顺手一拳打中乙左眼，致其眼部受到轻伤，甲乘机离去。关于甲伤害乙的行为定性，下列哪一选项是正确的？[1]（2014/2/8）

A. 构成转化型抢劫罪　　　　　　　　　B. 构成故意伤害罪

C. 属于正当防卫，不构成犯罪　　　　　D. 系过失致人轻伤，不构成犯罪

【解析】 本题考查正当防卫的起因条件，以及"黑吃黑"的定性问题（是否属于不法侵害）。（1）甲构成盗窃罪；乙要挟揭发其罪行而向甲勒索财物，系"黑吃黑"，构成敲诈勒索罪，是不法侵害行为，而不是公民扭送的合法行为。（2）甲实施的制止和反击乙犯罪的行为，系制止不法侵害，属防卫行为。（3）在防卫限度上，为了保护财物（甲非法占有赃物的效力高于乙非法占有赃物的效力）而造成犯罪人轻伤，没有"造成重大损害"，不属防卫过当；仍在正当限度之内，属于正当防卫。答案选C。

（二）时间条件：不法侵害正在进行

4. 陈某抢劫出租车司机甲，用匕首刺甲一刀，强行抢走财物后下车逃跑。甲发动汽车追赶，在陈某往前跑了40米处将其撞成重伤并夺回财物。关于甲的行为性质，下列哪一选项是正确的？[2]（2007/2/2）

A. 法令行为　　　B. 紧急避险　　　C. 正当防卫　　　D. 自救行为

【解析】 本题考查正当防卫的时间条件。（1）《两高一部正当防卫意见》第6条第1款：在财产犯罪中，不法侵害人虽已取得财物，但通过追赶、阻击等措施能够追回财物的，可以视为不法侵害仍在进行。对其进行防卫也属正当防卫。（2）这实际上是出于正当防卫"制止侵害、挽回损失"的规范目的，而进行的目的解释和扩大解释。（3）这也说明，不法侵害的结束不能等同于犯罪既遂，并非犯罪既遂之后，就不能防卫。

5. 甲外出时在自己的住宅内安放了防卫装置。某日晚，乙撬门侵入甲的住宅后，被防卫装置击为轻伤。甲的行为是什么性质？[3]（2002/2/6）

---

[1] C　[2] C　[3] B

A. 故意伤害罪   B. 正当防卫

C. 防卫不适时   D. 民事侵权行为，不构成犯罪

【解析】本题考查正当防卫的时间条件。（1）尽管预先设立装置的行为发生在不法侵害之前，但防卫装置发挥作用时（即防卫行为实施时、损害结果造成时），不法侵害已经开始，针对正在进行的不法侵害起到了制止作用，因此，符合正当防卫的时间要求。（2）在防卫限度上，保护财产防卫造成轻伤结果，没有造成重大损害，不属于防卫过当，认为是正当防卫。

6. 张某的次子乙，平时经常因琐事滋事生非，无端打骂张某。一日，乙与其妻发生争吵，张某过来劝说。乙转而辱骂张某并将其踢倒在地，并掏出身上的水果刀欲刺张某，张某起身逃跑，乙随后紧追。张某的长子甲见状，随手从门口拿起扁担朝乙的颈部打了一下，将乙打昏在地。张某顺手拿起地上的石头转身回来朝乙的头部猛砸数下，致乙死亡。对本案中张某、甲的行为应当如何定性？[1]（2003/2/12）

     A. 张某的行为构成故意杀人罪，甲的行为属于正当防卫

     B. 张某的行为构成故意杀人罪，甲的行为属于防卫过当

     C. 张某的行为属于防卫过当，构成故意杀人罪，甲的行为属于正当防卫

     D. 张某和甲的行为均构成故意杀人罪

【解析】本题考查正当防卫的时间条件。案情可分为两个阶段：（1）第一阶段，乙持水果刀追刺张某，不法侵害正在进行，本人和他人防卫适时。且甲并未超出必要限度，是正当防卫。（2）第二阶段，张某在乙失去侵害能力时，却侵害乙的生命权，属事后防卫，构成故意杀人罪。（3）《两高一部正当防卫意见》第6条第1款：对于不法侵害已经形成现实、紧迫危险的，应当认定为不法侵害已经开始；对于不法侵害虽然暂时中断或者被暂时制止，但不法侵害人仍有继续实施侵害的现实可能性的，应当认定为不法侵害仍在进行……对于不法侵害人确已失去侵害能力或者确已放弃侵害的，应当认定为不法侵害已经结束。

（三）限度条件：没有明显超过必要限度造成重大损害

7. 甲对正在实施一般伤害的乙进行正当防卫，致乙重伤（仍在防卫限度之内）。乙已无侵害能力，求甲将其送往医院，但甲不理会而离去。乙因流血过多死亡。关于本案，下列哪一选项是正确的？[2]（2013/2/7）

     A. 甲的不救助行为独立构成不作为的故意杀人罪

     B. 甲的不救助行为独立构成不作为的过失致人死亡罪

     C. 甲的行为属于防卫过当

     D. 甲的行为仅成立正当防卫

【解析】本题的考点有两点：不作为、正当防卫（主要涉及防卫限度条件）。（1）第一步，先不考虑正当防卫的问题，甲先故意伤害致乙重伤，先前行为创设了风险，有救助义务；不救助致其死亡，系不作为致死行为。

（2）第二步，前后两行为合并评价，伤害＋致死，按高度行为吸收低度行为的规则，可合并评价为致死行为一个行为。

（3）第三步，考虑防卫以及是否过当问题。题干已经设定此防卫的最高限度是重伤，故而以致死手段防卫造成死亡结果，超过了必要限度重伤，系防卫过当。认定为防卫过当致人死亡。

（4）在主观罪过方面，防卫过当一般是过失犯罪，也可能是故意犯罪。防卫过当中的罪

过不是指对事实结果的心态，而是对过当结果的心态（责任故意）。本题题干中"甲不理会"提示对过当结果（不法结果）系故意，亦即明知过当而有意为之。客观主观相统一，根据刑法第232条罪名应当认定为故意杀人罪；根据刑法第20条第2款属防卫过当，只对过当结果（死亡减除重伤）负责，应当减轻或免除处罚。

（5）A选项、B选项中，之后的不救助行为不能单独评价为不作为行为，而应与之前的伤害行为合并评价，认为"独立"构成不作为犯的说法错误。

8. 养花专业户李某为防止偷花，在花房周围私拉电网。一日晚，白某偷花不慎触电，经送医院抢救，不治身亡。李某对这种结果的主观心理态度是什么？[1]（2003/2/1）

A. 直接故意　　　　　　　　　　　　B. 间接故意
C. 过于自信的过失　　　　　　　　　D. 疏忽大意的过失

【解析】表面上考查间接故意与过失区分，实际上涉及正当防卫中时间条件、限度条件，以及防卫过当中过错的认定。（1）客观不法积极层面上，李某拉电网致白某被电死，系致人死亡的行为。（2）在不法消极层面即违法阻却事由上，李某系预先设立防卫装置，电网发挥作用时盗窃不法侵害正在进行，符合防卫起因、时间、对象条件；但以致死防卫盗窃，超过必要限度，不属正当防卫，系防卫过当，是不法行为。（3）在主观罪过方面，防卫过当一般是过失犯罪，也可能是故意犯罪。防卫过当中的罪过不是指对事实结果的心态，而是对过当结果的心态。对于构成要件事实，李某明知电网造成他人死亡的可能性极大，虽无追求死亡结果的意志，客观上也没有采取防范措施，没有防止结果发生的客观依据或客观经验证据。对于死亡结果发生的事实应为间接故意（构成要件故意），而不属过于自信的过失。（4）对于违法阻却事由的主观心态，李某拉电网的意图是防卫盗窃，具有防卫意图；但对于致死结果即防卫过当的不法事实仍有认识，只不过不予追求；对于过当结果即不法事实亦为间接故意（责任故意）。亦即，明知过当而放任为之。（5）客观主观相统一，根据刑法第232条，构成故意杀人罪；根据第20条第2款，应属防卫过当，应当减轻或者免除处罚。（5）客观上，如果本题再写明李某私拉电网的地点"花房周围"是公共场所，具有危害公共安全的危险，则其客观上有以危险方法危害公共安全的行为；主观上对此危险明知但不追求，对公共安全危险系间接故意，根据刑法第114条，可触犯以危险方法危害公共安全罪。公共安全不是防卫对象，对此对象不存在防卫问题。

（四）正当防卫的主观条件相关问题：防卫意图

9. 乙基于强奸故意正在对妇女实施暴力，甲出于义愤对乙进行攻击，客观上阻止了乙的强奸行为。

观点：
①正当防卫不需要有防卫认识
②正当防卫只需要防卫认识，即只要求防卫人认识到不法侵害正在进行
③正当防卫只需要防卫意志，即只要求防卫人具有保护合法权益的意图
④正当防卫既需要有防卫认识，也需要有防卫意志

结论：
a. 甲成立正当防卫
b. 甲不成立正当防卫

就上述案情，观点与结论对应正确的是哪一选项？[2]（2011/2/7）

---

〔1〕 B　〔2〕 A

A. 观点①观点②与 a 结论对应；观点③观点④与 b 结论对应

B. 观点①观点③与 a 结论对应；观点②观点④与 b 结论对应

C. 观点②观点③与 a 结论对应；观点①观点④与 b 结论对应

D. 观点①观点④与 a 结论对应；观点②观点③与 b 结论对应

【疑难辨析】本题考查正当防卫中意图条件，也是一个观点推理题。正当防卫的主观条件是防卫意图，包括防卫认识与防卫意志。①防卫认识，指行为人对防卫的客观条件（起因、时间、对象、限度）均有认识。②防卫意志，指行为人的目的是为了制止不法侵害。当然这并不说：行为人必须主观上具有防卫意图，才能成立正当防卫。事实上，正当防卫的成立是否需要主观条件，理论上存在不同观点。本题并不要求考生在正当防卫的成立是否需要主观意图条件的问题上"选边站"，而是设定观点，让考生依设定的观点进行推理。是典型的观点推理题。

【解析】本题叙述的案情是：防卫人甲认识到了不法侵害人乙正在实施不法侵害，具有防卫认识；但防卫的目的不是为了制止不法侵害，而是"出于义愤"想杀坏人，而不单纯是为了制止犯罪，故而不具有防卫意志。

事实	观点	结论
甲有防卫认识； 没有防卫意志	观点①：防卫意图不要说	成立正当防卫
	观点②：防卫认识必要说	成立正当防卫
	观点③：防卫意志必要说	不成立正当防卫
	观点④：防卫认识、意志必要说	不成立正当防卫

（五）综合题

10. 关于正当防卫，下列哪一选项是错误的？[1]（2009/2/3）

A. 制服不法侵害人后，又对其实施加害行为，成立故意犯罪

B. 抢劫犯使用暴力取得财物后，对抢劫犯立即进行追击的，由于不法侵害尚未结束，属于合法行为

C. 动物被饲主唆使侵害他人的，其侵害属于不法侵害；但动物对人的自发侵害，不是不法侵害

D. 基于过失而实施的侵害行为，不是不法侵害

【解析】选项 A，考查防卫时间条件。制服不法侵害人后，不法侵害已经结束，又对其实施加害行为的，属事后防卫；明知不存在不法侵害仍进行加害，是故意犯罪。

选项 B，考查防卫时间条件。《两高一部正当防卫意见》第 6 条第 1 款：在财产犯罪中，不法侵害人虽已取得财物，但通过追赶、阻击等措施能够追回财物的，可以视为不法侵害仍在进行。对其进行防卫也属正当防卫。类似题目参见 2007/2/2。

选项 C，对防卫起因不法侵害的理解，不法侵害指人的侵害。主人唆使动物侵害他人的，动物是人利用的犯罪工具，是人的行为，系不法侵害。动物对人的自发侵害，不是人的行为，不属防卫对象的不法侵害，但可能成立紧急避险。

选项 D，对防卫起因不法侵害的理解，不法侵害指客观的侵害，也就是具备"客观不法 - 主观责任"第一阶层"客观不法"的行为，而不考查责任要素和责任形式。基于过失而实施的侵害行为，具有客观违法性，属不法侵害。

---

[1] D

11. 关于正当防卫，以下说法正确的有[1]（2019/客/卷一/仿8）

A. 乙交通肇事致丙重伤后，待在原地不救助丙，路人甲暴力强迫乙抢救丙，致乙轻伤。则甲可以构成正当防卫

B. 彪形大汉乙与身材弱小的甲发生了争执，乙推搡了甲一下，结果自己没站稳而掉入水中。乙因不会游泳，向岸上的甲呼叫求助，甲担心乙上来继续打他，没有救助而迳直离去，后来乙被其他人救起来。甲不救助乙的行为属正当防卫

C. 乙持刀欲进入甲家行凶，甲赶紧紧闭房门。乙寻机欲从窗户翻入，高大的甲发现瘦小的乙一条腿已跨进了窗户，遂用菜刀猛击其头部，将乙杀死。甲系防卫过当

D. 父亲甲撞见歹徒乙持刀抢劫女儿丙，遂上前与乙发生搏斗，夺过乙的刀后，乙仍想夺回，最终甲将乙捅死，甲不构成正当防卫，构成故意伤害罪（致人死亡）

【解析】A选项，考查防卫的起因条件不法侵害。不作为犯行为也属不法侵害，可以进行防卫。

B选项，考查正当防卫的体系地位，系不法的消极要素（违法阻却事由），需要在具备不法的积极要素之后，再判断消极要素。乙落入水中的风险系其本人创设，与甲先前的争执行为没有因果关系，甲无救助义务。亦即，甲因无作为义务，其不救助的行为不属于刑法上不作为行为，没有实施危害行为。连危害行为都没有实施，就不用再考虑防卫问题。

C选项，考查正当防卫的限度条件、特殊防卫。乙持刀行凶系严重危及人身安全的暴力犯罪，对其可以进行特殊防卫，造成死亡结果不属防卫过当。无须考虑高大、瘦小的对比。

D选项，考查防卫的时间条件和限度条件、特殊防卫，是"于海明反杀案"的改编。在时间条件上，乙刀虽被夺下，但乙仍想夺回，客观上存在继续侵害的可能，不法侵害尚未结束，不属事后防卫。《两高一部正当防卫意见》第6条第1款：对于不法侵害虽然暂时中断或者被暂时制止，但不法侵害人仍有继续实施侵害的现实可能性的，应当认定为不法侵害仍在进行。因不法侵害的性质是持刀抢劫，系严重危及人身安全的暴力犯罪，对其可以进行特殊防卫，造成死亡结果不属防卫过当。故本选项属正当防卫。

12. 刘某持西瓜刀抢劫超市，超市营业员陈某上前与其扭打，期间夺下刘某的西瓜刀扔给另一超市营业员王某，王某没接住，意外中刀导致重伤。刘某见凶器被夺，转身在门口骑上自行车逃跑，陈某随后追出，为阻止刘某逃跑，连人带车一并抱住并向一旁摔去。陈某摔成重伤，刘某受轻伤。选项问哪个是正确的？[2]（2020/客/1/12仿）

A. 陈某对刘某构成正当防卫　　　　B. 陈某对王某构成防卫过当
C. 刘某要对陈某的重伤负责　　　　D. 刘某要对王某的重伤负责

【解析】（1）对于陈某造成刘某轻伤的结果。在防卫时间条件上，因陈某的反击、抓捕行为是一个连续的、整体防卫行为，针对的是正在进行的不法侵害，符合时间条件；也可以比照《两高一部正当防卫意见》第6条第3款，在财产犯罪中，不法侵害人虽已取得财物，但通过追赶、阻击等措施能够追回财物的，可以视为不法侵害仍在进行。在限度条件上，对于抢劫防卫造成轻伤结果，在防卫限度内。构成正当防卫。

（2）对于陈某造成王某重伤的结果。客观上针对的不是不法侵害人；主观上也不存在打击错误（具有防卫故意），具有直接的过失。根据刑法第234条，构成过失致人重伤罪。

（3）对于王某重伤结果。造成重伤的条件也可以认为有二：刘某抢劫（A1）、陈某扔刀（A2）；二者系独立关系；陈某扔刀（A2）系重大过失、责任大，与重伤有因果。刘某抢劫

―――――――――――――

[1]　A　[2]　AC

· 80 ·

（A1）只有条件关系，而无因果关系。

（4）对于陈某造成自己重伤的结果。造成重伤结果的条件有二：刘某抢劫（A1）、陈某抱摔（A2）；既然刑法允许被侵害者防卫，且《民法典》第181条规定正当防卫造成损害的，不承担民事责任，则应认为正当防卫造成损失的，不应由防卫人负责，而应由不法侵害人负责；故而，应当认为不法侵害人负主要责任，与重伤结果有因果关系。换言之，认为抢劫可大概率引起防卫，二者是依附关系。

当然，有人可能类比说：如果陈某在抱摔时将无辜路人撞成重伤，陈某系防卫中的打击错误，可能对路人重伤承担过失致人重伤罪的责任；本案相当于在防卫中防卫人对自己实施了打击错误，因此归其本人负责。但是，两例原理和本质并不相同。不法侵害人实施的抢劫侵害结果中，包含了对防卫人伤害的危害可能，结果在不法侵害的构成要件范围之内，因此不法侵害人需负责；而无辜路人的伤害结果，不在不法侵害的构成要件范围之内，并且防卫人也有重大过错，因此可能不由不法侵害人负责。倒是可以类比这样的案例：刘某抢劫，路人见义勇为实施防卫，造成了自己的重伤，对此伤害结果，抢劫犯刘某需负责。

13. 甲见乙鬼鬼祟祟拿着蛇皮袋子，以为要偷狗，就追过去打乙，看见乙倒地后又踹了乙两脚。乙被踹后，因蛛网膜出血当场死亡。经查，乙确实准备偷狗。则关于甲的行为说法正确的是？[1]（2020/客/1/13仿）

    A. 正当防卫   B. 事后防卫
    C. 故意伤害罪   D. 过失致人死亡罪

【解析】考查防卫的起因条件、时间条件、限度条件。

（1）在不法积极层面上，甲踹乙的行为，导致乙蛛网膜出血死亡，特殊体质不中断因果，系致人死亡行为。

（2）在防卫起因条件上，尽管客观上乙是盗窃的预备行为，甚至盗窃行为也未达数额较大的犯罪标准；但是，根据《两高一部正当防卫意见》第5条，无论是犯罪行为，还是行政违法，都属不法侵害，都可以进行防卫。另外，预备行为也属不法侵害，可以防卫。

（3）在时间条件上，准备偷狗，有实行盗窃的危险，属正在进行，符合时间条件。倒地后又踹了乙两脚，由于是一个连续的、整体防卫行为，针对的是正在进行的不法侵害，根据《两高一部正当防卫意见》第6条以及"赵宇案"的判决要旨：对于不法侵害虽然暂时中断或者被暂时制止，但不法侵害人仍有继续实施侵害的现实可能性的，应当认定为不法侵害仍在进行。符合时间条件，而不属事后防卫。

（4）在限度条件上，针对盗窃预备防卫致人死亡，超过了必要限度，属防卫过当。

（5）在罪名认定上，对于过当的死亡结果具有过失，构成过失致人死亡罪。

二、假想防卫：不具备防卫客观条件（不法）＋具备防卫意图条件（无故意）

14. 甲、乙双方系菜场摊贩，双方摊位相邻，一日甲、乙双方因琐事发生纠纷，甲拿起摊位上的菜刀向乙砍去，将乙的手砍伤（轻微伤）。乙顺手抄起一个扁担打在甲的右腿上，甲倒在地上。乙担心甲爬起来会继续伤害自己，拿起扁担朝甲的头部猛击数下，导致甲重伤抢救无效死亡。现查明甲在倒地时已经昏迷不醒。则乙的行为[2]（2018/客/卷一/7仿）

    A. 故意杀人罪   B. 正当防卫
    C. 防卫过当   D. 假想防卫

【解析】本题考查正当防卫，主要涉及对防卫起因、时间、限度的考查。（1）在防卫起因

---

〔1〕 D 〔2〕 D

上，甲拿菜刀砍人，尽管第一刀只造成轻微伤，但如继续实施，有造成重伤、死亡的危险，可认定为"行凶"。因此，在防卫限度上，可以主张无过当防卫，打死并不属防卫过当。（2）在防卫时间上，甲虽倒地。①如果其客观上没有昏迷，并未丧失侵害能力，确有继续进行进一步侵害的可能，仍具防卫必要性，属于"不法侵害正在进行"，可构成正当防卫（可参见"于海明防卫案"）。②但是本案的情况是，客观上甲已倒地昏迷，丧失侵害能力；只不过防卫人乙误认为其有继续侵害行为。由于防卫时间条件是客观条件，不以行为人主观认识为标准。故而，本案客观上应当认为是事后防卫。（3）但主观上防卫人误认为不法侵害正在进行，系假想防卫。具有防卫故意，阻却犯罪故意，故不能构成故意杀人罪。一般认为是过失或意外事件，本案一般人难以认识到侵害人倒地后会昏迷，故认为意外事件为宜。（4）注意，本题叙述的行为人主观上的心态，与前述 2003/2/12 不同。

三、偶然防卫（与认识错误）：具备防卫客观条件 + 不具备防卫意图条件

15. 甲、乙共同对丙实施严重伤害行为时，甲误打中乙致乙重伤，丙乘机逃走。关于本案，下列哪些选项是正确的？[1]（2016/2/52）

A. 甲的行为属打击错误，按照具体符合说，成立故意伤害罪既遂

B. 甲的行为属对象错误，按照法定符合说，成立故意伤害罪既遂

C. 甲误打中乙属偶然防卫，但对丙成立故意伤害罪未遂

D. 不管甲是打击错误、对象错误还是偶然防卫，乙都不可能成立故意伤害罪既遂

【解析】本题考查认识错误、偶然防卫（正当防卫）。

甲的行为	不法积极层面（事实层面）	不法消极层面（价值层面）	不法与否	主观故意	罪名	罪数
甲对丙（好人）	伤害未遂行为	无	不法	伤害故意	故意伤害罪未遂	想象竞合
甲对乙（坏人）	伤害行为 + 打击错误 = 伤害致重伤行为	偶然防卫	通说：合法	法定符合说：伤害故意	①无罪；②无罪；③故意伤害罪未遂；④过失伤害未遂，无罪；⑤故意伤害罪重伤；⑥过失致人重伤罪	
			少数：伤害未遂			
			极少数：伤害既遂	具体符合说：过失		

（一）甲对丙

1. 在客观不法积极层面认定上，甲客观上对丙实施了伤害行为（未遂）。

2. 在客观不法消极层面（违法阻却事由）认定上。甲对丙的伤害行为（未遂），不存在违法阻却事由，是不法行为。

3. 在主观责任层面上，甲主观上想伤害丙，客观对象也是丙，不存在认识错误，有伤害故意。

4. 客观主观相统一认定罪名，伤害行为（未遂）+ 伤害故意 = 故意伤害罪（未遂）。根据刑法第 234 条，构成故意伤害罪未遂。

（二）甲对乙

1. 在客观不法积极层面认定上，甲实施有伤害行为，致乙重伤，对乙实施有伤害行为

---

[1] CD

（重伤）。

2. 在客观不法消极层面（违法阻却事由）认定上。甲的行为客观上制止了乙正在进行的重伤不法侵害；由于甲主观上没有制止不法侵害的防卫欲图，故而甲致乙重伤的行为系偶然防卫。

①通说认为偶然防卫在客观不法层面上系正当防卫，阻却违法性；

②少数观点认定偶然防卫在客观不法层面上不属正当防卫，系不法未遂，系伤害未遂；

③极少数观点认定偶然防卫在客观不法层面上不属正当防卫，系不法既遂，系伤害既遂。

3. 在主观责任层面上，甲存在认识错误。在认识错误的形式上，甲主观上想伤害丙，客观对象也是丙，对于对象没有认识错误，不属对象错误；是误击而伤害了同伙乙，系打击错误、具体错误。

（1）按照法定符合说，甲有伤害故意，乙的伤害结果在此故意范围内，甲对乙也有伤害故意。

（2）按照具体符合说，乙的伤害结果不在甲具体预想的射程范围之内，甲对乙伤害结果没有预见到，但应当预见到。甲对乙的重伤只有疏忽大意的过失。

4. 客观主观相统一认定罪名。①正当防卫（通说）＋伤害故意（法定符合说）＝无罪；②正当防卫（通说）＋重伤过失（具体符合说）＝无罪。③伤害未遂（少数说）＋伤害故意（法定符合说）＝故意伤害罪（未遂）。④伤害未遂（少数说）＋过失（具体符合说）＝无罪。⑤伤害既遂（极少数）＋伤害故意（法定符合说）＝故意伤害罪（重伤）。⑥伤害既遂（极少数）＋过失（具体符合说）＝过失致人重伤罪。

（三）乙的行为认定

1. 甲、乙是共同犯罪，二人对丙构成故意伤害罪（未遂），系共同正犯。

2. 对造成乙本人重伤的结果而言，法益侵害的结果是专属个人的，共同犯罪的实际结果是伤害到了行为人乙本人。乙的（与甲的共同）行为，是造成了乙本人受损，未造成他人身体伤害的实害结果，乙对自己重伤的结果，不可能成立故意伤害罪既遂。系属"偶然自损"。

（四）最后，在做题方法方面

本题实际上没有必要列举出那么多学说观点（或者，题干中没问观点，按通说观点即偶然防卫是不法层面上的正当防卫，直接推理就行），抓住"打击错误""具体符合说""故意、过失"就行了。（1）B选项，错在"对象错误"。（2）A选项，错在故意伤害罪"既遂"。①甲对丙，无论具体符合说还是法定符合说，都成立故意伤害罪"未遂"，不是"既遂"。②甲对乙，按照具体符合说，行为人主观上系"过失"，不可能成立"故意"犯罪。（3）C、D选项正确。

16. 甲、乙二人共谋杀丙，同时朝丙开枪。结果甲射出的子弹打偏，没有击中丙，而将另一方向的乙击中，致乙死亡。关于本案甲的定性，以下说法正确的有[1]（2019/客/卷一/仿7）

A. 甲可能构成故意杀人罪未遂

B. 无论按照具体符合说还是法定符合说，甲都构成故意杀人罪既遂

C. 无论按照具体符合说还是法定符合说，甲都构成过失致人死亡罪

D. 按照具体符合说甲构成故意杀人罪既遂，按照法定符合说甲构成过失致人死亡罪

---

[1] A

甲的行为	不法积极层面（事实层面）	不法消极层面（价值层面）	不法与否	主观故意（打击错误）	罪名	罪数
甲对丙（好人）	杀人未遂行为	无	不法	杀人故意	故意杀人罪未遂	想象竞合
甲对乙（坏人）	杀人行为＋死亡结果＝杀人致死行为	偶然防卫	①通说：合法 ②少数：杀人未遂 ③极少数：杀人既遂	①法定符合说：杀人故意 ②具体符合说：过失	①无罪；②无罪；③故意杀人罪未遂；④过失致死未遂，无罪；⑤故意杀人罪既遂；⑥过失致人死亡罪	想象竞合

17. 甲、乙合谋杀害丙，计划由甲对丙实施砍杀，乙持枪埋伏于远方暗处，若丙逃跑则伺机射杀。案发时，丙不知道乙的存在。为防止甲的不法侵害，丙开枪射杀甲，子弹与甲擦肩而过，击中远处的乙，致乙死亡。关于本案，下列哪些选项是正确的？[1]（2017/2/53）

A. 丙的行为属于打击错误，依具体符合说，丙对乙的死亡结果没有故意

B. 丙的行为属于对象错误，依法定符合说，丙对乙的死亡结果具有故意

C. 不论采取何种学说，丙对乙都不能构成正当防卫

D. 不论采用何种学说，丙对甲都不构成故意杀人罪未遂

【解析】本题考查认识错误、正当防卫（偶然防卫）。

甲的行为	不法积极层面（事实层面）	不法消极层面（价值层面）	不法与否	主观故意	罪名	罪数
丙对甲（坏人）	杀人未遂行为	正当防卫	合法	防卫故意	正当防卫	想象竞合
丙对乙（坏人）	杀人行为＋打击错误＝杀人致死行为	偶然防卫	通说：合法 少数：杀人未遂 极少数：杀人既遂	法定符合说：防卫故意 具体符合说：过失	①正当防卫；②正当防卫；③无罪；④过失致死未遂，无罪；⑤正当防卫；⑥过失致人死亡罪	想象竞合

18. 丙持刀抢劫乙，乙为制止丙的抢劫而持棍棒打丙。路过的甲是丙的仇人，误以为乙在杀丙，遂出于怀恨乙报复丙的心态加入乙，与乙一起用木棍打丙。而乙却误以为甲是来帮助自己共同制止丙的，甲、乙二人合力共同将丙打成重伤。丙身上只有一处重伤，不知是甲、乙谁打中。关于本案甲、乙二人的定性，以下说法正确的有[2]（2019/客/卷一/仿9）

A. 不管依据何种学说，甲、乙都构成犯罪

B. 不管依据何种学说，甲、乙都不构成犯罪

C. 不管依据何种学说，乙都不构成犯罪

D. 甲可能构成防卫过当

---

[1] AD [2] C

【解析】（一）关于甲、乙二人是否构成共同犯罪，存在不同观点

1. 如果采构成要件行为共同说，则甲、乙可在伤害行为的范围内构成共同犯罪，对重伤结果承担连带责任。

2. 如果采用不法行为共同说，则甲、乙不构成共同犯罪。在无法查明具体何人造成重伤结果时，二人对重伤实害结果均不负责，但二人可分别对未遂结果负责。

（二）行为人乙

客观上对甲的重伤（或未遂）系正当防卫，主观上有防卫意图，显属正当防卫。

（三）行为人甲

客观上对甲的重伤（或未遂）系偶然防卫，主观上没有防卫意图、有杀人故意。

1. 如果认为甲对重伤实害结果负责，则对于偶然防卫的客观性质，有正当防卫、不法未遂、不法既遂三种观点；结合主观上有伤害故意，可得出无罪、故意伤害罪未遂、故意伤害罪既遂三种观点。

2. 如果认为甲对重伤未遂结果负责，则对于偶然防卫的客观性质，有正当防卫、不法未遂两种观点；结合主观上有杀人故意，可得出无罪、故意伤害罪未遂两种观点。

故而，只有 C 选项说法正确。

四、特殊正当防卫（无过当防卫）

19. 刑法第 20 条第 3 款规定：对正在进行行凶、杀人、抢劫、强奸、绑架以及其他严重危及人身安全的暴力犯罪，采取防卫行为，造成不法侵害人伤亡的，不属于防卫过当，不负刑事责任。关于刑法对特殊正当防卫的规定，下列哪些理解是错误的？[1]（2005/2/59）

A. 对于正在进行杀人等严重危及人身安全的暴力犯罪，采取防卫行为，没有造成不法侵害人伤亡的，不能称为正当防卫

B. "其他严重危及人身安全的暴力犯罪"的表述，不仅说明其前面列举的抢劫、强奸、绑架必须达到严重危及人身安全的程度，而且说明只要列举之外的暴力犯罪达到严重危及人身安全的程度，也应适用特殊正当防卫的规定

C. 由于特殊正当防卫针对的是严重危及人身安全的暴力犯罪，而这种犯罪一旦着手实行便会造成严重后果，所以，应当允许防卫时间适当提前，即严重危及人身安全的暴力犯罪处于预备阶段时，也应允许进行特殊正当防卫

D. 由于针对严重危及人身安全的暴力犯罪进行防卫时可以杀死不法侵害人，所以，在严重危及人身安全的暴力犯罪结束后，当场杀死不法侵害人的，也属于特殊正当防卫

【解析】本题考查特殊正当防卫（无过当防卫）。

选项 A，如果没有造成伤亡结果的，造成其它较轻结果或财物受损、剥夺自由，当然更没有超过特殊防卫的限度条件，可以认定为正当防卫。因此选项 A 错误。

选项 B，"其他"严重危及人身安全的暴力犯罪，也并不限于刑法条文所列举的犯罪，故其正确。《两高一部正当防卫意见》第 17 条：刑法第二十条第三款规定的"其他严重危及人身安全的暴力犯罪"，应当是与杀人、抢劫、强奸、绑架行为相当，并具有致人重伤或者死亡的紧迫危险和现实可能的暴力犯罪。

选项 C，（1）除起因条件、限度条件外，特殊防卫的其它条件与一般正当防卫相同。（2）选项所述"犯罪处于预备阶段"，因预备行为也是不法侵害，也属不当侵害正在进行，也可以进行防卫（直接面临说）。（3）只不过，在防卫限度上，对预备行为的防卫限度，与对实行行为

---

〔1〕 ACD

的防卫限度，可能有所不同。当然，现实威胁十分明显、紧迫，待着手实行后来不及减轻或避免危害结果时，对侵害预备的防卫限度应与对侵害实行的防卫相同。（4）特殊正当防卫的限度条件"伤亡"，应当是针对严重暴力犯罪的实行行为而言的。（5）对严重暴力犯罪的预备行为进行防卫，应当适用一般防卫的限度条件。故本选项错误。（6）正确说法是：严重危及人身安全的暴力犯罪处于预备阶段时，也应允许进行"一般防卫"。

选项 D，特殊正当防卫也需符合正当防卫的时间，该选项为事后防卫。

考点二　紧急避险

1. 甲遭乙追杀，情急之下夺过丙的摩托车骑上就跑，丙被摔骨折。乙开车继续追杀，甲为逃命飞身跳下疾驶的摩托车奔入树林，丙一万元的摩托车被毁。关于甲行为的说法，下列哪一选项是正确的？[1]（2009/2/4）

A. 属于正当防卫　　　　　　　　B. 属于紧急避险
C. 构成抢夺罪　　　　　　　　　D. 构成故意伤害罪、故意毁坏财物罪

【解析】本题较为简单，考查紧急避险的成立条件。为了避免正在发生的危险，迫不得已侵害他人合法权益，未超过必要限度造成不应有损害，属于紧急避险。本案为保全生命而伤害他人、抢夺财物、毁损财物，是迫不得已做出的，且损害应小于保护利益。选项 B 正确。注意：本案中毁损财物是在危险尚存的情况下作出的。下题案例（2002/4/2），如在危险消除后毁损财物或占有财物的，行为时不存在"正在发生的危险"，系事后避险，对于毁财行为不再认为是紧急避险。

2. 2001 年 3 月 13 日下午，陈某因曾揭发他人违法行为，被两名加害人报复砍伤。陈某逃跑过程中，两加害人仍不罢休，持刀追赶陈。途中，陈某多次拦车欲乘，均遭出租车司机拒载。当两加害人即将追上时，适逢一中年妇女丁某骑一摩托车（价值 9000 元）缓速行使。陈某当即哀求丁某将自己带走，但也遭拒绝。眼见两加害人已经逼近，情急之下，陈某一手抓住摩托车，一手将丁某推下摩托车（丁某倒地，但未受伤害），骑车逃走。陈某骑车至安全地方（离原地约 2 公里）停歇一会后，才想到摩托车怎么处理。陈某将摩托车尾部工具箱的锁撬开，发现内有现金 3000 元和一张未到期的定期存单（面值 2 万元），陈某顿生贪欲，将 3000 元现金和存单据为己有，并将摩托车推至山下摔坏。几天后，陈某使用伪造的身份证在到期之前将存单中的 2 万元取出，此后逃往外地。（2002/4/2 部分）

【问题】分析陈某前面的行为的性质，并说明理由。

【解析】（1）陈某将丁某推倒后骑车逃走的行为属于紧急避险行为。理由是：陈某实施了抢劫丁某的摩托车的行为；是为了保护自己的生命，迫不得已而实施，属于避险行为。损害了他人较小合法权益保全了较大利益，在避险的限度范围内。根据刑法第 21 条，构成紧急避险。

（2）陈某在危险消除之后，毁损摩托车，盗窃封缄的工具箱和现金，盗窃存折并骗取兑现；因行为时不存在"正在发生的危险"，系事后避险；根据刑法第 275 条、264 条，构成故意毁坏财物罪、盗窃罪。

3. 位于二楼的甲家里着火了，甲想救婴儿，发现带着婴儿根本出不去，只会被烧死，无奈之下将婴儿从二楼扔下去，自己再出来，导致婴儿受重伤。对于甲的行为的定性，以下说法

────────────────

[1]　B

正确的有[1]（2018/客/卷一/3仿）

A. 甲的行为创造了新的风险，构成故意伤害罪

B. 甲主观有伤害罪故意，但没有实施伤害行为，不构成犯罪

C. 甲的行为构成紧急避险，不构成犯罪

D. 甲的危害行为情节显著轻微，可不以犯罪论处

【解析】本题考查的是犯罪构成要件理论，以及刑法基本推理思维。在客观不法积极层面上，甲扔婴儿的行为导致其重伤，在形式上可认定为伤害行为。但其是为了避免婴儿遭遇火灾被烧死的危险迫不得已实施该行为，符合刑法第21条规定的紧急避险的条件。系违法阻却事由，系合法行为，而不属不法行为。在主观责任上，其对伤害结果有认识，但是出于避险目的，没有犯罪故意。也可以认为是推定承诺。故C选项说法正确。

A选项，后半句构成故意伤害罪说法错误。B选项，主观上有伤害罪故意说法错误。D选项，本案是合法行为，危害行为情节显著轻微的说法错误。

4. 鱼塘边工厂仓库着火，甲用水泵从乙的鱼塘抽水救火，致鱼塘中价值2万元的鱼苗死亡。仓库中价值2万元的商品因灭火及时未被烧毁。甲承认仓库边还有其他几家鱼塘，为报复才从乙的鱼塘抽水。关于本案，下列哪一选项是正确的?[2]（2015/2/4）

A. 甲出于报复动机损害乙的财产，缺乏避险意图

B. 甲从乙的鱼塘抽水，是不得已采取的避险行为

C. 甲未能保全更大的权益，不符合避险限度要件

D. 对2万元鱼苗的死亡，甲成立故意毁坏财物罪

【解析】本题考查紧急避险，涉及避险意图、不得已、避险限度等条件的理解。

A选项，考查避险意图。即使按传统观点，避险意图只包括避险认识、避险意志，不包括动机因素。甲明知火灾危险，具有避险认识；用水泵从乙的鱼塘抽水的目的是为了救火，具有避险意志，应认定主观上具有避险意图。

B选项，考查不得已条件。不得已条件指的是损害手段是唯一避险方法。在必须损害的利益系数个具有同等价值的利益时，选取任何一个进行避险，也认为符合不得已条件。为了救火必须抽水，尽管仓库边有数家鱼塘，但损害利益大小相等，选取任何一个都不违反不得已条件。

C选项，考查避险限度。紧急避险要求可能保护的利益大小损害的利益。本案中，似乎保护的商品的价值与损害的财产利益相等，但如火灾未被扑灭的话，火灾造成的损失可能更大。因而，可能保护的利益要大于实际损害的利益，不属避险过当。

D选项，构成紧急避险，即为合法行为，不构成故意毁坏财物罪。但可能进行民事赔偿。

考点三　被害人承诺

1. 下列哪种说法是错误的?[3]（2006/2/16）

A. 甲取得患有绝症的病人乙的同意而将其杀死，甲仍然构成故意杀人罪

B. 甲以出卖为目的收买生活贫困的妇女乙后，经乙同意将其卖给一个富裕人家为妻，甲仍然构成拐卖妇女罪

---

[1]　C　[2]　B　[3]　无（当年正确答案为D）

C. 甲征得不满 14 周岁的幼女乙同意而与之发生性行为，甲仍然构成强奸罪

D. 甲在收买被拐卖的妇女乙后，按照乙的意愿没有阻碍其返回原居住地，对甲仍然应当追究收买被拐卖的妇女罪的刑事责任

【疑难辨析】有效的被害人承诺（阻却违法性）的构成条件有七个：承诺范围、承诺能力、承诺对象、真实意思表示、现实的承诺、承诺时间、经承诺所实施的行为不能超越承诺范围。本题选项 A 涉及承诺范围，选项 B 涉及承诺时间，选项 C 涉及承诺能力。

【解析】A 选项，考查承诺范围。因生命法益超过刑法认可的承诺范围，故而乙的承诺无效，甲仍构成故意杀人罪。只不过量刑时从轻而已。

B 选项，（1）本选项真正考查的是承诺的时间。甲以出卖为目已经完成收买乙的行为，拐卖妇女罪已经既遂，而不以卖出为既遂。在既遂之后得到被害人承诺，只对之后的出卖行为有效，但对于之前已经实施完毕的拐卖妇女罪无效。（2）如本选项将行为人拐卖的对象改为儿童，则考查的是承诺范围的问题。因儿童无承诺能力，而保护儿童是社会法益，个人不能承诺，故拐卖儿童行为不因被害人或其代理人的承诺而阻却违法性。

C 选项，考查承诺能力。幼女无性承诺能力，承诺无效。根据刑法第 236 条第 2 款，构成奸淫幼女型的强奸罪。

D 选项，本题与阻却违法的承诺无关。（1）现《刑法修正案（九）》已将第 241 条第 6 款修正为："收买被拐卖的妇女、儿童，对被买儿童没有虐待行为，不阻碍对其进行解救的，可以从轻处罚（对收买儿童）；按照被买妇女的意愿，不阻碍其返回原居住地的，可以从轻或者减轻处罚（对收买妇女）。"即由原来的免责事由修正为从宽处罚情节。则在当前，选项 D 中"应当追究"的说法应认为正确，不当选。（2）在考试当时，考查的是法定免责事由。根据考试当时原刑法第 241 条第 6 款的规定，"收买被拐卖的妇女、儿童，按照被买妇女的意愿，不阻碍其返回原居住地的，对被买儿童没有虐待行为，不阻碍对其进行解救的，可以不追究刑事责任"。此为刑法特别规定的免责事由。所以对甲"应当追究"刑事责任的表述是错误的。选项 D 说法，在考试当时说法错误，当选。

2. 关于被害人承诺，下列哪一选项是正确的？[1]（2008/2/5）

A. 儿童赵某生活在贫困家庭，甲征得赵某父母的同意，将赵某卖至富贵人家。甲的行为得到了赵某父母的有效承诺，并有利于儿童的成长，故不构成拐卖儿童罪

B. 在钱某家发生火灾之际，乙独自闯入钱某的住宅搬出贵重物品。由于乙的行为事后并未得到钱某的认可，故应当成立非法侵入住宅罪

C. 孙某为戒掉网瘾，让其妻子丙将其反锁在没有电脑的房间一星期。孙某对放弃自己人身自由的承诺是无效的，丙的行为依然成立非法拘禁罪

D. 李某同意丁砍掉自己的一个小手指，而丁却砍掉了李某的大拇指。丁的行为成立故意伤害罪

【解析】A 选项，一般情况承诺可以替代作出时，被害人无承诺能力时，监护人可代为承诺。但是，本案涉及拐卖儿童罪，保护的儿童法益具有社会法益的性质，个人没有处分权限，故而无论是否承诺，均不能阻却违法性。注意本选项，与前述 2006/2/16－B（拐卖妇女既遂后承诺无效），考查的要点是不一样的。

B 选项，本题为推定的承诺（可以认为变形的紧急避险）。

C 选项，自由是被害人可以承诺放弃的权利，承诺有效。

_____

[1] D

D 选项，丁某的行为超出了承诺的具体范围；且砍掉大拇指是重伤，国家法律不许可，故丁成立故意伤害罪。故选项 D 正确。

3. 关于故意杀人罪、故意伤害罪的判断，下列哪一选项是正确的？[1]（2014/2/15）

A. 甲的父亲乙身患绝症，痛苦不堪。甲根据乙的请求，给乙注射过量镇定剂致乙死亡。乙的同意是真实的，对甲的行为不应以故意杀人罪论处

B. 甲因口角，捅乙数刀，乙死亡。如甲不顾乙的死伤，则应按实际造成的死亡结果认定甲构成故意杀人罪，因为死亡与伤害结果都在甲的犯意之内

C. 甲谎称乙的女儿丙需要移植肾脏，让乙捐肾给丙。乙同意，但甲将乙的肾脏摘出后移植给丁。因乙同意捐献肾脏，甲的行为不成立故意伤害罪

D. 甲征得乙（17 周岁）的同意，将乙的左肾摘出，移植给乙崇拜的歌星。乙的同意有效，甲的行为不成立故意伤害罪

【解析】本题考查被害人承诺、故意的认识内容、器官类犯罪。

A 选项，考查被害人承诺，涉及承诺的法益范围。题眼是"过量镇定剂致乙死亡"，即甲符合故意杀人罪的构成要件；因生命法益超过刑法认可的承诺范围，故而乙的承诺无效，甲仍构成故意杀人罪。只不过量刑时从轻而已。

B 选项，考查故意的认识内容。题眼是"不顾乙的死伤"，说明甲对于死亡结果和伤害结果都有认识，对于死亡结果至少有间接故意，实际造成死亡结果的，当然可以认定为故意杀人罪。

C 选项，考查被害人承诺，涉及基于错误作出的承诺的效力问题。乙误认为移植器官的受体为自己女儿，实际上不是，其重大目的未实现。一般人在知情假相时不会作出同样的承诺，乙系基于重大错误而作出承诺，承诺无效。乙系"欺骗他人捐献器官"，按照刑法 234 条之一第 2 款，构成故意伤害罪。

D 选项，考查被害人承诺，涉及承诺能力、承诺的法益范围。（1）乙 17 周岁，对于器官没有承诺能力，承诺无效。（2）甲的行为属于"摘取不满十八周岁的人的器官"，按照刑法 234 条之一第 2 款，构成故意伤害罪。（3）假设案情改为：乙已满 18 周岁，甲的行为如何认定？这涉及承诺的法益范围问题。因活体器官的捐赠者与接受者之间无近亲属关系，移植非法；同时，对于重伤的承诺是无效的；而甲无"组织出卖"行为；则甲仍构成故意伤害罪。

4. 关于被害人承诺的判断，以下选项正确的是（不考虑数额和情节）？[2]（2019/客/卷一/仿 10）

A. 沈某误以为自己的爱马患了致命疾病，要求兽医对其进行安乐死。事后查明，市面上已经有了治疗该疾病的特效药。沈某的承诺无效

B. 城市居民张某收到乡下邻居的短信，问可否将乡下住宅的院墙拆除。张某本欲回复"不可以"，但漏打了"不"字，乡下邻居遂将院墙拆除。张某的承诺有效

C. 杨某组织贩卖人体器官，与雷某约定以十万元的价格，将雷某的肾脏移植给他人。雷某的承诺无效

D. 马某将马路灯光反射到室内光影，误认为是火光，情急之下找不到钥匙，恳求路人周某破门灭火，周某照办。马某的承诺有效

【疑难辨析】被害人承诺的效力，可以类比于民法中的"授权处分合同"有效合法的条件，从承诺者意思表示真实、国家认可两个角度把握。承诺者基于认识错误而作出承诺的效

力，可从民法中责任、风险分担的原理，分析造成错误的原因和责任，是否属于"重大误解"等。另外，体现在被害人承诺有效的条件上，对于现实的承诺要素，可以采用"表象说"的立场，亦即，出于被害人原因而作出错误承诺，可按一般社会公众立场对于作出的承诺的含义进行理解，行为人在表面含义的范围内处置权益的，应认为是合法行为。

【解析】A、B、C 三选项，均系承诺者本人的过错而导致认识错误，其中 B 选项是表达错误，行为人均是按照承诺者作出的承诺的表面含义处置权益。从民法角度归责，应由承诺者本人承担风险责任。故而，行为人对该错误承诺不应承担责任，应认为承诺有效，行为人无罪。

C 选项，承诺者雷某意思表示真实，但是，《人体器官移植条例》第 3 条、刑法第 234 条之一禁止器官买卖；同时，刑法也认为重伤承诺无效。从而承诺者虽意思表示真实、但国家并不认可，承诺无效。行为人杨某组织贩卖人体器官的行为，构成组织出卖人体器官罪。

考点四　其他违法排除事由

1. 关于排除犯罪的事由，下列哪一选项是正确的？[1]（2006/2/18）

A. 对于严重危及人身安全的暴力犯罪以外的不法侵害进行防卫，造成不法侵害人死亡的，均属防卫过当

B. 由于武装叛乱、暴乱罪属于危害国家安全罪，而非危害人身安全犯罪，所以，对于武装叛乱、暴乱犯罪不可能实行特殊正当防卫

C. 放火毁损自己所有的财物但危害公共安全的，不属于排除犯罪的事由

D. 律师在法庭上为了维护被告人的合法权益，不得已泄露他人隐私的，属于紧急避险

【解析】本题是对排除犯罪的事由的考查，涉及正当防卫、自损行为、义务冲突等问题。

A 选项，考查对刑法第 20 条第 3 款规定的特殊防卫的理解。（1）特殊防卫是对第 1、2 款一般防卫的提示性规定，亦即，特殊防卫完全符合一般防卫的条件，只不过对限度条件进行提示性重申。（2）故而，并非只有特殊防卫才能造成不法侵害人死亡，一般防卫在必要限度内也可以造成不法侵害人死亡，也可以是正当防卫。（3）防卫过当指明显超过必要限度造成重大损害，以"必需说"限定必要限度，在必需的情况下（如弱小女子遭受壮汉强制猥亵），可以造成重大损害以制止不法侵害，仍在限度之内，系正当防卫。（4）《两高一部正当防卫意见》第 18 条：对于不符合特殊防卫起因条件的防卫行为，致不法侵害人伤亡的，如果没有明显超过必要限度，也应当认定为正当防卫，不负刑事责任。A 选项说法错误。

B 选项，（1）"其他"严重危及人身安全的暴力犯罪，也并不限于刑法条文所列举的犯罪。也不是根据罪名章节或主要法益的界定，而是看实际罪行的危险。（2）武装叛乱、暴乱罪既严重危害国家安全，也严重危及人身安全，可以实行特殊正当防卫。（3）参见《两高一部正当防卫意见》第 17 条。故选项 B 说法错误。

C 选项，（1）一般的自损行为只损害行为人个人利益时，对于个人利益受损的结果，认定为自损，不具违法性。（2）但如果自损的同时危害他人或者社会合法利益，对该结果不能认定为自损，可能构成犯罪。（3）本案"危害公共安全"可构成放火罪。故选项 C 正确。

D 选项，律师在法庭上为了维护被告人的合法权益，不得已泄露他人隐私的，属于义务冲突（正当职务行为与保护隐私的义务冲突），不是紧急避险。故选项 D 错误。

---

[1] C

2. 关于正当防卫的论述，下列哪一选项是正确的?[1] (2012/2/7)

A. 甲将罪犯顾某扭送派出所途中，在汽车后座上死死摁住激烈反抗的顾某头部，到派出所时发现其已窒息死亡。甲成立正当防卫

B. 乙发现齐某驾驶摩托车抢劫财物即驾车追赶，2 车并行时摩托车撞到护栏，弹回与乙车碰撞后侧翻，齐某死亡。乙不成立正当防卫

C. 丙发现邻居刘某（女）正在家中卖淫，即将刘家价值 6000 元的防盗门砸坏，阻止其卖淫。丙成立正当防卫

D. 丁开枪将正在偷越国（边）境的何某打成重伤。丁成立正当防卫

【解析】本题考查正当防卫的含义，以及行为不构成犯罪的原因。行为不构成犯罪的原因有多种，并非所有不构成犯罪的行为均应认定为正当防卫。

A 选项，（1）罪犯已被制服，不法侵害已经结束，行为人甲不构成防卫。（2）扭送属刑事诉讼法规定上的公民权利行为，属法令行为。当然，法令行为也要符合限度条件，本选项系在扭送过程中过失致人死亡。

B 选项，在客观不法的积极层面上，危险系齐某本人制造，其死亡结果与乙的追赶行为无因果关系。乙的行为不是危害行为。因不符合构成要件、不具形式违法性，故无需认定为正当防卫。系因不符合构成要件而不构成犯罪。

C 选项，（1）在正当防卫的起因条件方面，卖淫行为是行政违法行为，如依违法性一元论（即认为刑事违法、民法违法、行政违法本质相同），则行政违法行为也属刑法第 20 条规定的正当防卫起因的"不法侵害"，对其进行制止可构成正当防卫，符合起因条件。（2）但是，在防卫对象条件方面，由于正当防卫行为被限定为"制止不法侵害的行为，对不法侵害人造成损害"，虽可包括其人身和财产，但当防卫对象是财产时，一般要求其是犯罪工具等不法侵害行为的手段；对于与不法侵害行为无关联的不法侵害人财物进行毁损，即使是为了制止不法侵害，也不认为符合防卫对象要件；但如迫不得已，可认为是紧急避险等。例如，甲持自己的名贵花瓶去砸乙，乙为制止甲打碎了甲的花瓶，乙是正当防卫。但甲用棒子打乙，乙为制止甲，操起甲的名贵花瓶反击，打碎了甲的花瓶，应当认为紧急避险才对。（3）本案中丙阻止他人违法行为虽系正当行为；但砸坏防盗门，造成财物损失，不是对不法侵害本身进行制止，不属防卫。又不属迫不得已，不属避险；即使迫不得已，也不属正当防卫。

D 选项，偷越国（边）境为犯罪行为，系不法侵害，可以防卫；但以打成重伤的方式进行阻止，造成重大损失且明显超过必要限度，系防卫过当，而不是正当防卫。

考点五　责任阻却事由

（一）不具认识可能性的违法性认识错误

1. 农民甲醉酒在道路上驾驶拖拉机，其认为拖拉机不属于刑法第 133 条之一规定的机动车。关于本案的分析，下列哪一选项是正确的?[2] (2016/2/4)

A. 甲未能正确评价自身的行为，存在事实认识错误

B. 甲欠缺违法性认识的可能性，其行为不构成犯罪

C. 甲对危险驾驶事实有认识，具有危险驾驶的故意

---

[1] B　[2] C

D. 甲受认识水平所限，不能要求其对自身行为负责

【疑难辨析】 本题是考查的是责任阻却事由之一的不具认识可能性的违法性认识错误，涉及事实认识错误与违法性认识错误的区分、违法性认识错误是否具有认识可能性、不具认识可能性的违法性认识错误的体系地位等问题。对自己行为的刑法性质（是否犯罪）认识错误，亦即误将犯罪行为当作非犯罪行为，即属违法性认识错误。违法性认识错误与故意的成立无关。不具违法性认识可能性的违法性认识错误，阻却责任。

【解析】 其一，关于事实认识错误与违法性认识错误的区分。（1）醉酒驾车型的危险驾驶罪的客观不法要素是地点是"在道路上""醉酒驾驶"行为、对象是"机动车"（包括汽车、摩托车、拖拉机等）。在法律上，拖拉机属于刑法第133条之一规定的"机动车"。（2）故意的成立要求行为人对客观不法事实要素有认识。本案中行为人甲对于对象是拖拉机这一事实没有认识错误；对地点是"在道路上"、行为是"醉酒驾驶"这些客观不法事实要素也有认识。不属事实认识错误，具有危险驾驶的故意。只是对于法律层面上拖拉机是否属于机动车，以及醉酒驾驶拖拉机行为是否属于犯罪的违法性质，产生了认识错误，系违法性认识错误。A选项错误，C选项正确。

其二，关于违法性认识错误是否具有认识可能性。虽甲本人受认识水平所限不能认识，但由于一般驾驶者（同行）均能认识到醉酒驾驶拖拉机是违法行为，故而甲具有违法性认识可能性。具有认识可能性的违法性认识错误不阻却责任，故而甲具有责任，应当对自身行为负责。根据刑法第133条之一，构成危险驾驶罪。B选项、D选项错误。

2. 甲以禁用方法猎捕了30多只猫头鹰，但是，甲并不知晓猫头鹰是濒危野生保护动物。关于甲的行为定性，以下说法正确的有[1]（2018/客/卷一/9仿）

A. 甲属于事实认识错误，主观上没有故意，不构成非法猎捕、杀害珍贵、濒危野生动物罪（现罪名为"危害珍贵、濒危野生动物罪"，下同）

B. 甲具有故意，可构成非法猎捕、杀害珍贵、濒危野生动物罪

C. 甲属于违法性认识错误，不能构成非法猎捕、杀害珍贵、濒危野生动物罪

D. 甲对于犯罪对象没有认识，不能构成故意犯罪，可构成过失犯罪

【解析】 本题考查事实认识错误、违法性认识错误的区分，以及其地位作用。

在认识错误的类别上，危害珍贵、濒危野生动物罪的客观不法要素（事实要素）主要是：行为是猎捕行为，对象是珍贵、濒危野生动物。本案中，甲认识到自己实施的是猎捕行为，也认识到了对象是猫头鹰，对客观不法的事实要素没有认识错误，不属事实认识错误。对于必要事实要素具有认识，行为人主观上具有故意。

行为人的认识错误在于，将对象的法律性质认错了，误认为猫头鹰不是濒危野生保护动物，从而误将犯罪行为，认为不是犯罪行为。此系违法性认识错误。

对于违法性认识错误的功用，违法性认识错误不影响故意的成立。但不具认识可能性的违法性认识错误可以阻却责任，具有认识可能性的违法性认识错误不阻却责任。本案中，一般公众能够认识到猫头鹰是不准猎捕的动物，故而，行为人具有认识可能性，不阻却责任，可构成故意犯罪。故而，B选项说法正确。

3. 甲在从事生产经营的过程中，不知道某种行为是否违法，于是以书面形式向法院咨询，法院正式书面答复该行为合法。于是，甲实施该行为，但该行为实际上违反刑法。关于本案，下列哪一选项是正确的？[2]（2008/2/4）

---

[1] B [2] B

A. 由于违法性认识不是故意的认识内容，所以，甲仍然构成故意犯罪

B. 甲没有违法性认识的可能性，所以不成立犯罪

C. 甲虽然不成立故意犯罪，但成立过失犯罪

D. 甲既可能成立故意犯罪，也可能成立过失犯罪

【解析】（1）行为人误将犯罪行为认为合法，系违法性认识错误。（2）行为人产生违法性认识错误的原因是从值得信赖的权威机构那里获得值得信赖的信息，一般人在此情况下亦认识不了违法性，因此属不具认识可能性的违法性认识错误，可以阻却责任。（3）由此，行为人仍具有故意（但不一定构成犯罪），只是没有责任，而不构成犯罪。选项 B 正确。

4. 关于故意与违法性的认识，下列哪些选项是正确的?[1]（2015/2/55）

A. 甲误以为买卖黄金的行为构成非法经营罪，仍买卖黄金，但事实上该行为不违反刑法。甲有犯罪故意，成立犯罪未遂

B. 甲误以为自己盗窃枪支的行为仅成立盗窃罪。甲对刑法规定存在认识错误，因而无盗窃枪支罪的犯罪故意，对甲的量刑不能重于盗窃罪

C. 甲拘禁吸毒的陈某数日。甲认识到其行为剥夺了陈某的自由，但误以为刑法不禁止普通公民实施强制戒毒行为。甲有犯罪故意，应以非法拘禁罪追究刑事责任

D. 甲知道自己的行为有害，但不知是否违反刑法，遂请教中学语文教师乙，被告知不违法后，甲实施了该行为。但事实上刑法禁止该行为。乙的回答不影响甲成立故意犯罪

【解析】 本题考查故意成立的必要认识要素、事实认识错误与违法性认识错误的区分、违法性认识错误的处理。

A选项，客观不法＋主观责任＝犯罪，客观上连危害行为（不法行为）都无，当然不成立任何犯罪（以及犯罪未遂）。误将合法行为当作犯罪行为而受此意图支配实施客观上合法的行为，也不能认为有"犯罪"故意。

B选项，（1）甲误以为自己盗窃枪支的行为仅成立盗窃罪，对于犯罪对象以及盗窃枪支罪的构成要件要素均有认识，不存在事实认识错误，仍具有盗窃枪支罪的犯罪故意。（2）只不过对行为的法律性质定性存在认识错误，系违法性认识错误，不影响盗窃枪支罪故意的成立。（3）该违法性认识错误不属不具认识可能性的违法性认识错误，不阻却责任。

C选项，（1）在对事实要素的认识方面，需对"非法拘禁"（＝"拘禁"＋"非法"）行为有认识，才成立此罪故意。①行为人已经认识到"剥夺了陈某的自由"即"拘禁"事实。②由于"非法"系规范的构成要件要素。对于规范的构成要件要素的认识，只须认识其事实属性（一般公众认识），而无须认识其规范属性（规范属性最终定性由裁判者确定）。本选项中行为人已认识到未经允许（"强制"）的事实属性，不存在事实认识错误，认定有故意。（2）只不过对该剥夺行为是否犯罪即法律性质定性存在认识错误，系违法性认识错误，不影响非法拘禁罪故意的成立。（3）该违法性认识错误不属不具认识可能性的违法性认识错误，不阻却责任。

D选项，（1）甲具有违法性认识错误，不影响主观故意的成立。（2）造成违法性错误，只请教"中学语文教师"，而非权威机关或法律专业人员，因而不属不具认识可能性的违法性认识错误，不阻却责任。故而仍成立故意犯罪。

（二）欠缺期待可能性

5. 关于期待可能性，下列哪一选项是错误的?[2]（2008延/2/5）

A. 行为人是否具有故意、过失，与是否具有期待可能性，是两个不同的问题。换言之，

---

[1] CD [2] D

具有故意、过失的人，也可能没有期待可能性

  B. 行为人犯罪后毁灭自己犯罪的证据的行为之所以不构成犯罪，是因为缺乏期待可能性

  C. 在司法实践中，对于因遭受自然灾害外流谋生而重婚的，之所以不以重婚罪论处，是因为缺乏期待可能性

  D. 身无分文的乞丐盗窃他人财物得以维持生存的，因为缺乏期待可能性，不应认定为盗窃罪

  【疑难辨析】本题是考查的是责任阻却事由之二的欠缺期待可能性。所谓期待可能性，是指根据具体情况，有可能期待行为人不实施违法行为而实施其他合法（适法）行为。亦即，行为人在当场情景下有实施合法行为、而不实施犯罪行为的可能性。法不强人所难，如果行为人在当时场景下没有实施合法行为的可能（欠缺期待可能性），即使其对危害结果的造成有故意、过失，也不能认定其有责任。

  【解析】A选项，欠缺期待可能性是责任阻却事由，与责任形式（故意、过失）的认定是不同问题。一般只有行为人形式上具有故意、过失的情况（形式判断）下，才进一步考虑是否欠缺期待可能性的问题（实质判断），故选项A正确。

  B选项，中国刑事诉讼法及刑法传统观点认为，不能期待本犯不为妨害司法行为。一般认为，本犯（犯罪人本人）为本人犯罪，而实施妨害司法的行为（如毁灭、伪造证据，伪证，或帮助毁灭、伪造证据，掩饰、隐瞒犯罪所得，窝藏、包庇），或者教唆、帮助他人为本人犯罪实施前述妨害司法的行为，认为欠缺期待可能性而阻却责任。

  C选项，"因遭受自然灾害外流谋生"的行为人，如当时实施合法行为（不重婚），将会给自己带来极其重大的生命、身体和其它重大利益的损害，而使其陷入极其困难的选择，实施合法行为极其困难，属欠缺期待可能性的情况。司法解释参见原《最高人民法院关于贯彻执行民事政策几个问题的意见（修正稿)》"凡是由于严重的自然灾害确实因生活困难而与他人重婚的，可以不按重婚罪论处"。

  D选项，乞丐虽然身无分文，但是乞丐本身以乞讨所得或者接受国家救助作为生活来源，并非只能选择盗窃。当时实施合法行为（不盗窃），对其没有重大不利。因此可以期待其实施适法行为，其盗窃行为并不欠缺期待可能性，可以认定为盗窃罪。只有在当时情形不盗窃大概率会死亡或重大不利后果的情况下，才可能考虑紧急避险。

专题六　犯罪形态（既遂、中止、未遂、预备）

（1）犯罪既遂	各种分则罪名的既遂结果（具体罪名既遂标准，结果犯、危险犯、行为）；实行行为；因果关系；既遂之后无未遂、中止
（2）犯罪中止的认定	中止的时间性、自动性（与未遂、预备区分）、有效性；中止与因果关系；有损害的中止与无损害的中止
（3）犯罪未遂、犯罪预备的区分	意志以外的停顿原因；实行行为的界定
（4）犯罪未遂与不可罚的不能犯	是否具有客观危险性的判断：纯粹客观危险，偶然因素导致不能

考点一　犯罪既遂

（一）具体罪名既遂（既遂结果）的认定

1. 下列选项中，关于行为人犯罪既遂、犯罪未遂的认定，说法正确的有（不考虑犯罪数额）[1]（2021/客/卷一/仿4）

A. 甲绑架了张某的女儿向其勒索赎金，并告知张某将钱用箱子装好放在中华路口的垃圾桶里，后来甲按张某的要求将箱子放在垃圾桶里，但是箱子被他人捡走，张某以为是甲的同伙所为，因甲未实际取得赎金，但乃认定甲犯罪既遂

B. 乙在某知名平台出售假冒知名品牌白酒以诈骗钱财，陈某在网络平台将货款支付在担保平台，陈某后收到货物后，发现是假冒白酒，遂申请售后并向平台投诉，平台将货款退还给陈某，因陈某已经将货款支付给平台，即使乙未实际取得货款，也认为乙犯罪既遂

C. 小偷丙潜入某小区偷电动车，保安赵某通过监控发现了丙的盗窃行为。为了让丙的盗窃行为既遂，赵某等丙盗窃得手将电动车骑出小区门口 200 米才骑车将其擒获，丙构成犯罪既遂

D. 丁以出卖了目的，将妇女李某骗到外省出卖；因为行情不好，加上扫黑除恶，未能将李某卖出，后来两人日久生情，在一起共同生活，因为丁未将李某卖出，故丁构成犯罪未遂

【解析】本题考查具体罪名的犯罪既遂标准

选项 A，甲构成绑架罪。通说认为，绑架罪是单行为犯，以绑架行为实施完毕，人质被控制，或被杀害、伤害，为既遂标准。行为人是否勒索到赎金，不是绑架罪的既遂标准（少数说法认为第三人受到恐吓时为既遂）。本选项中张某的女儿已被控制，甲成立既遂。当然，如果考虑财物是否被甲控制？类比民法规定，将财物置于指定地点即为交付，也应认定为赎金已被

---

[1] ABC

甲控制。

选项 B，实际考查罪数。乙卖假酒的行为触犯了：（1）销售伪劣产品罪（以假充真）；以销售出金额 5 万元以上产品为既遂标准，不以收取到货款为既遂；故为既遂。（2）销售假冒注册商标的商品罪（假冒品牌），以销售出商品为既遂标准，不以收取到货款为既遂；故为既遂。（3）诈骗罪，按通说"控制说"，以行为人控制财物为既遂；乙还未取得货款，应认定为未遂。（4）在罪数上，销售伪劣产品罪中包含有诈骗罪的内容，二者是整体法与部分法的法条竞合关系，以整体法销售伪劣产品罪（既遂）论处；销售假冒注册商标的商品罪与诈骗罪，也是整体法与部分法的法条竞合关系，以整体法销售假冒注册商标的商品罪（既遂）论处。销售伪劣产品罪（既遂）、销售假冒注册商标的商品罪（既遂），系想象竞合，择一重处。（5）无论哪个罪重，均为犯罪既遂。

选项 C，丙构成盗窃罪。（1）按照《最高人民法院研究室关于入户盗窃但未窃得财物应如何定性问题的研究意见》，"盗窃罪属于结果犯，只有实际窃得财物的才能认定盗窃既遂"。本案丙已控制住财物，当然认定为既遂。（2）而根据 2000 年《全国法院审理毒品犯罪案件工作座谈会纪要》（南宁纪要）"关于毒品案件中特情引诱犯罪问题"的规定，运用特情侦破案件，即使是"犯意引诱"在公安机关监控下交付毒品，都构成既遂。刑法中根本就没有所谓"控制下交付"这种伪命题。（3）类比：甲杀乙，警察丙看见甲也不管，让甲杀死乙后才抓甲。难道甲构成故意杀人罪既遂不成？

选项 D，丁构成拐卖妇女罪。（1）根据刑法第 240 条第 2 款，出卖只是主观目的要素，只要实施拐骗、绑架、收买、贩卖、接送、中转妇女行为之一完成，即为既遂；而不是以卖出为既遂标准。丁已实施拐骗行为完成，构成犯罪既遂。（2）既遂之后的共同生活，不影响既遂的认定。

2. 关于故意犯罪形态的认定，下列哪些选项是正确的？[1]（2013/2/54）

A. 甲绑架幼女乙后，向其父勒索财物。乙父佯装不管乙安危，甲只好将乙送回。甲虽未能成功勒索财物，但仍成立绑架罪既遂

B. 甲抢夺乙价值 1 万元项链时，乙紧抓不放，甲只抢得半条项链。甲逃走 60 余米后，觉得半条项链无用而扔掉。甲的行为未得逞，成立抢夺罪未遂

C. 乙欲盗汽车，向甲借得盗车钥匙。乙盗车时发现该钥匙不管用，遂用其他工具盗得汽车。乙属于盗窃罪既遂，甲属于盗窃罪未遂

D. 甲在珠宝柜台偷一枚钻戒后迅速逃离，慌乱中在商场内摔倒。保安扶起甲后发现其盗窃行为并将其控制。甲未能离开商场，属于盗窃罪未遂

【疑难辨析】本题考查具体犯罪的既遂标准。犯罪既遂实行行为导致既遂结果，包括三个要素：（1）既遂结果，指结果犯实现实害结果，危险犯造成具体危险，行为犯完成行为。（2）实行行为；（3）二者之间有因果关系。每个具体的故意犯罪，都有自己具体的既遂结果标准。因此，既遂的认定，应当结合刑法分则具体规定进行认定。

【解析】A 选项，（1）绑架罪是结果犯，以控制人质使之逃脱显著困难或杀害为既遂结果。行为人是否勒索到赎金，是否提出要求、取得财物，不是绑架罪的既遂标准（注：也有少数说法认为绑架保护的是第三人的安宁，只有第三人受到恐吓时，才是既遂）。（2）本案中甲已控制了乙，已成立绑架罪既遂，送乙回家是既遂后的悔罪行为，不成立中止。A 选项说法正确。

B 选项，（1）抢夺罪的既遂标准以"控制说"为通说，即控制住财物（"多次抢夺"）或

---

[1] AC

控制住数额较大的财物（"数额较大"的抢夺，司法解释以一千元至三千元为数额较大）为既遂。（2）甲已控制住了半条项链（至少价值5千元）数额较大，构成抢夺罪的既遂。扔掉行为是既遂之后对财物的处分行为，不影响既遂的认定。故B选项说法错误。

C选项，本选项考查共同犯罪中既遂的认定。（1）共同犯罪中，从客观因果关系（"惹起说"）方面分析，与结果有因果关系的共犯行为才认为是既遂。对于共同正犯：一人既遂、全体既遂；对于狭义共犯（帮助、教唆犯）：有因果关系才既遂。（2）具体到本选项中，考查的是帮助犯的既未遂认定。甲虽成立帮助犯，但从客观因果关系（"惹起说"）方面分析，甲的帮助行为即提供钥匙的行为对于实行犯乙盗车得逞客观上没有起到作用，与偷到汽车的结果没有因果关系（促进关系）。实行犯虽是既遂，但帮助犯应当认定为未遂。（3）题干并未写明该行为为正犯提供了精神帮助（精神支持、维持犯意等），也不能认定甲成立精神帮助犯。

D选项，盗窃罪的具体既遂标准以"控制说"为通说，小宗物品，拿在手里，放在口袋里即为既遂。本案中，行为人已偷拿到一枚钻戒，应当认定为犯罪既遂。故B选项说法错误。

3. 关于犯罪停止形态的论述，下列哪些选项是正确的？[1]（2012/2/54）

A. 甲（总经理）召开公司会议，商定逃税。甲指使财务人员黄某将1笔500万元的收入在申报时予以隐瞒，但后来黄某又向税务机关如实申报，缴纳应缴税款。单位属于犯罪未遂，黄某属于犯罪中止

B. 乙抢夺邹某现金20万元，后发现全部是假币。乙构成抢夺罪既遂

C. 丙以出卖为目的，偷盗婴儿后，惧怕承担刑事责任，又将婴儿送回原处。丙构成拐卖儿童罪既遂，不构成犯罪中止

D. 丁对仇人胡某连开数枪均未打中，胡某受惊心脏病突发死亡。丁成立故意杀人罪既遂

【解析】本题主要涉及犯罪中止、犯罪既遂的认定，其中的犯罪既遂考查具体犯罪的既遂形态；其中犯罪中止的认定，涉及既遂之后无中止的问题。

A选项，（1）本案涉嫌逃税罪（单位犯罪），根据刑法第201条，逃税罪的实行行为是采取欺骗、隐瞒手段进行虚假纳税申报或者不申报；本案中单位已实施虚假申报行为，可认为是实行。（2）因单位成员不配合而停顿，对于单位而言系意志以外的原因停顿，构成未遂。（3）对于自动停止的黄某而言，在既遂之前又如实申报，系自动放弃、有效阻止结果，构成中止。

B选项，（1）抢夺罪的既遂标准以"控制说"为通说，即控制住财物（"多次抢夺"）或控制住数额较大的财物（"数额较大"的抢夺，司法解释以一千元至三千元为数额较大）为既遂。（2）假币也是刑法中的财物。由于其是违禁品，关于以违禁品为对象的财产犯罪的既遂标准，以情节计。比照《最高人民法院、最高人民检察院关于办理盗窃刑事案件适用法律若干问题的解释》第1条第4款、《最高人民法院关于审理抢劫、抢夺刑事案件适用法律若干问题的意见》第7条，以违禁品数量作为情节。（3）关于假币的数量及情节，比照《最高人民法院关于审理伪造货币等案件具体应用法律若干问题的解释》第5条：明知是假币而持有、使用，总面额在四千元以上不满五万元的，属于"数额较大"。总面额在五万元以上不满二十万元的，属于"数额巨大"；总面额在二十万元以上的，属于"数额特别巨大"。（4）本案中乙抢夺假币面额为20万元，应属抢夺罪"数额巨大"。抢夺得到了"数额巨大"财物，当然认为是既遂。行为人具有具体错误，不影响既遂的认定。（5）需以本题对比的是2016/2/53－C，"丙见商场橱柜展示有几枚金锭（30万元一枚），打开玻璃门拿起一枚就跑，其实是值300元的仿制品，真金锭仍在。丙属于犯罪未遂"（说法正确）。因为伪制品价值只有300元，未达数

〔1〕 ABCD

额较大，认定为抢夺罪未遂。以及2013/2/54-B，"甲抢夺乙价值1万元项链时，乙紧抓不放，甲只抢得半条项链。甲逃走60余米后，觉得半条项链无用而扔掉。甲的行为未得逞，成立抢夺罪未遂"（说法错误）。因为半条项链价值5000元，已达数额较大，认定为抢夺罪既遂。

C选项，（1）拐卖妇女、儿童罪，是单行为犯（"拐"的行为，即拐骗、绑架、收买、贩卖、接送、中转妇女、儿童的行为之一），既遂只要"拐"行为实施完毕，并不要求卖出。一般认为，行为人实施前述任一行为完毕并使被害者处于行为人或者第三者的事实支配范围内时，就是既遂。（2）本案中行为人已偷盗控制了婴儿，拐的行为已完成，无需卖出，犯罪已既遂。（3）既遂之后认定为悔罪，而不是中止。

D选项，本选项所涉的故意杀人罪，开枪行为是实行行为，被害人特殊体质不中断因果关系，与死亡结果有因果关系，故为既遂。

（二）实行行为与既遂结果之间具有因果关系

4. 甲将自己的汽车藏匿，以汽车被盗为由向保险公司索赔。保险公司认为该案存有疑点，随即报警。在掌握充分证据后，侦查机关安排保险公司向甲"理赔"。甲到保险公司二楼财务室领取20万元赔偿金后，刚走到一楼即被守候的多名侦查人员抓获。关于甲的行为，下列哪一选项是正确的？[1]（2009/2/15）

A. 保险诈骗罪未遂
B. 保险诈骗罪既遂
C. 保险诈骗罪预备
D. 合同诈骗罪

【解析】实行行为导致危害结果，才能认定为既遂，亦即，要求危害结果与实行行为之间具有因果关系。（1）根据刑法第198条，投保人编造未曾发生的保险事故骗取保险金的，构成保险诈骗罪。保险诈骗罪以骗人即申请理赔为着手实行，以取得财物为既遂（控制说）。（2）本案甲已着手申请理赔，但保险诈骗已被识破，被害人不是基于认识错误而交付财物，取财结果与保险诈骗行为之间没有因果关系，不应归因于诈骗行为，不认为既遂。（3）因为意志以外的原因导致未通过犯罪而得逞，应当认为是犯罪未遂。行为人已控制住财物系不当得利所获。（3）假设本案中甲未被守候的侦查人员抓获，而是携款逃走了，也应认定为未遂。因此，刑法中根本就没有所谓"控制下交付"这种伪命题。

（三）数额犯中部分既遂、部分未遂的处理

5. 甲冒充房主王某与乙签订商品房买卖合同，约定将王某的住房以220万元卖给乙，乙首付100万元给甲，待过户后再支付剩余的120万元。办理过户手续时，房管局工作人员识破甲的骗局并报警。根据司法解释，关于甲的刑事责任的认定，下列哪一选项是正确的？[2]（2017/2/5）

A. 以合同诈骗罪220万元未遂论处，酌情从重处罚
B. 以合同诈骗罪100万元既遂论处，合同诈骗120万元作为未遂情节加以考虑
C. 以合同诈骗罪120万元未遂论处，合同诈骗100万元既遂的情节不再单独处罚
D. 以合同诈骗罪100万元既遂与合同诈骗罪120万元未遂并罚

【解析】本题考查数额犯中部分既遂部分未遂的处理，以及诈骗罪的司法解释规定、诈骗罪与合同诈骗罪之间的关系。甲合同诈骗罪的整体数额为220万，其中100万既遂、120万未遂，如何处理？

《最高人民法院、最高人民检察院关于办理诈骗刑事案件具体应用法律若干问题的解释》（法释〔2011〕7号）第6条规定："诈骗既有既遂，又有未遂，分别达到不同量刑幅度的，依

---

[1] A [2] B

照处罚较重的规定处罚；达到同一量刑幅度的，以诈骗罪既遂处罚。"

由于合同诈骗罪是诈骗罪的特别法（法条竞合），故而，适用于诈骗罪的规则，也能适用于合同诈骗罪。合同诈骗罪100万既遂，属数额特别巨大的既遂（第224条）；120万未遂，属数额特别巨大的未遂，可以从轻、减轻（第23条）。

如果对120万未遂从轻，则与100万既遂属"同一量刑幅度"，以100万既遂论处；如果对120万未遂减轻，则与100万既遂属"不同量刑幅度"，择一重处仍以100万既遂论处。当然，120万未遂可作为量刑情节加以考虑。故正确答案选B选项。

本案原题参见《最高人民法院刑事审判参考》【第1020号】"王新明合同诈骗案——在数额犯中，行为既遂部分与未遂部分并存且分别构成犯罪的，如何准确量刑？"。

6. 一个月后，孙某对赵某说："你做了一件对不起朋友的事，我也做一件对不起朋友的事。你将那幅名画（价值800万元）给我，否则向公安机关揭发你的杀人罪行。"三日后，赵某将一幅赝品（价值8000元）交给孙某。孙某向赵某索要名画的行为构成何罪（说明理由）？关于法定刑的适用与犯罪形态的认定，可能存在哪几种观点？（2016/4/2－部分）

【答案及解析】

（一）孙某索要名画的行为，构成敲诈勒索罪。

理由：孙某以揭发他人违法犯罪为要挟手段、使他人产生恐惧心理而勒索财物，根据刑法第274条的规定，构成敲诈勒索罪。

（二）关于犯罪数额及犯罪形态的认定，涉及部分既遂、部分未遂案件中，是否适用加重犯未遂的问题，有以下处理意见。

1. 观点一：孙某以敲诈勒索罪800万元（－8000元）未遂论处。

亦即，将数额特别巨大作为加重构成要件，对孙某按敲诈勒索罪800万元（－8000元），适用数额特别巨大的法定刑，同时适用未遂犯的规定，即认定为数额特别巨大的加重犯的未遂。同时，将敲诈勒索罪8000元既遂，即取得价值8000元的赝品的事实，作为量刑情节。

这是司法实务中的一般做法。可参照《最高人民法院、最高人民检察院关于办理诈骗刑事案件具体应用法律若干问题的解释》（法释〔2011〕7号）第6条规定："诈骗既有既遂，又有未遂，分别达到不同量刑幅度的，依照处罚较重的规定处罚；达到同一量刑幅度的，以诈骗罪既遂处罚。"

2. 观点二：孙某以敲诈勒索罪8000元既遂论处。

亦即，将数额特别巨大视为单纯的量刑因素或量刑规则，按实际所得的数额量刑。对孙某应当按敲诈勒索罪8000元适用数额较大的法定刑，认定为犯罪既遂，不适用未遂犯的规定。

3. 观点三：敲诈勒索罪8000元，即基本犯既遂，与800万元即加重犯的未遂，想象竞合，择一重处。或者数罪并罚。观点二、观点三是理论观点。

考点二　犯罪中止

（一）既遂之后无中止

1. 下列哪些选项不构成犯罪中止？[1]（2011/2/54）

A. 甲收买1名儿童打算日后卖出。次日，看到拐卖儿童犯罪分子被判处死刑的新闻，偷

---

〔1〕　ABCD

偷将儿童送回家

B. 乙使用暴力绑架被害人后，被害人反复向乙求情，乙释放了被害人

C. 丙加入某恐怖组织并参与了一次恐怖活动，后经家人规劝退出该组织

D. 丁为国家工作人员，挪用公款 5 万元用于孩子学费，4 个月后主动归还

【解析】本题表面上考查中止的时间性，以及各具体罪名的既遂标准，既遂之后无中止。

A 选项，拐卖妇女、儿童罪，是单行为犯（"拐"的行为，即拐骗、绑架、收买、贩卖、接送、中转妇女、儿童的行为之一），既遂只要"拐"行为实施完毕，并不要求卖出。一般认为，行为人实施前述任一行为完毕并使被害者处于行为人或者第三者的事实支配范围内时，就是既遂。本案中行为人已收买控制了儿童，收买行为已完成，无需卖出，犯罪已既遂。

B 选项，绑架罪以控制人质使之逃脱显著困难或杀死（结果犯）为既遂，本案乙构成绑架罪既遂。

C 选项，参加恐怖组织罪，是举动犯（行为短促的行为犯），以参加行为实施完毕为既遂，本案丙已既遂。

D 选项，（1）挪用公款罪归个人日常消费等其他之用，数额较大，以将公款挪出为既遂标准，以挪用超过 3 个月时间为成立犯罪的罪量要素。（2）本案丁已挪用 4 个月，已经成立犯罪；挪出公款，已经既遂。既遂之后无中止，即使归还也是既遂。（3）对此，可比照《最高人民法院关于挪用公款犯罪如何计算追诉期限问题的批复》（法释［2003］16 号）的规定"挪用公款数额较大、超过三个月未还的，犯罪的追诉期限从挪用公款罪成立之日起计算。"

（二）中止的自动性

2. 甲因父仇欲重伤乙，将乙推倒在地举刀便砍，乙慌忙抵挡喊着说："是丙逼我把你家老汉推下粪池的，不信去问丁。"甲信以为真，遂松开乙，乙趁机逃走。关于本案，下列哪一选项是正确的？[1]（2009/2/5）

A. 甲不成立故意伤害罪　　　　　　B. 甲成立故意伤害罪中止
C. 甲的行为具有正当性　　　　　　D. 甲成立故意伤害罪未遂

【解析】（1）认定犯罪中止的自动性应采主观说，亦即，行为人自认为当时的情况下能够既遂，没有足以阻止的外在障碍，即"能达目的而不欲"。（2）本案中乙说"是丙逼我把你家老汉推下粪池的，不信去问丁"，即使甲主观上相信此话，此说法也不能阻止甲继续进行的伤害行为。甲主观上认为实施既遂没有任何障碍，故认为甲放弃是基于自己的意志，放弃犯罪具有自动性，属于犯罪中止。

3. 关于犯罪中止的自动性，存在以下观点：a. 主观上认为有外部障碍而放弃犯罪是未遂、预备，其他原因放弃是中止。b. 只有出于悔悟、同情等感情、动机而停止犯罪，才构成中止；客观上能够犯罪，但伦理上不能犯罪，不构成中止。c. 客观上有能力继续犯罪但不继续实施，即一般人在此情况下不会放弃犯罪，但行为人放弃的，才构成中止。d. 犯罪人不理性、不合情理的任意放弃，才构成中止；经理性思考后停止犯罪，不构成中止。

存在以下四个事例：①甲欲杀仇人举枪瞄准，发现是自己父亲而放下枪；②甲因同情受害人乙，停止伤害乙；③甲近距离对准乙头部，正欲开枪时，警察在 100 米外喊"住手"，甲逃走；④丈夫甲在砍杀妻子乙时，不想让年幼的女儿丙看到，于是放弃砍杀。

则关于犯罪中止的判断，上述四个事例，与上述四种观点，对应关系正确的有[2]（2019/客/卷一/仿12）

---

[1]　B　[2]　A

A. 如按照观点 a，则②③④构成犯罪中止

B. 如按照观点 b，则②③构成犯罪中止

C. 如按照观点 c，则②③④构成犯罪中止

D. 如按照观点 d，则仅有④构成犯罪中止

【解析】

事例	停顿原因	观点a：主观说	观点b：限定主观说（悔过动机说）	观点c：客观说	观点d：犯罪人理性说
①是父亲	对象	未遂	未遂	未遂	未遂
②同情	同情	中止	中止	中止	中止
③警察	慌	中止	未遂	未遂	未遂
④因女儿	不想	中止	未遂	中止	中止

（三）中止的有效性

4. 药店营业员李某与王某有仇。某日王某之妻到药店买药为王某治病，李某将一包砒霜混在药中交给王妻。后李某后悔，于第二天到王家欲取回砒霜，而王某谎称已服完。李某见王某没有什么异常，就没有将真相告诉王某。几天后，王某因服用李某提供的砒霜而死亡。李某的行为属于[1]（2004/2/2）

A. 犯罪中止　　　B. 犯罪既遂　　　C. 犯罪未遂　　　D. 犯罪预备

【解析】本题考查中止的有效性。（1）王某之妻客观上实施了投毒致人死亡行为，主观上无故意、过失，不构成犯罪。（2）李某支配利用王某之妻的无过错行为杀人，根据刑法第232条，构成故意杀人罪的间接正犯。（3）其着手实施杀人实行行为后（支配王妻投毒），没有有效阻止犯罪既遂结果（死亡）的发生，不成立中止。（4）被害人的死亡结果与实行行为有因果关系，应认定为犯罪既遂。

（四）中止与因果关系

5. 甲以杀人故意放毒蛇咬乙，后见乙痛苦不堪，心生悔意，便开车送乙前往医院。途中等红灯时，乙声称其实自己一直想死，突然跳车逃走，三小时后死亡。后查明，只要当时送医院就不会死亡。关于本案，下列哪一选项是正确的？[2]（2015/2/6）

A. 甲不对乙的死亡负责，成立犯罪中止

B. 甲未能有效防止死亡结果发生，成立犯罪既遂

C. 死亡结果不能归责于甲的行为，甲成立犯罪未遂

D. 甲未能阻止乙跳车逃走，应以不作为的故意杀人罪论处

【解析】本题考查犯罪中止的认定，以犯罪中止与因果关系。行为人尽了真诚的、最大的救助努力的情况下，结果发生了，但系其它原因导致（其他因素中断因果关系），而非实行行为导致，也认为是中止。在本选项中，甲实施了杀人行为，具有杀人故意，根据刑法第232条，构成故意杀人罪。（2）在因果关系层面上。①如果无甲的行为，乙不会死亡，甲的杀人行为与乙死亡结果之间有条件关系；如果乙不跳车逃走、不拒绝救助，就会避免死亡结果，因此，乙拒绝救助的行为亦是死亡的条件。②在相当性方面，二条件系彼此相互独立的关系。按照自然而然的发展流程，甲的救助本应能使乙活；但乙的拒绝救助使之不可能（可谓是一种变

相的自杀），故乙的拒绝救助行为对于死亡结果的责任大；应认为中断了因果关系，死亡结果归乙本人负责。（3）由此，甲的杀人行为与乙的死亡结果之间不具有因果关系，甲不成立既遂。（4）甲真诚的、最大的救助努力的情况下，结果虽然发生了，但系其它原因导致（其他因素中断因果关系），而非实行行为导致，应认为是中止。

6. 甲为杀乙，对乙下毒。甲见乙中毒后极度痛苦，顿生怜意，开车带乙前往医院。但因车速过快，车右侧撞上电线杆，坐在副驾驶位的乙被撞死。关于本案的分析，下列哪些选项是正确的？[1]（2014/2/53）

A. 如认为乙的死亡结果应归责于驾车行为，则甲的行为成立故意杀人中止

B. 如认为乙的死亡结果应归责于投毒行为，则甲的行为成立故意杀人既遂

C. 只要发生了构成要件的结果，无论如何都不可能成立中止犯，故甲不成立中止犯

D. 只要行为人真挚地防止结果发生，即使未能防止犯罪结果发生的，也应认定为中止犯，故甲成立中止犯

【解析】本题考查犯罪中止、罪数、因果关系、犯罪形态。

（1）在行为个数方面，甲先后实施了两个行为：故意杀人行为、交通肇事行为，根据刑法第232条、第133条，分别构成故意杀人罪、交通肇事罪。

（2）在因果关系和犯罪中止、既遂认定方面。

其一，一般认为：介入因素交通肇事行为是导致死亡的直接原因，中断了杀人行为与死亡结果之间的因果关系；死亡结果归交通肇事行为承担，而与杀人行为之间没有因果关系，不构成故意杀人罪既遂。故而，在犯罪形态方面，甲能够继续实施犯罪而自动放弃，具有自动性；因结果系其它原因导致，与杀人行为之间没有因果关系，应当认定为犯罪中止。A选项说法正确。

其二，如果认为乙的死亡结果应归责于投毒行为，因既遂的标准是实行行为与结果之间有因果关系，则行为人虽有中止行为，但没有有效阻止犯罪结果发生，仍构成故意杀人罪既遂。B选项说法正确，D选项说法错误。

（3）发生了构成要件的结果（既遂结果），但如结果与行为之间没有因果关系，则不能认定为既遂。此时行为人尽了真诚的、最大的救助努力的情况下：结果发生了，但系其它原因导致（其他因素中断因果关系），而非实行行为导致，也认为是中止。C选项说法错误。

7. 甲架好枪支准备杀乙，见已患绝症的乙跟跄走来，顿觉可怜，认为已无杀害必要。甲收起枪支，但不小心触动扳机，乙中弹死亡。关于甲的行为定性，下列哪一选项是正确的？[2]（2014/2/9）

A. 仅构成故意杀人罪（既遂）

B. 仅构成过失致人死亡罪

C. 构成故意杀人罪（中止）、过失致人死亡罪

D. 构成故意杀人罪（未遂）、过失致人死亡罪

【解析】本题考查行为的个数、犯意的个数，既遂的认定（实行行为与结果之间具有因果关系），行为与责任同时性原则。（1）甲先后实施了两个行为、具有两个犯意：第一个行为是架好枪支准备杀乙，客观上是杀人的预备行为，主观上具有故意，客观主观相统一，根据刑法第232条，构成故意杀人罪。能达目的而不欲自动放弃，系故意杀人罪（中止）。（2）第二个行为是触动扳机行为，客观上是致死行为，主观上是过失，客观主观相统一，根据刑法第233

条，构成过失致人死亡罪。（3）因死亡结果非因故意杀人的实行行为导致，不具因果关系，不属故意杀人罪既遂。（4）本事例，是两个行为，因不是实行行为导致结果，故也不是因果关系错误中的结果延后发生。故应当构成故意杀人罪（中止）、过失致人死亡罪，两罪并罚。

8. 甲以杀人故意殴打乙致其重伤昏迷生命垂危，奄奄一息。此时甲良心发现，觉得乙可怜，便想救助乙，将乙搬上车送往医院救治。结果在抬起乙准备上车的时候，甲脚下一滑，两人一同摔倒在地，乙当场被摔死。下列选项说法正确的是[1]（2020/客/1/14 仿）

A. 无论怎么评价甲的行为，甲都构成故意杀人罪既遂

B. 由于作为与不作为冲突，对甲不能数罪并罚

C. 甲构成故意杀人罪，系犯罪中止，应当减轻处罚

D. 甲构成故意杀人罪，系犯罪未遂

【解析】考查犯罪中止、有损害的中止、因果关系。

（1）第一段行为，甲杀害乙，根据刑法第 232 条，构成故意杀人罪。

（2）第二段行为，救乙时过失致乙死亡，根据刑法第 233 条，构成过失致人死亡罪。

（3）在因果关系方面，第二段过失行为，中断了之前杀人行为与死亡结果之间的因果关系，甲不构成故意杀人罪既遂。甲的杀人行为只与重伤有因果关系。

（4）在故意杀人罪的犯罪形态方面，甲尽了真诚的救助努力，因过失行为中断因果，视为有效阻止既遂结果发生，根据刑法第 24 条，构成犯罪中止；造成重伤结果，为有损害的中止，应当减轻处罚。

（5）综上，甲构成故意杀人罪（有损害的中止）、过失致人死亡罪，两罪并罚。

（五）综合题

9. 关于犯罪中止，下列哪些选项是正确的？[2]（2010/2/57）

A. 甲欲杀乙，埋伏在路旁开枪射击但未打中乙。甲枪内尚有子弹，但担心杀人后被判处死刑，遂停止射击。甲成立犯罪中止

B. 甲入户抢劫时，看到客厅电视正在播放庭审纪实片，意识到犯罪要受刑罚处罚，于是向被害人赔礼道歉后离开。甲成立犯罪中止

C. 甲潜入乙家原打算盗窃巨额现金，入室后发现大量珠宝，便放弃盗窃现金的意思，仅窃取了珠宝。对于盗窃现金，甲成立犯罪中止

D. 甲向乙的饮食投放毒药后，乙呕吐不止，甲顿生悔意急忙开车送乙去医院，但由于交通事故耽误一小时，乙被送往医院时死亡。医生证明，早半小时送到医院乙就不会死亡。甲的行为仍然成立犯罪中止

【解析】选项 A，（1）有子弹能够继续射杀，而放弃重复侵害行为（多举犯），符合中止的时间条件。（2）行为人虽害怕事后受惩罚，但就停顿原因而言，自认为当时没有障碍可以继续实施既遂而放弃，系自动放弃，属犯罪中止。

选项 B，行为人虽惧怕事后受到法律制裁而停顿，但主观上认为当时可以实施既遂、没有任何障碍，并不是因为客观障碍而阻止即将进行犯罪行为的继续实施，系典型的"能达目的而不欲"，应认定为中止。

选项 C，当年命题老师认为：行为人仅有一个盗窃行为、触犯一个盗窃罪，珠宝、现金均是财物系盗窃罪的对象，窃得财物即为盗窃既遂，无需将盗窃现金的意图单独评价。刑法中只有某个具体罪名的既未遂认定。故认为选项 C 不当选。

选项 D，考查犯罪中止与因果关系。（1）在因果关系判断上，该选项中的"由于交通事故耽误一小时"，应当理解为"由于日常生活中经常出现的它车交通事故（如车祸）耽误一小时"，亦即介入因素系常见的可以预料的日常事件，系行为当时既存的自然力原因，与之前行为是依附关系，不中断因果。（2）乙的死亡仍与投毒行为之间具有因果关系，成立既遂。（3）甲虽救助，但未能有效阻止犯罪既遂结果发生，是犯罪既遂而不是中止，故选项 D 不当选。（3）注意，本选项应当与后例叙述的案情相区别。2014/2/6－A，"甲伤害乙后，警察赶到。在警察将乙送医途中，车辆出现故障，致乙长时间得不到救助而亡。甲的行为与乙的死亡具有因果关系"（说法错误）。该选项中写有"致乙长时间得不到救助"，介入因素对于死亡结果应当负主要责任，中断因果关系。

10. 根据犯罪主观要件、犯罪形态的理论分析，下列关于犯罪中止的表述哪些是错误的?[1]（2003/2/42）

A. 甲为杀人而与李某商量并委托购买毒药，李某果然为其买来了剧毒药品。但 10 天后甲放弃了杀人意图，将毒药抛入河中。甲成立犯罪中止，而李某不应成立犯罪中止。

B. 乙基于杀人的意图对他人实施暴力，见被害人流血不止而心生怜悯，将其送到医院，被害人经治疗后仍鉴定为重伤。乙不是犯罪中止。

C. 丙对仇人王某猛砍 20 刀后离开现场。2 小时后，丙为寻找、销毁犯罪工具回到现场，见王某仍然没有死亡，但极其可怜，即将其送到医院治疗。丙的行为属于犯罪中止。

D. 丁为了杀害李四而对其投毒，李四服毒后极端痛苦，于是丁将李四送往医院抢救脱险。经查明，毒物只达到致死量的 50%，即使不送到医院，李四也不会死。丁将被害人送到医院的行为和被害人的没有死亡之间，并无因果关系，所以丁不能成立犯罪中止

【解析】A 选项，考查共同犯罪中各共犯人的犯罪形态，停顿原因应该按各行为人主观分别认定。（1）正犯甲在预备阶段自动放弃，系预备阶段的中止。（2）帮助犯李某，停顿原因是同伙不配合，系意志以外的原因停顿；其停顿阶段，按共犯从属说，正犯未实行，帮助犯也应认定未实行。系预备阶段因意志以外的原因停顿，故为犯罪预备。

B 选项，考查犯罪中止的有效性和"犯罪结果"的认定，指本罪的既遂结果。（1）故意杀人罪的既遂结果是被害人死亡；本案中被害人虽重伤，但未死亡，行为人有效阻止了死亡结果的发生，系自动防止"犯罪结果"（本罪既遂结果），根据刑法第 24 条第 1 款，成立犯罪中止。（2）造成了重伤，系其他犯罪（故意伤害罪）的既遂结果，根据刑法第 24 条第 2 款，属于有损害的中止，应当减轻处罚。

C 选项，考查中止的时间性。（1）中止必须发生在"犯罪过程中"，亦即，中止行为或救助行为与之前的犯罪行为不能有明显的时空间隔、应当接续发生。（2）本案中行为人脱离现场"2 小时后"才救助，与之前的杀人行为有明显的时空间隔，不符合"犯罪过程中"的条件，不属中止。（3）之前的犯罪已经出现结局性的停顿，应当认定为故意杀人罪未遂，之后的救助行为认定为悔罪表现。

D 选项，考查中止与因果关系问题。（1）犯罪中止具有主观主义色彩，其中的"能达目的而不欲"的"能"指行为人主观上认为能达目的，不一定必须是客观上能达目的；行为人认为能达目的，而客观上实际不能达到目的，行为人主动放弃，也应认定为犯罪中止。亦即，在行为人尽了真诚的、最大的救助努力的情况下，结果没有发生，尽管非因救助行为导致，也认为是中止。（2）本案中行为人自动放弃进行了救助，尽管结果未发生不是因救助导致，而

————————
[1] BCD

是因毒量不够。但行为人主观上自认为可以杀死而自动放弃，亦是中止。

考点三　犯罪预备、犯罪未遂

1. 关于犯罪未遂的认定，下列哪些选项是正确的?[1]（2016/2/53）

A. 甲以杀人故意将郝某推下过街天桥，见郝某十分痛苦，便拦下出租车将郝某送往医院。但郝某未受致命伤，即便不送医院也不会死亡。甲属于犯罪未遂

B. 乙持刀拦路抢劫周某。周某说"把刀放下，我给你钱"。乙信以为真，收起刀子，伸手要钱。周某乘乙不备，一脚踢倒乙后逃跑。乙属于犯罪未遂

C. 丙见商场橱柜展示有几枚金锭（30万元一枚），打开玻璃门拿起一枚就跑，其实是值300元的仿制品，真金锭仍在。丙属于犯罪未遂

D. 丁资助林某从事危害国家安全的犯罪活动，但林某尚未实施相关犯罪活动即被抓获。丁属于资助危害国家安全犯罪活动罪未遂

【解析】A选项，考查犯罪未遂、犯罪中止的区分标准。（1）犯罪未遂、犯罪中止的区分在于停止犯罪是基于"意志以外的原因"还是"自动放弃"，该标准是以行为人"主观说"为核心的标准。行为人自认为当时能既遂、没有阻止其继续实施的障碍而放弃，就是中止；无论客观情况如何。（2）本选项虽客观上郝某未受致命伤，但主观上甲是自动放弃，按"主观说"当然应当认定为犯罪中止。

B选项，（1）"乙信以为真，收起刀子"，并没有停止犯罪、放弃抢劫的意愿；没有中止行为，不构成犯罪中止。（2）抢劫未成是因被害人逃走，是意志以外的原因，成立犯罪未遂。

C选项，考查"数额较大型抢夺罪"（本案是公然抢夺的）的既未遂标准，应当以抢夺到数额较大的财物为既遂。（1）本题因为伪制品价值只有300元，只抢夺到数额较小的财物，未达数额较大，认定为抢夺罪未遂。（2）对比2013/2/54-B，"甲抢夺乙价值1万元项链时，乙紧抓不放，甲只抢得半条项链。甲逃走60余米后，觉得半条项链无用而扔掉。甲的行为未得逞，成立抢夺罪未遂"（说法错误）。因为半条项链价值5000元，已达数额较大，认定为抢夺罪既遂。（3）对比2012/2/54-B，"乙抢夺邹某现金20万元，后发现全部是假币。乙构成抢夺罪既遂"（说法正确）。比照《最高人民法院关于审理伪造货币等案件具体应用法律若干问题的解释》第5条：明知是假币而持有、使用，总面额在四千元以上不满五万元的，属于"数额较大"乙抢夺假币面额为20万元，应属抢夺罪"数额巨大"。抢夺得到了"数额巨大"财物，当然认为是既遂。行为人具有具体错误，不影响既遂的认定。

D选项，考查资助危害国家安全犯罪活动罪的既未遂标准。（1）该罪是帮助行为正犯化，本身就是正犯，资助行为完成即构成既遂。（2）不再是帮助犯，既未遂判断无需再根据从属说认定。

2. 下列哪一行为成立犯罪未遂?[2]（2015/2/5）

A. 以贩卖为目的，在网上订购毒品，付款后尚未取得毒品即被查获

B. 国家工作人员非法收受他人给予的现金支票后，未到银行提取现金即被查获

C. 为谋取不正当利益，将价值5万元的财物送给国家工作人员，但第二天被退回

D. 发送诈骗短信，受骗人上当后汇出5万元，但因误操作汇到无关第三人的账户

---

[1]　BC　[2]　D

【解析】本题考查犯罪未遂，以及贩卖毒品罪、受贿罪、行贿罪、诈骗罪的实行行为、犯罪既遂标准。

A选项，（1）贩卖毒品罪的实行行为是"贩卖"，亦即开始实际出售行为，既遂标准是将毒品卖出。（2）本选项中行为人仅实施了订购即购买行为，还未实施贩卖行为，贩卖毒品罪预备。

B选项，（1）受贿罪的实行行为是收受或索取，既遂标准是收受到财物（控制说）。（2）不记名、不挂失的现金支票的性质与财物性质相同，已收受到现金支票尚未兑现，应为受贿罪既遂。（3）比照《最高人民法院、最高人民检察院关于办理盗窃刑事案件适用法律若干问题的解释》第5条第1项，"盗窃不记名、不挂失的有价支付凭证、有价证券、有价票证的，应当按票面数额和盗窃时应得的孳息、奖金或者奖品等可得收益一并计算盗窃数额"。

C选项，（1）行贿罪的实行行为是给与财物，既遂标准是财物给与完成、财物转移占有，本选项应为行贿罪既遂。（2）注意：行贿罪与受贿罪虽是对合犯，但二罪是相互独立的罪名，各自有各自的成立条件和既遂标准。行贿罪的成立并不以受贿罪成立为前提；行贿罪的既遂也不以受贿罪既遂为前提。

D选项，（1）诈骗罪的实行行为是实施骗人行为，既遂标准是取得财物（控制说）。（2）本选项行为人实施了实行行为但尚未取得财物，是诈骗罪未遂。（3）需要对比的是2016/2/2－D，"丁敲诈勒索陈某。陈某交给丁汇款时，误将3万元汇到另一诈骗犯账户中。丁的行为与陈某的财产损失无因果关系"。该选项的问题是丁的行为与"陈某的财产损失"之间有无因果关系，并没有问丁的敲诈勒索罪是既遂还是未遂。敲诈勒索罪的既遂标准是"控制说"，则被害人虽有财产损失，但行为人并未控制财物，访选项应该认定为犯罪未遂。

3. 下列哪些选项是错误的？[1]（2006/2/54）

A. 甲、乙二人合谋抢劫出租车，准备凶器和绳索后拦住一辆出租车，谎称去郊区某地。出租车行驶到检查站，检查人员见甲、乙二人神色慌张便进一步检查，在检查时甲、乙意图逃离出租车被抓获。甲、乙二人的行为构成抢劫（未遂）罪

B. 甲深夜潜入某银行储蓄所行窃，正在撬保险柜时，听到窗外有响动，以为有人来了，因害怕被抓就悄悄逃离。甲的行为构成盗窃（未遂）罪

C. 甲意图杀害乙，经过跟踪，掌握了乙每天上下班的路线。某日，甲准备了凶器，来到乙必经的路口等候。在乙经过的时间快要到时，甲因口渴到旁边的小卖部买饮料。待甲返回时，乙因提前下班已经过了路口。甲等了一阵儿不见乙经过，就准备回家，在回家路上因凶器暴露被抓获。甲的行为构成故意杀人（未遂）罪

D. 甲意图陷害乙，遂捏造了乙受贿10万元并与他人通奸的所谓犯罪事实，写了一封匿名信给检察院反贪局。检察机关经初查发现根本不存在受贿事实，对乙未追究刑事责任。甲欲使乙受到刑事追究的意图未能得逞。甲的行为构成诬告陷害（未遂）罪

【解析】本题考查犯罪预备与未遂的区分。犯罪预备与犯罪未遂都是因意志以外的原因而停顿，两者的区分在于：着手实行之前停顿（预备），还是着手实行之后停顿（未遂）。

A选项，抢劫罪的着手实行行为是实施暴力、胁迫或者压制被害人反抗的其他方法，本案中行为人尚未实施这些行为，不是着手实行；因意志以外的原因而停止，不是未遂，属抢劫罪的预备。

B选项，盗窃罪的着手实行行为是触碰财物、接近财物，本案已经撬保险柜，属着手实

---

[1] ACD

行，因意志以外的原因而停止，属于盗窃罪未遂。

C选项，杀人罪的着手实行是实施杀害行为，本案等待被害人，还未着手实行杀人行为，因意志以外的原因而停止，属于故意杀人罪预备。

D选项，诬告陷害罪是行为犯，只要告发行为实施完毕，就成立既遂，受害人是否被刑事追究，不是本罪既遂标准。故本案是诬告陷害罪既遂。

4. 下列案例中哪一项成立犯罪未遂？[1]（2004/2/4）

A. 甲对某实施诈骗行为，被胡某识破骗局。但胡某觉得甲穷困潦倒，实在可怜，就给其3000元钱，甲得款后离开现场

B. 乙为了杀死刘某，持枪尾随刘某，行至偏僻处时，乙向刘某开了一枪，没有打中；在还可以继续开枪的情况下，乙害怕受刑罚处罚，没有继续开枪

C. 丙绑架赵某，并要求其亲属交付100万元。在提出勒索要求后，丙害怕受刑罚处罚，将赵某释放

D. 丁抓住妇女李某的手腕，欲绑架李某然后出卖。李为脱身，便假装说："我有性病，不会有人要。"丁信以为真，于是垂头丧气地离开现场

【解析】本题考查犯罪既遂、未遂、中止的认定和区别。

A选项，考查既遂与因果关系、"顺向障碍"。（1）得财结果与诈骗行为之间无因果关系，不能认定为既遂。（2）虽已着手实行诈骗行为，被人识破，客观障碍原因导致其不能通过诈骗行为而得财既遂（所谓"顺向障碍"），是犯罪未遂。（3）得财结果应当归因于胡某的赠与。

B选项，属"停止重复侵害行为"（多举犯）的情形，符合中止的时间条件"在犯罪过程中"；主观上明知没有既遂障碍而自动放弃，能达目的而不欲，按通说是犯罪中止。

C选项，绑架罪的既遂标准是控制人质人身自由（或杀死）。该犯罪已经成立犯罪的既遂。既遂之后放弃对被害人控制的，不影响犯罪既遂的成立，但是可以认为有悔罪情节在量刑上予以考虑。

D选项，（1）丁触犯拐卖妇女罪，本选项情况是为了出卖妇女而实施绑架行为，以控制被害人的人身自由为既遂，不以卖出为既遂。丁抓住了被害人的手腕，已经实行，但尚未控制，尚未既遂。（2）"有性病"也可以控制住人身而使拐卖既遂，李某声称自己有性病这一情节，并不足以阻止丁将其控制，不能成为阻止拐卖妇女罪既遂的障碍。（3）行为人主观上认为可以实施既遂而自愿放弃，系犯罪中止。（4）与之对应的是强奸罪，如果行为人对被害人实施强奸，被害人谎称有性病，行为人因为害怕染病而放弃强奸，应当认为行为人主观上认为有客观障碍而停止，那是强奸罪的未遂，而不是中止。

5. 甲以杀人故意殴打乙，乙奋力反抗将屋内已经点燃的炭盆掀翻，甲殴打致乙昏迷。此时炭盆已经引起屋内起火，甲为毁灭证据想让乙被烧死，故没有灭火而逃走，致使引发火灾，乙家和邻居房屋楼房均着火，乙因昏迷吸入大量气体死亡。则关于甲的行为说法正确的是[2]（2020/客/1/15仿）

A. 甲的行为存在作为和不作为，因作为和不作为行为系相互矛盾的对立关系，故不能对甲实行数罪并罚

B. 甲有灭火的义务，而没有灭火，成立不作为的放火罪

C. 因乙没有像甲的预想那样被火烧死，因而甲不构成放火罪致人死亡

D. 不论对甲的行为如何评价，甲都只能认定为一个罪名

---

[1] A [2] B

【解析】考查犯罪形态、因果关系、不作为。

(1) 第一段行为,甲杀害乙,根据刑法第232条,构成作为的故意杀人罪。

(2) 第二段行为,先行行为引起灭火义务,故意不履行导致火灾,构成不作为的放火罪。

(3) 乙虽不是被烧死,但系放火行为导致死亡,系具体因果关系流程错误,仍具因果关系,根据刑法第115条,构成放火罪致人死亡(同时犯故意杀人罪),系结果加重犯。

(4) 甲实施了毁灭证据的行为,但系本犯欠缺期待可能性,不构成帮助毁灭证据罪。

(5) 甲在杀乙后知道乙未死,对于杀人不属事前故意,因果关系被放火行为中断,杀人与死亡结果之间没有因果关系,故意杀人罪系犯罪未遂。

(6) 综上,以故意杀人罪未遂、放火罪(致人死亡)两罪并罚。

5. 关于着手实行的标准,存在以下几种观点:a. 着手实行是指开始实施表现出行为者的犯罪意思确定性的行为。b. 着手实行是指开始实施了符合构成要件的行为。c. 着手实行是指开始实施具有现实危险性的行为。d. 着手实行是指行为发生了作为未遂犯的结果的危险性(危险结果),即侵害法益的危险达到紧迫程度。

存在以下四个事例:①为了盗窃,而将办公室的窗户砸破;②甲杀乙,已经瞄准,还没有扣动扳机;③甲为了毒杀外地的乙,将毒药通过邮局寄给乙,甲已经寄出但乙尚未收到;④成年人甲对小孩说"去把隔壁叔叔桌上电脑偷回来"。

则关于着手实行的判断,上述四个事例,与上述四种观点,对应关系正确的有[1](2019/客/卷一/仿11)

A. 如按照观点 a,则③④属着手实行

B. 如按照观点 b,则①②③④属着手实行

C. 如按照观点 c,则③④属着手实行

D. 如按照观点 d,则②属着手实行

【解析】

事例	行为	观点 a:主观说(犯意说)	观点 b:形式的客观说(构成要件行为说)	观点 c:实质的行为说(行为无价值)	观点 d:实质的结果说(结果无价值)
①砸窗户	盗窃	着手实行	预备行为	着手实行	预备行为
②瞄准	杀人	着手实行	预备行为	着手实行	着手实行
③寄毒药	杀人	着手实行	着手实行	着手实行	预备行为
④教小孩	杀人	着手实行	着手实行	着手实行	预备行为

考点四 犯罪未遂与不可罚的不能犯

1. 甲欲枪杀仇人乙,但早有防备的乙当天穿着防弹背心,甲的子弹刚好打在防弹背心上,乙毫发无损。甲见状一边逃离现场,一边气呼呼地大声说:"我就不信你天天穿防弹背心,看我改天不收拾你!"关于本案,下列哪些选项是正确的?[2](2009/2/52)

---

[1] D [2] BC

A. 甲构成故意杀人中止

B. 甲构成故意杀人未遂

C. 甲的行为具有导致乙死亡的危险，应当成立犯罪

D. 甲不构成犯罪

【解析】本题考查的是犯罪未遂与不能犯的区分。关键判断行为是否具有客观危险。按"客观危险说"的修正说（法考主流观点），以行为当时客观事实判断，可能导致结果是未遂；偶然原因导致结果不能，亦为未遂。（1）第一步，在纯粹客观危险判断方面，行为时被害人穿有防弹背心而不能杀死；（2）第二步，在不能原因判断方面，被害人穿有防弹背心的原因过于偶然，系偶然原因导致结果不能发生的，也认为具有危险，是未遂。（3）当然如按"具体危险说"，亦即按一般人是否感到危险为标准。本案中，因防弹背心的存在而使杀人客观上不能，但由于杀人行为本身具有的危险性，一般社会公众都会从此行为上感受到具体危险，因此认定具有危险，而成立未遂，而非不能犯。

2. 甲深夜潜入乙家行窃，发现留长发穿花布睡衣的乙正在睡觉，意图奸淫，便扑在乙身上强脱其衣。乙惊醒后大声喝问，甲发现乙是男人，慌忙逃跑被抓获。甲的行为：[1]（2005/2/7）

A. 属于强奸预备　　　　　　　　B. 属于强奸未遂

C. 属于强奸中止　　　　　　　　D. 不构成强奸罪

【解析】本题考查的是犯罪未遂与不能犯的区分。关键判断行为是否具有客观危险。按"客观危险说"（修正说）的观点。（1）从行为发生当时的具体对象来看，强奸的对象是男人，不是女性，对具体对象不能强奸得逞。（2）但是，从行为发生的场景和周遭环境来看，发生在他人"家里"，随意潜入他人家中，存在侵害到女性的可能性，故而应当认为有强奸到女性的客观可能性和危险。故而，甲的行为构成强奸未遂，而不是不可罚的不能犯。

3. 因乙移情别恋，甲将硫酸倒入水杯带到学校欲报复乙。课间，甲、乙激烈争吵，甲欲以硫酸泼乙，但情急之下未能拧开杯盖，后甲因追乙离开教室。丙到教室，误将甲的水杯当作自己的杯子，拧开杯盖时硫酸淋洒一身，灼成重伤。关于本案，下列哪些选项是错误的？[2]（2012/2/53）

A. 甲未能拧开杯盖，其行为属于不可罚的不能犯

B. 对丙的重伤，甲构成过失致人重伤罪

C. 甲的行为和丙的重伤之间没有因果关系

D. 甲对丙的重伤没有故意、过失，不需要承担刑事责任

【解析】本题考查犯罪未遂与不能犯的区分、故意过失的认定。本案案情可分两个阶段。（1）第一阶段，甲欲以硫酸泼乙，系故意伤害行为。按"客观危险说"的标准，虽客观事情情况是甲情急之下未能拧开杯盖，但显然当时有拧开的可能性，情急之下未能拧开是偶然因素，故而行为具有危害性，系犯罪预备（泼硫酸是实行行为，拧杯盖是预备行为），而不是不可罚的不能犯。A选项说法错误。（2）第二阶段，丙拧开杯盖烧伤。客观上甲将硫酸置于教室的行为与丙的重伤之间具有因果关系，有致丙重伤的行为。主观上，甲将危险物品硫酸带入学校后离开教室，没有预见到硫酸伤人的结果，但一般公众对于危险物品均有妥善保管义务。甲未尽妥善保管义务，系应当预见而没有预见危险，对于伤人的结果具有过失。对该结果具有过失，构成过失致人重伤罪。故B选项正确，选项CD错误。（3）本案因前行为已经终了停顿，

---

[1]　B　[2]　ACD

是前后两个不同行为，故不属打击错误。后行为也不是前行为的实行行为，也不属结果延后发生的事前故意。

4. 甲为上厕所，将不满1岁的女儿放在外边靠着篱笆站立，刚进入厕所，就听到女儿的哭声，急忙出来，发现女儿倒地，疑是站在女儿身边的4岁男孩乙所为。甲一手扶起自己的女儿，一手用力推乙，导致乙倒地，头部刚好碰在一块石头上，流出鲜血，并一动不动。甲认为乙可能死了，就将其抱进一个山洞，用稻草盖好，正要出山洞，发现稻草动了一下，以为乙没死，于是拾起一块石头猛砸乙的头部，之后用一块磨盘压在乙的身上后离去。案发后，经法医鉴定，甲在用石头砸乙之前，乙已经死亡。依此情况，甲的行为构成何罪？[1]（2003/2/4）

A. 过失致人死亡罪

B. 过失致人死亡罪与故意杀人罪（既遂）数罪

C. 过失致人死亡罪与故意杀人罪（未遂）数罪

D. 故意杀人罪

【解析】本题考查另起犯意、罪数。案情分为两个阶段：

（1）第一阶段，客观上甲实施了推乙导致其死亡的行为，主观上甲不希望或放任小孩死亡结果，不能认定为故意；而一般人可以预见用力推小孩会导致危险的后果，甲一时气急没有预见到，可认为是疏忽大意的过失。构成过失致人死亡罪。

（2）第二阶段，甲以为乙没死而产生杀人的故意用石头猛砸乙的头部，误将尸体当活人杀害，存在对象错误，主观上具有杀人故意。但是，是构成故意杀人罪的未遂还是不可罚的不能犯（无罪）？需要判断行为是否具有客观危险性。①根据题意，第一步，从纯粹客观上看，事后查明行为当时乙已死亡，对象不是活人。第二步，乙系刚死不久，而非早已死亡，当时生死界限不是很明确，仍有存活的可能性，也可认为系偶然原因导致不能，按客观危险修正说，应当认为行为客观上有危险，应认定为故意杀人未遂，而不是不可罚的不能犯（无罪）。③本案是我国最著名的"陈新杀害杨红案"。陈兴良、张明楷教授认为："如果陈新在实施砸石头的行为时，杨红还具有活着的可能性，或者说有存在生命的可能性，则陈新的行为具有剥夺他人生命的可能性，则可能认定为故意杀人未遂。"（参见张明楷：《刑法的基本立场》，中国法制出版社2002年版，第248－249页。）亦即，并不能认为只要死后查明人死了，就一定不构成故意杀人罪。对这种"刚死不久"的案件，大体认为：如果生死界限不是很明确，就应认为还具有活着的可能性（"可能没死透"），应认定为故意杀人罪未遂。当然，如果确证早已死亡，则为不可罚的不能犯（无罪）。

（3）第二阶段行为是在第一阶段行为结束（过失犯结果发生）之后，继而实施的，应认定为另起犯意。前后两行为是互相独立的关系，应数罪并罚。最后的正确选项是过失致人死亡罪和故意杀人罪（未遂）数罪。

（4）与之区别的是事前故意（结果延后实现）的因果关系错误的情况：先故意杀人误以为被害人死亡而后"抛尸"导致死亡的，应认定为故意杀人罪（既遂）一罪。本题是先过失致人死亡，再故意杀人未遂。

---

[1] C

专题七 共同犯罪

共同犯罪考点归纳：客观上正犯不法行为＋主观上各自责任＝参与犯各自罪名			
体系	重要考点	考点归纳	要点
共同犯罪的成立条件	1. 共同犯罪的本质（共同不法）	不法是共同的，责任是分别的	客观上共同实施不法行为、主观上有共同故意；对共同不法行为导致的结果，共同客观归责；无需责任要素（年龄、精神、故意、目的）相同
	2. 共同犯罪的成立条件	共同行为，共同故意	共同行为（实行；帮助、教唆、共谋；组织）；共同故意（我有故意，我认为你也有故意，我想和你一起实施）
	3. 片面共犯行为	片面帮助故意，成立帮助故意	片面帮助可成立帮助犯；片面实行、片面教唆有不同观点。有共同故意者成立共同犯罪（片面共犯），无共同故意者系单独犯罪
	4. 承继的共同犯罪	行为终了前加入，可构成共同犯罪	在前行为人不法行为终了之前加入，后行为人可成立承继的共同犯罪；二人只在后半截共同行为内成立共同犯罪
正犯与共犯	5. 正犯（直接正犯、间接正犯）	正犯是符合分则者	（1）先看实行者，对比分则找正犯，再找共犯；（2）实行者符合正犯条件，是直接正犯；支配（教唆、欺骗、强迫）实行者符合正犯条件，是间接正犯
	6. 共犯从属说	共犯客观行为，从属于正犯	共犯（帮助犯、教唆犯）的客观行为，根据正犯的行为认定。不存在独立帮助、教唆，只存在特定犯罪的帮助、教唆
	7. 教唆犯	制造犯意，有教唆故意	教唆行为：制造新犯意，提高犯意；欺诈教唆（未遂的教唆）：对结果无故意不成立教唆犯
	8. 帮助犯（中立帮助行为）	可即刻促进实行，才属帮助行为	帮助行为需要促进实行；能够即刻促进实行。帮助行为与结果有因果关系，帮助犯才构成既遂

体系	重要考点	考点归纳	要点
身份	9. 共同犯罪与身份	身份是对正犯的限定，成立身份犯须利用身份	（1）身份是对身份罪名正犯（直接正犯、间接正犯）的限定，无身份可构成共犯（帮助犯、教唆犯）；（2）先看实行者：利用本人身份，可构成该罪正犯；利用他人身份，可构成它罪共犯；（3）各自利用各自身份共同犯罪，以主犯（职权作用大者）罪名定罪
	10. 共同犯罪与不作为	不作为是身份犯	（1）不作为犯是身份犯，有义务者构成正犯，无义务者可成立共犯；（2）需留意不作为形式的片面帮助犯
客观＋主观	11. 共同犯罪与认识错误	错误类别是主观问题，罪名是正犯客观＋各自主观	（1）错误类别是主观问题，根据各自主观认定；（2）罪名是客观＋主观问题：正犯行为＋共犯故意，重合处认定罪名
犯罪形态	12. 共同犯罪与未完成形态	各自主观停顿原因＋正犯客观停顿阶段＝参与犯犯罪形态	先正犯，再共犯；先既遂，再中止、未遂、预备。（1）共同正犯，一人既遂，全体既遂；共犯（帮助犯、教唆犯）有因果关系者既遂；（2）部分共同犯罪人中止，其他共同犯罪人根据停顿原因认定中止、未遂、预备
	13. 共犯关系的脱离	切断因果，才可中止	（1）帮助犯、共谋犯在实行之前，主观有脱离意思，客观切断自己行为与结果的因果关系；（2）前半截成立共同犯罪，系中止；对后半截行为及结果不负责
主犯与从犯	14. 主犯与从犯的区分	主要作用者为主犯，次要作用者为从犯	主犯包括构成共同犯罪的首要分子、主要实行犯、主要教唆犯；从犯包括次要的实行犯、次要的教唆犯、帮助犯。集团犯罪首要分子，对集团全部罪行负责

考点一　共同犯罪的核心内容和基本含义

（一）不法行为共同说：不法是共同的，责任是分别的

1. 15周岁的甲非法侵入某尖端科技研究所的计算机信息系统，18周岁的乙对此知情，仍应甲的要求为其编写侵入程序。关于本案，下列哪一选项是错误的？[1]（2015/2/7）

A. 如认为责任年龄、责任能力不是共同犯罪的成立条件，则甲、乙成立共犯

B. 如认为甲、乙成立共犯，则乙成立非法侵入计算机信息系统罪的从犯

C. 不管甲、乙是否成立共犯，都不能认为乙成立非法侵入计算机信息系统罪的间接正犯

D. 由于甲不负刑事责任，对乙应按非法侵入计算机信息系统罪的片面共犯论处

---

[1]　D

【疑难辨析】本题考查本题考查共同犯罪中"犯罪"的含义。按照通说行为（不法行为）共同说的理解，共同犯罪中"犯罪"的含义指不法；"共同犯罪"的基本含义是共同不法。亦即正犯实施了客观不法行为（犯罪行为），即符合犯罪客观方面、不具有正当化事由的违法行为，其他行为人对此不法行为有共同参与行为（共同实行、帮助、教唆），具有故意和意思联络，即可认为成立共同犯罪。至于各行为人是否都具有责任年龄能力、是否具有完全相同的故意内容、目的要素，并不影响共同犯罪的成立。即如 A 选项所说，责任年龄、责任能力不是共同犯罪的成立条件；共同犯罪即为共同故意不法，或者说"不法是共同的，责任是分别的"。

【解析】（一）对于甲

1. 在客观不法层面上，甲实施了非法侵入计算机信息系统罪的实行行为。

2. 在主观责任层面上，15 周岁的甲具有规范认识能力（达到不法年龄）、自主能力，具有故意，可构成正犯（不法层面上的正犯）。

3. 在刑事责任年龄上，只不过，甲未满 16 周岁，不承担刑事责任，不构成非法侵入计算机信息系统罪（分则层面上的罪名）。

（二）对于乙

1. 乙为甲编写侵入程序，实施了侵入计算机信息系统行为的帮助行为。

2. 主观上与甲有相互意思联络，有帮助故意，构成帮助犯（不法层面上的帮助犯）。

3. 乙已满 16 周岁，应当承担刑事责任。根据刑法第 285 条、27 条，构成非法侵入计算机信息系统罪（帮助犯）。故而 B 选项正确。

4. 乙编写侵入程序，根据刑法第 285 条第 3 款，还可触犯提供侵入、非法控制计算机信息系统程序、工具罪（正犯），系"共犯行为正犯化"。

5. 在罪数上，比照第 286 条之一第 3 款、第 287 之一第 3 款、第 287 条之二第 4 款的精神，认为触犯两罪，择一重罪处断。

（三）甲、乙二人的关系

1. 二人共同实施了非法侵入计算机信息系统罪的不法行为；尽管责任年龄不同，但有共同不法行为、共同故意，根据刑法第 25 条第 1 款，二人构成共同犯罪。甲系正犯，乙系帮助犯。按主犯、从犯分类，对于该罪行为，乙系从犯。故而 A、B 选项正确。

2. 甲有独立的规范认知能力，犯意系其本人产生，乙对甲无支配、利用关系。因间接正犯的成立要求行为人对实行者有支配关系，故乙不成立间接正犯。C 选项正确。

3. 甲、乙二人有相互意思联络，乙并非只有单向、片面的意思联络，故乙不构成片面的共犯。D 选项错误。

2. 甲（15 周岁）求乙（16 周岁）为其抢夺作接应，乙同意。某夜，甲抢夺被害人的手提包（内有 1 万元现金），将包扔给乙，然后吸引被害人跑开。乙害怕坐牢，将包扔在草丛中，独自离去。关于本案，下列哪一选项是错误的？[1]（2012/2/9）

A. 甲不满 16 周岁，不构成抢夺罪　　　　B. 甲与乙构成抢夺罪的共犯

C. 乙不构成抢夺罪的间接正犯　　　　　　D. 乙成立抢夺罪的中止犯

【解析】（一）对于甲

1. 在客观不法层面上，甲实施了抢夺实行行为。

2. 在主观责任层面上，15 周岁的甲具有规范认识能力（达到不法年龄）、自主能力，具有故意，可构成正犯（不法层面上的正犯）。

―――――――――――

〔1〕　D

3. 在刑事责任年龄上，只不过，甲未满 16 周岁，不承担刑事责任，不构成抢夺罪（分则层面上的罪名）。A 选项正确。

（二）对于乙

1. 乙为甲抢夺提供接应帮助，实施了抢夺的帮助行为。

2. 主观上与甲有相互意思联络，有帮助故意，构成帮助犯（不法层面上的帮助犯）。

3. 乙已满 16 周岁，应当承担刑事责任。根据刑法第 267 条、27 条，构成抢夺罪（帮助犯）。

4. 抢夺罪的既遂标准是控制说，甲、乙二人已取得财物，应当认定为既遂。既遂之后扔包的行为，不认定为中止。故 D 选项错误。

（三）甲、乙二人的关系

1. 二人共同实施了抢夺罪的不法行为；尽管责任年龄不同，但有共同不法行为、共同故意，根据刑法第 25 条第 1 款，二人构成共同犯罪。甲系正犯，乙系帮助犯。故而 A、B 选项正确。

2. 甲有独立的规范认知能力，犯意系其本人产生，乙对甲无支配、利用关系。因间接正犯的成立要求行为人对实行者有支配关系，故乙不成立间接正犯。C 选项正确。

（四）注意：B 选项中"抢夺罪的共犯"中的"抢夺罪"应当理解为"抢夺不法行为"；与 A 选项"不构成抢夺罪"中的"抢夺罪"（不法 + 责任）的含义不同。

3. 甲男（15 周岁）与乙女（16 周岁）因缺钱，共同绑架富商之子丙，成功索得 50 万元赎金。甲担心丙将来可能认出他们，提议杀丙，乙同意。乙给甲一根绳子，甲用绳子勒死丙。关于本案的分析，下列哪一选项是错误的？[1]（2014/2/16）

A. 甲、乙均触犯故意杀人罪，因而对故意杀人罪成立共同犯罪

B. 甲、乙均触犯故意杀人罪，对甲以故意杀人罪论处，但对乙应以绑架罪论处

C. 丙系死于甲之手，乙未杀害丙，故对乙虽以绑架罪定罪，但对乙不能适用"杀害被绑架人"的规定

D. 对甲以故意杀人罪论处，对乙以绑架罪论处，与二人成立故意杀人罪的共同犯罪并不矛盾

【解析】（一）甲男

1. 对于绑架：在客观不法层面，以勒赎为目的绑架丙，实施了绑架罪行为。在主观责任层面，甲男 15 周岁，不对绑架行为承担刑事责任，不构成绑架罪。

2. 对于杀人：在客观不法层面，用绳子勒死丙，实施了杀人行为。在主观责任层面，甲男 15 周岁，具有杀人故意，根据刑法第 232 条，构成故意杀人罪。已杀死人质，系犯罪既遂。

3. 故以故意杀人罪一罪论处。

（二）乙女

1. 与甲男共同实施绑架行为，系共同正犯；已满 16 周岁，具有绑架故意，根据刑法 239 条，构成绑架罪（共同正犯）。已控制住人质，系犯罪既遂。

2. 为甲杀人提供的绳子，实施了杀人帮助行为；已满 16 周岁，具有帮助故意，根据刑法第 232 条、27 条，构成故意杀人罪（帮助犯）。杀人正犯甲实际使用了乙提供的绳子，丙死亡结果与甲的帮助行为有因果关系，应对死亡结果负责，系犯罪既遂。故而 C 选项错误。

3. 在罪数方面，根据刑法第 239 条第 2 款规定，犯绑架罪，杀害被绑架人的，或者故意伤

---

[1] C

害被绑架人，致人重伤、死亡的，处无期徒刑或者死刑，并处没收财产。宣判为绑架罪一罪（可认为是结合犯），系绑架中杀害被绑架人。B选项正确。

（三）甲男、乙女二人的关系

1. 事实上，甲、乙对两项不法行为绑架行为、杀人行为，均为共同不法行为、共同故意。按行为共同说，二人对于杀人、绑架不法行为都成立共同犯罪。A选项中"对故意杀人罪成立共同犯罪"当然正确；D选项也正确。

2. 如果再加一句"对绑架罪（行为）成立共同犯罪"，也正确。只不过甲男对绑架罪不承担刑事责任而已。

4. 丁某教唆17岁的肖某抢夺他人手机，肖某在抢夺得手后，为抗拒抓捕将追赶来的被害人打成重伤。关于本案，下列哪些选项是正确的？[1]（2007/2/60）

A. 丁某构成抢夺罪的教唆既遂

B. 肖某构成转化型抢劫

C. 对丁某教唆肖某犯罪的行为应当从重处罚

D. 丁某与肖某之间不构成共同犯罪

【解析】（一）肖某

1. 犯抢夺罪之后为抗拒抓捕而当场使用暴力，根据刑法第269条，构成抢劫罪，系转化型抢劫。选项B正确。

2. 取得财物、致人重伤，系抢劫罪既遂。

3. 抢劫暴力导致被害人重伤，系抢劫致人重伤，系结果加重犯。

4. 不满18周岁的人犯罪，应当从轻、减轻。

（二）丁某

1. 教唆肖某抢夺，根据刑法第267条第1款、29条，构成抢夺罪的教唆犯。二人在抢夺罪的范围内成立共同犯罪。选项A正确，选项D错误。

2. 正犯肖某的抢夺已得手，构成抢夺罪的既遂，教唆犯丁某亦为既遂。

3. 丁某未教唆肖某实施暴力行为，对暴力行为无共同行为、共同故意，不对暴力构成共同犯罪。暴力行为是肖某自己实施，由其本人单独对暴力行为导致的重伤结果负责。

4. 丁某教唆不满18周岁的人犯罪，应从重处罚。选项C正确。

5. 甲、乙共谋行抢。甲在偏僻巷道的出口望风，乙将路人丙的书包（内有现金一万元）一把夺下转身逃，丙随后追赶，欲夺回书包。甲在丙跑过巷道口时突然伸腿将丙绊倒，丙倒地后摔成轻伤，甲、乙乘机逃脱。甲、乙的行为构成何罪？[2]（2009/2/7）

A. 甲、乙均构成抢夺罪　　　　　　B. 甲、乙均构成抢劫罪

C. 甲构成抢劫罪，乙构成抢夺罪　　D. 甲构成故意伤害罪，乙构成抢夺罪

【解析】本题中甲乙共谋"行抢"，题意指共谋抢夺；"构成"的意思是最后宣判罪名。

（一）乙

1. 乙抢夺丙的财物，根据刑法第267条第1款，构成抢夺罪。

2. 抢夺已得手，构成抢夺罪的既遂。

3. 对于甲实施的暴力行为，无共同行为、共同故意，不对暴力构成共同犯罪。

（二）甲

1. 帮助乙抢夺，根据刑法第267条第1款、27条，构成抢夺罪的帮助犯。甲、乙二人在

抢夺罪的范围内成立共同犯罪。选项D错误。

2. 犯抢夺罪之后为窝藏赃物而当场使用暴力，根据刑法第269条，构成抢劫罪，系转化型抢劫。选项A错误，选项C、D错误。

3. 抢劫得财，并致人轻伤，系抢劫罪既遂。

4. 暴力行为由甲的单独实施，由其本人负责，乙对此不承担共同责任。

（二）客观归责：对共同行为导致的结果客观上承担连带责任

6. 甲、乙、丙、丁四人预谋杀戊，甲、乙二人用铁棒打，丙徒手，丁拿着刀在一边助威呐喊。殴打过程中造成戊死亡，但事后查明只有一处头部钝器殴击致命伤，无法查明是甲、乙谁导致。则关于本案，以下说法正确的有[1]（2018/客/卷一/9 仿）

A. 丙、丁的行为没有导致被害人死亡，故二者的行为成立故意杀人罪未遂

B. 甲、乙的行为导致了被害人死亡，但无法查清是谁的行为导致了被害人死亡结果，故甲、乙二人的行为均成立故意杀人罪未遂

C. 甲、乙、丙、丁四人的行为均成立故意杀人罪既遂，因为四人系故意杀人罪的共同犯罪

D. 认定四人成立故意杀人罪既遂，与存疑有利于被告的原则并不矛盾

【解析】本题考查共同犯罪，涉及对结果归责的问题，考得比较简单。（1）甲、乙、丙、丁四人构成故意杀人罪的共同犯罪。甲、乙、丙是共同正犯，无论死亡结果由谁造成，均需对死亡结果负责。（2）丁是帮助犯，其帮忙行为与正犯行为及死亡结果之间也具有因果关系，也应对死亡结果负责。故而D选项说法正确。

考点二 共同犯罪概念与对合犯、共犯行为正犯化

1. 下列哪些选项中的双方行为人构成共同犯罪？[2]（2012/2/55）

A. 甲见卖淫秽影碟的小贩可怜，给小贩1000元，买下200张淫秽影碟

B. 乙明知赵某已结婚，仍与其领取结婚证

C. 丙送给国家工作人员10万元钱，托其将儿子录用为公务员

D. 丁帮助组织卖淫的王某招募、运送卖淫女

【疑难辨析】本题考查共同犯罪概念与对合犯、共犯行为正犯化的问题。共同犯罪指参与人员二人以上；二人以上都构成"犯罪"（这里的"犯罪"指不法，要求二人以上都实施有不法行为；但不要求罪名相同，也不考虑各行为人的责任年龄和责任能力）；行为人有共同行为、共同故意（只要求行为人本人有"共同故意"，不要求故意内容完全相同；甚至不要求数人均有故意）。在对合犯中，刑法处罚的行为人（一方，或双方）如有数人，构成共同犯罪，无需考虑罪名是否相同。在"共犯行为正犯化"之后，各行为人仍构成共同犯罪，只不过实施被正犯化共犯行为的行为人不再是共犯（帮助犯、教唆犯），而是正犯；故而与实施主行为者构成共同正犯。注意：题干中的"共同犯罪"指共同正犯、帮助犯、教唆犯。

【解析】A选项，是片面的对合犯，一方卖淫秽影碟一方买淫秽影碟，是对合关系，但刑法分则规定只处罚出卖一方。故只有贩卖者一方构成不法（犯罪），购买者一方不构成不法（犯罪），不符合二人以上均实施不法行为才构成共同犯罪的条件，不构成共同犯罪。

---

[1] CD [2] BCD

B选项，一方重婚，一方相婚，刑法分则规定双方均是不法行为（重婚罪行为），对重婚相婚行为有共同行为、共同故意，构成共同犯罪。

C选项，一方为谋取不正当利益而行贿，是行贿不法行为（行贿罪行为）；一方收受贿赂，构成受贿罪。双方共同实施行贿、受贿不法行为，有共同故意；尽管构成的罪名不同，但也构成共同犯罪。

D选项，王某构成组织卖淫罪，为正犯；丁构成协助组织卖淫罪，不再是帮助犯，亦为正犯。二人对组织卖淫行为有共同行为、共同故意，构成共同犯罪，是共同正犯。

2. 关于共犯，下列哪一选项是正确的？[1]（2007/2/3）

A. 为他人组织卖淫提供帮助的，以组织卖淫罪的帮助犯论处

B. 以出卖为目的，为拐卖妇女的犯罪分子接送、中转被拐卖的妇女的，以拐卖妇女罪的帮助犯论处

C. 应走私罪犯的要求，为其提供资金、账号的，以走私罪的共犯论处

D. 为他人偷越国（边）境提供伪造的护照的，以偷越国（边）境罪的共犯论处

【疑难辨析】本题考查"共犯行为正犯化"、实行行为的认定。刑法中存在着将原本为共犯行为（即帮助行为、教唆行为）的行为规定为实行行为的情形，由此，行为人就会由原本的共犯（帮助犯、教唆犯）而成为正犯（实行犯），此之谓"共犯行为正犯化"。"共犯行为正犯化"之后，原行为人不再认为系教唆犯、帮助犯（共犯），而应当认为是实行犯（正犯）。注意：选项C、D中的"共犯"是指狭义共犯，即帮助犯、教唆犯。

【解析】选项A，根据刑法第358条第4款，为他人组织卖淫提供帮助的，构成协助组织卖淫罪的正犯，不再以组织卖淫罪的帮助犯论处。《最高人民法院、最高人民检察院关于办理组织、强迫、引诱、容留、介绍卖淫刑事案件适用法律若干问题的解释》第4条第1款，"以协助组织卖淫罪定罪处罚，不以组织卖淫罪的从犯论处"。故选项A错误。

选项B，根据刑法第240条第2款，以出卖为目的对被拐卖妇女进行的接送、中转行为就是拐卖行为本身，是此罪的实行行为而非帮助行为，系正犯（实行犯）而非帮助犯。故选项B错误。

选项C，根据刑法第156条，与走私罪犯通谋，为其提供贷款、资金、账号、发票、证明，或者为其提供运输、保管、邮寄或者其他方便的，以走私罪的共犯论处。故选项C正确。

选项D，根据刑法第320条，为他人偷越国（边）境提供伪造的护照的。以提供伪造的出入境证件罪（正犯）论处，不按照偷越国（边）境罪的共犯论处。故选项D错误。

3. 下列帮助、教唆行为中，能独立构成犯罪，不按共犯处理的有哪些？[2]（2003/2/37）

A. 协助他人实施组织卖淫犯罪

B. 煽动他人颠覆国家政权

C. 有查禁犯罪活动职责的国家机关工作人员，向犯罪分子通风报信、提供便利，帮助犯罪分子逃避处罚

D. 帮助当事人毁灭、伪造证据，情节严重

【解析】本题考查"共犯行为正犯化"。注意：题干中的"共犯"是指狭义共犯，即帮助犯、教唆犯。

选项A，刑法第358条第4款的规定，协助组织他人卖淫的，构成协助组织卖淫罪（正犯）。不是组织卖淫罪的共犯。

---

[1] C [2] ABCD

选项 B，刑法第 105 条第 2 款的规定，以造谣、诽谤或者其他方式煽动颠覆国家政权、推翻社会主义制度的，构成煽动颠覆国家政权罪（正犯）。不是颠覆国家政权罪的共犯。

选项 C，刑法第 417 条的规定，有查禁犯罪活动职责的国家机关工作人员，向犯罪分子通风报信、提供便利，帮助犯罪分子逃避处罚的，构成帮助犯罪分子逃避处罚罪（正犯）。由于是事后犯，不能触犯上游犯罪的共犯。

选项 D，刑法第 307 条第 2 款规定，帮助当事人毁灭、伪造证据，情节严重的，构成帮助毁灭、伪造证据罪（正犯）。不是共犯。

4. 甲得知乙一直在拐卖妇女，便对乙说："我的表弟丙没有老婆，你有合适的就告诉我一下"。不久，乙将拐骗的两名妇女带到甲家，甲与丙将其中一名妇女买下给丙做妻。关于本案，下列哪一选项是错误的？[1]（2008/2/13）

A. 乙构成拐卖妇女罪　　　　　　　　B. 甲构成拐卖妇女罪的共犯
C. 甲构成收买被拐卖的妇女罪　　　　D. 丙构成收买被拐卖的妇女罪

【解析】本题考查对合犯与共同犯罪、罪名认定的问题。对合犯一般只按刑法分则规定承担责任和罪名，不再依照总则认定为帮助犯、教唆犯。（1）本案中，乙一直在拐卖妇女，本来就有拐卖的故意，故甲并未造意，不构成拐卖妇女罪的教唆犯。（2）问题在于甲是否构成拐卖妇女罪的帮助犯？由于本案属对合犯情形，对合犯一般只按刑法分则规定的责任范围承担责任。本案中甲和丙成立收买被拐卖妇女罪，按分则规定的对合行为以收买被拐卖妇女罪追究责任。不能再按刑法总则认定乙构成拐卖妇女罪帮助犯。

考点三　共同犯罪的成立条件

1. 关于共同犯罪的论述，下列哪一选项是正确的？[2]（2014/2/10）
A. 无责任能力者与有责任能力者共同实施危害行为的，有责任能力者均为间接正犯
B. 持不同犯罪故意的人共同实施危害行为的，不可能成立共同犯罪
C. 在片面的对向犯中，双方都成立共同犯罪
D. 共同犯罪是指二人以上共同故意犯罪，但不能据此否认片面的共犯

【解析】本题考查共同犯罪的概念和成立条件。共同犯罪（正犯、帮助犯、教唆犯）成立条件的核心要件是共同行为、共同故意、终了之前加入。

A 选项，考查共同犯罪中责任要素的地位、共同犯罪与间接正犯的区分。按照通说行为（不法行为）共同说的理解，共同犯罪中"犯罪"的含义指不法；共同犯罪的成立，一般不考虑责任年龄、能力等责任要素。（1）因此，有责任能力者与具有规范认知能力的无责任能力者共同实施不法行为的，成立共同犯罪。例如 18 岁的甲与 15 岁乙一起盗窃，在不法层面上成立共同犯罪，而不是间接正犯。（2）只有有责任能力者对无责任能力者进行支配（例如无责任能力者无规范认知能力）时，有责任能力者才构成间接正犯。例如，18 岁的甲教唆 7 岁的乙杀人，甲成立间接正犯。（3）当不存在支配、操纵关系时，有责任能力者不成立间接正犯，可能是共同犯罪。例如，13 周岁的乙盗窃，让 17 周岁的甲帮助放风，乙是盗窃罪的直接正犯，甲是帮助犯，二人成立共同犯罪。故 A 选项说法错误。

B 选项，考查共同犯罪与故意的关系。（1）共同犯罪中只要求行为人客观层面有共同不法

---

[1] B　[2] D

行为，本人对不法行为有"共同故意"，不要求故意内容完全相同；甚至不要求数人均有故意。(2) 共同故意应当理解为：参与人明知实行行为、危害结果、共同关联（共同故意：我有故意，我认为你也有故意，我和你一起犯罪）。(3) 各参与人故意内容不同但只要对不法行为有共同故意，也可成立共同犯罪。例如，甲以杀人故意、乙伤害故意，共同对丙实施侵害致丙死亡，二人可以故意伤害的范围内成立共同犯罪。故 B 选项说法错误。

C 选项，考查对向犯（对合犯）。(1) 片面的对向犯是指以存在双方相互对向的行为为要件，且刑法只规定处罚一方的情形。因刑法分则只规定为犯罪的一方系不法行为，未规定为犯罪的另一方不是不法行为。故而不成立共同犯罪。(2) 例如，刑法规定贩卖淫秽物品行为构成传播淫秽物品牟利罪，对于购买者而言其购买行为不属刑法中的不法行为，购买者不成立共同犯罪。故 C 选项说法错误。

D 选项，考查片面的共犯。(1) 共同故意犯罪成立条件中的"共同故意"只要求行为人一方有共同故意，我有故意，我认为你也有故意，想和你一起实施。并不要求双方有双向意思联络，片面的意思联络也可构成"共同故意"。(2) 例如，刑法通说认为片面帮助可成立帮助犯。少数观点认为，所有片面共犯行为，包括片面教唆、片面实行，都能成立教唆犯、共同正犯。故 D 选项说法正确。

2. 下列哪些情形成立共同犯罪？[1]（2008 延/2/55、2000/2/70）

A. 甲与乙共谋共同杀丙，但届时乙因为生病而没有前往犯罪地点，由甲一人杀死丙（同样情况还有 2002/2/35. 甲与乙共谋次日共同杀丙，但次日甲因腹泻未能前往犯罪地点，乙独自一人杀死丙）

B. 甲在境外购买了毒品，乙在境外购买了大量淫秽物品，然后，二人共谋共雇一条走私船回到内地，后被海关查获

C. 甲发现某商店失火后，便立即告诉乙："现在是趁火打劫的好时机，我们一起去吧！"乙便和甲一起跑到失火地点，窃取了商品后各自回到自己家中

D. 医生甲故意将药量加大 10 倍，护士乙发现后请医生改正，医生说："那个家伙（指患者）太坏了，他死了由我负责"。乙没有吭声，便按甲开的处方给患者用药，导致患者死亡

【解析】选项 A，(1) 甲系故意杀人罪（既遂）的直接正犯。乙实施了共谋行为（精神帮助行为），主观上有共同故意，构成共同犯罪。(2) 乙并未在实行之前提出脱离意思，也没有切断自己的共谋行为与甲的实行行为之间的因果关系，没有脱离共犯关系，仍应对杀人既遂负责。

选项 B，系互相帮助对方的两个实行行为的共同正犯。甲、乙明知对方的走私对象还共雇一条走私船一起走私，可以认定二人互为对方犯罪的共同实行犯，即共同正犯。亦即，(1) 甲是走私毒品罪的首要实行犯；乙明知而与甲共同实行了走私毒品行为，二人是走私毒品罪的共同正犯，乙是该罪次要实行犯。(2) 同理，乙是走私淫秽物品罪的首要实行犯；甲明知而与乙共同实行了走私淫秽物品行为，二人是走私淫秽物品罪的共同正犯，甲是该罪次要实行犯。

选项 C，甲、乙都实行了盗窃行为，是盗窃罪的正犯。"甲告诉乙"表示甲、乙事先有通谋，并且甲、乙均知晓是二人一起实施犯罪，具有共同故意；尽管之后的窃取行为表现上是各自实施，但乙的实行行为显然与甲之前的告知行为有因果关系，应认定二人有共同行为，为共同正犯。不属同时犯。

选项 D，(1) 护士乙客观上实施了致死行为，主观上明知药量 10 倍可以致死，具有杀人

---

[1] ABCD

故意，是故意杀人罪的直接正犯。（2）医生甲制造了乙的犯意，实施了教唆行为，具有教唆故意，构成故意杀人罪的教唆犯。（3）本选项护士乙、医生甲均有杀人故意，并且有共同故意。不属于"故意＋过失"的间接正犯情况。

3. 甲、乙二人系某厂锅炉工。一天，甲的朋友多次打电话催其赴约，但离交班时间还有15分钟。甲心想，乙一直以来都是提前15分钟左右来接班，今天也快来了。于是，在乙到来之前，甲就离开了岗位。恰巧乙这天也有要事。乙心想，平时都是我去后甲才离开，今天迟去15分钟左右，甲不会有什么意见的。于是，乙过了正常交接班时间15分钟左右才赶到岗位。结果，由于无人看管，致使锅炉发生爆炸，损失惨重。甲、乙的行为[1]（2004/2/87）

    A. 属共同犯罪   B. 属共同过失犯罪

    C. 各自构成故意犯罪   D. 应按照甲、乙所犯的罪分别处罚

【解析】（1）在客观不法层面上，甲、乙均违反监管职责，实施了过失实行行为。在因果关系上，甲、乙二人如有任何一人履行职责，就不会造成结果，只有在二人都不履行职责时，结果才能发生。二人的过失行为对结果的责任作用一样大，均有因果关系，系重叠因果关系。（2）主观责任层面上，二人对于结果的发生主观上均有过失。（3）根据刑法第25条第1款的规定，共同犯罪是指二人以上共同故意犯罪，故二人不是共同犯罪。根据第2款规定，二人以上共同过失犯罪，不以共同犯罪论处；应当负刑事责任的，按照他们所犯的罪分别处罚。二人是共同过失犯罪，按所犯之罪分别处罚。选项BD正确。（4）根据广义的共同过失犯罪的定义，只要二人在不法层面上有共同，是二人的共同行为导致了结果的发生，主观上为过失，构成共同过失犯罪。本案可认为是共同过失犯罪。当然，严格的共同过失犯罪，还要求二人具有"共同过失"，否则认为二人是过失的同时犯。

考点四　片面的共同犯罪

1. 甲知道乙计划前往丙家抢劫，为帮助乙取得财物，便暗中先赶到丙家，将丙打昏后离去（丙受轻伤）。乙来到丙家时，发现丙已昏迷，以为是丙疾病发作晕倒，遂从丙家取走价值5万元的财物。关于本案的分析，下列哪些选项是正确的？[2]（2017/2/54）

    A. 若承认片面共同正犯，甲对乙的行为负责，对甲应以抢劫罪论处，对乙以盗窃罪论处

    B. 若承认片面共同正犯，根据部分实行全部责任原则，对甲、乙二人均应以抢劫罪论处

    C. 若否定片面共同正犯，甲既构成故意伤害罪，又构成盗窃罪，应从一重罪论处

    D. 若否定片面共同正犯，乙无须对甲的故意伤害行为负责，对乙应以盗窃罪论处

【解析】本题考查片面共犯。选项A、选项B中的"承认片面共同正犯"，是指认为片面共同正犯行为，可以成立共同正犯；选项C、选项D中的"否定片面共同正犯"，是指认为片面共同正犯行为，不可以成立共同正犯，但有可能成立片面帮助犯。

（一）对于正犯乙

1. 乙客观上趁人昏迷拿走财物，是盗窃行为；在实施盗窃行为当时主观上具有盗窃故意，根据刑法第264条，构成盗窃罪

2. 乙不知甲在帮助其，主观上没有共同故意，不与甲构成共同犯罪。是盗窃罪的单独犯，只对盗窃5万负责，不对甲暴力导致的轻伤结果负责。选项D正确。

---

[1]　BD　[2]　ACD

（二）对于甲而言，其暗中帮助乙对丙实施暴力，具有片面的共同犯罪故意，系片面的共同犯罪行为。对其定性，涉及片面的共同犯罪行为如何处理的问题？

1. 观点一：只承认片面的帮助犯，只有片面帮助才可构成帮助犯；片面教唆、片面实行不可构成教唆犯、共同正犯，但有可能构成片面帮助犯。

（1）则本案中甲不构成共同正犯，但可构成片面帮助犯。按共犯从属说，正犯乙实施的是盗窃行为，甲为乙的盗窃提供帮助，具有片面帮助故意，根据刑法第264、27条，构成盗窃罪的片面帮助犯。

（2）同时，甲本人实施的伤害行为，具有伤害罪故意，根据刑法第234条，构成故意伤害罪（致人轻伤）的正犯，是单独犯。

（3）罪数上，系想象竞合，应当以两罪择一重罪论处。选项C说法正确。

2. 观点二：承认所有的片面的共同犯罪，认为片面帮助、片面教唆、片面实行可构成帮助犯、教唆犯、共同正犯。

（1）甲欲图帮助乙抢劫，客观上实施了抢劫的实行行为（暴力即伤害行为），主观上具有片面共同实行故意，根据刑法第263条，构成抢劫罪的片面正犯。选项A说法正确。

（2）甲不仅要对自己抢劫致人轻伤负责，而且为乙得财5万负责，成立抢劫罪既遂。

2. 甲绑架了乙，要求乙的妻子丙交钱赎人，否则杀死乙。丙想起乙平日经常打骂自己，遂决定借甲之手除掉乙，故拒绝支付赎金。甲气急败坏，将乙杀害。关于本案，下列选项说法正确的有？[1]（2021/客/卷一/仿5）

A. 只有肯定片面共同犯罪，才能追究丙的刑事责任

B. 如不肯定片面共同犯罪，则丙只能构成故意杀人罪的间接正犯

C. 如肯定承继的共同犯罪，则丙成立绑架罪"杀害被绑架人"的共同犯罪

D. 如肯定片面共同犯罪，则丙与甲在故意杀人罪的犯罪内构成共同犯罪

【解析】本题考查绑架罪及罪数、片面共犯、承继共犯。

甲：触犯绑架罪、故意杀人罪；系直接正犯、单独犯。在罪数上，根据刑法239条第2款，系绑架中"杀害被绑架人"，结果加重犯。

丙：（1）对于正犯甲所犯绑架罪，即使丙客观上是在甲实施的绑架行为尚未终了（但已既遂）之前加入，促进了甲继续绑架、提供了帮助；但主观上丙并无勒赎目的，无论按何种学说，都不能构成绑架罪的承继共犯、片面帮助犯。（2）对于正犯甲所犯故意杀人罪，在丙拒付赎金前，甲主观上为附条件的故意：给钱就不杀人、不给钱就杀人。客观上，丙通过拒付赎金，促成甲杀人故意的条件成就，可认为是"片面教唆"；主观上具有杀人故意。①如认为教唆故意必须是双向意思联络、不可以是片面的、片面教唆不可成立教唆犯（片面教唆犯否定说），则丙不构成甲故意杀人罪的片面教唆犯。丙暗中制造甲的杀人故意、利用没有共同故意的甲杀害乙，构成故意杀人罪的间接正犯，系"直接正犯背后的间接正犯"。②如认为教唆故意可以是片面的、片面教唆可以成立教唆犯（片面教唆犯肯定说），则丙构成甲故意杀人罪的片面教唆犯。（3）由于丙无法构成绑架罪，只构成故意杀人罪（间接正犯，或片面教唆犯），故而也不能构成绑架罪"杀害被绑架人"。

---

[1]　BD

考点五　承继的共同犯罪

1. 周某为抢劫财物在某昏暗场所将王某打昏。周某的朋友高某正好经过此地，高某得知真相后应周某的要求提供照明，使周某顺利地将王某钱包拿走。关于本案，下列哪些选项是正确的？[1]（2007/2/53）

A. 高某与周某构成抢劫罪的共同犯罪
B. 周某构成抢劫罪，高某构成盗窃罪，属于共同犯罪
C. 周某是共同犯罪中的主犯
D. 高某是共同犯罪中的从犯

【疑难辨析】本题考查承继的共同犯罪。承继的共同犯罪，即前行为人实行部分犯罪行为之后，在犯罪行为尚未终了（完全结束）之前，后行为人以共同的犯罪故意，中途加入该犯罪，与前行为人共同参与实施犯罪行为的情况。在法律效果上，前后行为人只在"后半截"的范围内成立共同犯罪。后行为人只对与其加入之后行为有因果关系的结果负责，不对前行为人之前单独行为造成的结果负责。

【解析】（1）前行为人周某实施了抢劫罪的暴力行为、取财行为，根据刑法第263条，成立抢劫罪的正犯。（2）抢劫罪是复合行为犯，由暴力、威胁、其它压制反抗的行为和劫财行为两部分组成。在抢劫行为终了之前，后行为人高某加入，帮助周某实施劫财行为；具有共同故意。根据刑法第263、27条，构成抢劫罪的承继的共同犯罪。二人在后半截的范围内构成抢劫罪的共同犯罪。（3）周某是主要的实行犯，是主犯；高某帮助犯，为从犯。

2. 甲手持匕首寻找抢劫目标，见到丁后便实施暴力，用匕首将其刺成重伤，使之丧失反抗能力，此时甲的朋友乙驾车正好经过此地，见状后下车和甲一起取走丁的财物（约2万元），然后逃跑，丁因伤势过重不治身亡。关于乙与甲一起取走丁的财物的行为，下列选项正确的是？[2]（2008/2/94）

A. 乙与甲成立抢劫罪的共同犯罪
B. 甲的行为构成抢劫罪，乙的行为属于抢夺罪，两者在抢夺罪这一重合犯罪之内成立共同犯罪，即成立抢夺罪的共同犯罪
C. 乙既不对丁的重伤承担刑事责任，也不对丁的死亡承担刑事责任
D. 乙不对丁的死亡承担刑事责任，但应对丁的重伤承担刑事责任

【解析】与上题的情况类似。

（一）先行为人甲

1. 实施了抢劫罪的暴力行为、取财行为，根据刑法第263条，成立抢劫罪的正犯。
2. 对于劫财结果，甲需负责。丁重伤、死亡的结果是由甲的暴力行为造成的，甲需负责。甲构成抢劫罪既遂，系抢劫致人死亡，属结果加重犯。

（二）后行为人乙

1. 在抢劫行为终了之前，后行为人乙加入，帮助甲实施劫财行为；具有共同故意。根据刑法第263、27条，构成抢劫罪的承继的共同犯罪。
2. 二人在后半截的范围内构成抢劫罪的共同犯罪。后行为人只对与其加入之后共同行为

---

[1]　ACD　[2]　AC

有因果关系的结果负责，不对前行为人之前实施的单独行为造成的结果负责。

3. 对于劫财结果，二人承担共同责任。乙构成抢劫罪既遂。

4. 而丁的重伤结果发生在乙加入之前，是由甲之前的暴力行为造成的，乙不承担刑事责任；丁的死亡是由重伤导致的，而重伤是由甲之前的暴力造成，与乙加入之后的行为没有因果关系，故乙对丁的死亡结果也不承担刑事责任。

3. 关于共同犯罪的论述，下列哪一选项是正确的？[1]（2012/2/10）

A. 甲为劫财将陶某打成重伤，陶某拼死反抗。张某路过，帮甲掏出陶某随身财物。二人构成共犯，均须对陶某的重伤结果负责

B. 乙明知黄某非法种植毒品原植物，仍按黄某要求为其收取毒品原植物的种子。二人构成非法种植毒品原植物罪的共犯

C. 丙明知李某低价销售的汽车系盗窃所得，仍向李某购买该汽车。二人之间存在共犯关系

D. 丁系国家机关负责人，召集领导层开会，决定以单位名义将国有资产私分给全体职工。丁和职工之间存在共犯关系

【疑难辨析】本题主要考查中途加入者是否构成共同犯罪的情形。后行为人在犯罪终了之前加入，构成承继的共同犯罪，前后行为人只在"后半截"的范围内成立共同犯罪；在犯罪终了之后加入，构成事后犯。当然，事前有通谋，事后实施这些行为的，也构成共同犯罪。

【解析】A选项，甲的抢劫犯罪尚未实施终了（劫的行为未终了），张某加入，二人构成抢劫罪的共同犯罪，张某系承继的共同正犯。但陶某的重伤结果是在张某加入之前，是甲的行为造成的，对此张某不负责。A选项错误。

B选项，二人在非法种植毒品原植物行为实行终了之前即有共谋，应当认定构成共同犯罪。

C选项，事前无共谋，在他人实施盗窃犯罪既遂（终了）之后购买赃物，不构成共同犯罪，丙构成掩饰、隐瞒犯罪所得罪。

D选项，私分国有资产罪为单位犯罪，单位犯罪的行为人只是单位，其中责任人员与单位员工只是刑罚主体而不是犯罪主体，之间不构成共同犯罪。

4. 下列与犯罪故意和共犯有关的说法，哪些是正确的？[2]（2003/2/48）

A. 甲一开始不知道现住自己家的张三是罪犯而收留，但在知道其是杀人犯后仍然加以隐藏的，可以构成窝藏罪

B. 乙为发展公司业务而正常申请贷款100万元。取得贷款不久，公司业务停滞，乙便将贷款转贷牟利，不构成高利转贷罪

C. 丙发现李四挪用公款所取得的款项放在家中，尚未使用，就"借用"李四的公款50万元购买毒品，丙属于挪用公款罪共犯

D. 丁（非国家工作人员）一开始并不知道丈夫田某多次受贿的事实，但在行贿人王五告知丁其有求于田某时，丁接受了王五提供的财物，丁构成受贿罪

【解析】事先有共谋的，构成共同犯罪；事先无共谋的，事后犯单独成罪。

选项A，甲并未在张三实施上游犯罪终了之前加入，只是在事后才明知收留对象是罪犯，故属窝藏罪，而不是张三所犯之罪的共犯。构成窝藏故意要求行为明知对象是罪犯，中途明知而继续收留，对明知以后的行为承担窝藏罪的刑事责任。

---

[1]　B　[2]　AB

选项B，按照行为与责任同时性原则，高利转贷罪的成立要求在骗取贷款行为之时有高利转贷的目的。本案在贷款时不存在此目的，故不构成高利转贷罪。之后将贷款转贷牟利的，难以构成犯罪（也不构成非法经营罪）。

选项C，成立挪用公款罪的共犯，要求在挪用行为终了之前加入，对于挪用公款的实行行为有教唆、共谋、参与。在挪用行为实施终了之后，仅仅明知是挪用的公款而使用，不能成立共犯。可以涉嫌掩饰、隐瞒犯罪所得罪，或者洗钱罪等事后犯。

选项D，考查身份与共同犯罪、共同故意。（1）丁在客观上实施了"收钱"行为，但丁本人没有国家工作人员的身份，不能构成受贿罪正犯。（2）其丈夫田某具有国家工作人员的身份（根据题意推导其系国家工作人员）。但丁与田某没有共谋，也没有利用田某的身份，故丁也不能构成受贿罪共犯。法条依据，《最高人民法院、最高人民检察院关于办理受贿刑事案件适用法律若干问题的意见》第7条规定，特定关系人与国家工作人员通谋，共同实施前款行为的，对特定关系人以受贿罪的共犯论处。由于题意没有写明丁与田某有"通谋"，故不能认为丁构成受贿罪的共犯。（3）至于丁构成何罪？如果丁收钱后不告知田某收钱的情况，而是采用给田某"吹枕边风"的方式要求田某办事，则有可能构成刑法第388条之一的利用影响力受贿罪（在《刑法修正案（七）》生效之前，不能查明丁与田某"通谋"关系的，不能认定丁构成犯罪）。（4）当然，如果题意所述案情改为：丁收钱后告知田某收钱的情况要求田某办事，田某认可的，或者田某知晓后不及时上报的，才可认为丁构成受贿罪的共犯。本题题意并无此表述。

考点六　正犯（直接正犯与间接正犯）

1. 关于实行犯的说法，下列哪一选项是正确的？[1]（2008 延/2/8）
A. 按照我国刑法总则的规定，有的教唆犯也是实行犯
B. 在共同犯罪中，实行犯就是在犯罪中起主要作用的犯罪分子
C. 在对简单共同犯罪中的各实行犯进行处罚时，要遵循"部分实行全部责任"的原则
D. 间接正犯是共同犯罪中的一种特殊类型的实行犯

【疑难辨析】本题出现的"实行犯"的概念，实际即是指直接正犯。亦即，实施了实行行为、符合刑法分则、能承担正犯责任的人。按分工分类法，共犯人可以分为正犯（直接正犯、间接正犯、共同正犯）、教唆犯、帮助犯。"实行犯"（直接正犯）是正犯的一种。

【解析】选项A，在刑法总论中，共犯（教唆犯、帮助犯）与正犯（实行犯）是非此即彼的关系，教唆犯不可能是实行犯。在共犯行为正犯化的情况下，如刑法分则将特定的教唆行为规定为实行行为，例如煽动型的犯罪，应当认为是正犯，而不再是教唆犯。行为人既实施教唆行为又实施实行行为的，按共犯行为竞合高度行为吸收低度行为，以实行犯论处。

选项B，正犯与共犯（教唆犯、帮助犯）的分类法，与主犯与从犯的分类是交叉的。在共同犯罪中起主要作用的犯罪分子，是主犯。正犯（直接正犯、间接正犯、共同正犯）既可以是主犯，也可以是从犯。对犯罪起主要作用的实行犯是主犯，对犯罪起次要作用的实行犯是从犯。本选项将"正犯"（直接正犯、间接正犯、共同正犯）等同于"主犯"，说法错误。

选项C，所谓"简单共同犯罪"，即是共同正犯，其中的实行犯是共同正犯。处罚原则是

---

[1] C

部分行为承担全部责任。

选项 D，间接正犯通常表述为支配、操纵他人作为犯罪工具实现犯罪的人。（1）本选项的关键错误之处并不在于"实行犯"。有一种观点将间接正犯称为"间接实行犯"，因此从广义上将其认为是"实行犯"，并不一定错误。（2）本选项的关键错误之处在于"共同犯罪"。间接正犯是正犯的一种，从而，间接正犯也可能是单独犯，也可能与他人成立共同犯罪。并一定只存在于"共同犯罪中"。①在间接正犯情形中，当双方无共同故意（如正犯只有支配他人利用他人和意图，而无共同实施的故意）时，不成立共同犯罪。②间接正犯是"正犯"的一种，当支配者、被支配者对于共同不法行为有共同故意时，就有成立共同犯罪的可能。

2. 甲承租乙的房屋后，伪造身份证与房产证交与中介公司，中介公司不知有假，为其售房给不知情的丙，甲获款 300 万元。关于本案，下列哪一选项是错误的？[1]（2010/2/19）

A. 甲的行为触犯了伪造居民身份证罪（现为伪造身份证件罪）与伪造国家机关证件罪，同时是诈骗罪的教唆犯

B. 甲是诈骗罪、伪造居民身份证罪（现为伪造身份证件罪）与伪造国家机关证件罪的正犯

C. 伪造居民身份证罪、伪造国家机关证件罪（现为伪造身份证件罪）与诈骗罪之间具有牵连关系

D. 由于存在牵连关系，对甲的行为应以诈骗罪从重处罚

【疑难辨析】本题考点涉及诈骗罪、正犯（包括直接正犯、间接正犯）、牵连犯等。疑难点是"正犯"。对侵害结果（包括危险结果）发生起支配作用的就是正犯。行为人以独立的实现犯罪的意思，实质的支配犯罪行为和犯罪进程，处于主导、操纵犯罪的支配地位（犯罪支配说），是正犯。亦即，行为人自己直接实施符合构成要件的实行行为造成法益侵害、危险结果的（直接正犯），或者通过支配、操纵、利用他人的行为造成法益侵害、危险结果的（间接正犯），以及共同对造成法益侵害、危险结果起实质的支配作用的（共同正犯），都是正犯。在形式上，正犯是依照刑法分则（规定"一人实行既遂"即单独正犯的基本构成要件）来定罪的人。

【解析】（1）甲实施了伪造身份证件、伪造国家机关证件的实行行为，根据刑法第 280 条第 3 款、第 1 款，构成伪造身份证件罪（原为伪造居民身份证罪）、伪造国家机关证件罪，符合分则正犯规定，系两罪的直接正犯。

（2）甲利用中介公司骗丙的钱。诈骗的实行者为甲，但由于被利用者中介公司不知有假，无诈骗故意，不能构成诈骗罪的正犯。甲通过欺骗支配、利用无犯罪故意人实施犯罪，根据刑法第 266 条，系诈骗罪的间接正犯，而不是教唆犯。故选项 A 不正确，选项 B 正确。

（3）在罪数方面，甲触犯伪造身份证件罪、伪造国家机关证件罪，诈骗罪三罪。伪造是诈骗的通常手段，主观上甲伪造居民身份证的目的是用于诈骗，前面两罪与诈骗罪之间存在手段与目的的牵连关系，系牵连犯，故选项 C 正确。

（4）对于牵连犯，一般认为是"择一重罪处断"，亦即"依照处罚较重的规定定罪处罚"；但选项 D 采用了"择一重罪从重处断"的观点，亦即不仅按重罪处断，还从重处断，这也是一种理论说法。由于如何处断当前并无明文规定，按司法实务来看这种观点也有道理。

（5）注：《刑法修正案（九）》已将原"伪造居民身份证罪"修正为"伪造身份证件罪"。

---

[1] A

3. 甲将头痛粉冒充海洛因欺骗乙，让乙出卖"海洛因"，然后二人均分所得款项。乙出卖后获款4000元，但在未来得及分赃时，被公安机关查获。关于本案，下列哪些说法是正确的?[1] (2002/2/38)

A. 甲与乙构成贩卖毒品罪的共犯　　　B. 甲的行为构成诈骗罪

C. 甲属于间接正犯　　　　　　　　　D. 甲的行为属于犯罪未遂

【解析】本题考查间接正犯。行为人通过唆使、强制、欺骗等手段支配直接实行者，从而支配构成要件实现的，就是间接正犯。当然，如二罪有重合，还可以在重合部分成立共同犯罪。

（一）对于乙

1. 在客观上，乙将假毒品当作真毒品出卖给他人，对于购毒者客观上实施了诈骗行为。但在主观上，乙不知贩卖的毒品为假，没有诈骗故意。因欠缺故意而不能构成诈骗罪的正犯。

2. 对于乙不知贩卖的毒品为假，实施的贩毒行为，按照司法解释的规定可构成贩卖毒品罪的未遂。（1）司法解释规定，不知贩卖的毒品为假，实施的贩毒行为客观上具有危险性，能够成立犯罪未遂而非不能犯。（2）参见原《最高人民法院关于适用〈全国人民代表大会常务委员会关于禁毒的决定〉的若干问题的解释》第17条，明知是假毒品而冒充毒品贩卖的，以诈骗罪定罪处罚。不知道是假毒品而当作毒品走私、贩卖、运输、窝藏的，应当以走私、贩卖、运输、窝藏毒品犯罪（未遂）定罪处罚。（3）另见最高人民检察院原《关于贩卖假毒品案件如何定性问题的批复》（1991年4月2日，高检发研字〔1991〕2号）：对贩卖假毒品的犯罪案件，应根据不同情况区别处理；明知是假毒品而以毒品进行贩卖的，应当以诈骗罪追究被告人的刑事责任；不知是假毒品而以毒品进行贩卖的，应当以贩卖毒品罪追究被告人的刑事责任，对其所贩卖的是假毒品的事实，可以作为从轻或者减轻情节，在处理时予以考虑。（4）可见，司法解释事实上认为贩卖假毒品的行为具有抽象危险。

（二）对于甲

1. 甲通过欺骗手段支配乙实施诈骗行为，具有利用乙向第三人骗钱的诈骗罪故意，根据刑法第266条，构成诈骗罪的间接正犯。选项B正确，选项C正确。

2. 甲的诈骗间接正犯行为已经得财，应认定为既遂，选项D错误。

3. 甲没有贩卖毒品罪的故意，故不能与乙一起构成贩卖毒品罪的共同犯罪。选项A错误。

4. 甲在乙骑摩托车必经的偏僻路段精心设置路障，欲让乙摔死。丙得知甲的杀人计划后，诱骗仇人丁骑车经过该路段，丁果真摔死。关于本案，下列哪些选项是正确的?[2] (2015/2/56)

A. 甲的行为和丁死亡之间有因果关系，甲有罪

B. 甲的行为属对象错误，构成故意杀人罪既遂

C. 丙对自己的行为无认识错误，构成故意杀人罪既遂

D. 丙利用甲的行为造成丁死亡，可能成立间接正犯

【解析】本题考查认识错误的分类和处理、间接正犯（直接正犯之后的间接正犯）。

（一）甲的行为

1. 客观上，甲设置路障致丁摔死，甲的行为和丁死亡之间具有因果关系，实施了杀人致死的行为。

2. 主观上，甲想杀乙，但客观上导致了丁死亡，存在认识错误。在认识错误形式上，甲

─────────────

〔1〕　BC　〔2〕　ABCD

实施实行行为之时即丁掉下摔死之时，甲主观上认为对象为乙，而实际对象是丁，认错了对象，系对象错误、具体错误。按法定符合说（具体符合说结论一致）对丁具有杀人故意。根据刑法232条，构成故意杀人罪既遂。A、B选项说法正确。

3. 甲与乙没有共同故意，不构成共同犯罪，系单独正犯。

（二）乙的行为

1. 丙利用甲的行为造成丁死亡，因主观上没有帮助甲杀乙的共同故意，只有利用甲来杀丙的支配意思，没有共同故意，只有间接正犯故意，不构成共同犯罪（也不是片面共犯）。丙成立间接正犯，系（直接）正犯之后的（间接）正犯。

2. 主观上，丙想杀丁，而实际杀死了丁，无认识错误，构成故意杀人罪既遂。C、D选项说法正确。

考点七　共犯从属性说以及共犯（帮助犯、教唆犯）

1. 甲欲杀丙，假意与乙商议去丙家"盗窃"，由乙在室外望风，乙照办。甲进入丙家将丙杀害，出来后骗乙说未窃得财物。乙信以为真，悻然离去。关于本案的分析，下列哪一选项是正确的？[1]（2017/2/7）

A. 甲欺骗乙望风，构成间接正犯。间接正犯不影响对共同犯罪的认定，甲、乙构成故意杀人罪的共犯

B. 乙企图帮助甲实施盗窃行为，却因意志以外的原因未能得逞，故对乙应以盗窃罪的帮助犯未遂论处

C. 对甲应以故意杀人罪论处，对乙以非法侵入住宅罪论处。两人虽然罪名不同，但仍然构成共同犯罪

D. 乙客观上构成故意杀人罪的帮助犯，但因其仅有盗窃故意，故应在盗窃罪法定刑的范围内对其量刑

【疑难辨析】本题考查共同犯罪中共犯从属说、行为共同说。共犯（帮助犯、教唆犯）从属性说的基本含义是：认定共犯（教唆犯、帮助犯）的客观危害行为（最终指向的实行行为）时，必须依附于正犯行为（通常是实行行为）。

【解析】（一）对于正犯甲

1. 客观上实施了入户、杀人二行为，主观上对二行为和结果均有故意，根据刑法第245、232条，分别触犯非法侵入住宅罪、故意杀人罪二罪

2. 罪数上，属吸收犯，以故意杀人罪一罪论处。

（二）对于帮助犯乙

1. 客观上，按共犯从属说，乙实施了帮助入户、帮助杀人的行为。

2. 在主观上，乙具有帮助入户、盗窃的故意。客观主观统一，根据刑法第245、27条，构成非法侵入住宅罪的帮助犯。

3. 因乙客观上没有实施帮助盗窃的行为，不能构成盗窃罪的帮助犯。是该罪的不能犯。

4. 因乙主观上没有帮助杀人的故意，不能构成故意杀人罪的帮助犯。

5. 甲、乙二人在非法侵入住宅罪的范围内是共同犯罪，甲是正犯，乙是帮助犯。选项C

---

[1]　C

正确。选项 A、B、D 说法错误。

2. 关于共同犯罪的判断，下列哪些选项是正确的？[1] (2011/2/55)

A. 甲教唆赵某入户抢劫，但赵某接受教唆后实施拦路抢劫。甲是抢劫罪的共犯

B. 乙为吴某入户盗窃望风，但吴某入户后实施抢劫行为。乙是盗窃罪的共犯

C. 丙以为钱某要杀害他人为其提供了杀人凶器，但钱某仅欲伤害他人而使用了丙提供的凶器。丙对钱某造成的伤害结果不承担责任

D. 丁知道孙某想偷车，便将盗车钥匙给孙某，后又在孙某盗车前要回钥匙，但孙某用其它方法盗窃了轿车。丁对孙某的盗车结果不承担责任

【解析】本题主要考查共犯从属说。

A 选项，（1）客观上，实行犯赵某实施了拦路抢劫行为，主观上具有抢劫罪故意，构成抢劫罪的正犯。（2）教唆者甲应认为实施的是教唆拦路抢劫的行为，主观上教唆者甲的教唆故意为"入户抢劫"故意。客观主观相统一，甲可成立抢劫罪的教唆犯。

B 选项，（1）客观上，实行犯吴某实施了入户抢劫行为，主观上具有抢劫罪故意，构成抢劫罪的正犯。（2）帮助者乙客观上实施了帮助入户抢劫的行为，主观上乙具有帮助入户盗窃的故意。客观主观相统一，在重合范围内，认定为盗窃罪的帮助犯。

C 选项，（1）客观上，实行犯钱某实施了伤害行为，主观上具有伤害罪故意，构成故意伤害罪的正犯。（2）帮助者丙为伤害行为提供了帮助，主观上具有杀人的帮助故意，客观主观相统一，在重合范围内，认定为故意伤害罪的帮助犯，对伤害行为导致的伤害结果承担责任。

D 选项，考查共犯的脱离。（1）实行犯孙某盗车得逞，成立盗窃罪既遂。（2）帮助犯丁与实行犯孙某在预备阶段成立共同犯罪。（3）但丁在实行犯实行之前脱离共同犯罪关系，切断了行为与结果之间的因果关系，对于脱离之后的孙某的行为，不成立共同犯罪。系孙某单独的犯罪，丁对孙某盗车得逞的结果不承担责任。（4）丁对脱离之前的盗窃预备行为，自动放弃，切断因果关系，视为有效阻止结果发生，根据刑法第24条，成立犯罪中止。

3. 醉酒后的丙（血液中的酒精含量为152mg/100ml）与丁各自驾驶摩托车"飙车"经过公路路段。后来丁离开现场后，找到无业人员王某，要其假冒飙车者去公安机关投案。王某虽无替丁顶罪的意思，但仍要丁给其5万元酬劳，否则不答应丁的要求，丁只好付钱。关于此事实的定性，下列选项错误的是[2] (2013/2/90)

A. 丁指使王某作伪证，构成妨害作证罪的教唆犯

B. 丁构成包庇罪的教唆犯

C. 丁的教唆行为属于教唆未遂，应以未遂犯追究刑事责任

D. 对丁的妨害作证行为与包庇行为应从一重罪处罚

【疑难辨析】本题的考查了包庇罪、伪证罪、妨害作证罪，也考查的是共犯（帮助犯、教唆犯）从属性说，以及本犯对妨害司法罪名不具期待可能性。共犯（帮助犯、教唆犯）从属性说的基本含义是：共犯（教唆犯、帮助犯）的成立和罪名认定必须依附于正犯行为（通常是实行行为），不可独立于正犯行为而单独成立共犯。

【解析】（一）王某

1. 如果王某真的为丙顶罪，其明知是犯罪的人而为其作假证明包庇，根据刑法第310条，可构成包庇罪。此种情况下，因王某自担罪责，不属"证人"，不能构成伪证罪。

2. 但本案案情是，王某客观上没有实施无顶罪的包庇行为，主观上也无顶罪的意思，没

---

[1] ABD [2] ABCD

有包庇故意，不能构成包庇罪。

3. 王某谎称帮助顶罪而欺骗丁给其 5 万元酬劳，根据刑法第 266 条，构成诈骗罪。

（二）对于丁

1. 丁驾驶摩托车"飙车"，根据刑法第 133 条之一，构成危险驾驶罪。

2. 丁教唆王某帮助顶罪，按照共犯从属说，因王某未实施包庇不法行为，故而丁不能构成包庇罪的教唆犯。注意：这里不构成包庇罪教唆犯的原因，并不是因本犯不具期待可能性。

3. 关于妨害作证罪，因其是伪证罪教唆行为正犯化的情况，本身是正犯，故而无需具备共犯从属性。该罪的实行行为是威胁、引诱证人违背事实改变证言或作伪证。在本案中，由于王某不属"证人"，对象人不符合，故丁不能构成妨害作证罪。注意：这里不构成妨害作证罪的原因，也不是因本犯不具期待可能性。故 ABCD 说法均错误。

考点八 教唆犯

1. 关于教唆犯，下列哪一选项是正确的？[1]（2009/2/6）

A. 甲唆使不满 16 周岁的乙强奸妇女丙，但乙只是抢夺了丙的财物一万元后即离开现场，甲应成立强奸罪、抢夺罪的教唆犯

B. 教唆犯不可能是实行犯，但可能是帮助犯

C. 教唆他人吸食、注射毒品的，成立吸食、注射毒品罪的教唆犯

D. 有的教唆犯是主犯，但所有的帮助犯都是从犯

【解析】A 选项，（1）对于实行犯乙，在客观不法层面上，乙实施了抢夺行为；在主观责任层面上，对抢夺行为不承担刑事责任，不构成抢夺罪。（2）乙没有实施强奸行为，不构成强奸罪。（3）对于教唆者甲，即使乙的抢夺行为，是因甲的教唆而引起；因甲主观上无教唆抢夺的故意，不能构成抢夺罪的教唆犯。（4）对于甲教唆强奸的行为定性，如按共犯从属说（通说观点），乙没有实施强奸行为，甲不能构成强奸罪的教唆犯。选项中所言甲成立强奸罪、抢夺罪的教唆犯，说法错误。

B 选项，正犯（包括直接正犯即实行犯）、教唆犯、帮助犯是对立的概念，教唆犯不可能是实行犯，也不可能是帮助犯。既有教唆行为又有帮助行为的，高度行为吸收低度行为，仅成立教唆犯。既有教唆行为又有实行行为的，高度行为吸收低度行为，仅成立实行犯。该选项说法错误。

C 选项，根据刑法第 353 条，引诱、教唆、欺骗他人吸食、注射毒品的，成立引诱、教唆、欺骗他人吸毒罪。因吸毒行为并不是犯罪（刑事不法行为），故教唆他人吸毒的教唆者，并不成立教唆犯。其是教唆他人吸毒罪的正犯（实行犯）。故 C 选项错误。

D 选项，（1）刑法第 29 条第 1 款前半句规定，教唆他人犯罪的，应当按照他在共同犯罪中所起的作用处罚。教唆犯既可以起主要作用的，是主犯；也可以起次要作用，是从犯。（2）而帮助犯只能起到次要作用，故所有的帮助犯都是从犯（受胁迫而帮助的，成立胁从犯；因胁从犯是被胁迫的从犯，是从犯的一种）。故本选项说法正确。

2. 刑法第 29 条第 1 款规定："教唆他人犯罪的，应当按照他在共同犯罪中所起的作用处罚。教唆不满十八周岁的人犯罪的，应当从重处罚。"对于本规定的理解，下列哪一选项是错

误的？[1] （2013/2/9）

　　A. 无论是被教唆人接受教唆实施了犯罪，还是二人以上共同故意教唆他人犯罪，都能适用该款前段的规定

　　B. 该款规定意味着教唆犯也可能是从犯

　　C. 唆使不满14周岁的人犯罪因而属于间接正犯的情形时，也应适用该款后段的规定

　　D. 该款中的"犯罪"并无限定，既包括一般犯罪，也包括特殊身份的犯罪，既包括故意犯罪，也包括过失犯罪

　　【解析】本题考查教唆犯相关问题，以及对第29条第1款的理解。

　　A选项，一人教唆他人犯罪，是教唆犯；二人共同故意教唆他人犯罪，二人都是教唆犯，是共同的教唆犯。都可按照他在共同犯罪中所起的作用，认定为主犯或从犯，进行处罚。

　　B选项，"按照他在共同犯罪中所起的作用处罚"，起主要作用的教唆犯是主犯，起次要作用的教唆犯是从犯。

　　C选项，（1）该款后段的规定"教唆不满十八岁的人犯罪的"，对于其中的"教唆"一词，应当理解为"教唆行为"，而不是"教唆犯"。（2）故而，"教唆"16～18周岁的犯罪、14～16周岁的人实施8种应承担刑事责任的行为、14周岁以下具有独立规范认定能力的人（8周岁以上）实施不法行为，教唆者是教唆犯。（3）"教唆"不具有独立规范认定能力的未成年人实施危害行为，教唆者是间接正犯。（4）对于两种情形，教唆者均可从重。只不过，此时间接正犯从重，是比照一般正犯从重处罚。

　　D选项，（1）无身份者教唆他人实施特殊身份的故意犯罪，仍可成立该身份之罪的教唆犯，仍可适用该条款，故而该款中的"犯罪"可包括特殊身份的犯罪。（2）教唆他人过失犯罪的，不能成立教唆犯，而应按教唆者对于结果的心态，认定为共同过失犯罪（对结果是过失），或间接正犯（对结果是故意）。（3）根据刑法第25条第2款，二人以上共同过失犯罪，不以共同犯罪论处；应当负刑事责任的，按照他们所犯的罪分别处罚。不能按实行者的犯罪（过失犯罪）进行从重，不能适用该条款。故其中的"犯罪"不能包括过失犯罪。

考点九　帮助犯

　　1、甲欲去乙的别墅盗窃，担心乙别墅结构复杂难以找到贵重财物，就请熟悉乙家的丙为其标图。甲入室后未使用丙提供的图纸就找到乙价值100万元的珠宝，即携珠宝逃离现场。关于本案，下列哪些说法是正确的？[2] （2009/2/51）

　　A. 甲构成盗窃罪，入户盗窃是法定的从重处罚情节

　　B. 丙不构成犯罪，因为客观上没能为甲提供实质的帮助

　　C. 即便甲未使用丙提供的图纸，丙也构成盗窃罪的共犯

　　D. 甲、丙构成盗窃罪的共犯，甲是主犯，丙是帮助犯

　　【解析】选项A，考查"入户"（非法侵入住宅罪）在盗窃罪中的地位。刑法并未将入户盗窃规定为法定的从重处罚情节；入户盗窃行为，虽触犯两罪，但在罪数上一般认为是吸收犯，只宣判为盗窃罪一罪，也只是基本犯。

　　BCD三选项，考查帮助犯。（1）帮助犯的成立要求帮助行为、帮助故意。根据共犯处罚

---

〔1〕　D　〔2〕　CD

根据的惹起说，帮助行为对于实行为可能具有物理或者心理的促进作用即可。帮助行为并不需要对实行行为是必要的（无需具备条件关系），只在提供帮助之时对于实行行为有促进作用（使实行更为便利），就可认为其行为是帮助行为。（2）帮助犯的成立也不要求帮助者提供的帮助条件客观上被实行犯使用；对于物理帮助行为而言，即使帮助者的物理帮助作用在事实上没有发挥作用，但只要有发挥作用、促进实行的可能性，帮助犯就能成立。（3）当然，如实行犯有利用帮助条件的可能性，但未实际利用帮助条件而造成危害结果的，不能认为帮助行为与危害结果之间具有因果关系。此时帮助犯虽可成立，但只能构成犯罪未遂，而不构成犯罪既遂。（4）刑法第27条规定，帮助犯是从犯。本案的情形，甲、丙构成盗窃罪的共犯，甲是正犯（主犯），丙是帮助犯。甲构成犯罪既遂，丙构成犯罪未遂。

2. 甲欲前往张某家中盗窃。乙送甲一把擅自配制的张家房门钥匙，并告甲说，张家装有防盗设备，若钥匙打不开就必须放弃盗窃，不可入室。甲用钥匙开张家房门，无法打开，本欲依乙告诫离去，但又不甘心，思量后破窗进入张家窃走数额巨大的财物。关于本案的分析，下列哪一选项是正确的？[1]（2017/2/6）

A. 乙提供钥匙的行为对甲成功实施盗窃起到了促进作用，构成盗窃罪既遂的帮助犯

B. 乙提供的钥匙虽未起作用，但对甲实施了心理上的帮助，构成盗窃罪既遂的帮助犯

C. 乙欲帮助甲实施盗窃行为，因意志以外的原因未能得逞，构成盗窃罪的帮助犯未遂

D. 乙的帮助行为的影响仅延续至甲着手开门盗窃时，故乙成立盗窃罪未遂的帮助犯

【解析】本题考查帮助犯的未遂，犯罪未遂的帮助犯；物理帮助与心理帮助的关系。

先弄清楚共同犯罪中名词的命名规则，一般帮助犯的命名，采取"共同的正犯阶段＋帮助犯＋帮助犯本身的犯罪形态"的命名规则。（1）选项中"犯罪未遂的帮助犯"，指对（正犯）犯罪未遂（阶段）的帮助犯。亦即，帮助犯仅与正犯在正犯未遂阶段构成共同犯罪。（2）选项中"帮助犯的未遂"，指对（正犯犯罪全部阶段的）帮助犯，但帮助犯构成犯罪未遂。亦即，帮助犯与正犯在正犯全部犯罪阶段构成共同犯罪，但帮助犯因各种原因本身构成未遂。

在本选项中，正犯甲实施盗窃的行为可分为两个阶段：（1）第一阶段即甲使用乙提供的钥匙盗窃张家。甲、乙二人对此阶段构成共同犯罪。正犯甲属盗窃罪未遂，帮助犯系对此盗窃罪未遂阶段的帮助。（2）第二阶段即甲破窗盗窃张家。客观上，甲未使用乙提供的钥匙，乙也未在心理上为甲提供支持；并且，在共同故意上，乙已声明"若钥匙打不开就必须放弃盗窃，不可入室"，对此阶段也无共同故意。甲、乙二人对此阶段不构成共同犯罪，系甲的单独犯罪，乙对此不负责任。（3）故而，乙成立（甲）盗窃罪未遂阶段的帮助犯，而不属于（甲）盗窃罪既遂的帮助犯。（4）甲在第二阶段虽然既遂，但此阶段与乙不构成共同犯罪，不属可能利用乙的帮助条件来既遂的情况，乙也不成立盗窃罪（全程）的帮助犯未遂。

关于物理帮助（身体性帮助）与心理帮助的关系。心理上的帮助，要求帮助者的帮助行为能够在精神上、心理上促进正犯的实行，例如提供技术上的指导、加强实行行为的决定、提供额外的动机等。并非物理帮助不成立，就一定会成立心理帮助。在本案中，乙已声明"若钥匙打不开就必须放弃盗窃，不可入室"，并未对甲的继续盗窃提供心理支持，不构成心理帮助。选项B说法错误。

考点十　主犯与从犯

1、根据我国刑法规定，下列关于首要分子的表述哪一项是正确的？[1] (2005/2/8)

A. 首要分子只能是组织领导犯罪集团的人

B. 首要分子只能是在聚众犯罪中起组织、策划、指挥作用的犯罪分子

C. 首要分子都是主犯

D. 首要分子既可以是主犯，也可以不是主犯

【解析】首要分子分为两类：(1) 犯罪集团中的首要分子，必定为主犯；(2) 聚众犯罪中的首要分子，又分为：可成立共同犯罪的聚众犯罪中首要分子，必定也是主犯；不能成立共同犯罪的聚众犯罪中首要分子，可能是单独犯而不涉及主犯的问题。

选项 A 错误，因为首要分子还有聚众犯罪这种情况。

选项 B 错误，犯罪集团中也有首要分子。

选项 C 错误，对于只处罚首要分子的聚众犯罪（如聚众扰乱公共场所秩序、交通秩序罪，聚众阻碍解救被收买的妇女、儿童罪）中首要分子，如果这种聚众犯罪中的首要分子仅一人，就没有共同犯罪问题，是单独犯。如果这种聚众犯罪中的首要分子是数人，可以区分主从关系的，既有主犯也有从犯。

选项 D 正确，见选项 C 解析后半段。

2. 关于共同犯罪的说法，下列选项正确的是[2] (2008 延/2/91)

A. 甲一开始被恐怖组织胁迫参加犯罪，但在着手实行后，其非常积极，成为主要的实行人之一，甲在共同犯罪中可以成为主犯

B. 乙是共同贪污犯罪中的实行犯，但其可能不是主犯

C. 丙为勒索财物绑架王某，在控制人质之后，丙将真相告诉好友高某，并委托高某去找王某的父母要钱，高某同意并实施了勒索行为。丙成立绑架罪，高某成立敲诈勒索罪

D. 丁与成某经共谋后，共同伤害被害人汪某，丁的木棒击中了汪某的腹部，成某的短刀刺中了汪某的肺部，汪某因为成某的致命伤害在送到医院 10 小时后死亡。丁需要对死亡结果负责

【解析】A 选项，被胁迫参加犯罪，同时起次要作用的，是胁从犯。胁从犯是被胁迫的从犯，只能实施从犯行为（次要的正犯、次要的教唆犯、帮助犯）。参加后成为主要犯罪人的，成立主犯，不再是从犯，当然也不能成立胁从犯。故 A 项正确。

B 选项，主要的实行犯是主犯，次要的实行犯是从犯。故 B 项正确。

C 选项，考查承继的共犯。丙实施绑架行为，因绑架罪是继续犯，前行为人丙虽已经既遂，但其绑架行为没有终了、人质被控制的状态没有消失；高某在绑架行为未终了之前，以绑架故意中途加入进来的，所以成立绑架罪的承继共犯，不再以敲诈勒索罪论处。故 C 项错误。

D 选项，(1) 丁与成某共同实施了伤害实行行为，具有共同故意，二人是故意伤害罪的共同共犯。在客观上二人均要对共同伤害（棒击＋刀刺）导致的结果承担连带责任。(2) 二人整体上的共同伤害行为是棒击＋刀刺，汪某死亡是因该共同伤害行为，二人均要对此死亡结果客观上承担连带责任。(3) 主观上，丁主观上具有伤害故意，对死亡结果系过失。构成故意

---

[1]　D　[2]　ABD

伤害罪（致人死亡），需对此结果负责（承担过失责任）。

考点十一　共同犯罪与身份

1. 甲为非国家工作人员，是某国有公司控股的股份有限公司主管财务的副总经理；乙为国家工作人员，是该公司财务部主管。甲与乙勾结，分别利用各自的职务便利，共同侵吞了本单位的财物100万元。对甲、乙两人应当如何定性？[1]（2005/2/18）

 A. 甲定职务侵占罪，乙定贪污罪，两人不是共同犯罪

 B. 甲定职务侵占罪，乙定贪污罪，但两人是共同犯罪

 C. 甲定职务侵占罪，乙是共犯，也定职务侵占罪

 D. 乙定贪污罪，甲是共犯，也定贪污罪

【疑难辨析】本题考查共同犯罪与身份。不同身份者相互勾结，各自利用各自身份的共同犯罪，按照主犯的犯罪性质认定为共同犯罪。法条依据是《最高人民法院关于审理贪污、职务侵占案件如何认定共同犯罪几个问题的解释》，"公司、企业或者其他单位中，不具有国家工作人员身份的人与国家工作人员勾结，分别利用各自的职务便利，共同将本单位财物非法占为己有的，按照主犯的犯罪性质定罪。"主犯指"利用职权所起作用大者"，并不一定是"官位高者"。如果共犯人对于犯罪行为所涉事务都有管理权，则当然职务高者身份高；如果共犯人中有的对于犯罪行为所涉事务有管理权，有的没有，有管理权的共犯人身份高（而不论职务高低）。

【解析】（1）二人相互勾结，构成共同犯罪。（2）两个共犯人中，甲是"主管财务"的副总经理，乙是财务部主管，二人对于犯罪行为所涉事务有管理权，则职务高者甲是主犯。（3）甲的身份为非国家工作人员，故二人构成职务侵占罪的共同犯罪。（4）当然，如果题目变为甲是"不主管财务的副总经理"，则乙的职权作用大为主犯，那么二人构成贪污罪的共同犯罪。

2. 甲、乙二人均为某国有公司的国家工作人员，共同保管公司的保险箱。甲是会计保管钥匙，乙是出纳保管密码。关于二人的行为定性，以下说法正确的有[2]（2019/客/卷一/仿46）

 A. 如果甲偷看乙保管的密码、打开保险箱拿走钱款，则甲构成盗窃罪

 B. 如果甲骗得乙保管的密码、打开保险箱拿走钱款，则甲构成诈骗罪

 C. 如果乙捡到甲的钥匙、打开保险箱拿走钱款，则乙构成职务侵占罪

 D. 如果甲、乙二人共谋打开保险箱拿走钱款，则二人构成贪污罪

【疑难辨析】本题考查共同犯罪与身份，甲、乙均系国家工作人员，均有监管保险箱的职务便利。本题的难点在于：国家工作人员获取本单位财物时，一半行为利用的职务便利，另一半行为没有利用职务便利，应当如何处理？比照《全国法院审理经济犯罪案件工作座谈会纪要》（法〔2003〕167号）第3条第2款关于"国家工作人员与非国家工作人员勾结共同非法占有单位财物行为的认定"的精神，以及相关判例，应该判断何种行为的作用大；在作用相当，难以区分时，可以贪污罪定罪处罚。

【解析】A选项，甲得款成功一半作用是利用偷看密码，系未利用职务便利的盗窃（此盗

窃的对象不是密码，而是与乙共同占有的单位财物）；一半作用是利用本人掌管钥匙，系利用了职务便利侵吞；二者作用相当，应以贪污罪处。

B选项，甲得款成功一半作用是利用骗取密码，系未利用职务便利的盗窃（此盗窃的对象不是密码，而是与乙共同占有的单位财物。因钥匙不是财物，不构成诈骗）；一半作用是利用本人掌管钥匙，系利用了职务便利侵吞；二者作用相当，应以贪污罪论处。

C选项，乙得款成功一半作用是利用捡到钥匙，系未利用职务便利的盗窃（此盗窃的对象不是密码，而是与甲共同占有的单位财物。因钥匙不是财物，不构成侵占）；一半作用是利用本人掌管密码，系利用了职务便利侵吞；二者作用相当，应以贪污罪论处。

D选项，甲、乙二人共同利用职务便利侵吞，当然构成贪污罪的共同正犯。

考点十二　共同犯罪与不作为

甲、乙夫妇因8岁的儿子严重残疾，生活完全不能自理而非常痛苦。一天，甲给儿子要喝的牛奶里放入"毒鼠强"时被乙看到，乙说："这是毒药吧，你给他喝呀？"见甲不说话，乙叹了口气后就走开了。毒死儿子后，甲、乙二人一起掩埋尸体并对外人说儿子因病而死。关于甲、乙行为的定性，下列哪一选项是正确的？[1]（2008/2/7）

A. 甲与乙构成故意杀人的共同犯罪
B. 甲构成故意杀人罪，乙构成包庇罪
C. 甲构成故意杀人罪，乙构成遗弃罪
D. 甲构成故意杀人罪，乙无罪

【解析】本题考查共同犯罪与不作为。正犯甲是作为的故意杀人罪，这较好认定。对于乙的行为性质的认定，涉及三个问题：

（1）乙对儿子的死亡能否构成不作为犯？乙是其子的父母，依法具有保护其人身的法定作为义务，能够履行而不履行，造成结果，符合不作为犯的客观条件。

（2）乙不救助的行为能否认定为"杀人"行为，以故意杀人罪定罪？首先考查乙的不救助行为能否被认定为"杀人"行为？在当时的情况下，乙如果其阻止，则死亡结果极大可能不发生；不阻止则必死无疑。不阻止的不作为行为，支配着死亡结果，与一般杀人行为性质相当，可以认定为"杀人"行为。主观上，乙对儿子死亡的心态，明知自己的不作为必然导致死亡结果而拒不履行作为义务，系故意。可构成故意杀人罪。只有乙阻止后，死亡结果也不太可能被避免，乙的不作为行为不能支配死亡结果时，才能认定为遗弃行为，本案情况不是如此，故乙不能构成遗弃罪。

（3）甲、乙二人可否构成共同犯罪？杀害儿子的直接实行者是甲，但是，负有救助义务的乙如果救助，则儿子不死亡的可能性极大。也就是说，是甲（作为）、乙（不作为）两行为结合起来才导致了死亡结果，甲、乙的行为对于死亡结果具有共同性，应可认为是共同行为。乙虽无与甲共同实施犯罪的明示故意，但其以不作为的默示形式参与，至少可认为是片面的帮助犯（承认片面的帮助犯是共同犯罪）。

（4）由此，甲、乙可构成共同犯罪，甲是作为的实行犯；乙是不作为的帮助犯，罪名应认定为故意杀人罪。

---

[1]　A

（5）之后的掩埋尸体行为，由于是本犯实施，对共犯人进行包庇，欠缺期待可能，不能构成包庇罪或帮助毁灭、伪造证据罪。从而选项A正确，BCD错误。

（6）为何不认为乙与甲是共同正犯呢？这就涉及到乙的行为是正犯还是共犯的判断。根据通说观点（采西田典之的观点），如不作为者实施作为，本应"确实地"（具有"十之八九"的可能）避免结果发生之时，属于不作为形式的同时正犯；如果只是"有可能使得结果的发生更为困难"，则属于不作为形式的帮助犯。本案应属后者。到底还是甲的作为行为导致了儿子的死亡，乙能阻止时不阻止，其对死亡结果的作用是次要的。

考点十三　共同犯罪中的认识错误

1. 甲、乙共谋杀害在博物馆工作的丙，两人潜入博物馆同时向丙各开一枪，甲击中丙身边的国家重点保护的珍贵文物，造成文物毁损的严重后果；乙未击中任何对象。关于甲、乙的行为，下列哪一选项是正确的？[1]（2004/2/18）

A. 甲成立故意毁损文物罪，因为毁损文物的结果是甲故意开枪的行为造成的

B. 甲、乙成立故意杀人罪的共犯

C. 对甲应以故意杀人罪和过失损毁文物罪实行数罪并罚

D. 甲的行为属于一行为触犯数罪名，成立牵连犯

【疑难辨析】本题考查共同犯罪、认识错误、罪数。在客观不法层面上，当共犯都是正犯（实行犯）时，应将共同犯罪行为视为一个整体行为，各正犯人都应对该整体正犯行为有因果关系的结果承担责任。只有在实行过限，亦即部分共犯人的行为超过共同犯罪故意时，才认为承担单独责任。

【解析】（1）在客观不法层面上，甲、乙的开枪行为，系共同正犯行为。二人各开了一枪的行为，系一个共同行为（整体上视为一个杀人行为）。对共同行为造成的结果（打死丙的危险、文物毁损的实害），二人均应负责。即认为客观二人共同实施了杀人未遂行为、毁损文物行为。

（2）在主观上，二人有杀人故意；在博物馆里开枪，造成了文物毁损的结果，没有意识到文物毁损，不是故意，但对此有过失。

（3）客观、主观统一，触犯故意杀人罪（未遂）、过失损毁文物罪。

（4）在罪数方面，一行为构成两罪，属想象竞合，应当择一重处断。故只有选项B正确。

2. 甲雇凶手乙杀丙，言明不要造成其他后果。乙几次杀丙均未成功，后来采取爆炸方法，对丙的住宅（周边没有其他人与物）进行爆炸，结果将丙的妻子丁炸死，但丙安然无恙。关于本案，下列哪些说法是错误的？[2]（2008/2/58）

A. 甲与乙构成共同犯罪

B. 甲成立故意杀人罪（未遂）

C. 乙对丙成立故意杀人未遂，对丁成立过失致人死亡罪

D. 乙对丙成立爆炸罪，对丁成立过失致人死亡罪

【解析】（一）对于正犯乙

1. 其实施爆炸，因住宅周边没有其他人与物，未危害公共安全，实行行为是杀人行为而

---

〔1〕　B　〔2〕　BCD

不是危害公共安全行为。

2. 结果上，将丁炸死，系杀人既遂行为；未将丙杀死但有危险，系杀人未遂行为。

3. 主观上，想将丙杀死而将丁炸死，未认错误对象，对丙有杀人故意，触犯故意杀人罪未遂。对丁系打击错误、具体错误；按法定符合说，对丁也有杀人故意，触犯故意杀人罪既遂。

4. 想象竞合，以故意杀人罪既遂论处。

（二）对于甲

1. 教唆乙杀人，乙实施了杀人行为，甲构成故意杀人罪的教唆犯。二人构成共同犯罪。

2. 甲也未认错对象，不是对象错误，而是打击错误、具体错误。按法定符合说，对丁也有杀人故意。教唆犯甲也构成故意杀人罪既遂。

（三）注意

1. 由于题意未提示学说立场，则只能按通说法定符合说作答。BC两项是具体符合说的观点，选项D的后半部也是具体符合说的观点，只有选项A是正确的。

2. 有考生错误的将乙的行为理解为危害公共安全的爆炸行为，实际上，即使如此，也能选对选项。例如，认为乙可危害公共安全，则乙构成爆炸罪的正犯。由于爆炸罪中包容了故意杀人，故甲乙二人在故意杀人的范围内成立共同犯罪。按法定符合说，甲仍是故意杀人罪的既遂，乙构成爆炸罪的实害犯。仍然只有选项A正确。

3. 甲、乙、丙共谋要"狠狠教训一下"他们共同的仇人丁。到丁家后，甲在门外望风，乙、丙进屋打丁。但当时只有丁的好友田某在家，乙、丙误把体貌特征和丁极为相似的田某当作是丁进行殴打，遭到田某强烈抵抗和辱骂，二人分别举起板凳和花瓶向田某头部猛击，将其当场打死。关于本案的处理，下列哪些判断是正确的？[1]（2008延/2/61）

A. 甲、乙、丙构成共同犯罪　　　　B. 甲、乙、丙均成立故意杀人罪
C. 甲不需要对田某的死亡后果负责　D. 甲成立故意伤害罪

【解析】（一）对于正犯乙、丙而言

1. 客观上实施了"向田某头部猛击"的杀人行为，致田某死亡，系杀人致死行为。

2. 主观上具有杀人故意（"向田某头部猛击"）。误将田某认作丁，系对象错误、具体错误，按法定符合说，对田某具有杀人故意，构成故意杀人罪既遂。

3. 当然，之前的行为为伤害，后来发生犯意转化，以重行为故意杀人罪论处。

（二）对于帮助犯甲

1. 客观行为附属于正犯实行行为，系为致死行为提供帮助。

2. 甲与乙、丙在故意伤害罪的范围内构成共同犯罪，对共同伤害导致的致死结果负责。

3. 主观上具有伤害故意（"狠狠教训一下"），对死亡结果系过失，构成故意伤害罪（致人死亡）。故选项AD正确，BC错误。

（三）本题的难点是C选项

1. 甲仅有伤害故意，没有杀人故意，与乙、丙在故意伤害罪的范围内构成共同犯罪。但田某死亡是乙、丙的杀人行为导致的，甲是否对致死负责。因杀人是最严重的伤害，故而乙、丙杀人致死，也是伤害致死，当然甲客观上要负责（乙、丙对于伤害行为并未实行过限）。

2. 只不过，主观上甲对死亡结果没有故意，不承担故意责任，是否应当承担过失责任。回答是肯定的，甲有伤害的故意，没有认识到死亡结果；但是，其虽未认识到死亡结果，但公

---

[1]　AD

众会认为，伤害与杀害只有程度之别，很难把握分寸，应当预料到死亡结果的发生可能，因此具有疏忽过失。事实上，在结果加重犯中，认识到基本犯结果，就应推定对加重结果至少有过失。甲需要对田某的死亡后果负责过失责任，构成故意伤害罪（致人死亡）。选项 C"不需要负责"说法错误。正确的说法是：不承担故意责任，但要承担过失责任。

考点十四　共同犯罪与犯罪形态

1. 下列哪些选项中的甲属于犯罪未遂?[1]（2014/2/54）

A. 甲让行贿人乙以乙的名义办理银行卡，存入 50 万元，乙将银行卡及密码交给甲。甲用该卡时，忘记密码，不好意思再问乙。后乙得知甲被免职，将该卡挂失取回 50 万元

B. 甲、乙共谋傍晚杀丙，甲向乙讲解了杀害丙的具体方法。傍晚乙如约到达现场，但甲却未去。乙按照甲的方法杀死丙

C. 乙欲盗窃汽车，让甲将用于盗窃汽车的钥匙放在乙的信箱。甲同意，但错将钥匙放入丙的信箱，后乙用其他方法将车盗走

D. 甲、乙共同杀害丙，以为丙已死，甲随即离开现场。一个小时后，乙在清理现场时发现丙未死，持刀杀死丙

【疑难辨析】本题考查犯罪未遂、共同犯罪人的犯罪形态（因果关系）、因果关系。对于共同犯罪，危害结果与实行行为、共犯行为（帮助、教唆）有因果关系，则在共同犯罪的范围内：一人（正犯）既遂，全体（所有共同犯罪人）既遂。对于狭义共犯（帮助、教唆犯）：有因果关系才既遂。（1）要求共犯行为（帮助、教唆行为）与实行行为之间具有因果关系（促进关系、造意关系）时，亦即实行犯实际利用了帮助犯提供的帮助条件，或者实行犯的犯意是教唆犯制造，实行犯既遂，才认为共犯也既遂。（2）如果共犯行为（帮助、教唆行为）与实行行为之间不具有因果关系（促进关系、造意关系）时，亦即实行犯没有实际利用了帮助犯提供的帮助条件，或者实行犯的犯意不是教唆犯制造，即使实行犯既遂，也不认为共犯既遂。教唆犯可能不成立，帮助可能是未遂。

【解析】A 选项，考查受贿罪的既遂标准。（1）受贿罪的既遂标准是控制财物，本案中乙将银行卡及密码交给甲时，甲可随时取用其中的钱款，即使实际未取出，也应当认定为控制住了钱款，系犯罪既遂而非未遂。注意：作为既遂标准的"控制"标准（类似于事实占有或者法律占有均可），与作为犯罪对象的"他人占有的财物"中的"占有"（一般是事实占有）的含义并不相同，不能混淆。（2）乙将卡挂失取回 50 万元，涉嫌侵占罪（对象是已经送出的赃物）。

B 选项，考查共同犯罪人的犯罪形态（因果关系）。正犯乙构成盗窃罪（既遂）。甲有共谋行为、帮助故意，构成帮助犯（共谋犯）。在因果关系上，乙客观上使用了甲的谋划的方法，丙的死亡结果与甲的谋划行为有因果关系，甲系故意杀人罪既遂。

C 选项，考查共同犯罪人的犯罪形态（因果关系）。正犯乙构成盗窃罪（既遂）。甲客观上有帮助行为，主观上有帮助故意，构成帮助犯。在因果关系上，乙客观上没有使用甲提供的帮助条件，车被盗走结果与甲的帮助行为没有因果关系，甲系盗窃罪未遂。

D 选项，案情分为两段：前段甲、乙构成故意杀人罪的共同犯罪，后段是乙故意杀人罪的

——————————
[1]　CD

单独犯。丙的死亡与后段乙单独行为有因果关系，从而中断了与前段行为的因果关系。前段行为中甲系故意杀人罪未遂；前段行为中乙系故意杀人罪未遂，后段中乙系故意杀人罪既遂，前后两段结合，乙是故意杀人罪既遂。

2. 甲、乙共同盗窃丙的渔网，乙提供汽车以便深夜盗窃渔网。结果甲误将自己的渔网当作丙的渔网盗走，随后乙将渔网出卖。关于甲、乙的行为，说法正确的有[1]（2019/客/卷一/仿14）

A. 甲、乙均构成盗窃罪既遂

B. 甲构成盗窃罪既遂，乙构成盗窃罪未遂

C. 甲、乙均构成盗窃罪未遂

D. 甲构成盗窃罪既遂，乙构成盗窃罪预备

【疑难辨析】本案是由共同犯罪、对象错误、既未遂的认定。基本推理方法是：先正犯、再共犯。对于正犯而言，区分不同对象，先客观、后主观，客观主观相统一。

【解析】对于正犯甲：（1）对于偷到自己渔网的结果而言，客观上可谓是"偶然自损"，没有造成他人财物被盗的实害结果；主观上系对象错误、具体错误，有盗窃故意，不构成盗窃既遂。（2）但对于丙的渔网而言，客观上存在被偷走的具体危险，主观上有盗窃故意，故构成盗窃罪未遂。

对于帮助犯乙，客观不法的定性从属于正犯甲。（1）对于甲偷到自己渔网的行为，由于正犯客观上是自损，帮助犯乙客观上也系帮助自损；主观上系对象错误、具体错误，有帮助盗窃的故意，不构成盗窃既遂。（2）对甲可能偷到丙的渔网的盗窃未遂行为，帮助犯乙客观上是对盗窃未遂进行帮助，主观上有帮助盗窃的故意，构成盗窃罪未遂。

本案可类比于：甲、乙共谋杀丙，乙提供枪支，甲在开枪打丙时把自己打死。

当然，如果本案将甲、乙的正犯、共犯的角色互换，案情变为：甲提供汽车，乙去偷丙的渔网，而实际偷到甲的渔网。正犯乙：（1）对于甲的渔网，相对于乙而言，系他人的财物，造成了实害结果，系盗窃罪既遂。（2）对于丙的渔网，构成盗窃罪未遂。帮助犯甲：（1）帮助乙偷到自己的渔网，构成"偶然自损"。（2）帮助乙可能偷到丙的渔网，构成盗窃罪未遂的帮助犯。此情形可能类比为：甲、乙共谋杀丙，甲提供枪支，乙在开枪打丙时，误将偶然路过此处的甲（不属偶然防卫）认作是丙而打死。

考点十五　共犯（共谋犯、帮助犯）关系的脱离

1. 甲与乙共谋盗窃汽车，甲将盗车所需的钥匙交给乙。但甲后来向乙表明放弃犯罪之意，让乙还回钥匙。乙对甲说："你等几分钟，我用你的钥匙配制一把钥匙后再还给你"，甲要回了自己原来提供的钥匙。后乙利用自己配制的钥匙盗窃了汽车（价值5万元）。关于本案，下列哪一选项是正确的？[2]（2008/2/19）

A. 甲的行为属于盗窃中止　　　　B. 甲的行为属于盗窃预备

C. 甲的行为属于盗窃未遂　　　　D. 甲与乙构成盗窃罪（既遂）的共犯

【疑难辨析】本题考查共犯（共谋犯、帮助犯）关系的脱离。共犯关系的脱离（也称共同犯罪关系的解组），一般指帮助犯或次要的共谋犯（起次要作用的共犯），在实行犯着手实行

---

[1]　C　[2]　D

犯罪行为之前，脱离共同犯罪关系，并切断本人先前行为与结果之间的因果关系的情况。需具备三个条件：（1）主观上有脱离意思。（2）客观上脱离者须切断本人之前行为（帮助、共谋行为）与危害结果之间的因果关系。（3）脱离者为帮助犯、次要共谋犯，脱离阶段为实行之前。脱离者对于脱离之前参与的行为成立共同犯罪（一般是预备犯），系犯罪中止。脱离者对于脱离后的实行犯单独实施的行为以及结果不再承担共同责任。

【解析】（1）乙构成盗窃罪的正犯，系犯罪既遂。（2）甲为乙盗窃提供钥匙，构成盗窃罪的帮助犯。（3）在乙着手实行之前，甲虽然明确表示退出，脱离意思也为乙所接受。但是，在客观上，其甲之前所盗车钥匙，被乙配制后实际用于盗窃汽车，甲并未切断之前提供钥匙行为与之后结果之间的因果关系。盗窃得逞与甲之前提供钥匙的行为有因果关系，构成盗窃罪既遂。（4）故不能认定甲在乙实行犯罪之前脱离，亦即，因甲未能有效阻止既遂结果，不能认为是犯罪中止。选项 D 正确。

2. 甲与乙共谋次日共同杀丙，但次日甲因腹泻未能前往犯罪地点，乙独自一人杀死丙。关于本案，下列哪些说法是正确的？[1]（2002/2/35）

A. 甲与乙构成故意杀人罪的共犯

B. 甲与乙不构成故意杀人罪的共犯

C. 甲承担故意杀人预备的刑事责任，乙承担故意杀人既遂的刑事责任

D. 甲与乙均承担故意杀人既遂的刑事责任

【解析】本题考虑共犯的脱离。（1）乙系故意杀人罪（既遂）的直接正犯。（2）甲实施了共谋行为（精神帮助行为），主观上有共同故意，构成共同犯罪。（3）甲并未在实行之前表达脱离意思、乙并不知情，也没有切断自己的共谋行为与乙的实行行为之间的因果关系，死亡结果与甲的共谋行为有因果关系，甲没有脱离共犯关系，仍应对杀人既遂负责。

3. 甲、乙、丙三人合谋，准备盗窃丁的财物。甲为乙、丙提供一辆汽车供二人使用，后甲后悔，不愿意参加，谎称自己母亲不舒服，不方便参加，乙、丙认可。后乙、丙二人开着甲提供的汽车盗窃丁。但是，二人误把戊的财物当成丁的财物进行了盗窃，获取了数额较大的财物。关于本案以及犯罪形态，以下说法正确的有[2]（2018/客/卷一/10 仿）

A. 乙、丙对丁构成犯罪预备　　　　B. 乙、丙对戊构成犯罪既遂

C. 甲构成既遂　　　　D. 甲犯罪预备阶段中止

【解析】本题考查共同犯罪，涉及共犯关系的脱离、认识错误等问题。

在认识错误问题上，正犯乙、丙误将戊的财物当成丁的财物进行了盗窃，系对象错误、具体错误，不影响盗窃罪既遂的成立。

在共犯关系的脱离问题上，帮助甲尽管在正犯实行之前退出，但并未撤回其提供的帮助工具，乙、丙二人仍然利用该帮助工具实施实行行为，并且盗窃得逞。故甲仍为乙、丙正犯阶段的帮助犯，而不是预备阶段的帮助犯。帮助行为与结果之间具有因果关系，应当认定为犯罪既遂。选项 BC 说法正确。

4. 张三和李四商量一起去盗窃，张三入户，李四在外放风。后李四因慌张，就跟张三说"要不我们算了"，尽管张三没同意，但李四还是偷偷走掉了，张三对此不知情。之后张三进入被害人家中后，看到这家人过于贫困，突发同情心，放弃盗窃离开。下列选项说法正确的是？[3]（2020/客/1/16 仿）

A. 李四构成犯罪未遂

B. 张三构成犯罪中止

C. 张三和李四既然是共同犯罪，犯罪形态就应当一致

D. 张三的放弃盗窃离开现场，不影响对李四犯罪形态的认定

【解析】考查共犯脱离、犯罪中止、共同犯罪、犯罪形态。

（1）正犯张三，在盗窃实行之后自动放弃，有效阻止结果发生，根据刑法第24条，构成盗窃罪中止。

（2）李四帮助张三盗窃而放风，构成盗窃罪的帮助犯。尽管李四偷偷走掉，但正犯张三并不知情，且系在正犯实行之后退出，没有切断自己放风行为与实行行为的因果关系，不属共犯脱离，不构成中止。系正犯实行之后因意志以外的原因而未得逞，构成犯罪未遂。

（3）类比：如果张三继续盗窃既遂；因既遂结果与李四对实行的帮助行为之间具有因果关系，李四也应构成既遂，而不是中止。

考点十六　综合题

1. 关于共同犯罪，下列哪些选项是正确的？[1]（2013/2/55）

A. 乙因妻丙外遇而决意杀之。甲对此不知晓，出于其他原因怂恿乙杀丙。后乙杀害丙。甲不构成故意杀人罪的教唆犯

B. 乙基于敲诈勒索的故意恐吓丙，在丙交付财物时，知情的甲中途加入帮乙取得财物。甲构成敲诈勒索罪的共犯

C. 乙、丙在五金店门前互殴，店员甲旁观。乙边打边掏钱向甲买一羊角锤。甲递锤时对乙说"你打伤人可与我无关"。乙用该锤将丙打成重伤。卖羊角锤是甲的正常经营行为，甲不构成故意伤害罪的共犯

D. 甲极力劝说丈夫乙（国家工作人员）接受丙的贿赂，乙坚决反对，甲自作主张接受该笔贿赂。甲构成受贿罪的间接正犯

【解析】A选项，考查教唆犯。教唆犯的成立要求教唆行为、教唆故意。客观上教唆行为的本质是造意（制造新的犯意、升高犯意），在本案中，实行犯乙的杀人犯意是其本人制造的，在甲实施教唆行为之前乙就已有犯意，而并非甲的行为制造。故而甲不能构成教唆犯。

B选项，考查承继的共同犯罪。甲在乙实施敲诈勒索罪犯罪行为终了之前，以共同故意加入，可成立敲诈勒索罪承继的共同犯罪。

C选项，考查中立帮助行为构成帮助犯的条件。甲为对乙实施的具有紧迫性的重伤实行行为提供了帮助、具有促进作用，系帮助行为，可成立帮助犯。

D选项，考查正犯与身份的关系。对于身份犯罪而言，行为人具有特殊身份，才能成立正犯。间接正犯也是正犯的一种，也需身份。本案中甲无国家工作人员的身份，不能构成受贿罪的间接正犯。至于甲如何定罪，要看案情发展：（1）如果甲收钱后，乙知情后不及时上缴，乙可构成受贿罪正犯，甲构成帮助犯；（2）如果甲收钱后，乙不知情，甲"吹枕边风"让乙为丙谋取不正当利益，则甲构成利用影响力受贿罪的正犯。

2. 关于共同犯罪，下列选项说法正确的是？[2]（2019/客/卷一/仿13）

A. 虽然自杀不构成犯罪，但教唆有责任能力的人自杀的，一般构成故意杀人的间接正犯

---

〔1〕　AB　〔2〕　B

B. 在共同犯罪中，可能存在部分共同犯罪人成立未遂，部分共同犯罪人成立中止的情形

C. 共同犯罪人对同一构成要件范围内的事实产生认识错误的，会影响其共同犯罪的成立和犯罪形态

D. 集团犯罪中组织者、领导者以及其他共同犯罪中的组织者、指挥者，均需对成员所犯全部罪行负责

【解析】A 选项，考查教唆犯、间接正犯。一般情况下，教唆、帮助有认知能力、有意志自由的他人自杀，由于自杀不是不法行为，故而教唆者不能构成教唆犯。只有教唆者、帮助者系间接正犯（对自杀者有支配关系）的情况下，才能成立故意杀人罪（间接正犯）。因此本选项说法错误。

B 选项，考查共同犯罪的犯罪形态。由于犯罪停顿原因是主观标准。当部分共同犯罪人自动停止犯罪，并阻止其他共同犯罪人实行犯罪得逞或防止结果发生时，这部分共同犯罪人就是中止犯。其他没有自动中止意图与中止行为的共同犯罪人，是未遂犯或者预备犯。例如，甲、乙共同杀丙致丙重伤，乙走后，甲自动救助丙使丙活。因此本选项说法正确。

C 选项，考查共同犯罪中的认识错误。同一构成要件范围内的事实的认识错误，是具体错误，对于具体错误，按通说法定符合说，对于实际侵害的对象和结果仍有故意，因此不太可能影响共同犯罪的成立和犯罪形态。例如，甲教唆乙杀 A 某，乙误将 B 某当作 A 某射杀。甲、乙均存在具体错误，按法定符合说二人仍构成共同犯罪，且均为既遂。因此本选项说法错误。

D 选项，考查组织犯的责任。刑法第 26 条 3、4 款规定："对组织、领导犯罪集团的首要分子，按照集团所犯的全部罪行处罚。对于第 3 款规定以外的主犯，应当按照其所参与的或者组织、指挥的全部犯罪处罚。"因此本选项说法错误。

专题八　单位犯罪

(1) 成立单位犯罪的条件	单位犯罪与自然人共同犯罪的区分
(2) 司法解释规定的不属单位犯罪而属于自然人犯罪的情况	无法人资格的独资、私营公司、企业；为犯罪设立单位，或单位设立后以实施犯罪为主要活动；利益归个人私分
(3) 单位实施不能由单位构成的罪名时的定性	单位实施不能由单位构成的犯罪，对组织、策划、实施者以自然人犯罪（共同犯罪）论处
(4) 单位自首、单位撤销	对单位不处罚，对责任人员处罚，仍以单位犯罪论处

考点　单位犯罪

1. 下列哪些行为不构成单位犯罪？[1]（2005/2/52）

A. 甲、乙、丙出资设立一家有限责任公司专门从事走私犯罪活动

B. 甲、乙、丙出资设立的公司成立后以生产、销售伪劣产品为主要经营活动

C. 某公司董事长及总经理以公司名义印刷非法出版物，所获收入由他们二人平分

D. 某公司董事长及总经理组织职工对前来征税的税务工作人员使用暴力，拒不缴纳税款

【疑难辨析】本题考查不构成单位犯罪的情况。根据《最高人民法院关于审理单位犯罪案件具体应用法律有关问题的解释》，不属于单位犯罪而属于自然人犯罪的情况：（1）无法人资格的独资、私营公司、企业，实施的犯罪认定为自然人犯罪。具有法人资格的独资、私营等公司、企业、事业单位，可构成单位犯罪。（2）盗用单位名义实施，利益归个人私分，实施的犯罪认定为自然人犯罪。（3）个人为进行违法犯罪活动而设立公司、企业、事业单位，实施的犯罪认定为自然人犯罪。（4）公司、企业、事业单位设立以后，以实施犯罪为主要活动的，实施的犯罪认定为自然人犯罪。

【解析】A选项，个人为进行违法犯罪活动而设立单位，以自然人犯罪论处。

B选项，单位成立以后，以实施犯罪为主要活动的，以自然人犯罪论处。

C选项，盗用单位名义实施犯罪，违法所得由实施犯罪的个人私分的，直接以自然人犯罪定罪处罚而不以单位犯罪论。

D选项，根据刑法第30条的规定，单位犯罪须有刑法规定。刑法第202条并未规定单位可以构成抗税罪的主体；应对实施者以自然人抗税罪论处。

---

[1]　ABCD

2. 关于单位犯罪，下列选项错误的是？[1] (2008 延/2/92)

A. 甲注册某咨询公司后一直亏损，后发现为他人虚开增值税专用发票可以盈利，即以此为主要业务，该行为属于咨询公司单位犯罪

B. 乙公司在实施保险诈骗罪以后，因为没有年检而被工商管理局吊销营业执照。案发后对该公司不再追诉，只能对原公司中的直接负责的主管人员和其他直接责任人员追究刑事责任

C. 丙虚报注册资本成立进出口公司，主要从事正当业务经营，后经公司股东集体讨论，以公司的名义走私汽车，利益均分。由于该进出口公司成立时不符合法律规定，该走私行为属于个人犯罪

D. 丁等5名房地产公司领导以公司名义非法经营烟草业务，所得利益归5人均分。该行为属于单位犯罪

【解析】A选项，公司成立以后，以实施犯罪为主要活动的，不能成为单位犯罪的主体。

B选项，公司被吊销营业执照后，只对直接负责的主管人员和其他直接责任人员追究刑事责任（仍为单位犯罪的责任），对该单位不再追诉。

C选项，公司成立时虽在程序上违法，但是公司只要没有被撤销，其就是适格的单位；公司成立后，不以实施犯罪为主要活动的，不是自然人犯罪；集体决策、以公司名义所获利益归全部股东分配，为单位谋取利益的行为，是单位行为，构成单位犯罪。故此选项错误。

D选项，盗用单位名义实施犯罪，违法所得由实施犯罪的个人私分的，直接以自然人犯罪定罪处罚而不以单位犯罪论。

3. 关于单位犯罪，下列哪些选项是正确的？[2] (2015/2/54)

A. 就同一犯罪而言，单位犯罪与自然人犯罪的既遂标准完全相同

B. 刑法第170条未将单位规定为伪造货币罪的主体，故单位伪造货币的，相关自然人不构成犯罪

C. 经理赵某为维护公司利益，召集单位员工殴打法院执行工作人员，拒不执行生效判决的，成立单位犯罪

D. 公司被吊销营业执照后，发现其曾销售伪劣产品20万元。对此，应追究相关自然人（直接负责的主管人员和其他直接责任人员）销售伪劣产品罪的刑事责任

【解析】本题考查单位犯罪，涉及一些细节的具体单位犯罪罪名。

A选项，就同一犯罪的构成要件而言，单位犯罪与自然人犯罪只涉及到主体要素的不同，不涉及其它构成要件要素。因此既遂标准相同，当然有可能法定刑不同。A选项正确。

B选项，刑法第170条未将单位规定为伪造货币罪的主体，故单位伪造货币的，不构成单位犯罪。但根据《全国人民代表大会常务委员会关于＜中华人民共和国刑法＞第三十条的解释》，"公司、企业、事业单位、机关、团体等单位实施刑法规定的危害社会的行为，刑法分则和其他法律未规定追究单位的刑事责任的，对组织、策划、实施该危害社会行为的人依法追究刑事责任"，故应追究相关自然人伪造货币罪的刑事责任。B选项错误。

C选项，（1）关于暴力殴打国家机关工作人员，拒不执行生效判决的行为如何定性。根据最新司法解释，认定为拒不执行判决、裁定罪，不认定为妨害公务罪。法条依据是2015年《最高人民法院关于审理拒不执行判决、裁定刑事案件适用法律若干问题的解释》（自2015年7月22日起施行）第2条第5~7项，其中规定，以暴力、威胁方法阻碍执行人员进入执行现场或者聚众哄闹、冲击执行现场，致使执行工作无法进行的，属于刑法第313条规定的"有能

---

[1]　ACD　　[2]　ACD（当年正确答案为AD）

力执行而拒不执行，情节严重"的情形，构成拒不执行判决、裁定罪。（2）关于单位实施拒不执行判决、裁定行为如何定性。在考试当时（2015年9月），拒不执行判决、裁定罪均只能由自然人构成，不能由单位构成，故不成立单位犯罪；应按《全国人民代表大会常务委员会关于〈中华人民共和国刑法〉第三十条的解释》（自2014年4月24日起施行），对组织、策划、实施该危害社会行为的人，按拒不执行判决、裁定罪追究自然人犯罪的责任。（3）但在现在，《刑法修正案（九）》（自2015年11月1日起施行）为拒不执行判决、裁定罪增设了单位主体，故应认定C选项可构成单位犯罪，C选项正确。

D选项，根据《最高人民检察院关于涉嫌犯罪单位被撤销、注销、吊销营业执照或者宣告破产的应如何进行追诉问题的批复》"涉嫌犯罪的单位被撤销、注销、吊销营业执照或者宣告破产的，应当根据刑法关于单位犯罪的相关规定，对实施犯罪行为的该单位直接负责的主管人员和其他直接责任人员追究刑事责任，对该单位不再追诉。"原理是：单位犯罪如是双罚制，则单位、责任人员本来都是科罚对象、追诉对象；但单位吊销无承续者的，虽仍是单位犯罪，但单位"死亡"无法追诉；只能追究相关自然人（直接负责的主管人员和其他直接责任人员）的责任。只不过，追究相关自然人刑事责任时，不是以自然人犯罪追究，而是将其作为单位犯罪的责任人员追究。D选项正确。

4. 关于单位犯罪的说法，下列哪一选项是错误的？[1]（2018/客/卷一/11仿）

A. 甲、乙为了实施走私而成立了某具有法人资格的公司，后该公司实施了走私犯罪。则该公司的走私行为不能认定为是单位犯罪

B. 某国有公司高管集体研究决定，将该单位的50万元在5个高管中平均分配。该行为不能认定为单位犯罪（私分国有资产罪）

C. 甲公司实施单位犯罪之后，甲公司被乙公司兼并。既要追究原甲公司原直接责任人的刑事责任，亦应追究甲公司的刑事责任

D. 甲实施拐卖儿童行为，借用其所在的单位的车及司机帮忙运送被拐卖儿童，该单位参与拐卖儿童的行为亦构成单位犯罪

【解析】A选项，《最高人民法院关于审理单位犯罪案件具体应用法律有关问题的解释》第2条："个人为进行违法犯罪活动而设立的公司、企业、事业单位实施犯罪的，……不以单位犯罪论处。"应当认定为自然人犯罪。

B选项，前述解释第3条："盗用单位名义实施犯罪，违法所得由实施犯罪的个人私分的，依照刑法有关自然人犯罪的规定定罪处罚。"本选项在高管中私分，不属单位犯罪，不构成单位犯罪私分国有资产罪，应以自然人犯罪贪污罪论处。

C选项，《最高人民法院研究室关于企业犯罪后被合并应当如何追究刑事责任问题的答复》规定："人民检察院起诉时该犯罪企业已被合并到一个新企业的，仍应依法追究原犯罪企业及其直接负责的主管人员和其他直接人员的刑事责任。人民法院审判时，对被告单位应列原犯罪企业名称，但注明已被并入新的企业，对被告单位所判处的罚金数额以其并入新的企业的财产及收益为限。"故本选项说法正确。本答复意见的原理是：原单位合并，权利义务由新单位承续时，可以追究单位犯罪责任；其内容与《最高人民检察院关于涉嫌犯罪单位被撤销、注销、吊销营业执照或者宣告破产的应如何进行追诉问题的批复》（规定的是单位注销无承续人、无法追诉原单位）并不矛盾。

D选项，拐卖儿童罪不能由单位构成，应当根据《全国人民代表大会常务委员会关于〈中

---

[1] D

华人民共和国刑法〉第三十条的解释》，对组织、策划、实施该危害社会行为的自然人依法追究刑事责任。

5. 关于单位犯罪，以下说法正确的有？[1]（2019/客/卷一/仿15，模拟题）

A. 甲、乙为贩卖淫秽物品而成立 A 公司，并以 A 公司名义实施行为，应以单位犯罪论处

B. 某国有公司的领导经集体研究，一致决定将该公司应上缴国家的 100 万元利润，分给员工作为奖励，可构成单位犯罪

C. 母公司电气公司与其子公司雷鸣公司共同实施走私犯罪，则两个公司可构成共同犯罪，对两个公司直接负责的主管人员和其他直接责任人员，均应判处刑罚

D. A 公司与 B 公司共同实施某犯罪，如果 A 公司不符合单位犯罪的条件，但 B 公司符合单位犯罪的条件，则可形成自然人与单位构成共同犯罪的情形

【解析】A 选项，《最高人民法院关于审理单位犯罪案件具体应用法律有关问题的解释》第 2 条："个人为进行违法犯罪活动而设立的公司、企业、事业单位实施犯罪的，……不以单位犯罪论处。"应当认定为自然人犯罪。

B 选项，构成刑法第 396 条规定的私分国有资产罪，是单位犯罪，但该罪系单罚制，只处罚直接负责的主管人员和其他直接责任人员。

C 选项，刑法第 25 条共同犯罪中的"二人以上"，既包括自然人，也包括单位。两个单位共同故意犯罪，可以成立共同犯罪。再根据刑法第 31 条单位犯罪的处罚规定，对其直接负责的主管人员和其他直接责任人员判处刑罚。

D 选项，如果 A 公司不符合单位犯罪的条件，则根据《全国人民代表大会常务委员会关于〈中华人民共和国刑法〉第三十条的解释》，对组织、策划、实施该危害社会行为的自然人依法追究刑事责任。可与单位构成共同犯罪。

---

[1] BCD

行为个数（行为单数）的认定	继续犯、集合犯
刑法分则明文规定的罪数规则	法条竞合、结果加重犯、结合犯
刑法总论中的罪数形态理论	想象竞合犯、连续犯、牵连犯、吸收犯、事后不可罚
刑法分则及刑法解释的罪数规定	常考情节有杀人、强奸、妨害公务、非法拘禁等

考点一　想象竞合犯

1. 关于想象竞合犯的认定，下列哪些选项是错误的？[1]（2013/2/56）

A. 甲向乙购买危险物质，商定4000元成交。甲先后将2000元现金和4克海洛因（折抵现金2000元）交乙后收货。甲的行为成立非法买卖危险物质罪与贩卖毒品罪的想象竞合犯，从一重罪论处

B. 甲女、乙男分手后，甲向乙索要青春补偿费未果，将其骗至别墅，让人看住乙。甲给乙母打电话，声称如不给30万元就准备收尸。甲成立非法拘禁罪和绑架罪的想象竞合犯，应以绑架罪论处

C. 甲为劫财在乙的茶水中投放2小时后起作用的麻醉药，随后离开乙家。2小时后甲回来，见乙不在（乙喝下该茶水后因事外出），便取走乙2万元现金。甲的行为成立抢劫罪与盗窃罪的想象竞合犯

D. 国家工作人员甲收受境外组织的3万美元后，将国家秘密非法提供给该组织。甲的行为成立受贿罪与为境外非法提供国家秘密罪的想象竞合犯

【疑难辨析】想象竞合犯是一个行为同时造成数个结果、侵害数个法益，从而触犯数个罪名的情况。本题主要考查"一个行为"即行为个数的认定，具有一定难度。选项A涉及"一个行为"的认定；选项B涉及法条竞合与想象竞合的区别；选项C涉及行为个数、行为与责任同时性原则；选项D也涉及行为个数的认定。对于行为的个数，可以这样辨识：①只有一个举动（动作）的，是一个行为；数个犯意支配下的数个动作，是数个行为；②同一意思决意支配下实施数个性质相同的动作组成一个行为（多举犯）的是一个行为，例如为了杀人而砍十刀；有计划地实现目标的数个时空联系紧密的动作，也是一个行为（持续行为），例如先打昏、砍伤再杀害，多次投毒累积至致死量；③数个刑法层面上的规范行为，只在小部分（不重要部分）重合，认定为数个行为；如在大部分（重要部分）重合，认定为一个行为。

---

[1]　ABCD

【解析】A选项，想象竞合犯要求"一个行为"，本案中，非法买卖危险物质与以毒品折价的行为，只在小部分范围内重合，在关键部分（买入危险物质、卖出毒品）不重合，应当认定为两个行为。故应数罪并罚，而不认定为想象竞合犯。

B选项，考查想象竞合与法条竞合的区分。甲构成绑架罪，该结论正确。但对于绑架罪和非法拘禁罪的关系，因刑法239条规定绑架罪的构成要件客观行为"绑架"包容非法拘禁，故二者是整体法与部分法的法条竞合关系，而不是想象竞合关系。

C选项，（1）甲之前基于抢劫犯意实施抢劫罪的实行行为"暴力"（被害人已喝下茶水，人身权益受到即刻侵害，故认定为实行），但未造成轻伤或取财结果，主观上有抢劫故意；主观上具有抢劫故意，构成抢劫罪。（2）之后基于盗窃犯意实施盗窃罪的实行行为，主观上犯意转化为盗窃故意。取财结果与"抢"的行为没有因果关系，而是盗窃所得。构成盗窃罪既遂。（3）数个犯意支配下实施两个动作，是两个行为，分别触犯两罪：抢劫罪的未遂犯、盗窃罪的既遂犯。由于有二行为，二行为是分别实施且并无重叠，故而不认为是想象竞合犯，而是两罪并罚。

D选项，受贿行为与为境外非法提供国家秘密的行为明显可区分为两个行为，而不是一个行为，故而不属于想象竞合犯，应当数罪并罚。

2. 甲预谋拍摄乙与卖淫女的裸照迫使乙交付财物。一日，甲请乙吃饭，叫卖淫女丙相陪。饭后，甲将乙、丙送上车。乙、丙刚到乙宅，乙便被老板电话叫走，丙亦离开。半小时后，甲持相机闯入乙宅发现无人，遂拿走了乙的3万元现金。关于甲的行为性质，下列哪一选项是正确的?[1] (2011/2/15)

A. 抢劫未遂与盗窃既遂
B. 抢劫既遂与盗窃既遂的想象竞合
C. 敲诈勒索预备与盗窃既遂
D. 敲诈勒索未遂与盗窃既遂的想象竞合

【解析】（1）第一阶段，客观上，拍摄裸照迫使他人交付财物，是敲诈勒索行为；不是对人身实施暴力的抢劫行为，不构成抢劫罪。（2）敲诈勒索罪的实行行为是敲诈、勒索行为，甲未来得及实施敲诈实行行为，仅为此做准备，系预备行为。主观上，甲有敲诈勒索罪的故意。因为意志以外的原因而被迫停顿。客观主观统一，根据刑法第274、22条，构成敲诈勒索罪预备，而不是未遂。（3）第二阶段，甲到了乙宅后，发现乙宅无人，于是便拿走乙的现金，系盗窃行为、盗窃故意，根据刑法第264条，成立盗窃罪既遂。（4）在罪数上，行为是两行为，而不是一行为，不属于想象竞合。综上所述，甲的行为应成立敲诈勒索预备与盗窃罪的既遂，数罪并罚。

考点二 结果加重犯

1. 下列哪些情形不属于结果加重犯?[2] (2002/2/43)
A. 侮辱他人导致他人自杀身亡
B. 监管人员对被监管人进行殴打与体罚虐待致人死亡
C. 强制猥亵妇女（注：现为强制猥亵、侮辱罪）致人死亡
D. 遗弃没有独立生活能力的人致其死亡

【疑难辨析】本题考查结果加重犯，同时也考查的是"致人死亡"在具体罪名的作用，以

及"致人死亡"是否包括致人自杀的问题。对于结果加重犯，应以刑法明文规定为限，没有明文规定，不能认定为结果加重犯。"致人死亡"在一些罪名中，是犯罪成立的情节要素之一；在一些罪名中，是转化犯（想象竞合的提示规定）；在一些罪名中，是结果加重犯的结果。

【解析】选项A，刑法第246条没有规定侮辱他人导致他人自杀身亡的加重法定刑，导致他人自杀只是侮辱罪的成罪要素"情节严重"的一种情况。故不属结果加重犯，只是构成侮辱罪的基本犯。

选项B，根据刑法第248条，监管人员对被监管人员进行殴打或体罚虐待致人死亡的，系转化犯，按故意杀人罪定罪处罚，是转化犯（想象竞合的提示规定），不属结果加重犯。

选项C，刑法第237条只将聚众或在公共场所当众实施规定为情节加重犯，没有规定致人死亡的结果加重犯情形。如果强制猥亵妇女，强制行为（暴力）过失致被害妇女死亡，则应属强制猥亵罪（注意：《刑法修正案（九）》修正为"强制猥亵、侮辱罪"）与过失致人死亡罪的想象竞合；如果致被害妇女自杀，则应作为强制猥亵罪的量刑情节。故本项不属结果加重犯。

选项D，刑法第261条遗弃罪没有规定结果加重犯，故而本选项不属结果加重犯。如遗弃过失致他人死亡，则属遗弃罪成罪要素"情节恶劣"，并与过失致人死亡罪想象竞合。如果明知遗弃行为很大可能导致死亡还遗弃，系杀人行为而不是遗弃行为，则构成故意杀人罪而不是遗弃罪。

2. 关于结果加重犯，下列哪一选项是正确的？[1]（2015/2/8）

A. 故意杀人包含了故意伤害，故意杀人罪实际上是故意伤害罪的结果加重犯

B. 强奸罪、强制猥亵、侮辱罪（原为强制猥亵妇女罪）的犯罪客体相同，强奸、强制猥亵行为致妇女重伤的，均成立结果加重犯

C. 甲将乙拘禁在宾馆20楼，声称只要乙还债就放人。乙无力还债，深夜跳楼身亡。甲的行为不成立非法拘禁罪的结果加重犯

D. 甲以胁迫手段抢劫乙时，发现仇人丙路过，于是立即杀害丙。甲在抢劫过程中杀害他人，因抢劫致人死亡包括故意致人死亡，故甲成立抢劫致人死亡的结果加重犯

【解析】本题考查结果加重犯。结果加重犯，只有刑法明文规定才能成立。

A选项，故意伤害罪的结果加重犯要求对基本犯是故意，对加重结果是过失，按刑法规定故意伤害罪只存在故意伤害罪（致人重伤、致人死亡）的结果加重犯；要求行为人对死亡结果是过失。故意杀人罪中行为人对死亡结果是故意，不能构成故意伤害罪（致人死亡）。故意杀人罪与故意伤害罪是高度行为与低度行为的法条竞合关系，而不是结果加重犯与基本犯关系。

B选项，根据刑法第236条，强奸致妇女重伤的，系结果加重犯；但刑法未规定强制猥亵致人重伤是结果加重犯，应为想象竞合犯。（注意：《刑法修正案（九）》修正为"强制猥亵、侮辱罪"）

C选项，结果加重犯的成立要求基本犯行为与加重结果之间具有因果关系。本选项中乙自杀身亡，应将死亡结果归因于乙，非法拘禁行为与死亡结果之间不具有因果关系，不成立结果加重犯，而是基本犯。

D选项，结果加重犯要求加重结果是基本犯行为导致，本选项中甲有二行为：抢劫（对乙）、杀人（对丙），丙是死亡结果是由杀人行为导致，而非抢劫行为导致，当然不成立抢劫

---

[1] C

致人死亡。应当以抢劫罪、故意杀人罪两罪并罚。当然，如果是抢劫（对乙）时打击错误、认识错误导致丙死亡，仍系抢劫行为导致，可成立结果加重犯。

3. 下列哪些行为不应认定为过失致人死亡罪？[1]（2006/2/56）

A. 甲遭受乙正在进行的不法侵害，在防卫过程中一棒将乙打倒，致乙脑部跌在一块石头上而死亡。法院认为甲的防卫行为明显超过必要限度造成了重大损害，应以防卫过当追究刑事责任

B. 甲对乙进行非法拘禁，在拘禁过程中，因长时间捆绑，致乙呼吸不畅窒息死亡

C. 甲因对女儿乙的恋爱对象丙不满意，阻止乙、丙正常交往，乙对此十分不满，并偷偷与丙登记结婚，甲获知后对乙进行打骂，逼其离婚。乙、丙不从，遂相约自杀而亡

D. 甲结婚以后，对丈夫与其前妻所生之子乙十分不满，采取冻饿等方式进行虐待，后又发展到打骂，致乙多处伤口腐烂，乙因未能及时救治而不幸身亡

【解析】本题名义考查过失致人死亡罪，实际上选项 BCD 考查的是结果加重犯。刑法规定的很多犯罪的结果加重犯，都包括"致人死亡"的情形，不再单独以过失致人死亡罪论处。

选项 A，客观上防卫过当过失致人死亡，系不法行为；主观上有防卫意图，即无犯罪故意，"失手"表明行为人对过当结果应当避免而未避免，系过失，构成过失致人死亡罪。

选项 B，根据刑法第 238 条第 2 款，非法拘禁过失致人死亡的，成立非法拘禁罪的结果加重犯，不单独认定为过失致人死亡罪。

选项 C，根据刑法第 257 条第 2 款，暴力干涉婚姻自由造成他人死亡的，成立暴力干涉婚姻自由罪的结果加重犯，不单独认定为过失致人死亡罪。但是，本选项不是因此理由而不当选，而是因为死亡结果系"相约自杀"导致，与暴力干涉婚姻自由行为没有因果关系。

选项 D，根据刑法第 260 条第 2 款，虐待家庭成员的，构成虐待罪；过失致人死亡的，成立虐待罪的结果加重犯，不单独认定为过失致人死亡罪。

考点三　牵连犯

以下关于牵连犯，说法正确的有？【注：根据历年真题拼凑】[2]

A. 甲承租乙的房屋后，伪造身份证与房产证交于中介公司，中介公司不知有假，为其售房给不知情的丙，甲获款 300 万元。则伪造居民身份证罪（现为伪造身份证件罪）、伪造国家机关证件罪与诈骗罪之间具有牵连关系（2010/2/19）

B. 乙公司虚开用于骗取出口退税的发票，并利用该虚开的发票骗取数额巨大的出口退税，其行为构成虚开用于骗取出口退税发票罪与骗取出口退税罪，实行数罪并罚（2008/2/59 - B）

C. 丙为杀人而盗窃枪支，未及实施杀人行为而被抓获，丙的行为构成故意杀人（预备）罪与盗窃枪支罪的想象竞合犯，而不是牵连犯（2007/2/57 - C）

D. 甲在一豪宅院外将一个正在玩耍的男孩（3 岁）骗走，意图勒索钱财，但孩子说不清自己家里的联系方式，无法进行勒索。甲怕时间长了被发现，于是将孩子带到异地以 4000 元卖掉。对甲应当以绑架罪与拐卖儿童罪的牵连犯从一重处断（2005/2/17 - A）

【疑难辨析】牵连犯是指行为人实施了数个不同性质的行为，分别触犯不同罪名，但数行为之间具有牵连关系，即犯罪的手段行为与目的行为，或者原因行为与结果行为之间的关系。

---

[1]　BCD　[2]　AC

牵连关系一般需限定，只有某一行为是另一行为的通常手段时，才认为有牵连关系。对于"通常手段"，刑法限定的较为狭隘，最常见的就是伪造后诈骗、为了伪造而实施关联行为的情况。

【解析】选项A，前后行为分别触犯伪造身份证件罪、伪造国家机关证件罪、诈骗罪。伪造身份证件和国家机关证件是诈骗的通常手段，行为人主观上伪造身份证件的目的是用于诈骗，故两行为之间存在"伪造后诈骗"的牵连关系，系牵连犯，故选项正确。

选项B，根据2002年《最高人民法院关于审理骗取出口退税刑事案件具体应用法律若干问题的解释》第9条，实施骗取出口退税犯罪，同时构成虚开增值税专用发票等犯罪的，依照处罚较重的规定定罪处罚。在法理上，虚开增值税专用发票罪也是一种广义上的伪造，之后的骗取出口退税犯罪是诈骗罪的特别法。"伪造后诈骗"，属牵连犯，择一重处。

选项C，（1）丙为杀人而准备犯罪工具，属于故意杀人罪的预备犯，其准备工具行为即盗窃枪支，又触犯了盗窃枪支罪，属于一行为触犯数罪名的情况，成立想象竞合犯，从一重处理，故选项C正确。（2）为何不是牵连犯？首先，牵连犯需有数个实行行为，本选项因为杀人行为尚未实行着手，本案只有一个实行行为。其次，即使本选项是先盗枪再杀人有两个实行行为，也不符合"伪造后诈骗"的牵连犯模型，应当数罪并罚。

选项D，（1）甲以勒索钱财为目的绑架男孩，已经控制了小孩，绑架罪已经既遂。之后，甲另起出卖幼儿以换取身价的犯意，属另起犯意，并着手实施，另外构成拐卖儿童罪。两罪之间没有手段与目的关系，也不是"伪造后诈骗"的情况，不是牵连犯，而应当数罪并罚。（2）如果起初以出卖为目的而绑架（拘禁），应当是法条竞合，以拐卖儿童罪一罪论处。

考点四　吸收犯

下列哪些情形属于吸收犯？[1]（2010/2/55）

A. 制造枪支、弹药后又持有、私藏所制造的枪支、弹药的

B. 盗窃他人汽车后，谎称所盗汽车为自己的汽车出卖他人的

C. 套取金融机构信贷资金后又高利转贷他人的

D. 制造毒品后又持有该毒品的

【疑难辨析】本题考查罪数中的吸收犯。吸收犯指事实上存在数个行为，其中一行为吸收其它行为，仅成立吸收行为一罪名的犯罪。吸收关系是指前后行为之间存在必经阶段与当然结果的关系。事例模型：（1）违禁品犯罪后又持该违禁品；（2）入户犯罪。

【解析】选项A、选项D，制造违禁物品后又对其持有、私藏，之后可以构成犯罪的持有、私藏行为，是之前制造违禁物品行为的必经阶段与当然发展，故为典型的吸收犯。

选项B，（1）前行为盗窃汽车构成盗窃罪。（2）但后行为谎称自己为车主将汽车卖与他人的行为，虽有骗的行为，但因被骗人可主张善意取得无损失，被骗人没有财产受损，行为人不能构成诈骗罪。（3）本犯掩饰、隐瞒犯罪所得、犯罪所得收益的，因欠缺期待可能不满足责任要件，也不能构成掩饰、隐瞒犯罪所得、犯罪所得收益罪。（4）吸收犯的成立要求前后数个行为触犯数个罪名，选项B只触犯盗窃罪一罪，不符合此条件，不能成立吸收犯。（5）如果案情是盗窃后又毁坏，被认为是不可罚的事后行为，这与选项B不同。（6）如果盗窃仿真品（自身价值已达到数额较大），而后又冒充文物卖给他人而骗取钱财的，后行为可构成诈骗

---

[1]　AD

罪，由于侵害新的法益，应数罪并罚，这也与选项 B 不同。

选项 C，根据刑法第 175 条，以转贷牟利为目的，套取金融机构信贷资金高利转贷他人，违法所得数额较大的，构成高利转贷罪。故选项 C 只能构成一罪即高利转贷罪，两个动作中，套取贷款行为是实行行为，转贷行为是主观目的转化为客观行为，只符合一个构成要件，不认定为吸收犯。

考点五　事后不可罚

1、关于事后不可罚行为（不可罚的事后行为），以下说法正确的有【注：根据历年真题拼凑】[1]

A. 盗窃汽车之后，发现盗得的汽车质量有问题而将汽车推下山崖的，成立盗窃罪与故意毁坏财物罪，应当实行并罚（2011/2/56－C）

B. 郑某等人预谋抢劫银行运钞车，为方便跟踪运钞车，杀害一车主，将其面包车开走；后多次开面包车跟踪某银行运钞车，摸清运钞车情况后，于同年 6 月 8 日将面包车推下山崖。则郑某等人事后毁坏面包车的行为属于不可罚的事后行为（2014/2/87－D）

C. 甲翻进陈某院墙，从厨房灶膛拿走陈某 50 克纯冰毒。甲拿出 40 克冰毒，让乙将 40 克冰毒和 80 克其他物质混合，冒充 120 克纯冰毒卖出。则甲让乙卖出冰毒应定性为甲事后处理所盗赃物，对此不应追究甲的刑事责任（2014/2/91－A）

D. 甲盗窃乙的存折后，假冒乙的名义从银行取出存折中的 5 万元存款。甲的行为构成盗窃罪与诈骗罪（2006/2/59－A）

【疑难辨析】事后不可罚行为（不可罚的事后行为），指在状态犯的场合，利用之前犯罪行为导致的状态或结果的事后行为，如果孤立地看，符合其他犯罪的犯罪构成，具有可罚性；但由于已被之前犯罪行为或状态犯所包括评价，故对其实施的事后行为，没有必要另认定为其他犯罪单独予以处罚。事后不可罚行为的特征为：同一对象、同一法益、前行为已作评价（不再重复评价）。通常事例模型（犯罪后对赃物的处置、兑现，两行为触犯两罪，会重复评价）：（1）实施财产犯罪之后，针对赃物的持有、处分、毁坏行为。（2）非法取得财产凭证、单据、票据之后，为实现价值而实施兑现行为。（3）违禁品犯罪后对违禁品持有。（4）其他数行为可能会引起重复评价的情况，例如先盗窃赃物，之后又对失主敲诈让其出钱赎回赃物等。

【解析】选项 A，（1）在触犯罪名方面，前一行为以非法占有为目的盗窃，触犯盗窃罪；后一行为触犯故意毁坏财物罪。（2）在罪数方面，发现盗得的汽车质量有问题而将汽车推下山崖的，触犯盗窃罪与故意毁坏财物罪。但由于符合同一对象、同一法益、前行为已评价的特征，应当认定为事后不可罚，只按盗窃罪一罪论处，不数罪并罚。

选项 B，（1）在触犯罪名方面，先后实施了两行为抢劫、毁坏行为，实施两行为当时的主观目的分别是非法占有目的、毁坏目的；客观主观相统一分别触犯两罪：抢劫罪、故意毁坏财物罪。（2）在罪数层面，两行为针对同一对象（同一汽车）、侵害同一法益（财产权）、前行为评价为抢劫既遂时已包容了后行为的处分毁坏，故认为后行为故意毁坏财物属于不可罚的事后行为，最终认定构成抢劫罪一罪。

选项 C，（1）甲的前行为触犯盗窃罪，后行为触犯贩卖毒品罪的教唆犯。（2）因前行为侵

---

[1]　B

害的是财产法益，后行为侵害的是社会秩序，前后两行为侵害的不是同一法益，不认为是事后不可罚，应当数罪并罚。(3) 根据《最高人民法院全国部分法院审理毒品犯罪案件工作座谈会纪要 (2008)》第 1 条第 6 款的规定"盗窃、抢夺、抢劫毒品后又实施其他毒品犯罪的，对盗窃罪、抢夺罪、抢劫罪和所犯的具体毒品犯罪分别定罪，依法数罪并罚。"

选项 D，(1) 在触犯罪名方面，前一行为是盗窃（盗窃财产凭证），后一行为是诈骗罪（"三角诈骗"，骗银行而取得乙的钱）。(2) 在罪数方面，后一行为是前一行为的兑现行为，最终都是针对存折上的钱，后行为是事后不可罚，应当以盗窃罪一罪论处。(3) 法条依据，最新解释可参见《最高人民法院、最高人民检察院关于办理盗窃刑事案件适用法律若干问题的解释》(2013) 第 5 条；做题时的老司法解释为《最高人民法院关于审理盗窃案件具体应用法律若干问题的解释》(1998) 第 5 条第 2 项。

2. 陈某在街上趁刘某不备，将其手机（价值 2500 元）夺走。随后陈某反复使用该手机拨打国际长途电话，致使刘某损失话费 5200 元。一周后，陈某将该手机丢弃在某邮局门口，引起保安人员的怀疑。经询问案发。下列有关此案的说法中，哪些是不正确的？[1] (2002/2/33)

A. 对陈某的行为以抢夺罪从重处罚即可
B. 对陈某的行为以盗窃罪从重处罚即可
C. 对陈某的行为以抢夺罪与盗窃罪实行数罪并罚
D. 对陈某的行为以抢夺罪与故意毁坏财物罪实行数罪并罚

【解析】其一，在触犯的罪名方面：(1) 陈某趁被害人刘某不备，将其手机（价值 2500 元）夺走的行为，根据刑法第 267 条第 1 款，构成抢夺罪。(2) 之后，陈某反复使用该手机拨打国际长途电话造成刘某损失话费 5200 元，依据刑法第 265 条以及《最高人民法院、最高人民检察院关于办理盗窃刑事案件适用法律若干问题的解释》第 4 条第 4 项（老的解释是《最高人民法院关于审理盗窃案件具体应用法律若干问题的解释》第 5 条第 1 项之 10 的规定），属"明知是盗接他人电信码号的电信设施而使用"，构成盗窃罪。(3) 将手机丢弃，使物主丧失对其的使用可能性，根据刑法第 275 条，触犯故意毁坏财物罪。

其二，在罪数方面：(1) 对于抢夺罪与故意毁坏财物罪，以非法占有为目的抢夺，抢夺之后使用完毕又毁坏，针对一同对象、侵害同一法益，之后的毁坏财物行为系之前抢夺罪的事后不可罚行为，不再单独定罪。(2) 对于抢夺罪与盗窃罪，抢夺罪的对象是手机本身，之后的使用行为又侵害了电话费，系新的对象、新的法益，而不是对先前犯罪取得的财物进行处分、利用，故不属事后不可罚，应当数罪并罚。故而，陈某最终应以抢夺罪、盗窃罪二罪并罚。

3. 甲窃得一包冰毒后交乙代为销售，乙销售后得款 3 万元与甲平分。关于本案，下列哪一选项是错误的？[2] (2015/2/9)

A. 甲的行为触犯盗窃罪与贩卖毒品罪
B. 甲贩卖毒品的行为侵害了新的法益，应与盗窃罪实行并罚
C. 乙的行为触犯贩卖毒品罪、非法持有毒品罪、转移毒品罪与掩饰、隐瞒犯罪所得罪
D. 对乙应以贩卖毒品罪一罪论处

【解析】本题考查罪数，事后不可罚，吸收犯，以及毒品犯罪。

对于甲盗窃毒品后又销售毒品的行为：(1) 在触犯罪名上，触犯了盗窃罪与贩卖毒品罪（让人代为销售，系贩卖毒品罪的教唆犯）两罪。(2) 在罪数上，前后两行为侵害不同法益，

不认定为事后不可罚（同一对象，同一类法益，前行为已作评价），应当数罪并罚。A、B选项说法正确。

对于乙销售毒品的行为：（1）在触犯罪名上，触犯贩卖毒品罪（正犯）、非法持有毒品罪；因其系贩卖毒品罪的共同犯罪人（本犯），因欠缺期待可能性，不能构成窝藏、转移、隐瞒毒品、毒赃罪（本犯不能构成该罪），也不能构成掩饰、隐瞒犯罪所得罪（本犯不能构成该罪）。（2）在罪数上，贩卖毒品罪与非法持有毒品罪是吸收犯关系，认定为贩卖毒品罪一罪。C选项说法错误，D选项说法正确。

4. 下列哪些说法是错误的？[1]（2006/2/59）

A. 甲盗窃乙的一本存折后，假冒乙的名义从银行取出存折中的5万元存款。甲的行为认定为盗窃罪与诈骗罪

B. 甲盗窃了乙的200克海洛因，因本人不吸毒，就将海洛因转卖给丙。甲的行为认定为盗窃罪和贩卖毒品罪

C. 甲盗窃了博物馆的一件国家珍贵文物，以20万元的价格转卖给乙。甲的行为认定为盗窃罪和倒卖文物罪

D. 甲盗窃了乙的一块名表，以2万元的价格转卖给丙，甲的行为认定为盗窃罪和掩饰、隐瞒犯罪所得罪（原为销售赃物罪）

【解析】 A选项，（1）在触犯罪名方面，前一行为触犯盗窃罪（盗窃财产凭证），后一行为触犯诈骗罪（"三角诈骗"，欺骗银行而取得乙的钱）。（2）在罪数方面，后一行为是前一行为的兑现行为，最终都是针对存折上的钱，后行为是事后不可罚，应当以盗窃罪一罪论处。（3）法条依据，最新解释可参见《最高人民法院、最高人民检察院关于办理盗窃刑事案件适用法律若干问题的解释》（2013）第5条。盗窃记名、可挂失存折后又兑现的，盗窃数额以兑现金额计算，这说明，刑法已将盗窃存折的行为规定为盗窃罪，则之后的冒名兑现虽符合诈骗罪的构成条件，但属事后不可罚行为，不再单独定罪，而只定盗窃罪一罪。故A选项表述错误，当选。

B选项，（1）盗窃毒品的行为可触犯盗窃罪；转卖给丙的行为触犯贩卖毒品罪。（2）罪数方面，依照《最高人民法院关于审理抢劫、抢夺刑事案件适用法律若干问题的意见》第7条规定可知，抢劫、盗窃毒品等违禁品后又以违禁品实施其他犯罪的，应数罪并罚。故B选项表述正确，不当选。

C选项，（1）盗窃博物馆里的珍贵文物，根据刑法第264条构成盗窃罪。（2）但争议在于，之后单纯的违规向个人出卖文物行为可否构成倒卖文物罪？争议的关键在于对倒卖文物罪中的"倒卖"一词如何解释。一种解释是将"倒卖"解释为"低价买进高价卖出或转手贩卖"，即"买后再卖赚取差价"，如此解释，盗窃文物后单纯的出卖的行为就不属"倒卖"，不能构成倒卖文物罪。另一种解释是基于该罪保护的法益出发，认为《文物保护法》规定私人收藏的文物只可向文化行政部门指定的单位出售，从而将"倒卖"解释为"以谋取非法利益为目的，收购、出售国家禁止经营的文物"，单纯的出卖也可构成倒卖文物罪。（3）《最高人民法院、最高人民检察院关于办理妨害文物管理等刑事案件适用法律若干问题的解释》（法释〔2015〕23号）第6条采用了第二种解释，将"倒卖"解释为"出售或者为出售而收购、运输、储存"。故而，行为人后行为触犯倒卖文物罪。（4）在罪数方面，行为人触犯盗窃罪、倒卖文物罪两罪，盗窃之后的行为侵害新的法益，不属事后不可罚（类比于盗窃毒品后又贩卖毒

品），应当数罪并罚。该选项说法正确，不当选。

D 选项，盗窃手表触犯盗窃罪；又销赃的，因本犯欠缺期待可能性，不能构成掩饰、隐瞒犯罪所得罪。故只触犯一罪，不属不可罚的事后行为。故 D 选项表述错误，当选。

考点六　综合题

1. 关于罪数的判断，以下选项正确的有？[1]（2019/客/卷一/仿16，模拟题）

A. "二人以上轮奸"是强奸罪的加重犯规定，而不是特别法条

B. 赵某将盗窃的仿真品（价值4000）冒充真品古董卖给第三人，是不可罚的事后行为

C. 钱某两次入户抢劫、一次持枪抢劫，触犯了两个不同加重犯，应当数罪并罚

D. 周某抢劫陈某后，担心罪行暴露，遂杀害了陈某，构成抢劫罪（致人死亡）、故意杀人罪，系想象竞合

【解析】A 选项，"二人以上轮奸"规定在刑法第263条第3款中，是前文第1、2款规定的强奸罪的情节加重犯。刑法中只有"强奸罪"的罪名，没有"轮奸罪"的罪名，因此不是特别法条。

B 选项，前行为触犯盗窃罪，对象是仿真品；后行为触犯诈骗罪，对象是第三人的钱款。前后两行为针对不同对象、认定为两罪不会重复评价，不属不可罚的事后行为，应当两罪并罚。

C 选项，前后两罪都触犯抢劫罪，尽管属不同的加重犯。但行为性质相同，属连续犯，以一个抢劫罪论处，加重情节累加综合考虑。

D 选项，前行为触犯抢劫罪，被害人死亡结果与前行为抢劫无因果关系，不属抢劫罪（致人死亡），系抢劫罪的基本犯。后行为触犯故意杀人罪，死亡结果系后行为杀人行为导致，有因果关系，属故意杀人罪（既遂）。系两行为触犯两罪，应当两罪并罚。本选项系抢劫之后为灭口则杀人，而不是以杀人为手段实施抢劫（抢劫之时、之中杀人）。

2. 关于罪数的判断，下列哪一选项是正确的？[2]（2017/2/8）

A. 甲为冒充国家机关工作人员招摇撞骗而盗窃国家机关证件，并持该证件招摇撞骗。甲成立盗窃国家机关证件罪和招摇撞骗罪，数罪并罚

B. 乙在道路上醉酒驾驶机动车，行驶20公里后，不慎撞死路人张某。因已发生实害结果，乙不构成危险驾驶罪，仅构成交通肇事罪

C. 丙以欺诈手段骗取李某的名画。李某发觉受骗，要求丙返还，丙施以暴力迫使李某放弃。丙构成诈骗罪与抢劫罪，数罪并罚

D. 已婚的丁明知杨某是现役军人的配偶，却仍然与之结婚。丁构成重婚罪与破坏军婚罪的想象竞合犯

【解析】A 选项，考查牵连犯。甲实施前后二行为分别触犯盗窃国家机关证件罪、招摇撞骗罪，并且具有手段行为、目的行为的关系；但是，由于不是"伪造后诈骗"的定型牵连模式，而是盗窃后诈骗，不能认为二行为之间具有牵连关系，不属牵连犯，不能择一重罪处断，而应数罪并罚。本选项说法正确。

B 选项，本选项考查危险驾驶罪与交通肇事罪之间的关系。本选项中的"构成某罪"系

"触犯某罪的意思"。(1) 在道路上醉酒驾驶机动车,显然已构成(触犯)危险驾驶罪;又因醉酒不慎撞死路人,又构成(触犯)交通肇事罪。(2) 关于罪名的认定,根据刑法第133条之一(危险驾驶罪)第3款的规定:构成危险驾驶罪"同时构成其他犯罪的,依照处罚较重的规定定罪处罚"。由于危险驾驶罪的法定最高刑为拘役,故而构成危险驾驶罪,同时构成交通肇事罪,择一重处,应以构成交通肇事罪。(3) 在法理层面上,因交通肇事罪"违反交通运输管理法规"的行为,可包容"醉酒驾驶机动车"的危险驾驶行为;二罪之间实为整体法与部分法的法条竞合关系(或者结果加重犯与基本犯的关系),应以整体法交通肇事罪一罪论处。(4) 本选项说"乙不构成危险驾驶罪,仅构成交通肇事罪"的说法错误。

C选项,考查事前(事后)不可罚。(1) 如果案情是诈骗之后当场实施暴力,应当认定为转化型抢劫罪一罪(此时诈骗罪与转化型抢劫可以认为是部分法与整体法的法条竞合关系,以整体法抢劫罪一罪论处);(2) 本选项叙述的案情事实,应当是诈骗罪既遂之后,行为人不在当场实施暴力的情况,应当认定前行为触犯诈骗罪;后行为触犯抢劫罪(施以暴力迫使李某放弃)。因二行为针对同一对象,如果以两罪论处,则会造成重复评价,故应认定为事前(事后)不可罚的情况,择一重罪以抢劫罪论处。本选项说法错误。

D选项,考查想象竞合与法条竞合的区分。丁触犯重婚罪与破坏军婚罪,但不属想象竞合犯,而属一般法与特别法的法条竞合,应当以特别法破坏军婚罪一罪论处。本选项说法错误。

3. 关于罪数,下列哪些选项是正确的(不考虑数额或情节)?[1] (2016/2/54)

A. 甲使用变造的货币购买商品,触犯使用假币罪与诈骗罪,构成想象竞合犯

B. 乙走私毒品,又走私假币构成犯罪的,以走私毒品罪和走私假币罪实行数罪并罚

C. 丙先后三次侵入军人家中盗窃军人制服,后身穿军人制服招摇撞骗。对丙应按牵连犯从一重罪处罚

D. 丁明知黄某在网上开设赌场,仍为其提供互联网接入服务。丁触犯开设赌场罪与帮助信息网络犯罪活动罪,构成想象竞合犯

【解析】 A选项,考查想象竞合与法条竞合的区分。触犯使用假币罪与诈骗罪,但不是想象竞合犯,而是整体法与部分法的法条竞合,应当以整体法使用假币罪一罪论处。

B选项,说法正确。考查分则及司法解释规定。依据是《最高人民法院、最高人民检察院关于办理走私刑事案件适用法律若干问题的解释》第22条的规定,在走私的货物、物品中藏匿其它规定的特殊货物、物品,构成犯罪的,以实际走私的货物、物品定罪处罚;构成数罪的,实行数罪并罚。一次走私数种物品都数罪并罚,多次走私数种物品当然也数罪并罚。

C选项,考查连续犯、吸收犯、牵连犯。(1) 丙先后实施的三实行行为分别触犯了非法侵入住宅罪、盗窃罪、招摇撞骗罪。(2) "三次"实施性质相同的行为,是连续犯,以非法侵入住宅罪、盗窃罪论处。(3) 入户+盗窃,是吸收犯,以盗窃罪论处。(4) 在牵连犯方面,不能认为所有的手段行为和目的行为都认定为牵连犯,牵连犯中的牵连关系仅限于"伪造后诈骗"这样的通常的手段和目的("类型说")。不属"伪造后诈骗"的模型,不构成牵连犯,而应数罪并罚。

D选项,考查想象竞合、分则规定。(1) 法条依据是第287条之二(帮助信息网络犯罪活动罪)第1款、第4款,"有前两款行为,同时构成其他犯罪的,依照处罚较重的规定定罪处罚。"《最高人民法院、最高人民检察院、公安部关于办理网络赌博犯罪案件适用法律若干问题的意见》第2条第1款第1项,"明知是赌博网站,而为其提供下列服务或者帮助的,属于

---

[1] BD

开设赌场罪的共同犯罪：（一）为赌博网站提供互联网接入、服务器托管、网络存储空间、通讯传输通道、投放广告、发展会员、软件开发、技术支持等服务，收取服务费数额在 2 万元以上的。"（2）可认为此条规定是一行为触犯数罪，系想象竞合，说法正确。（3）注意：帮助信息网络犯罪活动的行为是"共犯行为正犯化"，应当认定为帮助信息网络犯罪活动罪的正犯，而不是非法利用信息网络罪的帮助犯。

4. 关于罪数的说法，下列哪一选项是错误的？[1]（2008/2/8）

A. 甲在车站行窃时盗得一提包，回家一看才发现提包内仅有一支手枪。因为担心被人发现，甲便将手枪藏在浴缸下。甲非法持有枪支的行为，不属于不可罚的事后行为

B. 乙抢夺他人手机，并将该手机变卖，乙的行为构成抢夺罪和掩饰、隐瞒犯罪所得罪，应当数罪并罚

C. 丙非法行医 3 年多，导致 1 人死亡、1 人身体残疾。丙的行为既是职业犯，也是结果加重犯

D. 丁在绑架过程中，因被害人反抗而将其杀死，对丁不应当以绑架罪和故意杀人罪实行并罚

【解析】A 选项，考查事后不可罚。（1）如果前行为触犯盗窃枪支罪，则事后持有的行为触犯非法持有枪支罪，前后两罪在分则同章之中，系同一对象、同一法益，前行为已作评价（不再重复评价），属于不可罚的事后行为。（2）但本案中行为人在实施前行为时，并不明知对象为枪支，没有盗窃枪支的故意，不能触犯盗窃枪支罪，系客观上盗窃枪支行为 + 主观上盗窃罪故意 = 盗窃罪既遂；事后持有的行为构成非法持有枪支罪。前后两罪分属分则不同章节，侵害不同法益，不是不可罚的事后行为。两罪应当数罪并罚。本选项说法正确。

B 选项，考查罪数认定的前提是触犯数罪。前行为触犯抢夺罪；后行为即变卖手机的行为，因本犯欠缺期待可能性，不触犯掩饰、隐瞒犯罪所得罪。只构成抢夺罪一罪。本选项说法错误。

C 选项，考查集合犯中的职业犯。非法行医罪的构成要求行为人以"行医"为职业，反复、多次实施，为职业犯。根据刑法第 336 条的规定，非法行医，情节严重的，构成非法行医罪。造成就诊人重伤和死亡的，法定刑升格，属于结果加重犯。本选项说法正确。

D 选项，考查分则规定（法条竞合）。刑法第 239 条第 2 款规定，犯绑架罪，杀害被绑架人的，或者故意伤害被绑架人，致人重伤、死亡的，处无期徒刑或者死刑，并处没收财产（注意：《刑法修正案（九）》修正）。即应认定为绑架罪一罪。在原理上，触犯绑架罪、故意杀人罪两罪，如杀人是绑架手段，属整体法与部分法的法条竞合，以整体法绑架罪一罪论处。故本选项说法正确。

5. 关于罪数的认定，下列哪些选项是正确的？[2]（2007/2/57）

A. 甲使用暴力强迫赵某与自己进行商品交易，造成赵某重伤。对甲的行为应以故意伤害罪与强迫交易罪实行并罚

B. 乙借用李某的摩托车后藏匿不想归还。李某要求归还时，乙谎称摩托车被盗。乙欺骗李某的行为不单独构成诈骗罪

C. 丙为杀人而盗窃枪支，未及实施杀人行为而被抓获，丙的行为构成故意杀人（预备）罪与盗窃枪支罪的想象竞合犯

D. 丁盗窃信用卡并使用的行为，属于盗窃罪与信用卡诈骗罪的吸收犯

---

[1] B 　[2] BC

【解析】 A 选项，（1）强迫交易罪并未规定致人重伤加重法定刑，故本案情形不属结果加重犯。（2）而暴力是强迫交易罪的手段行为，同时也是致重伤的行为时，属一行为触犯数罪名的情况，成立想象竞合犯，从一重处理，认定为故意伤害罪（致人重伤），而不是数罪并罚。故选项 A 错误。

B 选项，（1）前行为借用摩托车后非法所有，系合法占有非法所有，构成侵占罪。（2）后行为乙谎称摩托车被盗，欺骗李某，实施了诈骗行为；但财物已在行为人手上，被骗人没有实施处分财产（转移占有）的行为，不符合诈骗罪的构成要件，不构成诈骗罪。故只构成侵占罪一罪。选项 B 正确。

C 选项，（1）丙为杀人而准备犯罪工具，属于故意杀人罪的预备犯，其准备工具行为即盗窃枪支，又触犯了盗窃枪支罪，属于一行为触犯数罪名的情况，成立想象竞合犯，从一重处理，故选项 C 正确。（2）为何不是牵连犯？首先，牵连犯需有数个实行行为，本选项因为杀人行为尚未实行着手，本案只有一个实行行为。其次，即使本选项是先盗枪再杀人有两个实行行为，也不符合"伪造后诈骗"的牵连犯模型，应当数罪并罚。

D 选项，根据刑法第 196 条第 3 款的规定，盗窃信用卡并使用，以盗窃罪论处。对此法条规定的原理如何理解？这涉及单纯的盗窃信用卡行为是否构成盗窃罪的问题。盗窃罪的对象是财物，信用卡是财产凭证。（1）通说认为，信用卡在盗窃、抢劫时具有主观价值（对持卡人具有使用价值），则单纯的盗窃信用卡行为本身可以构成盗窃罪（数额以兑现数额计），后行为冒用行为可触犯信用卡诈骗罪。后两行为是盗窃之后实现信用卡价值的行为，符合不可罚的事后行为的原理，应当理解为事后不可罚。最终以盗窃罪一罪论处。则前述法条是对事后不可罚的提示规定。两罪之间不是吸收犯的关系（吸收犯要求前后两行为是"必经阶段、必然结果"的关系）。（2）少数说法认为，信用卡本身不具有价值，单纯的盗窃信用卡行为本身难以构成盗窃罪。后续的冒用信用卡的行为可构成信用卡诈骗罪。而刑法却规定为盗窃罪。则前述法条为拟制规定。也不属于吸收犯（吸收犯要求数行为均构成犯罪）。故选项 D 错误。

考点七　刑法分则及刑法解释规定的常考罪数情况

1. 下列哪些情形不能数罪并罚？[1]（2010/2/58）
A. 投保人甲，为了骗取保险金杀害被保险人（之后再骗保）
B. 15 周岁的甲，盗窃时拒捕杀死被害人
C. 司法工作人员甲，刑讯逼供致被害人死亡
D. 运送他人偷越边境的甲，遇到检查将被运送人推进大海溺死

【解析】 选项 A，根据刑法第 198 条第 2 款规定，为骗取保险金杀害被保险人的，应当依照数罪并罚的规定处罚，本选项认定为保险诈骗罪和故意杀人罪两罪，数罪并罚。

选项 B，根据《最高人民法院关于审理未成年人刑事案件具体应用法律若干问题的解释》第 10 条，已满 14 周岁不满 16 周岁的人盗窃、诈骗、抢夺他人财物，为窝藏赃物、抗拒抓捕或者毁灭罪证，当场使用暴力，故意伤害致人重伤或者死亡，或者故意杀人的，应当分别以故意伤害罪或者故意杀人罪定罪处罚，即以手段行为定罪。因甲对盗窃行为不承担刑事责任，不构成转化型抢劫罪。本选项认定为故意杀人罪一罪，不数罪并罚。

---

[1]　BC

选项 C，根据刑法第 247 条规定，刑讯逼供致被害人死亡的，以故意杀人罪一罪论处，此为转化犯（想象竞合的提示规定）。

选项 D，根据刑法第 221 条第 3 款的规定，运送他人偷越（边）境时对被运送人有杀害行为的，依照数罪并罚的规定处罚。本选项认定为运送他人偷越（边）境和故意杀人罪两罪，应数罪并罚。注意：本选项是运送中故意杀人（"推进大海溺死"），而不是过失致死，不适用第 221 条第 2 款的规定"造成被运送人重伤、死亡"（此款为过失致死）的结果加重犯情形。

2. 对下列哪一情形应当实行数罪并罚？[1]（2006/2/7）

A. 在走私普通货物、物品过程中，以暴力、威胁方法抗拒缉私的

B. 在走私毒品过程中，以暴力方法抗拒检查，情节严重的

C. 在组织他人偷越国（边）境过程中，以暴力方法抗拒检查的

D. 在运送他人偷越国（边）境过程中，以暴力方法抗拒检查的

【解析】选项 A，刑法第 157 第 2 款的规定，以暴力、威胁方法抗拒缉私的，以走私罪和妨害公务罪数罪并罚。

选项 B，刑法第 347 条第 2 款第（4）项，按走私毒品罪加重犯处罚。

选项 C，刑法第 318 条第 1 款第（5）项，按组织他人偷越国（边）境罪加重犯处罚。

选项 D，刑法第 321 条第 2 款，按运送他人偷越国（边）境罪加重犯处罚。

3. 下列哪些犯罪行为应按数罪并罚的原则处理？[2]（2003/2/36）

A. 拐卖妇女又奸淫被拐卖妇女

B. 司法工作人员枉法裁判又构成受贿罪

C. 参加黑社会性质组织又杀人

D. 组织他人偷越国边境又强奸被组织人

【解析】选项 A，根据刑法第 240 条，拐卖妇女又奸淫被拐卖妇女的，按照拐卖妇女罪的加重犯，不实行数罪并罚。

选项 B，根据刑法第 399 条，司法工作人员枉法裁判又构成受贿罪的，从一重罪处罚，不实行数罪并罚。

选项 C，根据刑法第 294 条第 3 款，犯组织、领导黑社会性质组织罪和参加黑社会性质组织罪，又有其他犯罪行为的，依照数罪并罚的规定处罚。

选项 D，根据刑法第 318 条第 2 款，犯组织他人偷越国（边）境罪，对被组织人有强奸、拐卖等犯罪行为的，依照数罪并罚的规定处罚。

4. 关于罪数的认定，下列哪些选项是错误的？[3]（2011/2/56）

A. 引诱幼女卖淫后，又容留该幼女卖淫的，应认定为引诱、容留卖淫罪

B. 既然对绑架他人后故意杀害他人的不实行数罪并罚，那么对绑架他人后伤害他人的就更不能实行数罪并罚

C. 盗窃汽车后，发现盗得的汽车质量有问题而将汽车推下山崖的，成立盗窃罪与故意毁坏财物罪，应当实行并罚

D. 明知在押犯脱逃后去杀害证人而私放，该犯果真将证人杀害的，成立私放在押人员罪与故意杀人罪，应当实行并罚

【解析】A 选项，引诱幼女卖淫，触犯引诱幼女卖淫罪；容留该幼女卖淫的，触犯容留卖淫罪。本案应当以引诱幼女卖淫罪、容留卖淫罪两罪，数罪并罚。

---

[1] A [2] CD [3] ACD（当年正确答案为 ABCD）

B选项，刑法规定的结果加重犯（结合犯）都只以刑法明文规定为限。（1）在考试当时，刑法只规定绑架他人后故意杀害他人的，认定绑架罪。故意杀害被绑架人，不实行数罪并罚；没有对绑架他人后伤害他人的行为进行规定，则绑架他人后伤害他人，应当按绑架罪、故意伤害罪，数罪并罚。故而在考试当时，B选项的说法错误，当选。（2）但在现在，《刑法修正案（九）》将前述法条修正为：犯绑架罪，"杀害被绑架人的，或者故意伤害被绑架人，致人重伤、死亡的，处无期徒刑或者死刑，并处没收财产"。故而在现在：绑架他人后故意伤害他人致重伤、死亡的，认定为绑架罪一罪，不数罪并罚。绑架他人时故意伤害他人致人轻伤的，如轻伤行为同时是绑架的手段，系想象竞合，也不数罪并罚。B选项的说法正确，不当选。（3）当然，如果绑架行为与伤害行为不是同一行为，还是可以数罪并罚的。

C选项，发现盗得的汽车质量有问题而将汽车推下山崖的，二行为分别触犯盗窃罪与故意毁坏财物罪。但由于符合同一对象、对一法益、前行为已评价的特征，应当认定为事后不可罚，只按盗窃罪一罪论处，不数罪并罚。

D选项，证人的死亡只与在押犯的杀人行为有因果关系，与私放行为无因果关系，不能构成故意杀人罪。只构成私放在押人员罪一罪，不数罪并罚。

专题十　刑罚体系

(1) 管制、拘役	禁止令（适用对象、内容、时限）；社区矫正
(2) 死刑	死刑的适用对象、死缓的变更、死缓的限制减刑
(3) 附加刑	剥夺政治权利；罚金；没收财产（以及正当债务返还）
(4) 职业禁止令	对象、期限，与行政法关系
(5) 犯罪物品处理	违禁品和供犯罪所用的本人财物，予以没收；追缴，责令退赔，及时返还

考点一　管制、拘役；禁止令、社区矫正

1. 依据法律规定，在管制的判决和执行方面，下列说法哪些是不正确的？[1]（2003/2/45）

A. 管制的期限为 3 个月以上 2 年以下，数罪并罚时不得超过 3 年

B. 被判处管制的犯罪分子，由公安机关执行

C. 对于被判处管制的犯罪分子，在劳动中应酌量发给报酬

D. 管制的刑期从判决执行之日起计算，判决执行以前先行羁押的，羁押 1 日折抵刑期 1 日

【解析】本题考查管制的相关规定。

A 选项，刑法第 38 条规定，管制的期限，为 3 个月以上 2 年以下，数罪并罚最高不能超过 3 年。A 选项正确。

B 选项，第 38 条第 3 款规定，被判处管制的犯罪分子，实行社区矫正；应当由社区矫正机构（一般是司法行政机关）执行。B 选项错误，当选（注：在法律职业资格考试当时即 2003 年，刑法中尚未规定社区矫正，此选项说法当时是正确，不当选）。

C 选项，刑法第 39 条的规定，对于被判处管制的犯罪分子，在劳动中应当"同工同酬"，C 选项错误。在劳动中应"酌量发给报酬"的，是对判处拘役的犯罪分子的执行内容。

D 选项，刑法第 41 条的规定，管制的刑期，从判决执行之日起计算；判决执行以前先行羁押的，羁押 1 日折抵刑期 2 日，D 选项错误。

2. 关于禁止令，下列哪些选项是错误的？[2]（2012/2/56）

A. 甲因盗掘古墓葬罪被判刑 7 年，在执行 5 年后被假释，法院裁定假释时，可对甲宣告禁止令

---

[1]　BCD（当年正确答案为 CD）　　[2]　ACD

B. 乙犯合同诈骗罪被判处缓刑，因附带民事赔偿义务尚未履行，法院可在禁止令中禁止其进入高档饭店消费

C. 丙因在公共厕所猥亵儿童被判处缓刑，法院可同时宣告禁止其进入公共厕所

D. 丁被判处管制，同时被禁止接触同案犯，禁止令的期限应从管制执行完毕之日起计算

【解析】本题考查禁止令的适用。禁止令的适用对象（两种人）：被判处管制；被宣告缓刑。禁止令的内容（三类禁止）：禁止从事特定活动，禁止进入特定区域、场所，禁止接触特定的人。具体规定参见最高人民法院、最高人民检察院、公安部、司法部《关于对判处管制、宣告缓刑的犯罪分子适用禁止令有关问题的规定》。

A选项，禁止令适用的对象只包括被判处管制、被宣告缓刑的犯罪人，不包括被裁定假释的犯罪人。

B选项，根据前述禁止令内容"禁止从事特定活动"第4项，附带民事赔偿义务未履行完毕、违法所得未追缴、退赔到位，或者罚金尚未足额缴纳的，禁止从事高消费活动。

C选项，禁止令禁止的内容不能严重影响一般的日常生活；前述"禁止进入特定区域、场所"不包括此项内容。

D选项，禁止令的期限，从管制、缓刑执行之日起算。

考点二　死　刑

1. 下列情形不适用死刑的有？[1]（2005/2/91）
A. 审判的时候怀孕的妇女　　　　B. 羁押受审期间已自然流产的妇女
C. 羁押受审期间已人工流产的妇女　　D. 犯罪时不满18周岁的人

【解析】根据刑法第49条第1款以及《最高人民法院关于对怀孕妇女在羁押期间自然流产审判时是否可以适用死刑问题的批复》的规定，犯罪时不满18周岁的人不适用死刑，审判时怀孕的妇女不得适用死刑，其中包括涉嫌犯罪在羁押期间自然流产或者人工流产的妇女。故ABCD项都不适用死刑。

2. 审判的时候怀孕的妇女依法不适用死刑。对这一规定的理解，下列哪一选项是错误的？[2]（2007/2/4）
A. 关押期间人工流产的，属于审判的时候怀孕的妇女
B. 关押期间自然流产的，属于审判的时候怀孕的妇女
C. 不适用死刑，是指不适用死刑立即执行但可适用死缓
D. 不适用死刑，既包括不适用死刑立即执行，也包括不适用死缓

【解析】本题考查禁止适用死刑的对象，对"审判时怀孕的妇女"禁止适用死刑的理解。"不适用死刑"，既包括不适用死刑立即执行，也包括不适用死刑缓期二年执行。"怀孕"：包括此期间正怀孕，自然流产和人工流产。

3. 依据法律规定，下列关于死刑的说法哪些是不正确的？[3]（2003/2/33）
A. 对不属于罪行极其严重的犯罪分子，既不能判处死刑立即执行，也不能判处死刑缓期执行

B. 死刑缓期执行的判决，可以由高级人民法院核准

---

[1]　ABCD　[2]　C　[3]　CD

C. 对犯罪时不满 18 周岁的人，不能判处死刑立即执行，但可以判处死刑同时宣告缓期二年执行

D. 对审判时怀孕的妇女，可以判处死刑，但必须在其生育或者流产后才能执行死刑判决

【解析】A 选项，C 选项，这里的不适用死刑，既包括不适用死刑立即执行，也包括不适用死刑缓期二年执行。

B 选项，死刑缓期执行的判决，可以由"高级人民法院"核准。死刑立即执行，才都应当报请"最高人民法院"核准。

D 选项，审判时怀孕的妇女，不得适用死刑，即不得判决、不得执行。

4. 孙某因犯抢劫罪被判处死刑缓期二年执行。在死刑缓期执行期间，孙某在劳动时由于不服管理，违反规章制度，造成重大伤亡事故。对孙某应当如何处理？[1] (2004/2/14)

A. 其所犯之罪查证属实的，由最高人民法院核准，立即执行死刑

B. 其所犯之罪查证属实的，由最高人民法院核准，2 年期满后执行死刑

C. 2 年期满后减为无期徒刑

D. 2 年期满后减为 15 年以上 20 年以下有期徒刑

【解析】本题考查死缓的变更。孙某是死缓期间构成是过失犯罪，根据刑法第 50 条的规定，在死刑缓期执行期间，如果没有故意犯罪，2 年期满以后，减为无期徒刑。故选 C。至于死缓期间过失犯罪如何处罚，应当按"先减后并"原则，（死缓－死缓期）并过失犯罪，仍继续执行死缓即可。注意：《刑法修正案（九）》对死缓的变更进行了修正，不影响本选项的结论。

5. 根据有关立法及司法解释的规定，对被判处死刑缓期执行的被告人可以同时决定对其限制减刑，因而涉及相关诉讼程序方面的问题。关于犯罪分子可以适用死刑缓期执行限制减刑的案件，下列选项正确的是[2] (2011/2/92)

A. 绑架案件   B. 抢劫案件

C. 爆炸案件   D. 有组织的暴力性案件

【解析】本题考查死刑的限制减刑。根据刑法第 50 条第 2 款，死刑的限制减刑适用于累犯、7 种暴力犯罪（故意杀人、强奸、抢劫、绑架、放火、爆炸、投放危险物质）、有组织暴力犯罪被判死缓的犯罪人。

考点三　剥夺政治权利

1. 下列有关剥夺政治权利的说法，哪些是正确的？[3] (2002/2/45)

A. 刑法总则规定，对于故意杀人、强奸等严重破坏社会秩序的犯罪分子，可以附加剥夺政治权利。因此，对于严重盗窃、故意重伤等犯罪分子，也可以附加剥夺政治权利

B. 附加剥夺政治权利的刑期，从徒刑执行完毕之日或从假释之日起计算，剥夺政治权利的效力当然施用于主刑执行期间

C. 被剥夺政治权利的犯罪分子，无权参加村民委员会的选举

D. 刑法总则规定："对于危害国家安全的犯罪分子应当附加剥夺政治权利"。但如果人民法院对危害国家安全的犯罪分子独立适用剥夺政治权利，则不能再附加剥夺政治权利

---

[1] C　[2] ABCD　[3] ABCD

【解析】A 选项，参见《最高人民法院关于对故意伤害、盗窃等严重破坏社会秩序的犯罪分子能否附加剥夺政治权利问题的批复》，说法正确。

B 选项，根据刑法第 58 条，附加剥夺政治权利的刑期，从徒刑执行完毕之日或从假释之日起计算，剥夺政治权利的效力当然施用于主刑执行期间。

C 选项，本项说法正确，但其法律依据是全国人大常委会制定的《村民委员会组织法》第 12 条，而不是刑法第 54 条。刑法第 54 条的选举权和被选举权所涉选举，指国家政治权力性质的选举，如各级人大代表、政协委员、政府官员的选举；村民委员会是村民自治组织，其选举活动不属国家政治选举。

D 选项，附加刑或者附加于主刑适用，或者单独适用，单独适用时当然不能再附加。

2. 下列关于剥夺政治权利附加刑如何执行问题的说法哪些是正确的？[1]（2005/2/53）

A. 被判处无期徒刑的罪犯，一般要剥夺政治权利，其刑期与主刑一样，同时执行

B. 被判处有期徒刑的罪犯，被剥夺政治权利的，从有期徒刑执行完毕或假释之日起，执行剥夺政治权利附加刑

C. 被判处拘役的罪犯，被剥夺政治权利的，从拘役执行完毕或假释之日起，执行剥夺政治权利附加刑

D. 被判处管制的罪犯，被剥夺政治权利的，附加刑与主刑刑期相等，同时执行

【解析】A 选项，（1）根据刑法第 57 条的规定，对于判处无期徒刑的犯罪分子，应当剥夺政治权利终身，"应当"指必须。所以"一般要剥夺政治权利"的表述错误。（2）"其刑期与主刑一样"也错误，"对于被判处死刑、无期徒刑的犯罪分子，应当剥夺政治权利终身。在死刑缓期执行减为有期徒刑或者无期徒刑减为有期徒刑的时候，应当把附加剥夺政治权利的期限改为三年以上十年以下。"

B 选项，符合刑法第 58 条的规定，正确。

C 选项，与刑法第 58 条的规定字面是一样的。当然，拘役刑不存在假释的情况，"或假释之日起"说法不周延，是命题者的笔误。

D 选项，符合刑法第 55 条的规定，正确。

考点四　罚　金

1. 刑法分则某条文规定："犯 A 罪的，处 3 年以下有期徒刑，并处或者单处罚金"。被告人犯 A 罪，但情节较轻，且其身无分文。对此，下列哪一判决符合该条规定？[2]（2002/2/1）

A. 甲法官以被告人身无分文为由，判处有期徒刑 6 个月

B. 乙法官以被告人身无分文且犯罪情节较轻为由，判处有期徒刑 2 年

C. 丙法官以被告人的犯罪情节较轻为由，判处拘役 3 个月

D. 丁法官以被告人的犯罪情节较轻为由，判处罚金 1000 元

【解析】（1）"并处或者单处罚金"的意思是"一定"要科处罚金，故 A、B、C 选项不正确。即使被告人没有履行能力，也必须判处罚金。法条依据是《最高人民法院关于适用财产刑若干问题的规定》第 1 条：刑法规定"并处"没收财产或者罚金的犯罪，人民法院在对犯罪分子判处主刑的同时，必须依法判处相应的财产刑；刑法规定"可以并处"没收财产或者罚

金的犯罪，人民法院应当根据案件具体情况及犯罪分子的财产状况，决定是否适用财产刑。第2条：人民法院应当根据犯罪情节，如违法所得数额、造成损失的大小等，并综合考虑犯罪分子缴纳罚金的能力，依法判处罚金。亦即，"缴纳罚金的能力"不是决定因素，只是考虑因素。（2）选项C中的宣判刑的主刑为拘役，即使是因犯罪情节较轻而"减轻"，在法定刑"3年以下有期徒刑"以下判处主刑，也必须判决罚金。（3）D选项正确，可以不判主刑，但必须单处罚金。

2. 甲在一刑事附带民事诉讼中，被法院依法判处罚金并赔偿被害人损失，但甲的财产不足以全部支付罚金和承担民事赔偿。下列关于如何执行本案判决的表述哪一项是正确的？[1]（2005/2/5）

A. 刑事优先，应当先执行罚金　　　　B. 应当先承担民事赔偿责任
C. 按比例执行罚金和承担民事赔偿责任　　D. 承担民事赔偿责任后减免罚金

【解析】本题考查罚金与民事赔偿的执行顺序。罚金、没收财产刑，系刑事责任，在财产不足以执行民事赔偿责任时，民事赔偿均优于刑事责任。财产不足时进行民事赔偿责任和执行罚金时，应当选先承担民事赔偿责任，余下部分再缴纳罚金。对于选项D，罪犯暂时无力缴纳罚金的，可以以后有缴纳能力时再缴纳。因民事赔偿与罚金性质不同，不能充折。承担民事赔偿责任后，不能减免罚金。法条依据参见《最高人民法院关于刑事裁判涉财产部分执行的若干规定》第13条第1款：被执行人在执行中同时承担刑事责任、民事责任，其财产不足以支付的，按照下列顺序执行：（一）人身损害赔偿中的医疗费用；（二）退赔被害人的损失；（三）其他民事债务；（四）罚金；（五）没收财产。

考点五　没收财产

1. 关于没收财产，下列哪些选项是错误的？[2]（2010/2/56）

A. 甲受贿100万元，巨额财产来源不明200万元，甲被判处死刑并处没收财产。甲被没收财产的总额至少应为300万元

B. 甲抢劫他人汽车被判处死刑并处没收财产。该汽车应上缴国库

C. 甲因走私罪被判处无期徒刑并处没收财产。此前所负赌债，经债权人请求应予偿还

D. 甲因受贿罪被判有期徒刑10年并处没收财产30万元，因妨害清算罪被判有期徒刑3年并处罚金2万元。没收财产和罚金应当合并执行

【解析】选项A，（1）关于涉案财物及没收，刑法第64条规定有犯罪物品的处理，59条规定的"没收财产刑罚"。二者不能混同。在司法实务中，应当首先根据第64条追缴违法所得、没收违禁品和犯罪工具。"犯罪分子违法所得的一切财物，应当予以追缴或者责令退赔；对被害人的合法财产，应当及时返还；违禁品和供犯罪所用的本人财物，应当予以没收。没收的财物和罚金，一律上缴国库，不得挪用和自行处理。"然后，在判决中，如判决第59条规定的"没收财产刑罚"，则没收犯罪分子个人所有（合法）财产的一部或者全部。亦即，先处理犯罪物品，这是行政和刑事强制措施；执行没收财产刑时再没收归犯罪分子个人合法所有的财物，这是刑罚种类。（2）选项A中的受贿所得贿赂款、巨额财产来源不明涉案款项共计300万元，均为犯罪所得，应当追缴并退赔；不属个人合法财产，不是没收财产刑的没收对象。对甲

判处没收财产刑时，应当依照刑法第385、383、59条之规定，以及《最高人民法院关于适用财产刑若干问题的规定》，根据犯罪性质、情节裁量，没收其合法财产的一部或全部，与300万元无关。故选项A说法错误。

选项B，根据前述第64条中段，"对被害人的合法财产，应当及时返还"，对于汽车应返还被害人而不是上缴国库，故选项B说法错误。

选项C，根据刑法第60条，没收财产以前犯罪分子所负的正当债务，需要以没收的财产偿还的，经债权人请求，应当偿还。前述《最高人民法院关于适用财产刑若干问题的规定》第7条将其解释为"犯罪分子在判决生效前所负他人的合法债务"。甲所负赌债不属"合法债务"，故不予偿还。选项C说法错误。

选项D，（1）根据前述司法解释第3条第2款前半句，一人犯数罪依法同时并处罚金和没收财产的，应当合并执行。故选项D在考试当年说法正确。（2）但是，《刑法修正案（八）》将原刑法修正为"附加刑种类相同的，合并执行，种类不同的，分别执行"。现在正确的说法应当是"分别执行"，亦即都执行，如果财产不足于执行，应该先执行罚金，再执行没收财产。选项D说法错误。

2. 关于没收财产，下列哪一选项是正确的？[1]（2009/2/9）

A. 甲抢劫数额巨大，对其可以判处罚金一万元并处没收财产

B. 乙犯诈骗罪被判处没收全部财产时，法院对乙未满18周岁的子女应当保留必需的生活费用，对乙的成年家属不必考虑

C. 丙盗窃珍贵文物情节严重，即便其没有可供执行的财产，亦应当判处没收财产

D. 丁为治病向李某借款5万元，1年后丁因犯罪被判处没收财产。无论李某是否提出请求，一旦法院发现该债务存在，就应当判决以没收的财产偿还

【解析】本题AC选项考查的具体罪名的法定刑规定（没收财产的规定）。BD选项考查罚金刑的执行。

选项A，根据刑法第263条，抢劫数额巨大的，处十年以上有期徒刑、无期徒刑或者死刑，并处罚金或者没收财产，是"或者"。故对甲判处罚金并处没收财产是错误的。从财产刑的属性分析，罚金和没收财产不能对同一犯罪行为同时适用。一人犯数罪依法同时并处罚金和没收财产的，应当分别执行。故此选项错误。

选项B，根据刑法第59条，没收全部财产的，应当对犯罪分子个人及其扶养的家属保留必需的生活费用。既包括未成年家属，也包括成年家属，只要是乙扶养的家属都应当保留必需的生活费用。法院只考虑乙的未成年子女，不考虑成年家属的做法是不正确的。

选项C，（1）根据本题考试当时（2009年）的刑法（《刑法修正案（八）》生效之前的刑法和司法解释）第264条的规定，盗窃珍贵文物情节严重的，处无期徒刑或者死刑，并处没收财产。"并处"说明必处。故此选项在考试当时正确。（2）现行刑法已经废除盗窃罪的死刑规定，修正为：犯盗窃罪数额特别巨大或者有其他特别严重情节的，处十年以上有期徒刑或者无期徒刑，并处罚金或者没收财产。故而"应当判处没收财产"（必处）的说法错误。

选项D，根据刑法第60条、《最高人民法院关于适用财产刑若干问题的规定》第7条，没收财产以前犯罪分子所负的正当债务，需要以没收的财产偿还的，经债权人请求，应当偿还。据此，必须经债权人请求，才能偿还。

---

[1] 无（当年正确答案为C）

考点六　非刑罚处罚措施（职业禁止令等）

关于职业禁止，下列哪一选项是正确的？[1]（2016/2/9）

A. 利用职务上的便利实施犯罪的，不一定都属于"利用职业便利"实施犯罪

B. 行为人违反职业禁止的决定，情节严重的，应以拒不执行判决、裁定罪定罪处罚

C. 判处有期徒刑并附加剥夺政治权利，同时决定职业禁止的，在有期徒刑与剥夺政治权利均执行完毕后，才能执行职业禁止

D. 职业禁止的期限均为3年至5年

【解析】A选项，根据刑法第37条之一第1款，职业禁止适用的对象是"因利用职业便利实施犯罪，或者实施违背职业要求的特定义务的犯罪"。按照文理解释，职务便利是一种特殊的职业便利，故而"利用职业便利"实施犯罪，包括利用职务上的便利实施犯罪；利用职务上的便利实施犯罪的，一定都属于"利用职业便利"实施犯罪。

B选项，第37条之一第2款的规定："被禁止从事相关职业的人违反人民法院依照前款规定作出的决定的，由公安机关依法给予处罚；情节严重的，依照本法第三百一十三条的规定（拒不执行判决、裁定罪）定罪处罚。"

C选项，职业禁止的起算"自刑罚执行完毕之日或者假释之日起"，其中的"刑罚执行完毕"是指主刑执行完毕，而不是包括附加刑。故C选项应在有期徒刑执行完毕后，就能执行职业禁止，不必等到剥夺政治权利均执行完毕。

D选项，第37条之一第1款规定职业禁止的"期限为三年至五年"，但第3款规定"其他法律、行政法规对其从事相关职业另有禁止或者限制性规定的，从其规定。"当其他法律、行政法规规定的职业禁止的期限不是3年至5年时，例如，《证券法》第233条第1、2款规定可以职业禁止终身，应当适用其他法律、行政法规规定。此时期限就不再是3年至5年。错在"均"字。

考点七　犯罪物品的处理

1. 刑法第64条前段规定："犯罪分子违法所得的一切财物，应当予以追缴或者责令退赔"。关于该规定的适用，下列哪一选项是正确的？[2]（2016/2/8）

A. 甲以赌博为业，但手气欠佳输掉200万元。输掉的200万元属于赌资，应责令甲全额退赔

B. 乙挪用公款炒股获利500万元用于购买房产（案发时贬值为300万元），应责令乙退赔500万元

C. 丙向国家工作人员李某行贿100万元。除向李某追缴100万元外，还应责令丙退赔100万元

D. 丁与王某共同窃取他人财物30万元。因二人均应对30万元负责，故应向二人各追缴30万元

---

〔1〕 B 〔2〕 B

【疑难辨析】刑法第 64 条的全文是："犯罪分子违法所得的一切财物，应当予以追缴或者责令退赔；对被害人的合法财产，应当及时返还；违禁品和供犯罪所用的本人财物，应当予以没收。没收的财物和罚金，一律上缴国库，不得挪用和自行处理。"该条应当这样理解：（1）对于违法所得财物，如违法所得财物存在，则应当追缴。追缴之后，对被害人的合法财产，应当及时返还；对于其它的财物，应当没收上缴国库。（2）如违法所得财物已不再存在，造成他人损失的，则应当责令退赔。（3）违禁品和供犯罪所用的本人财物，应当予以没收。

【解析】A 选项，追缴或者责令退赔的是"违法所得"，而不是"违法所失"。本选项中 200 万元属于赌资，但系甲本人输掉的钱，是"违法所失"，而不是"违法所得"。

B 选项，追缴或者责令退赔的是"违法所得"，不仅包括违法所得的财物本身，也包括违法所得的财物产生的收益（即犯罪产生的收益）。挪用公款炒股获利所得，属于犯罪产生的收益，系"违法所得的财物"，数额系 500 万元。因违法所得财物被消费用于购买房产，已不存在，故而应当责令退赔。

C 选项，受贿人受贿所得系"违法所得"，应当予以追缴；但对于行贿人而言，送出的钱款系"违法所失"，不是"违法所得"，不能责令退赔。因两罪对象同一，只要对该 100 万元进行一次追缴。

D 选项，窃取他人财物 30 万元，系"违法所得"，应当追缴；并且属于被害人的合法财产，追缴后应当及时返还。二人"违法所得"共计 30 万元，追缴数额共计 30 万元。在共同犯罪中，"违法所得的财物"，指整体共同犯罪所得财物，不是指各共犯人的"犯罪数额"；对于各共犯人而言，是指各共犯人的"分赃所得财物"。

2. 李某因涉嫌多次盗窃被检察院提起公诉。法院判处李某盗窃罪并对其盗窃所得的赃款赃物进行追缴。以下哪些赃款赃物依法应当予以追缴？[1]（2018/客/卷一/12 仿，模拟题）

A. 李某将盗窃所得的价值 100 万元却以 10 万元卖给古玩店的古董

B. 李某赠予其女友的价值 1 万元的金项链

C. 李某通过网络二手买卖平台将价值 8000 元而以 6000 元转卖他人的智能手机

D. 李某用于偿还赌债的 4 万元盗窃赃款

【解析】刑法第 64 条规定："犯罪分子违法所得的一切财物，应当予以追缴或者责令退赔。"对于赃物转移给第三人的，《最高人民法院关于刑事裁判涉财产部分执行的若干规定》第 11 条规定：被执行人将刑事裁判认定为赃款赃物的涉案财物用于清偿债务、转让或者设置其他权利负担，具有下列情形之一的，人民法院应予追缴：（一）第三人明知是涉案财物而接受的；（二）第三人无偿或者以明显低于市场的价格取得涉案财物的；（三）第三人通过非法债务清偿或者违法犯罪活动取得涉案财物的；（四）第三人通过其他恶意方式取得涉案财物的。第三人善意取得涉案财物的，执行程序中不予追缴。作为原所有人的被害人对该涉案财物主张权利的，人民法院应当告知其通过诉讼程序处理。

A 选项，属第三人以明显低于市场的价格取得，不属善意取得，可予追缴。

B 选项，第三人无偿取得，不属善意取得，可予追缴。

C 选项，第三人在市场上购得，价格并不悬殊，属善意取得，不予追缴。

D 选项，第三人通过非法债务清偿或者违法犯罪活动取得涉案财物，可予追缴。

---

[1] ABD

专题十一　刑罚的裁量

（1）累犯	一般累犯；特别累犯
（2）自首	一般自首；特别自首
（3）立功	协助抓捕同案犯、揭发同案犯犯罪事实；共同犯罪中自首、坦白与立功区分
（4）数罪并罚	简单并罚；漏罪并罚、新罪并罚

考点一　量刑的基本规则以及量刑情节的分类

1. 甲在所开报亭和乙发生矛盾，冲突中甲用水果刀刺中乙。路人丙看见后报警，甲见丙报警后留在原地等待。经鉴定，水果刀刺中乙脖颈后方10厘米深，伤害损伤为轻微伤。关于甲的行为，下列选项说法正确的有？[1]（2021/客/卷一/仿6，模拟题）

A. 乙受伤程度轻微，甲不构成犯罪

B. 甲严重伤害乙，构成故意伤害罪；但由于甲属于过激伤人，可从轻、减轻或者免除处罚

C. 甲刺中乙后本可以继续刺击，但甲并未继续实施，甲构成犯罪中止

D. 甲见丙报警后留在原地等待的情节构成自首

【解析】本题考查故意的认定、犯罪形态、量刑情节。

在具体故意的判断和罪名认定上，根据甲刺乙的部位（脖颈后方）和力度（10厘米深），是朝致命部位猛刺；客观上具有杀死的极度危险，主观上也明知死亡结果，有杀人故意（不仅是伤害故意），根据刑法第232条，构成故意杀人罪。尽管最终的实害结果是轻微伤，但仍有杀死危险。选项A、B错误。

在犯罪形态上，行为人主观上认为没有客观障碍而放弃、有效阻止了死亡结果的发生，构成故意杀人罪的犯罪中止。因为可以继续刺击，故可认为是自动放弃重复侵害；而不能只看第一次动作，就认定为未遂。选项C正确。

在量刑情节上，（1）甲见丙报警后留在原地等待，根据《最高人民法院关于处理自首和立功若干具体问题的意见》第1条第1款第2项"明知他人报案而在现场等待，抓捕时无拒捕行为，供认犯罪事实的"，构成一般自首。（2）关于选项B后半句的"激情"犯罪，不是法定从宽情况，也不在司法解释明文规定的酌定情节中，但涉及的动机要素可认为是酌定情节。但是，无论如何，根据刑法第63条规定，除非"根据案件的特殊情况，经最高人民法院核准"，

---

[1]　CD

都不可以"减轻或者免除处罚"。故说法错误。

2. 假如甲罪的法定刑为"3年以上10年以下有期徒刑"，下列关于量刑的说法正确的是?[1] (2004/2/85)

A. 如果法官对犯甲罪的被告人判处7年以上10年以下有期徒刑，就属于从重处罚；如果判处3年以上7年以下有期徒刑，就属于从轻处罚

B. 法官对犯甲罪的被告人判处3年有期徒刑时，属于从轻处罚与减轻处罚的竞合

C. 由于甲罪的法定最低刑为3年以上有期徒刑，所以，法官不得对犯甲罪的被告人宣告缓刑

D. 如果犯甲罪的被告人不具有刑法规定的减轻处罚情节，法官就不能判处低于3年有期徒刑的刑罚，除非根据案件的特殊情况，报经最高人民法院核准

【解析】选项A，从重、从轻处罚指根据犯罪行为人的具体犯罪行为，在确定基本的刑罚幅度（基准刑）后，在此基础上从重、从轻。基准刑并不指法定刑罚幅度的中线，故而选项A理解的从重、从轻有误。

选项B，根据刑法第99条的规定，刑法所称以上、以下、以内，包括本数。因此，3年以上10年以下有期徒刑是指从3年到10年有期徒刑。而根据刑法第63条第1款规定，犯罪分子具有本法规定的减轻处罚情节的，应当在法定刑以下判处刑罚，不包含本数在内。判处3年是在3年以上10年以下的幅度内，属于从轻处罚，而不是减轻处罚。选项B错误。

选项C，法定最低刑为3年以上有期徒刑时，可能判处3年有期徒刑。根据刑法第72条第1款规定，对于被判处拘役、3年以下有期徒刑的犯罪分子，可以缓刑。故当被告人被判3年有期徒刑时，可以缓刑，而非一概不能宣告缓刑。本项错误。

选项D，根据刑法第63条的规定，犯罪分子具有刑法规定的减轻处罚情节的，才能在法定刑以下判处刑罚。不具有刑法规定的减轻处罚情节，但是根据案件的特殊情况，经最高人民法院核准，也可以在法定刑以下判处刑罚。第2款规定为特别减轻。

3. 下列哪些行为属于法定的从重处罚情节?[2] (2006/2/65)

A. 国家机关工作人员甲利用职权对乙进行非法拘禁，时间长达3天

B. 军警人员甲持枪抢劫

C. 国家机关工作人员甲利用职权挪用数额巨大的救济款进行赌博

D. 国家机关工作人员甲徇私舞弊，滥用职权，致使公共财产、国家和人民利益遭受重大损失

【解析】选项A，根据刑法第238条第4款的规定，行为人具有从重量刑身份，应当从重处罚。

选项B，根据刑法第263条的规定，属"持枪抢劫"，系情节加重犯，而不是从重处罚。

选项C，根据刑法第384条第2款的规定，挪用特定款物犯挪用公款罪的，应当从重处罚。

选项D，根据刑法第397条第2款的规定，徇私舞弊犯滥用职权罪的，是情节加重犯，而不是从重处罚。

4. 王某多次吸毒，某日下午在市区超市门口与同居女友沈某发生争吵。沈某欲离开，王某将其按倒在地，用菜刀砍死。后查明：王某案发时因吸毒出现精神病性障碍，导致辨认控制能力减弱。关于本案的刑罚裁量，下列哪一选项是错误的?[3] (2017/2/10)

A. 王某是偶犯，可酌情从轻处罚

---

[1] D [2] AC [3] B

B. 王某刑事责任能力降低，可从轻处罚

C. 王某在公众场合持刀行凶，社会影响恶劣，可从重处罚

D. 王某与被害人存在特殊身份关系，可酌情从轻处罚

【解析】 本题考查量刑情节、原因自由行为、死刑裁量、最高人民法院判例。(1) 关于原因自由行为。从判例来源来看，本案的判决要旨参见《最高人民法院刑事审判参考》2007 年第 2 集（总第 55 集）第 431 号案"彭崧故意杀人案——被告人吸食毒品后影响其控制、辨别能力而实施犯罪行为的，是否要承担刑事责任"。另参见《最高人民法院公报》2007 年第 4 期。判决要旨是：行为人在吸毒后实施了犯罪行为的，由于系原因自由行为，不属于减免除刑事责任的情形。(2) 在法理上，行为人因自身吸毒而陷入丧失责任能力、责任能力减弱状态，属原因自由行为，不以行为当时认定责任，而应以清醒之时认定责任状态。(3) 在本案中，王某"多次"吸毒，可推知其在吸毒之时对吸毒之后自己陷入责任能力减弱状态是明知的，故而，其对杀人结果系故意责任，而不是过失责任。同时，以清醒时认定，属完全责任能力人。故选项 B 说法错误。(4) 在量刑情节方面，选项 A、C 说法正确，偶犯、犯罪场所属于酌定量刑情节。对于选项 D，根据最高人民法院指导案例 4 号"王志才故意杀人案"、12 号"李飞故意杀人案"的精神，"因恋爱、婚姻矛盾激化引发的故意杀人案件"，可酌情从轻。

考点二　累　犯

1. 以下哪些被告人构成累犯？[1] (2002/2/36)

A. 某甲犯盗窃罪被判有期徒刑，刑罚执行完毕后第 4 年又犯强奸罪

B. 某乙犯间谍罪被判有期徒刑，刑罚执行完毕后第 2 年又犯抢劫罪

C. 某丙犯传染病菌种、毒种扩散罪被判有期徒刑，刑罚执行完毕后第 3 年又犯故意杀人罪

D. 某丁犯故意伤害罪被判有期徒刑 10 年，执行 6 年后获得假释，假释后的第 7 年又犯诈骗罪

【解析】 A 选项，符合一般累犯的条件。

B 选项，虽因后罪抢劫罪不是危害国家安全犯罪、黑社会犯罪、恐怖犯罪，不成立特别累犯；但前后两罪均是故意犯罪，且在 5 年以内，成立一般累犯。

C 选项，前罪传染病菌种、毒种扩散罪（刑法第 331 条）是过失犯罪，不构成累犯。

D 选项，假释考验期满后 5 年内犯罪，是刑罚执行完毕后 5 年内犯罪，可以成立累犯。

2. 关于累犯，下列哪一判断是正确的？[2] (2010/2/8)

A. 甲因抢劫罪被判处有期徒刑 10 年，并被附加剥夺政治权利 3 年。甲在附加刑执行完毕之日起 5 年之内又犯罪。甲成立累犯

B. 甲犯抢夺罪于 2005 年 3 月假释出狱，考验期为剩余的 2 年刑期。甲从假释考验期满之日起 5 年内再故意犯重罪。甲成立累犯

C. 甲犯危害国家安全罪 5 年徒刑期满，6 年后又犯杀人罪。甲成立累犯

D. 对累犯可以从重处罚

【解析】 A 选项，累犯构成条件中的刑罚执行完毕中的"刑罚"二字指主刑，而不指附加

---

[1]　ABD　[2]　B

刑。而该项剥夺政治权利 3 年应在有期徒刑执行完毕后起算，则甲在剥夺政治权利期间（3年）及执行完毕后 2 年内，又犯可被判处有期徒刑的故意犯罪，可构成累犯；而在剥夺政治权利执行完毕后 2 年之后，又犯可被判处有期徒刑的故意犯罪，不构成累犯。当然，犯所有过失犯罪或未判处有期徒刑的故意犯罪，也不构成累犯。

B 选项，假释考验期内犯新罪，应数罪并罚；假释考验期满后犯可被判处有期徒刑的故意犯罪，构成累犯。

C 选项，后罪系普通犯罪，不能构成特别累犯；并且虽前后罪均为故意犯罪，但后罪发生在前罪刑罚执行完毕 5 年之后，亦不成立一般累犯。

D 选项，见前述刑法第 65 条，系"应当从重"而不是"可以从重"。

3. 关于累犯，下列哪一选项是正确的？[1]（2009/2/10）

A. 甲因故意伤害罪被判 7 年有期徒刑，刑期自 1990 年 8 月 30 日至 1997 年 8 月 29 日止。甲于 1995 年 5 月 20 日被假释，于 1996 年 8 月 25 日犯交通肇事罪。甲构成累犯

B. 乙因盗窃罪被判 3 年有期徒刑，2002 年 3 月 25 日刑满释放，2007 年 3 月 20 日因犯盗窃罪被判有期徒刑 4 年。乙构成累犯

C. 丙因危害国家安全罪被判处 5 年有期徒刑，1996 年 4 月 21 日刑满释放，2006 年 4 月 20 日再犯同罪。丙不构成累犯

D. 丁因失火罪被判处 3 年有期徒刑，刑期自 1995 年 5 月 15 日至 1998 年 5 月 14 日。丁于 1998 年 5 月 15 日在出狱回家途中犯故意伤害罪。丁构成累犯

【解析】选项 A，交通肇事罪属于过失犯罪，不符合累犯前后两罪都是故意犯罪的条件。另外，在假释考验期限内犯新罪的，撤销假释，数罪并罚，前罪刑罚没有执行完毕，不构成累犯。

选项 B，符合累犯的构成条件，属于累犯。

选项 C，丙构成特别累犯，成立累犯并不要求前后两罪名一定是异种罪名，特别累犯不受前后两罪间隔时间的限制。

选项 D，丁的前罪是失火罪，是过失犯罪，不符合累犯前后两罪故意犯罪的条件，不构成累犯。

4. 下列哪一种情形不成立累犯？[2]（2004/2/13）

A. 张某犯故意伤害罪被判处有期徒刑 3 年，缓刑 3 年，缓刑期满后的第 3 年又犯盗窃罪，被判处有期徒刑 10 年

B. 李某犯强奸罪被判处有期徒刑 5 年，刑满释放后的第 4 年，又犯妨害公务罪，被判处有期徒刑 6 个月

C. 王某犯抢夺罪被判处有期徒刑 4 年，执行 3 年后被假释，于假释期满后的第 5 年又犯故意杀人罪被判处无期徒刑

D. 田某犯叛逃罪被判处管制 2 年，管制期满后 20 年又犯为境外刺探国家秘密罪，被判处拘役 6 个月

【解析】A 选项，被判处缓刑的犯罪人在缓刑考验期满后，"原判的刑罚就不再执行"，不符合"刑罚执行完毕"后犯罪条件，再犯新罪的不构成累犯。

B 选项，前后两罪都是有期徒刑，也符合其它条件，构成累犯。注意：累犯成立的条件是前后两罪是"有期徒刑"，而不是"有期徒刑 3 年"。

〔1〕 B 〔2〕 A

C 选项，假释期满后 5 年内犯罪的，是刑罚执行完毕 5 年内犯罪，可成立累犯。

D 选项，成立特别累犯。注意特别累犯的成立不要求前后罪"有期徒刑"，只需判处过刑罚即可。

考点三　自　首

1. 下列情形哪一项属于自首？[1]（2005/2/6）

A. 甲杀人后其父主动报案并将甲送到派出所，甲当即交代了杀人的全部事实和经过

B. 甲和乙共同贪污之后，主动到检察机关交代自己的贪污事实，但未提及乙

C. 甲和乙共同盗窃之后，主动向公安机关反映乙曾经诈骗数千元，经查证属实

D. 甲给监察局打电话，承认自己收受他人 3 万元贿赂，并交代了事情经过，然后出走不知所踪

【解析】A 选项，根据《最高人民法院关于处理自首和立功具体应用法律若干问题的解释》的规定，亲友送犯罪人投案的（"送首"），也视为自动投案。

B 选项，共同犯罪人成立自首，必须如实交代自己和同案犯的共同犯罪事实。

C 选项，甲揭发乙的共同犯罪以外的诈骗罪，属于立功。

D 选项，自动投案，必须将自己置于司法机关的控制之下，逃避司法追究的不能构成自首。

2. 关于自首中的"如实供述"，下列哪些选项是错误的？[2]（2009/2/53）

A. 甲自动投案后，如实交代自己的杀人行为，但拒绝说明凶器藏匿地点的，不成立自首

B. 乙犯有故意伤害罪、抢夺罪，自动投案后，仅如实供述抢夺行为，对伤害行为一直主张自己是正当防卫，仍然可以成立自首

C. 丙虽未自动投案，但办案机关所掌握线索针对的贪污事实不成立，在此范围外丙交代贪污罪行的，应当成立自首

D. 丁自动投案并如实供述自己的罪行后又翻供，但在二审判决前又如实供述的，应当认定为自首

【解析】A 选项，《最高人民法院关于处理自首和立功具体应用法律若干问题的解释》第 1 条第 2 项，自首是指犯罪嫌疑人自动投案后，如实交代自己的主要犯罪事实。交代是主要"犯罪事实"，"凶器藏匿地点"不属"犯罪事实"，无需交代。故仍成立自首。

B 选项，（1）自首及于自首之罪，乙犯有两罪，如实供述抢夺罪，对于抢夺罪成立自首。（2）本选项有歧义，如果也如实供述了伤害行为，只是对其法律性质有辩解。则根据《最高人民法院关于被告人对行为性质的辩解是否影响自首成立问题的批复》，被告人对行为性质的辩解不影响自首的成立。

C 选项，《最高人民法院、最高人民检察院关于办理职务犯罪案件认定自首、立功等量刑情节若干问题的意见》第 1 条第 4 款第 2 项，犯罪分子没有自动投案，办案机关所掌握的线索针对的犯罪事实不成立，在此范围外犯罪分子交代同种罪行的，以自首论。

D 选项，《最高人民法院关于处理自首和立功具体应用法律若干问题的解释》第 1 条第 2 项，犯罪嫌疑人自动投案并如实供述自己的罪行后又翻供的，不能认定为自首；但在一审判决前又能如实供述的，应当认定为自首。注意供述时间是"一审"，不是"二审"。二审判决前又

---

〔1〕　A　〔2〕　AD

如实供述，不构成自首。

3. 关于自首，下列哪一选项是正确的？[1]（2017/2/9）

A. 甲绑架他人作为人质并与警察对峙，经警察劝说放弃了犯罪。甲是在"犯罪过程中"而不是"犯罪以后"自动投案，不符合自首条件

B. 乙交通肇事后留在现场救助伤员，并报告交管部门发生了事故。交警到达现场询问时，乙否认了自己的行为。乙不成立自首

C. 丙故意杀人后如实交代了自己的客观罪行，司法机关根据其交代认定其主观罪过为故意，丙辩称其为过失。丙不成立自首

D. 丁犯罪后，仅因形迹可疑而被盘问、教育，便交代了自己所犯罪行，但拒不交代真实身份。丁不属于如实供述，不成立自首

【解析】A选项，考查第67条（自首）中"犯罪以后"的理解。自首中的"犯罪以后"应当理解为实施犯罪行为以后，即犯罪行为开始以后，无论犯罪是既遂、未遂、预备还是中止，均可构成自首。而不是犯罪终了以后。本选项说法错误。

B选项，考查交通肇事中的自首，以及相关司法解释。（1）首先，成立自首需要"如实供述自己的罪行"，本案中乙虽报告了事故但否认自己的行为，不属如实供述，不构成自首。（2）在司法解释规定层面上，《最高人民法院关于处理自首和立功若干具体问题的意见》（法发〔2010〕60号）第1条规定"交通肇事后保护现场、抢救伤者，并向公安机关报告的，应认定为自动投案，构成自首的"，该项只是对自动投案条件的解释，要构成自首还需符合如实供述条件。本选项说法正确。

C选项，考查如实供述的内容。自首需如实供述犯罪事实，但不需如实供述事实的法律性质。《最高人民法院关于被告人对行为性质的辩解是否影响自首成立问题的批复》（法释〔2004〕2号）规定："被告人对行为性质的辩解不影响自首的成立。"本案中丙交代了事实，其对司法机关过失的认定属法律性质问题，其可成立自首。本选项说法错误。

D选项，考查形迹可疑的自首，以及如实供述与身份信息的关系。（1）关于形迹可疑的自首。《最高人民法院关于处理自首和立功若干具体问题的意见》（法发〔2010〕60号）第1条第5项规定："罪行未被有关部门、司法机关发觉，仅因形迹可疑被盘问、教育后，主动交代了犯罪事实的，应当视为自动投案"。（2）关于如实供述与身份信息的关系。前述意见第2条第1款规定："如实供述自己的罪行，除供述自己的主要犯罪事实外，还应包括姓名、年龄、职业、住址、前科等情况。犯罪嫌疑人供述的身份等情况与真实情况虽有差别，但不影响定罪量刑的，应认定为如实供述自己的罪行。犯罪嫌疑人自动投案后隐瞒自己的真实身份等情况，影响对其定罪量刑的，不能认定为如实供述自己的罪行"。也就是说，不交代真实身份，影响定罪量刑的，不成立自首；不影响定罪量刑的，成立自首。本选项说法错误。

4. 下列哪一选项成立自首？[2]（2015/2/11）

A. 甲挪用公款后主动向单位领导承认了全部犯罪事实，并请求单位领导不要将自己移送司法机关

B. 乙涉嫌贪污被检察院讯问时，如实供述将该笔公款分给了国有单位职工，辩称其行为不是贪污

C. 丙参与共同盗窃后，主动投案并供述其参与盗窃的具体情况。后查明，系因分赃太少、得知举报有奖才投案

---

[1] B [2] C

D. 丁因纠纷致程某轻伤后，报警说自己伤人了。报警后见程某举拳冲过来，丁以暴力致其死亡，并逃离现场

【解析】A选项，在自首中，投案的对象人虽无限制，向被害单位投案，只要将自己置于司法机关控制之下，也可成立自首。但本选项请求单位领导不要将自己移送司法机关，无将自己置于司法机关控制之下的意愿，不成立自首。

B选项，个人贪污之后将该笔公款分给了国有单位职工，亦构成贪污罪。法条依据《最高人民法院、最高人民检察院关于办理贪污贿赂刑事案件适用法律若干问题的解释》第16条：国家工作人员出于贪污、受贿的故意，非法占有公共财物、收受他人财物之后，将赃款赃物用于单位公务支出或者社会捐赠的，不影响贪污罪、受贿罪的认定，但量刑时可以酌情考虑。所以行为人的行为并不构成私分国有资产罪（单位行为才可）。本选项系因贪污被抓后才供述赃款下落，不属自动投案，不成立自首，可成立坦白。

C选项，自首中的投案动机并无限定，为了举报有奖而自动投案、如实供述，也是自首。

D选项，投案条件要求将自己置于司法机关控制之下，逃走不符合投案条件，不成立自首。

考点四　立　功

1. 下列哪些选项不构成立功？[1]（2012/2/57）

A. 甲是唯一知晓同案犯裴某手机号的人，其主动供述裴某手机号，侦查机关据此采用技术侦查手段将裴某抓获

B. 乙因购买境外人士赵某的海洛因被抓获后，按司法机关要求向赵某发短信"报平安"，并表示还要购买毒品，赵某因此未离境，等待乙时被抓获

C. 丙被抓获后，通过律师转告其父想办法协助司法机关抓捕同案犯，丙父最终找到同案犯藏匿地点，协助侦查机关将其抓获

D. 丁被抓获后，向侦查机关提供同案犯的体貌特征，同案犯由此被抓获

【解析】A选项，《最高人民法院关于处理自首和立功若干具体问题的意见》第5条第2款规定："犯罪分子提供同案犯姓名、住址、体貌特征等基本情况，或者提供犯罪前、犯罪中掌握、使用的同案犯联络方式、藏匿地址，司法机关据此抓捕同案犯的，不能认定为协助司法机关抓捕同案犯。"同案犯甲提供的手机号，属于同案犯基本信息，司法机关据此抓捕同案犯的，不能认定为协助司法机关抓捕同案犯。如果行为人是提供基本信息之外的信息，或者打电话将同案犯约至指定地点，则可构成立功，应当注意两者的区别。

B选项，发短信"报平安"使犯罪人未离境，对抓获起到了重要作用，相当于前述立功解释中的"约至指定地点"，构成立功。

C选项，立功是犯罪人本人的立功，本案是犯罪人的父亲协助侦查机关抓获犯罪人，亲友代为立功不属立功。

D选项，同案犯的体貌特征是共同犯罪人的基本信息，属共同犯罪中的犯罪人应当交代的内容，在坦白的范围之内，不属立功。

2. 甲和乙共同入户抢劫并致人死亡后分头逃跑，后甲因犯强奸罪被抓获归案。在羁押期

---

〔1〕　ACD

间，甲向公安人员供述了自己和乙共同所犯的抢劫罪行，并提供了乙因犯故意伤害罪被关押在另一城市的看守所的有关情况，使乙所犯的抢劫罪受到刑事追究。对于本案，下列哪一选项是正确的？[1]（2006/2/6）

    A. 甲的行为属于坦白，但不成立特别自首

    B. 甲的行为成立特别自首，但不成立立功

    C. 甲的行为成立特别自首和立功，但不成立重大立功

    D. 甲的行为成立特别自首和重大立功

【解析】（1）成立特别自首。根据《最高人民法院关于处理自首和立功具体应用法律若干问题的解释》第2条的规定，被采取强制措施的犯罪嫌疑人如实供述司法机关尚未掌握的不同种罪行的，与司法机关已掌握的或者判决确定的罪行属不同种类的，以自首论。甲因强奸罪被捕，供述抢劫罪，符合特别自首的规定。另根据该解释的第1条的规定，共犯人如果能够如实供述自己与他人的共同犯罪事实，成立自首。

（2）成立立功。交待共犯人是自首，协助抓捕同案犯是立功。本案甲供述乙及与乙一起实施的抢劫罪事实，系自首内容。但提供了乙关押在另一看守所的情况，是自首还是立功呢？根据《最高人民法院关于处理自首和立功若干具体问题的意见》第5条第4项"提供司法机关尚未掌握的其他案件犯罪嫌疑人的联络方式、藏匿地址的"，并比照《最高人民法院、最高人民检察院关于办理职务犯罪案件认定自首、立功等量刑情节若干问题的意见》第2条第1款第2项，协助行为对于抓捕犯罪嫌疑人要有实际作用，协助行为不具有实际作用的，不能认定为立功表现。以及《全国法院审理毒品犯罪案件工作座谈会纪要》第4条"关于认定被告人协助公安机关抓获同案犯构成立功的问题"的规定，认定被告人是否构成该项立功，应当根据被告人在公安机关抓获同案犯中是否确实起到了协助作用。如经被告人当场指认、辨认抓获了同案犯；带领公安人员抓获了同案犯；被告人提供了不被有关机关掌握的或者有关机关按照正常工作程序无法掌握的同案犯藏匿的线索，抓获了同案犯等情况，均属于协助司法机关抓获同案犯，应认定为立功。本罪即属这种情况。

（3）成立重大立功。最高人民法院的解释，重大立功指立功人揭发、阻止的犯罪嫌疑人、被告人可能被判处无期徒刑以上刑罚或者案件在本省、自治区、直辖市或者全国范围内有较大影响等情形。甲协助抓捕的乙犯抢劫罪（具有入户及致人死亡两项加重情节），法定最高刑为死刑，属可能被判处无期徒刑以上刑罚，因此属于重大立功。

3. 甲（民营企业销售经理）因合同诈骗罪被捕。在侦查期间，甲主动供述曾向国家工作人员乙行贿9万元，司法机关遂对乙进行追诉。后查明，甲的行为属于单位行贿，行贿数额尚未达到单位行贿罪的定罪标准。甲的主动供述构成下列哪一量刑情节？[2]（2014/2/12）

    A. 坦白   B. 立功   C. 自首   D. 准自首

【解析】本题考查自首与立功的区别。立功与自首、坦白的区分：交代属于自首或者坦白范围内的犯罪行为（如同案犯共同犯罪事实）、事实信息（如同案犯基本信息），不能认定为立功。犯罪分子交代的罪行，是本人的罪行（包括与他人共同犯罪的罪行），还是他人的罪行，是区分自首（坦白）与立功的界限。交代、提供的线索，如属同案犯的基本信息，也应认定为自首、坦白，而不属立功。

本题中甲是因合同诈骗罪被捕，不是因行贿类犯罪被捕；甲虽有单位行贿行为，但并不构成单位行贿罪，甲交代的是乙实施的受贿罪。

（1）假设甲可以构成单位行贿罪，则属"犯A罪（合同诈骗罪）被抓交代B罪（单位行贿罪）"，构成自首（特别自首）。同时，单位行贿人交代行贿的对象即受贿人乙，是交代同案犯，对于交代的是乙实施的受贿罪的行为，不构成立功。对于其所犯单位受贿罪构成自首。

（2）但是，本案中甲并不能构成单位行贿罪，虽"犯A罪（合同诈骗罪）"但并不符合"交代B罪（并不构成单位行贿罪）"的条件，不构成特别自首。

（3）同时，合同诈骗罪行为人甲交代出了乙实施的受贿罪；甲属于"犯A罪（合同诈骗罪）"交代他人实施的"C罪（受贿罪）"，与本人的犯罪无关（甲并不构成单位行贿罪，只构成合同诈骗罪），故甲构成立功。

4. 关于自首和立功的认定，以下说法不正确的有[1]（2018/客/卷一/13 仿）

A. 甲交通肇事后逃逸，其父乙协助公安机关抓获甲，则可以认定为代甲自首，故甲的行为成立自首

B. 甲、乙共同盗窃，甲被抓获，在讯问中提供了司法机关尚未掌握的共犯乙的相关身份信息，公安机关据此抓住了乙，则甲成立立功

C. 请托人甲为了谋取不正当利益，向国家工作人员乙行贿100万，后因乙不办事，甲向监察委员会告发了乙受贿的事实，经查证属实，则甲成立立功

D. 甲抢劫，乙提供汽车。后甲被公安通缉，迫于强大压力，在前往派出所投案的途中被抓获。到案后，甲如实供述了抢劫过程，但隐瞒了乙提供帮助的情况，直至一审期间才交代。则甲可成立自首

【解析】A选项，《最高人民法院关于处理自首和立功若干具体问题的意见》第1条第5项：犯罪嫌疑人被亲友采用捆绑等手段送到司法机关，或者在亲友带领侦查人员前来抓捕时无拒捕行为，并如实供认犯罪事实的，虽然不能认定为自动投案，但可以参照法律对自首的有关规定酌情从轻处罚。第4条第3款：犯罪分子亲友为使犯罪分子"立功"，向司法机关提供他人犯罪线索、协助抓捕犯罪嫌疑人的，不能认定为犯罪分子有立功表现。故此情况既不属自首，也不属立功；但可酌情从宽。

B选项，《最高人民法院关于处理自首和立功具体应用法律若干问题的解释》第1条第2项：共同犯罪案件中的犯罪嫌疑人，除如实供述自己的罪行，还应当供述所知的同案犯，主犯则应当供述所知其他同案犯的共同犯罪事实，才能认定为自首。第5条：协助司法机关抓捕其他犯罪嫌疑人（包括同案犯），应当认定为有立功表现。《最高人民法院关于处理自首和立功若干具体问题的意见》第5条最后一款：犯罪分子提供同案犯姓名、住址、体貌特征等基本情况，或者提供犯罪前、犯罪中掌握、使用的同案犯联络方式、藏匿地址，司法机关据此抓捕同案犯的，不能认定为协助司法机关抓捕同案犯。这也就是说：交代同案犯基本信息，属自首或坦白；交代基本信息以外的信息，才属立功。本选项属坦白。

C选项，行贿罪、受贿罪系共同犯罪，甲、乙是同案犯，揭发同案犯罪行，依照前述《最高人民法院关于处理自首和立功具体应用法律若干问题的解释》第1条第2项的规定，属自首，而不属立功。并且，行贿人在被追诉前主动交待行贿行为的，应当按照刑法第390条第2款处理。

D选项，《最高人民法院关于处理自首和立功具体应用法律若干问题的解释》第1条第1项第2段：经查实确已准备去投案，或者正在投案途中，被公安机关捕获的，应当视为自动投案。第1条第2项第3段：但在一审判决前又能如实供述的，应当认定为自首。

考点五　数罪并罚

一、判决宣告前一人犯数罪的并罚

1. 甲因走私武器被判处 15 年有期徒刑，剥夺政治权利 5 年；因组织他人偷越国境被判处 14 年有期徒刑，并处没收财产 5 万元，剥夺政治权利 3 年；因骗取出口退税被判处 10 年有期徒刑，并处罚金 20 万元。关于数罪并罚，下列哪一选项符合刑法规定？[1]（2012/2/12）

A. 决定判处甲有期徒刑 35 年，没收财产 25 万元，剥夺政治权利 8 年

B. 决定判处甲有期徒刑 20 年，罚金 25 万元，剥夺政治权利 8 年

C. 决定判处甲有期徒刑 25 年，没收财产 5 万元，罚金 20 万元，剥夺政治权利 6 年

D. 决定判处甲有期徒刑 23 年，没收财产 5 万元，罚金 20 万元，剥夺政治权利 8 年

【疑难辨析】本题考查判决宣告前一人犯数罪的并罚，基本规则是"主刑并主刑"得出总体主刑，"附加刑并附加刑"得出总体附加刑，最后将总体主刑与总体附加刑并科。

【解析】（1）三个主刑并罚：15 年、14 年、10 年。数刑最高刑为 15 年；总和刑相加为 39 年，超过 35 年，最高刑为 25 年。故在 15 年至 25 年间决定主刑。

（2）四个附加刑并罚：剥夺政治权利 5 年、没收财产 5 万元、剥夺政治权利 3 年、罚金 20 万元。两个剥夺政治权利种类相同，并科 8 年，其它分别执行均执行。

四个选项中，BCD 项主刑均可，但只有 D 选项的附加刑正确。

2. 关于数罪并罚，下列哪些选项是正确的？[2]（2017/2/55）

A. 甲犯某罪被判处有期徒刑 2 年，犯另一罪被判处拘役 6 个月。对甲只需执行有期徒刑

B. 乙犯某罪被判处有期徒刑 2 年，犯另一罪被判处管制 1 年。对乙应在有期徒刑执行完毕后，继续执行管制

C. 丙犯某罪被判处有期徒刑 6 年，执行 4 年后发现应被判处拘役的漏罪。数罪并罚后，对丙只需再执行尚未执行的 2 年有期徒刑

D. 丁犯某罪被判处有期徒刑 6 年，执行 4 年后被假释，在假释考验期内犯应被判处 1 年管制的新罪。对丁再执行 2 年有期徒刑后，执行 1 年管制

【解析】A 选项，有期徒刑与拘役并罚时，采吸收原则，只执行有期徒刑。见刑法第 69 条第 2 款："数罪中有判处有期徒刑和拘役的，执行有期徒刑。"本选项说法正确。

B 选项，有期徒刑与管制并罚时，采并科原则，都执行。见刑法第 69 条第 2 款："数罪中有判处有期徒刑和管制，或者拘役和管制的，有期徒刑、拘役执行完毕后，管制仍须执行。"本选项说法正确。

C 选项，发现漏罪先并后减：（有期 6 年并拘役）－有期 4 年。有期 6 年并拘役，只执行有期，然后扣减已执行的 4 年，只需继续再执行尚未执行的 2 年有期。本选项说法正确。

D 选项，假释期内犯新罪，应当撤销假释，先减后并：（有期 6 年－有期 4 年）并管制 1 年。本选项说法正确。

二、漏罪并罚与新罪并罚

3. 关于数罪并罚，下列哪一选项是错误的？[3]（2007/2/8）

A. 甲在刑罚执行完毕以前发现漏罪的，应当按照"先并后减"的原则实行数罪并罚

---

[1]　D　[2]　ABCD　[3]　D

B. 乙在刑罚执行完毕以前再犯新罪的，应当按照"先减后并"的原则实行数罪并罚

C. 丙在列罚执行完毕以前再犯新罪，同时又发现漏罪的，应当先将漏罪与原判决的罪实行"先并后减"；再对新罪与前一并罚后尚未执行完毕的刑期实行"先减后并"

D. "先减后并"在一般情况下使犯罪人受到的实际处罚比"先并后减"轻

【疑难辨析】本题考查数罪并罚的规则，即漏罪并罚，先并后减（A 并 L−n）；新罪并罚，先减后并 [（A−n）并 X]；既有漏罪又有新罪：（A 并 L−n）并 X。

【解析】A 选项，根据刑法第 70 条的规定，发现漏罪，先并后减。

B 选项，根据刑法第 71 条的规定，发现新罪，先减后并。

C 选项，同时发现漏罪和新罪的，要先解决漏罪的并罚问题，再解决新罪的并罚问题，亦即先并，后减，再并。故 C 项正确。

D 选项，发现漏罪"先并后减"、犯新罪"先减后并"，得出的结果均是继续执行的刑罚，计算选项所述"实际处罚"（实际执行的总刑期），均需加上已经执行的刑期。对于实际执行的总刑期：（1）发现漏罪"先并后减"实际执行刑期 = 发现漏罪"先并后减" + 已执行的刑期（与"减"相同） = "并"；最高不能超过并罚最高刑（有期徒刑为 20 年 [25 年]）；（2）新罪"先减后并"实际执行刑期 = 犯新罪"先减后并" + 已执行的刑期 = "并" + 已执行；可能超过 20 年 [25 年]（"并"完之后最高可达 20 年 [25 年]，还要加上已执行的刑期）。故而犯新罪"先减后并"在一般情况下使犯罪人受到的实际处罚比发现漏罪"先并后减"重。故 D 项错误。

4. 下列关于数罪并罚的做法与说法，哪些是错误的？[1]（2002/2/39）

A. 甲犯 A、B 罪，分别被判处有期徒刑 14 年和 7 年，法院决定合并执行 18 年。甲执行 8 年后，又犯 C 罪，被判处有期徒刑 5 年。对此，法院应在 14 年以上 20 年以下有期徒刑的范围内决定合并执行的刑期，然后，减去已经执行的 8 年刑期

B. 乙犯 A、B 罪，分别被判处有期徒刑 14 年和 11 年，法院决定合并执行 20 年。在执行 2 年后，法院发现乙在判决宣告以前还有没有判决的 C 罪，并就 C 罪判处有期徒刑 5 年。这样，乙实际执行的有期徒刑必然超过 20 年

C. 丙犯 A、B 罪，分别被法院判处有期徒刑 14 年和 11 年，法院决定合并执行 20 年；在执行 2 年后，丙又犯 C 罪，法院就 C 罪判处有期徒刑 5 年。由于数罪并罚时有期徒刑不得超过 20 年，故丙实际上不可能执行 C 罪的刑罚

D. 丁在判决宣告以前犯有 A、B、C、D 四罪，但法院只判决 A 罪 8 年、B 罪 12 年有期徒刑，决定合并执行 18 年有期徒刑。执行 5 年后发现 C 罪与 D 罪，法院判处 C 罪 5 年有期徒刑、D 罪 7 年有期徒刑。此次并罚的"数刑中的最高刑期"应是 18 年，而不是 12 年

【疑难辨析】数罪并罚的计算方法是：先写公式，然后计算科刑期间。（1）发现漏罪（先并后减）：A 并 L−n（第 70 条），结果为继续执行的刑期。（2）发现新罪（先减后并）（A−n）并 X（第 71 条），结果为继续执行的刑期。（3）多罪并罚（先处理漏罪再处理新罪）：①多个漏罪：A 并（L1 并 L2）−n；②多个新罪（A−n）并（X1 并 X2）；③既有漏罪又有新罪（A 并 L−n）并 X。

【解析】A 选项，发现新罪，先减后并。继续执行的刑期为（18−8）并 5，本选项所说并罚方式错误。

B 选项，发现漏罪，先并后减。继续执行的刑期为 20 并 5−2，实际执行刑期为 20 并 5，

不会超过 20 年。

C 选项，发现新罪，先减后并。继续执行的刑期为（20 - 2）并 5，实际执行的刑期为（20 - 2）并 5 + 2，可以超过 20 年最高达 22 年，只不过实际执行的 C 罪的刑罚最高只能是 2 年而已，而非实际不可能执行。

D 选项，发现漏罪，先并后减；有数个漏罪，先将数个漏罪并罚。继续执行的刑期为 18 并（5 并 7）- 5，应在 18 年至 20 年内决定刑罚，再扣除已经执行的 5 年，即为继续执行的刑罚。并罚时"数刑中的最高刑期"（注意：选项中间的是"数刑中的最高刑期"，而不是"总和刑"）是 18 年。本选项正确。

5. 关于数罪并罚，下列哪些选项是符合刑法规定的？[1]（2011/2/57）

A. 甲在判决宣告以前犯抢劫罪、盗窃罪与贩卖毒品罪，分别被判处 13 年、8 年、15 年有期徒刑。法院数罪并罚决定执行 18 年有期徒刑

B. 乙犯抢劫罪、盗窃罪分别被判处 13 年、6 年有期徒刑，数罪并罚决定执行 18 年有期徒刑。在执行 5 年后，发现乙在判决宣告前还犯有贩卖毒品罪，应当判处 15 年有期徒刑。法院数罪并罚决定应当执行 19 年有期徒刑，已经执行的刑期，计算在新判决决定的刑期之内

C. 丙犯抢劫罪、盗窃罪分别被判处 13 年、8 年有期徒刑，数罪并罚决定执行 18 年有期徒刑。在执行 5 年后，丙又犯故意伤害罪，被判处 15 年有期徒刑。法院在 15 年以上 20 年以下决定应当判处 16 年有期徒刑，已经执行的刑期，不计算在新判决决定的刑期之内

D. 丁在判决宣告前犯有 3 罪，被分别并处罚金 3 万元、7 万元和没收全部财产。法院不仅要合并执行罚金 10 万元，而且要没收全部财产

【疑难辨析】 本题疑难点是 D 选项，即对附加刑罚金刑和没收全部财产如何并罚，因原司法解释规定数个附加刑中有没收全部财产的，另有没收部分财产或罚金的，应当采用吸收原则，只处一个没收全部财产，故而考生会认为该选项说法错误。而实际上，因《刑法修正案（八）》对第 69 条第 2 款进行了修改，故而导致原司法解释无效，应当适用附加刑"种类不同的，分别执行"的新规定。

【解析】 A 选项，13 年、8 年、15 年三刑相并，数刑最高刑为 15 年，总和刑相加为 36 年，并罚不超过 25 年，应在 15 年至 25 年间决定刑罚。决定执行 18 年正确。

B 选项，发现漏罪，先并后减，18 并 15 - 5，18 并 15 = 18～20。决定执行 19 年（并）正确，已经执行的刑期计算在新判决决定的刑期之内（减）。

C 选项，发现新罪，先减后并，（18 - 5）并 15 = 13 并 15 = 15～20。决定执行 16 年（已先减后并）正确，已经执行的刑期不计算在新判决决定的刑期之内（不再减）。

D 选项，附加刑并罚，罚金 3 万元、7 万元为同种刑罚，合并执行为罚金 8 万；没收全部财产为不同种刑罚，应当分别执行（并科）。故而罚金、没收全部财产理论上应当并罚。

注意：《刑法修正案（八）》将第 69 条第 2 款修改为：数罪中有判处附加刑的，附加刑仍须执行，其中附加刑种类相同的，合并执行，种类不同的，分别执行。以往对该条的司法解释（没收全部财产吸收罚金）因刑法条文的修正而自然失效。另外，关于罚金、没收全部财产如何并罚，根据《最高人民法院关于刑事裁判涉财产部分执行的若干规定》第 13 条：被执行人在执行中同时承担刑事责任、民事责任，其财产不足以支付的，按照下列顺序执行：（一）人身损害赔偿中的医疗费用；（二）退赔被害人的损失；（三）其他民事债务；（四）罚金；（五）没收财产。

---

[1] ABCD

专题十二　刑罚执行

缓刑	适用条件（包括对象条件、实体条件、不能适用的对象），考验期和撤销事由，以及撤销之后的数罪并罚
减刑	减刑限度以及实际执行的最低刑期
假释	适用条件（包括对象条件、实体条件、不能适用的对象），考验期和撤销事由，以及撤销之后的数罪并罚

考点一　缓　刑

1. 关于缓刑的适用，下列哪些选项是正确的？[1]（2015/2/59）

A. 甲犯重婚罪和虐待罪，数罪并罚后也可能适用缓刑

B. 乙犯遗弃罪被判处管制1年，即使犯罪情节轻微，也不能宣告缓刑

C. 丙犯绑架罪但有立功情节，即使该罪的法定最低刑为5年有期徒刑，也可能适用缓刑

D. 丁17岁时因犯放火罪被判处有期徒刑5年，23岁时又犯伪证罪，仍有可能适用缓刑

【解析】A选项，数罪并罚后，如判有期徒刑3年以下或拘役，符合其它条件，也可能适用缓刑。没有规定数罪并罚不能缓刑。

B选项，缓刑对象仅限于有期徒刑3年以下或拘役，不包括管制，当然不能宣告缓刑。

C选项，适用缓刑的条件"被判处拘役、三年以下有期徒刑的犯罪分子"指的是宣告刑，而不是法定刑，本选项法定最低刑虽为5年有期徒刑，但因有立功情节，可以从轻或者减轻处罚（一般立功），如果减轻处罚的话，在本档法定最低刑以下量刑，宣告刑当然有可能有期徒刑3年以下，也可能适用缓刑。

D选项，不满18周岁人不构成一般累犯，后罪伪证罪如判有期徒刑3年以下或拘役，符合其它条件，也可能适用缓刑。

2. 关于缓刑的适用，下列哪一选项是错误的？[2]（2011/2/10）

A. 被宣告缓刑的犯罪分子，在考验期内再犯罪的，应当数罪并罚，且不得再次宣告缓刑

B. 对于被宣告缓刑的犯罪分子，可以同时禁止其从事特定活动，进入特定区域、场所，接触特定的人

C. 对于黑社会性质组织的首要分子，不得适用缓刑

D. 被宣告缓刑的犯罪分子，在考验期内由公安机关考查，所在单位或者基层组织予以

---

[1]　ABCD　[2]　D

配合

【解析】A 选项，刑法第 77 条第 1 款规定，被宣告缓刑的犯罪分子，在考验期内再犯罪的，应当撤销缓刑，将前罪和后犯的新罪进行数罪并罚。第 72 条第 1 款第 3 项，缓刑适用的条件包括"没有再犯罪的危险"。行为人被宣告缓刑后，在考验期内再犯罪的，说明其人身危险性严重，有再次犯罪的危险，难以改造，不符合缓刑的适用条件，不得再次宣告缓刑。说法正确。

B 选项，刑法第 72 条第 2 款，对于缓刑犯，可适用禁止令。说法正确。

C 选项，刑法第 74 条，犯罪集团的首要分子，不适用缓刑。黑社会性质组织属于犯罪集团，因此，对于黑社会性质组织的首要分子不得适用缓刑。说法正确。

D 选项，刑法第 76 条，对宣告缓刑的犯罪分子，在缓刑考验期限内，依法实行社区矫正。社区矫正机关为司法行政部门（司法部、厅、局、所），不再由公安机关考查。

3. 关于缓刑，下列哪一选项是正确的?[1]（2008 延期/2/10）

A. 对累犯以及杀人、伤害等暴力性犯罪，不得宣告缓刑

B. 被宣告缓刑的犯罪分子，在缓刑考验期内，只要没有再犯新罪的，缓刑考验期满，原判刑罚就不再执行

C. 缓刑考验期限，从判决确定之日起计算

D. 被宣告缓刑的犯罪分子，在缓刑考验期内犯新罪的，应当撤销缓刑，将前罪和后罪所判处的刑罚，依照先减后并的方法决定应当执行的刑罚

【解析】选项 A，刑法第 72、74 条的规定，被判处 3 年以下有期徒刑或者拘役的罪犯，如果放到社会确实不致再危害社会的，可以宣告缓刑，但是累犯不适用缓刑。对于杀人、伤害等暴力犯罪，如果符合缓刑的条件，也可以缓刑。所以本选项说法错误，是将缓刑条件与不能假释的"七种暴力犯罪、有组织暴力犯判处 10 年以上"弄混了。

选项 B，缓刑考验期内撤销缓刑的事由，除犯新罪外，还有发现漏罪和违反管理规定。

选项 C，根据刑法第 73 条和第 76～77 条的规定，缓刑考验期限，从判决确定之日起计算，故选项 C 说法正确。

选项 D，按照刑法第 69 条的规定数罪并罚，撤销缓刑后，应将实刑与新罪所判之刑，直接并罚，不存在减的问题。

4. 关于缓刑的适用，下列哪些选项是错误的?[2]（2017/2/56）

A. 甲犯抢劫罪，所适用的是"三年以上十年以下有期徒刑"的法定刑，缓刑只适用于被判处拘役或者 3 年以下有期徒刑的罪犯，故对甲不得判处缓刑

B. 乙犯故意伤害罪与代替考试罪，分别被判处 6 个月拘役与 1 年管制。由于管制不适用缓刑，对乙所判处的拘役也不得适用缓刑

C. 丙犯为境外非法提供情报罪，被单处剥夺政治权利，执行完毕后又犯帮助恐怖活动罪，被判处拘役 6 个月。对丙不得宣告缓刑

D. 丁 17 周岁时犯抢劫罪被判处有期徒刑 5 年，刑满释放后的第 4 年又犯盗窃罪，应当判处有期徒刑 2 年。对丁不得适用缓刑

【解析】A 选项，考查"以上""以下"的含义，以及缓刑的刑期条件是宣告刑。根据刑法第 99 条的规定，"三年以上十年以下有期徒刑"中的"三年以上"包括本数 3 年；缓刑的对象"三年以下有期徒刑"也包括本数 3 年。如果对甲判处法定最低刑 3 年有期徒刑（宣告

刑），即可适用缓刑。本选项说法错误。

B选项，适用缓刑的刑期条件是并罚之后的宣告刑。拘役与管制二刑均执行，对于拘役仍然符合缓刑的刑期条件。本选项说法错误。

C选项，构成特别累犯，不得适用缓刑。本选项说法正确。

D选项，不满18周岁，不构成一般累犯，仅属再犯，新犯之罪符合适用缓刑的条件。本选项说法错误。

考点二 减 刑

关于减刑，下列哪一选项是正确的？[1]（2010/2/10）

A. 减刑只适用于被判处拘役、有期徒刑、无期徒刑和死缓的犯罪分子

B. 对一名服刑犯人的减刑不得超过3次，否则有损原判决的权威性

C. 被判处无期徒刑的罪犯减刑后，实际执行时间可能超过15年

D. 对被判处无期徒刑、死缓的罪犯的减刑，需要报请高级法院核准

【解析】A选项，根据刑法第78条，被判处管制、拘役、有期徒刑、无期徒刑的犯罪分子。选项A"只适用"缺了管制，多了死缓（对死缓的减刑不是一般意义上的减刑，但属广义上的减刑），故错误。

B选项，根据《最高人民法院关于办理减刑、假释案件具体应用法律的补充规定》（法释〔2019〕6号）第2~5条的规定，减刑的次数不受限制，故B选项错误。

C选项，根据前述规定第3条的规定："被判处无期徒刑，符合减刑条件的，执行四年以上方可减刑。确有悔改表现或者有立功表现的，可以减为二十三年有期徒刑；确有悔改表现并有立功表现的，可以减为二十二年以上二十三年以下有期徒刑；有重大立功表现的，可以减为二十一年以上二十二年以下有期徒刑。无期徒刑减为有期徒刑后再减刑时，减刑幅度比照本规定第二条的规定执行。两次减刑之间应当间隔二年以上。"显然实际执行的刑期可能超过15年，故C选项说法正确。

D选项，根据刑法第79条，减刑由执行机关向中级以上人民法院提出减刑建议书，人民法院应当组成合议庭进行审理。本条规定的程序适用于一切减刑，未提及报请高级法院核准。故选项D错误。

考点三 假 释

1. 关于假释，下列哪一选项是错误的？[2]（2009/2/12）

A. 甲系被假释的犯罪分子，即便其在假释考验期内再犯新罪，也不构成累犯

B. 乙系危害国家安全的犯罪分子，对乙不能假释

C. 丙因犯罪被判处有期徒刑2年，缓刑3年。缓刑考验期满后，发现丙在缓刑考验期内的第7个月犯有抢劫罪，应当判处有期徒刑8年，数罪并罚决定执行9年。丙服刑6年时，因有悔罪表现而被裁定假释

---

[1] C 〔2〕 B

D. 丁犯抢劫罪被判有期徒刑 9 年，犯寻衅滋事罪被判有期徒刑 5 年，数罪并罚后，决定执行有期徒刑 13 年，对丁可以假释

【解析】A 选项，在假释考验期内犯新罪，是在刑法执行期间内犯新罪，不符合"刑罚执行完毕或者赦免以后"犯新罪的累犯条件，不构成累犯。应当撤销假释，数罪并罚。

B 选项，根据刑法第 81 条，不得假释的对象有两种：累犯；因 7 种暴力犯、有组织暴力犯被判 10 年以上。危害国家安全的犯罪分子，如果不属于前述情况，可以假释。

C 选项，根据刑法第 77 条，被宣告缓刑的犯罪分子，在缓刑考验期限内犯新罪或者发现判决宣告以前还有其他罪没有判决的，应当撤销缓刑，数罪并罚。丙在考验期内犯新罪考验期满发现的，应数罪并罚，不构成累犯。此外，根据原《最高人民法院关于办理减刑、假释案件具体应用法律若干问题的规定》第 12 条，（7 种）暴力犯罪被判 10 年指单罪被判 10 年，本案抢劫罪单罪只 8 年。根据刑法第 81 条，可以假释。

D 选项，根据原《最高人民法院关于办理减刑、假释案件具体应用法律若干问题的规定》第 12 条，（七种）暴力犯罪被判 10 年指单罪被判 10 年，本案抢劫罪单罪未超过 10 年。可以假释。

2. 关于假释，下列哪些选项是错误的？[1]（2008/2/57）

A. 被判处有期徒刑的犯罪分子，执行原判刑期的 1/2，如果符合假释条件的，可以假释；如果有特殊情况，经高级人民法院核准，可以不受上述执行刑期的限制

B. 被假释的犯罪分子，在假释考验期内，遵守了各种相关规定，没有再犯新罪，也没有发现以前还有其他罪没有判决的，假释考验期满，剩余刑罚就不再执行

C. 被假释的犯罪分子，在假释考验期限内犯新罪的，应当撤销假释，按照先并后减的方法实行数罪并罚

D. 对于因杀人、绑架等暴力性犯罪被判处 10 年以上有期徒刑的犯罪分子，不得假释；即使他们被减刑后，剩余刑期低于 10 年有期徒刑，也不得假释

【解析】选项 A，根据刑法第 81 条第 1 款的规定，应经最高人民法院核准，而非高级人民法院核准，假释的下限可以不受原判刑期 1/2 的限制，所以选项 A 说法错误。

选项 B，根据刑法第 85 条的规定，假释考验期满，就认为原判刑罚执行完毕，而非剩余刑罚不再执行，所以选项 B 说法错误。

选项 C，根据刑法第 86 条第 1 款的规定，在假释考验期内犯新罪的，应当撤销假释，按照先减后并的方法实行数罪并罚，而非先并后减，所以选项 C 说法错误。

选项 D，根据刑法第 81 条第 2 款的规定（《刑法修正案（八）》将其修正）：对累犯以及因杀人、爆炸、抢劫、强奸、绑架等暴力性犯罪被判处 10 年以上有期徒刑、无期徒刑的犯罪分子，不得假释。此处刑期指原判刑期，所以即使他们被减刑后，剩余刑期低于 10 年有期徒刑，也不得假释，所以选项 D 的说法正确。

3. 关于假释与数罪并罚的相关问题，下列哪些说法是正确的？[2]（2008 延/2/60）

A. 甲犯强奸罪被判处有期徒刑 9 年，执行 5 年后假释，在假释考验期满后，发现甲在强奸罪判决宣告以前还有抢劫罪没有得到处理。因此，应该撤销对甲的假释，依照数罪并罚原则进行处理

B. 乙犯爆炸罪被判处有期徒刑 12 年，在刑罚执行过程中被减刑 2 年，如果乙实际服刑 6 年以上，可以假释

---

[1] ABC [2] D（本题实际只有一个选项正确）

C. 丙犯贪污罪被判处有期徒刑5年，刑满释放后4年内又犯聚众斗殴罪被判处有期徒刑7年，在执行4年后，丙可以假释

D. 丁犯交通肇事罪被判处有期徒刑5年，执行3年后假释，在假释考验期满后，发现丁在考验期内犯有盗窃罪，应当撤销丁的假释，根据先减后并原则数罪并罚

【解析】A选项，根据刑法第86条第2款的规定，在假释考验期内，发现漏罪的，撤销假释，数罪并罚；但是在假释考验期满后，发现漏罪的，由于和假释考验无关，只追究漏罪即可，不再撤销假释，所以选项A的说法是错误的。

B选项，根据出题当时刑法第81条第2款的规定，因暴力性犯罪被判处10年有期徒刑以上的犯罪分子，不得假释（《刑法修正案（八）》将其修正为：对累犯以及因杀人、爆炸、抢劫、强奸、绑架等暴力性犯罪被判处10年以上有期徒刑、无期徒刑的犯罪分子，不得假释）。即使经过减刑在10年有期徒刑以下的，也不得假释。乙因为爆炸罪（暴力犯罪）而被判处12年有期徒刑（10年以上），是不可以被假释的，即使经过减刑，也不能撤销假释，所以B的说法是错误的。

C选项，根据刑法第81条第2款的规定，对于累犯不得适用假释。丙在贪污罪刑满释放后5年内又故意犯罪的，是累犯，不得假释，所以选项C的说法错误。

D选项，根据刑法第86条第1款的规定。在假释考验期内，又犯新罪的，撤销假释，数罪并罚；此时无论新罪是在假释考验期内被发现的，还是在假释考验期满后被发现的，都要撤销假释，所以选项D的说法正确。

4. 关于假释的适用，下列哪些选项是正确的？[1]（2007/2/56）

A. 甲因爆炸罪被判处有期徒刑15年。在服刑13年时，因有悔改表现而被裁定假释

B. 乙犯抢劫罪被判处有期徒刑9年，犯嫖宿幼女罪（现为强奸罪）被判8年，数罪并罚决定执行15年。在服刑13年时，因有悔改表现而被裁定假释

C. 丙犯诈骗罪被判处有期徒刑10年，刑罚执行7年后假释。假释考验期内第2年，丙犯抢劫罪，应当判9年，数罪并罚决定执行10年。在服刑7年时，因有悔改表现而被裁定假释

D. 丁犯盗窃罪，被判处有期徒刑3年，缓刑4年。经过缓刑考验期后，发现丁在缓刑考验期内的第2年，犯故意伤害罪，应判9年，数罪并罚决定执行10年。在服刑7年时，因丁有悔改表现而被裁定假释

【解析】A选项，甲因爆炸罪被判处有期徒刑15年，是7种暴力犯罪被判10年以上，不可以被假释。故选项A错误。

B选项，虽犯有暴力犯罪（《刑法修正案（八）》将其修正为7种暴力犯罪、有组织暴力犯罪），但单罪被判10年以下，可以假释。

C选项，假释考验期内犯新罪，不是累犯。丙原罪是诈骗罪，不属于暴力犯罪；新罪是抢劫罪，但宣告刑却没有达到10年以上，可以假释，故选项C正确。

D选项，丁在缓刑考验期内犯新罪，不是累犯；故意伤害罪的宣告刑未到10年以上，可以假释，故选项D正确。

---

[1] BCD

考点四　综合题

1. 在符合"执行期间，认真遵守监规，接受教育改造"的前提下，关于减刑、假释的分析，下列哪一选项是正确的？[1]（2017/2/11）

A. 甲因爆炸罪被判处有期徒刑 12 年，已服刑 10 年，确有悔改表现，无再犯危险。对甲可以假释

B. 乙因行贿罪被判处有期徒刑 9 年，已服刑 5 年，确有悔改表现，无再犯危险。对乙可优先适用假释

C. 丙犯贪污罪被判处无期徒刑，拒不交代贪污款去向，一直未退赃。丙已服刑 20 年，确有悔改表现，无再犯危险。对丙可假释

D. 丁因盗窃罪被判处有期徒刑 5 年，已服刑 3 年，一直未退赃。丁虽在服刑中有重大技术革新，成绩突出，对其也不得减刑

【解析】A 选项，根据第 81 条第 2 款，因爆炸罪被判处 10 年以上有期徒刑、无期徒刑的犯罪分子，不得假释。本选项说法错误。

B 选项，乙符合假释条件，也适用可以减刑条件。根据《最高人民法院关于办理减刑、假释案件具体应用法律的规定》第 26 条第 2 款的规定："罪犯既符合法定减刑条件，又符合法定假释条件的，可以优先适用假释。"本选项说法正确。

C 选项，根据《最高人民法院关于办理减刑、假释案件具体应用法律的补充规定》（法释〔2019〕6 号）第 1 条的规定，"对拒不认罪悔罪的，或者确有履行能力而不履行或者不全部履行生效裁判中财产性判项的，不予假释，一般不予减刑。"《最高人民法院关于办理减刑、假释案件具体应用法律的规定》第 41 条规定："本规定所称'财产性判项'是指判决罪犯承担的附带民事赔偿义务判项，以及追缴、责令退赔、罚金、没收财产等判项。"本选项中丙犯罪未退赃，不可假释。本选项说法错误。

D 选项，根据前述 C 选项援引的《补充规定》第 1 条，不履行财产性判项的，只是"一般不予减刑"，而不是绝对不能减刑。而根据刑法第 78 条第 3 项、前述《规定》第 5 条第 4 项，重大技术革新属重大立功，"应当减刑"。本选项说法错误。

2. 关于减刑、假释的适用，下列哪些选项是错误的？[2]（2013/2/57）

A. 对所有未被判处死刑的犯罪分子，如认真遵守监规，接受教育改造，确有悔改表现，或者有立功表现的，均可减刑

B. 无期徒刑减为有期徒刑的刑期，从裁定被执行之日起计算

C. 被宣告缓刑的犯罪分子，不符合"认真遵守监规，接受教育改造"的减刑要件，不能减刑

D. 在假释考验期限内犯新罪，假释考验期满后才发现的，不得撤销假释

【解析】A 选项，"所有……均可减刑"说法太过绝对，不一定正确。例如，《最高人民法院关于办理减刑、假释案件具体应用法律的规定》第 18 条规定："被判处拘役或者三年以下有期徒刑，并宣告缓刑的罪犯，一般不适用减刑。前款规定的罪犯在缓刑考验期内有重大立功表现的，可以参照刑法第七十八条的规定予以减刑，同时应当依法缩减其缓刑考验期。缩减后，

拘役的缓刑考验期限不得少于二个月，有期徒刑的缓刑考验期限不得少于一年。"

B 选项，刑法第 80 条规定，无期徒刑减为有期徒刑的刑期，从裁定减刑之日起计算。而不是从裁定被执行之日起计算。

C 选项，被宣告缓刑的犯罪分子，因不在监狱里服刑，而进行社区矫正，故而应当将"认真遵守监规"中的"监规"解释为"监管规范"，而不仅仅限定为"监狱规范"，也可以减刑。

D 选项，根据刑法第 86 条第 1 款的规定，在假释考验期限内犯新罪，应当撤销假释。亦即只要未超过追诉时效，无论是在假释考验期内发现，还是期满后才发现，都一律撤销。

3. 关于刑罚裁量、刑罚执行，以下选项正确的有[1]（2019/客/卷一/仿 17，模拟题）

A. 甲 18 周岁生日当天以残酷手段杀人，20 周岁时被抓获审判，拒不悔罪。则对甲虽不能判处死刑立即执行，但可判处死刑缓期两年执行

B. 甲因犯盗窃罪、故意伤害罪，两罪并罚，被判处有期徒刑 12 年，剥夺政治权利 3 年，后因减刑有期徒刑实际执行 9 年后刑满释放。则对甲剥夺政治权利的实际执行时间为 12 年

C. 甲向国家工作人员乙行贿 50 万元，则对于该 50 万元，应当予以追缴或者责令退赔

D. 甲因拒不支付劳动报酬罪被判处有期徒刑 3 年缓期 5 年执行，在缓刑考验期又犯危险驾驶罪应被判处拘役 6 个月。则对甲应撤销缓刑，将有期徒刑 3 年与拘役 6 个月并罚，先执行有期徒刑，再执行拘役

【解析】A 选项，根据刑法第 49 条，"犯罪的时候不满十八周岁的人和审判的时候怀孕的妇女，不适用死刑。"其中的"死刑"既包括死刑立即执行，也包括死缓。

B 选项，刑法第 58 条规定："附加剥夺政治权利的刑期，从徒刑、拘役执行完毕之日或者从假释之日起计算；剥夺政治权利的效力当然施用于主刑执行期间。"故而剥夺政治权利的总刑期为 9 + 3 = 12 年。

C 选项，刑法第 64 条规定："犯罪分子违法所得的一切财物，应当予以追缴或者责令退赔"，其中追缴或者责令退赔的对象是"违法所得"。本选项中行贿罪没有"违法所得"，只有"违法所失"，故不能追缴、退赔。而应向受贿者追缴。

D 选项，根据刑法第 77 条规定，缓刑考验期内犯新罪的，应当撤销缓刑，数罪并罚。根据第 69 条第 2 款，"数罪中有判处有期徒刑和拘役的，执行有期徒刑"，有期徒刑和拘役并罚时，采用吸收规则，只执行有期徒刑。

4. 关于刑罚的具体运用，下列哪些选项是错误的？[2]（2014/2/55）

A. 甲 1998 年因间谍罪被判处有期徒刑 4 年，2010 年甲因参加恐怖组织罪被判处有期徒刑 8 年。则甲构成累犯

B. 乙因倒卖文物罪被判处有期徒刑 1 年，罚金 5000 元；因假冒专利罪被判处有期徒刑 2 年，罚金 5000 元。对乙数罪并罚，决定执行有期徒刑 2 年 6 个月，罚金 1 万元。此时，即使乙符合缓刑的其他条件，也不可对乙适用缓刑

C. 丙因无钱在网吧玩游戏而抢劫，被判处有期徒刑 1 年缓刑 1 年，并处罚金 2000 元，同时禁止丙在 12 个月内进入网吧。若在考验期限内，丙仍常进网吧，情节严重，则应对丙撤销缓刑

D. 丁系特殊领域专家，因贪污罪被判处有期徒刑 8 年。丁遵守监规，接受教育改造，有悔改表现，无再犯危险。1 年后，因国家科研需要，经最高法院核准，可假释丁

【解析】本题考查累犯、缓刑、假释。

A 选项，考查累犯、刑法的时间效力。（1）后罪发生在前罪刑罚执行完毕 8 年之后，甲不构成一般累犯。（2）对其是否构成特别累犯进行判断。①按照"旧法"即行为时的（后罪行为时）的刑法，即《刑法修正案（八）》生效之前的刑法规定，前后罪均为危害国家安全犯罪才构成累犯，后罪不是，甲不构成特别累犯；②按照"新法"即审判时的刑法，假设现在来审判，则甲可构成特别累犯。③"旧法"是轻法，应按"旧法"认定不构成累犯。A 选项说法错误。

B 选项，考查禁止缓刑的对象。刑法没有规定一并犯有数罪不可适用缓刑，只规定对于累犯和犯罪集团的首要分子不适用缓刑。B 选项说法错误。

C 选项，考查缓刑的撤销。根据刑法第 77 条第 2 款，被宣告缓刑的犯罪分子，在缓刑考验期限内，违反人民法院判决中的禁止令，情节严重的，应当撤销缓刑，执行原判刑罚。C 选项说法正确。

D 选项，考查假释的刑期条件。根据刑法第 81 条第 1 款，被判处有期徒刑的犯罪分子，执行原判刑期 1/2 以上，如果认真遵守监规，接受教育改造，确有悔改表现，没有再犯罪的危险的，可以假释。如果有特殊情况，经最高人民法院核准，可以不受上述执行刑期的限制。D 选项说法正确。

5. 下列哪些情形依法须报经最高人民法院核准？[1]（2008 延/2/57）

A. 判处死刑立即执行的死刑复核案件

B. 犯罪分子没有法定减轻处罚情节，但可以在法定刑以下判处刑罚的案件

C. 因有特殊情况，可以不受实际执行刑期的限制决定假释的案件

D. 追诉时效经过 20 年以后，仍有必要追诉的案件

【解析】本题考查最高院、最高检核准程序。选项 A，刑法第 48 条第 1 款；选项 B，刑法第 63 条第 2 款；选项 C，刑法第 81 条；选项 D，刑法第 87 条第 4 项。

---

[1] ABC

专题十三　追诉时效和特赦

1. 不受时效限制	立案（对事立案）、受理＋逃避；被害人在追诉期内控告＋应当立案而不予立案
2. 起算点	犯罪成立之日起算；连续犯、继续犯犯罪行为终了之日起算
3. 时效中断	前罪时效内犯后罪，前罪时效从后罪成立之日重新计算
4. 终止时点	司法机关侦破案件之日：侦破案件确定犯罪嫌疑人（对人立案）
5. 时限	法定最高刑不满 5 年经过 5 年；不满 10 年经过 10 年；10 年以上 15 年。最高刑 5 年，时限 10 年；最高刑 10 年，时限 15 年；最高刑 15 年，时限 15 年。最高刑无期、死刑，时限 20 年。
6. 超时限后果	一般犯罪不再追诉。最高刑无期、死刑超 20 年，仍想追诉报最高检核准

1. 1980 年初，张某强奸某妇女并将其杀害。1996 年末，张某因酒后驾车致人重伤。两案在 2007 年初被发现。关于张某的犯罪行为，下列哪些选项是错误的？[1]（2009/2/55）

A. 应当以强奸罪、故意杀人罪和交通肇事罪追究其刑事责任，数罪并罚

B. 应当以强奸罪追究其刑事责任

C. 应当以故意杀人罪追究其刑事责任

D. 不应当追究任何刑事责任

【解析】（1）罪数上。强奸后杀人，应认定为强奸罪（基本犯）、故意杀人罪两罪，而不是强奸致人死亡。故张某犯有强奸罪（1980 年）、故意杀人罪（1980 年）、交通肇事罪（1996 年）三罪。（2）各罪行为的追诉期限。①一般情节的强奸罪法定最高刑为 10 年，追诉时效为 15 年，至 1995 年。②故意杀人罪法定最高刑为死刑，追诉时效为 20 年，至 2000 年；由于该罪追诉时效期间又犯交通肇事罪（1996），追诉时效中断，故该罪从 1996 年起算，至 2016 年。③交通肇事罪酒后致一人重伤是基本犯，之后又逃逸，系"交通肇事后逃逸"，法定最高刑为 7 年，追诉时效为 10 年，至 2006 年。（3）案件在 2007 年被发现，超过了强奸罪（1995 年截止）、交通肇事罪（2006 年截止）的追诉期限，但未超过故意杀人罪（2016 年截止）的追诉期限。故只对故意杀人罪一罪可以追诉。

2. 关于追诉时效，下列哪些选项是正确的？[2]（2015/2/60）

A. 甲犯劫持航空器罪，即便经过 30 年，也可能被追诉

B. 乙于 2013 年 1 月 10 日挪用公款 5 万元用于结婚，2013 年 7 月 10 日归还。对乙的追诉期限应从 2013 年 1 月 10 日起计算

C. 丙于 2000 年故意轻伤李某，直到 2008 年李某才报案，但公安机关未立案。2014 年，丙因他事被抓。不能追诉丙故意伤害的刑事责任

---

〔1〕　ABD　〔2〕　AC

D. 丁与王某共同实施合同诈骗犯罪。在合同诈骗罪的追诉期届满前，王某单独实施抢夺罪。对丁合同诈骗罪的追诉时效，应从王某犯抢夺罪之日起计算

【解析】A选项，可以追诉的第一种情况：犯罪后司法机关受理案件以后，逃避侦查或者审判的，不受追诉期限的限制。可以追诉的第二种情况：在劫持航空器罪追诉期间内有犯新罪。可以追诉的第三种情况：如果劫持航空器罪致人重伤、死亡或者使航空器遭受严重破坏的（处死刑），20年以后认为必须追诉的，报请最高人民检察院核准。

B选项，追诉时效从犯罪成立之日起计算，挪用公款归个人生活消费之用，需数额较大时间达到3个月，超过之后归还也构成挪用公款罪。故而应从挪用3个月成立挪用公款罪之日（2013年4月10日）起算，而不从挪用行为时（2013年1月10日）计算。参见《最高人民法院关于挪用公款犯罪如何计算追诉期限问题的批复》："根据刑法第八十九条、第三百八十四条的规定，挪用公款归个人使用，进行非法活动的，或者挪用公款数额较大、进行营利活动的，犯罪的追诉期限从挪用行为实施完毕之日起计算；挪用公款数额较大、超过三个月未还的，犯罪的追诉期限从挪用公款罪成立之日起计算。挪用公款行为有连续状态的，犯罪的追诉期限应当从最后一次挪用行为实施完毕之日或者犯罪成立之日起计算。"

C选项，（1）故意伤害罪致人轻伤法定最高刑3年，追诉时效5年。（2）2008年报案时事隔8年，已超过追诉时效。（3）李某是在追诉时限期满后提出控告，也不能再适用刑法第88条"被害人在追诉期限内提出控告……应当立案而不予立案的，不受追诉期限的限制"的规定。（4）再犯它罪，也是在故意伤害罪追诉时效届满之后再犯，不能适用第89条第2款"在追诉期限以内又犯罪的，前罪追诉的期限从犯后罪之日起计算"的时效中断规定。故而不能追诉丙故意伤害的刑事责任。

D选项，追诉时效各人各自计算。（1）对于王某：在合同诈骗罪的追诉期届满前，王某单独实施抢夺罪。对王某合同诈骗罪的追诉时效，应从王某犯抢夺罪之日起计算。（2）但对于丁：在合同诈骗罪的追诉期届满前，丁未实施任何犯罪。对丁合同诈骗罪的追诉时效，应从丁犯合同诈骗罪之日起计算。

3. 关于追诉时效，下列哪一选项是正确的？[1]（2016/2/10）

A. 刑法规定，法定最高刑为不满5年有期徒刑的，经过5年不再追诉。危险驾驶罪的法定刑为拘役，不能适用该规定计算危险驾驶罪的追诉时效

B. 在共同犯罪中，对主犯与从犯适用不同的法定刑时，应分别计算各自的追诉时效，不得按照主犯适用的法定刑计算从犯的追诉期限

C. 追诉时效实际上属于刑事诉讼的内容，刑事诉讼采取从新原则，故对刑法所规定的追诉时效，不适用从旧兼从轻原则

D. 刘某故意杀人后逃往国外18年，在国外因伪造私人印章（在我国不构成犯罪）被通缉时潜回国内。4年后，其杀人案件被公安机关发现。因追诉时效中断，应追诉刘某故意杀人的罪行

【解析】A选项，"法定最高刑为不满5年有期徒刑的"，应当解释为"包括法定最高刑为拘役的"，追诉时效为5年。

B选项，追诉时效针对的是犯罪人实施的犯罪行为。在共同犯罪中，应当按照每一个共犯人各自实施的犯罪行为对应的法定刑档次，来计算追诉时效。主犯实施的犯罪行为与从犯实施的行为，适用不同的法定刑时，当时应分别按照各自行为对应的法定刑档次，来计算各自的追诉时效。

---

[1] B

C选项，追诉时效是刑法第87~89条规定的，不能认为是刑事诉讼的内容；是刑法规定，当然要适用从旧兼从轻原则。

D选项，追诉时效中断适用的前提是"在前罪追诉期限以内又犯后罪"，因刘某实施的后行为（即国外因伪造私人印章），在我国刑法中不构成犯罪，后行为没有"犯罪"。则前行为（故意杀人）的时效不中断。故意杀人罪的追诉时效是20年，现已经过22年，已过追诉时效。非报请最高人民检察院核准，不得追诉。

4. 1999年11月，甲（17周岁）因邻里纠纷，将邻居杀害后逃往外地。2004年7月，甲诈骗他人5000元现金。2014年8月，甲因扒窃3000元现金，被公安机关抓获。在讯问阶段，甲主动供述了杀人、诈骗罪行。关于本案的分析，下列哪些选项是错误的？[1]（2014/2/56）

A. 前罪的追诉期限从犯后罪之日起计算，甲所犯三罪均在追诉期限内

B. 对甲所犯的故意杀人罪、诈骗罪与盗窃罪应分别定罪量刑后，实行数罪并罚

C. 甲如实供述了公安机关尚未掌握的罪行，成立自首，故对盗窃罪可从轻或者减轻处罚

D. 甲审判时已满18周岁，虽可适用死刑，但鉴于其有自首表现，不应判处死刑

【解析】本题考查追诉时效、自首、死刑。

A选项，考查追诉时效。三罪法定最高刑、追诉时效、追诉期间分别：（1）故意杀人罪，死刑，20年，原为1999年11月~2019年11月；（2）诈骗罪，3年，5年，2004年7月~2009年7月；（3）盗窃罪，3年，5年，2014年8月~2019年8月；（4）因为在杀人罪的追诉期间内犯盗窃罪，所以故意杀人罪追诉期间重算，现为2014年8月~2024年8月。从而，甲所犯故意杀人罪、盗窃罪在追诉期限内，诈骗罪已超过追诉期限。A选项错误。

B选项，按A选项结论，只应对故意杀人罪、盗窃罪二罪数罪并罚，B选项错误。

C选项，因盗窃罪被抓而交代司法机关尚未掌握的故意杀人罪，成立特别自首。但自首及于自首之罪，应对交代的故意杀人罪可从轻或者减轻处罚，而对盗窃罪不可从轻或者减轻处罚。C选项错误。

D选项，根据刑法第49条的规定，犯罪的时候不满18周岁的人，不适用死刑。D选项"不应判处死刑"结论正确，但理由错误。

5. 甲因犯故意伤害罪被判处有期徒刑3年，被特赦。在特赦之后第4年，又犯故意犯罪，应当判处有期徒刑。以下说法不正确的有[2]（2019/客/卷一/仿18，模拟题）

A. 因为特赦不属"刑罚执行完毕"，所以甲不能构成累犯

B. 对于甲所犯后罪，刑期执行1/2后，才可以减刑

C. 对于甲所犯后罪，刑期执行1/2后，可以假释

D. 如甲在后罪服刑期间重大立功，减刑幅度可不受司法解释规定的减刑幅度的限制

【解析】A选项，根据刑法第65条第1款，"被判处有期徒刑以上刑罚的犯罪分子，刑罚执行完毕或者赦免以后，在五年以内再犯应当判处有期徒刑以上刑罚之罪的，是累犯"。尽管特赦不属"刑罚执行完毕"，但赦免以后再犯新罪，仍可构成累犯。

B选项，刑法规定的减刑，以及相关司法解释，没有规定累犯需刑期执行1/2后，才可以减刑。符合减刑条件的，均可以减刑。

C选项，根据刑法第81条第2款，累犯不得假释。

D选项，根据《最高人民法院关于办理减刑、假释案件具体应用法律的补充规定》（法释〔2019〕6号）第5条："罪犯有重大立功表现的，减刑时可以不受上述起始时间和间隔时间的限制。"但减刑幅度仍受司法解释规定的限制。

---

〔1〕 ABCD　〔2〕 ABCD

专题十四　刑法分则（罪名）之间的法条竞合

特别法优于一般法	诈骗罪；滥用职权罪；玩忽职守罪等
整体法优于部分法	过失致人死亡罪等
交叉竞合（择一重）	诈骗罪，与招摇撞骗罪；票据诈骗、金融凭证诈骗，与贷款诈骗等
基本法优于补充法	拐卖儿童罪，与拐骗儿童罪；持有型犯罪

1. 关于法条关系，下列哪一选项是正确的（不考虑数额）？[1]（2016/2/11）

A. 即使认为盗窃与诈骗是对立关系，一行为针对同一具体对象（同一具体结果）也完全可能同时触犯盗窃罪与诈骗罪

B. 即使认为故意杀人与故意伤害是对立关系，故意杀人罪与故意伤害罪也存在法条竞合关系

C. 如认为法条竞合仅限于侵害一犯罪客体的情形，冒充警察骗取数额巨大的财物时，就会形成招摇撞骗罪与诈骗罪的法条竞合

D. 即便认为贪污罪和挪用公款罪是对立关系，若行为人使用公款赌博，在不能查明其是否具有归还公款的意思时，也能认定构成挪用公款罪

【解析】关于罪名之间的关系（法条关系），可分为对立关系和重叠关系（法条竞合）。是对立关系则不可能形成法条竞合，只有重叠关系才可能形成法条竞合。

A选项，盗窃罪与诈骗罪的区分仅在于转移占有财物手段方式，如二罪是对立关系的话，则一行为针对同一具体对象（同一具体结果）的，不是盗窃罪就是诈骗罪，不可能同时触犯。

B选项，法条竞合关系的本质是两罪名构成要件在刑法规定层面上存在重叠，对立关系的两个罪名之间不可能存在法条竞合关系。

C选项，招摇撞骗罪是分则第六章妨害社会管理秩序中的犯罪，犯罪客体（法益）是国家机关工作人员的形象；诈骗罪是分则第五章侵犯财产罪中的犯罪，犯罪客体（法益）是财产权（他人占有），两罪犯罪客体（法益）不同。如认为法条竞合仅限于侵害一犯罪客体（法益）的情形，则不同犯罪客体（法益）的两罪之间不可能存在法条竞合关系。当然，如果认为法条竞合不限于侵害一犯罪客体（法益）的情形，则两罪之间可能存在法条竞合关系。

D选项，即便认为贪污罪和挪用公款罪是对立关系，只能进行择一认定。则行为人挪用之后，能够查明非法占有目的的，可以认定构成贪污罪；不能查明非法占有目的的，当然可能认定构成挪用公款罪。

2. 关于罪名之间的关系以及认定，以下说法正确的有？[注：根据历年真题拼凑][2]

A. 窝藏毒品犯罪所得的赃物的，属于窝藏毒赃罪与掩饰、隐瞒犯罪所得罪的法条竞合，

---

[1]　D　[2]　AB

应以窝藏毒赃罪定罪处刑（2012/2/62 - D）

B. 侦办案件的警察乙明知丙有罪，但为徇私情，采取毁灭证据的手段使丙未受追诉。乙的行为同时触犯徇私枉法罪与帮助毁灭证据罪、滥用职权罪，但因只有一个行为，应以徇私枉法罪论处（2014/2/63 - D）

C. 第 266 条规定的诈骗罪的法定最高刑为无期徒刑，而第 198 条规定保险诈骗罪的法定最高刑为 15 年有期徒刑。为了保持刑法的协调和实现罪刑相适应原则，对保险诈骗数额特别巨大的，应以诈骗罪论处（2004/2/86）

D. 法官执行判决时严重不负责任，因未履行法定执行职责，致当事人利益遭受重大损失，应当认定为玩忽职守罪（2012/2/21 - A）

【疑难辨析】法条竞合有四种类别：（1）特别法与一般法的竞合：特别法优于一般法；（2）整体法与部分法的竞合：整体法优于部分法；（3）交叉竞合：重法优于轻法；（4）基本法与补充法的偏一竞合：基本法优于补充法。如果刑法专门规定了处理方法，则应适用刑法规定。

【解析】A 选项，因窝藏毒赃行为，是掩瞒、隐瞒特别的犯罪所得的行为，故而刑法第 349 条规定的窝藏毒赃罪，与第 312 条规定的掩饰、隐瞒犯罪所得罪两罪之间，系特别法与一般法的法条竞合关系。窝藏毒品犯罪所得的赃物的，按特别法窝藏毒赃罪定罪处刑。该选项说法正确。

B 选项，对于乙的行为。（1）就触犯罪名而言：司法工作人员利用办理刑事案件职权对明知有罪的人故意使其不受追诉，根据刑法第 399 条第 1 款，可触犯徇私枉法罪。采用的手段系毁灭证据，根据刑法第 307 条第 2 款，可触犯帮助毁灭证据罪。国家机关工作人员故意滥用职权乱办案，根据刑法第 397 条第 1 款，可触犯滥用职权罪。（2）就三罪关系以及罪数而言：徇私枉法罪中内含有毁灭证据的手段行为，二罪之间是整体法与部分法的法条竞合关系，按整体法优于部分法的规则，认定为徇私枉法罪。根据刑法第 397 条第 2 款最后一句"本法另有规定的，依照规定"，徇私枉法罪与滥用职权罪是特别法与一般法的法条竞合关系，按特别法优于一般法的规则，认定为徇私枉法罪。该选项说法正确。

C 选项，（1）投保人等实施保险诈骗数额特别巨大，根据刑法第 266 条、第 198 条，可触犯诈骗罪、保险诈骗罪二罪。（2）根据刑法第 266 条最后一句"本法另有规定的，依照规定"，保险诈骗罪与诈骗罪的关系是特别法与一般法的法条竞合关系，应当适用特别法优于一般法的规则，以特别法保险诈骗罪论处。（3）但一般法诈骗罪的法定最高刑要高于特别法保险诈骗罪，此时也应适用第 266 条最后一句，亦即以特别法论处，而不以重法论处。（4）这实际上涉及的是罪刑法定原则与罪刑相适应原则的冲突。应当认为，两原则冲突时，应当遵循罪刑法定原则，亦即以特别法保险诈骗罪定罪。该选项说法错误。

D 选项，（1）触犯刑法第 399 条第 3 款执行判决、裁定失职罪、第 397 条第 1 款玩忽职守罪。（2）在罪数上，根据刑法第 397 条第 2 款最后一句"本法另有规定的，依照规定"，应以特别法执行判决、裁定失职罪论处，而不以一般法玩忽职守罪论处。该选项说法错误。

3. 关于罪名之间的关系以及认定，以下说法正确的有？［注：根据历年真题拼凑］[1]

A. 甲女、乙男分手后，甲向乙索要青春补偿费未果，将其骗至别墅，让人看住乙。甲给乙母打电话，声称如不给 30 万元就准备收尸。甲成立非法拘禁罪和绑架罪的想象竞合犯，应以绑架罪论处（2013/2/56 - B）

---

［1］ D

B. 甲使用变造的货币购买商品，触犯使用假币罪与诈骗罪，构成想象竞合犯，应当择一重处（2016/2/54-A）

C. 某国家机关工作人员甲借到M国探亲的机会滞留不归。1年后甲受雇于N国的一个专门收集有关中国军事情报的间谍组织，随后受该组织的指派潜回中国，找到其在某军区参谋部工作的战友乙，以1万美元的价格从乙手中购买了3份军事机密材料。对甲的行为应以间谍罪、为境外收买国家秘密情报罪两罪并罚（2002/2/11）

D. 丁在一高速公路上驾车行驶时，因疲劳过度将车驶出高速公路，将行人常某撞死。对丁的行为应认定为交通肇事罪，而不是过失致人死亡罪（2008延/2/58-D）

【解析】以上四个选项中二罪之间均是整体法与部分法的法条竞合关系，按整体法优于部分法的规则处理，而不是想象竞合的关系。

4. 关于罪数判断，下列哪一选项是正确的？[1]（2013/2/10）

A. 冒充警察招摇撞骗，骗取他人财物的，适用特别法条以招摇撞骗罪论处

B. 冒充警察实施抢劫，同时构成抢劫罪与招摇撞骗罪，属于想象竞合犯，从一重罪论处

C. 冒充军人进行诈骗，同时构成诈骗罪与冒充军人招摇撞骗罪的，从一重罪论处

D. 冒充军人劫持航空器的，成立冒充军人招摇撞骗罪与劫持航空器罪，实行数罪并罚

【疑难辨析】本题名义上考查罪数，实际上考查法条竞合的种类，以及其与想象竞合的区别。从法理上讲，法条竞合是规范层面上的竞合。立法者制定罪名时就规定两罪罪名之间构成要件交叠关系。一个具体案情恰好落在两罪交叠之处，就形成了法条竞合犯（单纯的一罪）。而想象竞合则是事实层面上的竞合。是因行为人实施具体行为时的特殊性造成的，一般是因一行为造成数个结果、侵害数个法益而造成。取决于案件事实，亦即，现实行为触犯了两个不同的法条，但不同法条之间不一定具有包容与交叉关系。区分法条竞合与想象竞合的最简单方法：在于看刑法对于二罪名有无明确规定交叠关系，或者构成要件有无交叠关系。当形式上一行为触犯两罪，如果刑法明确规定两罪构成要件之间有交叠关系，一般是法条竞合；没有明确规定交叠关系，一般是想象竞合。

【解析】A、C选项，考查法条竞合的种类。（1）A选项，根据《最高人民法院关于办理诈骗刑事案件具体应用法律若干问题的解释》第8条规定，冒充国家机关工作人员进行诈骗，同时构成诈骗罪（数额较大）和招摇撞骗罪的，依照处罚较重的规定定罪处罚。在法条竞合关系上，可认为是交叉竞合，而不是一般法与特别法的竞合。（2）C选项，原理同前，系交叉竞合，依照处罚较重的规定定罪处罚。

B、D选项，考查法条竞合与想象竞合的区分。（1）刑法第263条第6项，抢劫罪加重犯明文规定有"冒充军警人员抢劫"，包容了招摇撞骗罪，可认为是整体法与部分法的竞合，只以整体法即抢劫罪加重犯一罪论处，而不属想象竞合犯。（2）D选项，冒充军人劫持航空器的，触犯冒充军人招摇撞骗罪与劫持航空器罪。刑法第121条（劫持航空器罪）没有规定该罪构成要件与冒充军人招摇撞骗罪有重叠关系。冒充军人同时也是劫持暴力威胁行为，故属一行为触犯两罪，属想象竞合犯，应当择一重罪处断。

---

[1] C

专题十五　危害国家安全罪（分则第一章）

涉密犯罪的区别和关系	为境外窃取、刺探、收买、非法提供国家秘密、情报罪；间谍罪；非法获取国家秘密罪，非法持有国家绝密、机密文件、资料、物品罪，故意泄露国家秘密，为境外窃取、刺探、收买、非法提供军事秘密罪
叛逃罪	构成要件及罪数
罪数	利用计算机网络实施危害国家安全犯罪的罪数

考点一　间谍罪

某国家机关工作人员甲借到 M 国探亲的机会滞留不归。一年后甲受雇于 N 国的一个专门收集有关中国军事情报的间谍组织，随后受该组织的指派潜回中国，找到其在某军区参谋部工作的战友乙，以 1 万美元的价格从乙手中购买了 3 份军事机密材料。对甲的行为应如何处理？[1]（2002/2/11）

　　A. 以叛逃罪论处　　　　　　　　　　B. 以叛逃罪和间谍罪论处
　　C. 以间谍罪论处　　　　　　　　　　D. 以非法获取军事秘密罪论处

　　【疑难辨析】本题涉及叛逃罪的构成要件、间谍罪的罪数、非法获取军事秘密罪的构成要件等问题，是一个综合性较强的题目。

　　【解析】（1）刑法第 109 条叛逃罪的构成要求发生在"履行公务期间"，甲系到外国探亲时滞留不归，不符合此要求，不构成叛逃罪。（2）参加间谍组织，触犯刑法第 110 条规定的间谍罪。（3）参加间谍组织后受指派搜集情报，根据刑法第 111 条，又触犯为境外收买国家秘密情报罪。（4）在罪数上，间谍罪与为境外收买国家秘密情报罪，是整体法与部分法的法条竞合关系，应以整体法间谍罪一罪论处。（5）刑法第 431 条规定非法获取军事秘密罪属于军人违反职责罪中的犯罪，主体身份要求是军人，甲不具有军人身份，不能构成该罪。（6）即使甲是军人，加入间谍组织后非法获取军事秘密罪的，因此行为是间谍行为的组成部分，不再单独定罪，也只应认定为间谍罪一罪。

---

[1]　C

考点二 为境外窃取、刺探、收买、非法提供国家秘密、情报罪

某国间谍戴某，结识了我国某国家机关要员黄某。戴某谎称来华投资建厂需了解政策动向，让黄某借工作之便为其搞到密级为"机密"的《内参报告》4份。戴某拿到文件后送给黄某一部手机，并为其子前往某国留学提供了6万元资金。对黄某的行为如何定罪处罚？[1]（2009/2/13）

- A. 资助危害国家安全犯罪活动罪、非法获取国家秘密罪，数罪并罚
- B. 为境外窃取、刺探、收买、非法提供国家秘密、情报罪与受贿罪，数罪并罚
- C. 非法获取国家秘密罪、受贿罪，数罪并罚
- D. 故意泄露国家秘密罪、受贿罪，从一重罪处断

【疑难辨析】本题考查各涉密犯罪之间的关系和区别。在表面上虽然还涉及受贿罪是数罪并罚还是择一重处的问题，但由于本题是单选题，实际上只需认定黄某借工作之便搞到机密内参的行为定何罪，就可轻松地找到正确答案。

【解析】（1）黄某客观上实施了为境外间谍人员非法提供国家秘密的行为。主观上未认识到对象人是间谍组织或代理人的任务，欠缺间谍罪故意，不能构成间谍罪。（2）黄某利用熟悉环境的便利非法获取国家（"借工作之便为其搞到"），根据刑法第282条第1款，触犯非法获取国家秘密罪。（3）将国家秘密泄露给他人，根据刑法第398条，触犯故意泄露国家秘密罪。（4）客观上为境外间谍人员窃取、刺探、非法提供国家秘密，主观上明知对象人为境外人员还为其提供国家秘密，具有为境外非法提供国家秘密的故意，根据刑法第111条，触犯为境外窃取、刺探、非法提供国家秘密罪。（5）作为国家工作人员利用职务上的便利，收受手机和钱款，为他人谋取利益的，根据刑法第385条，触犯受贿罪。（6）在罪数上，为境外窃取、刺探、非法提供国家秘密罪，与非法获取国家秘密罪、故意泄露国家秘密罪之间，存在整体法与部分法的法条竞合关系，应以整体法为境外窃取、刺探、非法提供国家秘密罪论处。（7）受贿后利用职务便利为他人谋取利益，谋利行为本身构成它罪，不是"伪造后诈骗"的模型，不成立牵连犯。除刑法明文规定择一重处以外，都应数罪并罚。故选B项。

考点三 叛逃罪

甲系海关工作人员，被派往某国考查。甲担心自己放纵走私被查处，拒不归国。为获得庇护，甲向某国难民署提供我国从未对外公布且影响我国经济安全的海关数据。关于本案，下列哪一选项是错误的？[2]（2012/2/14）

- A. 甲构成叛逃罪
- B. 甲构成为境外非法提供国家秘密、情报罪
- C. 对甲不应数罪并罚
- D. 即使刑法分则对叛逃罪未规定剥夺政治权利，也应对甲附加剥夺1年以上5年以下政治权利

---

[1] B 〔2〕C

【疑难辨析】本题的疑难点在于叛逃罪的构成要件及罪数。刑法对于叛逃罪的规定，原来需要具备"危害中华人民共和国国家安全"要素，但《刑法修正案八》修正时已删除这一要素，使得叛逃罪的成立不再需要行为人另外实施"危害中华人民共和国国家安全"行为，行为人只要实施叛逃行为，本身就认为造成了危害国家安全的结果（抽象危险结果）。如果叛逃之后另外实施其它危害国家安全行为，应当数罪并罚。

【解析】（1）海关工作人员系国家机关工作人员，被派往某国考查系属履行公务期间，甲拒不归国属在境外叛逃，根据刑法第109条，可构成叛逃罪。选项A说法正确。（2）我国从未对外公布且影响我国经济安全的海关数据属国家秘密，外国难民署属境外机构，甲向其提供该国家秘密，根据刑法第111条，构成为境外非法提供国家秘密、情报罪。选项B说法正确。（3）甲叛逃之后又实施其它危害国家安全行为，应当数罪并罚。选项C说法错误。（4）刑法第56条第1款，对于危害国家安全的犯罪分子应当附加剥夺政治权利，亦即，必须附加剥夺政治权利。D选项说法正确。

专题十六　危害公共安全罪（分则第二章）

"公共安全"的含义	危害公共安全犯罪（投放危险物质罪、放火罪、爆炸罪等）与侵害人身权利、财产权利犯罪（故意杀人罪、故意毁坏财物罪等）的区别
危险方法危害公共安全	1. 危险方法＋公共安全＋具体危险＝以危险方法危害公共安全罪。2. 公共安全：公共＋大规模伤亡；3. 危险方法：一次造成大规模损害。开车冲撞；偷井盖；确诊、疑似新冠等。4. 既遂：危险犯。5. 与高空抛物罪、妨害安全驾驶罪的关系
破坏公共设施犯罪	1. 破坏＋正在使用＋特定公共设备＋公共安全危险［倾覆毁坏］。2. 交通工具指5种交通工具：火车、汽车（包括拖拉机）、电车（包括缆车）、船只、航空器。3. 交通设施包括标志、井盖
涉枪犯罪	1. 合法配枪人员（公务、配置），方可出租、出借（包括质押、赠与）；公务无需后果，配置需要后果。2. 公务用枪人员，才能丢失不报。3. 枪是真枪（对象），人需明知（故意）
交通肇事罪	1、一般主体＋公交范围＋违章行为＋损失结果＋因果关系＋对结果过失＝交通肇事罪。2、因逃逸致人死亡：一头有违章，一尾有死亡，死亡因逃逸（不救助）；3、肇事后逃逸：逃前基本犯。4、隐藏、遗弃致死（致重伤）：故意杀人罪（伤害罪）。5、三种人指使违章［司机基本犯］；四种人指使逃逸致死［司机］，构成交通肇事。6、严重违章，大概念伤亡，具有故意，是危害公安罪
危险驾驶罪	危险驾驶：公共场所＋机动车＋醉酒、飙车、客车校车超载超速、化学品运输
重大责任事故犯罪	重大责任事故罪，强令违章冒险作业罪，违反安全管理规定生产、作业罪，不报、谎报安全事故罪：主体、结果要素作用、之间关系。

考点一　"公共安全"的认定：危害公共安全犯罪与其他犯罪的区别

1. 甲曾向乙借款9000元，后不想归还借款，便预谋毒死乙。甲将注射了"毒鼠强"的白条鸡挂在乙家门上，乙怀疑白条鸡有毒未食用。随后，甲又乘去乙家串门之机，将"毒鼠强"投放到乙家米袋内。后乙和其妻子、女儿喝过米汤中毒，乙死亡，其他人经抢救脱险。关于甲

的行为，下列哪些选项是错误的？[1]（2008/2/60）

A. 构成投放危险物质罪

B. 构成投放危险物质罪与抢劫罪的想象竞合犯

C. 构成投放危险物质罪与故意杀人罪的想象竞合犯

D. 构成抢劫罪与故意杀人罪的吸收犯

【疑难辨析】本题的重点考查危害公共安全犯罪与其他犯罪的区别。投放危险物质罪等危害公共安全犯罪侵犯的法益是公共安全，亦即不特定或者多数人的生命、健康安全以及公众生活的平稳与安宁。如果仅是对特定人员进行侵害，不会危及公共安全，不构成危害公共安全犯罪。判断行为人实施的行为（特别是放火、投放危险物质等）是危害公共安全类犯罪还是侵犯个人法益的犯罪，具体而言应当考虑行为发生的场景、行为本身行为形式及可能造成的损害后果的规模。

【解析】（1）因债权这种财产性利益不能因杀人而转移占有，不属于抢劫罪的对象"财物"（通说），不能对此构成抢劫罪。（虽有少数观点认为"财物"包括债权，但通说观点不持此说）。

（2）客观上投毒范围仅限于受害人乙一家三口，系特定对象，不危害公共安全，没有实施危害公共安全的行为，不构成投放危险物质罪。

（3）客观上实施了杀害乙和其妻子、女儿的行为，主观上对这些被害人均具有杀人故意，根据刑法第232条规定，构成故意杀人罪。致乙死亡，系犯罪既遂。

（4）由于只构成故意杀人罪一罪，当然不存在想象竞合犯、吸收犯的罪数问题。故而四选项表述均错误。

2. 甲雇凶手乙杀丙，言明不要造成其他后果。乙几次杀丙均未成功，后来采取爆炸方法，对丙的住宅（周边没有其他人与物）进行爆炸，结果将丙的妻子丁炸死，但丙安然无恙。关于本案，下列哪些说法是错误的？[2]（2008/2/58）

A. 甲与乙构成共同犯罪

B. 甲成立故意杀人罪（未遂）

C. 乙对丙成立故意杀人未遂，对丁成立过失致人死亡罪

D. 乙对丙成立爆炸罪，对丁成立过失致人死亡罪

【解析】（一）对于正犯乙

1. 其实施爆炸，因住宅周边没有其他人与物，未危害公共安全，实行行为是杀人行为而不是危害公共安全行为。

2. 结果上，将丁炸死，系杀人既遂行为；未将丙杀死但有危险，系杀人未遂行为。

3. 主观上，想将丙杀死而将丁炸死，未认错误对象，对丙有杀人故意，触犯故意杀人罪未遂。对丁系打击错误、具体错误；按法定符合说，对丁也有具有杀人故意，触犯故意杀人罪既遂。

4. 想象竞合，以故意杀人罪既遂论处。

（二）对于甲

1. 教唆乙杀人，乙实施了杀人行为，甲构成故意杀人罪的教唆犯。二人构成共同犯罪。

2. 甲也未认错对象，不是对象错误，而是打击错误、具体错误。按法定符合说，对丁也有杀人故意。教唆犯甲也构成故意杀人罪既遂。

---

[1] ABCD [2] BCD

（三）注意

1. 由于题意未提示学说立场，则只能按通说法定符合说作答。BC 两项是具体符合说的观点，选项 D 的后半部分也是具体符合说的观点，只有选项 A 是正确的。

2. 有考生错误的将乙的行为理解为危害公共安全的爆炸行为，实际上，即使如此，也能选对选项。例如，认为乙可危害公共安全，则乙构成爆炸罪的正犯。由于爆炸罪中包容了故意杀人，故甲乙二人在故意杀人的范围内成立共同犯罪。按法定符合说，甲仍是故意杀人罪的既遂，乙构成爆炸罪的实害犯。仍然只有选项 A 正确。

考点二　以危险方法危害公共安全类犯罪

1. 甲到本村乙家买柴油时，因屋内光线昏暗，甲欲点燃打火机看油量。乙担心引起火灾，上前阻止。但甲坚持说柴油见火不会燃烧，仍然点燃了打火机，结果引起油桶燃烧，造成火灾，导致甲、乙及一旁观看的丙被火烧伤，乙、丙经抢救无效死亡。后经检测，乙储存的柴油闪点不符合标准。甲的行为构成何罪？[1]（2008/2/10）

A. 危险物品肇事罪　　　　　　　　B. 失火罪
C. 放火罪　　　　　　　　　　　　D. 重大责任事故罪

【疑难辨析】本题考查以危险方法危害公共安全类犯罪诸罪之间的区分和关联。其一，以危险方法危害公共安全类犯罪可分为故意犯罪与过失犯罪，本题考查了故意与过失的区分；其二，重大责任事故罪、危险物品肇事罪的构成要件。

【解析】（1）客观上造成了火灾，主观上需判断行为人的主观过错形式。本案甲对"点燃打火机"的行为系生活意义上的"故意"，即对行为有意（有意行为）；但刑法上的故意、过失是对结果的心态。对于火灾结果，本案行为人没有预见，而应当预见（乙提醒能够预见），属于疏忽大意的过失。根据刑法第 115 条第 2 款，可触犯失火罪。故而 C 选项的放火罪首先排除。（2）危险物品肇事罪要求在生产作业中实施违反危险物品的管理规定的行为，重大责任事故罪要求在生产、作业中实施违反有关安全管理的规定的行为。本案发生在日常生活中，未发生在生产作业中，不能构成危险物品肇事罪、重大责任事故罪，应以失火罪论处。

2. 甲对拆迁不满，在高速公路中间车道用树枝点燃一个焰高约 20 厘米的火堆，将其分成两堆后离开。火堆很快就被通行车辆轧灭。关于本案，下列哪一选项是正确的？[2]（2016/2/12）

A. 甲的行为成立放火罪

B. 甲的行为成立以危险方法危害公共安全罪

C. 如认为甲的行为不成立放火罪，那么其行为也不可能成立以危险方法危害公共安全罪

D. 行为危害公共安全，但不构成放火、决水、爆炸等犯罪的，应以以危险方法危害公共安全罪论处

【解析】（1）放火罪的构成要件，在客观方面，要实施放火行为，并且有造成火灾的危险。（2）放火罪、以危险方法危害公共安全罪实际是特别法与一般法的法条竞合关系，二罪的成立都需要危害到公共安全的具体危险结果。主要区别就在于放火罪的行为是具体的、特别的危险方法即放火行为，而以危险方法危害公共安全罪的行为是"其它危险方法"。

---

[1]　B　[2]　C

A 选项、B 选项、C 选项，就本案而言，结合题干的叙述，"焰高约 20 厘米的火堆"、"高速公路中间"、"火堆很快就被通行车辆轧灭"；行为人实施的行为根本没有导致火灾的危险，或者其它公共安全的危险，因此，没有造成危害公共安全具体危险结果的可能性，不能构成放火罪，也不能构成其它以危险方法危害公共安全类犯罪。故而 A 选项、B 选项错误，C 选项正确。

D 选项，以危险方法危害公共安全类犯罪的构成，除了要求危害到公共安全的危险结果之外上，还要求手段是"危险方法"。行为危害公共安全，即使是故意的，但手段并不属于"危险方法"的，也不能构成以危险方法危害公共安全类犯罪。

3. 下列哪些行为构成投放危险物质罪？[1]（2017/2/57）
A. 甲故意非法开启实验室装有放射性物质的容器，致使多名实验人员遭受辐射
B. 乙投放毒害性、放射性、传染病病原体之外的其他有害物质，危害公共安全
C. 丙欲制造社会恐慌气氛，将食品干燥剂粉末冒充炭疽杆菌，大量邮寄给他人
D. 丁在食品中违法添加易使人形成瘾癖的罂粟壳粉末，食品在市场上极为畅销

【解析】 根据刑法第 114 条的规定，投放危险物质罪的罪状是"投放毒害性、放射性、传染病病原体等物质，危害公共安全"。

A 选项，考查"投放"行为的含义，投出、释放、放置等使毒害物质扩散起作用的行为都可包括。本选项可构成投放危险物质罪。

B 选项，考查"……等物质"要素，可包括危害公共安全的其他有害物质。本选项可构成投放危险物质罪。

C 选项，考查"危险物质"、"危害公共安全"要素。本罪是具体危险犯，要求使用的危险物质能够有实际造成不特定多数人伤亡的公共安全危险的可能。本选项中用假炭疽杆菌不可能造成此危险结果，不能构成投放危险物质罪。可构成刑法第 291 条之一规定的投放虚假危险物质罪。

D 选项，易使人形成瘾癖的罂粟壳粉末，也不属于可造成人员伤亡的危险物质，不能构成投放危险物质罪。本选项可构成第 353 条规定的欺骗他人吸毒罪、第 144 条规定的生产、销售有毒、有害食品罪（禁用物质），是两罪的想象竞合。

4. 下列哪些情形构成（认定为）以危险方法危害公共安全罪？[2]（2007/2/58）
A. 投放虚假的爆炸性、毒害性、放射性、传染病病原体等物质，严重扰乱社会秩序的
B. 故意破坏正在使用的矿井下的通风设备的
C. 违反国家规定，向土地大量排放危险废物，造成重大环境污染事故，导致多人死亡的
D. （新冠确诊病患进入公共场所）故意传播突发性传染病病原体，危害公共安全的

【疑难辨析】 本题考查以危险方法危害公共安全罪。题干中的"构成"，在当年理解为"论处"（认定为）。（1）以危险方法危害公共安全罪的成立条件，除需具备侵害"公共安全"条件之外，还需手段行为系属"危险方法"，即与放火、决水、爆炸、投放危险物质的方法性质相当的方法，亦即，一次行为能够导致大规模人员死伤的情况。只造成多数人心理恐慌而无实际的重大损害危险的，不能认为是"危险方法"。本题也考查了相关司法解释。（2）以危险方法危害公共安全罪与投放危险物质罪等犯罪之间的法条竞合关系。

【解析】 A 选项，（1）虚假的物质不属于"危险物质"，不能构成投放危险物质罪。（2）没有危害公共安全的现实可能性和客观危险性，不能构成以危险方法危害公共安全罪。（3）

---

[1] AB [2] BD

根据刑法第291条之一，构成投放虚假危险物品罪。

B选项，故意破坏正在使用的矿井的通风设备，系危险方法，严重危害了井下作业工人的生命安全，系属危害不特定多数人的公共安全，构成以危险方法危害公共安全罪。

C选项，（1）违反国家规定排放危险废物，根据刑法第338条，触犯重大环境污染事故罪。（2）导致多人死亡危害公共安全，排污者对公共安全危害结果具有故意，可同时触犯投放危险物质罪。（3）也可触犯以危险方法危害公共安全罪。（4）罪数上，投放危险物质罪与以危险方法危害公共安全罪是特别法与一般法的法条竞合关系，应以特别法投放危险物质罪论处。（5）根据《最高人民法院、最高人民检察院关于办理环境污染刑事案件适用法律若干问题的解释》，同时触犯重大环境污染事故罪、投放危险物质罪，为想象竞合犯，择一重罪处断。（4）不论哪个罪重，都不以以危险方法危害公共安全罪论处。

D选项，根据《最高人民法院、最高人民检察院关于办理妨害预防、控制突发传染病疫情等灾害的刑事案件具体应用法律若干问题的解释》第1条的规定，"故意传播突发传染病病原体，危害公共安全的，以危险方法危害公共安全罪定罪处罚"。由于本题为多选题，选D似乎是最合乎题意的。当然，该《解释》中"以危险方法危害公共安全罪"到底是指这一具体罪名，还是包括投放危险物质罪在内的5个罪名的统称，有待探讨。此外，也有人将该《解释》中的"故意传播"限制解释为"病原体传染病携带者（患者）有意感染他人"，从而与投放危险物质罪（投放传染病病原体）中的"投放"区别，此解释是否合理，也有待探讨。另参见《最高人民法院、最高人民检察院、公安部、司法部关于依法惩治妨害新型冠状病毒感染肺炎疫情防控违法犯罪的意见》第1条。

5. 以下选项中，以以危险方法危害公共安全罪论处的是？[1]（2020/客/1/20 仿，模拟题）

A. 从高楼抛出燃烧的蜂窝煤，引发地面火灾，致多人伤亡

B. 偷取高速公路上的窨井井盖，致汽车倾覆、多人伤亡

C. 乘客抢夺正在行驶的公共汽车的方向盘，危及公共安全

D. 正在行驶的公共汽车上司机与乘客互殴，危及公共安全，造成人员死亡

【解析】考查以危险方法危害公共安全罪、法条竞合。

选项A，（1）在考试当年，触犯了放火罪、以危险方法危害公共安全罪，两罪是法条竞合关系，应以特别法放火罪论处。（2）在现在，还触犯刑法第291条之二规定的高空抛物罪。（3）与放火罪系想象竞合，择一重处，以放火罪论处。

选项B，根据《最高人民法院、最高人民检察院、公安部关于办理涉窨井盖相关刑事案件的指导意见》第1条，构成破坏交通设施罪的结果加重犯；同时触犯以危险方法危害公共安全罪，两罪是法条竞合关系，应以特别法破坏交通设施罪论处。

选项C，（1）在考试当年，根据《最高人民法院、最高人民检察院、公安部关于依法惩治妨害公共交通工具安全驾驶违法犯罪行为的指导意见》第1条，构成以危险方法危害公共安全罪（危险犯的既遂）。（2）在现在，还触犯刑法第133条之二规定的妨害安全驾驶罪。虽第133条之二第3款规定，同时构成他罪择一重处；但从妨害安全驾驶罪的立法本意来看，对于未造成实害结果时，该罪是以危险方法危害公共安全罪的特别法，应以特别法**妨害安全驾驶罪**论处。

选项D，（1）在考试当年，根据《最高人民法院、最高人民检察院、公安部关于依法惩治妨害公共交通工具安全驾驶违法犯罪行为的指导意见》第1条，构成以危险方法危害公共安全

---

[1] D（考试当年正确答案为CD）

罪（结果加重犯）。(2) 在现在，还触犯刑法第133条之二规定的妨害安全驾驶罪。(3) 根据第133条之二第3款规定，同时构成他罪择一重处；是指妨害安全驾驶罪造成实害结果时，应以重罪以危险方法危害公共安全罪（结果加重犯）论处。

6. 以下选项中，以以危险方法危害公共安全罪论处的是？[1]（2020/客/1/21仿，模拟题）

A. 甲在家打开煤气阀门自杀，可能爆炸伤到邻居，但最后煤气没有发生爆炸

B. 住在高楼上的甲和邻居乙有矛盾，有一天甲看见邻居乙将汽车停在楼下，在环顾周围没人的情况下，从楼上丢石头砸坏了邻居家的汽车玻璃

C. 甲醉酒在高速公路上逆行10公里，因对面汽车躲让及时，才未撞上

D. 甲在高速路上倾倒大量润滑油，导致众多车子相撞出车祸

【解析】考查以危险方法危害公共安全罪、法条竞合。

选项A，触犯了爆炸罪、以危险方法危害公共安全罪，两罪是法条竞合关系，应以特别法爆炸罪论处。

选项B，(1) 在楼下无人时丢石头，没有危害公共安全，不能触犯以危险方法危害公共安全罪；(2) 触犯故意毁坏财物罪；(3) 在现在，还触犯第291条之二规定的高空抛物罪。(4) 与故意毁坏财物罪系想象竞合，择一重处，以故意毁坏财物罪论处。

选项C，(1) 醉酒开车，触犯了第133条之一规定的危险驾驶罪。(2) 一次能造成大规模死伤，对公共安全有具体危险，触犯以危险方法危害公共安全罪（危险犯的既遂）。(3) 根据第133条之一第3款，择一重处，应以以危险方法危害公共安全罪（危险犯的既遂）论处。

选项D，(1) 触犯以危险方法危害公共安全罪（结果加重犯）。(2) 倾倒润滑油破坏高速路通行功能，足以造成公交工具的倾覆、毁坏，触犯破坏交通设施罪（结果加重犯）。(3) 两罪是法条竞合关系，应以特别法破坏交通设施罪（结果加重犯）论处。

7. 甲将邻居交售粮站的稻米淋洒农药，取出部分作饵料，毒死麻雀后售与饭馆，非法获利5000元。关于甲行为的定性，下列哪一选项是正确的？[2]（2010/2/11）

A. 构成故意毁坏财物罪

B. 构成以危险方法危害公共安全罪和盗窃罪

C. 仅构成以危险方法危害公共安全罪

D. 构成投放危险物质罪和销售有毒、有害食品罪

【解析】本题考查危害公共安全类犯罪、制造销售伪劣产品类犯罪、罪数。四选项中的"构成"实为"宣判为"（考虑罪数之后的结论）的意思。(1) 甲在邻居交售粮站的稻米上淋洒农药，由于稻米极有可能被不特定的公众食用，已危害公共安全，故其构成危害公共安全类犯罪。其危害公共安全的具体方式为投毒，根据刑法第114条，触犯投放危险物质罪。选项C错误。(2) 在稻米上淋洒农药客观上确能使其丧失使用价值，如损失数额较大，根据刑法第275条，触犯故意毁坏财物罪。(3) 对于取出部分作饵料的行为，对象是已经毁坏的、有毒不能食用的稻米，且只有"部分"，应认为数额较小，不能构成盗窃罪。故选项B不正确。(4) 将麻雀毒死后，将有毒的麻雀售与饭馆，由于其在市场交易领域出售有毒的食品，根据刑法第144条，触犯销售有毒、有害食品罪。(5) 在罪数上，投放危险物质致财物毁损，是整体法与部分法的法条竞合关系，以整体法投放危险物质罪论处。故选项A错误。(6) 投放危险物质后又销售有毒、有害食品，是前后两个独立行为，应当数罪并罚。选项D正确。

---

[1] C [2] D

8. 甲为获利于某日晚向乙家的羊圈内（共有 29 只羊）投放毒药，待羊中毒后将羊运走，并将羊肉出售给他人。甲的行为构成哪些犯罪？[1]（2002/2/40）

A. 盗窃罪
B. 投放危险物质罪（原为投毒罪）
C. 故意毁坏财物罪
D. 生产、销售有毒、有害食品罪

【解析】 本题与上题类似，但有很大的不同。本题题干中的"构成哪些犯罪"是"宣判为哪些犯罪"（考虑罪数之后的结论）。（1）本题中，由于甲只是"向乙家的羊圈内（共有 29 只羊）投放毒药"，不是公共场所，其行为没有危害公共安全，因此甲不构成投放危险物质罪（原为投毒罪）。（2）甲秘密窃取他人的圈养牲畜，根据刑法第 264 条，构成盗窃罪。（3）同时导致 29 只羊死亡，根据刑法第 275 条，触犯了故意毁坏财物罪。（4）销售明知掺有有毒的非食品原料的食品的，根据刑法第 144 条，触犯销售有毒食品罪。（5）在罪数上，盗窃罪、故意毁坏财物罪系想象竞合，应当择一重处，一般以盗窃罪论处，系毁坏型的盗窃。再与销售有毒食品罪两罪并罚。所以本题选 A、D 两项。

考点三　破坏公共设施类犯罪

1. 甲盗割正在使用中的铁路专用电话线，在构成犯罪的情况下，对甲应按照下列哪一选项处理？[2]（2006/2/10）

A. 破坏公用电信设施罪
B. 破坏交通设施罪
C. 盗窃罪与破坏交通设施罪中处罚较重的犯罪
D. 盗窃罪与破坏公用电信设施罪中处罚较重的犯罪

【解析】（1）铁路专用电话线是铁路的附属设施，属于交通设施；不用于公共通讯，不属公用电信设备。对正在使用中的铁路专用电话线进行破坏，根据刑法第 117 条，构成破坏交通设施罪。（2）盗割的对象是财物，根据刑法第 264 条，构成盗窃罪。（3）一行为触犯两罪名，是想象竞合犯。应从一重处，故 C 项当选。

2. 陈某欲制造火车出轨事故，破坏轨道时将螺栓砸飞，击中在附近玩耍的幼童，致其死亡。陈某的行为被及时发现，未造成火车倾覆、毁坏事故。关于陈某的行为性质，下列哪一选项是正确的？[3]（2016/2/13）

A. 构成破坏交通设施罪的结果加重犯
B. 构成破坏交通设施罪的基本犯与故意杀人罪的想象竞合犯
C. 构成破坏交通设施罪的基本犯与过失致人死亡罪的想象竞合犯
D. 构成破坏交通设施罪的结果加重犯与过失致人死亡罪的想象竞合犯

【疑难辨析】 本题考查结果加重犯、想象竞合犯的区分。危害公共安全类犯罪的法益是"公共安全"，指不特定或多数人的生命、身体安全等。包括破坏交通设施罪在内的危害公共安全类犯罪有基本犯（危险犯）、危险犯的结果加重犯（实害犯）。（1）结果加重犯（实害犯）中"严重结果"指的是危害公共安全的实害结果，如果特定个人的生命、身体受损的实害结果，是公共安全实害结果的组织部分，可构成结果加重犯（实害犯）。（2）如果不是，则应另行触犯个人法益犯罪，可能构成想象竞合犯。

---

[1] AD　[2] C　[3] C

【解析】（1）陈某破坏轨道，构成刑法第117条，构成破坏交通设施罪。造成了足以使火车倾覆、毁坏的危险，系基本犯（危险犯）的既遂。（2）不慎使螺栓击中幼童导致死亡，根据刑法第233条，触犯过失致人死亡罪。（3）在罪数上，幼童是因螺栓击中身亡，不是因交通工具倾覆、毁坏而造成的，不属公共安全包容的实害结果，不构成结果加重犯（实害犯）。（4）一行为同时触犯两罪，系破坏交通设施罪的基本犯（危险犯）、过失致人死亡罪的想象竞合犯，应当择一重处。答案是选项C。

3. 甲在高速公路休息站开店经营汽车补胎业务，故意在靠近经营点附近的高速公路上撒钉子，长达数百米。造成很多汽车爆胎，险些发生严重事故。很多车主经常抱怨，司机问甲为什么会有这么多钉子在路上，甲闭口不谈，只是按照市场价格补胎收费。甲的行为应以何罪论处？[1]（2018/客/卷一/14仿，模拟题）

A. 故意毁坏财物罪
B. 破坏交通工具罪
C. 破坏交通设施罪
D. 诈骗罪

【解析】在触犯罪名方面：（1）甲在高速路上放钉子，造成汽车爆胎，财产损失，触犯故意毁坏财物罪。

（2）甲破坏正在使用中的汽车，足以使其倾覆、毁坏，触犯破坏交通工具罪（危险犯既遂）。类比一下：破坏汽车刹车。

（3）甲在高速路上放钉子，破坏交通设施的通行功能，足以使汽车倾覆、毁坏，以功能性破坏理解，触犯破坏交通设施罪（危险犯既遂）。类比一下：在高速路上放钉子，即使没有扎坏汽车，由于存在具体危险，也可构成破坏交通设施罪。

（4）汽车爆胎后甲补胎收钱，仅就此过程而言，甲没有实施任何虚构事实、隐瞒真相的行为，车主也无财物损失（损失是由之前的毁坏财物行为导致），不构成诈骗罪。

在罪数方面：（1）破坏交通设施罪、破坏交通工具罪中的"破坏"、"毁坏危险"等词，表明两罪可以包容故意毁坏财物罪的行为和结果，故而，该两罪与故意毁坏财物罪之间是整体法与部分法的法条竞合关系（包容关系），应整体法论处。（2）破坏交通设施罪中也可包容"汽车……发生倾覆、毁坏危险"和实害结果。直接破坏交通设施，引起破坏交通工具的结果，前罪、后罪之间也是整体法与部分法的法条竞合关系（包容关系），应以整体法破坏交通设施罪论处。

综上所述，本案行为人触犯了故意毁坏财物罪、破坏交通工具罪、破坏交通设施罪三罪，应以破坏交通设施罪一罪论处。

考点四　恐怖主义犯罪

1. 刑法第120条规定了准备实施恐怖活动罪，其中第1款第1项规定为"为实施恐怖活动准备凶器、危险物品或者其他工具的"。关于该罪及该项规定，下列选项说法正确的是？[2]（2021/客/卷一/仿7，模拟题）

A. 本罪为预备犯，应当比照既遂继续犯从轻减轻或者免除处罚
B. 本罪为目的犯，不是为实施恐怖活动准备凶器的，不构成本罪
C. 为实施恐怖活动非法购买爆炸物的，只构成本罪

---

[1]　C　[2]　B

D. 为他人实施恐怖活动准备凶器的，不构成本罪

【解析】本题考查准备实施恐怖活动罪。

选项A，本罪的立法原理系"预备行为实行化"，亦即，将本来的预备行为规定为实行行为。因此，在司法层面上，应当认定为实行犯、正犯；本条规定的法定刑处刑即可。而不是预备犯。该选项说法错误。

选项B，说法正确。该项规定中的"为实施恐怖活动"，说明其系目的犯。为其他犯罪而作准备的，是具体罪中的预备犯，而不构成准备实施恐怖活动罪。

选项C，其中"构成"应当理解为"触犯"。为实施恐怖活动非法购买爆炸物的，构成本罪；同时构成非法买卖爆炸物罪；根据第120条之二第2款，系想象竞合，应当择一重处。该选项"只构成"说法错误。

选项D，法条并没有将目的限定为"为他人实施恐怖活动"，不能不适当的缩小罪名成立的范围。该选项说法错误。

2. 乙成立恐怖组织并开展培训活动，甲为其提供资助。受培训的丙、丁为实施恐怖活动准备凶器。因案件被及时侦破，乙、丙、丁未能实施恐怖活动。关于本案，下列哪些选项是正确的？[1]（2016/2/56）

A. 甲构成帮助恐怖活动罪，不再适用刑法总则关于从犯的规定

B. 乙构成组织、领导恐怖组织罪

C. 丙、丁构成准备实施恐怖活动罪

D. 对丙、丁定罪量刑时，不再适用刑法总则关于预备犯的规定

【解析】A选项，甲为恐怖组织提供资助，根据刑法第120条之一，构成帮助恐怖活动罪；帮助恐怖活动罪，系共犯行为正犯化，是正犯不再是共犯，直接适用分则正犯的规定即可，不再适用刑法总则关于从犯的规定。

B选项，乙成立恐怖组织，根据刑法第120条，构成组织、领导恐怖组织罪。

C选项，D选项，丙、丁为实施恐怖活动准备凶器，构成第122条之二第1项规定的准备实施恐怖活动罪；准备实施恐怖活动罪，系预备行为实行化，是实行犯不再是预备犯，直接适用分则正犯的规定即可，不再适用刑法总则关于预备犯的规定。

3. 某恐怖组织计划在某省A市一商场实施放火，该组织成员萨某和穆某在购买汽油等放火工具时被公安机关逮捕。关于本案，下列说法正确的是？[2]（2019/客/卷一/仿19，模拟题）

A. 穆某在A市有固定居所，仍可适用指定居所监视居住

B. 若萨某和穆某不可能判处无期徒刑以上刑罚，该案可由A市的基层法院审理

C. 萨某和穆某应以参加恐怖组织罪和放火罪（预备）论处

D. 若萨某是外国人，应提请省检察院批准逮捕

【解析】C选项，行为人触犯参加恐怖组织罪（既遂）、放火罪（预备）。在罪数上，根据第120条（组织、领导、参加恐怖组织罪）第2款，应数罪并罚。当然，精确的讲，行为人还触犯准备实施恐怖活动罪，应与放火罪（预备）择一重处。

A选项，《刑事诉讼法》第75条第1款规定："监视居住应当在犯罪嫌疑人、被告人的住处执行；无固定住处的，可以在指定的居所执行。对于涉嫌危害国家安全犯罪、恐怖活动犯罪，在住处执行可能有碍侦查的，经上一级公安机关批准，也可以在指定的居所执行。"本题属于恐怖活动犯罪案件，穆某在A市有固定居所，若其在住处执行可能有碍侦查，仍然可适用

---

〔1〕 ABCD 〔2〕 AC

指定居所监视居住。故 A 项正确。

B 选项，根据《刑事诉讼法》第 21 条，本案属于恐怖活动案件，最低由中级法院管辖，不得由 A 市的基层法院审理。故 B 项错误。

根据《高检规则》第 294 条，本题中若萨某是外国人，其涉嫌的犯罪不属于"危害国家安全犯罪的案件或者涉及国与国之间政治、外交关系的案件以及在适用法律上确有疑难的案件"，A 市检察院就可以对其决定批准逮捕，无需报省检察院批准逮捕。故 D 项错误。

考点五　劫持公共交通工具类犯罪

甲、乙等人佯装乘客登上长途车。甲用枪控制司机，令司机将车开到偏僻路段；乙等人用刀控制乘客，命乘客交出随身财物。一乘客反抗，被乙捅成重伤。财物到手下车时，甲打死司机。关于本案，下列哪些选项是正确的？[1]（2012/2/59）

A. 甲等人劫持汽车，构成劫持汽车罪

B. 甲等人构成抢劫罪，属于在公共交通工具上抢劫

C. 乙重伤乘客，无需以故意伤害罪另行追究刑事责任

D. 甲开枪打死司机，需以故意杀人罪另行追究刑事责任

【疑难辨析】本题考查劫持船只、汽车罪。核心在于罪数问题：劫持船只、汽车罪不能包容故意伤害罪、故意杀人罪；抢劫罪的手段行为可以包容故意伤害、故意杀人；抢劫后杀人应当数罪并罚。考生做错本题的原因在于对于命题出的设问问题阅读有误。本题中甲、乙二人是共同犯罪，但是在选项只分别问了二人各自触犯的罪名，没有问共同犯罪的问题。

【解析】（1）甲控制司机劫持汽车，触犯劫持汽车罪；后甲打死司机，触犯故意杀人罪。因劫持汽车罪的结果加重犯"造成严重后果"并不包括故意杀人，故而，甲应当两罪并罚。选项 A、选项 D 正确。（2）乙在长途公交车上抢劫乘客，构成抢劫罪，属于在公共交通工具上抢劫；因抢劫罪的结果加重犯"致人重伤、死亡"包括故意伤害，故而乙在抢劫过程中将被害人捅成重伤，只构成抢劫罪的结果加重犯，不再对故意伤害另定它罪。选项 B、选项 C 正确。（3）甲、乙等人系共同犯罪，均构成劫持汽车罪、抢劫罪（致人重伤）；抢劫完毕后杀人的，另行触犯故意杀人罪，应数罪并罚。本题没有考查此点。

考点六　涉枪犯罪

1. 警察甲为讨好妻弟乙，将公务用枪私自送乙把玩，丙乘乙在人前炫耀枪支时，偷取枪支送交派出所，揭发乙持枪的犯罪事实。关于本案，下列哪些选项是正确的？[2]（2012/2/58）

A. 甲私自出借枪支，构成非法出借枪支罪

B. 乙非法持有枪支，构成非法持有枪支罪

C. 丙构成盗窃枪支罪

D. 丙揭发乙持枪的犯罪事实，构成刑法上的立功

【解析】（1）甲系依法配备公务用枪的人员，私自出借枪支，无需重大结果，即构成非法

出借枪支罪，A选项正确。（2）乙无权持有枪支，构成非法持有枪支罪，B选项正确。（3）丙偷取枪支，目的是为送交派出所，没有非法占有目的，也不属"非法"持有行为，不构成犯罪。C选项错误。（4）罪犯才能构成立功，丙无罪，当然不构成立功。D选项错误。

2. 丁某盗窃了农民程某的一个手提包，发现包里有大量现金和一把手枪。丁某将真情告诉崔某，并将手枪交给崔某保管，崔某将手枪藏在家里。关于本案，下列哪些选项是正确的？[1]（2007/2/61）

A. 丁某构成盗窃罪
B. 丁某构成盗窃枪支罪
C. 崔某构成窝藏罪
D. 崔某构成非法持有枪支罪

【解析】（一）对于丁某：

1. 客观上实施了盗窃枪支的行为。

2. 主观上，题干中没有明示丁某是否知道包中有枪，应以社会一般情况判断。在盗窃时一般只认识到对象是财物，故应当认为行为人没有认识到对象是枪支，没有盗窃枪支罪的故意，不能成立盗窃枪支罪。

3. 客观主观相统一，根据刑法第264条，只成立盗窃罪。故A项正确，B项错误。

（二）对于崔某：

1. 刑法第310条规定的窝藏、包庇罪是对犯罪人的窝藏、包庇，而不是对犯罪所得赃物的隐藏、掩饰，本案崔某没有为丁某提供隐藏场所、财物，帮助其逃匿的行为，不构成窝藏罪。故C项不当选。

2. 崔某明知对象是手枪，自己也无合法持枪权而持有，根据刑法第128条，构成非法持有枪支罪，故D项当选。

3. 明知枪支是他人盗窃罪（非盗窃枪支罪）的犯罪所得，而予以窝藏，根据刑法第312条，构成掩饰、隐瞒犯罪所得罪。

4. 系想象竞合犯，应当择一重处。因选项中没有列出掩饰、隐瞒犯罪所得罪，故不用考虑。

3. 刘某利用到国外旅游的机会，购买了手枪1支、子弹若干发自用，并经过伪装将其邮寄回国内。后来刘某得知丁某欲搞一支枪抢银行，即与丁某协商，以1万元将其手枪出租给丁某。丁某使用该手枪抢劫银行时被抓获。对刘某的行为应如何处理？[2]（2004/2/17，2008延/2/11）

A. 以非法买卖危险物质罪与抢劫罪实行并罚
B. 以非法买卖危险物质罪与非法出租枪支罪实行并罚
C. 以走私武器、弹药罪与抢劫罪实行并罚
D. 以走私武器、弹药罪、非法出租枪支罪、抢劫罪实行并罚

【解析】刘某实施了数个行为：（1）中国人在国外购买枪支、子弹，触犯了中国刑法，可按属人管辖认定为非法买卖枪支、弹药罪。当然，如果购买地本地不认为是犯罪，则按法益保护原则，如果没有侵害我国刑法保护的法益，我国刑法不能追究。本题选项中无该罪名，故不对此行为进行考虑。（2）将枪支从国外邮寄回国内，逃避海关监管，认定为走私武器、弹药罪（越境），而不以非法邮寄枪支、弹药罪（仅限于国内）论处。（3）刘某非法持有枪支的行为，构成非法持有枪支罪，系吸收犯，以走私武器、弹药罪论处。（4）刑法将非法出租枪支罪的主体限定为"依法配备公务用枪的人员、依法配置枪支的人员"，即合法持枪人员。刘某系

---

[1] AD [2] C

非法持枪人员，而不是合法持枪人员。故而其出租枪支的行为，不能构成非法出租枪支罪。（5）其明知丁某抢劫而提供工具，构成丁某抢劫罪的帮助犯。（5）故应以走私武器、弹药罪与抢劫罪实行并罚。选项C正确。（6）延伸问题是：如果刘某是合法持枪人员，明知他人抢劫而出租、出借枪支，如何认定？应当为非法出租、出借枪支罪的实行犯，以及抢劫罪的帮助犯，按想象竞合犯择一重处。

4. 关于危害公共安全罪的论述，下列哪些选项是正确的？[1]（2014/2/57）

A. 甲持有大量毒害性物质，乙持有大量放射性物质，甲用部分毒害性物质与乙交换了部分放射性物质。甲、乙的行为属于非法买卖危险物质

B. 吸毒者甲用毒害性物质与贩毒者乙交换毒品。甲、乙的行为属于非法买卖危险物质，乙的行为另触犯贩卖毒品罪

C. 依法配备公务用枪的甲，将枪赠与他人。甲的行为构成非法出借枪支罪

D. 甲父去世前告诉甲"咱家院墙内埋着5支枪"，甲说"知道了"，但此后甲什么也没做。甲的行为构成非法持有枪支罪

【疑难辨析】本题考查非法买卖危险物质中"买卖"的含义、贩卖毒品罪中"贩卖"的含义、非法出借枪支罪"出借"的含义、非法持有枪支罪中"持有"的含义。

【解析】A选项，以物易物的易物交易可以解释为"买卖"，以甲为例，相当于其卖出毒害性物质（卖），同时又购进放射性物质（买），故而可构成非法买卖危险物质罪。乙同样如此。A选项正确。

B选项，与A选项相同，也是易物交易。对于甲，其卖出毒害性物质，构成非法买卖危险物质罪；同时购进毒品，因系本人吸食，如数量较小，不构成犯罪。对于乙，其购进毒害性物质，构成非法买卖危险物质罪；同时卖出毒品，构成贩卖毒品罪，应当数罪并罚。B选项正确。

C选项，"出借"的含义是无偿借用转移占有，"赠与"的含义是无偿转移占有且转移所有；截取"赠与"中无偿转移占有的部分内容，可评价为"出借"。C选项正确。

D选项，根据《最高人民法院关于审理非法制造、买卖、运输枪支、弹药、爆炸物等刑事案件具体应用法律若干问题的解释》第8条的规定，"非法持有"是指不符合配备、配置枪支、弹药条件的人员，违反枪支管理法律、法规的规定，擅自持有枪支、弹药的行为。其中持有行为的形式，不仅包括"拿着"、"带着"，其本质含义在于管理、控制。D选项中甲对埋着的枪具有管理、控制，可认定为"持有"。D选项正确。

考点七　交通肇事罪

一、交通肇事的时空条件：公共交通管理的范围内

1. 甲是某搬运场司机，在搬运场驾车作业时违反操作规程，不慎将另一职工轧死。对甲的行为应当如何处理？[2]（2005/2/20）

A. 按过失致人死亡罪处理　　　　B. 按交通肇事罪处理
C. 按重大责任事故罪处理　　　　D. 按意外事件处理

【解析】《最高人民法院关于审理交通肇事刑事案件具体应用法律若干问题的解释》第8

---

〔1〕　ABCD　〔2〕　C

条的规定，在公共交通管理的范围内发生重大交通事故的，构成交通肇事罪；在公共交通管理的范围外，驾驶机动车辆或者使用其他交通工具致人伤亡或者他人财产遭受重大损失，构成犯罪的，以重大责任事故罪、重大劳动安全事故罪、过失致人死亡罪论处。本案发生在施工场地、搬运场内，违反的是安全作业规章、生产作业操作规程，而不是交通运输管理法规，导致事故应以重大责任事故罪论处。

2. 甲在建筑工地开翻斗车。某夜，甲开车时未注意路况，当场将工友乙撞死、丙撞伤。甲背丙去医院，想到会坐牢，遂将丙弃至路沟后逃跑。丙不得救治而亡。关于本案，下列哪一选项是错误的？[1]（2013/2/12）

A. 甲违反交通运输管理法规，因而发生重大事故，致人死伤，触犯交通肇事罪

B. 甲在作业中违反安全管理规定，发生重大伤亡事故，触犯重大责任事故罪

C. 甲不构成交通肇事罪与重大责任事故罪的想象竞合犯

D. 甲为逃避法律责任，将丙带离事故现场后遗弃，致丙不得救治而亡，还触犯故意杀人罪

【解析】（1）本案行为发生场所在建筑工地里，不属交管法规范围内，构成重大责任事故罪，而不是交通肇事罪。选项 A 错误，选项 B 正确。

（2）本案行为人根本就没有触犯交通肇事罪，既不是想象竞合也没有讨论法条竞合的前提。即使两罪都触犯，在罪名关系上，交通肇事罪与重大责任事故罪之间的关系，是特别法与一般法的法条竞合关系，也不是想象竞合犯。选项 C 正确。

（3）将丙弃至路沟后逃跑致其死亡，对丙之死存在放任，系间接故意，构成故意杀人罪。选项 D 正确。

（4）在罪数方面，前罪重大责任事故罪不能包容故意杀人，故而应当两罪并罚。

二、交通肇事后逃逸与因逃逸致人死亡

3、甲违章超速驾驶，撞上乙车、丙车，导致乙受重伤、丙车毁损，甲见状驾车逃逸。关于本案，以下说法正确的有？[2]（2018/客/卷一/15 仿，模拟题）

A. 甲构成交通肇事罪，是基本犯

B. 甲构成交通肇事罪，系交通肇事后逃逸

C. 甲逃逸的情节，不属定罪情节，而属于量刑情节

D. 甲没有达到交通肇事罪成罪标准，不能构成该罪，但可构成以危险方法危害公共安全罪

【解析】本题是一道刑法与刑事诉讼法结合的题目。（1）在构成交通肇事罪与否的判断上，甲一般违章，致一人重伤，仅以此情况认定，不构成交通肇事罪的基本犯；再考虑逃逸情节，才可构成交通肇事罪的基本犯。故而，甲构成交通肇事罪的基本犯；不属交通肇事后逃逸。选项 A 正确，选项 B、D 错误。（2）在定罪情节与量刑情节判断上，本案中的逃逸属定罪情节，不属量刑情节。选项 C 错误。

4. 根据刑法规定与相关司法解释，下列哪一选项符合交通肇事罪中的"因逃逸致人死亡"？[3]（2007/2/9）

A. 交通肇事后因害怕被现场群众殴打，逃往公安机关自首，被害人因得不到救助而死亡

B. 交通肇事致使被害人当场死亡，但肇事者误以为被害人没有死亡，为逃避法律责任而逃逸

C. 交通肇事致人重伤后误以为被害人已经死亡，为逃避法律责任而逃逸，导致被害人得不到及时救助而死亡

D. 交通肇事后，将被害人转移至隐蔽处，导致其得不到救助而死亡

【疑难辨析】 因逃逸致人死亡，是指行为人在交通肇事后为逃避法律追究而逃跑，致使被害人因得不到救助而死亡的情形。经验法则：看一头：一头有违章；再看一尾：一尾有死亡；再看死因：死亡因逃逸（不救助）。即：因逃逸致人死亡＝交通肇事（不一定构成基本犯）＋不作为过失致人死亡。行为人主观上：只需知道发生交通肇事即可，无需明知被害人是否死亡。

【解析】 A选项，根据《最高人民法院关于审理交通肇事刑事案件具体应用法律若干问题的解释》第3条，刑法中的"逃逸"指行为人"在交通肇事后为逃避法律追究而逃跑"，即不接受法律处理（与《道路交通安全法》规定不同）。本项中行为人离开现场"逃往公安机关自首"，不具有逃避法律追究的目的，行为不属"逃逸"。属交通肇事罪的基本犯。

B选项，逃逸"致人死亡"要求被害人死亡结果与行为人的逃逸行为之间具有因果关系。本项中被害人当场死亡，死亡结果非因逃逸导致，不符合对因果关系的限定。属交通肇事后逃逸。

C选项，主观上只要求明知发生了交通事故，并不要求明知被害人当时未死亡。本项符合因逃逸致人死亡的主观条件。属因逃逸致人死亡。

D选项，《最高人民法院关于审理交通肇事刑事案件具体应用法律若干问题的解释》第6条的规定，行为人在交通肇事后为逃避法律追究，将被害人带离事故现场后隐藏或者遗弃，致使被害人无法得到救助而死亡或者严重残疾的，应当分别以故意杀人罪或者故意伤害罪定罪处罚。可认为是故意杀人罪的提示规定。行为人客观上隐藏或者遗弃被害人，降低其救助可能性，可评价为"杀人"或"伤害"。主观上有放任或希望其死亡的意图，可认为是间接故意甚至直接故意，符合故意杀人罪或者故意伤害罪的构成条件。

三、指使违章的交通肇事罪、指使逃逸致死的"共犯"

5. 甲系某公司经理，乙是其司机。某日，乙开车送甲去洽谈商务，途中因违章超速行驶当场将行人丙撞死，并致行人丁重伤。乙欲送丁去医院救治，被甲阻止。甲催乙送其前去洽谈商务，并称否则会造成重大经济损失。于是，乙打电话给120急救站后离开肇事现场。但因时间延误，丁不治身亡。关于本案，下列哪一选项是正确的？[1] (2006/2/11)

A. 甲不构成犯罪，乙构成交通肇事罪

B. 甲、乙均构成交通肇事罪

C. 乙构成交通肇事罪和不作为的故意杀人罪，甲是不作为的故意杀人罪的共犯

D. 甲、乙均构成故意杀人罪

【解析】 在交通肇事后为逃避法律追究而逃跑，属于"逃逸"。（1）对于司机乙，交通肇事后逃逸，导致被害人得不到救治而死亡，构成交通肇事罪"因逃逸致人死亡"。（2）对于经理甲，根据《最高人民法院关于审理交通肇事刑事案件具体应用法律若干问题的解释》第5条第2款的规定，属交通肇事后，单位主管人员指使肇事人逃逸，致使被害人因得不到救助而死亡，以交通肇事罪的"共犯"（共同过失犯罪）论处。故而，B选项正确。

6. 乙（15周岁）在乡村公路驾驶机动车时过失将吴某撞成重伤。乙正要下车救人，坐在车上的甲（乙父）说："别下车！前面来了许多村民，下车会有麻烦。"乙便驾车逃走，吴某

---

[1] B

因流血过多而亡。关于本案，下列哪一选项是正确的？[1]（2014/2/13）

A. 因乙不成立交通肇事罪，甲也不成立交通肇事罪

B. 对甲应按交通肇事罪的间接正犯论处

C. 根据司法实践，对甲应以交通肇事罪论处

D. 根据刑法规定，甲、乙均不成立犯罪

【解析】（1）对于乙，在客观不法方面，其未满18周岁未领驾证开车，系违章行为；乡村公路也属道路，过失致重伤，其行为系交通肇事行为；逃逸致死属于交通肇事因逃逸致人死亡，其具有规范意识能力，行为系客观不法行为。只是在主观责任方面，乙15周岁，只对刑法规定的8种行为承担刑事责任，对于交通肇事行为、过失致人死亡行为，未达刑事责任年龄（16周岁）不承担刑事责任，不成立交通肇事罪。

（2）对于甲，系乘车人。在客观不法方面，根据《最高人民法院关于审理交通肇事刑事案件具体应用法律若干问题的解释》第5条规定，交通肇事后，单位主管人员、机动车辆所有人、承包人或者乘车人指使肇事人逃逸，致使被害人因得不到救助而死亡的，以交通肇事罪的"共犯"论处。进行类比推理，如果乙已满16周岁，可构成交通肇事罪（因逃逸致人死亡）；则按前述解释，甲亦构成交通肇事罪（因逃逸致人死亡）。只是现题干中乙虽不满16周岁，也属"肇事人"。故而甲的客观不法行为亦是"指使肇事人逃逸"致死的行为。在主观责任方面，甲已达到刑事责任年龄，需承担刑事责任，构成交通肇事罪（因逃逸致人死亡）。C选项正确。

（3）乘车人等四种人员指使他人逃逸致死构成交通肇事罪的原理，在于他们本人对于驾驶者负有监督责任，其本人的指使逃逸致死行为，也属违章行为。

（4）甲的责任为过失，且乙有自主意识、具有规范意识能力，甲对乙不认为有支配、操纵关系，不构成间接正犯。并且，交通肇事罪是过失犯罪，也不存在间接正犯。故B选项错误。

7. 一对情侣甲男、乙女，一起吃饭喝酒后，乙女想让甲男送她回家，甲男因醉酒起初拒绝，但是乙女坚持让甲男送其回家，甲男无奈醉酒驾车。不慎将行人丙撞成重伤，甲男本想逃走，但遇村民阻拦，甲男无奈将丙抱上汽车，谎称送往医院救治。途中将丙丢弃在路边水沟里，丙因未得到及时救治而死亡。关于本案说法正确的有？[2]（2019/客/卷一/仿20，模拟题）

A. 甲男构成交通肇事罪，系因逃逸致人死亡

B. 甲男构成故意杀人罪

C. 乙女认定为危险驾驶罪的教唆犯

D. 乙女构成交通肇事罪，但不属因逃逸致人死亡

【解析】（一）对于甲男

1. 在触犯罪名层面上：（1）醉酒在道路上驾车，根据刑法第133条之一，触犯危险驾驶罪。（2）醉酒驾车致人重伤，根据刑法第133条，构成交通肇事罪；后又逃逸，逃前构成基本犯，属交通肇事罪后逃逸。（3）之后将丙丢弃致死，实施了杀人行为（作为），具有杀人故意，根据刑法第232条，构成故意杀人罪。（4）死亡结果与杀人行为有因果关系，被此行为中断，与交通肇事行为、逃逸行为无因果关系，不属因逃逸致人死亡。

2. 在罪数上：危险驾驶罪与交通肇事罪后逃逸，根据第133条之一第3款，择一重处，以交通肇事罪后逃逸论处。应以交通肇事罪后逃逸、故意杀人罪两罪并罚。

---

[1] C 〔2〕 BC

（二）对于乙女

1. 在触犯罪名层面上：（1）教唆他人醉酒驾车，触犯危险驾驶罪的教唆犯。（2）关于乘车人与交通肇事罪的关系。根据《最高人民法院关于审理交通肇事刑事案件具体应用法律若干问题的解释》第5条，"交通肇事后，乘车人指使肇事人逃逸，致使被害人因得不到救助而死亡的"，才构成交通肇事罪的共犯（共同过失犯罪）。本案中甲男只属交通肇事罪后逃逸，不属因逃逸致人死亡，故而乙女不能以此论处。（3）而前述解释第7条规定，"单位主管人员、机动车辆所有人或者机动车辆承包人指使、强令他人违章驾驶造成重大交通事故"，构成交通肇事罪，亦即不包括乘车人。故而乙女也不能以此论处。

2. 故而，乙女仅构成危险驾驶罪的教唆犯。

四、机动车肇事中此罪彼罪区分

8. 下列哪一行为成立以危险方法危害公共安全罪？[1]（2012/2/15）

A. 甲驾车在公路转弯处高速行驶，撞翻相向行驶车辆，致2人死亡

B. 乙驾驶越野车在道路上横冲直撞，撞翻数辆他人所驾汽车，致2人死亡

C. 丙醉酒后驾车，刚开出10米就撞死2人

D. 丁在繁华路段飙车，2名老妇受到惊吓致心脏病发作死亡

【解析】A选项、C选项，依题意行为人是因违章驾驶而导致被害人死亡，对于结果一般认定为过失，构成交通肇事罪。

B选项，"横冲直撞"表明行为人对结果系故意，且手段行为一次可造成大规模损害，系危险方法；"道路上"表明危害到不特定多数人的公共安全，构成以危险方法危害公共安全罪。

C选项，醉酒后驾车致人死亡，一般推定对结果系过失，构成交通肇事罪。

D选项，被害人心脏病发作死亡的结果，虽与飙车有关联，但不是法律预设的飙车所应承担责任的结果（结果不在构成要件的保护范围之内，或不在行为的射程范围之内），不能认为具有刑法上的因果关系，行为人对此结果不承担刑事责任。丁只因飙车行为而构成危险驾驶罪。

9. 关于交通肇事罪与其他犯罪关系的论述，下列哪些选项是正确的？[2]（2008延/2/58）

A. 甲酒后驾车撞死一行人，下车观察时，发现死者是其情敌刘某，甲早已预谋将刘某杀死。甲的行为应为故意杀人罪，而不能定为交通肇事罪

B. 乙明知车辆的安全装置不全，仍然指使其雇员王某驾驶该车辆运输货物；王某明知车辆有缺陷，仍超速行驶，造成交通事故，导致1人死亡。乙与王某均构成交通肇事罪

C. 丙在施工场地卸货倒车时，不慎将一装卸工人轧死。丙的行为构成重大责任事故罪，而不是交通肇事罪

D. 丁在一高速公路上驾车行驶时，因疲劳过度将车驶出高速公路，将行人常某撞死。对丁的行为应认定为交通肇事罪，而不是过失致人死亡罪

【解析】A选项，本选项考查故意、过失的认定、行为与责任同时性原则，故意、过失是实施实行行为当时的主观心态，或者说，实行行为是故意、过失支配之下的行为。本选项行为人在实施行为（醉酒驾车撞人）时，对于他人死亡的结果并无故意，只能以过失犯罪，亦即交通肇事罪论处。当然，如果在一种犯意的支配下实施一个行为之后，又发生犯意转变或另起犯意，在另一个犯意之下实施另一个行为，可以认为是犯意转变或另起犯意。

---

[1] B [2] BCD

B 选项，《最高人民法院关于审理交通肇事刑事案件具体应用法律若干问题的解释》第 7 条的规定，单位主管人员、机动车所有人指使他人违章驾驶造成重大交通事故的，具有法定情形的，以交通肇事罪处罚。乙明知车辆的安全装置不全，仍然指使其雇员王某驾驶该车辆运输货物，导致重大事故的，符合这一条的规定，构成交通肇事罪。司机王某明知车辆有缺陷，仍超速行驶，造成交通事故，导致 1 人死亡，也构成交通肇事罪，故 B 项正确。

C 选项，前述解释第 8 条的规定，在公共交通管理的范围内发生重大交通事故的，构成交通肇事罪；在公共交通管理的范围外，驾驶机动车辆或者使用其他交通工具致人伤亡或者他人财产遭受重大损失，构成犯罪的，以重大责任事故罪、重大劳动安全事故罪、过失致人死亡罪论处。本案发生在施工场地、搬运场内，违反的是安全作业规章、生产作业操作规程，而不是交通运输管理法规，导致事故应以重大责任事故罪论处。

D 选项，丁某在公共交通运输领域违反交通法规，违章行为发生在公交管理范围内，造成重大交通事故的结果，尽管结果发生在公交管理范围外，但只在行为发生在公交管理范围内，仍可构成交通肇事罪。交通肇事罪中包容了过失致人死亡罪，两罪之间是整体法与部分的法条竞合关系，以整体法交通肇事罪一罪论处。

考点八　危险驾驶罪

1. 下列哪一行为应以危险驾驶罪论处？[1]（2015/2/13）

A. 醉酒驾驶机动车，误将红灯看成绿灯，撞死 2 名行人

B. 吸毒后驾驶机动车，未造成人员伤亡，但危及交通安全

C. 在驾驶汽车前吃了大量荔枝，被交警以呼气式酒精检测仪测试到酒精含量达到醉酒程度

D. 将汽车误停在大型商场地下固定卸货车位，后在醉酒时将汽车从地下三层开到地下一层的停车位

【解析】A 选项，触犯危险驾驶罪、交通肇事罪，宣告为交通肇事罪。法条依据：刑法第 133 条之一第 2 款，"有前款行为（危险驾驶罪行为），同时构成其他犯罪的，依照处罚较重的规定定罪处罚"；交通肇事罪更重。理论依据：可认为交通肇事罪是危险驾驶罪的结果加重犯。

B 选项，（1）刑法第 133 条之一第 1 款第 2 项规定的是"醉酒"，将吸毒解释进去是类推解释。不构成危险驾驶罪。（2）本案情形，已造成危害公共安全的具体危险，可以构成以危险方法危害公共安全罪。（3）如果没有危险，则按交管法处罚。

C 选项，（1）吃荔枝表面上"醉"，但实际血液中酒精含量为零，不属"醉酒"，没有危险驾驶行为，不构成危险驾驶罪。（2）当然，如是误食酒精食物而"醉酒"自己不知情，那是过失，亦不构成危险驾驶罪。

D 选项，"道路"包括停车场。法条依据：《最高人民法院、最高人民检察院、公安部关于办理醉酒驾驶机动车刑事案件适用法律若干问题的意见》第 1 条第 2 款，前款规定的"道路""机动车"，适用道路交通安全法的有关规定。《道路交通安全法》第 119 条第 1 项，"道路上"是指公路、城市道路和虽在单位管辖范围但允许社会机动车通行的地方，包括广场、公共停车场等用于公众通行的场所。

---

[1]　D

2. 醉酒后的丙（血液中的酒精含量为152mg/100ml）与丁各自驾驶摩托车"飙车"经过此路段（事实三）。丙发现乙车时紧急刹车，摩托车侧翻，猛烈撞向乙车左前门一侧，丙受重伤。20分钟后，交警将乙抬出车时，发现其已死亡。现无法查明乙被丙撞击前是否已死亡，也无法查明乙被丙撞击前所受创伤是否为致命伤（事实四）。关于事实三的定性，下列选项正确的是？[1]（2013/2/88）

A. 丙、丁均触犯危险驾驶罪，属于共同犯罪

B. 丙构成以危险方法危害公共安全罪，丁构成危险驾驶罪

C. 丙、丁虽构成共同犯罪，但对丙结合事实四应按交通肇事罪定罪处罚，对丁应按危险驾驶罪定罪处罚

D. 丙、丁未能完成预定的飙车行为，但仍成立犯罪既遂

【疑难辨析】 本题的疑难点在于危险驾驶罪、交通肇事罪、以危险方法危害公共安全罪的区别和关系。有危险驾驶行为，同时构成其他犯罪的，依照处罚较重的规定定罪处罚。交通肇事罪可能是危险驾驶罪的结果加重犯。危险驾驶罪与以危险方法危害公共安全罪之间，在造成具体危险的情况下，是特别法与一般法的法条竞合关系，应按特别法危险驾驶罪论处。

【解析】（1）丙既醉酒开车，又追逐竞驶（"飙车"），构成危险驾驶罪；丁追逐竞驶（"飙车"），构成危险驾驶罪。两者是共同犯罪。A选项正确。（2）因无法查明死亡结果由丙、丁造成，故死亡结果与丙、丁的行为无因果关系，不能认定二人构成交通肇事罪。C选项错误。（3）危险驾驶罪是抽象危险犯，只要实施行为即认为具有抽象危险，即构成既遂，无须飙车行为实施完毕。故D选项正确。（4）危险驾驶罪与以危险方法危害公共安全罪之间，在造成具体危险的情况下，是特别法与一般法的法条竞合关系，应按特别法危险驾驶罪论处。B选项错误。

考点九　重大责任事故罪

某施工工地升降机操作工刘某未注意下方有人即按启动按钮，造成维修工张某当场被挤压身亡。刘某报告事故时隐瞒了自己按下启动按钮的事实。关于刘某行为的定性，下列哪一选项是正确的？[2]（2010/2/12）

A.（间接）故意杀人罪　　　　　B. 过失致人死亡罪

C. 谎报安全事故罪　　　　　　　D. 重大责任事故罪

【解析】 本题考查重大责任事故罪与其他犯罪的区别。题干中的"定性"指宣判罪名。

（1）刘某是在生产作业的过程中过失造成生产事故，根据刑法第134条，构成重大责任事故罪。

（2）过失造成张某被挤压身亡，根据刑法第233条，构成过失致人死亡罪。

（3）刘某造成事故时的心态是"未注意下方有人"，故主观上是疏忽大意的过失，而不是间接故意，故选项A（间接）故意杀人罪不选。

（4）根据刑法第139条之一，在安全事故发生后，负有报告职责的人员不报或者谎报事故情况，贻误事故抢救，情节严重的，构成不报、谎报安全事故罪；根据《最高人民法院、最高人民检察院关于办理危害生产安全刑事案件适用法律若干问题的解释》第4条规定，"负有报

告职责的人员",是指负有组织、指挥或者管理职责的负责人、管理人员、实际控制人、投资人,以及其他负有报告职责的人员。刘某不属此类人员,且因张某已当场死亡,刘某谎报事故原因的情形不会贻误事故抢救。故其不能构成谎报安全事故罪。故选项C不选。

(5) 在罪数上,根据刑法第233条最后一句,重大责任事故罪与过失致人死亡罪是整体法与部分法的法条竞合关系,应以整体法重大责任事故罪一罪论处。答案为选项D。

考点十 综合题

关于危害公共安全罪的认定,下列哪一选项是正确的?[1](2017/2/12)

A. 猎户甲合法持有猎枪,猎枪被盗后没有及时报告,造成严重后果。甲构成丢失枪支不报罪

B. 乙故意破坏旅游景点的缆车的关键设备,致数名游客从空中摔下。乙构成破坏交通设施罪

C. 丙吸毒后驾车将行人撞成重伤(负主要责任),但毫无觉察,驾车离去。丙构成交通肇事罪

D. 丁被空姐告知"不得打开安全门",仍拧开安全门,致飞机不能正点起飞。丁构成破坏交通工具罪

【解析】A选项,刑法第129条规定的丢失枪支不报罪的主体是"依法配备公务用枪的人员"。本选项中猎户属于"依法配置枪支的人员",不属于"依法配备公务用枪的人员",不能构成丢失枪支不报罪。本选项说法错误。

B选项,旅游景点的缆车可被解释进"电车"之中,缆车的关键设备属于"电车"的部件,不属于"交通设施",不构成破坏交通设施罪,而是构成破坏交通工具罪,本选项说法错误。

C选项,根据《最高人民法院关于审理交通肇事刑事案件具体应用法律若干问题的解释》(法释〔2000〕33号)第2条第2款第1项:"交通肇事致一人以上重伤,负事故全部或者主要责任,并具有下列情形之一的,以交通肇事罪定罪处罚:(一)酒后、吸食毒品后驾驶机动车辆的。"本选项说法正确。

D选项,(1)破坏交通工具罪中的"破坏"指功能性破坏,即破坏功能造成倾覆、毁坏危险。本选项案情是"打开安全门",没有对飞机功能进行"破坏",不构成破坏交通工具罪。(2)如果是故意在空中强行拧开,造成具体公共安全的危险,可以构成以危险方法危害公共安全罪。(3)如果不会致人死亡,没有造成具体公共安全的危险,仅仅只是"致飞机不能正点起飞",不听劝止情节严重,可以适用第293条(寻衅滋事罪)"在公共场所起哄闹事,造成公共场所秩序严重混乱"。本选项说法错误。

---

[1] C

专题十七 破坏社会主义市场经济秩序罪（分则第三章）

生产、销售伪劣产品罪	1. 售出5万是既遂，货值15万是未遂。2. 假药（行为犯）：标明成份不符。3. 劣药（结果犯）：成分含量不达标。未经批准进口的真药不再是假药。妨害药品管理罪。4. 有毒有害食品（行为犯）：加入禁用物质。5. 不符合安全标准的食品（危险犯）：相关物质不达标。6. 都触犯时择一重处
走私犯罪	走私行为：绕关、申报不实；保税、减税货物不补缴；向走私人收购（二道贩子），边境运输无证明。文物、贵重金属不让随便出口；废物不让随便进口。弹头弹壳可组装是弹药，不可组装是普物，还可是废物。走私多物都有故意，数罪；认识错误，主客观统一
假币犯罪	对象是国内或国外正在流通货币。伪造是全部做假，变造是部分有真，出售是当作商品（包括易物），使用是当作真币、投入流通（纯显摆属持有）。同宗假币定前行为，异宗数罪
信用卡诈骗罪	1. 盗窃、抢劫（真的、实体）信用卡并使用，定盗窃罪、抢劫罪。2. 其他（诈骗、捡拾、抢夺等）使用，定信用卡诈骗罪。3. 用假卡、冒用真卡（数字卡）、恶意透支。4. 信用卡指银行卡。5. 微信、支付宝、互联网上：冒用信用卡账号定信用卡诈骗；其它账号定盗窃、诈骗
集资诈骗罪	1. 符合四个条件（未经批准、公开宣传、承诺返本付息、社会公众），非法吸收公众存款罪。2. 对具有非法占有目的（7种推定）的部分成立集资诈骗罪
贷款诈骗罪	1. 欺骗银行 + 重大损失 = 骗取贷款罪。2. 具有非法占有目的，构成贷款诈骗罪
票据诈骗罪	利用票据欺骗手段（假票、废票、冒用、无法承兑），来骗人（实行）以骗取财物
金融凭证诈骗罪；保险	1. 使用假存折、存单骗财，构成金融凭证诈骗罪。2. 使用真存折、存单骗财，普通诈骗。3. 保险诈骗罪是身份犯（投保人、被保险人、受益人）；数罪并罚要注意。
知识产权罪	1. 侵犯著作权罪：计算机软件、赝品、表演；网络手段。2. "同一商标"包括极其近似。3. 商业秘密一手、二手都犯罪。4. 商业间谍：为境外窃取、刺探、收买、非法提供商业秘密罪
非法经营罪	1. 有四大类（专营专卖、证照批文、证券期货保险结算、其他）。2. "其他"有明文规定（金融、传媒、食品药品、博彩，四类19项）。3. 放高利贷：未经批准、营利目的、经常性、向社会不特定对象、放高利贷（年利息超36%），构成非法经营罪
强迫交易罪	买卖商品、提供服务（借贷）、投标拍卖、股份债权，强迫退出，都是交易。价金悬殊是抢劫
合同诈骗罪	与诈骗罪、金融诈骗犯罪的法条竞合关系

考点一　生产、销售伪劣商品罪（分则第三章第一节）

1. 关于生产、销售伪劣商品罪，下列哪些选项是正确的？[1]（2016/2/57）

A. 甲既生产、销售劣药，对人体健康造成严重危害，同时又生产、销售假药的，应实行数罪并罚

B. 乙为提高猪肉的瘦肉率，在饲料中添加"瘦肉精"。由于生猪本身不是食品，故乙不构成生产有毒、有害食品罪

C. 丙销售不符合安全标准的饼干，足以造成严重食物中毒事故，但销售金额仅有500元。对丙应以销售不符合安全标准的食品罪论处

D. 丁明知香肠不符合安全标准，足以造成严重食源性疾患，但误以为没有毒害而销售，事实上香肠中掺有有毒的非食品原料。对丁应以销售不符合安全标准的食品罪论处

【解析】A选项，尽管生产、销售劣药罪（现罪名为：生产、销售、提供劣药罪）与生产、销售假药罪（现罪名为：生产、销售、提供假药罪）之间是低度罪名与高度罪名的关系。但两行为触犯两罪，当然应当数罪并罚。

B选项，《最高人民法院、最高人民检察院关于办理危害食品安全刑事案件适用法律若干问题的解释》第11条第2款，"在食用农产品种植、养殖、销售、运输、贮存等过程中，使用禁用农药、食品动物中禁止使用的药品及其他化合物等有毒、有害的非食品原料，适用前款的规定定罪处罚。"养殖生猪是生产食品。

C选项，销售不符合安全标准的食品罪是危险犯，本选项具有"足以造成严重食物中毒事故"的危险，构成该罪；但销售金额未达5万、货值金额未达15万，不构成生产、销售伪劣产品罪。

D选项，客观上销售了有毒食品，主观上具有销售不符合安全标准食品的故意，客观不法主观责任统一于销售不符合安全标准的食品罪。

2. 关于生产、销售伪劣商品罪，下列哪些判决是正确的？[2]（2014/2/58）

A. 甲销售的假药无批准文号，但颇有疗效，销售金额达500万元，如按销售假药罪处理会导致处罚较轻，法院以销售伪劣产品罪定罪处罚

B. 甲明知病死猪肉有害，仍将大量收购的病死猪肉，冒充合格猪肉在市场上销售。法院以销售有毒、有害食品罪定罪处罚

C. 甲明知贮存的苹果上使用了禁用农药，仍将苹果批发给零售商。法院以销售有毒、有害食品罪定罪处罚

D. 甲以为是劣药而销售，但实际上销售了假药，且对人体健康造成严重危害。法院以销售劣药罪定罪处罚

【解析】A选项，（1）关于无批准文号的药品但是有疗效的药品是否属于"假药"的问题。自2019年12月1日起施行的新《药品管理法》第98条第1款，不再将"未取得药品批准证明文件生产、进口药品"列为"假药"，仅规定禁止此类行为（以"陆勇案"为代表）。（2）尽管《刑法修正案（十一）》增设了妨害药品管理罪（第142条之一），其中包含未取得药品相关批准证明文件生产、进口药品或者明知是上述药品而销售的行为，但构成该罪需足以

_____

〔1〕　ACD　　〔2〕　CD（考试当年正确答案为ACD）

严重危害人体健康的具体危险。（3）本选项甲的药品颇有疗效，不构成销售假药罪、妨害药品管理罪。（4）虽销售金额超过5万，但有疗效的药品也不属"伪劣产品"，故也无法触犯销售伪劣产品罪。故A选项错误。（5）根据《最高人民法院、最高人民检察院关于办理危害药品安全刑事案件适用法律若干问题的解释》第7条，应以非法经营罪论处。（6）在考试当年，老《药品管理法》规定其是"假药"，当年A选项正确。

B选项，根据《最高人民法院、最高人民检察院关于办理危害食品安全刑事案件适用法律若干问题的解释法释》第1条第2项，销售属于病死、死因不明或者检验检疫不合格的畜、禽、兽、水产动物及其肉类、肉类制品的，构成销售不符合食品安全标准的食品罪，不构成销售有毒、有害食品罪定罪处罚。B选项错误。

C选项，根据前述解释第11条第2款："在食用农产品种植、养殖、销售、运输、贮存等过程中，使用禁用农药、食品动物中禁止使用的药品及其他化合物等有毒、有害的非食品原料，适用前款的规定定罪处罚。"C选项正确。

D选项，考查事实认识错误。客观上实施了销售假药行为，主观上具有销售劣药罪的故意；客观主观相统一，销售假药行为可评价为销售最劣的劣药的行为，统一为销售劣药罪；该罪系结果犯，本案情形造成严重危害，可构成该罪。D选项正确。

3. 关于生产、销售伪劣商品罪，下列哪些选项是正确的？[1]（2013/2/58）

A. 甲未经批准进口一批药品销售给医院。虽该药品质量合格，甲的行为仍构成销售假药罪

B. 甲大量使用禁用农药种植大豆。甲的行为属于"在生产的食品中掺入有毒、有害的非食品原料"，构成生产有毒、有害食品罪

C. 甲将纯净水掺入到工业酒精中，冒充白酒销售。甲的行为不属于"在生产、销售的食品中掺入有毒、有害的非食品原料"，不成立生产、销售有毒、有害食品罪

D. 甲利用"地沟油"大量生产"食用油"后销售。因不能查明"地沟油"的具体毒害成分，对甲的行为不能以生产、销售有毒、有害食品罪论处

【解析】A选项，（1）自2019年12月1日起施行的新《药品管理法》第98条第1款，不再将"未取得药品批准证明文件生产、进口药品"列为"假药"，仅规定禁止此类行为。因质量合格，没有具体危险，也不能触犯妨害药品管理罪。可构成非法经营罪。（2）在考试当年，根据原《药品管理法》第48条第2项：有下列情形之一的，为假药："依照本法必须批准而未经批准生产、进口，或者依照本法必须检验而未经检验即销售的。"

B选项，《最高人民法院、最高人民检察院关于办理危害食品安全刑事案件适用法律若干问题的解释》（2013年5月4日）第9条第2款：在食用农产品种植、养殖、销售、运输、贮存等过程中，使用禁用农药、兽药等禁用物质或者其他有毒、有害物质的，适用前款的规定（生产、销售有毒、有害食品罪）定罪处罚。

C选项，将纯净水掺入到工业酒精中冒充白酒销售的行为，属于利用有毒、有害非食品原料生产、制造食品，当然成立生产、销售有毒、有害食品罪。

D选项，《最高人民法院、最高人民检察院、公安部关于依法严惩地沟油犯罪活动的通知》（2012年1月9日）："地沟油"犯罪，是指用餐厨垃圾、废弃油脂、各类肉及肉制品加工废弃物等非食品原料，生产、加工"食用油"，以及明知是利用"地沟油"生产、加工的油脂而作为食用油销售的行为。对于利用"地沟油"生产"食用油"的，依照刑法第144条生产有毒、

---

[1] B（考试当年的正确答案为AB）

有害食品罪的规定追究刑事责任。

4. 刘某专营散酒收售，农村小卖部为其供应对象。刘某从他人处得知某村办酒厂生产的散酒价格低廉，虽掺有少量有毒物质，但不会致命，遂大量购进并转销给多家小卖部出售，结果致许多饮者中毒甚至双眼失明。下列哪些选项是正确的？[1]（2009/2/56）

A. 造成饮用者中毒的直接责任人是某村办酒厂，应以生产和销售有毒、有害食品罪追究其刑事责任；刘某不清楚酒的有毒成分，可不负刑事责任

B. 对刘某应当以生产和销售有毒、有害食品罪追究刑事责任

C. 应当对构成犯罪者并处罚金或没收财产

D. 村办酒厂和刘某构成共同犯罪

【解析】（1）刘某客观上实施了销售有毒食品的行为；在主观上知道"酒中掺有少量有毒物质，但不会致命"，对于对象是有毒有害食品具有认识（即使误将有毒食品认作有害食品，亦属具体错误），具有销售有毒食品的故意。生产、销售有毒、有害食品罪的故意方面只要求行为人认识到食品中掺有有毒、有害物质即可，对于伤亡结果的过失不影响生产、销售有毒、有害食品罪故意的成立。可构成销售有毒食品罪。该罪中包容了过失致人重伤、过失以危险方法危害公共安全的内容。故选项A错误，选项B正确。

（2）选项C，根据刑法第144条的规定，生产、销售有毒、有害食品，对人体健康造成特别严重危害的，按第141条处罚；第141条规定，对人体健康造成特别严重危害的，处十年……，并处……罚金或没收财产。根据《最高人民法院、最高人民检察院关于办理生产、销售伪劣商品刑事案件具体应用法律若干问题的解释》第5条，致人严重残疾就认为是"特别严重危害"。故选项C是正确的。

（3）村办酒厂构成生产、销售有毒、有害食品罪，系单位犯罪。刘某、村办酒厂分别构成生产、销售环节中一环，他们没有共同的生产、销售行为，而只有各自独立的生产、销售行为，没有共同行为即不能成立共同犯罪，为同时犯。故选项D错误。

（4）本题的选项C貌似涉及到"死记硬背"的内容，好像具有一定的难度，但是，从做题技巧上看，如能认定选项D错误，而本题又是多选项至少有二个以上选项符合题意，即使记不住法条具体内容，选中选项C几乎是必然的。

5. 杨某生产假冒避孕药品，其成份为面粉和白糖的混合物，货值金额达15万多元，尚未销售即被查获。关于杨某的行为，下列哪一选项是正确的？[2]（2010/2/15）

A. 不构成犯罪

B. 以生产、销售伪劣产品罪（未遂）定罪处罚

C. 以生产、销售伪劣产品罪（既遂）定罪处罚

D. 触犯生产假药罪与生产、销售伪劣产品罪（未遂），依照处罚较重的规定定罪处罚

【解析】（1）对于用面粉和白糖生产假冒避孕药品的行为，由于药品所含成份与国家药品标准规定的成份不符，属于假药，构成生产、销售假药罪（现罪名为：生产、销售、提供假药罪）。（2）对于伪劣产品尚未销售、货值金额达15万多元的行为，根据《最高人民法院、最高人民检察院关于办理生产、销售伪劣商品刑事案件具体应用法律若干问题的解释》第2条第2项的规定，以生产、销售伪劣产品罪（未遂）定罪处罚。（3）对于生产假药罪与生产、销售伪劣产品罪（未遂）的法条竞合的处理，根据刑法第149条第2款的规定，依照处罚较重的规定定罪处罚。

---

[1] BC　[2] D

6. 关于药品犯罪的认定，下列选项说法正确的是[1]（2021/客/卷一/仿8）

A. 生产、销售、提供假药罪是抽象危险犯，生产、销售、提供劣药罪是具体危险犯

B. 擅自进口药品在国内销售，不能构成销售假药罪，但可能构成妨害药品管理罪

C. 生产、销售国务院药品监督管理部禁止使用药品的，构成生产、销售假药罪

D. 药品使用单位的人员销售、提供假药给他人的，构成销售、提供假药罪

【解析】本题考查药品犯罪，特别是《刑法修正案（十一）》的修正。

选项A，根据刑法第141条，生产、销售、提供假药罪是抽象危险犯；142条，生产、销售、提供劣药罪是结果犯。

选项B，擅自进口的药品不属于假药，不构成销售假药罪；根据刑法第142条之一第2项，未取得药品相关批准证明文件生产、进口药品或者明知是上述药品而销售，足以严重危害人体健康的，构成妨害药品管理罪。

选项C，国务院药品监督管理部禁止使用药品不属于假药，不构成生产、销售假药罪；但如足以严重危害人体健康的，构成妨害药品管理罪。

选项D，任何人销售假药，构成销售假药罪；根据刑法第141条第2款，药品使用单位的人员明知是假药而提供给他人使用，成立提供假药罪。该罪系选择罪名，同时实施两个行为，构成销售、提供假药罪。

7. 甲、乙二人合谋，甲制作假药，乙负责假冒医生，欺骗患者购买该假药，并使用该假药为病人注射。后经调查发现，此假药足以危害人体健康致人重伤。对于甲、乙二人的行为，说法正确的是？[2]（2019/客/卷一/仿21）

A. 诈骗罪与非法行医罪的想象竞合

B. 生产假药罪与销售假药罪数罪并罚

C. 诈骗罪与生产、销售假药罪（现罪名为：生产、销售、提供假药罪）数罪并罚

D. 非法行医罪与生产、销售假药罪（现罪名为：生产、销售、提供假药罪）想象竞合

【解析】甲、乙系共同犯罪，对于生产、销售假药、假冒医生卖药均有共同行为、共同故意，故而当作一个整体认定即可。

1. 在触犯罪名上：甲、乙二人生产、销售假药，根据刑法第141条，触犯生产、销售假药罪（现罪名为：生产、销售、提供假药罪）。

2. 以假充真，如销售金额达到5万元以上，根据刑法第140条，还有可能触犯生产、销售伪劣产品罪。本选项没有写明具体销售金额，故不考虑此罪名。

3. 冒充真药、冒充真医生卖药，诈骗他人财物，根据刑法第266条，触犯诈骗罪。

4. 未取得医生执业资格的人非法行医给人诊疗、注射，根据刑法第336条，触犯非法行医罪。

5. 在罪数上：

（1）生产、销售、提供假药罪与诈骗罪是整体法与部分法的法条竞合关系，以生产、销售假药罪（现罪名为：生产、销售、提供假药罪）一罪论处。

（2）生产、销售、提供假药罪与非法行医罪，根据《最高人民法院、最高人民检察院关于办理危害药品安全刑事案件适用法律若干问题的解释》（高检发释字〔2022〕1号）第11条，"以提供给他人生产、销售、提供药品为目的，违反国家规定，生产、销售不符合药用要求的原料、辅料，符合刑法第一百四十条规定的，以生产、销售伪劣产品罪从重处罚；同时构

---

[1] BD [2] D

成其他犯罪的，依照处罚较重的规定定罪处罚。"故而，系想象竞合，应当择一重处。

8. 名医乙与甲的妻子有染，被甲发现，甲以揭发此事要挟，逼迫乙用红糖混合面粉制作"灵丹妙药"中药，每味 3000 元，假充真药销售给富商，二人分钱。关于甲、乙的行为，说法正确的有[1] (2019/客/卷一/仿22)

A. 乙构成诈骗罪、生产、销售假药罪（现罪名为：生产、销售、提供假药罪），系想象竞合

B. 乙应以生产、销售假药罪（现罪名为：生产、销售、提供假药罪）论处

C. 甲构成敲诈勒索罪

D. 甲系间接正犯

【解析】（一）对于乙

1. 生产、销售假药，根据刑法第 141 条，触犯生产、销售、提供假药罪。

2. 使用假药骗取他人财物，根据刑法第 266 条，触犯诈骗罪。

3. 乙虽受到甲的要挟，但仍有其他合法避险方法，不符合"不得已"条件，不构成紧急避险。虽受到胁迫，但属于主犯，不构成胁从犯。主观上有故意，也不属于欠缺期待可能，具有责任。仍触犯生产、销售、提供假药罪、诈骗罪。

4. 在罪数上，系整体法与部分法的法条竞合，以生产、销售、提供假药罪一罪论处。

（二）对于甲

1. 敲诈勒索罪的对象是财物，本案中甲是要挟乙实施某行为，不构成敲诈勒索罪。

2. 由于乙有意志自由，甲对乙不构成支配关系，不构成间接正犯。

3. 触犯生产、销售、提供假药罪的教唆犯、诈骗罪的教唆犯，系法条竞合，应以整体法生产、销售、提供假药罪的教唆犯一罪论处。

考点二　走私罪（分则第三章第二节）

1. 下列哪些行为（不考虑数量），应以走私普通货物、物品罪论处?[2] (2015/2/61)

A. 将白银从境外走私进入中国境内

B. 走私国家禁止进出口的旧机动车

C. 走私淫秽物品，有传播目的但无牟利目的

D. 走私无法组装并使用（不属于废物）的弹头、弹壳

【解析】本题考查走私普通货物、物品罪，以及走私犯罪的司法解释。

A 选项，未经批准，走私贵重金属出境，才构成走私贵重金属罪；走私入境偷逃关税的，构成走私普通货物、物品罪。

B 选项，走私国家禁止进出口的旧机动车，构成走私国家禁止进出口的货物、物品罪。

C 选项，走私淫秽物品，有传播目的或者牟利目的的，构成走私淫秽物品罪。两目的只需择一即可，无需两者兼具。

D 选项，无法组装并使用（不属于废物）的弹头、弹壳，根据《最高人民法院、最高人民检察院关于办理走私刑事案件适用法律若干问题的解释（2014）》第 4 条第 2 款"走私报废或者无法组装并使用的各种弹药的弹头、弹壳，构成犯罪的，依照刑法第一百五十三条的规

---

[1]　B　[2]　AD

定，以走私普通货物、物品罪定罪处罚"，系普通货物、物品；走私其偷逃关税的，构成走私普通货物、物品罪。

2. 关于走私犯罪，下列哪一选项是正确的？[1] (2011/2/11)

A. 甲误将淫秽光盘当作普通光盘走私入境。虽不构成走私淫秽物品罪，但如按照普通光盘计算，其偷逃应缴税额较大时，应认定为走私普通货物、物品罪

B. 乙走私大量弹头、弹壳。由于弹头、弹壳不等于弹药，故乙不成立走私弹药罪

C. 丙走私枪支入境后非法出卖。此情形属于吸收犯，按重罪吸收轻罪的原则论处

D. 丁走私武器时以暴力抗拒缉私。此情形属于牵连犯，从一重罪论处

【解析】 本题是对走私犯罪的综合考查，不仅涉及司法解释的规定（选项B、选项D），而且涉及到刑法总论知识的结合（选项C），以及本节走私犯罪之间的关系（选项A），具有相当的难度。

A选项，考查认识错误。因行为人客观上实施了走私淫秽物品的行为，主观上未认识到对象为淫秽光盘，没有走私淫秽物品的故意，不构成走私淫秽物品罪。但淫秽物品与普通货物、物品是特别与一般的关系，行为人客观上实施了走私淫秽物品的行为，主观上有走私普通货物、物品的故意，如偷逃应缴税额较大的，客观主观相统一可统一于走私普通货物、物品罪。

B选项，《最高人民法院、最高人民检察院关于办理走私刑事案件适用法律若干问题的解释（2014）》第4条第2款（原为《最高人民法院关于审理走私刑事案件具体应用法律若干问题的解释（二）》第2条）规定，走私各种弹药的弹头、弹壳，构成犯罪的，以走私弹药罪定罪处罚。走私报废或者无法组装并使用的各种弹药的弹头、弹壳，构成犯罪的，依照刑法第一百五十三条的规定，以走私普通货物、物品罪定罪处罚；属于废物的，依照刑法第一百五十二条第2款的规定，以走私废物罪定罪处罚。

C选项，走私枪支入境后非法出卖，两行为分别触犯走私枪支罪、非法买卖枪支罪，两行为并非必经阶段、必然结果的关系，不构成吸收犯。并且，两个行为构成两罪，分别造成不同结果、侵害不同法益（海关秩序、国家安全），应当数罪并罚。

D选项，应当数罪并罚。根据第157条第2款，以暴力、威胁方法抗拒缉私的，以走私罪和本法第277条规定的阻碍国家机关工作人员依法执行职务罪（妨害公务罪），依照数罪并罚的规定处罚。

3. 关于破坏社会主义市场经济秩序犯罪，以下说法正确的有？[2] (2018/客/卷一/仿16)

A. 甲生产伪劣产品意图销售，已经生产出成品，但尚未售出即被查获，货值金额达到30万元。则甲构成生产伪劣产品罪，系犯罪既遂

B. 乙未经批准，走私废物入境，同时偷逃关税100万元，则乙构成走私废物罪、走私普通货物、物品罪，应当数罪并罚

C. 丙从境外走私黄金入境，偷逃关税20万元。则丙不构成走私贵重金属罪，但可构成走私普通货物、物品罪

D. 丁非法集资1000万，携款100万潜逃，则对丁应以非法吸收公众存款罪、集资诈骗罪两罪并罚

【解析】 A选项，《最高人民法院、最高人民检察院关于办理生产、销售伪劣商品刑事案件具体应用法律若干问题的解释》第2条第2款，伪劣产品尚未销售，货值金额达到刑法第140条规定的销售金额三倍（即15万）以上的，以生产、销售伪劣产品罪（未遂）定罪处罚。

---

[1] A [2] CD

本选项应认定为生产、销售伪劣产品罪（未遂）。

B选项，《最高人民法院、最高人民检察院关于办理走私刑事案件适用法律若干问题的解释》第21条：未经许可进出口国家限制进出口的货物、物品，构成犯罪的，以走私国家禁止进出口的货物、物品罪等罪名定罪处罚；偷逃应缴税额，同时又构成走私普通货物、物品罪的，依照处罚较重的规定定罪处罚。本选项应当择一重处，而不应数罪并罚。

C选项，根据刑法第151条第2款，走私国家禁止出口的黄金、白银和其他贵重金属，亦即未经批准走私黄金出境，才可构成走私贵重金属罪。本选项是走私入境，不能构成该罪。但是，走私贵重金属入境，偷逃关税数额较大的，可触犯第153条，构成走私普通货物、物品罪。

D选项，根据《最高人民法院关于审理非法集资刑事案件具体应用法律若干问题的解释》第4条第2款第3项，携带集资款逃匿的，可以认定为"以非法占有为目的"，对该数额构成集资诈骗罪。其他数额，如符合非法吸收公众存款罪，应当两罪并罚。

4. 黄某、王某二人从境外走私入境假币150余万元。运载假币的渔船刚一到岸，即被海关缉私人员发现。黄某、王某手持铁棍、匕首将缉私人员打成重伤后携带假币逃走。对黄某、王某的犯罪行为应以哪些犯罪论处？[1]（2002/2/47）

　　A. 走私假币罪　　　　B. 运输假币罪　　　　C. 故意伤害罪　　　　D. 妨害公务罪

【解析】（1）依据刑法第151条第1款的规定，黄、王二人走私假币入境，而非在境内运输，构成走私假币罪，而不构成运输假币罪（运输假币指在境内运输）。（2）黄、王二人妨害公务时将缉私人员打成重伤。妨害公务时致人重伤，触犯妨害公务罪和故意伤害罪（重伤），是想象竞合犯，择一重罪处断，认定为故意伤害罪（重伤），不宣告为妨害公务罪（如为轻伤，竞合的结果是妨害公务罪）。故应以走私假币罪和故意伤害罪（重伤）两罪并罚。（3）如果黄、王二人仅触犯妨害公务罪，则应根据刑法第157条第2款，以走私犯罪和妨害公务罪并罚。本题案情不是这样。

5. 甲系外贸公司总经理，在公司会议上拍板：为物尽其用，将公司以来料加工方式申报进口的原材料剩料在境内销售。该行为未经海关许可，应缴税款90万元，公司亦未补缴。关于本案，下列哪一选项是正确的？[2]（2017/2/13）

A. 虽未经海关许可，但外贸公司擅自销售原材料剩料的行为发生在我国境内，不属于走私行为

B. 外贸公司的销售行为有利于物尽其用，从利益衡量出发，应认定存在超法规的犯罪排除事由

C. 外贸公司采取隐瞒手段不进行纳税申报，逃避缴纳税款数额较大且占应纳税额的10%以上，构成逃税罪

D. 如海关下达补缴通知后，外贸公司补缴应纳税款，缴纳滞纳金，接受行政处罚，则不再追究外贸公司的刑事责任

【解析】A选项，考查变相走私。根据刑法第154条第1项的规定"未经海关许可并且未补缴应缴税额，擅自将批准进口的来料加工、来件装配、补偿贸易的原材料、零件、制成品、设备等保税货物，在境内销售牟利的"，属走私普通货物、物品的行为。偷逃应缴税额在十万元以上，可构成（触犯）走私普通货物、物品罪论处。本选项说法错误。

B选项，销售行为侵害国家税收（包括关税）制度、不缴纳税款，仍然构成犯罪。本选项

---

[1] AC 〔2〕 C

说法错误。

C选项，考查逃税罪。根据刑法第201条，"纳税人采取欺骗、隐瞒手段进行虚假纳税申报或者不申报，逃避缴纳税款数额较大并且占应纳税额百分之十以上的"，可构成（触犯）逃税罪。本选项说法正确。

D选项，考查走私犯罪、逃税罪之间的关系。（1）就走私行为、逃税行为之间的关系而言，走私行为是偷逃特别的国家税款即关税的行为，故而走私行为是特别的逃税行为。如果案件既触犯走私罪，又触犯逃税罪，则属特别法与一般法的法条竞合关系，应以特别法走私犯罪论处。（2）根据刑法第201条（逃税罪）第3款，纳税人"经税务机关依法下达追缴通知后，补缴应纳税款，缴纳滞纳金，已受行政处罚的，不予追究刑事责任……"。但是，刑法第153条（走私普通货物、物品罪）无此规定。故而，本选项所述案情，不能触犯逃税罪，只能触犯走私普通货物、物品罪，故不属法条竞合的情形，仅以走私普通货物、物品罪论处。本选项说法错误。

注意，在做本题时应当注意走私犯罪、逃税罪之间的关系法条竞合；另外，本题选项中的"构成"是"触犯"的意思。因此，选项A与选项C并不矛盾。

考点三　妨害对公司、企业的管理秩序罪（分则第三章第三节）

1. 国有化工厂副厂长乙（为国家工作人员）利用职务之便，长期以明显高于市场的价格向其远房亲戚戊经营的原料公司采购商品，使化工厂损失近300万元。戊为了使乙长期关照原料公司，让乙的妻子丁未出资却享有原料公司10%的股份（乙、丁均知情），虽未进行股权转让登记，但已分给红利58万元，每次分红都是丁去原料公司领取现金。

［问题］乙构成何罪？（2014/4/2 部分）

【解析】（1）乙长期以明显高于市场的价格向其远房亲戚戊经营的原料公司采购商品，使化工厂损失近300万元的行为，根据刑法第166条，构成为亲友非法牟利罪。为亲友非法牟利罪，指国有公司、企业、事业单位的工作人员，利用职务便利背信经营，在经营本单位业务时为亲友非法牟利，使国家利益遭受重大损失的行为。（2）乙以妻子丁的名义在原料公司享有10%的股份分得红利58万元的行为，系国家工作人员收受他人财物，为他人谋取利益，根据《最高人民法院、最高人民检察院关于办理受贿刑事案件适用法律若干问题的意见》，属于收受干股，符合受贿罪的构成要件，成立受贿罪。（3）应该数罪并罚。

2. 国有A公司总经理甲发现A公司将从B公司购进的货物转手卖给某公司时，A公司即可赚取300万元。甲便让其妻乙注册成立C公司，并利用其特殊身份，让B公司与A公司解除合同后，再将货物卖给C公司。C公司由此获得300万元利润。关于甲的行为定性，下列哪一选项是正确的？[1]（2013/2/20）

A. 贪污罪　　　　　　　　　　　B. 为亲友非法牟利罪
C. 诈骗罪　　　　　　　　　　　D. 非法经营同类营业罪

【解析】本题主要对为亲友非法牟利罪、非法经营同类营业罪、贪污罪、诈骗罪的构成要件进行考查。核心考查贪污罪的对象、为亲友非法牟利罪与贪污罪的区分。在做题技巧上，用排除法能够很快得出正确答案。

─────────────

[1]　A

（1）甲并未实施欺骗行为骗取他人信任转移交付，不构成诈骗罪，首先排除选项C。

（2）非法经营同类营业罪，指国有公司、企业的董事、经理利用职务便利，自己经营或者为他人经营与其所任职公司、企业同类的营业，获取非法利益，数额巨大的行为。本案中，C公司与A公司并未竞业经营，不构成非法经营同类营业罪。排除选项D。

（3）本案的实质，是甲利用职权，将本归A公司所有300万元预期利润，转移至本质系本人控制的C公司。犯罪对象可认为是300万元的财产性利益，可成为贪污罪的对象。系利用职务便利侵吞本单位财产性利益的行为，根据刑法第382条，触犯贪污罪。

（4）为亲友非法牟利罪与贪污罪的主要区分在于，前者是将利益给"亲友"，后者是将利益给自己。本案是将利益给了以妻子名义的公司，实质是非法据为己有，不构成为亲友非法牟利罪。

（5）甲利用职权故意放弃预期收益，滥用职权，造成国有公司、企业破产或者严重损失，致使国家利益遭受重大损失，根据刑法第168条，还可触犯国有公司人员滥用职权罪。

（6）在罪数上，比照刑法第397条第2款最后一句"本法另有规定的，依照规定"，应当认为贪污罪与国有公司人员滥用职权罪之间，是特别法与一般法的法条竞合关系，应以特别法贪污罪论处。本题案情，与2013/2/13不同。

考点四　破坏金融管理秩序罪（分则第三章第四节）

一、假币犯罪

1. 关于货币犯罪的认定，下列哪些选项是正确的?[1]（2011/2/59）

A. 以使用为目的，大量印制停止流通的第三版人民币的，不成立伪造货币罪

B. 伪造正在流通但在我国尚无法兑换的境外货币的，成立伪造货币罪

C. 将白纸冒充假币卖给他人的，构成诈骗罪，不成立出售假币罪

D. 将一半真币与一半假币拼接，制造大量半真半假面额100元纸币的，成立变造货币罪

【解析】本题主要是对假币犯罪司法解释的考查。

A选项，"货币"指正在流通或可兑换的货币，停止流通的第三版人民币不属"货币"，不成立伪造货币罪。《最高人民法院关于审理伪造货币等案件具体应用法律若干问题的解释（二）》第5条：以使用为目的，伪造停止流通的货币，或者使用伪造的停止流通的货币的，以诈骗罪定罪处罚。

B选项，"货币"指正在流通"或"可兑换的货币，正在境外流通的境外货币包括在内，不论其在境内可否兑换。《最高人民法院关于审理伪造货币等案件具体应用法律若干问题的解释（二）》第3条：以正在流通的境外货币为对象的假币犯罪，构成假币犯罪。

C选项，白纸冒充假币卖给他人的，在外观上不足以使一般人误认为是货币，不存在对应的真币，不属"假币"，不构成出售假币罪，可涉嫌诈骗罪等犯罪。

D选项，《最高人民法院关于审理伪造货币等案件具体应用法律若干问题的解释（二）》第2条：同时采用伪造和变造手段，制造真伪拼凑货币的行为，依照刑法第一百七十条的规定，以伪造货币罪定罪处罚。

---

[1]　ABC

2. 关于货币犯罪，下列哪一选项是错误的？[1]（2013/2/14）

A. 伪造货币罪中的"货币"，包括在国内流通的人民币、在国内可兑换的境外货币，以及正在流通的境外货币

B. 根据刑法规定，伪造货币并出售或者运输伪造的货币的，依照伪造货币罪从重处罚。据此，行为人伪造美元，并运输他人伪造的欧元的，应按伪造货币罪从重处罚

C. 将低额美元的纸币加工成高额英镑的纸币的，属于伪造货币

D. 对人民币真币加工处理，使 100 元面额变为 50 元面额的，属于变造货币

【解析】 A 选项，《最高人民法院关于审理伪造货币等案件具体应用法律若干问题的解释》第 7 条：本解释所称"货币"是指可在国内市场流通或者兑换的人民币和境外货币；《最高人民法院关于审理伪造货币等案件具体应用法律若干问题的解释（二）》第 3 条：以正在流通的境外货币为对象的假币犯罪，构成假币犯罪。

B 选项，见《全国法院审理金融犯罪案件工作座谈会纪要（2001）》，伪造货币，但又出售、运输、走私、使用不是自己伪造的那宗货币的，定数罪。

C 选项，利用不同币种，未保留原货币的符号的，不是变造，而是伪造。

D 选项，利用同种币种，保留原货币的符号的，属变造。

3. 关于货币犯罪，下列哪一选项是正确的？[2]（2010/2/13）

A. 以货币碎片为材料，加入其他纸张，制作成假币的，属于变造货币

B. 将金属货币熔化后，制作成较薄的、更多的金属货币的，属于变造货币

C. 将伪造的货币赠与他人的，属于使用假币

D. 运输假币并使用假币的，按运输假币罪从重处罚

【解析】 A 选项、B 选项两选项考查变造货币罪中"变造"行为的理解，"变造"指"真上作假"，亦即对真币采用挖补、剪贴、揭层、拼凑、涂改等方法进行加工处理，改变货币的真实形状、图案、面值或张数，增大票面面额或者增加票张数量。其实质需保留和利用真币的部分表征符号。选项 A 中利用真币碎片作为纸浆材料，选项 B 利用真币金属材质，并未利用真币表征符号，不属"变造"行为，不能构成变造货币罪。

C 选项，使用假币中的"使用"，只需将假币置于流通领域，在真币能使用的地方使用假币，即可认为是使用假币，赠与假币也是将假币置于流通领域，构成使用假币罪。

D 选项，对于运输假币并使用假币行为的罪数认定，有两个司法解释进行了不同规定。(1)《最高人民法院关于审理伪造货币等案件具体应用法律若干问题的解释》（2000 年 9 月 14 日施行）第 2 条规定，行为人出售、运输假币构成犯罪，同时有使用假币行为的，实行数罪并罚。(2)《最高人民法院全国法院审理金融犯罪案件工作座谈会纪要》（2001 年 1 月 21 日施行）第二部分第（二）节第 2 条第 3 项规定，"对同一宗假币实施了刑法没有规定为选择性罪名的数个犯罪行为，择一重罪从重处罚。如伪造货币或者购买假币后使用的，以伪造货币罪或购买假币罪定罪，从重处罚。"按此规则，则运输并使用同一宗假币，应按运输假币罪或使用假币罪择一重罪从重处罚（运输假币罪是重罪）。第 4 项规定，"对不同宗假币实施了刑法没有规定为选择性罪名的数个犯罪行为，分别定罪，数罪并罚。"按此规则，则运输并使用不同宗假币，应数罪并罚。(3) 如按新解释优于旧解释的原则，则依新解释"纪要"规定运输并使用同一宗假币时应按运输假币罪从重处罚，选项 D 有正确的一面。(4) 如认为以"解释"命名的司法解释效力高于以"纪要"命名的司法解释，则依"解释"，选项 D 不正确。(5) 由

于法考大纲在必读法条中只列出了《最高人民法院关于审理伪造货币等案件具体应用法律若干问题的解释》，而未列出《最高人民法院全国法院审理金融犯罪案件工作座谈会纪要》，故考生一般均会轻松认定选项 D 不正确，并且由于本题为单选题，对于选出选项 C 不会有困扰。但从"追求真理"角度计，本题存在一定的争议。

4. 下列哪一行为不成立使用假币罪（不考虑数额）？[1]（2015/2/15）

A. 用假币缴纳罚款

B. 用假币兑换外币

C. 在朋友结婚时，将假币塞进红包送给朋友

D. 与网友见面时，显示假币以证明经济实力

【解析】本题考查使用假币罪。使用假币罪要求将假币投入流通领域，即有流通的可能。在使用表现形式上，真币能用于何处，假币就能用于何处。A、B、C 选项，用假币缴纳罚款、兑换外币、送礼，都是将假币投入流通领域，构成使用假币罪。D 选项，显示假币以证明经济实力，并未将假币投入流通领域，不构成使用假币罪，只构成持有假币罪。

5. 下列哪一行为可以构成使用假币罪？[2]（2006/2/12）

A. 甲用总面额 1 万元的假币参加赌博

B. 甲（系银行工作人员）利用职务上的便利，以伪造的货币换取货币

C. 甲在与他人签订经济合同时，为显示自己的经济实力，将总面额 20 万元的假币冒充真币出示给对方看

D. 甲用总面额 10 万元的假币换取高某的 1 万元真币

【解析】使用假币是指将假币当作真货币投入流通领域。

A 选项，将假币投入流通领域使用，既包括合法活动，也包括非法活动。

B 选项，根据刑法第 171 条第 3 款规定，构成金融工作人员以假币换取货币罪。

C 选项，使用假币作为证明自己信用的资本展示，由于没有将假币投入流通领域，不属使用假币。

D 选项，买卖双方均知是假币，并以一定比例售卖，构成出售假币罪。

6. 甲从 A 地购得面值 2 万元的假币，然后携带假币乘坐火车到 B 地。甲在车上与几个朋友赌博时被乘警发现，乘警按规定对甲处以罚款，甲欺骗乘警，以假币缴纳罚款，被乘警发现。甲的行为构成下列哪些罪？[3]（2003/2/34）

A. 购买、运输假币罪   B. 诈骗罪

C. 持有、使用假币罪   D. 赌博罪

【解析】（1）前一行为，购买并运输假币，根据刑法第 171 条（出售、购买、运输假币罪），触犯购买、运输假币罪。A 选项当选。

（2）后一行为以假币缴纳罚款，是将假币当作真币使用，是使用假币的行为；行为人还持有假币，根据刑法第 172 条（持有、使用假币罪），触犯持有、使用假币罪。C 选项当选。

（3）以假币缴纳罚款，虽有欺骗行为，但没有使乘警造成损失，不构成诈骗罪。故 B 选项不选。当然，即使造成了损失构成诈骗罪，使用假币罪中本身就包容了欺骗情形，其与诈骗罪之间可谓存在整体法与部分法的法条竞合关系，不再单独定诈骗罪。

（4）构成赌博罪必须是以营利为目的，聚众赌博或者以赌博为常业，本案中行为人仅在火车上偶然进行一次赌博不构成赌博罪。故 D 项不当选。

---

[1]　D　[2]　A　[3]　AC

（5）本题中的"构成"指"触犯"的意思（多选题，构成下列"哪些罪"）。因此选AC。

（6）如果考虑罪数（购买、运输+持有、使用=?）。①持有假币罪是购买、运输假币罪的事后不可罚行为（或吸收犯），不再单独定罪（购买、运输+持有=购买、运输）。②《最高人民法院关于审理伪造货币等案件具体应用法律若干问题的解释》第2条规定：行为人购买假币后使用，构成犯罪的，以购买假币罪定罪从重处罚（购买+使用=购买）。行为人出售、运输假币构成犯罪，同时有使用假币行为的，数罪并罚（运输+使用=数罪）。③甲已构成购买、运输假币罪，之后使用假币的，只按购买假币罪定罪（购买+使用=购买）；再加运输，认定为购买、运输假币罪（购买、运输+使用=购买、运输）。故而，行为人只认定为购买、运输假币罪一罪。

二、洗钱罪

7. 关于洗钱罪的认定，下列哪一选项是错误的？[1]（2011/2/12）

A. 刑法第一百九十一条虽未明文规定侵犯财产罪是洗钱罪的上游犯罪，但是，黑社会性质组织实施的侵犯财产罪，依然是洗钱罪的上游犯罪

B. 将上游的毒品犯罪所得误认为是贪污犯罪所得而实施洗钱行为的，不影响洗钱罪的成立

C. 上游犯罪事实上可以确认，因上游犯罪人死亡依法不能追究刑事责任的，不影响洗钱罪的认定

D. 单位贷款诈骗应以合同诈骗罪论处，合同诈骗罪不是洗钱罪的上游犯罪。为单位贷款诈骗所得实施洗钱行为的，不成立洗钱罪

【解析】本题主要考查洗钱罪的刑法规定以及司法解释，涉及洗钱罪的上游犯罪、故意等。选项D具有一定的难度，但弄清楚司法解释规定之后，也就比较简单。

A选项，洗钱罪的7种上游犯罪包括黑社会性质的组织犯罪，指刑法规定的三个以"黑社会"命名的犯罪，以及黑社会性质组织实施的普通犯罪，当然包括黑社会性质组织实施的侵犯财产罪。

B选项，客观上实施了为毒品犯罪洗钱行为；主观上属对象错误、具体错误，不影响洗钱罪故意的成立，构成洗钱罪。

C选项，《最高人民法院关于审理洗钱等刑事案件具体应用法律若干问题的解释》第4条第2款：上游犯罪事实可以确认，因行为人死亡等原因依法不予追究刑事责任的，不影响洗钱犯罪认定。

D选项，前述解释第4条第3款：上游犯罪事实可以确认，依法以其他罪名定罪处罚的，不影响洗钱犯罪认定。

8. 甲盗窃他人银行借记卡并于柜台取走卡内资金50万元，之后找到乙，告知其款项真实来源，让乙帮忙将50万元转移到境外。关于本案，下列哪一选项是正确的？[2]（2021/客/卷一/仿9）

A. 盗窃信用卡并使用的核心是冒用他人信用卡的行为，故甲的行为只构成信用卡诈骗罪，同时构成洗钱罪的教唆犯，数罪并罚

B. 如果认为乙构成洗钱罪的正犯，则必须认定甲同时构成盗窃罪和信用卡诈骗罪且须两罪并罚，否则有违罪刑法定原则

C. 甲盗窃信用卡并使用的行为构成盗窃罪，但因甲的行为中包含了信用卡诈骗，所以甲

---

[1] D [2] C

也成立洗钱罪，应以盗窃罪与洗钱罪数罪并罚

D. 虽然盗窃信用卡并使用的行为包含了信用卡诈骗，但甲让乙帮助将诈骗款转移到境外的行为属于不可罚的事后行为，甲仅成立盗窃罪一罪

【解析】本题考查盗窃信用卡并使用以盗窃罪论处的原理、洗钱罪及"自洗钱"、罪数。

甲：（1）盗窃信用卡并使用，根据刑法第196条第3款，构成盗窃罪。（2）构成盗窃罪的原理，实为罪数中的事后不可罚，其中包含了冒用信用卡的信用卡诈骗罪内容，亦即盗窃罪＋信用卡诈骗罪＝盗窃罪。（3）该类型盗窃，以冒用信用卡的行为完成取出钱款，为行为终了。

乙：（1）在甲盗窃行为终了之后，帮甲将赃款转移境外，不构成盗窃罪的继承的共同犯罪。（2）明知是盗窃罪赃款而协助转移，触犯掩饰、隐瞒犯罪所得罪。（3）洗钱罪的上游犯罪不包括盗窃罪，但包括信用卡诈骗。根据《最高人民法院关于审理洗钱等刑事案件具体应用法律若干问题的解释》第4条第3款的规定，上游犯罪事实可以确认，依法以其他罪名定罪处罚的，不影响洗钱罪的认定。（4）在罪数上：乙既触犯洗钱罪，也触犯掩饰、隐瞒犯罪所得罪，系特别法与一般法的法条竞合关系，应以特别法洗钱罪论处（按前述司法解释第3条择一重处，两罪法定刑一样重时应以特别法论处）。

甲教唆乙转移赃款：（1）教唆乙实施掩饰、隐瞒犯罪所得行为；虽有教唆行为，但由于甲构成盗窃罪，本犯对妨害司法犯罪，主观责任方面欠缺期待可能性，不能构成掩饰、隐瞒犯罪所得罪的教唆犯。（2）教唆乙实施洗钱行为，在现在《刑法修正案（十一）》修正之后，"自洗钱"可以构成洗钱罪。故乙构成洗钱罪的教唆犯。（3）在罪数上，既然《刑法修正案（十一）》规定"自洗钱"可以构成洗钱罪，则罪数上显然不属于不可罚的事后行为。在原理上，现行刑法认为洗钱罪不同于掩饰、隐瞒犯罪所得罪，也不会与上游犯罪重复评价。

综上：甲认定为盗窃罪、洗钱罪的教唆犯，数罪并罚。乙认定为洗钱罪一罪。

9. 以下关于洗钱罪与掩饰、隐瞒犯罪所得罪，说法正确的有[1]（2019/客/卷一/仿23）

A. 甲明知乙盗窃他人信用卡并使用取得资金100万后，还帮助乙将该100万元转至其海外账户。则甲虽不构成洗钱罪，但可构成掩饰、隐瞒犯罪所得罪

B. 甲明知乙盗窃他人信用卡，还帮助乙前往银行，从该信用卡中取出大量现金。则甲虽不构成洗钱罪，但可构成掩饰、隐瞒犯罪所得罪

C. 国家工作人员乙挪用公款200万元置于家中，甲知情后与乙商量，借用该款项给自己开公司之用。则甲构成挪用公款罪的共同犯罪，而不构成洗钱罪或掩饰、隐瞒犯罪所得罪

D. 乙组织、领导黑社会性质组织通过强迫交易非法获利100万元，欺骗甲说系走私所得，让甲帮助开设账户存款。则甲仍可构成洗钱罪

【解析】A选项，（1）乙盗窃信用卡并使用，根据刑法第196条第3款，构成盗窃罪。但是，构成盗窃罪的原理，实为罪数中的事后不可罚，其中包含了冒用信用卡的信用卡诈骗罪内容，亦即盗窃罪＋信用卡诈骗罪＝盗窃罪。（2）洗钱罪的上游犯罪不包括盗窃罪，但包括信用卡诈骗罪。（3）根据《最高人民法院关于审理洗钱等刑事案件具体应用法律若干问题的解释》第4条第3款的规定，上游犯罪事实可以确认，依法以其他罪名定罪处罚的，不影响洗钱罪的认定。（4）故而，甲既触犯洗钱罪，也触犯掩饰、隐瞒犯罪所得罪，系特别法与一般法的法条竞合关系，应以特别法洗钱罪论处（按前述司法解释第3条择一重处，两罪法定刑一样重时应以特别法论处）。

B选项，（1）乙盗窃信用卡并使用，根据刑法第196条第3款，构成盗窃罪。该类型盗

_____

[1] D

窃，以冒用信用卡的行为完成取出钱款，为行为终了。（2）甲在乙盗窃罪行为尚未终了之前，以共同故意加入，共同实施尚未完成的盗窃，根据刑法第196条第3款、第25条第1款，构成盗窃罪的承继的共同犯罪。（3）由于甲构成盗窃罪的共同犯罪，本犯对妨害司法犯罪，主观责任方面欠缺期待可能性，之后实施的提款行为，不能构成掩饰、隐瞒犯罪所得罪。（4）在考试当年，按《刑法修正案（十一）》之前的刑法，"自洗钱"也不能构成洗钱罪。（5）现在《刑法修正案（十一）》修正之后，"自洗钱"可以构成洗钱罪。但是，作为盗窃罪承继共同犯罪的行为，不属洗钱行为。

C选项，（1）乙挪用公款罪的行为已经终了了，甲在行为终了之后加入，不构成挪用公款罪的共同犯罪。（2）明知系贪污贿赂犯罪所得而使用，可构成掩饰、隐瞒犯罪所得罪。

D选项，客观上为黑社会性质组织犯罪（包括黑社会性质组织实施的普通犯罪）所得开设账户存款，实施了洗钱行为；主观上误认为系走私犯罪所得，系对象错误、具体错误，具有洗钱罪故意。客观主观统一构成洗钱罪。

10. 乙获取挪用公款所得的巨款以后，告知银行职员丙该款的真实来源，丙为乙提供资金账户，乙随时提款用于贩卖毒品。银行职员丙的行为构成？[1]（2007/2/94-97部分）

A. 挪用公款罪的共犯　　　　　　　　B. 贩卖毒品罪的共犯
C. 洗钱罪　　　　　　　　　　　　　D. 赃物犯罪

【解析】考查事后犯与上游犯罪共同犯罪的区分、事后犯之间的关系。

（1）明知是贪污贿赂犯罪的犯罪所得及其产生的收益而为其提供资金账户的，根据刑法第191条的规定，触犯洗钱罪。（2）丙在挪用公款行为终了后加入，并未参与挪用公款行为，对于挪用公款没有共同行为，不构成挪用公款罪的共犯。（3）丙只是知道款项的真实来源，并不明知款项的去向和用途是用于贩毒，主观上没有帮助乙贩卖毒品的共犯故意，不构成贩卖毒品罪的共犯。（4）明知犯罪所得而掩饰、隐瞒，根据刑法第312条，触犯掩饰、隐瞒犯罪所得罪。（5）罪数上，洗钱罪与掩饰、隐瞒犯罪所得罪之间系特别法与一般法的法条竞合关系，但根据司法解释按重罪一罪论处，如果两罪一样重则应按特别法洗钱罪论处。依据方面，《最高人民法院关于审理洗钱等刑事案件具体应用法律若干问题的解释》第3条规定。综上，丙只能构成洗钱罪一罪。

11. 甲公司走私汽车获利人民币4000万元后，欲通过乙公司（非国有）的账户将这笔资金换成外汇转移至香港，并说明可按资金数额的10%支付"手续费"。乙公司得知该笔资金为甲公司走私犯罪所得，仍同意为该资金转账提供账户，并在收取"手续费"400万元后，将该资金折换成438万美元，以预付货款为名汇往甲公司在香港的账户。乙公司的行为构成？[2]（2005/2/93）

A. 走私罪（共犯）　　　　　　　　　B. 洗钱罪
C. 逃汇罪　　　　　　　　　　　　　D. 单位受贿罪

【解析】（1）乙公司明知资金为甲公司走私犯罪所得，而提供资金账户、协助将资金汇往境外，根据刑法第191条，构成洗钱罪。

（2）由于仅仅是在走私实行完毕后提供帮助，而不是帮助走私实行行为，对于走私没有共同行为；且事先无共谋，不属继承共犯，乙公司不成立走私罪的共犯。

（3）根据刑法第190条，逃汇罪是指公司、企业或者其他单位违反国家外汇管理制度擅自将外汇存在境外或者将境内的外汇非法转移到境外。亦即违反外汇管制使国家外汇减少。根据

《最高人民检察院、公安部关于公安机关管辖的刑事案件立案追诉标准的规定（二）》第46条，追诉标准是单笔在200万美元以上或者累计数额在500万美元以上。但本案案情是"将人民币4000万元折换成438万美元"，亦即，甲公司、乙公司本身没有外汇，没有使国家外汇减少实施"逃汇"行为，反而通过换汇使外汇增多，不构成逃汇罪。（当然，洗钱罪的法条规定的是"协助将资金汇往境外"，立法原意规定的该情况不包括逃汇，故而，如果在洗钱罪时逃汇的，系一行为构成数罪名，应属想象竞合犯，择一重处）。

（4）由于乙公司是非国有公司，不符合单位受贿罪的主体要求（国有机关、国有企事业单位、人民团体），不构成单位受贿罪。（如果乙公司是国有单位，收受钱财为他人谋取非法利益，可构成单位受贿罪；谋取非法利益的行为本身构成他罪的，应当数罪并罚。）

（5）明知犯罪所得而掩饰、隐瞒，根据刑法第312条，触犯掩饰、隐瞒犯罪所得罪。

（6）罪数上，洗钱罪与掩饰、隐瞒犯罪所得罪之间系特别法与一般法的法条竞合关系，但根据司法解释按重罪一罪论处，如果两罪一样重则应按特别法洗钱罪论处。依据方面，《最高人民法院关于审理洗钱等刑事案件具体应用法律若干问题的解释》第3条规定。

综上，乙公司只能构成洗钱罪一罪。

三、高利转贷罪

12. X公司系甲、乙二人合伙依法注册成立的公司，以钢材批发零售为营业范围。丙因自己的公司急需资金。便找到甲、乙借款，承诺向X公司支付高于银行利息5个百分点的利息，并另给甲、乙个人好处费。甲、乙见有利可图，即以购买钢材为由，以X公司的名义向某银行贷款1000万元，贷期半年。甲、乙将贷款按约定的利息标准借与丙，丙给甲、乙各10万元的好处费。半年后，丙将借款及利息还给X公司，甲、乙即向银行归还本息。关于甲、乙、丙行为的定性，下列哪一选项是正确的？[1]（2008/2/11）

A. 甲、乙构成高利转贷罪，丙无罪

B. 甲、乙构成骗取贷款罪，丙无罪

C. 甲、乙构成高利转贷罪、非国家工作人员受贿罪，丙构成对非国家工作人员行贿罪

D. 甲、乙构成骗取贷款罪、非国家工作人员受贿罪，丙构成对非国家工作人员行贿罪

【解析】（1）根据刑法第175条第1款的规定，以转贷牟利为目的，套取金融机构信贷资金高利转贷他人的，构成高利转贷罪。甲、乙为转贷牟利，从银行低息贷款，转而向丙高息借款的行为，满足了高利转贷罪的要求，构成此罪。（2）甲、乙利用职务之便为他人谋取利益，收受他人贿赂，构成非国家工作人员受贿罪。（3）丙为谋取不正当的利益（非法资金拆借），而向非国有单位工作人员行贿，构成对非国家工作人员行贿罪。（4）甲、乙虽编造虚假理由向银行贷款，但并无非法占有目的，故不构成贷款诈骗罪。（5）虽可触犯骗取贷款罪，但骗取贷款罪与高利转贷罪是一般法与特别法的法条竞合关系，应以特别法即高利转贷罪论处。

四、违法发放贷款罪

13. 甲急需20万元从事养殖，向农村信用社贷款时被信用社主任乙告知，一个身份证只能贷款5万元，再借几个身份证可多贷。甲用自己的名义贷款5万元，另借用4个身份证贷款20万元，但由于经营不善，不能归还本息。关于本案，下列哪一选项是正确的？[2]（2016/2/14）

A. 甲构成贷款诈骗罪，乙不构成犯罪

B. 甲构成骗取贷款罪，乙不构成犯罪

C. 甲构成骗取贷款罪，乙构成违法发放贷款罪

---

[1] C [2] D

D. 甲不构成骗取贷款罪，乙构成违法发放贷款罪

【解析】（1）贷款诈骗罪、骗取贷款罪的构成，都要求借款人向金融机构贷款时，实施了诈骗行为，金融机构被欺骗。（2）本案中甲虽然借用了他人身份证，但受金融机构（本题中信用社主任是代表信用社的职务行为）指使，金融机构明知借款人借用身份证的真相，没有被欺骗。且贷款理由从事养殖真实。故而，不能认为甲实施了诈骗行为、金融机构没有被欺骗，不能构成贷款诈骗罪、骗取贷款罪。（3）乙明知借款人使用借用身份证申请贷款违反法律规定，仍然发放贷款，构成违法发放贷款罪。（4）根据对合犯处罚原理，甲不构成乙违法发放贷款罪的共犯。

五、综合题

14. 关于刑事责任的追究，下列哪些选项是正确的？[1]（2009/2/54）

A. 甲非法从事资金支付结算业务，构成非法吸收公众存款罪

B. 乙采取欺骗手段进行虚假纳税申报，逃避缴纳税款 1000 万元，但经税务机关依法下达追缴通知后，补缴了应纳税款。即便乙拒绝缴纳滞纳金，也不应当再对其追究刑事责任

C. 丙明知赵某实施高利转贷行为获利 200 万元，而为其提供资金帐户的，构成洗钱罪

D. 丁组织多名男性卖淫，由于刑法第三百五十八条并未限定组织卖淫罪中的被组织者是妇女，对丁应当追究刑事责任

【解析】本题罪名考得比较杂，ABC 三项是破坏社会主义市场经济秩序罪，D 项是妨害社会管理秩序罪。包括非法经营罪、逃税罪、洗钱罪，组织卖淫罪等。

A 选项，刑法第 225 条第 3 项后半段，构成非法经营罪。

B 选项，刑法第 201 条第 4 款，逃税后，经税务机关依法下达追缴通知后，补缴应纳税款，缴纳滞纳金，已受行政处罚的，不予追究刑事责任。缴纳滞纳金是不追究的条件之一。

C 选项，刑法第 191 条，洗钱罪的 7 种上游犯罪中包括破坏金融管理秩序犯罪，高利转贷罪是破坏金融管理秩序犯罪中的一种。故本案构成洗钱罪。

D 选项，见著名的南京"李宁组织同性卖淫案"，以及"王志明组织卖淫案"，载《中国审判案例要览（2006 年刑事审判案例卷）》。卖淫指不特定的异性之间或者同性之间以金钱、财物为媒介发生不正当性关系的行为。卖淫的主体不限于女性，也包含男性。法条依据见《公安部关于以钱财为媒介尚未发生性行为或发生性行为尚未给付钱财如何定性问题的批复》（公复字〔2003〕5 号）："卖淫嫖娼是指不特定的异性之间或同性之间以金钱、财物为媒介发生性关系的行为。"

考点五　金融诈骗罪（分则第三章第五节）

一、信用卡诈骗罪及相关信用卡犯罪

（一）信用卡诈骗罪（包括在 ATM 上冒用）

1. 甲、乙为朋友。乙出国前，将自己的借记卡（背面写有密码）交甲保管。后甲持卡购物，将卡中 1.3 万元用完。乙回国后发现卡里没钱，便问甲是否用过此卡，甲否认。关于甲的行为性质，下列哪一选项是正确的？[2]（2013/2/15）

A. 侵占罪　　　　　　　　　　　B. 信用卡诈骗罪

---

〔1〕 CD　〔2〕 B

C. 诈骗罪   D. 盗窃罪

【解析】此题非常简单。甲保管乙的信用卡，虽对信用卡合法占有，但对信用卡中的钱并不合法占有，也未经允许使用。未经持卡人许可而使用，属冒用他人信用卡的行为，构成信用卡诈骗罪。

2. 甲用假身份证申领了一张信用卡，刚开始透支 4 万元但立即归还。银行认为其信用度高，将其信用额度提高至 10 万元。甲恶意透支 10 万元，还款期至不还款，经发卡银行两次有效催收后超过三个月仍不归还，并且将电话号码更换、逃避银行催收。关于甲的行为，以下说法正确的有 [1]（2019/客/卷一/仿 24）

A. 甲触犯妨害信用卡管理罪、信用卡诈骗，系牵连犯，以信用卡诈骗论处

B. 甲属恶意透支型的信用卡诈骗罪

C. 甲信用卡诈骗罪的犯罪数额为 10 万

D. 甲系连续犯，犯罪数额为 14 万

【解析】（1）甲使用假身份证骗领信用卡，根据刑法第 177 条之一第 1 款第 3 项，触犯妨害信用卡管理罪。

（2）甲前后两次使用骗领的信用卡透支，在客观行为上不属刑法第 196 条第 1 款第 4 项"恶意透支"。因为第 196 条第 2 款规定"恶意透支"的主体是"持卡人"，即合法持卡人，本案中甲使用骗领的信用卡，不是合法持卡人，不属"恶意透支"。而属 196 条第 1 款第 1 项规定的"使用以虚假的身份证明骗领的信用卡"。

（3）第一次使用骗领的信用卡，透支 4 万立即归还，主观上没有非法占有目的，不构成信用卡诈骗罪。后一次透支 10 万，主观上具有非法占有目的，构成信用卡诈骗罪，数额是 10 万。

（4）在罪数上，骗领后信用卡诈骗，是伪造后诈骗的模型，系牵连犯，根据 196 条第 1 款第 1 项，以信用卡诈骗论处。

3. 甲和女友乙在网吧上网时，捡到一张背后写有密码的银行卡。甲持卡去 ATM 机取款，前两次取出 5000 元。在准备再次取款时，乙走过来说："注意，别出事"，甲答："马上就好。"甲又分两次取出 6000 元，并将该 6000 元递给乙。乙接过钱后站了一会儿说："我走了，小心点。"甲接着又取出 7000 元。关于本案，下列哪些选项是正确的? [2]（2015/2/57）

A. 甲拾得他人银行卡并在 ATM 机上使用，根据司法解释，成立信用卡诈骗罪

B. 对甲前两次取出 5000 元的行为，乙不负刑事责任

C. 乙接过甲取出的 6000 元，构成掩饰、隐瞒犯罪所得罪

D. 乙虽未持银行卡取款，也构成犯罪，犯罪数额是 1.3 万元

【解析】本题考查信用卡诈骗罪、承继的共同犯罪、共犯关系的脱离。

（1）对于甲的行为，捡到信用卡到 ATM 机取款，根据《最高人民检察院关于拾得他人信用卡并在自动柜员机（ATM）上使用的行为如何定性问题的批复》"拾得他人信用卡并在自动柜员机（ATM）上使用的行为，属于刑法第一百九十六条第 1 款第（三）项规定的'冒用他人信用卡'的情形，构成犯罪的，以信用卡诈骗罪追究刑事责任"。以及《最高人民法院、最高人民检察院关于办理妨害信用卡管理刑事案件具体应用法律若干问题的解释》（法释〔2009〕19 号，法释〔2018〕19 号修正）第 5 条第 2 款第 3 项。系冒用他人信用卡，构成信用卡诈骗罪。一共取走 5000＋6000＋7000 元。

（2）对于乙的行为：①对于甲的前两次行为（5000元），乙不知情也无帮助行为，不成立共犯，不负责任。②对于甲的后续两次行为（6000元），乙知情也有帮助行为，成立共犯；系承继的共犯，对加入之后的结果负责。③对于甲的最后一次行为（7000元），乙虽离开，但系帮助犯在实行犯实行之后退出，只有阻止结果才能构成中止，乙并未脱离共犯关系，仍为共犯，虽未分赃，但仍须对整体数额负责。故其数额为6000+7000元。④因乙对于后续两次行为（6000元）是共犯、本犯，不构成掩饰、隐瞒犯罪所得罪。

4. 甲、乙系表兄弟，长相相似，甲用乙的户口证明办理了身份证（身份证姓名为乙、号码为乙，但照片为甲）。得知乙的银行卡尚未未绑定手机支付，遂持该身份证去银行将乙的银行卡绑定自己手机支付，后去商场购物消费3万元。乙收到了3万元的扣款短信，报案而案发。关于甲的行为性质，下列哪一选项是正确的？[1]（2021/客/卷一/仿10）

A. 盗窃罪   B. 诈骗罪

C. 信用卡诈骗罪   D. 侵占罪

【解析】本题考查信用卡类犯罪，涉及信用卡诈骗罪、盗窃罪。

（1）甲用乙的户口证明办理的身份证，姓名为乙，但照片为甲，本质上是记载虚假信息的假身份证。甲欺骗办证人员申领假身份证，构成伪造身份证件罪的间接正犯。（2）甲在银行使用假身份证，构成使用虚假身份证件罪。（3）甲未经乙的同意，在手机上冒用乙的银行卡账号，根据《最高人民法院、最高人民检察院关于办理妨害信用卡管理刑事案件具体应用法律若干问题的解释》第5条第2款第3项"非法方式获取他人信用卡信息资料，并通过互联网、通讯终端等使用的"，系冒用他人信用卡，构成信用卡诈骗罪。（4）罪数上，系牵连犯，择一重处，以信用卡诈骗罪论处。

5. 关于信用卡诈骗罪，下列哪些选项是错误的？[2]（2017/2/58）

A. 以非法占有目的，用虚假身份证明骗领信用卡后又使用该卡的，应以妨害信用卡管理罪与信用卡诈骗罪并罚

B. 根据司法解释，在自动柜员机（ATM机）上擅自使用他人信用卡的，属于冒用他人信用卡的行为，构成信用卡诈骗罪

C. 透支时具有归还意思，透支后经发卡银行两次催收，超过3个月仍不归还的，属于恶意透支，成立信用卡诈骗罪

D. 刑法规定，盗窃信用卡并使用的，以盗窃罪论处。与此相应，拾得信用卡并使用的，就应以侵占罪论处

【解析】本题考查信用卡犯罪以及相关司法解释，是一道专用于"正本清源"的题。

A选项，（1）用虚假身份证明骗领信用卡的，触犯妨害信用卡管理罪；又使用该卡的，触犯信用卡诈骗罪。属于牵连犯，应当择一重处。一般信用卡诈骗罪法定刑较重；两罪一样重时，以目的行为信用卡诈骗罪论处。不数罪并罚。本选项说法错误。

B选项，根据《最高人民检察院关于拾得他人信用卡并在自动柜员机（ATM机）上使用的行为如何定性问题的批复》《最高人民法院、最高人民检察院关于办理妨害信用卡管理刑事案件具体应用法律若干问题的解释》（法释〔2009〕19号，法释〔2018〕19号修正）第5条第2款，在自动柜员机（ATM机）上擅自使用他人信用卡的，属于冒用他人信用卡的行为，构成信用卡诈骗罪。本选项说法正确。本选项也给那些将学术观点"在ATM机上冒用信用卡构成盗窃罪"，运用于法律职业考试的说法，打了一个"耳光"。

---

〔1〕 C   〔2〕 ACD

C 选项，本选项考查"非法占有目的"的推定，以及相关司法解释。（1）根据刑法第 196 条（信用卡诈骗罪）第 2 款的规定，恶意透支型信用卡诈骗罪的成立，除了实施透支行为之外，还需行为人主观上具有非法占有目的；根据责任与行为同时性原则，要求实施透支行为时，即有非法占有目的。（2）《最高人民法院、最高人民检察院关于办理妨害信用卡管理刑事案件具体应用法律若干问题的解释》（法释〔2009〕19 号，法释〔2018〕19 号修正）第 6 条的规定：透支后经发卡银行两次催收，超过 3 个月仍不归还的情形，只是"透支"，要构成"恶意透支"型的信用卡诈骗罪，还需非法占有目的。而选项已叙明"透支时具有归还意思"，不具非法占有目的，当然不能构成信用卡诈骗罪。本选项说法错误。

D 选项，（1）前述解释第 5 条第 2 款第 1 项规定："拾得他人信用卡并使用的"，构成信用卡诈骗罪，不构成侵占罪。（2）在法理上，刑法规定盗窃信用卡并使用构成盗窃罪，拾得信用卡并使用的构成信用卡诈骗罪，是因为：刑法特别规定盗窃、抢劫信用卡时，信用卡是财物；而其它情况时，信用卡不是财物，故以之后的冒用行为定性。本选项说法错误。

（二）盗窃、抢劫信用卡并使用

6. 甲某日晚到洗浴中心洗浴。甲进入该中心后，根据服务员乙的指引，将衣服、手机、手提包等财物锁入 8 号柜中，然后进入沐浴区。半小时后，乙为交班而准备打开自己一直存放衣物的 7 号柜，忙乱中将钥匙插入 8 号柜的锁孔，但居然能将 8 号柜打开。乙发现柜中有手提包，便将其中的 3 万元拿走。为迅速逃离现场，乙没有来得及将 8 号柜门锁上。稍后另一客人丙见 8 号柜半开半掩，就将柜中的手机（价值 3000 元）以及信用卡拿走。由于信用卡的背后写有密码，第二天，丙持该信用卡到商场购买价值 2 万元的手表。关于本案，下列哪些说法是错误的？[1]（2004/2/57）

A. 乙的行为构成侵占罪、丙的行为构成盗窃罪
B. 乙的行为构成盗窃罪、丙的行为构成侵占罪
C. 乙的行为构成盗窃罪、丙的行为构成盗窃罪与信用卡诈骗罪
D. 乙的行为构成职务侵占罪、丙的行为构成侵占罪与信用卡诈骗罪

【解析】（1）本案的犯罪对象，手机、手提包等财物已锁入柜中，物主近在咫尺，且握有钥匙，应认为财物仍归其占有。（2）对于乙的行为，乙的职务仅是服务指引，并未受委托保管客人财物，因此没有合法持有（占有）柜中财物。（3）乙趁物主不在，将其占有的财物据为己有，构成盗窃罪。（4）乙利用错误的钥匙将被害人存物的柜子打开而取得财物的，没有利用职务上管理、保管职权和职责而盗窃，仅是普通盗窃，不能认定其成立职务侵占罪。（5）对于丙的行为，盗窃信用卡并使用，依刑法第 196 条第 3 款，按照盗窃罪处理，不再单独定信用卡诈骗罪。

7. 甲到银行自动取款机提款后，忘了将借记卡退出便匆忙离开。该银行工作人员乙对自动取款机进行检查时，发现了甲未退出的借记卡，便从该卡中取出 5000 元，并将卡中剩余的 3 万元转入自己的借记卡。对乙的行为的定性，下列哪些选项是错误的？[2]（2006/2/58）

A. 乙的行为构成盗窃罪　　　　　　B. 乙的行为构成侵占罪
C. 乙的行为构成职务侵占罪　　　　D. 乙的行为构成信用卡诈骗罪

【解析】（1）本案涉及的第一个问题是：信用卡占有状态的认定。

亦即，插上自动取款机上未退出的借记卡，是他人占有的信用卡（盗窃信用卡并使用型的盗窃罪的对象），还是脱离他人占有的信用卡（捡到信用卡并冒用型的信用卡诈骗罪的对象）？

---

〔1〕　ABCD　　〔2〕　ABC

本案所涉借记卡的物主已经离开，应认为物主对其失去占有；但是，由于借记卡插上自动取款机上，应认为归银行临时代管（正常情况不处理即会吞卡）。因此，该借记卡应认定为他人占有的信用卡。

（2）本案涉及的第二个问题是："盗窃信用卡"的行为认定。

刑法第196条第3款规定：盗窃信用卡并使用的，才认定为盗窃罪。也就是必须要有"盗窃信用卡"的过程，亦即将他人占有的信用卡转移至本人占有的过程和行为。

在本案中，借记卡虽可认定为他人占有的信用卡，但乙是直接从甲插在取款机上的借记卡账户中转钱，并没有将该借记卡拨走后再使用，没有实施"盗窃信用卡"的行为。因此，不能构成盗窃信用卡并使用的盗窃罪。

（3）甲实施的是在取款机上冒用甲的信用卡的行为，根据刑法第196条第1款第3项，构成信用卡诈骗罪。

（4）第三个问题：是否构成职务犯罪？

本案行为人乙为银行工作人员，将银行代管的信用卡窃取，可否构成职务侵占罪呢？这要看行为人取财是否"利用职务便利"盗窃。即使乙具有代管顾客银行卡的职权，也可类比于顾客让乙保管银行卡、但并未授权其提款，对卡中的款中并没有代管职权。乙取款方式是未经持卡人和银行许可在持卡人输入密码后取款、转账，犯罪的对象是卡的钱款，该钱款归银行单位占有，而不归乙基于职务而占有。其没有利用经手、主管、管理卡中钱款的职务便利，只是利用了熟悉环境的条件，相当于盗窃了银行提款机的钱款，不能认定为职务侵占罪。

8. 甲、乙共谋盗窃丙的银行卡。趁丙在提款机上取钱之机，乙偷窥到丙的密码，甲偷走了丙的卡。甲去ATM取钱，乙帮忙望风掩护。甲查询后显示卡中余额有7万元，甲取了2万。但在分钱时乙说卡里只有1万元，每人分5000元。给了乙5000元。之后，甲又自己取款5万元据为己有。关于本案，以下说法正确的有？[1]（2018/客/卷一/仿17）

　　A. 甲构成盗窃罪，金额是7万　　　　B. 乙构成盗窃罪，金额2万

　　C. 乙构成盗窃罪，金额是1万　　　　D. 甲对乙构成诈骗罪，金额3万

【解析】本题考查刑法第196条第3款规定的盗窃信用卡并使用认定为盗窃罪的基本原理，以及共同犯罪承担责任的范围。

刑法第196条第3款规定，盗窃信用卡并使用，依照盗窃罪定罪处罚。其基本原理是：盗窃信用卡的行为＋冒用信用卡（信用卡诈骗罪）＝盗窃罪。亦即，信用卡在被盗窃时，被认为是刑法上的财物，故而盗窃信用卡的行为，构成盗窃罪（数额以之后兑现数额计）。后行为冒用信用卡的行为，认定为信用卡诈骗罪，系事后不可罚行为。

在本案中，甲、乙共同实施了盗窃信用卡的行为，按前述原理，二人对该盗窃罪构成共同犯罪。根据共同犯罪承担责任的范围规则，共同正犯，对共同行为导致的全部结果负责。故而，在犯罪数额认定上，甲两次共取出7万元，系甲、乙之前盗窃行为导致的结果，甲需对此数额负责，乙也需对此数额负责。分赃数额只影响量刑。故而A选项说法正确。

9. 张某窃得同事一张银行借记卡及身份证，向丈夫何某谎称路上所拾。张某与何某根据身份证号码试出了借记卡密码，持卡消费5000元。关于本案，下列哪一说法是正确的？[2]（2010/2/14）

　　A. 张某与何某均构成盗窃罪

　　B. 张某与何某均构成信用卡诈骗罪

C. 张某构成盗窃罪，何某构成信用卡诈骗罪

D. 张某构成信用卡诈骗罪，何某不构成犯罪

【解析】本题考查信用卡诈骗罪、盗窃罪（盗窃信用卡并使用）、共同犯罪。（1）张某盗窃信用卡并使用，依刑法第196条第3款的规定，认定为盗窃罪。（2）何某客观上冒用了信用卡，其主观上误认为此卡为捡拾所得。依《最高人民法院、最高人民检察院关于办理妨害信用卡管理刑事案件具体应用法律若干问题的解释》第5条第2款第1项、刑法第196条第1款第3项的规定，拾得他人信用卡并使用的，认定为"冒用他人信用卡"型的信用卡诈骗罪。猜配密码的情节，是"冒用"行为的组成部分，不定它罪（捡到记名存折、存单后猜配密码再冒充身分到柜台取款的，以后一行为定诈骗罪，另当别论）。（3）张某、何某共同实施了冒用信用卡的行为，在信用卡诈骗罪的范围内成立共同犯罪，但由于张某系盗窃信用卡后冒用，后行为信用卡诈骗罪系事后不可罚，故对张某认定罪名时只认定为盗窃罪一罪。（4）注意：何某事后加入张某，但不能构成盗窃罪承继的共犯。因何某加入时主观上并不知晓信用卡系盗窃所得，没有盗窃信用卡并使用的共同犯意，不能成立盗窃罪（盗窃信用卡并使用）承继共犯。

10. 甲盗窃丙的信用卡后，骗乙说"捡了一张信用卡"，让乙使用，乙用该信用卡在商场购买了价值3.8万元的财物。关于本案，下列哪一项分析正确？[1]（2019/客/卷一/仿25）

A. 应按乙的行为性质确定共同犯罪的性质，甲、乙均以信用卡诈骗罪论处

B. 应按甲的行为性质确定共同犯罪的性质，甲、乙均以盗窃罪论处

C. 甲是信用卡诈骗罪的间接正犯，乙是信用卡诈骗罪的帮助犯

D. 乙构成信用卡诈骗罪

【解析】（一）对于甲

盗窃信用卡并利用乙使用，根据刑法第196条第3款，以盗窃罪论处（盗窃罪＋信用卡诈骗罪＝盗窃罪）。

（二）对于乙

客观实施了冒用他人信用卡的行为；主观上没有认识到信用卡是盗窃得来，不具有盗窃罪故意，误认为信用卡是捡来的，具有冒用信用卡的信用卡诈骗罪故意，根据刑法第196条第1款第3项，构成信用卡诈骗罪。

（三）甲、乙二人在信用卡诈骗罪的范围内构成共同犯罪，乙是正犯，甲是教唆犯。

11. 甲、乙、丙共谋犯罪。某日，三人拦截了丁，对丁使用暴力，然后强行抢走丁的钱包，但钱包内只有少量现金，并有一张银行借记卡。于是甲将丁的借记卡抢走，乙、丙逼迫丁说出密码。丁说出密码后，三人带着丁去附近的自动取款机上取钱。取钱时发现密码不对，三人又对丁进行殴打，丁为避免遭受更严重的伤害，说出了正确的密码，三人取出现金5000元。对甲、乙、丙行为的定性，下列哪些选项是错误的？[2]（2006/2/53）

A. 抢劫（未遂）罪与信用卡诈骗罪　　B. 抢劫（未遂）罪与盗窃罪

C. 抢劫（未遂）罪与敲诈勒索罪　　D. 抢劫（既遂）罪与盗窃罪

【解析】（1）行为人针对被害人实施暴力，并直接从被害人处取得财物，应认定为抢劫罪。

（2）只是本案的抢劫对象比较特殊，既有现金，又有信用卡。根据司法解释规定，信用卡可以成为抢劫对象。《最高人民法院关于审理抢劫、抢夺刑事案件适用法律若干问题的意见》第6条规定，抢劫信用卡后使用、消费的，其实际使用、消费的数额为抢劫数额；抢劫信

---

[1]　D　[2]　ABCD

用卡后未实际使用、消费的，不计数额，根据情节轻重量刑。所抢信用卡数额巨大，但未实际使用、消费或者实际使用、消费的数额未达到巨大标准的，不适用"抢劫数额巨大"的法定刑。

（3）抢劫信用卡后又冒用信用卡取出财物的，触犯信用卡诈骗罪，为事后不可罚行为，不再单独定罪。

（4）根据前述《意见》第10条规定，抢劫罪的既遂标准是劫取财物或者造成他人轻伤以上后果两者之一，本案已取出钱财，为既遂。当然，即使没有取出钱财，根据前述《意见》，"抢劫信用卡后未实际使用、消费的，不计数额，根据情节轻重量刑"，其含义似将信用卡本身当作财物，亦为既遂。

（三）利用信用卡的一般财产犯罪

12. 甲发现某银行的ATM机能够存入编号以"HD"开头的假币，于是窃取了三张借记卡，先后两次采取存入假币取出真币的方法，共从ATM机内获取6000元人民币。甲的行为构成何罪？[1]（2009/2/61）

A. 使用假币罪　　　　　　　　　　B. 信用卡诈骗罪
C. 盗窃罪　　　　　　　　　　　　D. 以假币换取货币罪

【解析】本题考查的是使用假币中"使用"的含义、信用卡诈骗中"使用"的含义。本案中有前后三个阶段行为。

第一阶段行为，单纯地窃取了三张借记卡，如不使用，没有数额，不能构成盗窃罪。本案只非法持有他人信用卡3张，不属数量较大，不构成第177条之一妨害信用卡管理罪。

第二阶段行为，用假币来存款，涉及到使用假币罪中的"使用"，指将假币当作真币使用，即真币怎么用，假币就怎么用。使用假币，只要有将其置于流通领域的行为，就可以构成使用假币罪。本行为构成使用假币罪。

第三阶段行为，这里用窃取的借记卡取出钱来，是否属于刑法第196条第3款规定的"盗窃信用卡并使用"（盗窃罪）中的"使用"呢？应当不属于。（1）最高人民法院于1986年11月3日对上海市高级人民法院一个案件进行请示答复，"被告人盗窃信用卡后又仿冒卡主签名进行购物、消费的行为，是将信用卡本身所含有的不确定价值转化为具体财物的过程，是盗窃行为的继续。因此不必另定诈骗罪，应以盗窃罪定性。"（2）也就是说"使用"行为应当是直接使用并直接造成信用卡所有人损失，而不包括间接使用，例如不应包括不侵害持卡人财产利益的出售、转让、出租、用作资信证明或者质押。（3）本案中，借记卡只是暂时用作了存取工具，而未侵害持卡人权益（本案是不可透支的借记卡），这样的情形好像窃取信用卡先存钱进去又取钱出来。不能以"盗窃信用卡并使用"的理由定盗窃罪。（4）但是，本案是否构成一般的盗窃罪呢？是可以的。在ATM本身存在故障的情况下，利用故障从ATM机里偷钱，相当于偷偷打开ATM机而从中取钱，可构成盗窃罪。故而，行为是因"利用故障从ATM机里偷钱"而构成盗窃罪，而不是因"盗窃信用卡并使用"构成盗窃罪。（5）类比另一种情况，假设行为人没有盗窃信用卡，而是利用自己的真卡存入假币而后取出真币，除构成使用假币罪以外，仍然构成盗窃罪。

综上，故选AC两选项。B选项，不符合信用卡诈骗罪所列四种行为形式。D选项，刑法中只有"金融机构工作人员购买假币、以假币换取货币罪"（第171条第2款）这个罪名，且为特殊主体。不存在"以假币换取货币罪"这个罪名。

---

[1]　AC

13. 乙（16周岁）进城打工，用人单位要求乙提供银行卡号以便发放工资。乙忘带身份证，借用老乡甲的身份证以甲的名义办理了银行卡。乙将银行卡号提供给用人单位后，请甲保管银行卡。数月后，甲持该卡到银行柜台办理密码挂失，取出1万余元现金，拒不退还。甲的行为构成下列哪一犯罪？[1]（2014/2/18）

A. 信用卡诈骗罪　　　　　　　　　B. 诈骗罪

C. 盗窃罪（间接正犯）　　　　　　D. 侵占罪

【解析】 本题考查诈骗罪、盗窃罪、侵占罪的关系和区分。

（1）本案中被害人是乙，犯罪对象是1万余元现金。乙在甲的银行卡存放工资，对于卡中工资，在实然层面，归银行占有；在应然层面，应然所有权属于乙。

（2）就转移占有的情况来看，1万余元现金原归银行占有，由银行占有转归甲占有，是合法转移占有。因为，乙借用甲的身份证以甲的名义办理了银行卡，根据金融法，应当认定甲是合法持卡人，该银行卡为甲的银行卡。但甲是合法持卡人，合法持卡人持该卡到银行柜台办理密码挂失取出卡中现金，并不违反信用卡的使用规则，取出现金的行为不属违法转移占有，不构成盗窃、诈骗。

（3）甲取出现金合法占有、但非法所有，侵犯乙的所有权，其行为构成侵占罪。

（4）乙请甲保管银行卡，因甲是合法持卡人，其使用本人的银行卡并不属于"冒用他人信用卡"，不构成信用卡诈骗罪。

14. 下列哪些说法是错误的？[2]（2006/2/60）

A. 甲将乙价值2万元的戒指扔入海中，由于戒指本身没有被毁坏，甲的行为不构成故意毁坏财物罪

B. 甲见乙迎面走来，担心自己的手提包被乙夺走，便紧抓手提包。乙见甲紧抓手提包，猜想包中有贵重物品，在与甲擦肩而过时，当面用力夺走甲的手提包。由于乙并非乘人不备而夺取财物，所以不构成抢夺罪

C. 甲将一张作废的IC卡插入银行的自动取款机试探，碰巧自动取款机显示能够取出现金，于是甲取出5000元。甲将IC卡冒充借记卡的欺骗行为在本案中起到了主要作用，因而构成诈骗罪

D. 甲系汽车检修厂职工，发现自己将要检修的一辆公交车为仇人乙驾驶，便在检修时破坏了刹车装置，然后交付使用。乙驾驶该车时，因刹车失灵，导致与其他车辆相撞，造成三人死亡，一人重伤。由于甲不是对正在使用中的交通工具实施破坏手段，所以不构成破坏交通工具罪

【解析】 A选项，财物虽然仍然客观存在，但已使其不再具有使用可能性的，丧失使用效能，也可认为毁坏了财产，可以构成故意毁坏财物罪。

B选项，抢夺罪不以趁人不备为必备要件，只要趁被害人来不及反抗，而公然的、迅速的夺取，而未采取压制被害人反抗行为的，即便被害人有备，也可认为构成抢夺罪。

C选项，（1）如果使用作废的信用卡、伪造的信用卡提款的，依照刑法第196条规定可构成信用卡诈骗罪，法条依据是最高人民检察院《关于拾得他人信用卡并在自动柜员机（ATM机）上使用的行为如何定性问题的批复》也如此认为。（2）但是，作废的IC卡不属"信用卡"，当然也不属"作废的信用卡"或"伪造的信用卡"，实际上相当于假配的钥匙等，因此对于本案不能适用刑法第196条认定为信用卡诈骗罪。（3）诈骗罪的成立需要对人实施欺骗

————————————

[1]　D　[2]　ABCD

（指普通诈骗罪，信用卡诈骗罪出于刑法强制规定而例外），诈骗机器不能认定为诈骗罪。（4）本案相当于利用假配的钥匙开门取得财物，对此银行不知情，应认定为盗窃罪。

D 选项，正在使用中既包含正在运营中的车辆，也包含修理完毕已交付处于可以随时使用的状态。甲的行为危害了公共交通运输领域中的公共安全，已构成破坏交通工具罪。

（四）U 盾、网银、微信、支付宝、花呗等网络支付手段与罪名认定

15. 关于侵犯财产犯罪，下列选项说法**错误**的是？[1]（2021/客/卷一/仿 11）

A. 甲盗窃王某手机（价值 3 千元），发现其微信账号余额 1 万元，遂将 1 万元转入自己的微信账户。甲成立盗窃罪一罪，犯罪数额为 1.3 万元

B. 乙盗窃张某手机（价值 3 千元），发现其微信账号没有余额，但绑定了信用卡，遂使用该微信绑定的信用卡账号，直接给自己微信账户转账 1 万元。乙成立盗窃罪一罪，犯罪数额为 1.3 万元

C. 丙盗窃李某手机（价值 3 千元），发现其微信账号没有余额，但绑定了信用卡，遂用李某的信用卡账户往李某的微信账户充值 1 万元，后再将 1 万元转入自己微信账户。丙成立盗窃罪一罪，犯罪数额为 1.3 万元

D. 丁盗窃刘某手机（价值 3 千元），发现其微信账户没有余额，也没有绑定信用卡，遂用该手机备忘录中记载的刘某信用卡信息绑定了该微信，后去商场使用微信扫码消费了 1 万元。丁成立盗窃罪一罪，犯罪数额为 1.3 万元

【解析】本题考查信用卡犯罪、财产犯罪。（1）盗窃手机，构成盗窃罪；（2）对于利用网络平台侵占财产的情况，《最高人民法院、最高人民检察院关于办理妨害信用卡管理刑事案件具体应用法律若干问题的解释》第 5 条的规定，规则比较简单：①在互联网、通讯终端上冒用他人信用卡账户的，认定为信用卡诈骗罪；②其他网络账户的，对账户中的钱款构成盗窃罪、诈骗罪等。

选项 A，对 1 万元，钱款不在信用卡账户里，与信用卡无关；对微信账户里的钱款构成盗窃罪。与之前的盗窃罪，系连续犯，以盗窃罪一罪论处，数额累加计算。

选项 B，对 1 万元，系属在微信平台上冒用信用卡账户，根据前述解释，构成信用卡诈骗罪。与之前所犯盗窃罪，数罪并罚。

选项 C，分前后两截，前半截冒用李某的信用卡账户，但由于是转入李某微信账户，没有损失，不构成信用卡诈骗罪；后半截，才是造成李某财产损失的行为，对微信账户里的钱款构成盗窃罪。系连续犯，以盗窃罪一罪论处，数额累加计算。

选项 D，在微信上绑定信用卡账户后，在微信平台上冒用信用卡账户，构成信用卡诈骗罪。与之前所犯盗窃罪，数罪并罚。

16. 甲捡了乙的手机，猜出了微信密码，用乙微信关联的信用卡账户，给自己的账户转账 3 万元。甲的转账行为构成[2]（2019/客/卷一/仿 29）

A. 盗窃罪　　　　　　　　　　　　B. 信用卡诈骗罪

C. 侵占罪　　　　　　　　　　　　D. 诈骗罪

【解析】（1）微信平台系互联网平台，甲的行为属于未经乙许可，在互联网平台上冒用乙的信用卡账户的行为。

（2）根据刑法第 196 条第 1 款第 3 款、《最高人民法院、最高人民检察院关于办理妨害信用卡管理刑事案件具体应用法律若干问题的解释》第 5 条第 3 项，"窃取、收买、骗取或者以

---

[1]　BD　[2]　B

其他非法方式获取他人信用卡信息资料，并通过互联网、通讯终端等使用的"，属于"冒用他人信用卡"，构成信用卡诈骗罪。

（3）当然，如果不是微信关联的信用卡账户，而是普通银行账户，或者"钱包"等网络账户，则不属"冒用信用卡"，可对账户中的钱款构成盗窃罪等犯罪。

17. 周某在某民营银行领取银行卡与 U 盾，银行大厅经理郑某在假意指导周某如何使用 U 盾时，偷换了周某的 U 盾，并骗周某说："只能在一周之后使用 U 盾。"周某信以为真，后郑某利用周某的 U 盾登录网银，将周某银行卡内 3 万元转入自己的银行卡。关于郑某的行为性质，下列说法正确的是[1]（2019/客/卷一/仿26）

A. 郑某构成职务侵占罪　　　　　　B. 郑某构成盗窃罪
C. 郑某构成诈骗罪　　　　　　　　D. 郑某构成信用卡诈骗罪

【疑难辨析】 首先需要界定好 U 盾（网银的安全证书）的性质，U 盾并不是银行卡本身，而是网上银行电子签名和数字认证的工具，即电子密码储存设备，本质上相当于钥匙。因此 U 盾不是信用卡，不属财物。

【解析】（1）U 盾不属财物，郑某偷换了周某的 U 盾的行为，不能认定为盗窃财物、诈骗财物，不构成盗窃罪、诈骗罪。

（2）之后郑某登录网银，将周某银行卡的款项转走。可认为是在网络平台上冒用"信用卡账户"，根据刑法 196 条第 1 款第 3 项、《最高人民法院、最高人民检察院关于办理妨害信用卡管理刑事案件具体应用法律若干问题的解释》第 5 条第 3 项，"窃取、收买、骗取或者以其他非法方式获取他人信用卡信息资料，并通过互联网、通讯终端等使用的"，属于"冒用他人信用卡"，构成信用卡诈骗罪。本案相当于盗窃他人信用卡密码后，在网上冒用他人信用卡。

（3）郑某的职务是银行大厅经理，其获取 U 盾的行为利用了职务便利。但其没有主管、管理、经营、经手客户银行卡的职权，其转走周某银用卡中的钱款，并没有利用银行大厅经理的职务便利，不构成职务侵占罪。

（4）如果本案不是冒用银行卡，而是将普通银行账户中的钱转走，可构成盗窃罪。

18. 国家工作人员王某是国有银行网上银行系统管理员，负责维护客户网上银行账号和密码。王某为了给朋友李某公司获取资金，让李某以高息存款为由，吸引多名客户到王某银行存款。王某在客户存款时调换客户 U 盾，通过客户 U 盾将客户网上银行账户中的存款转移到李某账户名下，使李某非法占为己有。关于本案，下列说法正确的是？[2]（2019/客/卷一/仿27）

A. 王某利用职务便利盗取银行存款，构成贪污罪
B. 王某吸引多名客户到银行存款，构成集资诈骗罪
C. 王某盗取他人银行存款，构成盗窃罪
D. 王某欺骗他人到银行存款，构成诈骗罪

【解析】（1）U 盾相当于钥匙，不是财物。调换客户 U 盾的行为，对 U 盾不构成盗窃罪、诈骗罪。

（2）王某虚构高息存款的虚假事实，实施了诈骗行为。但客户对于财物被转移占有的事实并不知情，没有处分意识和处分行为。王某不构成诈骗罪，也不构成集资诈骗罪。

（3）王某在银行、客户不知情的情况下转移客户账户中存款，系秘密窃取的盗窃行为，根据刑法第 264 条，构成盗窃罪。由于银行账户不是信用卡，其不构成冒用信用卡型的信用卡诈骗罪。

---

[1] D　[2] C

（4）王某的职务是网上银行系统管理员，其调换客户 U 盾的行为利用了职务便利。但是只负责维护网上银行账号和密码，没有主管、管理、经营、经手客户账户的职权。其转走客户账户中存款的行为，并没有利用银行系统管理员的职务便利，故而不构成贪污罪。

19. 甲捡到乙的手机，并猜出了乙支付密码，发现乙开通了"蚂蚁花呗"，遂用花呗在网上在商家购买了 3 万元的商品。关于甲的行为，正确的是？[1]（2019/客/卷一/仿28）

　　A. 甲导致乙向第三方支付平台借款再使用，因此甲对乙构成诈骗罪
　　B. 乙虽然是被害人，但甲并未欺骗乙，因此甲对乙不构成诈骗罪
　　C. 商家并没有损害，也未受骗，因此甲对商家不构成诈骗罪
　　D. 即使蚂蚁花呗类似于信用卡，但甲也不构成信用卡诈骗罪

【疑难辨析】首先需弄清楚"蚂蚁花呗"的性质。蚂蚁花呗是蚂蚁金服公司推出的一款消费信贷产品。申请开通后，将获得500~50 000 元不等的消费额度。用户在消费时，可以预支蚂蚁花呗的额度，享受"先消费，后付款"的购物体验。亦即，花呗本质是信用贷款，花呗账户可视为网络账户。对于财产犯罪的定性，可按"财产犯罪四步推理法"（被害人 – 行为对象 – 占有状态 – 转移占有手段）进行推理。

【解析】（1）甲捡到乙的手机，如不归还手机，根据刑法第270 条，对手机可构成侵占罪。

（2）如果将花呗账户视为网络账户。则对于冒用机主乙的"蚂蚁花呗"在网上购物的行为。

第一步，确定被害人。商家能够获得货款，没有损害，不是被害人。第三方支付平台蚂蚁金服公司按交易规则，可要求甲偿还借款，也不是被害人。被害人是甲。

第二步，确定犯罪对象。犯罪对象不是购买的商品，而是通过花呗借来的 3 万元款项。

第三、四步，占有状态，以及转移占有的手段。（1）该 3 万元原归蚂蚁金服公司占有，甲冒用乙的名义借来，之后可认为转自乙的账户归乙占有。此转移占有过程中，甲虽欺骗了金服公司，但因其无损失，甲对金服公司不构成诈骗罪（或合同诈骗罪、贷款诈骗罪）。（2）由乙占有转归商家占有的过程，乙对转移占有并不知情，没有处分意识和处分行为，甲不构成诈骗罪。在被害人不知情的情况下转移占有，系秘密窃取的盗窃行为，根据刑法第264 条，构成盗窃罪。

（3）如果将花呗账户视为信用卡账户，则甲的行为属于未经乙许可，而冒用乙的信用卡账户的行为。根据刑法第196 条第 1 款第 3 款、《最高人民法院、最高人民检察院关于办理妨害信用卡管理刑事案件具体应用法律若干问题的解释》第 5 条第 3 项，"窃取、收买、骗取或者以其他非法方式获取他人信用卡信息资料，并通过互联网、通讯终端等使用的"，属于"冒用他人信用卡"，构成信用卡诈骗罪。

二、集资诈骗罪；非法吸收公众存款罪

20. 甲以银行定期存款 4 倍的高息放贷，很快赚了钱。随后，四处散发宣传单，声称为加盟店筹资，承诺 3 个月后还款并支付银行定期存款 2 倍的利息。甲从社会上筹得资金 1000 万，高利贷出，赚取息差（事实五）。甲资金链断裂无法归还借款，但仍继续扩大宣传，又吸纳社会资金 2000 万，以后期借款归还前期借款。后因亏空巨大，甲将余款 500 万元交给其子，跳楼自杀（事实六）。（2012/2/90 – 91）

（1）关于事实五的定性，下列选项正确的是？[2]

---

〔1〕　BC　〔2〕　BC

A. 以同期银行定期存款 4 倍的高息放贷，构成非法经营罪

B. 甲虽然虚构事实吸纳巨额资金，但不构成诈骗罪

C. 甲非法吸纳资金，构成非法吸收公众存款罪

D. 对甲应以非法经营罪和非法吸收公众存款罪进行数罪并罚

（2）关于事实六的定性，下列选项正确的是?[1]

A. 甲以非法占有为目的，非法吸纳资金，构成集资诈骗罪

B. 甲集资诈骗的数额为 2000 万元

C. 根据刑法规定，集资诈骗数额特别巨大的，可判处死刑

D. 甲已死亡，导致刑罚消灭，法院对余款 500 万元不能进行追缴

【疑难辨析】 本题考查集资诈骗罪与非法吸收公众存款罪的构成及区别。其一，构成非法吸收公众存款罪，首先行为需被认定为"非法集资"行为，并同时具备四个条件：（1）未经有关部门依法批准或者借用合法经营的形式吸收资金；（2）通过媒体、推介会、传单、手机短信等途径向社会公开宣传；（3）承诺在一定期限内以货币、实物、股权等方式还本付息或者给付回报；（4）向社会公众即社会不特定对象吸收资金。其二，要构成集资诈骗罪，还需行为人上主观上具有非法占有目的的。

【解析】 （1）①根据 2019 年两高两部《关于办理非法放贷刑事案件若干问题的意见》，未经批准、营利目的、经常性、向社会不特定对象非法放高利贷（年利息 36%），达到数额标准，可构成非法经营罪。当前银行定期存款 4 倍的高息，未达年利息 36% 的数额标准，不构成非法经营罪。选项 A、D 错误。②因不具非法占有目的，不构成诈骗罪。选项 B 正确。③宣传筹资，承诺还本付息的行为，符合非法集资行为的四个特征，不具非法占有目的，构成非法吸收公众存款罪。选项 C 正确。

（2）①明知不能归还，仍然以后期借款归还前期借款，符合前述司法解释"非法占有目的"的第 1 项情形。对后吸收的资金 2000 万具有非法占有目的，对此款项构成集资诈骗罪。选项 AB 正确。②《刑法修正案（九）》已废除集资诈骗罪的死刑，选项 C 在考试当年说法正确，在现在说法错误，不当选。③甲死亡，导致对其不能追究刑事责任。但对赃款的追缴、退还被害人，不属刑罚内容，仍须进行。

三、贷款诈骗罪；骗取贷款罪

21. 关于贷款诈骗罪的判断，下列哪一选项是正确的?[2]（2007/2/11）

A. 甲以欺骗手段骗取银行贷款，给银行造成重大损失的，构成贷款诈骗罪

B. 乙以牟利为目的套取银行信贷资金，转贷给某企业，从中赚取巨额利益的，构成贷款诈骗罪

C. 丙公司以非法占有为目的，编造虚假的项目骗取银行贷款。该公司构成贷款诈骗罪

D. 丁使用虚假的证明文件，骗取银行贷款后携款潜逃的，构成贷款诈骗罪

【解析】 A 选项，选项没有明示非法占有目的，但造成重大损失结果的，可构成刑法第 175 条之一规定的骗取贷款罪（注：《刑法修正案（十一）》已作修正）。故 A 项错误。

B 选项，根据刑法第 175 条的规定，以转贷牟利为目的，套取金融机构信贷资金高利转贷给他人的，成立高利转贷罪。故 B 项错误。

C 选项，贷款诈骗罪只能由自然人构成，公司不能成为贷款诈骗罪的主体。故而"该公司构成贷款诈骗罪"说法错误。对于单位贷款诈骗如何处理？当前有两种处理方法，一是根据

---

[1] AB（考试当年正确答案为 ABC） 〔2〕 D

《最高人民法院全国法院审理金融犯罪案件工作座谈会纪要》，以公司名义实施贷款诈骗的，对单位按照合同诈骗罪处理，构成单位犯罪。二是依照《全国人民代表大会常务委员会关于中华人民共和国刑法第三十条的解释》，对参与的自然人认定为贷款诈骗罪，是自然人犯罪。故C项错误。

D选项，客观上使用虚假证明文件骗取贷款，符合刑法第193条第3项，实施有骗取贷款行为。主观上，根据《最高人民法院全国法院审理金融犯罪案件工作座谈会纪要》规定的具有非法占有目的的第2项"非法获取资金后逃跑的"，应认定具有非法占有目的；故构成贷款诈骗罪。故D项正确。

22. 甲公司为了解决资金不足，以与虚构的单位签订供货合同的方法，向银行申请获得贷款200万元，并将该款用于购置造酒设备和原料，后因生产、销售假冒注册商标的红酒被查处，导致银行贷款不能归还。甲公司获取贷款的行为构成？[1]（2005/2/16）

 A. 贷款诈骗罪   B. 合同诈骗罪
 C. 集资诈骗罪   D. 民事欺诈，不构成犯罪

【解析】（1）客观上，以与虚构的单位签订供货合同的方法，向银行申请获得贷款，实施有骗取贷款的行为。（2）主观上，将使用骗取的资金进行违法犯罪活动的，按《最高人民法院全国法院审理金融案件工作座谈会纪要》规定第4项，可认为是具有非法占有目的。系贷款诈骗行为。（3）在犯罪主体上，本案行为系单位集体决定、以单位名义实施、利益归单位所有，属于单位行为。单位不能成为贷款诈骗罪的主体。（4）对于单位贷款诈骗如何处理？当前有两种处理方法，一是根据《最高人民法院全国法院审理金融犯罪案件工作座谈会纪要》，以公司名义实施贷款诈骗的，对单位按照合同诈骗罪处理，构成单位犯罪。二是依照《全国人民代表大会常务委员会关于中华人民共和国刑法第三十条的解释》，对参与的自然人认定为贷款诈骗罪，是自然人犯罪。本题干中的问题是"甲公司"构成何罪。只能按第一种处理方法，对单位按照合同诈骗罪处理。（5）此外，该公司还可触犯假冒注册商标罪、生产、销售伪劣产品罪，该两罪择一重处。与之前的合同诈骗罪数罪并罚。

四、票据诈骗罪

23. 钱某持盗来的身份证及伪造的空头支票，骗取某音像中心VCD光盘4000张，票面金额3.5万元。物价部门进行赃物估价鉴定的结论为："盗版光盘无价值。"对钱某骗取光盘的行为应如何定性？[2]（2003/2/7）

 A. 钱某的行为不构成犯罪
 B. 钱某的行为构成票据诈骗罪的既遂，数额按票面金额计算
 C. 钱某的行为构成票据诈骗罪的未遂
 D. 钱某的行为构成诈骗罪的既遂，数额按票面金额计算

【解析】（1）钱某以签发空头支票的方式骗取财物的行为，符合票据诈骗罪的构成要件。（2）票据诈骗的对象是盗版光盘，属违禁品，虽无合法的市场价值（无需物价部门鉴定价值），但比照最高人民法院关于盗窃罪、抢劫罪等司法解释，可以成为财产犯罪的对象，构成犯罪以情节（数量）计，故而骗取盗版光盘的，仍可构成诈骗类犯罪。（3）票据诈骗罪以取得财物为既遂，本案行为人已取得盗版光盘，为犯罪既遂。犯罪的定罪量刑数额，应以骗取的财物数额计，违禁品以情节、数量计。（4）票据诈骗罪与诈骗罪是特别条款与普通条款的法条竞合关系，根据特殊条款优于普通条款的原则，应适用票据诈骗罪法条规定，不再适用诈骗

---

[1] B [2] B

罪法条规定。故钱某构成票据诈骗罪。B虽有纰漏，但是可能是最接近正确答案的答案了。

五、金融凭证诈骗罪

24. 甲在某银行的存折上有4万元存款。某日，甲将存款全部取出，但由于银行职员乙工作失误，未将存折底卡销毁。半年后，甲又去该银行办理存储业务，乙对甲说："你的4万元存款已到期。"甲听后，灵机一动，对乙谎称存折丢失。乙为甲办理了挂失手续，甲取走4万元。甲的行为构成何罪？[1]（2008/2/14）

A. 侵占罪　　　　　　　　　　　　B. 盗窃罪（间接正犯）

C. 诈骗罪　　　　　　　　　　　　D. 金融凭证诈骗罪

【解析】第一、二步，确认被害人、犯罪对象。被害人是银行。关于犯罪对象：

（1）甲捏造存折丢失的事实，从银行骗走存折。由于根据司法解释，存折（财产凭证）只在盗窃、抢劫罪才属财物，在被诈骗时不属财物。故而不属诈骗财物，对此不构成诈骗罪。

（2）银行职员乙工作失误在账户中误记数字。由于数字不是财物本身，不能认为行为人占有数字，就已经占有财物。故而不能以"合法占有，非法所有"认定行为人构成侵占罪。

（3）真正的犯罪对象是银行的4万元。

第三步，确认对象的占有状态。虽然甲的账户中误记数字，但银行的4万元原归银行占有、所有。

第四步，确认转移占有的手段。

（1）行为人在占有数字之后，隐瞒存折上记载为假、没有对应的真实存款的事实，向银行取款骗取有处分财产的银行工作人员，让其将4万元转移占有，根据刑法第266条，构成诈骗罪。

（2）由于银行工作人员有转移占有权限，因此行为人构成诈骗罪的直接正犯，而不构成盗窃罪（间接正犯）。

（3）金融凭证诈骗罪的成立必须是使用伪造、变造的金融凭证进行诈骗活动。本案中甲使用的金融凭证是真实的，不能构成金融凭证诈骗罪。

六、保险诈骗罪

25. 个体户甲开办的汽车修理厂系某保险公司指定的汽车修理厂家。甲在为他人修理汽车时，多次夸大汽车毁损程度，向保险公司多报汽车修理费用，从保险公司骗取12万余元。对甲的行为应如何论处？[2]（2004/2/5）

A. 以诈骗罪论处　　　　　　　　　B. 以保险诈骗罪论处

C. 以合同诈骗罪论处　　　　　　　D. 属于民事欺诈，不以犯罪论处

【解析】根据刑法第198条的规定，保险诈骗罪的犯罪主体是投保人、被保险人、受益人，无身份之人可构成共犯。本案中，行为人不是投保人、被保险人、受益人，也与这些主体没有共谋，不构成保险诈骗罪共犯。而是自己利用修理汽车和保险公司之间的合作关系来骗取财物，不构成保险诈骗罪，应认定为普通诈骗罪。

26. 甲将自己的汽车藏匿，以汽车被盗为由向保险公司索赔。保险公司认为该案存有疑点，随即报警。在掌握充分证据后，侦查机关安排保险公司向甲"理赔"。甲到保险公司二楼财务室领取20万元赔偿金后，刚走到一楼即被守候的多名侦查人员抓获。关于甲的行为，下列哪一选项是正确的？[3]（2009/2/15）

A. 保险诈骗罪未遂　　　　　　　　B. 保险诈骗罪既遂

---

[1] C　[2] A　[3] A

C. 保险诈骗罪预备   D. 合同诈骗罪

【解析】实行行为导致危害结果，才能认定为既遂，亦即，要求危害结果与实行行为之间具有因果关系。（1）根据刑法第198条，投保人编造未曾发生的保险事故骗取保险金的，构成保险诈骗罪。保险诈骗罪以骗人即申请理赔为着手实行，以取得财物为既遂（控制说）。本案甲已着手申请理赔，但保险诈骗已被识破，被害人不是基于认识错误而交付财物，取财结果与保险诈骗行为之间没有因果关系，不应归因于诈骗行为，不认为既遂。应当认为是犯罪未遂、不当得利（如认为行为人已控制住财物）。（2）假设本案中甲未被守候的侦查人员抓获，而是携款逃走了，也应认定为未遂。因此，刑法中根本就没有所谓"控制下交付"这种伪命题。

七、综合题

27. 关于诈骗犯罪的论述，下列哪一选项是正确的（不考虑数额）？[1]（2017/2/14）

A. 与银行工作人员相勾结，使用伪造的银行存单，骗取银行巨额存款的，只能构成票据诈骗罪，不构成金融凭证诈骗罪

B. 单位以非法占有目的骗取银行贷款的，不能以贷款诈骗罪追究单位的刑事责任，但可以该罪追究策划人员的刑事责任

C. 购买意外伤害保险，制造自己意外受重伤假象，骗取保险公司巨额保险金的，仅构成保险诈骗罪，不构成合同诈骗罪

D. 签订合同时并无非法占有目的，履行合同过程中才产生非法占有目的，后收受被害人货款逃匿的，不构成合同诈骗罪

【解析】A选项，使用伪造的银行存单，骗取银行巨额存款的行为，可构成金融凭证诈骗罪（涉及委托收款凭证、汇款凭证、银行存单等其他银行结算凭证），而不是票据诈骗罪（涉及汇票、本票、支票）。本选项的结论说反了，说法错误。当然，与银行工作人员相勾结，如果主要利用银行工作人员的职务便利，还可另行触犯职务侵占罪（或贪污罪）的共犯。

B选项，贷款诈骗罪的主体只能是自然人，不能是单位。故而不能以贷款诈骗罪追究单位的刑事责任。对于单位实施贷款诈骗行为如何处理？（1）一种观点认为，应对组织、策划、实施的自然人以贷款诈骗罪论处。其依据是《全国人民代表大会常务委员会关于中华人民共和国刑法第三十条的解释》（2014年）："公司、企业、事业单位、机关、团体等单位实施刑法规定的危害社会的行为，刑法分则和其他法律未规定追究单位的刑事责任的，对组织、策划、实施该危害社会行为的人依法追究刑事责任。"（2）另一观点认为，贷款诈骗行为是特别的合同诈骗行为。可认定单位构成合同诈骗罪。依据是《全国法院审理金融犯罪案件工作座谈会纪要》（法〔2001〕8号）的规定"在司法实践中，对于单位十分明显地以非法占有为目的，利用签订、履行借款合同诈骗银行或其他金融机构贷款，符合刑法第二百二十四条规定的合同诈骗罪构成要件的，应当以合同诈骗罪定罪处罚。"（3）本年考试官方答案采取第一种观点。故本选项说法正确。

C选项，本选项考查保险诈骗罪与合同诈骗罪的关系，二罪之间是特别法与一般法的法条竞合关系，故该选项可构成（触犯）两罪（注意：本选项中的"构成"是"触犯"的意思），最终以特别法保险诈骗罪论处。本选项说法错误。

D选项，本选项考虑合同诈骗罪非法占有目的的产生时间。刑法第224条（合同诈骗罪）的行为限定为"在签订、履行合同过程中"。按照诈骗罪的构成原理、行为与责任同时性原则，非法占有目的产生于骗取财物之前即可。因此，签订合同时并无非法占有目的，履行合同

---

[1] B

过程中才产生非法占有目的，并实施合同诈骗行为，骗得对方财物的，仍可构成合同诈骗罪。本选项说法错误。

考点六　危害税收征管罪（分则第三章第六节）

一、逃税罪

1.①纳税人逃税，经税务机关依法下达追缴通知后，补缴应纳税款，缴纳滞纳金，已受行政处罚的，一律不予追究刑事责任

②纳税人逃避追缴欠税，经税务机关依法下达追缴通知后，补缴应纳税款，缴纳滞纳金，已受行政处罚的，应减轻或者免除处罚

③纳税人以暴力方法拒不缴纳税款，后主动补缴应纳税款，缴纳滞纳金，已受行政处罚的，不予追究刑事责任

④扣缴义务人逃税，经税务机关依法下达追缴通知后，补缴应纳税款，缴纳滞纳金，已受行政处罚的，不予追究刑事责任

关于上述观点的正误判断，下列哪些选项是错误的？[1]（2012/2/61）

A. 第①句正确，第②③④句错误　　　　B. 第①②句正确，第③④句错误

C. 第①③句正确，第②④句错误　　　　D. 第①②③句正确，第④句错误

【解析】第201条第4款的原文是"有第1款行为（纳税人……），经税务机关依法下达追缴通知后，补缴应纳税款，缴纳滞纳金，已受行政处罚的，不予追究刑事责任；但是，五年内因逃避缴纳税款受过刑事处罚或者被税务机关给予二次以上行政处罚的除外"。

①错在"一律"，因还有五年有二次行政处罚，仍应追究的规定。②错在"应减轻或者免除处罚"，应为"不予追究刑事责任"。③触犯抗税罪，对于该罪刑法没有免责的规定。④错在"扣缴义务人"，刑法只规定"纳税人"可免责。故而，以上四句说法均错误。

二、抗税罪

2. 个体工商户乙欠缴营业税15万元，当税务人员上门征收税款时，乙组织甲等多人进行暴力围攻，殴打税务人员，抗拒缴纳，其中甲出手最狠，将一名税务人员打成重伤。甲的行为构成何罪？[2]（2008延/2/12）

A. 逃税罪（注：原为偷税罪）　　　　B. 抗税罪

C. 故意伤害罪　　　　D. 抗税罪与故意伤害罪实行并罚

【解析】（1）乙只是欠税，没有逃税的行为，乙不成立逃税罪（原为偷税罪）。即使乙构成逃税罪，甲并未与乙一起实施逃税行为，不能构成逃税罪的共犯。（2）乙系纳税人，暴力抗拒缴税，构成抗税罪。甲虽不具纳税人身份，但帮助纳税人抗税，可以构成抗税罪的共犯。（3）抗税罪（抗税罪实际上是妨害公务罪的特殊形式）中故意伤害造成重伤的，应认定为想象竞合，以重罪即故意伤害罪（重伤）论处。（4）故而，甲构成故意伤害罪（重伤）。

三、骗取出口退税罪

3. 某外贸公司在缴纳了100万元的税款后，采取虚报出口的手段，骗得税务机关退税180万元，后被查获。对该公司应如何处理？[3]（2002/2/5）

A. 以逃税罪（注：原为偷税罪）处理

---

[1]　ABCD　[2]　C　[3]　C

B. 以骗取出口退税罪处理

C. 其中的 100 万元按逃税罪（注：原为偷税罪）处理，余下的 80 万元按骗取出口退税罪处理

D. 其中的 100 万元按骗取出口退税罪处理，余下的 80 万元按逃税罪（注：原为偷税罪）处理

【解析】 根据刑法第 204 条，纳税人缴纳税款后，采取假报出口或其他骗取国家出口退税款的手段，骗取所缴纳的税款的，依照逃税罪（原为偷税罪）定罪处罚；骗取税款超过所缴纳的税款部分，依照骗取出口退税罪定罪处罚。

4. 某企业生产的一批外贸供货产品因外商原因无法出口，该企业采用伪造出口退税单证和签订虚假买卖合同等方法，骗取出口退税 50 万元（其中包括该批产品已征的产品税、增值税等税款 19 万元）。对该企业应当如何处理？[1]（2005/2/10）

A. 以合同诈骗罪处罚

B. 以逃税罪（注：原为偷税罪）处罚

C. 以骗取出口退税罪处罚

D. 以逃税罪（注：原为偷税罪）和骗取出口退税罪并罚

【解析】行为人缴税后再骗税的，对于没有超过已缴纳部分的税款的，认定为逃税罪（原为偷税罪），超过的部分认定为骗取出口退税罪，并且数罪并罚。

四、发票类犯罪

5. 对涉及增值税专用发票的犯罪案件，下列哪些处理是正确的？[2]（2003/2/44）

A. 非法购买增值税专用发票的，按非法购买增值税专用发票罪定罪处罚

B. 非法购买增值税专用发票后又虚开的，按非法购买增值税专用发票罪和虚开增值税专用发票罪并罚

C. 非法购买增值税专用发票后又出售的，按非法出售增值税专用发票罪定罪处罚

D. 非法购买伪造的增值税专用发票后又出售的，按出售伪造的增值税专用发票罪定罪处罚

【解析】 本题考查发票犯罪的罪数。根据刑法第 208 条第 2 款的规定，非法购买增值税专用发票或者购买伪造的增值税专用发票又虚开或者出售的，以实际实施的目的行为定罪。故 A 选项为非法购买增值税专用发票罪，B 选项为虚开增值税专用发票罪，C 选项为非法出售增值税专用发票罪，D 选项为出售伪造的增值税专用发票罪。

6. 关于骗取出口退税罪和虚开增值税专用发票罪的说法，下列哪些选项是正确的？[3]（2008/2/59）

A. 甲公司具有进出口经营权，明知他人意欲骗取国家出口退税款，仍违反国家规定允许他人自带客户、自带货源、自带汇票并自行报关，骗取国家出口退税款。对甲公司应以骗取出口退税罪论处

B. 乙公司虚开用于骗取出口退税的发票，并利用该虚开的发票骗取数额巨大的出口退税，其行为构成虚开用于骗取出口退税发票罪与骗取出口退税罪，实行数罪并罚

C. 丙公司缴纳 200 万元税款后，以假报出口的手段，一次性骗取国家出口退税款 400 万元，丙公司的行为分别构成偷税罪与骗取出口退税罪，实行数罪并罚

D. 丁公司虚开增值税专用发票并骗取国家税款，数额特别巨大，情节特别严重，给国家

利益造成特别重大损失。对丁公司应当以虚开增值税专用发票罪论处

【解析】A选项，根据《最高人民法院关于审理骗取出口退税刑事案件具体应用法律若干问题的解释》第6条，有进出口经营权的公司，明知他人意欲骗取国家出口退税款，仍违反国家规定允许他人自带客户、自带货源、自带汇票并自行报关，骗取国家出口退税款的，依照骗取出口退税罪论处。

B选项，根据前述解释第9条，实施骗取出口退税犯罪，同时构成虚开增值税专用发票等犯罪的，依照处罚较重的规定定罪处罚。属牵连犯，择一重处。

C选项，根据刑法第204条第2款的规定，纳税人缴纳税款后，又以假报出口的手段，骗取国家出口退税款的，构成偷税罪，超过缴纳税款的部分，构成骗取出口退税罪，实行并罚。

D选项，根据刑法第205条第2款的规定，虚开增值税专用发票骗取国家税款的，按照虚开增值税专用发票罪论处。

考点七 侵犯知识产权罪（分则第三章第七节）

一、侵犯著作权罪

1. 赵某多次临摹某著名国画大师的一幅名画，然后署上该国画大师姓名并加盖伪造印鉴，谎称真迹售得收入六万元。对赵某的行为如何定罪处罚？[1]（2009/2/14）

A. 按诈骗罪和侵犯著作权罪，数罪并罚   B. 按侵犯著作权罪处罚
C. 按生产、销售伪劣产品罪处罚   D. 按非法经营罪处罚

【解析】（1）刑法第217条，制作、出售假冒他人署名的美术作品的，构成侵犯著作权罪。（2）根据《最高人民法院、最高人民检察院关于办理侵犯知识产权刑事案件具体应用法律若干问题的解释》第14条，实施侵犯著作权犯罪，又销售该侵权复制品，构成犯罪的，以侵犯著作权罪一罪论处。（3）注意：本罪与诈骗罪的关系。制造赝品骗钱的侵犯著作权行为，实际也触犯了诈骗罪。因侵犯著作权罪中包含了诈骗的内容，故二罪是整体法与部分法的关系，一般认为是整体法与部分法的关系（少数观点认为是想象竞合），刑法规定以整体法侵犯著作权罪论处。（4）此外，被仿制的作品应有著作权，如仿制没有著作权的作品而假冒真品出售（如仿制唐伯虎名画），则有可能只触犯诈骗罪。

2. 李某为了牟利，未经著作权人许可，私自复制了若干部影视作品的VCD，并以批零兼营等方式销售，销售金额为11万元，其中纯利润6万元。李某的行为构成何罪？[2]（2003/2/5）

A. 销售侵权复制品罪   B. 侵犯著作权罪
C. 非法经营罪   D. 生产、销售伪劣产品罪

【解析】（1）以营利为目的，未经著作权人许可，私自复制了若干部影视作品的VCD，构成侵犯著作权罪。（2）根据《最高人民法院、最高人民检察院关于办理侵犯知识产权刑事案件具体应用法律若干问题的解释》第14条、《最高人民法院关于审理非法出版物刑事案件具体应用法律若干问题的解释》第5条的规定，实施侵犯著作权行为，又销售该侵权复制品，只定侵犯著作权罪，不数罪并罚。（3）根据《最高人民法院关于审理非法出版物刑事案件具体应用法律若干问题的解释》第11条、第15条的规定，出版、印刷、复制、发行其它非法出版物，才以非法经营罪定罪处罚。侵犯著作权罪与非法经营罪是特别法与一般法的法条竞合关

---

[1] B [2] B

系，应按特别法优于一般法原则认定为侵犯著作权罪，参见最高人民法院刑一至五庭《刑事审判参考》第33辑，"孟祥国、李桂英、金利杰侵犯著作权案——普通法条与特别法条竞合的法律适用原则"。

二、侵犯商业秘密罪；为境外窃取、刺探、收买、非法提供商业秘密罪

3. 下列关于侵犯商业秘密罪的说法哪些是正确的？[1]（2004/2/52）

A. 窃取权利人的商业秘密，给其造成重大损失的，构成侵犯商业秘密罪

B. 捡拾权利人的商业秘密资料而擅自披露，给其造成重大损失的，构成侵犯商业秘密罪

C. 明知对方窃取他人的商业秘密而购买和使用，给权利人造成重大损失的，构成侵犯商业秘密罪

D. 使用采取利诱手段获取权利人的商业秘密，给权利人造成重大损失的，构成侵犯商业秘密罪

【解析】ACD三项属刑法第219条规定的侵犯商业秘密的行为，分别是窃取、明知是非法获取而使用、以其他不正当手段获取。B选项中的"捡拾"系正当取得，不属"以其他不正当手段获取"，也不是"明知是非法获取而披露"，也不属违反约定披露，不符合刑法规定的4种行为，故无法认定为侵犯商业秘密罪。

4. 甲公司拥有某项独家技术，每年为公司带来100万元利润，故对该技术严加保密。乙公司经理丙为获得该技术，带人将甲公司技术员丁在其回家路上强行拦截并推入丙的汽车，对丁说如果他提供该技术资料就给他2万元，如果不提供就将他嫖娼之事公之于众。丁同意配合。次日丁向丙提供了该技术资料。并获得2万元报酬。丙的行为构成？[2]（2005/2/94）

A. 强迫交易罪　　　　　　　　　　B. 敲诈勒索罪

C. 绑架罪　　　　　　　　　　　　D. 侵犯商业秘密罪

【解析】（1）丙的行为属于刑法第219条规定的"以胁迫手段获取秘密"的行为，构成侵犯商业秘密罪。（2）没有真实的商品、服务交易，不构成强迫交易罪。（3）敲诈勒索罪要求索取财物，本案对象是商业秘密，不是财物。（4）绑架罪以向第三人勒赎或提出请求为目的，本案没有该目的，不构成绑架罪。倒是有可能涉嫌非法拘禁罪。

5. 《刑法修正案（十一）》增设了为境外窃取、刺探、收买、非法提供商业秘密罪（本罪），关于本罪有如下表述：（1）本罪系行为犯，实施为境外窃取、刺探、收买、非法提供商业秘密的行为完毕即为既遂，无需给商业秘密的权利人造成重大损失的结果。（2）本罪与侵犯商业秘密罪之间，系法条竞合关系，同时触犯时，应当以本罪论处。（3）行为人甲误将外国人乙认作是本国人，而为其窃取、刺探、收买、非法提供商业秘密的，不构成本罪，构成侵犯商业秘密罪。（4）当商业机密同时为国家机密时，行为人为境外窃取、刺探、收买、非法提供的，同时触犯本罪与为境外窃取、刺探、收买、非法提供国家秘密罪，系想象竞合。关于上述表述的判断，下列选项正确的有？[3]（2021/客/卷一/仿12）

A.（1）（2）（3）（4）均正确　　　B.（1）（2）（3）正确，（4）错误

C.（1）（2）正确，（3）（4）错误　　D.（1）正确，（2）（3）（4）错误

【解析】本题考查为境外窃取、刺探、收买、非法提供商业秘密罪。

（1）根据刑法第219条之一的规定，本罪是行为犯，说法正确。另外，《刑法修正案（十一）》也已将侵犯商业秘密罪的成罪要素修正为"情节严重"，不再是结果犯。

（2）因本罪法条规定的构成要件中包含有"窃取、刺探、收买、非法提供商业秘密"的

内容，与侵犯商业秘密罪之间，系法条竞合关系。

（3）客观上实施了为境外提供的行为，主观上仅有侵犯商业秘密罪故意，客观主观相统一，构成侵犯商业秘密罪。

（4）两罪的对象，保护的法益也不同。一行为造成两结果、触犯两罪的，系想象竞合，应当择一重处。

考点八 扰乱市场秩序罪（分则第三章第八节）

一、非法经营罪

1. 下列哪些行为构成非法经营罪？[1]（2009/2/57）

A. 甲违反国家规定，擅自经营国际电信业务，扰乱电信市场秩序，情节严重

B. 乙非法组织传销活动，扰乱市场秩序，情节严重

C. 丙买卖国家机关颁发的野生动物进出口许可证

D. 丁复制、发行盗版的《国家计算机考试大纲》

【解析】A选项，《关于审理扰乱电信市场管理秩序案件具体应用法律若干问题的解释》第1条，构成非法经营罪。

B选项，刑法第224条之一即组织、领导传销活动罪（《刑法修正案（七）》第4条），已独立成为组织、领导传销活动罪，不再以非法经营罪论处。

C选项，刑法第225条第2项，属于买卖进出口许可证的行为；原《最高人民法院关于审理破坏野生动物资源刑事案件具体应用法律若干问题的解释》第9条规定，买卖国家机关颁发的野生动物允许进出口证明书，依照刑法第280条第1款的规定以买卖国家机关公文罪（法定最高刑3年）定罪处罚，同时构成刑法第225条第2项规定的非法经营罪（法定最高刑5年）的，依照处罚较重的规定定罪处罚。非法经营罪是重罪，故丙的行为构成非法经营罪。

D选项，刑法第217条，构成侵犯著作权罪（如果认为《国家计算机考试大纲》有著作权的话）。《关于审理非法出版物刑事案件具体应用法律若干问题的解释》第11条、第15条。侵犯著作权罪与非法经营罪是特别法与一般法的法条竞合关系，应适用特别法优于一般法原则认定为侵犯著作权罪，参见最高人民法院刑一至五庭《刑事审判参考》第33辑，"孟祥国、李桂英、金利杰侵犯著作权案——普通法条与特别法条竞合的法律适用原则"。

本题单独认定C项具有一定难度，但由于本题是多选题，只要确定A选项正确，排除BD二项，自然就会选中C项。

2. 周某17周岁，收购工业用盐，转卖给他人喂猪，获利5万元。关于周某的行为，以下说法正确的有[2]（2020/客/1/24 仿）

A. 周某构成非法经营罪，应当起诉

B. 周某未成年，应当附条件不起诉

C. 周某不构成犯罪，应当法定不起诉

D. 证明周某犯罪的证据不足，应当存疑不起诉

【解析】考查非法经营罪、不起诉。

（1）根据《最高人民检察院关于办理非法经营食盐刑事案件具体应用法律若干问题的解

---

[1] AC [2] C

释》，只有非法生产、储运、销售食盐，扰乱市场秩序的，才构成非法经营罪。（2）《最高人民法院关于准确理解和适用刑法中"国家规定"的有关问题的通知》，对于有关司法解释未作明确规定的，应当作为法律适用问题，逐级向最高人民法院请示；没有规定的，不能构成非法经营罪。（3）并且，《最高人民法院关于经营工业用盐是否需要办理工业盐准运证等请示的答复》规定：法律及《盐业管理条例》没有设定工业盐准运证这一行政许可，地方性法规或者地方政府规章不能设定工业盐准运证制度。（4）故而，收购工业用盐的行为，不能构成非法经营罪。（5）《最高人民法院、最高人民检察院关于办理危害食品安全刑事案件适用法律若干问题的解释》第16条规定：以提供给他人生产、销售食品为目的，违反国家规定，生产、销售国家禁止用于食品生产、销售的非食品原料，以非法经营罪定罪处罚。但是，国家并未禁止饲养生猪时投喂工业用盐，不属国家禁止的非食品原料。故周某也不构成非法经营罪或生产、销售有毒、有害食品罪的帮助犯。（6）故而，周某不构成任何犯罪，应当法定不起诉。

二、强迫交易罪

3. 张某到加盟店欲批发1万元调味品，见甲态度不好表示不买了。甲对张某拳打脚踢，并说"涨价2000元，不付款休想走"。张某无奈付款1.2万元买下调味品（事实四）。关于事实四甲的定性，下列选项正确的是？[1]（2012/2/89）

    A. 应以抢劫罪论处   B. 应以寻衅滋事罪论处

    C. 应以敲诈勒索罪论处   D. 应以强迫交易罪论处

【解析】《最高人民法院关于审理抢劫、抢夺刑事案件适用法律若干问题的意见》第9条第2项规定："从事正常商品买卖、交易或者劳动服务的人，以暴力、胁迫手段迫使他人交出与合理价钱、费用相差不大钱物，情节严重的，以强迫交易罪定罪处罚；以非法占有为目的，以买卖、交易、服务为幌子采用暴力、胁迫手段迫使他人交出与合理价钱、费用相差悬殊的钱物的，以抢劫罪定罪处刑。在具体认定时，既要考虑超出合理价钱、费用的绝对数额，还要考虑超出合理价钱、费用的比例，加以综合判断。"本案中暴力强迫他人购买商品，虽强行要求以高价购买，但价格（1.2万元）与货值（1万元）并不悬殊，不构成抢劫罪，而以强迫交易罪论处。

三、提供虚假证明文件罪

4. 律师赵某接受律师事务所指派，为某公司股票上市提供法律意见。赵某在接受该公司的10万元财物之后，提供了虚假的法律意见书，导致不具备上市条件的该公司取得上市资格，严重损害了股东利益。赵某的行为构成何罪？[2]（2008延/2/9）

    A. 受贿罪

    B. 刑法第一百六十三条规定的非国家工作人员受贿罪（原为公司、企业、其他单位人员受贿罪）

    C. 提供虚假证明文件罪

    D. 刑法第一百六十三条规定的非国家工作人员受贿罪（原为公司、企业、其他单位人员受贿罪）和提供虚假证明文件罪，应当数罪并罚

【解析】（1）根据刑法第229条的规定，承担资产评估、验资、验证、会计、法律服务等职责的中介组织人员，故意提供虚假证明文件，情节严重的，构成提供虚假证明文件罪。根据刑法第229条第2款规定，系该罪的情节加重犯。（2）赵某收受10万元，根据刑法第163条，可以触犯非国家工作人员受贿罪。由于不是国家工作人员，不能触犯受贿罪。（3）在罪数上，

根据《刑法修正案（十一）》修正之后的第229条第2款，以及《最高人民法院、最高人民检察院关于办理药品、医疗器械注册申请材料造假刑事案件适用法律若干问题的解释》第2条，应按虚假证明文件罪情节加重犯（证券发行，法定刑5～10年）、非国家工作人员受贿罪（收受10万，法定刑经《刑法修正案（十一）》修正之后现为3年以下）的，依照处罚较重的规定定罪处罚，提供虚假证明文件罪情节加重犯法定刑高，以该罪论处。不数罪并罚。故C项当选。

四、本节综合题及其它罪名

5. 关于破坏社会主义市场经济秩序罪的认定，下列哪一选项是错误的?[1]（2014/2/14）

A. 采用运输方式将大量假币运到国外的，应以走私假币罪定罪量刑

B. 以暴力、胁迫手段强迫他人借贷，情节严重的，触犯强迫交易罪

C. 未经批准，擅自发行、销售彩票的，应以非法经营罪定罪处罚

D. 为项目筹集资金，向亲戚宣称有高息理财产品，以委托理财方式吸收10名亲戚300万元资金的，构成非法吸收公众存款罪

【解析】A选项，考查走私假币罪与运输假币罪的关系。"走私"的意思是通过运送等方式使之出入国（边）境，违反海关监管秩序；"运输"的意思是移动位置。"走私"本身可以内含"运输"（走私假币罪与运输假币罪是整体法与部分法的法条竞合，以整体法论），采用运输方式走私的，只认定为"走私"。

B选项，借贷关系在刑法中可被解释为"金融服务业"，强迫借贷属于刑法第226条（强迫交易罪）第2款"强迫他人提供或者接受服务的"。本选项源自《最高人民法院刑事审判参考》2001年第6辑（总第17辑）"郑小平、邹小虎抢劫案——以暴力、威胁手段强迫他人提供贷款的行为如何定性"。

C选项，见《最高人民检察院、最高人民法院关于办理赌博刑事案件具体应用法律若干问题的解释》第6条，未经国家批准擅自发行、销售彩票，构成犯罪的，按非法经营罪定罪处罚。

D选项，见《最高人民法院关于审理非法集资刑事案件具体应用法律若干问题的解释》第1条第2款，"未向社会公开宣传，在亲友或者单位内部针对特定对象吸收资金的，不属于非法吸收或者变相吸收公众存款"。本选项题眼为"亲戚"。当然，如果放任亲戚向不特定人再借款，可构成该罪。

6. 对下列与扰乱市场秩序罪相关的案例的判断，哪一选项是正确的?[2]（2007/2/10）

A. 甲所购某名牌轿车行驶不久，发动机就发生故障，经多次修理仍未排除。甲用牛车拉着该轿车在闹市区展示。甲构成损害商品声誉罪

B. 广告商乙在拍摄某减肥药广告时，以肥胖的郭某当替身拍摄减肥前的画面，再以苗条的影视明星刘某作代言人夸赞减肥效果。事后查明，该药具有一定的减肥作用。乙构成虚假广告罪

C. 丙按照所在企业安排研发出某关键技术，但其违反保密协议将该技术有偿提供给其他厂家使用，获利400万元。丙构成侵犯商业秘密罪

D. 章某因房地产开发急需资金，以高息向丁借款500万元，且按期归还本息。丁尝到甜头后，多次发放高利贷，非法获利数百万元。丁构成非法经营罪

【解析】A选项，刑法第221条损害商品声誉罪要求行为人采取捏造并散布虚伪事实的方

〔1〕　D　〔2〕　CD（考试当年正确答案为C）

式进行。甲虽然宣扬了某商品的缺点，但并未捏造虚伪事实，所以不构成此罪。

B 选项，刑法第 222 条虚假广告罪要求行为人对商品或者服务作夸大失实的宣传，并且情节严重（严重失实）。乙在制作广告过程中确实有虚假的内容。但是所宣传的商品确实具有一定的减肥作用，虚假的情节并不严重，不能构成此罪。

C 选项，根据刑法第 219 条，构成侵犯商业秘密罪。

D 选项，（1）关于高息将款项贷给他人（私放高利贷）的行为定性，在当前，根据 2019 年两高两部《关于办理非法放贷刑事案件若干问题的意见》，未经批准（违反国家规定，未经监管部门批准，或者超越经营范围）、以营利为目的、经常性（2 年内出借资金 10 次以上）、向社会不特定对象，非法发放高利贷（年利息 36%），达到数额标准，可构成非法经营罪。故而本选项如"多次"达到了司法解释规定的次数标准，可以构成非法经营罪。当选。（2）在考试当年，没有司法解释明文将其规定为"其它非法经营行为"，难以构成非法经营罪。

7. 对于某项投标，张三具有投标资质，李四没有投标资质。在投标时，张三就向李四出卖投标资质，每次获利 300 万元，两次共获利 600 万元。在第三次投标时，无人购买张三的投标资质，张三也未申请投标。则张三构成何罪？[1]（2020/客/1/仿 30）

　　A. 诈骗罪　　　　B. 强迫交易罪　　　C. 串通投标罪　　　D. 不构成犯罪

【解析】考查诈骗罪、强迫交易罪、串通投标罪等经济犯罪。

选项 A，张三没有实施虚构事实、隐瞒真相的诈骗行为，不构成诈骗罪。没有投标资质的李四购买资质后投标，虽然假冒有资质而获得了项目，但项目并不属于财物，也不构成诈骗罪。

选项 B，强迫交易罪的成立需要"强迫"要素，亦即违背对方交易人的自由交易意愿，本案系双方自愿，当然不构成强迫交易罪。

选项 C，串通投标罪的成立，要求有相互串通行为，并且损害招标人或者其他投标人利益、其他人的合法利益的损失结果。本案中张三并未参与投标，只是出卖投标资质，没有实施串通行为，不构成串通投标罪。

选项 D，综上，张三不构成犯罪，是非法出卖投标资质的行政违法行为，非法获利应当予以行政没收。

8. 甲男是某上市保健品公司 A 公司的股东，乙女为该公司总经理。二人原为男女朋友，分手后，甲怀恨在心，因爱生恨，寻机报复。甲男经研究发现 A 公司生产的保健品没有任何保健功效，于是先将其购买的该公司股票全部抛售，后在网上公布了他的研究结果，并指明乙是该公司的总经理，造成 A 公司股价大跌。关于甲的行为，下列哪一说法是正确的？[2]（2018/客/卷一/18 仿）

　　A. 甲构成内幕交易罪

　　B. 甲构成侵犯公民个人信息罪

　　C. 甲没有侵犯公司和乙女的名誉，不构成损害商业信誉、商品声誉罪，也不构成侮辱罪、诽谤罪

　　D. 甲构成破坏生产经营罪

【解析】本题是一道经济犯罪的结合题，主要考查几个稍微生僻一些罪名的构成要件。

A 选项，根据刑法第 180 条，内幕交易、泄露内幕信息罪，是指证券、期货交易内幕信息的知情人员或者非法获取证券、期货交易内幕信息的人员，在涉及证券的发行，证券、期货交

---

[1] D　[2] C

易或者其他对证券、期货交易价格有重大影响的信息尚未公开前，买入或者卖出该证券，或者从事与该内幕信息有关的期货交易，或者泄露该信息，或者明示、暗示他人从事上述交易活动，情节严重的行为。根据《证券法》第52条的规定，证券交易活动中，涉及发行人的经营、财务或者对该发行人证券的市场价格有重大影响的尚未公开的信息，为内幕信息。亦即，内幕信息是该信息所在集体，内部运作人员所知悉的信息。本选项甲男经研究发现的信息，不属"内幕信息"。

B选项，根据刑法第253条之一，侵犯公民个人信息罪，是指违反国家有关规定，向他人出售或者提供公民个人信息，情节严重的行为。《最高人民法院、最高人民检察院关于办理侵犯公民个人信息刑事案件适用法律若干问题的解释》第1条："公民个人信息"是指以电子或者其他方式记录的能够单独或者与其他信息结合识别特定自然人身份或者反映特定自然人活动情况的各种信息，包括姓名、身份证件号码、通信通讯联系方式、住址、账号密码、财产状况、行踪轨迹等。本选项中乙女的任职情况，是可公开的信息，甲男向社会公开，没有"违反国家有关规定"。

C选项，根据刑法第221条，损害商业信誉、商品声誉罪，是指捏造并散布虚伪事实，损害他人的商业信誉、商品声誉，给他人造成重大损失或者有其他严重情节的行为。甲男揭发的事实为真实的事实，没有捏造事实，不构成该罪。

D选项，根据刑法第276条（破坏生产经营罪），由于泄愤报复或者其他个人目的，毁坏机器设备、残害耕畜或者以其他方法破坏生产经营的，可构成破坏生产经营罪。其中的生产经营要求是合法合规的生产经营。但本题中A公司的经营本身违法，甲男不构成该罪。

综上所述，甲男无罪。

专题十八　侵犯公民人身权利、民主权利罪

（分则第四章）

故意杀人罪，故意伤害罪	1. 自杀不是不法，教唆自杀不是犯罪，除非构成间接正犯。2. 不扶养，支配生命是杀，不支配生命是遗弃。3. 故意伤害罪（致人死亡），要求因果关系，打击错误、认识错误也可构成
人体器官犯罪	1. 经有能力活人真实承诺，组织其出卖器官，定组织出卖人体器官罪。2. 未经同意（包括未成年人、精神病人、重大欺骗）摘取活人器官，定故意伤害罪。3. 违背意愿摘取死人器官，定盗窃、侮辱、故意毁坏尸体罪。4. 倒卖已经摘取下来的器官，定非法经营罪
强奸罪	1. 奸淫幼女，需要明知。2. 过失致重伤、死亡，才构成结果加重。3. 猥亵对象可是男子。4. 奸淫不满十周岁的幼女或者造成幼女伤害，猥亵儿童造成伤害，是加重犯。5. 负有照护职责人员性侵罪：构成要件、与强奸罪关系。
非法拘禁罪	1. 为索债（包括赌债、高利贷非法债务）而扣押构成非法拘禁。2. 过失致死（重伤），结果加重。3. 暴力（轻伤以上）致死（重伤），是转化犯（故意杀人、重伤）。4. 与催收非法债务罪之间关系。
绑架罪	1. 客观行为拘禁、杀伤、偷幼＋主观勒赎目的；2. 既遂：控制人身（及杀死）。3. 结果加重犯有三：杀人、伤害致死、重伤；杀而未死是结果加重犯未遂。4. 假绑架：诈骗、敲诈
拐卖妇女、儿童罪	1. 卖的目的，拐的行为（六种之一）。2. "拐"：拐骗（骗、抢夺、抢劫、偷盗）、绑架（拘禁）、收买、贩卖、接送、中转。3. 罪数：可包容拘禁/强奸/引诱强迫卖淫/过失重伤、致死
刑讯逼供罪/暴力取证罪/虐待被监管人罪	主体（司法人员、监管人员）；对象人；手段；目的。转化犯
遗弃罪/虐待罪/虐待被监护、看护人罪	1. 虐待罪的对象是家庭成员（事实婚姻、实际扶养），遗弃罪不限家庭成员（负有扶养义务）。2. 虐待中伤害、杀害致死＝虐待罪的基本犯＋故意伤害罪或杀人罪致人死亡。3. 虐待被监护、看护人罪；同时触犯它罪，择一重处；自然人、单位均可构成

考点一　故意杀人罪

1. 甲、乙夫妇因 8 岁的儿子严重残疾，生活完全不能自理而非常痛苦。一天，甲给儿子要喝的牛奶里放入"毒鼠强"时被乙看到，乙说："这是毒药吧，你给他喝呀？"见甲不说话，乙叹了口气后就走开了。毒死儿子后，甲、乙二人一起掩埋尸体并对外人说儿子因病而死。
【问题】对于乙的行为应认定为何罪？（2008/2/7）

【解析】本题考查共同犯罪与不作为。正犯甲是作为的故意杀人罪，这较好认定。对于乙的行为性质的认定，涉及三个问题：

（1）乙对儿子的死亡能否构成不作为犯？乙是其子的父母，依法具有保护其人身的法定作为义务，能够履行而不履行，造成结果，符合不作为犯的客观条件。

（2）乙不救助的行为能否认定为"杀人"行为，以故意杀人罪定罪？首先考查乙的不救助行为能否被认定为"杀人"行为？在当时的情况下，乙如果其阻止，则死亡结果极大可能不发生；不阻止则必死无疑。不阻止的不作为行为，支配着死亡结果，与一般杀人行为性质相当，可以认定为"杀人"行为。主观上，乙对儿子死亡的心态，明知自己的不作为必然导致死亡结果而拒不履行作为义务，系故意。可构成故意杀人罪。只有乙阻止后，死亡结果也不太可能被避免，乙的不作为行为不能支配死亡结果时，才能认定为遗弃行为，本案情况不是如此，故乙不能构成遗弃罪。

（3）甲、乙二人可否构成共同犯罪？杀害儿子的直接实行者是甲，但是，负有救助义务的乙如果救助，则儿子不死亡的可能性极大。也就是说，是甲（作为）、乙（不作为）两行为结合起来才导致了死亡结果，甲、乙的行为对于死亡结果具有共同性，应可认为是共同行为。乙虽无与甲共同实施犯罪的明示故意，但其以不作为的默示形式以不作为的方式参与，至少可认为是片面的帮助犯（承认片面的帮助犯是共同犯罪）。

（4）由此，甲、乙可构成共同犯罪，甲是作为的实行犯；乙是不作为的帮助犯，罪名应认定为故意杀人罪。

（5）之后的掩埋尸体行为，由于是本犯实施，对共犯人进行包庇，欠缺期待可能，不能构成包庇罪或帮助毁灭、伪造证据罪。从而选项 A 正确，BCD 错误。

（6）为何不认为乙与甲是共同正犯呢？这就涉及到乙的行为是正犯还是共犯的判断。根据通说观点（采西田典之的观点），如不作为者实施作为，本应"确实地"（具有"十之八九"的可能）避免结果发生之时，属于不作为形式的同时正犯；如果只是"有可能使得结果的发生更为困难"，则属于不作为形式的帮助犯。本案应属后者。到底还是甲的作为行为导致了儿子的死亡，乙能阻止时不阻止，其对死亡结果的作用是次要的。

2. 翟某与彭某在农贸市场内嬉戏打闹，翟某手持尖刀挥舞以阻挡彭某靠近，不慎将尖刀刺入彭某腹部，致使彭某腹壁小动脉及肠系膜小动脉破裂（重伤）。关于翟某的行为性质，下列说法正确的是[1]（2019/客/卷一/仿 30）

A. 翟某构成过失致人重伤罪　　　　B. 翟某构成故意伤害罪（致人重伤）
C. 翟某构成寻衅滋事罪　　　　　　D. 翟某构成故意杀人罪（间接故意）未遂

【解析】1. 客观上翟某造成彭某重伤的结果，系致人重伤的行为。没有实施"随意殴打他

---

[1]　B

人"的寻衅滋事行为，不构成寻衅滋事罪。

2. 在主观罪过方面，"嬉戏打闹""不慎"表明翟某实施挥舞尖刀行为时，对于伤害、死亡结果并不直接明知，也不希望追求，没有伤害、杀人的直接故意。

3. 但是，手持尖刀挥舞是危险性极大的行为，有造成伤害结果的高度可能。作为正常人的翟某，在手持尖刀挥舞时，"应当明知"该行为大概率会造成伤害结果。也没有客观经验、没有采取防卫措施避险该结果发生，不属"轻信避免结果"，应当认定为"放任"。即对重伤结果系间接故意。客观主观统一构成故意伤害罪（致人重伤）。

4. 由于间接故意的意志因素对于结果系放任，亦即没有明确的犯罪目的和希望的结果。故而，认定间接故意时，往往是以实际发生的结果来确定行为人放任的结果要素，此之谓"间接故意无未遂"。例如本案，在认识因素上，翟某对于结果不发生、伤害结果、死亡结果三种结果都明知，但都不追求、不反对。如果以其认识到的可能的结果来认定具体故意，则会认定其主观上具有无罪故意、伤害故意、杀人故意三种故意，这显然是矛盾的。因此，应当在客观重伤结果发生后，判断行为人对实际发生的重伤结果是否明知，有无放任。从而，本案不能认定翟某构成故意杀人罪（间接故意）未遂。

考点二　过失致人死亡罪

1. 张某和赵某长期一起赌博，某日两人在工地发生争执，张某推了赵某一把，赵某倒地后后脑勺正好碰到石头上，导致颅脑损伤，经抢救无效死亡。关于张某的行为，下列哪一选项是正确的？[1]（2007/2/14）

A. 构成故意杀人罪　　　　　　　　B. 构成过失致人死亡罪

C. 构成故意伤害罪　　　　　　　　D. 属于意外事件

【解析】本题考查疏忽大意过失与意外事件的区分。（1）按平常之理推导，行为人对被害人实施推搡行为时，没想到会致死致伤，对被害人的死亡结果、伤害结果没有预见到，不能认为有伤害或杀人故意。（2）问题在于，张某是否有过失（疏忽大意的过失），这涉及疏忽大意的过失与意外事件的区分。依题意，推搡的行为发生在"工地"，一般人可以预见地形复杂危险环境而造成危险的后果，而张某未预见，属应当预见而未预见，系疏忽大意的过失，应认定为过失致人死亡罪，而非意外事件。

2. 下列哪些情形不能认定为过失致人死亡罪？[2]（2008 延/2/54）

A. 甲在运输放射性物质过程中发生事故，造成 4 人死亡

B. 乙在工地塌方之后，仍然强令 6 名工人进入隧道抢救价值 2000 万元的机械，6 名工人由此遇难

C. 丙遭受不法侵害，情急之下失手将不法侵害人打死，法院认为丙防卫过当，应当负刑事责任

D. 聚众斗殴致人死亡

【疑难辨析】本题选项 A、选项 B 考查过失致人死亡罪与其它罪名之间的法条竞合关系。刑法第 233 条（过失致人死亡罪）规定，"本法另有规定的，依照规定"。当其他罪名中包含过失致人死亡内容时，形成整体法与部分法的法条竞合，应以整体法定罪。例如失火罪、过失

投放危险物质罪、过失爆炸罪、重大责任事故罪、交通肇事罪等犯罪中都包含过失致人死亡。根据整体法优于部分法的原则，应以上述其他犯罪论处。选项D考查转化犯。

【解析】 A选项，甲的行为构成危险物品肇事罪、过失致人死亡罪，两罪之间属整体法与部分法的法条竞合情况，以整体法危险物品肇事罪论处，不再认定为过失致人死亡罪。

B选项，乙的行为构成强令违章冒险作业罪、过失致人死亡罪，两罪之间属整体法与部分法的法条竞合情况，以整体法强令违章、组织他人冒险作业罪论处，不再认定为过失致人死亡罪。

C选项，客观上防卫过当过失致人死亡，系不法行为；主观上有防卫意图，即无犯罪故意，"失手"表明行为人对过当结果应当避免而未避险，系过失，构成过失致人死亡罪。

D选项，根据刑法第292条，聚众斗殴致人死亡的，系转化犯（实为想象竞合的提示规定），以故意杀人罪论处。

3. 下列哪些行为不应认定为过失致人死亡罪？[1]（2006/2/56）

A. 甲遭受乙正在进行的不法侵害，在防卫过程中一棒将乙打倒，致乙脑部跌在一块石头上而死亡。法院认为甲的防卫行为明显超过必要限度造成了重大损害，应以防卫过当追究刑事责任

B. 甲对乙进行非法拘禁，在拘禁过程中，因长时间捆绑，致乙呼吸不畅窒息死亡

C. 甲因对女儿乙的恋爱对象丙不满意，阻止乙、丙正常交往，乙对此十分不满，并偷偷与丙登记结婚，甲获知后对乙进行打骂，逼其离婚。乙、丙不从，遂相约自杀而亡

D. 甲结婚以后，对丈夫与其前妻所生之子乙十分不满，采取冻饿等方式进行虐待，后又发展到打骂，致乙多处伤口腐烂，乙因未能及时救治而不幸身亡

【疑难辨析】 选项A考查防卫过当的定性，选项BCD名义考查过失致人死亡罪，实际上选项BCD考查的是结果加重犯。刑法规定的很多犯罪的结果加重犯，都包括"致人死亡"的情形，不再单独以过失致人死亡罪论处。

【解析】 选项A，客观上防卫过当过失致人死亡，系不法行为；主观上有防卫意图，即无犯罪故意，"失手"表明行为人对过当结果应当避免而未避险，系过失，构成过失致人死亡罪。

选项B，根据刑法第238条第2款，非法拘禁过失致人死亡的，成立非法拘禁罪的结果加重犯，不单独认定为过失致人死亡罪。

选项C，根据刑法第257条第2款，暴力干涉婚姻自由造成他人死亡的，成立暴力干涉婚姻自由罪的结果加重犯，不单独认定为过失致人死亡罪。但是，本选项不是因此理由而不当选，而是因为死亡结果系"相约自杀"导致，与暴力干涉婚姻自由行为没有因果关系。

选项D，根据刑法第260条第2款，虐待家庭成员的，构成虐待罪；过失致人死亡的，成立虐待罪的结果加重犯，不单独认定为过失致人死亡罪。

考点三　故意伤害罪

1. 关于自伤，下列哪一选项是错误的？[2]（2011/2/13）

A. 军人在战时自伤身体、逃避军事义务的，成立战时自伤罪

B. 帮助有责任能力成年人自伤的，不成立故意伤害罪

---

[1] BCD　[2] C

C. 受益人唆使 60 周岁的被保险人自伤、骗取保险金的，成立故意伤害罪与保险诈骗罪

D. 父母故意不救助自伤的 12 周岁儿子而致其死亡的，视具体情形成立故意杀人罪或者遗弃罪

【解析】A 选项，根据刑法第 434 条，构成战时自伤罪。

B 选项，有责任能力成年人自伤，其行为不是刑法规定的不法行为。帮助其实施自伤，帮助者不能构成间接正犯；而依照共犯从属说，正犯没有实施不法行为，共犯也不能成立，帮助者亦不成立帮助犯。故帮助者不认为构成犯罪。

C 选项，（1）对于教唆者教唆有责任能力的人自伤的行为，教唆者不能构成间接正犯；而依照共犯从属说，正犯没有实施不法行为，共犯也不能成立，教唆者亦不能成立教唆犯，不构成故意伤害罪。（2）对于教唆者教唆他人实施保险诈骗罪的，可构成保险诈骗罪的教唆犯。故应认定其构成保险诈骗罪的教唆犯一罪。

D 选项，（1）父母对于子女负有救助义务，不救助系不作为犯。（2）如不救助行为对死亡结果有支配性，可评价为"杀"，且对死亡结果具有故意，则成立故意杀人罪；（3）如不救助行为不能支配死亡结果，亦即即使救助也不一定生存，则不救助行为不能评价为"杀"，应该评价为"遗弃"行为；主观上故意不救助，可构成遗弃罪。

2. 甲、乙、丙共谋要"狠狠教训一下"他们共同的仇人丁。到丁家后，甲在门外望风，乙、丙进屋打丁。但当时只有丁的好友田某在家，乙、丙误把体貌特征和丁极为相似的田某当作是丁进行殴打，遭到田某强烈抵抗和辱骂，二人分别举起板凳和花瓶向田某头部猛击，将其当场打死。关于本案的处理，下列哪些判断是正确的？[1]（2008 延/2/61）

A. 甲、乙、丙构成共同犯罪　　　　　　B. 甲、乙、丙均成立故意杀人罪

C. 甲不需要对田某的死亡后果负责　　　D. 甲成立故意伤害罪

【解析】（一）对于正犯乙、丙而言

1. 客观上实施了"向田某头部猛击"的杀人行为，致田某死亡，系杀人致死行为。

2. 主观上具有杀人故意（"向田某头部猛击"）。误将田某认作丁，系对象错误、具体错误，按法定符合说，对田某具有杀人故意，构成故意杀人罪既遂。

3. 当然，之前的行为为伤害，后来发生犯意转化，以重行为故意杀人罪论处。

（二）对于帮助犯甲

1. 客观行为附属于正犯实行行为，系为致死行为提供帮助。

2. 甲与乙、丙在故意伤害罪的范围内构成共同犯罪，对共同伤害导致的致死结果负责。

3. 主观上具有伤害故意（"狠狠教训一下"），对死亡结果系过失，构成故意伤害罪（致人死亡）。故选项 AD 正确，BC 错误。

（三）本题的难点是 C 选项

1. 甲仅有伤害故意，没有杀人故意，与乙、丙在故意伤害罪的范围内构成共同犯罪。但田某死亡是乙、丙的杀人行为导致的，甲是否对致死负责。因杀人是最严重的伤害，故而乙、丙杀人致死，也是伤害致死，当然甲客观上要负责（乙、丙对于伤害行为并未实行过限）。

2. 只不过，主观上甲对死亡结果没有故意，不承担故意责任，是否应当承担过失责任。回答是肯定的，甲有伤害的故意，没有认识到死亡结果；但是，其虽未认识到死亡结果，但公众会认为，伤害与杀害只有程度之别，很难把握分寸，应当预料到死亡结果的发生可能，因此具有疏忽过失。事实上，在结果加重犯中，认识到基本犯结果，就应推定对加重结果至少有过

---

[1] AD

失。甲需要对田某的死亡后果负责过失责任，构成故意伤害罪（致人死亡）。选项 C "不需要负责"说法错误。正确的说法是：不承担故意责任，但要承担过失责任。

3. 下列哪一行为不应以故意伤害罪论处？[1]（2012/2/16）

A. 监狱监管人员吊打被监管人，致其骨折

B. 非法拘禁被害人，大力反扭被害人胳膊，致其胳膊折断

C. 经本人同意，摘取 17 周岁少年的肾脏 1 只，支付少年 5 万元补偿费

D. 黑社会成员因违反帮规，在其同意之下，被截断 1 截小指头

【解析】A 选项，根据刑法第 248 条，虐待被监管人致人重伤，构成故意伤害罪。

B 选项，根据刑法第 238 条，非法拘禁使用暴力致人重伤，构成故意伤害罪。

C 选项，根据刑法第 234 条之一第 2 款，摘取不满 18 周岁少年的人体器官，构成故意伤害罪。

D 选项，涉及被害人承诺的问题，截小指头为轻伤，经本人承诺阻却违法性，不构成犯罪。

考点四　人体器官犯罪

1. 关于故意伤害罪与组织出卖人体器官罪，下列哪一选项是正确的？[2]（2011/2/14）

A. 非法经营尸体器官买卖的，成立组织出卖人体器官罪

B. 医生明知是未成年人，虽征得其同意而摘取其器官的，成立故意伤害罪

C. 组织他人出卖人体器官并不从中牟利的，不成立组织出卖人体器官罪

D. 组织者出卖一个肾脏获 15 万元，欺骗提供者说只卖了 5 万元的，应认定为故意伤害罪

【解析】A 选项，非法经营尸体器官买卖的，构成非法经营罪。

B 选项，根据刑法第 234 条之一第 2 款，未成年人即使同意，摘取其器官的，仍然成立故意伤害罪。承诺无效。

C 选项，成立组织他人出卖人体器官罪，并不要求组织者有牟利目的，只要其有组织故意即可。其中的"出卖"指的是被组织者有出卖行为。

D 选项，（1）刑法第 234 条之一第 2 款规定的"欺骗他人捐献器官"构成故意伤害罪。其中的"欺骗"指使捐赠者产生重大错误认误的"欺骗"，即使得捐赠承诺无效的欺骗。因行为人的欺骗行为，而使出卖器官者对器官摘除后重大身体法益侵害后果产生误认，足以影响决定，而错误地作出捐献器官承诺。（2）本选项中，出卖器官者对身体受侵害的事实无误认，只是对价金有误认，不属该款的"欺骗"，承诺仍然有效。行为人不构成故意伤害罪，构成组织出卖人体器官罪。

2. 关于故意杀人罪、故意伤害罪的判断，下列哪一选项是正确的？[3]（2014/2/15）

A. 甲的父亲乙身患绝症，痛苦不堪。甲根据乙的请求，给乙注射过量镇定剂致乙死亡。乙的同意是真实的，对甲的行为不应以故意杀人罪论处

B. 甲因口角，捅乙数刀，乙死亡。如甲不顾乙的死伤，则应按实际造成的死亡结果认定甲构成故意杀人罪，因为死亡与伤害结果都在甲的犯意之内

C. 甲谎称乙的女儿丙需要移植肾脏，让乙捐肾给丙。乙同意，但甲将乙的肾脏摘出后移

植给丁。因乙同意捐献肾脏，甲的行为不成立故意伤害罪

D. 甲征得乙（17周岁）的同意，将乙的左肾摘出，移植给乙崇拜的歌星。乙的同意有效，甲的行为不成立故意伤害罪

【解析】本题考查被害人承诺、间接故意（概括故意）、器官类犯罪。

A选项，考查被害人承诺，涉及承诺的法益范围。题眼是"过量镇定剂致乙死亡"，即甲符合故意杀人罪的构成要件；因生命法益超过刑法认可的承诺范围，故而乙的承诺无效，甲仍构成故意杀人罪。只不过量刑时从轻而已。

B选项，考查故意的认识内容。题眼是"不顾乙的死伤"，说明甲对于死亡结果和伤害结果都有认识，对于死亡结果至少有间接故意，实际造成死亡结果的，当然可以认定为故意杀人罪。

C选项，考查被害人承诺，涉及基于错误作出的承诺的效力问题。乙误认为移植器官的受体为自己女儿，实际上不是，其重大目的未实现。一般人在知情假相时会作出同样的承诺，乙系基于重大错误而作出承诺，承诺无效。乙系"欺骗他人捐献器官"，按照刑法234条之一第2款，构成故意伤害罪。

D选项，考查被害人承诺，涉及承诺能力、承诺的法益范围。（1）乙17周岁，对于器官没有承诺能力，承诺无效。（2）甲的行为属于"摘取不满十八周岁的人的器官"，按照刑法234条之一第2款，构成故意伤害罪。（3）假设案情改为：乙已满18周岁，甲的行为如何认定？这涉及承诺的法益范围问题。因活体器官的捐赠者与接受者之间无近亲属关系，移植非法；同时，对于重伤的承诺是无效的；而甲无"组织出卖"行为；则甲仍构成故意伤害罪。

考点五　强奸罪；负有照护职责人员性侵罪

1. 关于强奸罪及相关犯罪的判断，下列哪一选项是正确的？[1]（2007/2/12）

A. 甲欲强奸某妇女遭到激烈反抗，一怒之下卡住该妇女喉咙，致其死亡后实施奸淫行为。甲的行为构成强奸罪的结果加重犯

B. 乙为迫使妇女王某卖淫而将王某强奸，对乙的行为应以强奸罪与强迫卖淫罪实行数罪并罚

C. 丙在组织他人偷越国（边）境过程中，强奸了被组织的妇女李某。丙的行为虽然触犯了组织他人偷越国（边）境罪与强奸罪，但只能以组织他人偷越国（边）境罪定罪量刑

D. 丁在拐卖妇女的过程中，强行奸淫了该妇女。丁的行为虽然触犯了拐卖妇女罪与强奸罪，但根据刑法规定，只能以拐卖妇女罪定罪量刑

【解析】A选项，（1）甲欲强奸某女并已着手，构成强奸罪未遂；（2）遭反抗而故意杀人，构成故意杀人罪；（3）之后奸尸的，构成侮辱尸体罪。（4）作为强奸罪结果加重犯的强奸"致使被害人重伤、死亡"，指的是过失致使被害人重伤、死亡，不包括故意伤害、杀害。故本题不属结果加重犯，应当三罪并罚。A项错误。

B选项，（1）在当前，根据第358条第3款（《刑法修正案（九）》修正）：犯组织卖淫罪、强迫卖淫罪，"并有杀害、伤害、强奸、绑架等犯罪行为的，依照数罪并罚的规定处罚。"故而应当以强奸罪与强迫卖淫罪实行数罪并罚。故在现在，选项B说法正确。（2）根据考试

---

[1]　BD（当年正确答案为D）

当时的刑法第 358 条第 1 款第 4 项，为迫使卖淫而强奸的，是强迫卖淫罪的加重犯，不再并罚。故在考试当时，选项 B 说法错误。

C 选项，根据刑法第 318 条第 2 款，犯组织他人偷越国（边）境罪，对被组织人有杀害、伤害、强奸、拐卖等行为的，实行数罪并罚。故 C 项错误。

D 选项，刑法第 240 条第 1 款第 3 项，是拐卖妇女罪的加重犯情节，不再并罚。故 D 项正确。

2. 对下列哪些行为不能认定为强奸罪？[1]（2006/2/57）

A. 拐卖妇女的犯罪分子奸淫被拐卖的妇女的

B. 利用职权、从属关系，以胁迫手段奸淫现役军人的妻子的

C. 利用迷信奸淫妇女的

D. 组织卖淫的犯罪分子强奸妇女后迫使其卖淫的

【解析】选项 A，刑法第 240 条第 1 款第 3 项，是拐卖妇女罪的加重犯情节，不再并罚。

选项 B，刑法第 236 条和第 259 条第 2 款的规定，胁迫现役军人妻子，违背其意志发生性关系的，成立强奸罪。

选项 C，刑法第 300 条第 1 款规定，组织和利用会道门、邪教组织或者利用迷信奸淫妇女的，认定为强奸罪。

选项 D，（1）触犯组织卖淫罪、强迫卖淫罪、强奸罪三罪。（2）罪数上：①根据《最高人民法院、最高人民检察院关于办理组织、强迫、引诱、容留、介绍卖淫刑事案件适用法律若干问题的解释》（法释〔2017〕13 号）第 6 条第 2 款，行为人既有组织卖淫犯罪行为，又有强迫卖淫犯罪行为，以组织卖淫罪"情节严重"论处。②现刑法第 358 条第 3 款：犯组织卖淫罪、强迫卖淫罪，"并有杀害、伤害、强奸、绑架等犯罪行为的，依照数罪并罚的规定处罚。"③故而，以组织卖淫罪（情节严重）、强奸罪两罪并罚。选项 D 不当选。④根据考试当时的刑法第 358 条第 1 款第 4 项，认定为组织卖淫罪的加重犯，不再并罚。故在考试当时，选项 D 当选。

考点六　强制猥亵、侮辱罪；猥亵儿童罪

甲男与乙女发生纠纷，乙将脏物泼在甲的身上，甲便揪住乙的上衣，并向其下身猛击几拳，乙骂声不止，甲便唤来自家养的大公狗，在有许多围观村民的情况下，甲扒下乙的裤子，使其当众赤身裸体，并叫狗扑在乙的身上。甲的行为构成何罪？[2]（2000/2/28）

A. 强制猥亵、侮辱罪（原罪名为强制猥亵、侮辱妇女罪）

B. 侮辱罪

C. 公然猥亵罪

D. 诽谤罪

【解析】（1）在客观上，甲男扒下乙的裤子，使其当众赤身裸体，并叫狗扑在乙的身上，可以认定为强制猥亵、侮辱的行为。主要争议在主观上，在故意内容方面，甲男显然知晓贬损名誉的方式可以同时侵害了乙女的性尊严，具有强制猥亵、侮辱的故意。在目的方面，甲男行为的直接目的是侵害他人性尊严，最终的目的是贬损他人名誉。

---

〔1〕　A（当年正确答案为 AD）　〔2〕　A

（2）问题在于，强制猥亵、侮辱罪的主观方面的构成，除了要求具有强制猥亵、侮辱的故意即侵害他人尊严（性羞耻心）的故意以外，是否还需要"满足自己变态性刺激"的特定动机（或倾向）。如果要求这种主观动机，由于甲男只有贬损名誉的动机，没有满足自己性刺激的动机，则本题的答案应是B选项侮辱罪。如果不要求这种主观动机，则本题答案应是A选项强制猥亵、侮辱罪（同时触犯侮辱罪，系想象竞合，强制猥亵、侮辱罪更为特殊）。应当认为，强制猥亵、侮辱罪不是动机犯（倾向犯），故本题案正确答案为A选项。C选项，我国刑法没有此罪名；D选项，诽谤罪的行为是捏造事实，不选。

（3）注意：《刑法修正案（九）》已将该罪罪名修正为强制猥亵、侮辱罪，将对象修正为包括男性在内的"他人"。

考点七　非法拘禁罪

1. 韩某在向张某催要赌债无果的情况下，纠集好友把张某挟持至韩家，并给张家打电话，声称如果再不还钱，就砍掉张某一只手。则韩某的行为[1]（2004/2/1）

A. 构成非法拘禁罪　　　　　　　　　　B. 构成绑架罪
C. 构成非法拘禁罪和绑架罪的想象竞合犯　D. 构成敲诈勒索罪

【解析】（1）行为人韩某为索取赌债该法律不予保护的债务，而非法扣押、拘禁张某，根据刑法第238条第3款、《最高人民法院关于对为索取法律不予保护的债务非法拘禁他人行为如何定罪问题的解释》规定，构成非法拘禁罪，系索债型的非法拘禁。

（2）韩某客观上实施了绑架行为，并且以严重暴力威胁家属（"砍掉张某一只手"）；但因其主观上仅有索债目的，而无勒赎目的，不构成绑架罪，只构成非法拘禁罪。

（3）韩某客观上实施了敲诈行为，但因其主观上仅有索债目的，而无非法占有目的，也不构成敲诈勒索罪。

（4）因只构成非法拘禁罪一罪，不存在想象竞合犯的问题。

（5）在现在，还触犯第293条之一规定的催收非法债务罪。与非法拘禁罪的基本犯，择一重处，应以催收非法债务罪论处。

2. 甲为要回30万元赌债，将乙扣押，但2天后乙仍无还款意思。甲等5人将乙押到一处山崖上，对乙说："3天内让你家人送钱来，如今天不答应，就摔死你。"乙勉强说只有能力还5万元。甲刚说完"一分都不能少"，乙便跳崖。众人慌忙下山找乙，发现乙已坠亡。关于甲的行为定性，下列哪些选项是错误的？[2]（2014/2/59）

A. 属于绑架致使被绑架人死亡

B. 属于抢劫致人死亡

C. 属于不作为的故意杀人

D. 成立非法拘禁，但不属于非法拘禁致人死亡

【解析】本题考查非法拘禁罪、绑架罪、抢劫罪的区分，致人死亡的认定（因果关系）。

（1）甲等人为要回30万元赌债将乙扣押，根据刑法第238条第3款、《最高人民法院关于对为索取法律不予保护的债务非法拘禁他人行为如何定罪问题的解释》的规定，构成非法拘禁罪。

---

[1]　A　[2]　ABC

（2）甲等人客观上实施了绑架行为，并且恐吓乙逼迫其向家人要钱；但因其主观上仅有索债目的，而无勒赎目的，不构成绑架罪。因无非法占有目的，也不构成抢劫罪。A、B选项说法错误。

（3）对于乙死亡的结果，系其跳崖自杀，应归因于乙的跳崖自杀行为。甲等人未实施杀人的作为行为（题眼"众人慌忙下山找乙"，证明甲等人只是吓唬，没有杀乙的故意和行为）；因风险系乙创设，事发突然甲等人也无制止能力，甲等人也不构成不作为犯。乙的死亡结果与甲等人的非法拘禁行为之间没有因果关系，不属非法拘禁罪"致人死亡"。C选项说法错误。

（4）因乙的死亡结果与甲等人的非法拘禁行为之间没有因果关系，并且甲等人没有杀人故意，不属非法拘禁"使用暴力致人死亡"，甲等人不构成故意杀人罪。

（5）综上所述，对甲等人应以非法拘禁罪的基本犯论处。

（6）在现在，还触犯第293条之一规定的催收非法债务罪。与非法拘禁罪的基本犯，择一重处，应以催收非法债务罪论处。

3. 刑法第二百三十八条第1款与第2款分别规定："非法拘禁他人或者以其他方法非法剥夺他人人身自由的，处三年以下有期徒刑、拘役、管制或者剥夺政治权利。具有殴打、侮辱情节的，从重处罚。""犯前款罪，致人重伤的，处三年以上十年以下有期徒刑；致人死亡的，处十年以上有期徒刑。使用暴力致人伤残、死亡的，依照本法第二百三十四条、第二百三十二条的规定定罪处罚。"关于该条款的理解，下列哪些选项是正确的？[1]（2011/2/60）

A. 第1款所称"殴打、侮辱"属于法定量刑情节

B. 第2款所称"犯前款罪，致人重伤"属于结果加重犯

C. 非法拘禁致人重伤并具有侮辱情节的，适用第2款的规定，侮辱情节不再是法定的从重处罚情节

D. 第2款规定的"使用暴力致人伤残、死亡"，是指非法拘禁行为之外的暴力致人伤残、死亡

【解析】（1）"具有殴打、侮辱情节的，从重处罚"，是刑法第238条第1款明文规定的量刑情节，当然属于法定量刑情节。选项A正确。

（2）"犯前款罪，致人重伤"，指仍构成非法拘禁罪，而处更重刑罚，属于结果加重犯。选项B正确。

（3）"具有殴打、侮辱情节的，从重处罚"，适用于基本犯，也适用所有非法拘禁罪的结果加重犯、转化犯，只是应禁止对"殴打、侮辱情节"进行重复评价。非法拘禁致人重伤并具有侮辱情节的，不仅适用第2款的规定，构成非法拘禁罪（致人死亡）；而且侮辱情节没有被评价过，仍可作为从重情节，从重处罚。选项C说法错误。

（4）"使用暴力致人伤残、死亡"，转化为故意伤害罪、故意杀人罪。①基本原理是想象竞合的提示性规定，亦即在转化犯中，行为人对于伤害、死亡结果，主观上是故意心态（伤害故意、杀人故意）。②在实务层面，一般以暴力是否超出拘禁行为所需范围（一般如捆绑、关押、殴打等，最高限不能是轻伤）进行区分（推定规则）。③未使用超过拘禁行为本身范围的暴力（轻伤以下），推定为过失，构成结果加重犯。④使用了超出拘禁行为本身范围的暴力（轻伤及以上），推定为故意，认定为转化犯，构成故意伤害罪、故意杀人罪。但允许反证。故而，可认为"使用暴力致人伤残、死亡"，是指非法拘禁行为之外的暴力致人伤残、死亡。选项D说法正确。

---

[1]　ABD

考点八　绑架罪

1. 甲、乙合谋勒索丙的钱财。甲与丙及丙的儿子丁（17 岁）相识。某日下午，甲将丁邀到一家游乐场游玩，然后由乙向丙打电话。乙称丁被绑架，令丙赶快送 3 万元现金到约定地点，不许报警，否则杀害丁。丙担心儿子的生命而没有报警，下午 7 点左右准备了 3 万元后送往约定地点。乙取得钱后通知甲，甲随后与丁分手回家。下列罪名哪些不符合甲、乙的行为性质？[1]（2003/2/50）

 A. 绑架罪   B. 抢劫罪   C. 敲诈勒索罪   D. 非法拘禁罪

【解析】（1）绑架罪的成立要求行为人客观上实施了绑架行为（即拘禁、杀害、偷窃婴幼儿行为）。本案中，甲、乙并未实际扣押、控制丁，没有实施限制他人人身自由（丁 17 周岁）的行为，不构成非法拘禁罪，也不能构成绑架罪。

（2）甲、乙虚构扣押的虚假事实恐吓丙勒索财物，根据刑法第 274 条，触犯敲诈勒索罪。

（3）虚构事实骗取丙转移占有，根据刑法第 266 条，触犯诈骗罪。

（4）一行为触犯两罪，系想象竞合，应当择一重处。

2. 甲持刀将乙逼入深山中，让乙通知其母送钱赎人。乙担心其母心脏病发作，遂谎称开车撞人，需付五万元治疗费，其母信以为真。关于甲的行为性质，下列哪一选项是正确的？[2]（2010/2/16）

 A. 非法拘禁罪 B. 绑架罪   C. 抢劫罪   D. 诈骗罪

【解析】绑架罪与抢劫罪的区别在于：意图索财的对象（目的）不同，绑架罪是意图第三人勒赎（勒赎的目的），抢劫罪是意图向被控制人本人要钱（抢劫的故意）。

（1）甲实施扣押行为时，主观目的是"让乙通知其母送钱赎人"，即欲图直接向第三人勒赎，具有勒赎目的。根据刑法第 239 条，构成绑架罪。

（2）甲扣押乙，根据刑法第 238 条，可触犯非法拘禁罪，但系绑架手段行为，与绑架罪存在法条竞合关系，应以整体法绑架罪论处。

（3）甲主观上不具有当场劫财的抢劫故意，不构成抢劫罪。

（4）是乙向其母亲谎称需钱救人（紧急避险），甲对此未强迫、指使，并不知情，不能构成诈骗罪的间接正犯。

3. 甲使用暴力将乙扣押在某废弃的建筑物内，强行从乙身上搜出现金 3000 元和 1 张只有少量金额的信用卡，甲逼迫乙向该信用卡中打入人民币 10 万元。乙便给其妻子打电话，谎称自己开车撞伤他人，让其立即向自己的信用卡打入 10 万元救治伤员并赔偿。乙妻信以为真，便向乙的信用卡中打入 10 万元，被甲取走。甲在得款后将乙释放。对甲的行为应当按照下列哪一选项定罪？[3]（2006/2/14）

 A. 非法拘禁罪 B. 绑架罪   C. 抢劫罪   D. 抢劫罪和绑架罪

【解析】（1）甲对乙实施了扣押行为，但主观上没有向第三人勒赎的目的，不构成绑架罪。

（2）甲扣押乙时，意图是"甲逼迫乙向该信用卡中打钱"，说明目的是直接向被绑人取财，具有抢劫故意，根据刑法第 263 条，构成抢劫罪。

---

[1]　ABD　[2]　B　[3]　C

（3）甲扣押乙，根据刑法第238条，可触犯非法拘禁罪，但系抢劫罪的暴力手段，与抢劫罪存在法条竞合关系，应以整体法抢劫罪论处。

4. 甲、乙为劫取财物将在河边散步的丙杀死，当场取得丙随身携带的现金2000余元。甲、乙随后从丙携带的名片上得知丙是某公司总经理。两人经谋划后，按名片上的电话给丙的妻子丁打电话，声称丙已被绑架，丁必须于次日中午12点将10万元现金放在某处，否则杀害丙。丁立即报警，甲、乙被抓获。关于本案的处理，下列哪一种说法是正确的？[1]（2005/2/14）

A. 抢劫罪和绑架罪并罚

B. 以故意杀人罪、盗窃罪和绑架罪并罚

C. 以抢劫罪和敲诈勒索罪并罚

D. 以故意杀人罪、侵占罪和敲诈勒索罪并罚

【解析】本题考查行为与责任同时性原则。

（1）第一段行为，行为人甲、乙杀害被害人丙；①在实施杀害行为当时的目的是直接取财，而不是向第三人勒赎，因无勒赎目的，不构成绑架罪；②具有抢劫故意，根据刑法第263条，构成抢劫罪。③以杀人为手段抢劫，致丙死亡，属抢劫罪致人死亡，系结果加重犯。

（2）第二段行为，在杀害丙之后，才另起犯意向丙妻勒索。①主观上虽有勒索目的；但由于被害人已经死亡，行为人没有实施拘禁、杀害、偷窃婴幼儿的绑架行为，没有真实地绑架被害人，不构成绑架罪。②虚构绑架的虚假事实恐吓丙妻勒索财物，根据刑法第274条，触犯敲诈勒索罪。③虚构事实骗取丙妻转移占有，根据刑法第266条，触犯诈骗罪。④一行为触犯两罪，系想象竞合，应当择一重处。

（3）因此，行为人的前后两部分行为分别构成抢劫罪和敲诈勒索罪（与诈骗罪想象竞合），应当数罪并罚。故选C项。

5. 甲在一豪宅院外将一个正在玩耍的男孩（3岁）骗走，意图勒索钱财，但孩子说不清自己家里的联系方式，无法进行勒索。甲怕时间长了被发现，于是将孩子带至异地以4000元卖掉。对甲应当如何处理？[2]（2005/2/17）

A. 以绑架罪与拐卖儿童罪的牵连犯从一重处断

B. 以绑架罪一罪处罚

C. 以拐卖儿童罪一罪处罚

D. 以绑架罪与拐卖儿童罪并罚

【解析】（1）甲以勒索钱财为目的绑架男孩，根据刑法第239条，构成绑架罪。

（2）绑架的既遂标准通说认为是控制住人质（或杀害），已经控制了小孩，绑架罪已经既遂。

（3）之后，甲另起出卖幼儿以换取身价的出卖犯意，并着手实施绑架、贩卖行为，根据刑法第240条，构成拐卖儿童罪。系犯罪既遂。

（4）两罪之间没有手段与目的关系，也不是"伪造后诈骗"的情况，不是牵连犯，应当数罪并罚。

（5）如果案情是：起初即以出卖为目的实施绑架（拘禁），触犯非法拘禁罪、拐卖儿童罪，是法条竞合，应以整体法拐卖儿童罪一罪论处。本案案情不是如此。

6. 以下选项中，属于绑架罪中的"杀害被绑架人"的是[3]（2020/客/1/仿26）

A. 甲绑架被害人乙，用毛巾塞住乙嘴，不小心窒息致乙死亡

B. 甲绑架被害人乙，获得赎金后释放乙。乙走出三公里后，甲开车逃走时不慎将乙撞死

C. 甲绑架被害人乙，故意重伤乙，乙因重伤导致死亡

D. 甲在绑架乙过程中，为了制止乙反抗，将乙杀死

【解析】考查绑架罪加重犯中的"杀害被绑架人"。"杀害被绑架人"是指在绑架之时、之中、之后，故意杀害被绑架人。

选项A，属绑架中过失致死，属想象竞合，应当择一重处。

选项B，属绑架之后，交通肇事过失致人死亡，应当数罪并罚。

选项C，属"绑架中故意伤害致人死亡"，虽也是结果加重犯，但不属"杀害被绑架人"。

选项D，属"杀害被绑架人"。

7. 为谋财绑架他人的，在下列哪一种情形下不应当判处死刑？[1]（2009/2/8）

A. 甲绑架并伤害被绑架人致其残疾的

B. 乙杀死人质后隐瞒事实真相向人质亲友勒索赎金10万元的

C. 丙绑架人质后害怕罪行败露杀人灭口的

D. 丁控制人质时因捆绑太紧过失致被害人死亡的

【解析】考查绑架罪的结果加重犯。

（1）现行刑法第239条第2款（《刑法修正案（九）》修正）规定：犯绑架罪，"杀害被绑架人的，或者故意伤害被绑架人，致人重伤、死亡的，处无期徒刑或者死刑，并处没收财产"。A选项认定为绑架罪一罪（故意重伤），B选项认定绑架罪一罪（故意杀害），C选项认定绑架罪一罪（故意杀害），这三个选项都是绑架罪的结果加重犯，都"处无期徒刑或者死刑"，有可能判处死刑，但不一定判处死刑。而D选项认定为绑架罪、过失致人死亡罪，系想象竞合犯，以重罪绑架罪（基本犯）论处，法定最高刑为无期徒刑，一定不会判处死刑。

（2）在考试当年，原刑法第239条第2款规定，犯绑架罪，致使被绑架人死亡或者杀害被绑架人的，处死刑，并处没收财产。这里的"致使被绑架人死亡"指过失致死，"杀害被绑架人"一般指故意杀死。A选项，为故意伤害（重伤），认定为绑架罪（基本犯）、故意伤害罪，两罪并罚；B选项，杀人后勒赎，仍定绑架罪一罪，属杀害被绑架人，处死刑；C选项，绑架后杀人的，也定绑架罪一罪，处死刑；D选项，过失致死，属致使被绑架人死亡，处死刑。故BCD均应判处死刑，而A选项不一定判处死刑。

8. 甲为勒索财物，打算绑架富商之子吴某（5岁）。甲欺骗乙、丙说："富商欠我100万元不还，你们帮我扣押其子，成功后给你们每人10万元。"乙、丙将吴某扣押，但甲无法联系上富商，未能进行勒索。三天后，甲让乙、丙将吴某释放。吴某一人在回家路上溺水身亡。关于本案，下列哪一选项是正确的？[2]（2016/2/15）

A. 甲、乙、丙构成绑架罪的共同犯罪，但对乙、丙只能适用非法拘禁罪的法定刑

B. 甲未能实施勒索行为，属绑架未遂；甲主动让乙、丙放人，属绑架中止

C. 吴某的死亡结果应归责于甲的行为，甲成立绑架致人死亡的结果加重犯

D. 不管甲是绑架未遂、绑架中止还是绑架既遂，乙、丙均成立犯罪既遂

【解析】本题考查绑架罪，非法拘禁罪，共同犯罪，中止、既未遂认定

（一）乙、丙

1. 乙、丙客观上将吴某扣押，主观具索债故意，根据刑法第238条第3款，构成非法拘禁罪，系索债型的非法拘禁，属正犯。

---

[1] D（当年正确答案为A）　[2] D

2. 乙、丙已扣押控制住吴某，构成非法拘禁罪既遂。既遂之后不成立中止。D选项说法正确。

3. 乙、丙主观上没有勒赎目的，不构成绑架罪。A选项，乙、丙不构成绑架罪，错误。

4. 吴某一人在回家路上溺水身亡，本人不小心应负主要责任，与乙、丙实施的拘禁行为，没有因果关系，乙、丙不构成非法拘禁罪致人死亡。

（二）甲

1. 甲教唆乙、丙实施非法拘禁，根据刑法第238、29条，构成非法拘禁罪的教唆犯。三人在非法拘禁的范围内成立共同犯罪。A选项错误。

2. 甲以勒赎为目的，欺骗乙、丙，支配利用勒赎的乙、丙扣押吴某，根据刑法第239条，构成绑架罪，系间接正犯。

3. 绑架罪的既遂标准是控制住人身或杀害（通说），甲构成绑架罪既遂。既遂之后不成立中止。B选项错误。

4. 甲触犯非法拘禁罪的教唆犯、绑架罪的间接正犯，系法条竞合，以整体法绑架罪一罪论处。

5. 吴某一人在回家路上溺水身亡，与甲实施的绑架行为、非法拘禁的教唆行为，没有因果关系，吴某该死亡结果不承担刑事责任。此外，《刑法修正（九）》生效之后，绑架的结果加重犯中再也没有"致人死亡"这一项。C选项错误。

考点九 拐卖妇女、儿童罪；拐骗儿童罪；收买被拐卖的妇女、儿童罪

一、拐卖妇女、儿童罪

1. 关于拐卖妇女、儿童罪，下列选项说法正确的是？[1]（2021/客/卷一/仿13）

A. 一农家女不想在农村生活，在街上大喊卖身救母，甲出价50万买下。甲构成拐卖妇女罪

B. 乙以出卖为目的将妇女李某骗至外地，后卖不出去，无奈将李某放回。乙构成拐卖妇女罪

C. 丙以出卖为目的将妇女张某带往外地，后打消出卖念头与之共同生活。丙构成拐卖妇女罪

D. 陈某系15岁少女，丁误以为陈某是不满14岁的男童而带至外地出卖。因丁欠缺拐卖妇女故意，不成立拐卖妇女罪

【解析】本题考查拐卖妇女、儿童犯罪。根据刑法第240条第2款的规定：拐卖妇女、儿童是指以出卖为目的，有拐骗、绑架、收买、贩卖、接送、中转妇女、儿童的行为之一的。亦即，客观上有六种行为之一，主观上具有出卖目的。

选项A，甲尽管客观上有收买行为，但主观没有出卖目的，不构成拐卖妇女罪。问题是：能否构成收买被拐卖的妇女罪？因该女自己卖自己，没有"被"拐卖，对象不符合，故甲也不构成收买"被"拐卖的妇女罪。

选项B，客观上有拐骗行为，主观上具有出卖目的，构成拐卖妇女罪；拐骗行为完成，系犯罪既遂。后段放回行为，无需评价。

_____

[1] BC

选项 C，同前述选项 C。后段共同生活行为，无需评价。

选项 D，客观上实施了拐卖妇女的行为，主观上系对象错误、具体错误，仍具有拐卖妇女、儿童罪的故意；客观主观相统一，构成拐卖妇女罪。

2. 甲以出卖为目的，将乙女拐骗至外地后关押于一地下室，并曾强奸乙女。甲在寻找买主的过程中因形迹可疑被他人告发。国家机关工作人员前往解救时。甲的朋友丙却聚众阻碍国家机关工作人员的解救行为。对本案应如何处理？[1] (2002/2/46)

A. 对甲的行为以拐卖妇女罪论处

B. 由于甲尚未出卖乙女，对拐卖妇女罪应认定为犯罪未遂

C. 对丙应以聚众阻碍解救被收买的妇女罪论处

D. 对丙应以拐卖妇女罪的共犯论处

【解析】（一）甲

1. 以出卖为目的拐骗妇女，根据刑法第 240 条，构成拐卖妇女罪，故 A 选项当选。

2. 拐卖妇女罪的既遂标准，为实行拐骗、绑架、收买、贩卖、接送、中转妇女行为完毕并使妇女被控制。本案已构成既遂，故 B 选项不选。

3. 拐卖中强奸的，认定为拐卖罪一罪，系拐卖妇女罪的加重犯。

（二）丙

1. 刑法第 242 条第 2 款规定的聚众阻碍解救被收买的妇女罪，法条表述为"被收买的妇女"。本案情形妇女尚未卖出，为"被拐卖的妇女"，不属"被收买的妇女"。故而聚众的首要分子丙的行为不构成聚众阻碍解救被收买的妇女罪，选项 C 不选。

2. 虽然没有参与甲之前的拐卖行为，但丙明知甲有拐卖行为，在甲的拐卖妇女行为尚未实施终了之前，事中加入，帮助甲控制妇女实施拐卖行为，根据刑法第 240、27 条，属于承继的共同犯罪，因此选项 D 正确。

3. 甲于某日晨在路边捡回一名弃婴，抚养了 3 个月后，声称是自己的亲生儿子，以 3000 元卖给乙。如何认定甲的行为？[2] (2002/2/8)

A. 甲的行为构成遗弃罪　　　　　　　　B. 甲的行为构成拐骗儿童罪

C. 甲的行为构成诈骗罪　　　　　　　　D. 甲的行为构成拐卖儿童罪

【解析】《两高一部和全国妇联关于打击拐卖妇女儿童犯罪有关问题的通知》第四部分："出卖亲生子女的，由公安机关依法没收非法所得，并处以罚款；以营利为目的的，出卖不满十四周岁子女，情节恶劣的，借收养名义拐卖儿童的，以及出卖拾捡儿童的，均应以拐卖儿童罪追究刑事责任。"故本题应选 D 项。

4. 李某以出卖为目的偷盗一名男童，得手后因未找到买主，就产生了自己抚养的想法。在抚养过程中，因男童日夜啼哭，李某便将男童送回家中。关于李某的行为，下列哪些选项是错误的？[3] (2007/2/55)

A. 构成拐卖儿童罪　　　　　　　　　　B. 构成拐骗儿童罪

C. 属于拐卖儿童罪未遂　　　　　　　　D. 属于拐骗儿童罪中止

【解析】（1）第一段行为，李某在实施偷盗男童行为时，主观上具有出卖目的，根据刑法第 240 条，构成拐卖儿童罪。

（2）根据刑法第 240 条第 2 款，拐卖儿童罪不以出卖为既遂标准，而以六种拐的行为完成为既遂，故李某的拐（偷盗儿童）行为已完成，构成犯罪既遂。

---

[1] AD　[2] D　[3] BCD

（3）在得手之后又改变为抚养目的，由于之前的偷盗男童行为已被评价为拐卖儿童行为，根据禁止重复评价的原理，不能再被评价为拐骗儿童行为，李某之后的行为只能被认定非法收养行为，不能认定拐骗儿童罪。

（4）从理论上讲，拐卖儿童罪与拐骗儿童罪实际上是基本法与补充法的偏一竞合关系，对于同一行为，首先应考虑是否成立拐卖儿童罪；只有在不成立拐卖儿童罪的情况下，才考虑成立拐骗儿童罪。

（5）李某将男童送回家的行为，由于发生在拐卖儿童罪既遂之后，只能被认定为悔罪行为，而不属未遂或中止（不能将此与收买被拐卖的儿童罪的责任从宽事由记混）。

5. 甲拐骗了5名儿童，偷盗了2名婴儿，并准备全部卖往A地。在运送过程中甲因害怕他们哭闹，给他们注射了麻醉药。由于麻醉药过量，致使2名婴儿死亡，5名儿童处于严重昏迷状态，后经救治康复。对甲的行为应以何罪论处？[1]（2004/2/82）

A. 拐卖儿童罪　　　　　　　　　　B. 拐骗儿童罪
C. 过失致人死亡罪　　　　　　　　D. 绑架罪

【解析】（1）以出卖的目的拐骗儿童、偷盗婴儿，构成拐卖儿童罪。（2）由于麻醉药过量而致使被拐婴幼儿死亡，触犯过失致人死亡罪。（3）在罪数上，系拐卖儿童罪的结果加重犯"造成被拐卖的儿童死亡"。以拐卖儿童罪一罪论处，对于过失致死，不再单独定罪。

6. 甲得知乙一直在拐卖妇女，便对乙说，"我的表弟丙没有老婆，你有合适的就告诉我一下。"不久，乙将拐骗的两名妇女带到甲家，甲与丙将其中一名妇女买下给丙做妻。关于本案，下列哪一选项是错误的？[2]（2008/2/13）

A. 乙构成拐卖妇女罪　　　　　　　B. 甲构成拐卖妇女罪的共犯
C. 甲构成收买被拐卖的妇女罪　　　D. 丙构成收买被拐卖的妇女罪

【解析】本题除了考查拐卖妇女罪、收买被拐卖的妇女罪，还考查对合犯与共同犯罪的问题。

对合犯一般只按刑法分则规定承担责任和罪名，不再依照总则认定为帮助犯、教唆犯。（1）本案中，乙一直在拐卖妇女，本来就有拐卖的故意，故甲并未造意，不构成拐卖妇女罪的教唆犯。（2）问题在于甲是否构成拐卖妇女罪的帮助犯？由于本案属对合犯情形，对合犯一般只按刑法分则规定的责任范围承担责任。本案中甲和丙成立收买被拐卖妇女罪，按分则规定的对合行为以收买被拐卖妇女罪追究责任。不能再按刑法总则认定乙构成拐卖妇女罪帮助犯。

7. 甲欲绑架女大学生乙卖往外地，乙强烈反抗，甲将乙打成重伤，并多次对乙实施强制猥亵行为。甲尚未将乙卖出便被公安人员抓获。关于甲行为的定性和处罚，下列哪些判断是错误的？[3]（2010/2/61）

A. 构成绑架罪、故意伤害罪与强制猥亵、侮辱罪（原为强制猥亵、侮辱妇女罪），实行并罚

B. 构成拐卖妇女罪、故意伤害罪、强制猥亵、侮辱罪（原为强制猥亵、侮辱妇女罪），实行并罚

C. 构成拐卖妇女罪、强制猥亵、侮辱罪（原为强制猥亵、侮辱妇女罪），实行并罚

D. 构成拐卖妇女罪、强制猥亵、侮辱罪（原为强制猥亵、侮辱妇女罪），实行并罚，但由于尚未出卖，对拐卖妇女罪应适用未遂犯的规定

---

[1]　A　[2]　B　[3]　ABD

【解析】（1）对于题中的"绑架"，根据刑法第240条第2款，拐卖妇女、儿童是指以出卖为目的，有拐骗、绑架、收买、贩卖、接送、中转妇女、儿童的行为之一的，这里的"绑架"亦即控制人身的行为是拐卖妇女罪的实行行为，不是指"绑架罪"。虽触犯非法拘禁罪，但与拐卖妇女罪是部分法与整体法的法条竞合关系，以整体法拐卖妇女罪论处。

（2）对于强制猥亵行为，根据《最高人民法院、最高人民检察院、公安部、司法部关于依法惩治拐卖妇女儿童犯罪的意见》第25条，拐卖妇女、儿童，又对被拐卖的妇女、儿童实施故意杀害、伤害、猥亵、侮辱等行为，构成其他犯罪的，依照数罪并罚的规定处罚，故应另定强制猥亵罪（原为强制猥亵妇女罪）。

（3）对于题中的"打成重伤"应当理解为过失致人重伤。根据刑法第240条第7项的规定，拐卖妇女过程中造成被拐卖的妇女重伤的，认定为拐卖妇女罪的加重犯，而不数罪并罚。对于这里的"造成重伤"，《最高人民法院、最高人民检察院关于执行〈全国人民代表大会常务委员会关于严惩拐卖、绑架妇女、儿童的犯罪分子的决定〉的若干问题的解答》第4条，"指由于犯罪分子拐卖妇女、儿童的行为，直接、间接造成被拐卖的妇女、儿童或者其亲属重伤、死亡或者其他严重后果的。例如：由于犯罪分子采取拘禁、捆绑、虐待等手段，致使被害人重伤、死亡或者造成其他严重后果的"，本案属于拐卖手段行为的压制反抗而重伤，由于题干中没有明文写明"故意伤害"，故认定为"致被拐卖的妇女重伤"，即拐卖妇女罪的加重犯，而不再另定故意伤害罪。（如果是故意伤害致人重伤，应当数罪并罚）。

（4）综上，对甲以拐卖妇女罪（致被拐卖的妇女重伤）、强制猥亵罪（原为强制猥亵妇女罪）两罪并罚。选项A、B错误。

（5）拐卖妇女罪是侵犯人身自由和人格尊严的犯罪，"卖"是主观目的要素（出卖的目的），而不是客观行为要素，本罪以实行行为即拐骗、绑架、收买、贩卖、接送、中转妇女的阶段行为实施完毕为既遂标准，不以卖出为既遂标准。本案中甲已实施完毕绑架行为，被害妇女人身已被控制，故对拐卖妇女罪成立既遂，选项D错误。

二、拐骗儿童罪

8. 甲以从事杂技表演的名义欺骗多名农村儿童。儿童均信以为真，便随甲进城。甲将这些儿童带至大城市，利用儿童从事乞讨活动。其间，甲曾与儿童的家属电话联系，称小孩生活得很好。关于本案，下列哪一选项是正确的？[1]（2008延/2/14）

    A. 甲的行为构成组织儿童乞讨罪

    B. 甲的行为构成拐骗儿童罪

    C. 甲的行为构成诈骗罪

    D. 甲的行为征得了儿童家长的同意，不成立犯罪

【解析】（1）甲拐骗不满14周岁的未成年人，脱离家庭或者监护人，根据刑法第262条的规定，构成拐骗儿童罪。

（2）根据刑法第262条之一的规定，以暴力、胁迫手段组织不满14周岁的未成年人乞讨的，构成组织儿童乞讨罪。甲未对儿童使用暴力或者胁迫手段，故不构成组织儿童乞讨罪。

（3）关于被害人承诺。①由于拐骗儿童罪保护的是监护关系，被害人（监护人）承诺可以阻却本罪的违法性。如经儿童家庭或者监护人同意，带离儿童不能构成拐骗儿童罪。②由于儿童本人没有认识能力，其本人的同意属无承诺能力人的承诺。③在本案中，甲在实施拐骗行为之前或之时，并未征得儿童家长的同意，不符合被害人承诺的时间条件（发生在行为实施完

---

〔1〕 B

毕之前）。并且，甲并未告诉儿童家长儿童的真实情况，虚构关键事实骗取他人的承诺无效。故不能以被害人承诺（监护人代为承诺）阻却其拐骗行为的违法性，行为人仍构成拐骗儿童罪。

（4）诈骗罪的对象是财物和财产性利益，本案拐骗对象是儿童，故不成立诈骗罪。

三、收买被拐卖的妇女、儿童罪

9. 赵某拖欠张某和郭某6000多元的打工报酬一直不付。张某与郭某商定后，将赵某15岁的女儿甲骗到外地扣留，以迫使赵某支付报酬。在此期间（共21天），张、郭多次打电话让赵某支付报酬，但赵某仍以种种理由拒不支付。张、郭遂决定将甲卖给他人。在张某外出寻找买主期间，郭某奸淫了甲。张某找到了买主陈某后，张、郭二人以6000元将甲卖给了陈某。陈某欲与甲结为夫妇，遭到甲的拒绝。陈某为防甲逃走，便将甲反锁在房间里一月余。陈某后来觉得甲年纪小、太可怜，便放甲返回家乡。陈某找到张某要求退回6000元钱。张某拒绝退还，陈某便于深夜将张某的一辆价值4000元的摩托车骑走。【问题】根据上述案情，分析张某、郭某、陈某的刑事责任。（2003/4/1）

【解析】

（一）张某构成非法拘禁罪、拐卖妇女罪（基本犯）。

1. 张某、郭某为索取打工报酬非法剥夺甲的人身自由，根据刑法第238条第3款的规定，构成非法拘禁罪。系索取债务型的非法拘禁。

2. 张某、郭某另起犯意，以出卖为目的，绑架、贩卖15岁的妇女甲，根据刑法第240条第2款的规定，构成拐卖妇女罪。

3. 张某对郭某强奸妇女甲并不知情，没有强奸的共同行为，也无强奸的共同故意，对此行为不负责，不属拐卖中强奸，应以拐卖妇女罪的基本犯论处。

（二）郭某构成非法拘禁罪、拐卖妇女罪（奸淫被拐卖的妇女）。

1. 郭某构成非法拘禁罪、拐卖妇女罪的理由同上，与张某系共同犯罪。

2. 在张某外出寻找买主期间，郭某单独奸淫了甲，触犯强奸罪。根据刑法第240条第1款第3项规定，奸淫被拐卖的妇女的，是拐卖妇女罪的加重犯。

（三）陈某构成收买被拐卖的妇女罪、非法拘禁罪、盗窃罪。

1. 陈某不以出卖为目的收买甲，根据刑法第241条，构成收买被拐卖的妇女罪。

2. 在从宽事由上，陈某自愿将甲放回家，根据刑法第241条第6款的规定，按照被买妇女的意愿，不阻碍其返回原居住地的，对于其所犯收买被拐卖的妇女罪可以从轻或者减轻处罚。（当年考试需答"可以不追究刑事责任"，2015年以后答"可以从轻或者减轻处罚"）。

3. 陈某将甲反锁在房间里一个多月，根据刑法第238条的规定，构成非法拘禁罪。

4. 在罪数上，依据刑法第241条的规定，应当以收买被拐卖的妇女罪、非法拘禁罪数罪并罚。

5. 对于陈某将张某摩托车骑走的行为，客观上秘密窃取他人财物，系盗窃行为。问题在于陈某主观上以要求退回6000元钱为由盗窃，是否具有非法占有目的？因盗窃罪是针对个别财产之罪，而不是针对整体财产之罪，故而陈某主观上对于摩托车该个别财产具有非法占有目的，根据刑法第264条，构成盗窃罪。

2. 甲花4万元收买被拐卖妇女周某做智障儿子的妻子，周某不从，伺机逃走。甲为避免人财两空，以3万元将周某出卖（事实一）。乙收买周某，欲与周某成为夫妻，周某不从，乙多次暴力强行与周某发生性关系（事实二）。（2011/2/88～89）

（1）关于事实一的定性，下列选项正确的是[1]

A. 甲行为应以收买被拐卖的妇女罪与拐卖妇女罪实行并罚

B. 甲虽然实施了收买与拐卖二个行为，但由于二个行为具有牵连关系，对甲仅以拐卖妇女罪论处

C. 甲虽然实施了收买与拐卖二个行为，但根据刑法的特别规定，对甲仅以拐卖妇女罪论处

D. 由于收买与拐卖行为侵犯的客体相同，而且拐卖妇女罪的法定刑较重，对甲行为仅以拐卖妇女罪论处，也能做到罪刑相适应

（2）关于事实二的定性，下列选项错误的是[2]

A. 乙行为成立收买被拐卖的妇女罪与强奸罪，应当实行并罚

B. 乙行为仅成立收买被拐卖的妇女罪，因乙将周某当作妻子，故周某不能成为乙的强奸对象

C. 乙行为仅成立收买被拐卖的妇女罪，因乙将周某当作妻子，故缺乏强奸罪的故意

D. 乙行为仅成立强奸罪，因乙收买周某就是为了使周某成为妻子，故收买行为是强奸罪的预备行为

·【解析】（1）收买后又出卖，按刑法第241条第5款的规定，以拐卖妇女罪一罪论处。A、B选项错误，C、D选项正确。

（2）收买后又强奸的，按刑法第241条第4款的规定，数罪并罚。

考点十　诬告陷害罪

1. 下列哪种情形构成诬告陷害罪？[3]（2007/2/13）

A. 甲为了得到提拔，便捏造同事曹某包养情人并匿名举报，使曹某失去晋升机会

B. 乙捏造"文某明知王某是实施恐怖活动的人而向其提供资金"的事实，并向公安部门举报

C. 丙捏造同事贾某受贿10万元的事实，并写成500份传单在县城的大街小巷张贴

D. 丁匿名举报单位领导王某贪污救灾款50万元。事后查明，王某只贪污了救灾款5000元

【解析】A选项，诬告陷害罪要求捏造的是犯罪事实，本选项中甲捏造的不是犯罪事实。不构成诬告陷害罪。

B选项，乙捏造的是资助恐怖活动罪的犯罪事实，也向司法机关进行了告发。构成诬告陷害罪。

C选项，诬告陷害罪要求向司法机关告发，丙虽然捏造了犯罪事实，但未向有关机关告发，不足以引发刑事追诉，应为诽谤罪。不构成诬告陷害罪。

D选项，诬告陷害罪要求行为人有陷害他人的意图，亦即诬告无罪之人有罪。本选项中违法犯罪事实客观存在，丁告发时只是犯罪数额不确切，不能认定为"捏造犯罪事实"，只是举报失实。不构成诬告陷害罪。

2. 关于诬告陷害罪的认定，下列哪一选项是正确的（不考虑情节）？[4]（2017/2/16）

---

[1]　CD　[2]　BCD　[3]　B　[4]　C

A. 意图使他人受刑事追究，向司法机关诬告他人介绍卖淫的，不仅触犯诬告陷害罪，而且触犯侮辱罪

B. 法官明知被告人系被诬告，仍判决被告人有罪的，法官不仅触犯徇私枉法罪，而且触犯诬告陷害罪

C. 诬告陷害罪虽是侵犯公民人身权利的犯罪，但诬告企业犯逃税罪的，也能追究其诬告陷害罪的刑事责任【也可以使自然人受刑事追究】

D. 15 周岁的人不对盗窃负刑事责任，故诬告 15 周岁的人犯盗窃罪的，不能追究行为人诬告陷害罪的刑事责任

【解析】A 选项，仅触犯诬告陷害罪。侮辱罪的构成要求"公然侮辱他人"，亦即要求面对不特定多数人，使被害人的客观名誉受损。本选项中行为人只向司法机关诬告，不属"公然侮辱他人"，不能触犯侮辱罪。本选项说法错误。

B 选项，仅触犯徇私枉法罪。诬告陷害罪的成立，需"捏造事实诬告陷害他人"，即实施向有关机关虚假告发的行为。本选项中行为人仅只是利用了本人职权来陷害他人，而未实施诬告行为，不能触犯诬告陷害罪。本选项说法错误。

C 选项，诬告陷害罪保护的法益是公民人身权利，不包括单位权益；但是，诬告企业犯逃税罪，也可以使自然人（主管人员、责任人员）受刑事追究，故能追究诬告陷害罪的刑事责任。本选项说法正确。

D 选项，（1）15 周岁的人虽不对盗窃负刑事责任，但是，根据刑法第 17 条第 5 款："因不满十六周岁不予刑事处罚的，责令他的家长或者监护人加以管教；在必要的时候，也可以由政府收容教养。"15 周岁的人如被认定实施了盗窃不法行为，也会承担非刑罚的法律责任。（2）刑法第 243 条（诬告陷害罪）中的"刑事追究"，应当解释为包括非刑罚的法律责任在内。故而本选项可以构成诬告陷害罪。本选项说法错误。

3. 甲在公交车上发现自己的钱包被偷了，怀疑是旁边的乙干的，为了抓住乙，就偷偷把自己的手机放到乙的口袋，然后报警说乙偷了他的手机。警察抓了乙。后来，甲才发现偷自己的钱包的不是乙，可是害怕捏造事实要被抓，就没有说出真相，导致乙被判盗窃罪，被判有期徒刑一年。则关于甲的行为认定，以下说法正确的有[1]（2020/客/1/仿27）

A. 甲知道真相后应当纠正没有纠正，构成诬告陷害罪

B. 不管甲主观上是否具有故意，出于何种动机和目的，对于犯罪结果都没有影响，甲构成诬告陷害罪

C. 甲实施诬告陷害罪的实行行为，从发现不是乙偷钱包但没有澄清时开始

D. 甲不是有意诬陷，而是错告，或者检举失实的，不构成犯罪

【解析】考查不作为、诬告陷害罪。

（1）前半段，甲客观上虽实施虚假告发的作为行为，但主观上没有故意，不构成诬告陷害罪。（2）后半段，因先前行为引起了纠正错误的作为义务，能够履行而不履行，造成危害结果，主观上对结果具有故意，构成不作为的诬告陷害罪。（3）不作为的实行行为，从实施不履行行为开始。

4. 甲杀丙后潜逃。为干扰侦查，甲打电话让乙将一把未留有指纹的斧头粘上丙的鲜血放到现场。乙照办后报案称，自己看到"凶手"杀害了丙，并描述了与甲相貌特征完全不同的"凶手"情况，导致公安机关长期未将甲列为嫌疑人。关于本案，下列哪一选项是错误的？[2]

（2016/2/20）

A. 乙将未留有指纹的斧头放到现场，成立帮助伪造证据罪

B. 对乙伪造证据的行为，甲不负刑事责任

C. 乙捏造事实诬告陷害他人，成立诬告陷害罪

D. 乙向公安机关虚假描述"凶手"的相貌特征，成立包庇罪

【解析】（1）对于乙，实施了伪造物证的行为，构成帮助伪造证据罪；实施了虚假描述行为，构成包庇罪，应当两罪并罚。（2）对于甲而言，本犯因欠缺期待可能性，不能构成帮助伪造证据罪、包庇罪的教唆犯。（3）乙没有诬告陷害具体个人，不构成诬告陷害罪。

考点十一　侮辱罪；诽谤罪

关于侮辱罪与诽谤罪的论述，下列哪一选项是正确的？[1]（2013/2/16）

A. 为寻求刺激在车站扒光妇女衣服，引起他人围观的，触犯强制猥亵、侮辱妇女罪（现为强制猥亵、侮辱罪），未触犯侮辱罪

B. 为报复妇女，在大街上边打妇女边骂"狐狸精"，情节严重的，应以侮辱罪论处，不以诽谤罪论处

C. 捏造他人强奸妇女的犯罪事实，向公安局和媒体告发，意图使他人受刑事追究，情节严重的，触犯诬告陷害罪，未触犯诽谤罪

D. 侮辱罪、诽谤罪属于亲告罪，未经当事人告诉，一律不得追究被告人的刑事责任

【解析】A选项，扒光妇女衣服，侵害他人性尊严，无论有无"满足自己变态性刺激"的特定倾向或动机，都成立强制猥亵、侮辱罪。由此手段贬损他人名誉，也触犯了侮辱罪。系想象竞合，因二罪法定刑相同，而强制猥亵、侮辱罪更为特殊，最终强制猥亵、侮辱罪定罪处罚。"未触犯侮辱罪"说法不当。

B选项，骂"狐狸精"是辱骂，不是捏造事实，只构成侮辱罪，不构成诽谤罪。

C选项，同时触犯两罪，由于是分别向公安局和媒体告发，是两行为不是一行为，不是想象竞合犯，可构成两罪，应当数罪并罚。"未触犯诽谤罪"说法不当。

D选项，侮辱罪、诽谤罪，一般情况亲告；严重危害社会秩序和国家利益的，无需亲告。"一律"二字有误。

考点十二　刑讯逼供罪；暴力取证罪；虐待被监管人罪

1. 关于刑讯逼供罪的认定，下列哪些选项是错误的？[2]（2012/2/60）

A. 甲系机关保卫处长，采用多日不让小偷睡觉的方式，迫其承认偷盗事实。甲构成刑讯逼供罪

B. 乙系教师，受聘为法院人民陪审员，因庭审时被告人刘某气焰嚣张，乙气愤不过，一拳致其轻伤。乙不构成刑讯逼供罪

C. 丙系检察官，为逼取口供殴打犯罪嫌疑人郭某，致其重伤。对丙应以刑讯逼供罪论处

---

[1]　B　[2]　ACD

D. 丁系警察，讯问时佯装要实施酷刑，犯罪嫌疑人因害怕承认犯罪事实。丁构成刑讯逼供罪

【解析】A选项，"机关保卫处长"不属司法工作人员，不符合刑讯逼供罪的主体身份，不构成该罪。

B选项，人民陪审员属司法工作人员，但打人的动机是"气愤不过"，没有逼供口供的目的，不构成刑讯逼供罪，构成故意伤害罪。

C选项，"致其重伤"，根据刑法第247条，转化为故意伤害罪。

D选项，"佯装要实施酷刑"，实际上没有实施肉刑，不符合"刑讯"行为要素，不构成刑讯逼供罪。

2. 某派出所民警甲接到关于某旅店老板乙涉嫌组织卖淫的举报，即前往该旅店，但没有碰见乙，便将怀疑是卖淫女的服务员丙带回派出所连夜审讯，要她交代从事卖淫以及乙组织卖淫活动的事。由于丙拒不承认有这些事，甲便指使其他民警对丙进行多次殴打逼其交代，丙于次日晨死于审讯室。法医出具的尸检报告称："因受外力击打造成下肢大面积皮下出血，引起患有心脏功能障碍的丙心力衰竭而死。"对于甲的行为，下列说法正确的是？[1]（2005/2/92）

A. 属于刑讯逼供行为　　　　　　　B. 属于暴力取证行为
C. 应按故意杀人罪处罚　　　　　　D. 属于意外事件，不负刑事责任

【解析】（1）刑讯逼供罪的犯罪对象是犯罪嫌疑人、被告人，暴力取证罪的对象是证人（包含被害人）。本案中，因卖淫不是犯罪，只是行政违法，丙不是刑事诉讼中的犯罪嫌疑人、被告人。而是被民警甲当作告发乙组织卖淫罪的证人，故甲殴打丙逼其交代乙犯罪事实的行为系暴力取证行为，所以B选项正确，A选项错误。

（2）根据刑法第247条的规定，暴力逼取证人证言，致人死亡的，依照故意杀人罪定罪并从重处罚。甲对丙的殴打导致丙死亡，依法应该按照故意杀人罪定罪处罚，所以C选项正确。

考点十三　虐待罪；遗弃罪；虐待被监护、看护人罪

甲与乙（女）2012年开始同居，生有一子丙。甲、乙虽未办理结婚登记，但以夫妻名义自居，周围群众公认二人是夫妻。对甲的行为，下列哪些分析是正确的？[2]（2015/2/62）

A. 甲长期虐待乙的，构成虐待罪
B. 甲伤害丙（致丙轻伤）时，乙不阻止的，乙构成不作为的故意伤害罪
C. 甲如与丁（女）领取结婚证后，不再与乙同居，也不抚养丙的，可能构成遗弃罪
D. 甲如与丁领取结婚证后，不再与乙同居，某日采用暴力强行与乙性交的，构成强奸罪

【解析】本题考查虐待罪、遗弃罪、婚内强奸。具体涉及刑法中的"婚姻"的认定，虐待罪的对象，不作为义务的判断，遗弃罪的对象，婚内强奸中"婚"的认定。

（1）以共同生活目的长期同居，以夫妻名义自居，周围群众公认是夫妻的，在刑法上称为"事实婚姻"；在民法上认为不存在合法婚姻关系，不认为有婚姻关系。重婚罪中的重婚行为（即犯罪行为）可以是"事实婚姻"行为，但刑法从不承认"事实婚姻"是合法婚姻。

（2）但是，刑法中很多罪名的构成涉及的关系，并不仅是合法的婚姻关系。

A选项，根据刑法第260条，虐待罪的对象是"家庭成员"，并不限于基于合法婚姻而形

---

〔1〕　BC　〔2〕　ABCD

成的家庭成员关系；还包括其它共同长期生活而形成的"家庭成员"关系。因二人生有丙，甲与丙长期共同生活，是"家庭成员"关系；甲与丙的母亲乙如长期共同生活，必然也是"家庭成员"关系，故而可构成虐待罪。

B选项，①乙是丙的母亲，在法律上具有救助义务；他人侵害丙时，乙能阻止而不阻止，可构成不作为犯。②如果乙一出手制止，丙十有八九不会被伤害，则乙是故意伤害罪的正犯。③如果乙制止，丙被伤害的难度增大，则乙构成甲故意伤害罪的片面帮助犯。

C选项，①根据刑法第261条，遗弃罪的对象是"年老、年幼、患病或者其他没有独立生活能力的人"，主体是对这些人"负有扶养义务的人"，并不限于基于合法婚姻而形成的扶养义务。丙是甲的儿子，如属没有独立生活能力的人，当然具有扶养义务，拒不扶养可构成遗弃罪。②之前甲与乙婚姻系事实婚姻关系，在甲与丁（女）登记婚后，之前的事实婚自然终了，之后的登记婚有效，甲不构成重婚罪。

D选项，甲和乙之间没有合法的婚姻关系，如非经乙同意，强行与乙性交的，不属"婚内强奸"，构成强奸罪。即使有合法婚姻关系的"婚内强奸"，如婚姻关系不正常，也可构成强奸罪。

考点十四　重婚罪；破坏军婚罪

A在有配偶（B女，生活在外地）的情况下，长期与C女共同生活，并生有一子（周围群众均认为A与C为夫妻关系）。关于A与C共同生活的行为，下列哪些说法是错误的？[1]（2002/2/81部分）

A. 法律不承认事实婚姻，所以，A不成立重婚罪

B. 事实婚姻是无效的，所以，A不成立重婚罪

C. A与C女属于同居而非事实婚姻，所以，A不成立重婚罪

D. 重婚罪侵犯的是配偶权，如果B女同意，则A不成立重婚罪

【解析】（1）在重婚罪中，需要区分被保护的合法"婚姻"，与作为犯罪行为"重婚行为"。重婚罪保护的法益是合法婚姻（登记婚姻），不保护事实婚姻（没有登记的非法婚姻）。重婚的情况包括：法律婚＋法律婚、法律婚＋事实婚两种情况。这也就是说，事实婚姻本身不受法律保护，故侵害事实婚姻的，不能构成重婚罪。但是，事实婚姻行为，可以成为侵害法律婚姻的危害行为，刑法并不要求犯罪行为必须形式上是合法行为。（2）本案A与C女以共同生活的目的长期同居，且周围群众也认为是夫妻，应认定为事实婚。（3）前有法律婚后有事实婚，A的事实婚行为构成重婚罪。（4）重婚罪不是亲告罪，保护的法益是合法婚姻秩序，而不是配偶权。故四个选项均不正确。

考点十五　强迫劳动罪；雇用童工从事危重劳动罪

1. 关于侵犯人身权利犯罪的说法，下列哪些选项是错误的？[2]（2008/2/61）

A. 私营矿主甲以限制人身自由的方法强迫农民工从事危重矿井作业，并雇用打手对农民

工进行殴打，致多人伤残。甲的行为构成非法拘禁罪与故意伤害罪，应当实行并罚

B. 砖窑主乙长期非法雇佣多名不满 16 周岁的未成年人从事超强度体力劳动，并严重忽视生产作业安全，致使一名未成年人因堆砌的成品砖倒塌而被砸死。对乙的行为应以雇用童工从事危重劳动罪从重处罚

C. 丙以介绍高薪工作的名义从外地将多名成年男性农民工骗至砖窑主王某的砖窑场，以每人 1000 元的价格卖给王某从事强迫劳动。由于刑法仅规定了拐卖妇女、儿童罪，所以，对于丙的行为，无法以犯罪论处

D. 拘留所的监管人员对被监管人进行体罚虐待，致人死亡的，以故意杀人罪论处，不实行数罪并罚

【解析】A 选项，（1）采取限制人身自由的方法强迫他人劳动的，构成强迫劳动罪，这也就是说，"限制自由的手段"可以被包容在强迫劳动罪中，形成部分法与整体法的法条竞合。如按文义，剥夺人身自由的行为不能被包容在强迫劳动罪中，可认为是想象竞合，择一重处；两罪法定刑一样时，以目的行为强迫劳动罪论处。（2）但本案行为人对工人进行暴力殴打致多人伤残，根据刑法规定，非法拘禁使用暴力致人伤残的，转化为故意伤害（重伤）罪。（3）此时，故意伤害（重伤）已不能被强迫劳动罪包容。（4）如果伤害行为与强迫行为为同一行为，则为想象竞合，认定为强迫劳动罪、故意伤害（重伤）罪择一重处。

B 选项，根据刑法第 244 条之一第 2 款的规定，雇佣童工从事危重劳动，又造成事故构成其他犯罪的，数罪并罚，所以对乙应该以雇佣童工从事危重劳动罪和重大责任事故罪并罚。

C 选项，丙的行为，拐卖的男子，虽不构成拐卖妇女、儿童罪；但可构成强迫劳动罪（第 244 条第 2 款，明知他人实施强迫劳动行为，为其招募、运送人员或者有其他协助强迫他人劳动行为），或者非法拘禁罪。

D 选项，根据刑法第 248 条第 2 款规定，监狱、拘留所、看守所等监管机构的监管人员对被监管人进行殴打或者体罚虐待，致人死亡的，按照故意杀人罪从重处罚，只定一罪，不实行并罚。

2. 甲承包经营某矿井采矿业务。甲为了降低采矿成本，提高开采量，便动员当地矿工和村民将子女带到矿井上班，并许诺给他们的子女以高工资。矿工和村民纷纷将他们的子女带到矿井上班，从事井下采矿作业，其中有二十余人为 10~16 周岁的未成年人。后因甲所承诺的高工资未兑现，二十余名童工表示不想再干，要求离开矿井。甲不同意，并在矿井周围布上电铁丝网，雇用数十名守卫，禁止所有的矿工包括这二十余名童工离开矿井，强制他们为其采矿，其中一名年约 12 岁的童工因体质瘦弱而累死在井下。甲的行为构成何罪？[1]（2003/2/46）

A. 非法拘禁罪   B. 强迫劳动罪

C. 雇用童工从事危重劳动罪   D. 重大责任事故罪

【解析】（1）构成雇用童工从事危重劳动罪，只要行为人实施了雇用行为即可。因该罪保护的是儿童，故未成年人及其监护人的承诺不能阻却行为的违法性。甲构成雇用童工从事危重劳动罪。

（2）强迫劳动罪的对象是"他人"，既包括合法用工，也包括非法用工（童工），故甲对强制矿工和童工采矿的行为构成强迫劳动罪。

（3）强迫劳动罪中可以包容限制自由型的手段，故对于限制自由的手段即使触犯非法拘禁罪，不再单独定罪，只认定为强迫劳动罪。一般认为是整体法与部分法的法条竞合，应按整

---

[1] BC

体法强迫劳动罪定罪。如为剥夺人身自由，则可认为是想象竞合，择一重处，以目的行为强迫劳动罪论处。故不选 A 选项。

（4）雇用童工从事危重劳动罪，造成事故，又构成其他犯罪的，依照数罪并罚的规定处罚。本案中存在一起 12 岁的童工因体质瘦弱而累死在井下的事故，造成此事故的原因是童工因体质瘦弱累死，而并非违反具体的安全管理规定，或者安全生产设施或条件不符合规定造成，甲的行为不成立重大责任事故罪，或者重大劳动安全事故罪，故不能数罪并罚，故 D 选项不当选。这与 2008/2/61 - B 案情不同。

考点十六　侵犯通信自由罪；私自开拆、隐匿、毁弃邮件、电报罪

甲任邮政中心信函分拣组长期间，先后 3 次将各地退回信函数万封（约 500 公斤），以每公斤 0.4 元的价格卖给废品收购站，所得款项占为己有。关于本案，下列哪一选项是正确的？[1]（2010/2/18）

A. 退回的信函不属于信件，甲的行为不成立侵犯通信自由罪

B. 退回的信函虽属于信件，但甲没有实施隐匿、毁弃与开拆行为，故不成立侵犯通信自由罪

C. 退回的信函处于邮政中心的管理过程中，属于公共财物，甲的行为成立贪污罪

D. 退回的信函被当作废品出卖也属于毁弃邮件，甲的行为成立私自毁弃邮件罪

【解析】主要问题是对该罪中"邮件"以及"毁弃"的解释。

（1）根据刑法第 253 条，邮政工作人员私自开拆或者隐匿、毁弃邮件、电报的，构成私自开拆、隐匿、毁弃邮件、电报罪，该罪保护的法益为公民的通信自由权，故而，只要涉及通信自由的邮件、电报，均可认定为该罪的对象。退回的信函，按照邮政规则，应当寄回给寄信人或者妥善保管，在符合法律规定的条件时才能弃置，随意处分就可能侵犯寄信人的通信自由，故对其应认定为"信件"。故选项 A 错误。

（2）"毁弃"的含义包括了使权利不能使用的内容，将信件卖给废品收购站，废品收购会作为废品处理，使得寄信人无法利用其信件，可认定为"毁弃"。故选项 B 错误，选项 D 正确。

（3）对于选项 C，根据刑法第 253 条第 2 款，邮政工作人员通过私自开拆、隐匿、毁弃邮件、电报行为而窃取财物的，都认定为盗窃罪，而不是贪污罪。比照此项规定，通过出售信函而获得对价，更不能认定为贪污罪。原理在于，刑法将邮政工作人员此利用行为认为是劳务而不是公务。况且，本案数额为 200 元，未达贪污罪、盗窃罪的定罪数额。

考点十七　侵犯公民个人信息罪

1. 下列哪些行为构成侵犯公民个人信息罪（不考虑情节）？[2]（2017/2/59）

A. 甲长期用高倍望远镜偷窥邻居的日常生活

B. 乙将单位数据库中病人的姓名、血型、DNA 等资料，卖给某生物制药公司

---

[1] D　[2] BC

C. 丙将捡到的几本通讯簿在网上卖给他人，通讯簿被他人用于电信诈骗犯罪

D. 丁将收藏的多封50年代的信封（上有收件人姓名、单位或住址等信息）高价转让他人

【解析】本题考查侵犯公民个人信息罪以及相关司法解释。

A选项，考查"个人信息"的含义，根据《最高人民法院、最高人民检察院关于办理侵犯公民个人信息刑事案件适用法律若干问题的解释》（法释〔2017〕10号）第1条的规定，"公民个人信息，是指以电子或者其他方式记录的能够单独或者与其他信息结合识别特定自然人身份或者反映特定自然人活动情况的各种信息，包括姓名、身份证件号码、通信通讯联系方式、住址、账号密码、财产状况、行踪轨迹等"。本选项的日常生活场景，没有"信息"载体，不属"个人信息"，不构成本罪，系民事侵权行为。本选项不当选。

B选项，属于刑法第253条之一第2款规定的"在履行职责或者提供服务过程中获得的公民个人信息，出售或者提供给他人的"。本选项当选。

C选项，捡到通讯簿的行为，虽不属于非法获取；但是，在网上出售的行为属于非法提供。依据是前述司法解释第3条第2款的规定"未经被收集者同意，将合法收集的公民个人信息向他人提供的，也属于非法'提供公民个人信息'的行为"。本选项当选。

D选项，"50年代的信封"上的个人信息，不属于有效的个人信息；并且，出售者在出售时也没有侵犯公民个人信息罪的故意。本选项不当选。

2. 杨某非法获取上千条公民个人信息，并将公民头像照片制作成3D头像以通过人脸识别认证，进而用这些信息注册支付宝账号，冒充新用户获取支付宝邀请注册新用户的红包奖励，共计获利2万余元。关于本案处理，以下选项说法正确的是？[1]（2020/客/1/仿28）

A. 公安机关初查阶段从支付宝公司提取的账号注册信息，需要在立案后重新提取才可以作为定案证据

B. 杨某构成侵犯公民个人信息罪和诈骗罪，两罪是牵连犯，法院应当择一重罪处理

C. 支付宝公司可以通过附带民事诉讼要求杨某返还红包奖励

D. 对于杨某用于储存3D头像的U盘，公安机关应当扣押，封存并随案移送

【解析】考查侵犯公民个人信息罪、牵连犯、刑事诉讼法。

选项A，根据最高法、最高检、公安部《关于电子数据收集提取判断的规定》第6条的规定：初查过程中收集、提取的电子数据，以及通过网络在线提取的电子数据，可以作为证据使用。

选项B，（1）非法获取公民个人信息，触犯侵犯公民个人信息罪；（2）冒充新用户骗取支付宝奖励，触犯诈骗罪。（3）在罪数方面，牵连犯一般模型是伪造后再诈骗、获取信息后再伪造、骗领或获取信用卡信息后信用卡诈骗。本案是获取信息后直接诈骗，可以类比：获取信用卡信息后，再信用卡诈骗，可认定为牵连犯。应当择一重处。

选项C，根据最高法《关于刑事附带民事诉讼范围问题的规定》，只有因人身权利受到犯罪侵犯而遭受物质损失或者财物被犯罪分子毁坏而遭受物质损失的，这两种情况可以提起附带民事诉讼。显然诈骗案中，被骗的钱不属于上述两种情况。这种情况属于犯罪分子非法占有、处置被害人财产而使其遭受物质损失，人民法院应当依法予以追缴或者责令退赔。

选项D，犯罪嫌疑人刘某主要通过手机微信实施诈骗行为，该手机作为微信登录、使用的介质载体，在诈骗中发挥了重要作用，应当认定为犯罪工具依法扣押，并随案移送。

---

[1] BD

考点十八 本章综合题

1. 关于侵犯公民人身权利罪的认定，下列哪些选项是正确的？[1]（2016/2/58）

A. 甲征得17周岁的夏某同意，摘其一个肾脏后卖给他人，所获3万元全部交给夏某。甲的行为构成故意伤害罪

B. 乙将自己1岁的女儿出卖，获利6万元用于赌博。对乙出卖女儿的行为，应以遗弃罪追究刑事责任

C. 丙为索债将吴某绑于地下室。吴某挣脱后，驾车离开途中发生交通事故死亡。丙的行为不属于非法拘禁致人死亡

D. 丁和朋友为寻求刺激，在大街上追逐、拦截两位女生。丁的行为构成强制侮辱罪

【解析】A选项，考查人体器官犯罪。第234条之一第2款中句，"摘取不满十八周岁的人的器官"，构成故意伤害罪。

B选项，《最高人民法院、最高人民检察院、公安部、司法部关于依法惩治拐卖妇女儿童犯罪的意见》第五部分第16条，"以非法获利为目的，出卖亲生子女的，应当以拐卖妇女、儿童罪论处。"

C选项，为索债而绑架他人，根据刑法第238条第3款，构成非法拘禁罪。死亡结果应归责于吴某本人，而与丙的非法拘禁没有因果关系，不构成非法拘禁致人死亡，只构成基本犯。

D选项，"追逐、拦截"不属"强制侮辱"行为，不构成强制侮辱罪。属于第293条第2款的"追逐、拦截、辱骂、恐吓他人，情节恶劣的"，构成寻衅滋事罪。

2. 关于侵犯公民人身权利的犯罪，下列哪一选项是正确的？[2]（2017/2/15）

A. 甲对家庭成员负有扶养义务而拒绝扶养，故意造成家庭成员死亡。甲不构成遗弃罪，成立不作为的故意杀人罪

B. 乙闯入银行营业厅挟持客户王某，以杀害王某相要挟，迫使银行职员交给自己20万元。乙不构成抢劫罪，仅成立绑架罪

C. 丙为报复周某，花5000元路费将周某12岁的孩子带至外地，以2000元的价格卖给他人。丙虽无获利目的，也构成拐卖儿童罪

D. 丁明知工厂主熊某强迫工人劳动，仍招募苏某等人前往熊某工厂做工。丁未亲自强迫苏某等人劳动，不构成强迫劳动罪

【解析】A选项，本选项考查遗弃罪与不作为故意杀人罪的区分。（1）两罪之间的区分，除了要求故意杀人罪要求行为人主观上对于死亡结果具有故意以外，还要求行为人客观上实施了故意杀人行为，即支配他人生命的行为。亦即，客观上遗弃行为与杀人行为存在区分。（2）如果行为人在客观上仅实施了拒绝扶养行为，对于生命不具支配性，只能认定为遗弃行为，而不能认定为杀人行为；即使其主观上对于死亡具有故意，也只能构成遗弃罪，而不能成立故意杀人罪。故本选项说法错误。

B选项，乙对王某实施暴力威胁，强迫近在咫尺的他人当场交钱，符合当场暴力（抢）、当场取财（劫）的特征，可触犯抢劫罪。同时，其客观上实施了控制王某的绑架行为，主观上意图以杀害王某为要挟来向第三人索取财物，具有勒赎目的，可触犯绑架罪。可认为是两罪的想象竞合。本选项称"不构成抢劫罪，仅成立绑架罪"，说法错误。

C 选项，本选项考查拐卖儿童罪中的"出卖目的"。"出卖目的"指"换钱"目的，即将儿童当商品出售换取钱财；而不是"挣钱"目的，并不需要获利。本选项行为人尽管"亏了"，但仍将儿童卖了钱，具有"出卖目的"，可构成拐卖儿童罪，说法正确。

D 选项，刑法第 244 条（强迫劳动罪）第 2 款规定："明知他人实施前款行为，为其招募、运送人员或者有其他协助强迫他人劳动行为的，依照前款的规定处罚"。丁虽然亲自实施，不构成正犯，但可构成帮助犯。本选项说法错误。

3. 关于侵犯人身权利罪，下列哪些选项是错误的?[1]（2013/2/59）

A. 医生甲征得乙（15 周岁）同意，将其肾脏摘出后移植给乙的叔叔丙。甲的行为不成立故意伤害罪

B. 丈夫甲拒绝扶养因吸毒而缺乏生活能力的妻子乙，致乙死亡。因吸毒行为违法，乙的死亡只能由其本人负责，甲的行为不成立遗弃罪

C. 乙盗窃甲价值 4000 余元财物，甲向派出所报案被拒后，向县公安局告发乙抢劫价值 4000 余元财物。公安局立案后查明了乙的盗窃事实。对甲的行为不应以诬告陷害罪论处

D. 成年妇女甲与 13 周岁男孩乙性交，因性交不属于猥亵行为，甲的行为不成立猥亵儿童罪

【解析】 A 选项，根据刑法第 234 条之一第 2 款，摘取不满 18 周岁的人的器官，即使经其本人同意，承诺无效，构成故意伤害罪。

B 选项，妻子乙的风险无论由谁造成，保护人丈夫甲均需履行扶养义务。能履行而不履行，可构成遗弃罪。

C 选项，诬告陷害罪的成立要求行为人的目的是"意图陷害他人"，即意图将无罪之人陷害为有罪。乙客观实施有盗窃罪，并非无罪之人。甲告发乙的基本犯罪事实（盗窃）存在，只不过夸张了程度，目的是使公安机关立案，是控告有罪之人有罪。主观上并没有"意图陷害他人"的目的，不构成诬告陷害罪。但有可能涉嫌伪证罪。

D 选项，猥亵儿童罪中"猥亵"，包括与男童发生性关系。"猥亵"与"奸淫"并不是对立关系，"奸淫"是最严重的"猥亵"，"猥亵"可包容"奸淫"。甲可成立猥亵儿童罪。

4. 关于侵犯人身权利罪的论述，下列哪一选项是错误的?[2]（2012/2/17）

A. 强行与卖淫幼女发生性关系，事后给幼女 500 元的，构成强奸罪

B. 使用暴力强迫单位职工以外的其他人员在采石场劳动的，构成强迫劳动罪

C. 雇用 16 周岁未成年人从事高空、井下作业的，构成雇用童工从事危重劳动罪

D. 收留流浪儿童后，因儿童不听话将其出卖的，构成拐卖儿童罪

【解析】 A 选项，(1) 强行与卖淫幼女发生性关系不属嫖宿幼女行为，构成强奸罪。(2) 当然在现在，《刑法修正案（九）》已废除了嫖宿幼女罪，即使是嫖宿幼女的行为，也一律认定为强奸罪。

B 选项，强迫劳动罪的对象不再限于"职工"，而是"他人"。

C 选项，此选项中的"16 周岁"，意指已满 16 周岁。未满 16 周岁，才认为是刑法中的"童工"。雇用已满 16 周岁未成年人从事危重劳动，不构成犯罪。

D 选项，以营利为目的出卖亲生子女都构成拐卖儿童罪，出卖流浪儿童更可构成拐卖儿童罪。法条依据是《两高一部和全国妇联关于打击拐卖妇女儿童犯罪有关问题的通知》第四部分："出卖不满十四周岁子女，情节恶劣的，借收养名义拐卖儿童的，以及出卖拾捡儿童的，均应以拐卖儿童罪追究刑事责任。"

---

[1] ABD [2] C

专题十九　侵犯财产罪（分则第五章）

他人占有	8 种他人占有：直接支配（近在咫尺或短暂离开），支配领域内，推知事实支配，临时占有，封缄物，上位占有人，存款的占有归银行，死者遗物、祭葬品、陪葬品
非法占有目的	非法所有目的；机动车解释
抢劫罪/抢夺罪	1. 抢（对原占有人暴力）、劫（当场取财）＋同时抢劫故意＝抢劫罪。2. 盗窃、诈骗、抢夺实行行为＋当场暴力＋三种目的＝转化型抢劫。3. 携凶（禁止器械，为犯罪而携带的器械）抢夺，定抢劫。4. 家庭住所＋非法入户＋户内暴力＝入户抢劫。致死：过失、故意均可。真枪＋显露＝持枪。真军警抢劫，不属冒充军警人员抢劫，基本犯内从重
敲诈勒索罪	与抢劫罪区分；与民事权利纠纷区分；与诈骗罪想象竞合
盗窃罪	1. 盗窃他人占有（占有效力更高），如法院扣押、质押权人质押物，是盗窃。2. 扒窃：公共场所、随身携带（触手可及）。3. 盗窃既遂：小宗物品握在手里，大宗物品移出控制区域
诈骗罪	1. 骗人：有处分权（转移占有权）人；2. 骗取处分行为：转移占有（放弃占有），处分意识（认识到转移占有事实，财物性质、数量）。3. 与盗窃罪区分：被骗人有无放弃占有、有无处分意识。4. 与盗窃罪间接正犯区分：被骗人有无转移占有权
侵占罪	对象：脱离占有物。与盗窃罪区分：对象是他人占有，还是脱离他人占有；主观故意。

考点一　侵犯财产罪概述

（一）认定复杂财产犯罪的方法

1. 甲、乙、丙等人经预谋后，从淘宝店购买了某品牌的最新款手机 30 部，收到手机后拆下手机主板，换上废旧主板，然后利用 7 天无条件退货规则，将手机退货，从店主处获得全额退款 8 万元。关于甲、乙、丙等人的行为性质，说法正确的有[1]（2020/客/1/32 仿）

A. 就手机主板构成盗窃罪　　　　　　　B. 就手机主板构成诈骗罪

C. 就退货款构成诈骗罪　　　　　　　　D. 就手机整体构成诈骗罪

【解析】考查财产犯罪的推理方法，盗窃罪与诈骗罪的区分。

---

[1] C

按财产犯罪四步推理法。（1）被害人是店主。（2）犯罪对象。在第一阶段，甲等人从淘宝店购买后，店主交付了手机、甲等人交付的货款，系合法交易。7 天无条件退货，只是商店售出之后的服务承诺，不能理解为店主保留手机所有权。手机的所有权转归甲等人，货款的所有权转归店主。店主不可能损失手机。在第二阶段，店主损失的是退货款。（3）占有状态。在甲等人退货之前，退货款归店主占有。（4）转移占有的手段。甲等人用换上废旧主板的手机，假冒全新手机，骗取店主退货款。根据刑法第 266 条，构成诈骗罪，对象为退货款 8 万元。

2. 甲网购了一部手机，趁快递点不注意在快递点直接拿走手机后，联系商家谎称未收到货。商家向甲全额退款，要求快递公司赔偿所有损失。关于甲的行为，下列说法正确的是[1]（2021/客/卷一/仿 14）

A. 甲对手机构成盗窃

B. 甲对退款构成诈骗

C. 甲对手机构成盗窃，对退款构成诈骗

D. 不论对手机或是退款，甲的行为整体构成诈骗

【解析】本题考查财产犯罪的推理方法"四步法"，以及民法中交付和占有的认定。

（1）四步法：被害人是快递公司，对象是手机，行为之前归快递公司占有；甲拿走时，原占有人快递公司并不知情，甲系秘密窃取的盗窃行为，根据刑法第 264 条，构成盗窃罪。（2）甲虽对商家实施隐瞒真相（谎称未收到货）的诈骗行为，也骗取了商家的全额退款；但是，商家可以从快递公司获得赔偿，因此，商家并没有损失，因此甲对商家并不构成诈骗罪。（3）本案的关键问题在于被害人（案件发生后财产损失者）和行为对象的确认，须结合民法认定。可根据案件前后"支出－收益"来计算损失，从而确定行为对象。甲：之前支付货款；之后得到货款返还、手机，多得到手机。商家：之前获得货款、支出手机；之后返还给甲货款、从快递公司获得损失赔偿，没有损失。快递公司：之前得到手机；之后丢失手机、因此赔偿损失，损失了手机。因此，甲多得手机、快递公司损失手机。（4）从物权转让的角度分析，根据《民法典》第 224 条"动产物权的设立和转让，自交付时发生效力，但是法律另有规定的除外。"第 604 条"标的物毁损、灭失的风险，在标的物交付之前由出卖人承担"。按照题意，本案所涉网购，在快递公司将货物交付给顾客之前，所有权仍归商家，占有权归快递公司，灭失风险归承运人快递公司。因此，甲从快递点偷偷拿走手机时，手机尚未交付，手机所有权、占有权都不归甲。甲盗窃了快递公司占有的手机。（5）类比：本题可以把行为人甲裂变成"两个甲"：偷手机的甲、正常网购的甲。"偷手机的甲"偷走了快递公司承运、应当交付给"正常网购的甲"的手机，构成盗窃罪；而"正常网购的甲"没到收到手机，得到了退款，不构成犯罪。

3. 菜贩刘某将蔬菜装入袋中，放在居民小区路旁长条桌上，写明"每袋 20 元，请将钱放在铁盒内"。然后，刘某去 3 公里外的市场卖菜。小区理发店的店员经常好奇地出来看看是否有人偷菜。甲数次公开拿走蔬菜时假装往铁盒里放钱。关于甲的行为定性（不考虑数额），下列哪一选项是正确的？[2]（2015/2/19）

A. 甲乘人不备，公然拿走刘某所有的蔬菜，构成抢夺罪

B. 蔬菜为经常出来查看的店员占有，甲构成盗窃罪

C. 甲假装放钱而实际未放钱，属诈骗行为，构成诈骗罪

D. 刘某虽距现场 3 公里，但仍占有蔬菜，甲构成盗窃罪

【解析】本题考查财物占有状态的认定，盗窃罪、抢夺罪、诈骗罪的区分。对于这种复杂财产犯罪，认定时可能按"四步法"来认定。第一步，确定被害人（以民法确权为基础）；刑法中对赃物可主张善意取得（不明知、无重大过失）。第二步，确定犯罪对象。第三步，确定犯罪对象（财物）的占有状态（他人占有 VS 脱离他人占有）。第四步，确定转移占有的手段（非法 VS 合法；何种非法手段）。

（1）本案的被害人是刘某，犯罪对象为蔬菜（而不是菜钱）。在财物占有状态的认定上：蔬菜放在居民小区路旁长条桌上，写明"每袋20元，请将钱放在铁盒内"，属于根据存在状态可以推知占有人的情况，尽管所有权人刘某不在现场，也应认为蔬菜归刘某占有。小区理发店的店员尽管经常出来查看，但未受委托照看蔬菜，也无占有意思，不能认为蔬菜为理发店员占有。

（2）关于财物转移占有的过程。构成抢夺罪要求行为人当着财物占有人的面公然夺走财物，本案中占有人不在现场，甲非法转移占有的行为，不符合抢夺罪的要件。

（3）构成诈骗罪要求行为人对有权处分人实施欺骗、骗取他人处分（转移占有），本案中甲并未对刘某实施欺骗，即使对他人如店员实施了欺骗，但欺骗的并非有权处分人，不构成诈骗罪。

（4）在原占有人刘某不知情的情况下拿走蔬菜，系秘密窃取行为，根据刑法第264条，构成盗窃罪。

4. 甲在某银行的存折上有4万元存款。某日，甲将存款全部取出，但由于银行职员乙工作失误，未将存折底卡销毁。半年后，甲又去该银行办理存储业务，乙对甲说："你的4万元存款已到期。"甲听后，灵机一动，对乙谎称存折丢失。乙为甲办理了挂失手续，甲取走4万元。甲的行为构成何罪？[1]（2008/2/14）

A. 侵占罪　　　　　　　　　　　B. 盗窃罪（间接正犯）

C. 诈骗罪　　　　　　　　　　　D. 金融凭证诈骗罪

【解析】第一、二步，确认被害人、犯罪对象。被害人是银行。关于犯罪对象：

（1）甲捏造存折丢失的事实，从银行骗走存折。由于根据司法解释，存折（财产凭证）只在盗窃、抢劫罪才属财物，在被诈骗时不属财物。故而不属诈骗财物，对此不构成诈骗罪。

（2）银行职员乙工作失误在账户中误记数字。由于数字不是财物本身，不能认为行为人占有数字，就已经占有财物。故而不能以"合法占有，非法所有"认定行为人构成侵占罪。

（3）真正的犯罪对象是银行的4万元。

第三步，确认对象的占有状态。虽然甲的账户中误记数字，但银行的4万元原归银行占有、所有。

第四步，确认转移占有的手段。

（1）行为人在占有数字之后，隐瞒存折上记载为假、没有对应的真实存款的事实，向银行取款骗取有处分财产的银行工作人员，让其将4万元转移占有，根据刑法第266条，构成诈骗罪。

（2）由于银行工作人员有转移占有权限，因此行为人构成诈骗罪的直接正犯，而不构成盗窃罪（间接正犯）。

（3）金融凭证诈骗罪的成立必须是使用伪造、变造的金融凭证进行诈骗活动。本案中甲使用的金融凭证是真实的，不能构成金融凭证诈骗罪。

---

[1]　C

5. 乙（16 周岁）进城打工，用人单位要求乙提供银行卡号以便发放工资。乙忘带身份证，借用老乡甲的身份证以甲的名义办理了银行卡。乙将银行卡号提供给用人单位后，请甲保管银行卡。数月后，甲持该卡到银行柜台办理密码挂失，取出 1 万余元现金，拒不退还。甲的行为构成下列哪一犯罪？[1]（2014/2/18）

A. 信用卡诈骗罪　　　　　　　　B. 诈骗罪

C. 盗窃罪（间接正犯）　　　　　D. 侵占罪

【解析】（1）本案中被害人是乙，犯罪对象是 1 万余元现金。

（2）乙在甲的银行卡存放工资，对于卡中工资，在实然层面，归银行占有；在应然层面，应然所有权属于乙。

（3）就转移占有的手段来看，1 万余元现金原归银行占有，由银行占有转归甲占有，是合法转移占有。因为，乙借用甲的身份证以甲的名义办理了银行卡，根据金融法，应当认定甲是合法持卡人，该银行卡为甲的银行卡。但甲是合法持卡人，合法持卡人持该卡到银行柜台办理密码挂失取出卡中现金，并不违反信用卡的使用规则，取出现金的行为不属违法转移占有，不构成盗窃、诈骗。

（4）甲取出现金合法占有、但非法所有，侵犯乙的所有权，其行为构成侵占罪。

（5）乙请甲保管银行卡，因甲是合法持卡人，其使用本人的银行卡并不属于"冒用他人信用卡"，不构成信用卡诈骗罪。

6. 甲是民营快递公司快递员每单可以提成运费 20%。甲遂让好友乙冒充高校领导，与快递公司签了快递协议，费用年结，一年 30 万元，甲由此获得奖金 6 万元。年底，公司催甲收快递费，甲无奈透支本人信用卡中 10 万元，付给公司，尚欠 20 万元。透支到期后，银行两次有效催收，超过三个月后，甲仍无法归还。则甲的行为[2]（2019/客/卷一/仿37）

A. 甲构成职务侵占罪　　　　　　B. 甲构成合同诈骗罪

C. 甲构成恶意透支型的信用卡诈骗罪　　D. 甲构成诈骗罪

【解析】（一）对于甲实施的第一段行为即欺骗快递公司的行为，按"财产犯罪四步推理法"（被害人－行为对象－占有状态－转移占有手段）进行推理。

1. 第一、二步，确定被害人和犯罪对象。（1）对于 30 万元快递费，从实质层面以及民法层面上（快递协议系无效协议），快递公司实际上并未提供快递服务，因此没有取得快递费的权利。甲支付给快递公司的 10 万元，系不当得利，应当归还给甲；也无继续索要剩余 20 万元的权利。此 30 万元（或 20 万元），不能认为是快递公司的损失。（2）对于奖金 6 万元，系快递公司损失的财物和对象。

2. 第三、四步，占有状态，以及转移占有的手段。（1）甲与乙勾结，通过签订虚假的快递协议，骗取快递公司 6 万元奖金，根据刑法第 266 条，构成诈骗罪。（2）甲不是该快递合同的当事人一方，且其犯罪对象即奖金并非该快递合同的货款或标的等。奖金的取得是根据公司奖励制度取得，而非通过签订、履行合同而直接获得。不符合合同诈骗罪的行为人、对象要求，不构成合同诈骗罪。（3）甲的职务是快递员，没有主管、管理、经营、经手的职权，其获得奖金没有利用快递员的职务便利，不构成职务侵占罪。

（二）对于甲实施的第二段行为即透支信用卡 10 万元的行为，根据刑法第 196 条第 1 款第 4 款、《最高人民法院、最高人民检察院关于办理妨害信用卡管理刑事案件具体应用法律若干问题的解释》（法释〔2018〕19 号修订）第 6 条第 3 款第 1 项：明知没有还款能力而大量透

---

[1]　　[2]　CD

支，无法归还的，认定具有非法占有目的，构成恶意透支型的信用卡诈骗罪。

（三）综上所述，对甲应以诈骗罪（6万元）、信用卡诈骗罪（10万元）两罪并罚。

7. 甲公司（老板为A某）和乙公司（老板为B某）一直有生意来往。在以前，甲公司的司机张某负责把货物运送到乙公司之后，乙公司就将货款当面交付张某，带回交给甲公司的老板A某。后来，张某从甲公司辞职，甲公司另行聘请李某为新的司机。但A某对新司机李某不太放心，就对李某说：你把货物运到乙公司之后，就不要带货款回来了，我让乙公司直接把货款汇到咱们公司的账户来。李某同意。但A某忘了跟乙公司的老板B某说明这一点。李某将货物运到乙公司后，就主动和乙公司的老板B某说：我们老板让我把货款带回去。由于以前一直是这样操作的，B某信以为真，将8万元货款交给了李某，李某获得该款后携款逃走。后案发。则李某的行为构成[1]（2018/客/卷一/20仿）

A. 职务侵占罪　　　　B. 诈骗罪　　　　C. 盗窃罪　　　　D. 侵占罪

【解析】本题是一道刑法、民法结合的题目。可按被害人、犯罪对象、占有状态、转移占有手段四步来推理罪名。

第一步，确定被害人。（1）从纯粹客观上讲，甲公司及其老板A某未委托或授权李某取回货款。乙公司及其老板B某将货款交付给李某，在交付货款上存在一定瑕疵，交付的对象客观上不是甲公司的合法代理人。（2）但是，乙公司可以主张李某系表见代理。根据民法规定：行为人没有代理权、超越代理权或者代理权终止后，仍然实施代理行为，相对人有理由相信行为人有代理权的，代理行为有效。根据"兴业银行广州分行与深圳市机场股份有限公司借款合同纠纷案"（《中华人民共和国最高人民法院公报》2009年第11期，最高人民法院[2008]民二终字第124号民事判决书）的裁判要旨：行为人没有代理权、超越代理权或者代理权终止后仍以代理人名义订立合同，而善意相对人客观上有充分的理由相信行为人具有代理权的，该代理行为有效，被代理人应按照合同约定承担其与相对人之间的民事责任。（3）本案中，如果是原来的司机张某在代理权终止后继续收钱，是典型的表见代理。但是本案情况是新任司机，利用交付惯例而骗取货款；由于李某确实具有甲公司司机的身份，且确有将货款交付给司机的惯例，而甲公司内部规则变动后未及时通知乙公司，故而善意相对人乙公司客观上有充分的理由相信李某具有代理权的，可主张表见代理。（4）由此，案件发生后，乙公司在法律上视为已将货款交付给了甲公司，甲公司不能再向乙公司索要货款，只能向李某索要。故而，本案的被害人应认为是甲公司，而不是乙公司。

第二步，确定犯罪对象，系货款8万元。

第三步，在占有状态认定上，在李某实施欺骗行为之前，该8万元归乙公司占有。由于该收取货款行为属表见代理，在转移占有之后，货款事实上虽未直接归甲公司占有，而是归李某事实占有。但在法律上，该代理行为有效。因此，就乙公司而言，可以认为是交付给了甲公司的代理人。

第四步，确定转移占有的手段。从行为人李某的角度考查。（1）对于李某骗乙公司的行为，李某未获合法授权，谎称自己获得公司授权，使用欺骗手段，骗取乙公司交付货款。由于系表见代理，可认为被骗人乙公司具有交付货款的权限。故而，李某构成诈骗罪，系三角诈骗。（2）对于之后李某获得乙公司货款后又据为己有的行为，由于前行为已构成诈骗，后行为系事后不可罚。

最后，因为李某客观上没有收取货款的权限，故而不属于"利用职务便利"诈骗，不构

---

[1] B

成职务侵占罪。

本案可以类比于：无收取货款权限的人，骗取付款方交付货款；尽管付款方交付货款行为有效，但行为人仍可成立三角诈骗。也可类比于：行为人甲捡到公司印章后，向付款人谎称收款将货款据为己有。而不能类比为：付款方交付货款之后，收款人携款潜逃（职务侵占罪，或侵占罪）。

（二）他人占有的财物

8. 下列哪些行为属于盗窃？[1]（2010/2/62）

A. 甲穿过铁丝网从高尔夫球场内"拾得"大量高尔夫球

B. 甲在夜间翻入公园内，从公园水池中"捞得"旅客投掷的大量硬币

C. 甲在宾馆房间"拾得"前一顾客遗忘的笔记本电脑一台

D. 甲从一辆没有关好门的小轿车内"拿走"他人公文包

【疑难辨析】本题表面上考查盗窃罪的认定，实际上考查盗窃对象"他人占有"的财物的认定。盗窃罪的对象是他人占有的财物。刑法中的"他人占有"包括事实上占有、观念上占有。他人直接支配下的财物，他人的事实支配领域内的财物，根据存在状态可以推知由他人事实支配，都属他人占有；原占有者丧失了占有，但该财物被置于相对隔离的、他人（临时占有者）的事实支配领域内的，应认为转移为临时占有者占有；委托人（物主、原管理人）委托受托人（现管理人）管理的封缄物，对于封缄物内的物品，归受托人（现管理人）占有；辅助占有人非独立性的占有管理财物，财物仍在上位占有人事实支配领域内的，上位占有人占有效力更高。此外，死者的遗物、祭葬品，通常认为归继承人占有。

【解析】选项A，高尔夫球场内的高尔夫球，处于高尔夫球场的直接控制之下，应认定为"他人占有的财物"，系盗窃罪对象；秘密窃取转移占有，构成盗窃罪。

选项B，公园水池中旅客投掷的硬币，为旅客赠与公园的物品，不是无主物；虽公园为公共场所，但其水池中的硬币系特定场所的财物，应认定归公园控制占有，系"他人占有的财物"，系盗窃罪对象；秘密窃取转移占有，构成盗窃罪。

选项C，宾馆房间里的笔记本电脑，虽其主人已失去控制，但由于处于宾馆这种特定场所，应认为被临时代管人宾馆所控制、占有，系"他人占有的财物"，系盗窃罪对象；秘密窃取转移占有，构成盗窃罪。

选项D，公文包处于小轿车内，在车主的控制领域内，即使轿车未关好门，也认为归轿车车主控制、占有，系盗窃罪对象；秘密窃取转移占有，构成盗窃罪。

9. 下列哪些行为构成盗窃罪（不考虑数额）？[2]（2016/2/59）

A. 酒店服务员甲在帮客人拎包时，将包中的手机放入自己的口袋据为己有

B. 客人在小饭馆吃饭时，将手机放在收银台边上充电，请服务员乙帮忙照看。乙假意答应，却将手机据为己有

C. 旅客将行李放在托运柜台旁，到相距20余米的另一柜台问事时，机场清洁工丙将该行李拿走据为己有

D. 顾客购物时将车钥匙遗忘在收银台，收银员问是谁的，丁谎称是自己的，然后持该钥匙将顾客的车开走

【解析】A选项，物主近在咫尺，系他人直接支配下的财物，归物主占有，系盗窃罪对象，系盗窃罪对象；秘密窃取转移占有，构成盗窃罪。服务员甲虽帮人拎包，但并不独立占有，不

构成侵占。

B 选项，物主近在咫尺，系他人直接支配下的财物，物主占有。服务员乙虽帮忙照看，也认为占有，可认为是辅助占有人，但并不独立占有，不构成侵占。辅助占有人侵犯物主更高效力的占有；秘密窃取转移占有，构成盗窃罪。

C 选项，物主近在咫尺，系他人直接支配下的财物，系盗窃罪对象；秘密窃取转移占有，构成盗窃罪。不属脱离他人占有的财物，不构成侵占。

D 选项，本选项的犯罪对象应当理解为汽车而不是车钥匙。路边的汽车，无论主人在何处，是否有钥匙，根据存在状态推知他人占有，都认为是归车主占有。获取钥匙后趁车主不注意将汽车开走，对汽车构成盗窃。

10. 甲的下列哪些行为属于盗窃（不考虑数额）？[1]（2014/2/60）

A. 某大学的学生进食堂吃饭时习惯于用手机、钱包等物占座后，再去购买饭菜。甲将学生乙用于占座的钱包拿走

B. 乙进入面馆，将手机放在大厅 6 号桌的空位上，表示占座，然后到靠近窗户的地方看看有没有更合适的座位。在 7 号桌吃面的甲将手机拿走

C. 乙将手提箱忘在出租车的后备箱。后甲搭乘该出租车时，将自己的手提箱也放进后备箱，并在下车时将乙的手提箱一并拿走

D. 乙全家外出打工，委托邻居甲照看房屋。有人来村里购树，甲将乙家山头上的树谎称为自家的树，卖给购树人，得款 3 万元

【解析】A 选项，物主近在咫尺，暂时离开马上会回来，应认定财物归物主占有；相对于行为人而言是他人占有的财物，系盗窃罪对象；秘密窃取转移占有，构成盗窃罪。

B 选项，同 A 选项，物主近在咫尺，暂时离开马上会回来，应认定财物归物主占有；相对于行为人而言是他人占有的财物，系盗窃罪对象；秘密窃取转移占有，构成盗窃罪。

C 选项，物主将财物遗落在出租车内，物主丧失占有，但位于出租车司机控制的领域，归临时代管人出租车司机占有。相对于行为人而言是他人占有的财物，而不属无人占有的遗忘物，系盗窃罪对象；秘密窃取转移占有，构成盗窃罪。

D 选项，考查三角诈骗与盗窃罪间接正犯的区分。（1）对于 3 万元，甲虽谎称树主对购树人实施了欺骗行为，但购树人因善意取得而获得树木（刑法通说），没有财产损失，不能构成诈骗罪。（2）对于乙的树木，原在乙家山头上，归乙占有。①甲虽实施诈骗行为，但诈骗对象人是购树人，对于乙的树木没有转移占有的处分权限，不符合诈骗罪对象人的要求，不构成诈骗罪。②购树人客观实施了盗窃，主观上无盗窃故意，不构成盗窃罪；甲通过欺骗手段利用无过错的购树人，盗窃了乙的树木，根据刑法第 264 条，构成盗窃罪的间接正犯。

11. 关于侵占罪的认定（不考虑数额），下列哪些选项是错误的？[2]（2011/2/62）

A. 甲将他人停放在车棚内未上锁的自行车骑走卖掉。甲行为构成侵占罪

B. 乙下车取自己行李时将后备厢内乘客遗忘的行李箱一并拿走变卖。乙行为构成侵占罪

C. 丙在某大学食堂将学生用于占座的手机拿走卖掉。丙行为成立侵占罪

D. 丁受托为外出邻居看房，将邻居锁在柜里的手提电脑拿走变卖。丁行为成立侵占罪

【解析】本题考查表面上考查侵占罪，实际考查"他人占有的财物"的认定。盗窃罪的对象是"他人占有的财物"；侵占罪的对象是"脱离他人占有的财物"。

A 选项，车棚内未上锁的自行车，属根据存在状态可以推知由他人事实支配，系他人占有

的财物，系盗窃罪对象；秘密窃取转移占有，构成盗窃罪。

B选项，出租车后备厢内乘客遗忘的行李箱，物主虽失去占有，但由于落在出租车后备厢内，应归出租车司机临时占有，属原占有者丧失了占有但归临时占有人占有的情形，系他人（临时占有人）占有的财物，系盗窃罪对象；秘密窃取转移占有，构成盗窃罪。

C选项，学生用于占座的手机，物主近在咫尺、马上即归，属他人直接支配下的财物情形，系他人占有的财物，系盗窃罪对象；秘密窃取转移占有，构成盗窃罪。

D选项，电脑在邻居的屋子里，属他人的事实支配领域内的财物，仍归邻居占有，丁只是辅助占有人。辅助占有人侵犯物主更高效力的占有；秘密窃取转移占有，构成盗窃罪。

12. 某幼儿园班主任建立了一个班级群，用于与家长们交流并收取各种费用。某日，家长甲等人依惯例将总计5000元的伙食费以"发红包"的形式发到班级群，请班主任老师接收。班主任老师未及时接收，家长乙收取了该伙食费并退群。关于乙的行为性质，下列哪一说法是正确的？[1]（2021/客/卷一/仿15）

A. 抢夺罪　　　　　　B. 盗窃罪　　　　　　C. 诈骗罪　　　　　　D. 侵占罪

【解析】本题考查财产犯罪的推理方法、财物占有的认定、网络背景下财产犯罪的定性。

第一步，被害人。在乙实施本案行为之后，按"发红包"的规则，班主任老师尚未接收到钱款，其不是被害人；家长甲等人损失了"红包"里的钱款，系被害人。第二步，犯罪对象，为"红包"里的钱款。第三步，占有状态，在乙实施本案行为之前，归家长甲等人占有。第四步，转移占有的手段。按"发红包"的规则，接收人在点击接收到红包之前，发送人并不知情转移占有的情况（可类比于：发红包者先将现金放在某寄存柜台，让收款者来取；结果被行为人拿走）。行为人是在原占有人即发红包者不知情的情况下拿走其中钱款的，系秘密窃取的盗窃行为，根据刑法第264条，构成盗窃罪。

（三）非法占有（所有）目的

13. 下列哪些选项的行为人具有非法占有目的？[2]（2011/2/61）

A. 男性基于癖好入户窃取女士内衣

B. 为了燃柴取暖而窃取他人木质家具

C. 骗取他人钢材后作为废品卖给废品回收公司

D. 杀人后为避免公安机关识别被害人身份，将被害人钱包等物丢弃

【疑难辨析】本题考查非法占有目的。构成攫取型财产犯罪，在责任（主观）方面都要求行为人具有非法占有目的，所谓非法占有目的，实际上就是非法所有目的的意思，亦即，排除他人占有之后以所有人自居对财物进行占有、处分、利用的意思。

【解析】A选项，窃取女士内衣，排除了物主的占有，赏玩也是利用意思，认为有非法占有目的，可构成盗窃罪。

B选项，窃取他人木质家具，排除了物主的占有，燃柴也是利用方法，认为有非法占有目的，可构成盗窃罪。

C选项，骗取排除了物主的占有，卖给废品回收公司是处分行为，认为有非法占有目的，可构成诈骗罪。

D选项，丢弃排除了物主的占有，但没有自己利用的意思，不认为有非法占有目的，而认定为毁损目的，构成故意毁坏财物罪。

14. 郑某等人多次预谋通过爆炸抢劫银行运钞车。为方便跟踪运钞车，郑某等人于2012年

---

[1]　B　　[2]　ABC

4月6日杀害一车主，将其面包车开走（事实一）。后郑某等人制作了爆炸装置，并多次开面包车跟踪某银行运钞车，了解运钞车到某储蓄所收款的情况。郑某等人摸清运钞车情况后，于同年6月8日将面包车推下山崖（事实二）。关于事实二的判断，下列选项正确的是？[1]（2014/2/87）

    A. 非法占有目的包括排除意思与利用意思

    B. 对抢劫罪中的非法占有目的应与盗窃罪中的非法占有目的作相同理解

    C. 郑某等人在利用面包车后毁坏面包车的行为，不影响非法占有目的的认定

    D. 郑某等人事后毁坏面包车的行为属于不可罚的事后行为

【解析】本题考查"非法占有目的"，不可罚的事后行为。

    A、B选项，本题考查"非法占有目的"，说法正确。特别是，对于抢劫走机动车用于犯罪工具的情况，《最高人民法院关于审理抢劫、抢夺刑事案件适用法律若干问题的意见》规定的"为抢劫其他财物，劫取机动车辆当做犯罪工具或者逃跑工具使用的，被劫取机动车辆的价值计入抢劫数额"，亦即，推定行为人对机动车辆具有非法占有目的。

    C、D选项，（1）在触犯罪名方面，先后实施了两行为抢劫、毁坏行为，实施两行为当时的主观目的分别是非法占有目的、毁坏目的；客观主观相统一分别触犯两罪：抢劫罪、故意毁坏财物罪。（2）在罪数层面，两行为针对同一对象（同一汽车）、侵害同一法益（财产权）、前行为评价为抢劫既遂时已包容了后行为的处分毁坏，故认为后行为故意毁坏财物属于不可罚的事后行为，最终认定为抢劫罪一罪。说法正确。

考点二　抢劫罪

一、普通抢劫

1. 甲深夜进入小超市，持枪胁迫正在椅子上睡觉的店员乙交出现金，乙说"钱在收款机里，只有购买商品才能打开收款机"。甲掏出100元钱给乙说"给你，随便买什么"。乙打开收款机，交出所有现金，甲一把抓跑。事实上，乙给甲的现金只有88元，甲"亏了"12元。关于本案，下列哪一说法是正确的？[2]（2013/2/8）

    A. 甲进入的虽是小超市，但乙已在椅子上睡觉，甲属于入户抢劫

    B. 只要持枪抢劫，即使分文未取，也构成抢劫既遂

    C. 对于持枪抢劫，不需要区分既遂与未遂，直接依照分则条文规定的法定刑量刑即可

    D. 甲虽"亏了"12元，未能获利，但不属于因意志以外的原因未得逞，构成抢劫罪既遂

【解析】（1）甲持枪胁迫当场取财，根据刑法第263条，构成抢劫罪。

    （2）抢劫罪的既遂标准是取得财物或造成轻伤。题干中已经劫得现金88元，认定为抢劫罪既遂。选项D错误。

    （3）支付的100元钱可认为是"犯罪成本"，刑法中计算犯罪数额，并不扣除犯罪成本。故而本案中抢劫罪的数额为88元。而不能再算"亏了"12元的帐。

    （4）小超市并非为家庭生活而居住的场所，而是商业场所，不属于"户"，不属入户抢劫。选项A错误。

    （5）属持枪抢劫，是抢劫罪的情节加重犯。持枪抢劫是情节加重犯，犯罪的既遂应当以

---

[1]　ABCD　[2]　D

基本犯既遂为标准。①本题题干系犯罪既遂。②实施任何抢劫罪，如果分文未取，也未造成轻伤，仍认定为犯罪未遂。实施持枪抢劫，但抢劫未遂的，是情节加重犯的未遂，应先为加重刑为基准刑，再结合未遂可从宽的规定处刑。选项B、C错误。

2. 甲基于报复故意伤害乙，在下列哪些情形中，其**不构成**抢劫罪？[1]（2021/客/卷一/仿16）

A. 乙主动提出给甲5000元让其放过自己，甲要10000元，乙答应

B. 甲致乙昏迷后，乙身上的钱包掉落下来，甲拿走了乙的钱包

C. 甲致乙昏迷后，乙左手搭在口袋处，甲认为乙护着钱包，挪开了乙的手拿走了钱包

D. 甲致乙重伤后，乙怕死，提出支付甲5000元送自己去医院，甲要10000元，乙同意

【解析】本题考查抢劫罪，包括构成要件，与其他犯罪的区分。甲实施的前半截行为，基于报复故意伤害乙，构成故意伤害罪；主要是后半截取财行为如何定性？主要涉及《最高人民法院关于审理抢劫、抢夺刑事案件适用法律若干问题的意见》第8条的适用及其原理的理解。该条规定："行为人实施伤害、强奸等犯罪行为，在被害人未失去知觉，利用被害人不能反抗、不敢反抗的处境，临时起意劫取他人财物的，应以此前所实施的具体犯罪与抢劫罪实行数罪并罚；在被害人失去知觉或者没有发觉的情形下，以及实施故意杀人犯罪行为之后，临时起意拿走他人财物的，应以此前所实施的具体犯罪与盗窃罪实行数罪并罚。"

选项B、C，都是被害人失去知觉的情形。（1）选项B，甲临时起意拿走昏迷的乙的钱包，物主乙近在咫尺，钱包是乙占有的财物；甲秘密窃取的取财行为构成盗窃罪。（2）选项C，客观上甲实施的是取走昏迷的乙的钱包的盗窃行为，主观上具有抢劫故意；客观主观相统一，构成盗窃罪。

选项A，（1）抢劫行为的界定，要求行为人、被害人两个方面：行为人实施抢（暴力、威胁）劫（强行取财）的行为，被害人基于恐惧或被压制反抗而交财；同时要求行为人在实施抢劫行为当时主观上具有抢劫故意（同时性）。（2）本选项甲的行为好像可以区分为乙主动提出给钱、后半段甲要更多两段，但事实上后半段仅是"议价"过程，仍需合为一体评价。实质上等同于：乙提出给甲1万让甲放过自己，甲答应。（3）被害人乙虽为了换取不被继续伤害而交财；但行为人甲在对乙实施伤害时主观上并无抢劫故意，没有通过伤害手段取财的意图，不属前述司法解释所述"利用被害人不能反抗、不敢反抗的处境，临时起意劫取他人财物的"（指为了取财而利用暴力威胁），不构成抢劫罪。（4）对于财物取得应当认定为趁人之危的不当得利。（5）类比的事例：甲不同意，继续伤害，仍构成故意伤害罪。相反的事例：甲对乙说，你给我1万元，否则继续伤害你，这才构成抢劫罪。

选项D，与选项C的原理相同，甲实施不救助乙的行为时，主观上并无抢劫故意，不构成抢劫罪。如果甲对乙说，你给我1万元，否则我不救你让你死，这才构成抢劫罪。

3. 关于盗窃罪的认定，下列结论哪些是正确的？[2]（2005/2/60）

A. 甲因饮酒过量醉卧街头。乙向围观群众声称甲系其好友，将甲扶于无人之处，掏走甲身上一千余元离去。乙的行为构成盗窃罪

B. 甲与乙在火车上相识，下车后同到一饭馆就餐。乙殷勤劝酒，将甲灌醉，掏走甲身上一千余元离去。乙的行为构成盗窃罪

C. 甲去一餐馆吃晚饭，时值该餐馆打烊，服务员已下班离去，只有老板乙在清账理财。在甲再三要求之下，乙无奈亲自下厨准备饭菜。甲趁机将厨房门反锁，致乙欲出不能，只能从

递菜窗口眼看着甲打开柜台抽屉拿走一千余元离去。甲的行为构成盗窃罪

D. 甲在街头出售报纸时发现乙与一摊主因买东西发生纠纷，其携带的箱子（内有贵重物品）放在身旁的地上，便提起该箱子悄悄溜走。乙发现后紧追不舍。为摆脱乙的追赶，甲将手中剩余的几张报纸卷成一团扔向乙，击中乙脸，乙受惊吓几乎滑倒。随之又追，终于抓住甲。甲的行为构成盗窃罪

【解析】A选项，考查盗窃罪与诈骗罪的区分。（1）行为人虽欺骗了围观群众，但围观群众并不是财产处分人，没有骗取财产处分人处分财产，故乙的行为不构成诈骗罪。（2）在原占有人甲不知情的情况下拿走其财物，是秘密窃取的盗窃行为，根据刑法第264条，构成盗窃罪，系扒窃。

B选项，考查普通抢劫的手段。抢劫罪中抢的手段要求以对人身的暴力（杀害、伤害、性侵犯、剥夺人身自由、控制人身）为内容。行为人以非法占有为目的，将被害人灌醉，然后劫取钱财的，属于以其他暴力方法使被害人丧失反抗能力而取财，构成抢劫罪。

C选项，考查普通抢劫的手段。采用将他人反锁排除他人反抗（拘禁）的方式，劫夺财物，属于以拘禁的暴力方法劫财，构成抢劫罪。

D选项，考查转化型抢劫。"将手中剩余的几张报纸卷成一团扔向乙"未达到压制反抗的程度，不能认定为抢劫罪的"暴力"，不构成构成转化型抢劫，仍为盗窃罪。

4. 甲、乙、丙共谋犯罪。某日，三人拦截了丁，对丁使用暴力，然后强行抢走丁的钱包，但钱包内只有少量现金，并有一张银行借记卡。于是甲将丁的借记卡抢走，乙、丙逼迫丁说出密码。丁说出密码后，三人带着丁去附近的自动取款机上取钱。取钱时发现密码不对，三人又对丁进行殴打，丁为避免遭受更严重的伤害，说出了正确的密码，三人取出现金5000元。对甲、乙、丙行为的定性，下列哪些选项是错误的？[1]（2006/2/53）

A. 抢劫（未遂）罪与信用卡诈骗罪　　　B. 抢劫（未遂）罪与盗窃罪

C. 抢劫（未遂）罪与敲诈勒索罪　　　D. 抢劫（既遂）罪与盗窃罪

【解析】（1）行为人针对被害人实施暴力，并直接从被害人处取得财物，根据刑法第263条，构成抢劫罪。

（2）只是本案的抢劫对象比较特殊，既有现金，又有信用卡。根据司法解释规定，信用卡可以成为抢劫对象。《最高人民法院关于审理抢劫、抢夺刑事案件适用法律若干问题的意见》第6条规定，抢劫信用卡后使用、消费的，其实际使用、消费的数额为抢劫数额；抢劫信用卡后未实际使用、消费的，不计数额，根据情节轻重量刑。所抢信用卡数额巨大，但未实际使用、消费或者实际使用、消费的数额未达到巨大标准的，不适用"抢劫数额巨大"的法定刑。

（3）抢劫信用卡后又冒用信用卡取出财物的，触犯信用卡诈骗罪，为事后不可罚行为，不再单独定罪。

（4）根据前述《意见》第10条规定，抢劫罪的既遂标准是劫取财物或者造成他人轻伤以上后果两者之一，本案已取出钱财，为既遂。当然，即使没有取出钱财，根据前述《意见》，"抢劫信用卡后未实际使用、消费的，不计数额，根据情节轻重量刑"，其含义似将信用卡本身当作财物，亦为既遂。

5. 陈某向王某声称要购买80克海洛因，王某便从外地购买了80克海洛因。到达约定交货地点后，陈某掏出仿真手枪威胁王某，从王某手中夺取了80克海洛因。此后半年内，因没有

────────────

[1]　ABCD

找到买主，陈某一直持有 80 克海洛因。半年后，陈某将 80 克海洛因送给其毒瘾很大的朋友刘某，刘某因过量吸食海洛因而死亡。关于本案，下列哪一选项是错误的?[1] (2007/2/16)

A. 王某虽然是陈某抢劫的被害人，但其行为仍成立贩卖毒品罪

B. 陈某持仿真手枪取得毒品的行为构成抢劫罪，但不属于持枪抢劫

C. 陈某抢劫毒品后持有该毒品的行为，被抢劫罪吸收，不另成立非法持有毒品罪

D. 陈某将毒品送给刘某导致其过量吸食进而死亡的行为，成立过失致人死亡罪

【解析】(1) 王某为了贩卖而购买毒品，与买家联络实施了贩卖行为，构成贩卖毒品罪。A 选项说法正确。

(2) 陈某持假枪威胁，一般公众会感到恐惧，系"暴力威胁"，属抢劫行为。毒品可以成为抢劫对象。根据刑法 263 条，构成抢劫罪。

(3) "持枪抢劫"中"枪支"的概念和范围，适用《中华人民共和国枪支管理法》的规定，亦即真枪。题干中的"仿真手枪"应理解为"假（仿真）枪"，持假枪抢劫，不属持枪抢劫。B 选项说法正确。

(4) 陈某抢劫毒品后持有毒品，构成持有毒品罪。

(5) 陈某将毒品赠送给刘某，没有贩卖行为和贩卖目的，不属于贩卖行为，不能构成贩卖毒品罪。

(6) 刘某因过量吸食海洛因而死亡，负主要责任的条件在于刘某本人自陷风险，与陈某的赠送毒品行为没有刑法上的因果关系，对此陈某不构成过失致人死亡罪。D 选项说法错误。

(7) 在罪数上，根据《最高人民法院关于审理抢劫、抢夺刑事案件适用法律若干问题的意见》（法发【2005】8 号）第 7 条："抢劫违禁品后又以违禁品实施其他犯罪的，应以抢劫罪与具体实施的其他犯罪实行数罪并罚"。故而，陈某抢劫毒品后持有毒品的，应当以抢劫罪、持有毒品罪数罪并罚。不构成吸收犯或事后不可罚行为。C 选项说法错误。

6. 甲长期以赌博所得为主要生活来源。某日，甲在抢劫赌徒乙的赌资得逞后，为防止乙日后报案，将其杀死。对甲的处理，下列哪一选项是正确的?[2] (2009/2/16)

A. 应以故意杀人罪、抢劫罪并罚   B. 应以抢劫罪从重处罚

C. 应以赌博罪、抢劫罪并罚   D. 应以赌博罪、抢劫罪、故意杀人罪并罚

【解析】(1) 刑法第 303 条第 1 款，以营利为目的，聚众赌博或者以赌博为业的，构成赌博罪。(2)《最高人民法院关于审理抢劫、抢夺刑事案件适用法律若干问题的意见》第 7 条，抢劫赌资、犯罪所得的赃款赃物的，以抢劫罪定罪。(3)《最高人民法院关于抢劫过程中故意杀人案件如何定罪问题的批复》，行为人实施抢劫后，为灭口而故意杀人的，以抢劫罪和故意杀人罪定罪，实行数罪并罚。故本案三罪并罚。

7. 甲对乙使用暴力，欲将其打残。乙慌忙掏出手机准备报警，甲一把夺过手机装进裤袋并将乙打成重伤。甲在离开现场五公里后，把乙价值 7000 元的手机扔进水沟。甲的行为构成何罪?[3] (2009/2/17)

A. 故意伤害罪、盗窃罪   B. 故意伤害罪、抢劫罪

C. 故意伤害罪、抢夺罪   D. 故意伤害罪、故意毁坏财物罪

【解析】本题考查非法占有目的。本案可分为两阶段行为：

(1) 第一阶段：甲故意伤害乙致其重伤，根据刑法第 234 条，构成故意伤害罪（重伤）。

(2) 第二阶段：①利用被害人不敢反抗夺取手机，实施了抢劫行为；但主观上没有非法

占有目的，只有毁坏目的，不构成抢劫罪。②夺过手机之后又毁损，根据刑法第275条，构成故意毁坏财物罪。

（3）数罪并罚。

（4）"非法占有目的"是攫取型财产犯罪与毁损型财产犯罪的区别之所在。所谓"非法占有目的"指排除权利人占有，而自己利用、处分的意思，包括"排除"和"利用"两重意思。此外，故意毁坏财物罪中的"毁坏"可以解释为使物丧失利用可能性，如本案"扔进水沟"物虽存在但不能再利用，也属毁坏。故本题选D选项。

8. 张某出于报复动机将赵某打成重伤，发现赵某丧失知觉后，临时起意拿走了赵某的钱包，钱包里有1万元现金，张某将其占为己有。关于张某取财行为的定性，下列哪一选项是正确的？[1]（2007/2/7）

A. 构成抢劫罪　　　　B. 构成抢夺罪　　　　C. 构成盗窃罪　　　　D. 构成侵占罪

【解析】本罪考查抢劫罪与它罪的区分，以及行为与责任（目的）同时性原则。抢劫罪的构成要件，要求客观上有抢（对人暴力威胁）、劫（劫夺财物）的行为，主观上有抢劫故意和非法占有目的。当然，根据行为与目的同时性原则，行为人实施抢劫的行为当时即要求主观上同时具有抢劫故意和非法占有目的。（1）张某实施重伤行为（对人暴力）行为当时，没有抢劫故意，只有伤害故意，不构成抢劫罪；根据刑法第263条，构成故意伤害罪。（2）在被害人丧失知觉后临时起意拿走财物，而实施取财行为主观上具有非法占有目的时，客观上又没有采用对人暴力手段，故而后行为也不构成抢劫罪。（3）系秘密窃取的盗窃行为，根据刑法第264条，构成盗窃罪。法条依据是《最高人民法院关于审理抢劫、抢夺刑事案件适用法律若干问题的意见》第8条的规定，后罪为盗窃罪。（4）张某构成故意伤害罪、盗窃罪，应当数罪并罚。

二、转化型抢劫（事后抢劫）

9. 某晚，甲潜入乙家中行窃，被发现后携所窃赃物（价值900余元）逃跑，乙紧追不舍。甲见杂货店旁有一辆未熄火摩托车，车主丙正站在车旁吸烟，便骑上摩托车继续逃跑。次日，丙在街上发现自己的摩托车和甲，欲将甲扭送公安局，甲一拳将丙打伤，后经法医鉴定为轻伤。本案应当以下列哪些罪名追究甲的刑事责任？[2]（2003/2/32）

A. 抢劫罪　　　　B. 抢夺罪　　　　C. 盗窃罪　　　　D. 故意伤害罪

【解析】（1）甲潜入乙家中行窃，构成盗窃罪（入户盗窃）。

（2）甲乘车主丙不备骑走其摩托车的行为，构成抢夺罪。

（3）甲次日将丙打伤（轻伤），暴力发生在"次日"，不在之前抢夺犯罪现场及追捕过程中实施，不符合"当场"暴力的条件，不构成转化型抢劫罪。

（4）故意伤害他人造成轻伤，构成故意伤害罪。

（5）三罪并罚。

10. 刑法第二百六十九条对转化型抢劫作出了规定，下列哪些选项不能适用该规定？[3]（2008/2/62）

A. 甲入室盗窃，被主人李某发现并追赶，甲进入李某厨房，拿出菜刀护在自己胸前，对李某说："你千万别过来，我胆子很小。"然后，翻窗逃跑

B. 乙抢夺王某的财物，王某让狼狗追赶乙。乙为脱身，打死了狼狗

C. 丙骗取他人财物后，刚准备离开现场，骗局就被识破。被害人追赶丙。走投无路的丙从身上摸出短刀，扎在自己手臂上，并对被害人说："你们再追，我就死在你们面前。"被害

---

[1] C　〔2〕BCD　〔3〕ABC

人见丙鲜血直流，一下愣住了。丙迅速逃离现场

D. 丁在一网吧里盗窃财物并往外逃跑时，被管理人员顾某发现。丁为阻止顾某的追赶，提起网吧门边的开水壶，将开水泼在顾某身上，然后逃离现场

【疑难辨析】转化型抢劫的成立条件之一是当场使用暴力或者以暴力相威胁。要求：（1）当场性，即之后的暴力与之前盗窃、诈骗、抢夺行为时空间隔较小。（2）暴力、暴力威胁达到压制反抗的程度（与普通抢劫中的暴力、暴力威胁相同）。（3）暴力的对象是他人的人身。（4）使用暴力或暴力威胁的目的（三种目的）：为窝藏赃物、抗拒抓捕或者毁灭罪证。

【解析】A选项，行为人虽拿菜刀，但没有对他人实施暴力及威胁的意图，根本不能认为"实施了暴力、威胁"。

B选项，暴力的对象是动物而不是他人的人身，不属于抢劫罪的"暴力"。

C选项，暴力的对象是自己的人身，不是他人的人身，不足于压制对方反抗，不属于抢劫罪的"暴力"。

D选项，泼开水可能导致伤害，达到了压制反抗的程度，可构成抢劫罪的"暴力"。

11. 根据犯罪构成理论，并结合刑法分则的规定，下列哪些说法是正确的？[1]（2003/2/35）

A. 甲某晚潜入胡某家中盗窃贵重物品时，被主人发现。甲夺门而逃，胡某也没有再追赶。甲就躲在胡某家墙根处的草垛里睡了一晚，第二天早上村长高某路过时，发现甲行踪诡秘，就对其盘问。甲以为高某发现了自己昨晚的盗窃行为，就对高某进行打击，致其重伤。甲构成盗窃罪、故意伤害罪，应数罪并罚

B. 乙在大街上见赵某一边行走一边打手机，即起歹意，从背后用力将其手机抢走。但因用力过猛，致使赵某绊倒摔成重伤。乙同时构成抢夺罪、过失致人重伤罪，但不应数罪并罚

C. 丙深夜入室盗窃，被主人李某发现后追赶。当丙跨上李某家院墙，正准备往外跳时，李某抓住丙的脚，试图拉住他。但丙顺势踹了李某一脚，然后逃离现场。丙构成抢劫罪

D. 丁骑摩托车在大街上见妇女田某提着一个精致皮包在行走，即起歹意，从背后用力拉皮包带，试图将皮包抢走。田某顿时警觉，拽住皮包带不放。丁见此情景，突然对摩托车加速，并用力猛拉皮包带，田某当即被摔成重伤。丁构成抢劫罪而不构成抢夺罪

【解析】A选项，"第二天早上"才实施暴力，不具有当场性，不能转化为抢劫罪，而应以盗窃罪、故意伤害罪数罪并罚。

B选项，现《最高人民法院、最高人民检察院关于办理抢夺刑事案件适用法律若干问题的解释》第3条第1项规定，抢夺致人重伤为抢夺罪的情节加重犯。注意：原《最高人民法院关于审理抢夺刑事案件具体应用法律若干问题的解释》第5条规定，实施抢夺公私财物行为，构成抢夺罪，同时造成被害人重伤、死亡等后果，构成过失致人重伤罪、过失致人死亡罪等犯罪的，依照处罚较重的规定（想象竞合）定罪处罚，此解释现已废止。无论依哪个解释，均只按一罪论处。

C选项，"顺势踹了李某一脚"未达到压制反抗、他人可能伤亡的程度，不能构成抢劫罪的"暴力"。《最高人民法院关于审理抢劫刑事案件适用法律若干问题的指导意见》（2016年）第3条第2款规定，对于以摆脱的方式逃脱抓捕，暴力强度较小，未造成轻伤以上后果的，可不认定为"使用暴力"，不以抢劫罪论处。

D选项，现《最高人民法院、最高人民检察院关于办理抢夺刑事案件适用法律若干问题的解释》第6条规定，夺取他人财物时因被害人不放手而强行夺取的，以抢劫罪论处。类似解释

---

[1] ABD

见原《最高人民法院关于审理抢劫、抢夺刑事案件适用法律若干问题的意见》第 11 条第 (2) 项。

12. 李某乘正在遛狗的老妇人王某不备，抢下王某装有 4000 元现金的手包就跑。王某让名贵的宠物狗追咬李某。李某见状在距王某 50 米处转身将狗踢死后逃离。王某眼见一切，因激愤致心脏病发作而亡。关于本案，下列哪一选项是正确的？(2015/2/17)[1]

　　A. 李某将狗踢死，属事后抢劫中的暴力行为
　　B. 李某将狗踢死，属对王某以暴力相威胁
　　C. 李某的行为满足事后抢劫的当场性要件
　　D. 对李某的行为应整体上评价为抢劫罪

【解析】本题考查事后抢劫（转化型抢劫）、因果关系。注意：很多考生对本题很迷惑。事实上，本题是分别考查转化型抢劫的暴力或以暴力相威胁要件、当场性要件各个条件是否成立，而不是考查是否成立转化型抢劫罪。

　　A 选项，事后抢劫（转化型抢劫）的暴力行为要求是以人暴力，对物暴力（毁财）不属暴力行为。

　　B 选项，事后抢劫的以暴力相威胁也是指故意对他人实施人身侵害相威胁，将狗踢死的行为并不包括"你要过来也踢死你"的内容；无意恐吓王某，王某心脏病发作而亡与王某的行为无刑法上的因果关系，不属对人身进行暴力威胁。

　　C 选项，事后抢劫的当场性要件指与之前实施的盗窃、抢夺、诈骗行为没有明显的时空间隔，本案符合这一要件。

　　D 选项，由于本案中李某不符合暴力、暴力相威胁要件，不能构成抢劫罪，只构成抢夺罪。

13. 在公交车上，甲看中乘客乙价值 5000 元的手包，在公交车到站准备开门的时候，夺过手包就跑下车，乘客乙追着不放，好心的乘客丙也帮忙下车追赶甲。跑出 200 米后，甲拿起旁边水果摊的水果刀威胁丙"再过来我就不客气了"。丙毫不示弱，拼死抢回了乙的手包。关于甲的行为，下列哪一说法是正确的？[2](2018/客/卷一/21 仿)

　　A. 甲的行为构成转化型抢劫罪（第 269 条），但不属于"在公共交通工具上抢劫"
　　B. 甲的行为仅构成抢夺罪（第 267 条第 1 款），因为后续的暴力行为并没有造成被害人轻伤以上结果，不能转化为抢劫
　　C. 甲的行为构成抢劫罪，属于"在公共交通工具上抢劫"
　　D. 甲的行为仅构成抢劫罪，系携带凶器抢夺（第 267 条第 2 款）

【解析】本题考查抢劫罪的行为形式、加重犯。(1) 在甲实施抢夺行为当时，身上并未携带水果刀，故不属携带凶器抢夺。也未对乙实施人身暴力或威胁，故不属普通抢劫。只属于一般抢夺行为。(2) 抢夺之后逃跑途中，其为了抗拒抓捕，而以水果刀实施威胁，系"当场以暴力相威胁"，符合刑法第 269 条的规定，系转化型抢劫，构成抢劫罪。转化型抢劫的成立，并不需要暴力造成轻伤结果，只要暴力、威胁足以压制人反抗即可。(3) 在加重犯上，抢夺行为虽发生在公交车上，但转化型抢劫的成立，以实施暴力、威胁为着手实行。本案暴力发生在公交下，没有发生在公交车上，不属于"在公共交通工具上抢劫"。

14. 甲乘坐公交车，看见旁边的乙口袋中漏出手机，遂趁公交车停靠站台之际，当面将乙的手机拿走后就赶紧下车逃跑。乙下车追甲，此时民警丙也看到，共同追甲，甲反打乙、丙，

_____

〔1〕 C　〔2〕 A

三人在马路边扭打成一团，手机掉落在地。甲顾不上捡手机，跑到马路对面。丙去追甲时，不小心被一辆汽车撞死。关于甲的行为说法正确的是？[1] (2019/客/卷一/仿31)

A. 甲构成抢劫罪，但不属抢劫致人死亡、在公共交通工具上抢劫

B. 甲构成抢劫罪，其行为与丙的死亡结果之间具有因果关系，系抢劫致人死亡

C. 甲构成抢夺罪，其行为和乙的死亡之间没有因果关系，但考虑到乙的死亡与甲的行为存在联系，系抢夺情节严重

D. 甲系犯罪既遂

【解析】1. 在罪名认定上，甲实施的第一段行为，公然夺取乙的手机，触犯抢夺罪。第二段行为，为了抗拒抓捕而实施暴力，根据刑法第269条，构成抢劫罪，系转化型抢劫。

2. 在犯罪形态上，之前的抢夺虽已取得手机；但在甲实施暴力之后，未取得手机，也未造成轻伤结果，抢劫罪系犯罪未遂。

3. 在加重犯上，抢夺行为虽发生在公交车上，但转化型抢劫的成立，以实施暴力、威胁为着手实行。本案暴力发生在马路边，没有发生在公交车上，不属于在公共交通工具上抢劫。

4. 丙死亡的结果，虽与之前的甲实施的抢劫行为有条件关系，但丙自己追赶时不小心（或汽车撞人）是应负主要责任的条件，与死亡结果有因果关系。亦即，死亡结果与甲的抢劫行为只有条件关系、没有因果关系，不属抢劫致人死亡。

15. 甲和乙共谋一起去丙家盗窃，甲入户盗窃，乙负责在门口放风。期间，主人丙回家。放风的乙给甲打电话、发短信，甲都不回。乙遂把丙打成重伤，甲对此并不知情，继续盗窃。偷到4000块钱后出门，看见倒在门口的丙，也没有说什么，跟甲一起离开。关于甲和乙的行为，以下说法正确的有[2] (2019/客/卷一/仿32)

A. 甲对乙的暴力行为系事后追认，二人构成转化型抢劫罪的共同犯罪

B. 甲仅构成盗窃罪（既遂）

C. 乙构成抢劫罪，系入户抢劫、抢劫致人重伤

D. 甲、乙二人构成盗窃罪的共同犯罪

【解析】（一）对于甲

1. 仅实施了盗窃行为，系入户盗窃，根据刑法第264条，构成盗窃罪。

2. 对于之后乙实施的暴力行为，客观上没有参与，没有共同行为；主观上也是暴力行为终了之后才事后知情，没有共同故意，对此暴力行为不与乙构成共同犯罪。

3. 并且，暴力由乙实施，重伤结果与乙的行为有因果关系，甲也没有先前行为引起的救助义务。

4. 刑法中的共同故意必须在正犯行为终了之前形成，不存在事后追认。故而，甲仅构成盗窃罪，已控制财物，系犯罪既遂。

（二）对于乙

1. 其实施的第一段行为，对于甲的入户盗窃进行帮助，具有帮助盗窃的故意，构成盗窃罪的帮助犯。与甲构成共同犯罪。

2. 第二段行为，为了抗拒抓捕而实施暴力致丙重伤，根据刑法第269条，构成抢劫罪，系转化型抢劫。

3. 暴力造成重伤结果，系抢劫致人重伤。

4. 根据《最高人民法院关于审理抢劫案件具体应用法律若干问题的解释》第1条、《最高

人民法院关于审理抢劫、抢夺刑事案件适用法律若干问题的意见》第1条、《最高人民法院关于审理抢劫刑事案件适用法律若干问题的指导意见》第2条，尽管为了入户盗窃、符合条件的，也可构成入户抢劫；但要暴力发生在户内。乙其所帮助的甲的盗窃行为虽发生在户内，但乙实施的暴力行为并未发生在户内，不属入户抢劫。

16. 甲抢夺乙的皮包不小心致乙重伤；没有抢到手而逃走。路人丙见状追捕甲，甲为了逃走将丙打成轻微伤，丙仍将甲制服。关于甲的行为，以下说法正确的有[1]（2019/客/卷一/仿33）

　　A. 甲构成抢夺罪（未遂）、过失致人重伤罪，系想象竞合

　　B. 甲构成抢夺罪（未遂）一罪，系情节加重犯

　　C. 甲构成抢劫罪（未遂），但不属抢劫致人重伤

　　D. 甲构成抢劫罪（既遂），系抢劫致人重伤

【解析】1、第一段行为，甲触犯抢夺罪、过失致人重伤罪。如要行为仅止于此，则在罪数上，根据《最高人民法院、最高人民检察院关于办理抢夺刑事案件适用法律若干问题的解释》第3条第1项，抢夺公私财物导致他人重伤的，构成抢夺罪的情节加重犯"其他严重情节"。

2. 第二段行为，犯抢夺罪，为了抗拒抓捕而实施暴力致乙轻微伤，根据刑法第269条，构成抢劫罪，系转化型抢劫。

3. 在犯罪形态上，因转化型抢劫的成立，以实施暴力、威胁为着手实行。本案中暴力仅造成丙轻微伤结果，未造成轻伤以上结果；暴力实施之后也未取得财物，系抢劫罪未遂。

4. 在加重犯上，由于乙的重伤结果系之前的抢夺行为导致，不是之后的作为抢劫的暴力导致，故而也不属抢劫致人重伤。

5. 但是，如此评价，会导致罪刑不均衡：（1）如果甲不打丙，构成抢夺罪，系情节加重犯抢夺"其他严重情节"，处3－10年有期徒刑。反而，在甲打丙之后，甲构成抢劫罪未遂，系基本犯未遂，以3－10年有期徒刑为基准刑可以从轻、减轻。（2）而且，过失致人重伤的情节被疏漏了。（3）如果之前甲抢夺乙过失致人死亡的话，之后又打丙，量刑"倒挂"的现象就更明显。即使这样，也不能放弃只有实施暴力之后才能构成转化型抢劫、抢劫致人重伤要求重伤结果与抢劫行为有因果的规则。

较好的解决方案是从罪数方面，重新组合几个行为和罪名，原方案是：（抢夺罪＋过失致人重伤罪＝抢夺罪情节加重犯）＋暴力＝转化型抢劫罪。为了罪刑均衡，可以先不考虑过失致人重伤罪，调整为：（抢夺罪基本犯＋暴力＝转化型抢劫罪）＋过失致人重伤罪＝抢劫罪＋过失致人重伤罪，亦即以抢劫罪、过失致人重伤罪两罪并罚。即使如此，抢劫罪仍是基本犯、未遂。

17. 关于抢劫罪的认定，下列哪些选项是正确的？[2]（2017/2/60）

　　A. 甲欲进王某家盗窃，正撬门时，路人李某经过。甲误以为李某是王某，会阻止自己盗窃，将李某打昏，再从王某家窃走财物。甲不构成抢劫既遂

　　B. 乙潜入周某家盗窃，正欲离开时，周某回家，进屋将乙堵在卧室内。乙掏出凶器对周某进行恐吓，迫使周某让其携带财物离开。乙构成入户抢劫

　　C. 丙窃取刘某汽车时被发现，驾刘某的汽车逃跑，刘某乘出租车追赶。途遇路人陈某过马路，丙也未减速，将陈某撞成重伤。丙构成抢劫致人重伤

　　D. 丁抢夺张某财物后逃跑，为阻止张某追赶，出于杀害故意向张某开枪射击。子弹未击

中张某，但击中路人汪某，致其死亡。丁构成抢劫致人死亡

【解析】A选项，（1）其一，因普通抢劫的暴力对象人客观上要求是财物的原占有人，甲不构成普通抢劫。（2）其二，甲虽实施有盗窃行为，但之后实施暴力的目的不是为窝藏赃物、抗拒抓捕或者毁灭罪证，而是为了劫取财物，甲不构成转化型抢劫。（3）甲客观上实施了盗窃（原占有人王某不知情）、打昏行为（针对路人李某，不是抢的行为）；主观上具有抢劫故意，客观主观重合，应认定构成盗窃罪，不构成抢劫罪。本选项说法正确。

B选项，（1）在罪名上，暴力的目的是劫夺财物，构成抢劫罪；（2）并且符合"户"、"入户目的的非法性"、暴力或者暴力胁迫行为发生在户内三个条件，构成入户抢劫。本选项说法正确。

C选项，（1）在罪名上，丙未减速而故意将路人撞成重伤，实施暴力的目的不是为窝藏赃物、抗拒抓捕或者毁灭罪证，不构成转化型抢劫。构成盗窃罪、故意伤害罪两罪。本选项说法错误。（2）相关案例参见《最高人民法院刑事审判参考（2009年第5集，总第70集）》"杨辉、石磊等破坏电力设备案［第575号］——盗窃电力设备过程中，以暴力手段控制无抓捕意图的过往群众的不构成抢劫罪"。

D选项，（1）在罪名上，抢夺后为抗拒抓捕而实施暴力，构成转化型抢劫；（2）在加重犯方面，为杀被害人而误击路人致死；主观上属于打击错误、具体错误，按通说法定符合说，对路人有抢劫故意，构成抢劫致人死亡。本选项说法正确。

三、携带凶器抢夺认定为抢劫罪

18. 李某犯罪后，为了防止司法人员的抓捕，李某一直将一把三角刮刀藏在内衣口袋中。2001年4月下旬的一天晚上，李某在马路上询问行人是否需要身份证时，发现钱某孤身一人行走，便窜至其背后将其背包（内有价值2000元的财物）夺走后迅速逃跑。钱某大声呼喊抓强盗，适逢民警赵某经过此地，赵某将李某拦住。此时李某掏出三角刮刀，朝赵某的腰部捅了一刀后逃离，致使赵某重伤。【问题】李某构成何罪？（2002/4/1部分）

【简要答案】

（1）三角刮刀系国家禁止个人携带的器械，根据《最高人民法院关于审理抢劫案件具体应用法律若干问题的解释》第6条等司法解释，属凶器。（2）携带凶器抢夺的，根据刑法第267条第2款规定，构成抢劫罪。（3）抢劫后在现场使用凶器将抓捕人员刺成重伤的，依刑法第263条第5项规定，属于抢劫致人重伤。

四、抢劫罪的加重犯

19. 下列哪些情形可以成立抢劫致人死亡？[1]（2009/2/58）

A. 甲冬日深夜抢劫王某财物，为压制王某的反抗将其刺成重伤并取财后离去。三小时后，王某被冻死

B. 乙抢劫妇女高某财物，路人曾某上前制止，乙用自制火药枪将曾某打死

C. 丙和贺某共同抢劫严某财物，严某边呼救边激烈反抗。丙拔刀刺向严某，严某躲闪，丙将同伙贺某刺死

D. 丁盗窃邱某家财物准备驾车离开时被邱某发现，邱某站在车前阻止丁离开，丁开车将邱某撞死后逃跑

【解析】"抢劫致人死亡"既包括过失致死，也包括故意致死；要求实行行为（抢劫的暴力行为）与死亡结果有因果关系；死者不限于被抢者，阻碍者、第三人均可。

---

［1］ ABD

A 选项，考查因果关系，死亡结果与抢劫行为之间需有因果关系。王某被冻死是因重伤造成，重伤是由甲的抢劫暴力行为直接造成；但结合抢劫行为实施的当时环境（冬日深夜），致人重伤之后导致死亡的可能性极大，因果关系不中断。故属抢劫致人死亡。

B 选项，考查致死的对象，可以是第三人。抢劫致人死亡的死者不限于被抢者，本案死者属于阻止抢劫的障碍者，也是抢劫暴力行为的对象，乙的暴力行为是抢劫的组成部分。故属抢劫致人死亡。

C 选项，（1）在不法积极层面（事实层面），丙的行为系打击错误。同伙贺某的死亡结果是因丙的抢劫行为直接导致，存在打击错误的问题，丙的抢劫行为导致同伙贺某死亡。（2）在不法消极层面（价值层面），丙致同伙贺某死亡的行为，客观上制止了贺某正在实施的抢劫行为，系偶然防卫。按通说观点，偶然防卫在不法层面上属于正当防卫。没有造成法益侵害的危害结果（抢劫犯死了活该），故不属抢劫致人死亡。（3）故而，丙对严某是抢劫致人死亡结果加重犯的未遂；丙致同伙贺某系偶然防卫，属正当防卫。

D 选项，考查致死的原因行为，抢劫实行行为、实行之后的排除障碍行为都认为是致死的原因行为。行为人未脱离现场，暴力仍然发生在抢劫过程中，应属抢劫中的暴力，认定为抢劫致人死亡，而不属于抢劫实施完毕后为灭口而杀人。

20. 某晚，崔某身穿警服，冒充交通民警，骗租到个体女司机何某的夏利出租车。当车行至市郊时，崔某持假枪抢走何某人民币 1000 元，并将何某一脚踹出车外，使何某身受重伤，崔某乘机将出租车开走。本案中属于抢劫罪法定加重情节的有哪些？[1]（2003/2/39）

A. 持枪抢劫
B. 冒充军警人员抢劫
C. 抢劫致人重伤
D. 在公共交通工具上抢劫

【解析】（1）持枪抢劫要求持真枪，本案持假枪不属"持枪抢劫"。（2）冒充军警人员包括冒充所有类别的军警人员，交通民警也属此类，故行为人属"冒充军警人员抢劫"。《最高人民法院关于审理抢劫刑事案件适用法律若干问题的指导意见》（2016 年）第二部分第 4 条规定，认定"冒充军警人员抢劫"，要注重对行为人是否穿着军警制服、携带枪支、是否出示军警证件等情节进行综合审查，判断是否足以使他人误以为是军警人员。（3）"抢劫致人重伤"指抢劫过程中过失、故意致人重伤，抢完后即刻将被害人踹出车外造成重伤的行为，可以认定为抢劫过程中致人重伤。（4）"在公共交通工具上抢劫"，指在从事旅客运输的各种公共汽车，大、中型出租车，火车，船只，飞机等正在运营中的机动公共交通工具上抢劫。在本案夏利出租车等小型出租车上抢劫的，不属于"在公共交通工具上抢劫"。另见《最高人民法院关于审理抢劫刑事案件适用法律若干问题的指导意见》（2016 年）第二部分第 2 条规定。

21. 贾某在路边将马某打倒在地，劫取其财物。离开时贾某为报复马某之前的反抗，往其胸口轻踢了一脚，不料造成马某心脏骤停死亡。设定贾某对马某的死亡具有过失，下列哪一分析是正确的？[2]（2016/2/16）

A. 贾某踢马某一脚，是抢劫行为的延续，构成抢劫致人死亡
B. 贾某踢马某一脚，成立事后抢劫，构成抢劫致人死亡
C. 贾某构成抢劫罪的基本犯，应与过失致人死亡罪数罪并罚
D. 贾某构成抢劫罪的基本犯与故意伤害（致死）罪的想象竞合犯

【解析】（1）前行为构成抢劫罪，系既遂；（2）后行为中，踢一脚行为造成马某心脏骤停死亡，系特殊体质与因果关系的模型，认定有因果关系，客观行为认定为致人死亡的行为；

"轻踢""胸口"表明主观上对死亡有过失，构成过失致人死亡罪。（3）在罪数方面，踢一脚时的心态是报复，而不是压制反抗，不属抢劫罪的暴力行为，而因单独另行评价。故而，不构成抢劫致人死亡。两行为应当数罪并罚。

五、此罪彼罪

22. 甲持西瓜刀冲入某银行储蓄所，将刀架在储蓄所保安乙的脖子上，喝令储蓄所职员丙交出现金1万元。见丙故意拖延时间，甲便在乙的脖子上划了一刀（轻伤）。刚取出5万元现金的储户丁看见乙血流不止，于心不忍，就拿出1万元扔给甲，甲得款后迅速逃离。对甲的犯罪行为，下列哪一选项是正确的？[1]（2008/2/12）

A. 抢劫罪（未遂）　　　　　　B. 抢劫罪（既遂）
C. 绑架罪　　　　　　　　　　D. 敲诈勒索罪

【解析】（1）抢劫罪的显要特征是"当场"劫取公私财物，一般情况下暴力对象和取财对象为同一人。但是，被实施暴力胁迫的人和交付财物的人可以是不同的人，行为人对财产共管人中的一人实施暴力而向近在咫尺的另外一人取财，时空间隔较短的，暴力的目的是恐吓而不是作为人质，应认定为抢劫。如本案中，对保安实施暴力，向储蓄所职员要钱，由于二人空间距离很近，可视为都是抢劫暴力行为的整体对象，故而符合"当场"劫取公私财物的特征。应认为行为人只有强取财物的意思，而没有控制人质然后勒索财物的意思。故认定为抢劫罪，而不是绑架或敲诈勒索罪。

（2）根据《最高人民法院关于审理抢劫、抢夺刑事案件适用法律若干问题的意见》第10条规定，抢劫罪的既遂标准是劫取财物或者造成他人轻伤以上后果两者之一。本案属于抢劫既遂，对此结论没有疑义。但有两种不同解释：第一种解释是将"在乙的脖子上划了一刀"理解为"轻伤"，以"轻伤"为由认定既遂。第二种解释认为储户交出钱财与抢劫的暴力行为具有因果关系，以"取财"为由认定既遂。第一种解释更为合理。对于第二种解释，因题干已示储户交出钱财是因"于心不忍"，交出钱财的决定性原因还是未被暴力威胁的第三人的怜悯而不是被压制反抗，"取财"结果虽与抢劫行为具有条件关系，但不具相当因果关系，故不能认有具有刑法上的因果关系。当然，题干未明示"在乙的脖子上划了一刀"系"轻伤"，系出题时的疏漏。

23. 甲、乙、丙、丁共谋诱骗黄某参赌。四人先约黄某到酒店吃饭，甲借机将安眠药放入黄某酒中，想在打牌时趁黄某不清醒合伙赢黄某的钱。但因甲投放的药品剂量偏大，饭后刚开牌局黄某就沉沉睡去，四人趁机将黄某的钱包掏空后离去。上述四人的行为构成何罪？[2]（2009/2/19）

A. 赌博罪　　　　B. 抢劫罪　　　　C. 盗窃罪　　　　D. 诈骗罪

【疑难辨析】本题考查抢劫罪、诈骗罪、盗窃罪、赌博罪的区分，还涉及认识错误问题。区分抢劫罪与它罪的关键是要看客观手段行为是否使人丧失意识能力或反抗能力。在认识错误方面，要分别判断客观手段与主观计划的手段是否一致，以区分足以影响故意成立的重大认识错误与不影响故意成立的非重大认识错误。

【解析】（1）如果投放安眠药，虽使人感觉困顿，但尚未达到丧失意识或不能反抗的程度，即在被害人仍具有认识能力和处分能力的情况下，在被害人尚能打牌的情况，以虚构事实的方式骗取钱财，应认定为诈骗罪；如秘密窃，则是盗窃罪。当然，如果符合最高人民法院1995年11月6日《关于对设置圈套诱骗他人参赌又向索还钱财的受骗者施以暴力或暴力威胁的行为应如何定罪问题的批复》，则应认定为赌博罪。（2）但是，如果投放安眠药使被害人不知反抗、不能反抗而获取财物，则构成抢劫罪。（3）本案的具体情况，行为人投安眠药是想使被害人"不清醒"，按题意即是使被害人丧失反抗能力，应认定具有抢劫故意。后使其"睡去"而拿走财物，仍是抢劫行为、抢劫故意，构成抢劫罪。

（4）当然，如果行为人是在实施诈骗预备行为之后，在尚未着手实行诈骗时，主观犯意上转化为抢劫故意，客观上行为也转化为抢劫行为。这就属犯意转化的情况了。这种情况下一般应以重罪的实行行为吸收轻罪的预备行为，认为重罪一罪，即认定为抢劫罪一罪。这正如原本为了伤害他人而准备凶器，打击被害人时又临时起意杀害一样，应认定为故意杀人罪一罪。犯意转化与另起犯意存在区别，后者是前一犯罪既遂、未遂或中止后而实施另一犯罪，则应数罪并罚。

24. 张某乘坐出租车到达目的地后，故意拿出面值 100 元的假币给司机钱某，钱某发现是假币，便让张某给 10 元零钱；张某声称没有零钱，并执意让钱某找零钱。钱某便将假币退还张某，并说："算了，我也不要出租车钱了。"于是，张某对钱某的头部猛击几拳，还吼道："你不找钱我就让你死在车里。"钱某只好收下 100 元假币，找给张某 90 元人民币。张某的行为构成何罪？[1]（2002/2/12）

A. 使用假币罪　　　B. 敲诈勒索罪　　　C. 抢劫罪　　　D. 强迫交易罪

【解析】（1）张某的前一行为系使用假币的行为，但由于没有达到构成犯罪的数量标准（4000 元以上），不构成使用假币罪。（2）被人识破后当场使用暴力劫取财物，构成抢劫罪。由于暴力、取财均具有当场性，不构成敲诈勒索罪。（3）强迫交易罪是指以暴力、威胁手段强买强卖商品，强迫他人提供服务或者强迫他人接受服务，本题中行为人并未实施强迫被害人提供服务的行为；对方明知货币为假币还强迫"找零"，不具有等价交换的服务或交易性质。

六、一罪数罪

25. 下列哪些行为应认定为抢劫罪一罪？[2]（2005/2/61）

A. 甲将仇人杀死后，取走其身上的 5000 元现金

B. 甲持刀拦路行抢，故意将受害人杀死后取走其财物

C. 甲在抢劫过程中，为压制被害人的反抗，故意将被害人杀死，取走其财物

D. 甲实行抢劫罪后，为防止受害人报案，将其杀死

【解析】A 选项，定故意杀人罪、盗窃罪，法条依据是《最高人民法院关于审理抢劫、抢夺刑事案件适用法律若干问题的意见》第 8 条，后罪为盗窃罪。理论原理在于：死者、伤者的财物属于观念上的他人占有物（主流观点）。

B 选项，以杀人为手段的抢劫行为应定抢劫罪（致人死亡）一罪。

C 选项，在劫取财物过程中，为制服被害人反抗而故意杀人的，以抢劫罪（致人死亡）定罪处罚。

D 选项，行为人实施抢劫后，为灭口而故意杀人的，以抢劫罪和故意杀人罪定罪，数罪并罚。

26. 张某出于报复动机将赵某打成重伤，发现赵某丧失知觉后，临时起意拿走了赵某的钱包，钱包里有 1 万元现金，张某将其占为己有。关于张某取财行为的定性，下列哪一选项是正确的？[3]（2007/2/7）

A. 构成抢劫罪　　　B. 构成抢夺罪　　　C. 构成盗窃罪　　　D. 构成侵占罪

---

〔1〕C　〔2〕BC　〔3〕C

【解析】法条依据是《最高人民法院关于审理抢劫、抢夺刑事案件适用法律若干问题的意见》第8条的规定，后罪为盗窃罪。

考点三　抢夺罪

1. 关于抢夺罪，下列哪些判断是错误的？[1]（2010/2/59）

A. 甲驾驶汽车抢夺乙的提包，汽车能致人死亡属于凶器。甲的行为应认定为携带凶器抢夺罪

B. 甲与乙女因琐事相互厮打时，乙的耳环（价值8000元）掉在地上。甲假装摔倒在地迅速将耳环握在手中，乙见甲摔倒便离开了现场。甲的行为成立抢夺罪

C. 甲骑着摩托车抢夺乙的背包，乙使劲抓住背包带，甲见状便加速行驶，乙被拖行十多米后松手。甲的行为属于情节特别严重的抢夺罪

D. 甲明知行人乙的提包中装有毒品而抢夺，毒品虽然是违禁品，但也是财物。甲的行为成立抢夺罪

【解析】本题名义上考抢夺罪，实际上考抢夺罪、抢劫罪的区别，涉及多项法条，除选项A具有一定的混淆性以外，其余的均较为简单。

选项A，本题考查"携带凶器抢夺定抢劫罪"中"凶器"的含义，对于"凶器"有司法解释规定，究其最大文义，应指其自身属性包含杀伤性的器械，即一般可用于杀伤的器械，汽车自身的属性并不是用于杀伤，故不属"凶器"，单纯驾驶汽车抢夺不能认定为"携带凶器抢夺"。根据《最高人民法院、最高人民检察院关于办理抢夺刑事案件适用法律若干问题的解释》，"飞车抢夺"即驾驶车辆（机动车、非机动车）夺取财物，符合驾驶车辆逼挤、撞击或者强行逼倒他人夺取财物等情形的，才以抢劫罪定罪处罚；其它均认定为抢夺罪。故选项A错误。

选项B，抢夺行为应具有公然性，亦即被害人知晓财物被夺，选项B的情形被害人不知财物被取走，应认定甲构成盗窃罪，故选项B错误。

选项C，根据现《最高人民法院、最高人民检察院关于办理抢夺刑事案件适用法律若干问题的解释》，原《最高人民法院关于审理抢劫、抢夺刑事案件适用法律若干问题的意见》第11条第2项的规定，夺取他人财物时因被害人不放手而强行夺取的，构成抢劫罪，故选项C错误。

选项D，比照前述双抢意见第7条的规定，以及《最高人民法院全国部分法院审理毒品犯罪案件工作座谈会纪要》第1条第6款规定，盗窃、抢夺、抢劫毒品的，应当分别以盗窃罪、抢夺罪或者抢劫罪定罪，但不计犯罪数额，根据情节轻重予以定罪量刑。故选项D正确。

2. 甲驾驶摩托车至某广场，趁途经该广场的乙不备。猛拽其携带的手提包，乙紧紧抓住手提包不放，甲即猛踩油门，将乙拖行数米并甩开，夺其手提包后扬长而去。经查，手提包共有钱物价值人民币5000元，乙亦因被甲强拉硬拽而致手腕脱臼。对甲的行为应以何罪处罚？[2]（2008延/2/17）

A. 抢夺罪　　　　　　　　　　　　B. 抢劫罪

C. 抢夺罪与抢劫罪实行并罚　　　　D. 抢夺罪与抢劫罪的牵连犯从一重罪处断

---

[1]　ABC　[2]　B

【解析】《最高人民法院、最高人民检察院关于办理抢夺刑事案件适用法律若干问题的解释》第6条规定，夺取他人财物时因被害人不放手而强行夺取的，以抢劫罪论处。类似解释见《最高人民法院关于审理抢劫、抢夺刑事案件适用法律若干问题的意见》第11条第（2）项。本案即是此情形。

考点四　敲诈勒索罪

1. 关于敲诈勒索罪的判断，下列哪些选项是正确的？[1]（2007/2/63）

A. 甲将王某杀害后，又以王某被绑架为由，向其亲属索要钱财。甲除构成故意杀人罪外，还构成敲诈勒索罪与诈骗罪的想象竞合犯

B. 饭店老板乙以可乐兑水冒充洋酒销售，向实际消费数十元的李某索要数千元。李某不从，乙召集店员对其进行殴打，致其被迫将钱交给乙。乙的行为构成抢劫罪而非敲诈勒索罪

C. 职员丙被公司辞退，要求公司支付10万元补偿费，否则会将所掌握的公司商业秘密出卖给其他公司使用。丙的行为构成敲诈勒索罪

D. 丁为谋取不正当利益送给国家工作人员刘某10万元。获取不正当利益后，丁以告发相要挟，要求刘某返还10万元。刘某担心被告发，便还丁10万元。对丁的行为应以行贿罪与敲诈勒索罪实行并罚

【解析】A选项，在杀人时没有勒赎目的，不构成绑架罪。杀人后又实施其他犯罪，应数罪并罚。对于后一行为，系隐瞒被害人已死的真相，向第三人威胁索财；意图利用被害人的认识错误和恐惧心理取财，应认定是敲诈勒索罪与诈骗罪的想象竞合犯（实务中经常直接以敲诈勒索罪论处）。

B选项，用可乐兑水冒充洋酒销售，属销售伪劣产品或诈骗行为，被人识破后转而使用暴力当场劫取财物，系抢劫罪。敲诈勒索罪的构成只能"单当场性"，本案当场实施暴力并当场取财，具有"双当场性"，不再以敲诈勒索罪论罪。

C选项，以揭露商业秘密的非法侵害为要挟内容，而要求明显高额的所谓"补偿费"，可认为具有非法占有目的，可构成敲诈勒索罪（当然，如果提出的要求合法，只能以手段行为定罪）。

D选项，前行为构成行贿罪无异议。对于后一行为，贿赂已经送出，即认为归受贿人事实上占有，刑法也保护这种事实占有关系，以非法手段侵占此种事实占有权的，也构成犯罪。本案行为人以告发犯罪相要挟，侵占他人事实占有权，可认定为非法占有，构成敲诈勒索罪，应当数罪并罚。

2. 下列哪种行为构成敲诈勒索罪？[2]（2006/2/15）

A. 甲到乙的餐馆吃饭，在食物中发现一只苍蝇，遂以向消费者协会投诉为由进行威胁，索要精神损失费3000元。乙迫于无奈付给甲3000元

B. 甲到乙的餐馆吃饭，偷偷在食物中投放一只事先准备好的苍蝇，然后以砸烂桌椅进行威胁，索要精神损失费3000元。乙迫于无奈付给甲3000元

C. 甲捡到乙的手机及身份证等财物后，给乙打电话，索要3000元，并称若不付钱就不还手机及身份证等物。乙迫于无奈付给甲3000元现金赎回手机及身份证等财物

---

[1]　ABCD　[2]　B

D. 甲妻与乙通奸，甲获知后十分生气，将乙暴打一顿．乙主动写下一张赔偿精神损失费2万元的欠条。事后，甲持乙的欠条向其索要2万元，并称若乙不从，就向法院起诉乙

【疑难辨析】本题考查的是敲诈勒索与权利行使（民事纠纷）的区别。因真实存在的民事纠纷，而以实施合法问题解决途径（向法院告诉、投诉）为要挟内容，不能认定为敲诈勒索。

【解析】A选项，存在真实纠纷，威胁内容向消费者协会投诉，系合法途径，不构成敲诈勒索罪。

B选项，不存在真实纠纷，而是故意制造纠纷，并以毁财为要挟内容，构成敲诈勒索罪。

C选项，捡到他人财物后，保管人基于民法无因管理而有求取适当管理费用的合法权利，即使要求的管理费用过高，由于要求大体合法，为民事纠纷，不构成敲诈勒索罪。当然，以不可能实现的内容为要挟的，情节严重可认为是对遗忘物拒不归还，可能涉嫌侵占罪。

D选项，要挟内容是向法院起诉，系合法解决途径，不构成敲诈勒索罪。

3. 乙与丙因某事发生口角，甲知此事后，找到乙，谎称自己受丙所托带口信给乙，如果乙不拿出2000元给丙，丙将派人来打乙。乙害怕被打，就托甲将2000元带给丙。甲将钱占为己有。对甲的行为应当如何处理？[1]（2005/2/19）

A. 按诈骗罪处理　　　　　　　　　B. 按敲诈勒索罪处理
C. 按侵占罪处理　　　　　　　　　D. 按抢劫罪处理

【解析】敲诈勒索罪中"胁迫"的内容一般要求行为人本人进行加害。在本案中，就甲对乙谎称的内容来看，系"丙将派人来打你"，而不是"我让丙来打你"。这也就是说，甲与即将实施的暴力行为没有关系，暴力并非说话者本人做出。故而，甲对乙实施的行为不能认定为胁迫，只能认为欺骗，被害人乙是基于认识错误而产生了恐惧心理。行为人仅实施欺骗，被害人基于认识错误而产生了恐惧心理，继而交付财物的，构成诈骗罪。

考点五　盗窃罪

一、盗窃行为

1. 甲潜入他人房间欲盗窃，忽见床上坐起一老妪，哀求其不要拿她的东西。甲不理睬而继续翻找，拿走一条银项链（价值400元）。关于本案的分析，下列哪些选项是正确的？[2]（2013/2/60）

A. 甲并未采取足以压制老妪反抗的方法取得财物，不构成抢劫罪

B. 如认为区分盗窃罪与抢夺罪的关键在于是秘密取得财物还是公然取得财物，则甲的行为属于抢夺行为；如甲作案时携带了凶器，则对甲应以抢劫罪论处

C. 如采取B选项的观点，因甲作案时未携带凶器，也未秘密窃取财物，又不符合抢夺罪"数额较大"的要件，无法以侵犯财产罪追究甲的刑事责任

D. 如认为盗窃行为并不限于秘密窃取，则甲的行为属于入户盗窃，可按盗窃罪追究甲的刑事责任

【疑难辨析】本题考查对"盗窃行为"的界定，系典型的"设定观点，考查推理"型的观点设定题。对于"盗窃"行为的界定，理论界有两种观点：一种观点（"秘密窃取说"）界定为秘密窃取，即要求物主或管理人不知情的情况下转移占有才是盗窃行为；一种观点（"平和

---

[1] A　[2] ABCD

转移占有说"）认为界定为平和的转移占有，即认为只要平和的转移占有，即使"公然"即在物主或管理人知情的情况下实施，也是盗窃行为。本题是对这两种观点的考查，本案的案情是公然地平和地转移占有的情形。

【解析】（1）按"秘密窃取说"（通说，参见原《最高人民法院关于审理盗窃案件具体应用法律若干问题的解释》第1条），物主知情，不属盗窃行为。因未对人实施暴力，不属抢劫行为。公然拿走，属抢夺行为。选项A正确；因抢夺行为构成抢夺罪需数额较大的要素，价值400元不属数额较大。若行为人未携带凶器，尽管属入户抢夺，则不构成抢夺罪；因不属"入户盗窃"，不构成盗窃罪；充其量只能认定为非法侵入住宅罪，选项C正确。如果行为人携带凶器，则属携带凶器抢夺，可认定为抢劫罪，选项B正确。

（2）按"平和转移占有说"，则行为人的行为属盗窃行为，"入户盗窃"可构成盗窃罪，选项D正确。

（3）造成这种现象的根本原因实际上在立法层面上，抢夺行为本应比盗窃行为严重；盗窃行为成罪的要素有数额较大、入户盗窃等五种，成罪门槛低；而抢夺行为却仍限于数额较大、多次两种，成罪门槛高；但本案情况可构成非法侵入住宅罪。

2. 乙女在路上被铁丝绊倒，受伤不能动，手中钱包（内有现金5000元）摔出七八米外。路过的甲捡起钱包时，乙大喊"我的钱包不要拿"，甲说"你不要喊，我拿给你"，乙信以为真没有再喊。甲捡起钱包后立即逃走。关于本案，下列哪一选项是正确的？[1]（2016/2/18）

A. 甲以其他方法抢劫他人财物，成立抢劫罪

B. 甲以欺骗方法使乙信以为真，成立诈骗罪

C. 甲将乙的遗忘物据为己有，成立侵占罪

D. 只能在盗窃罪或者抢夺罪中，择一定性甲的行为

【解析】（1）甲未对人实施暴力、威胁或者其它压制人反抗的手段，行为人不构成抢劫罪；（2）物主近在咫尺，财物归物主控制占有，钱包不属脱离占有物，行为人不构成侵占罪。（3）诈骗罪的成立要求骗取"处分（转移占有）"，本案中被骗人没有转移占有的行为，行为人不构成诈骗。（4）本案的案情就是当着被害人的面公然拿走（对身体没有侵害可能）。按通说观点，盗窃与抢夺的区分是"秘密窃取 VS 公然夺取"，则据此甲可构成抢夺罪；按少数观点，盗窃与抢夺的区分是"平和转移占有 VS 迅猛夺取（可能危害人身）"，则据此甲可构成盗窃罪。选项D正确。

3. 王某利用计算机知识获取某公司上网账号和密码后，以每3个月100元的价格出售上网账号和密码，从中获利5000元，给该公司造成4万元的损失。对此，下列哪个说法是正确的？[2]（2002/2/7）

A. 王某的行为构成盗窃罪，盗窃数额为5000元

B. 王某的行为构成诈骗罪，诈骗数额为5000元

C. 王某的行为构成盗窃罪，盗窃数额为4万元

D. 王某的行为构成诈骗罪，诈骗数额为4万元

【解析】（1）《最高人民法院关于审理扰乱电信市场管理秩序案件具体应用法律若干问题的解释》第8条规定，盗用他人公共信息网络上网账号、密码上网，造成他人电信资费损失，数额较大的，依照刑法第264条的规定，以盗窃罪定罪处罚。（2）另外，根据《最高人民法院、最高人民检察院关于办理盗窃刑事案件适用法律若干问题的解释》第4条第4项的规定

---

[1] D [2] C

（老的解释《最高人民法院关于审理盗窃案件具体应用法律若干问题的解释》第5条第1款第10项），此种情形下，盗窃数额按合法用户为其支付的电话费计算。本题题干中"公司造成4万元的损失"，应当理解为公司实际缴纳的上网费。故C项正确。

二、盗窃罪的对象：他人占有的财物

4. 甲到乙的办公室送文件，乙不在。甲看见乙办公桌下的地上有一活期存折（该存折未设密码），便将存折捡走。乙回办公室后找不着存折，但看见桌上的文件，便找到甲问是否看见其存折，甲说没看到。甲下班后去银行将该存折中的5000元取走。甲的行为构成[1]（2005/2/11）

  A. 侵占罪   B. 盗窃罪   C. 诈骗罪   D. 金融凭证诈骗罪

  【解析】 盗窃罪的对象是他人占有的财物，这是盗窃罪区分于侵占罪的关键之处。（1）本案中活期存折位于物主办公室内，应认为是物主控制占有；（2）根据依照《最高人民法院、最高人民检察院关于办理盗窃刑事案件适用法律若干问题的解释》第5条第2项的规定："盗窃记名的有价支付凭证、有价证券、有价票证，已经兑现的，按照兑现部分的财物价值计算盗窃数额；没有兑现，但失主无法通过挂失、补领、补办手续等方式避免损失的，按照给失主造成的实际损失计算盗窃数额。"本案中未设密码的存折即是这种有价票证，当现金的性质相同，属于盗窃罪的对象财物（实际上是财产性凭证）；（3）趁物主不在将其控制占有的财物非法占有，系秘密窃取的盗窃行为，根据刑法第264条，构成盗窃罪。故A项不选。（4）对于之后去银行将该存折中的5000元取走的行为，如果存在冒充存折主人的情况，属于诈骗行为；根据前述解释的规定，盗窃存折后的兑现行为不再单独定罪，应理解为事后不可罚行为。故C选项不选。（5）根据刑法第194条第2款的规定，使用伪造、变造（假的）金融凭证的行为，才构成金融凭证诈骗罪，本案使用的是真的存折。故D选项不选。

5. 李某花5000元购得摩托车一辆。半年后，其友王某提出借用摩托车，李同意。王某借用数周不还，李某碍于情面，一直未讨还。某晚，李某乘王某家无人，将摩托车推回。次日，王某将摩托车丢失之事告诉李某，并提出用4000元予以赔偿。李某故意隐瞒真情，称："你要赔就赔吧。"王某于是给付李某摩托车款4000元。后李某恐事情败露，又将摩托车偷偷卖给丁某，获得款项3500元。李某的行为构成何罪？[2]（2003/2/10）

  A. 盗窃罪   B. 诈骗罪

  C. 销售赃物罪   D. 盗窃罪和诈骗罪的牵连犯

  【疑难辨析】 本题情形是所有权人偷回被他人合法占有、控制下的本人所有财物。盗窃罪的对象是"他人占有的财物"，而不是"他人所有的财物"。这种情形中，因他人合法占有的占有效力更高，属于他人占有的财物，符合盗窃罪的犯罪对象要求，但是否构成盗窃罪，还需看行为人主观上有无非法占有目的。当前，最高人民法院发布的一系列判例对有无非法占有目的的推定规则是：如果事后索赔或欲图索赔，或者盗窃行为会必然使被害人受到损失，就推定行为人有非法占有目的，可构成盗窃罪。如果行为人没有事后索赔或无索赔欲图，就推定行为人不具有非法占有目的，不构成盗窃罪；但可能以手段行为定罪（如盗窃被司法机关合法扣押的本人所有财物，可触犯非法处置查封、扣押、冻结的财产罪）。

  【解析】（1）客观上，借用人王某基于借用关系合法占有摩托车，属于他人占有的财物，系盗窃罪的对象。李某在原占有人王某不知情的情况下转移占有，系秘密窃取的盗窃行为。

  （2）主观上，李某具有盗窃罪故意，盗走本人的财物后又要求索赔，具有非法占有的目

---

[1] B [2] A

的，根据刑法 264 条，构成盗窃罪。

（3）盗窃后隐瞒真相骗取王某 4000 元赔偿，根据 266 条规定，构成诈骗罪。

（4）关于本犯销售赃物的行为，因欠缺期待可能，不能构成掩饰、隐瞒犯罪所得罪。

（5）在罪数上，由于前行为盗窃罪的对象是摩托车，后行为诈骗行为是进一步实现盗得财产价值的行为，系对盗窃所得的兑现，应认定为事后不可罚行为，不再单独认定为诈骗罪。故而，李某只以盗窃罪一罪论处。

6. 下列哪些行为，可构成盗窃罪（不考虑数额）[1]（2019/客/卷一/仿34）

A. 甲把共享单车在未更换车锁及二维码的情况下，偷偷搬到边远的农村地区，供村民扫码使用

B. 甲把共享单车在未更换车锁及二维码的情况下，每次用完之后停到自家楼下，以便下次使用

C. 甲把共享单车更换车锁后，将其放到自家楼下，供自己使用

D. 甲看到街上有一辆没有上锁的共享单车，将其放在自家楼下，供自己使用

【疑难辨析】盗窃罪的对象是他人占有的财物，手段是秘密窃取转移占有的盗窃行为，结果是控制住财物或使之失去占用。判断本题共享单车案中行为人是否构成盗窃罪：1. 首先需判断对象是否属于他人占有的财物。亦即，判断行为实施之前单车的占有状态，是归单车公司占有，还是归行为人占有。2. 然后认定行为人的行为是否属于转移占有的行为。亦即，行为人的行为是否使单车公司失去占有、转移占有。共享单车使用之后，置于公共场所，或单车公司能够控制、查找的区域，都是使其重归单车公司占有。如果将单车置于单车公司无法控制的区域或无法查找的场所等，都是使之失去占有。3. 最后看转移占有手段是否属秘密窃取的盗窃行为，需要看行为人将单车由单车公司占有转归自己占有或失去占有的过程，是否违反共享单车的使用规则，单车公司是否允许、知情。

【解析】A 选项，行为之前单车归单车公司占有，属盗窃罪对象。将共享单车置于边远的农村地区，虽仍能供公众"共享"使用；但单车本身不再处于单车公司可控制的区域内，应认定使单车公司失去占有。亦即，虽未使单车公司失去使用权能，但使之丧失了占有，属转移占有行为。对此转移占有的情形，违反单车使用规则，单车公司并不知情，系秘密窃取的盗窃行为，根据刑法第 264 条，行为人构成盗窃罪。

B 选项，实施行为之前，单车归租车人合法占有（单车公司所有），不属盗窃罪对象；系基于租赁关系而占有的委托保管物，属侵占罪对象。用完停到自家楼下，而不是按使用规则"置于公共场所"，也是使单车公司丧失对单车占有、控制。后果是使单车归行为人"独占独享"，妨害单车公司的使用权能和所有权。相当于租完后不归还，根据刑法第 270 条，可涉嫌侵占罪。

C 选项，之前单车归单车公司占有，属盗窃罪对象；更换车锁后归行为人占有，对此单车公司不知情，系秘密窃取的盗窃行为，行为人构成盗窃罪。

D 选项，街上未上锁的共享单车，不属脱离他人占有的遗忘物；根据存在状态可以推知归单车公司占有，属盗窃罪对象。放到自家楼下，使单车公司丧失对单车占有、控制，归行为人占有，单车公司不知情，系秘密窃取的盗窃行为，行为人构成盗窃罪。

---

[1] ACD

三、五种盗窃罪形式

7. 关于盗窃罪的理解，下列哪一选项是正确的？[1]（2011/2/16）

A. 扒窃成立盗窃罪的，以携带凶器为前提

B. 扒窃仅限于窃取他人衣服口袋内体积较小的财物

C. 扒窃时无论窃取数额大小，即使窃得一张白纸，也成立盗窃罪既遂

D. 入户盗窃成立盗窃罪的，既不要求数额较大，也不要求多次盗窃

【解析】本题考查对五种盗窃形式以及成罪条件的理解。

A选项，扒窃成立盗窃罪的，无需携带凶器，也无需数额较大。

B选项，根据《最高人民法院、最高人民检察院关于办理盗窃刑事案件适用法律若干问题的解释》（法释【2013】8号）第3条第4款，扒窃指在公共场所或者公共交通工具上盗窃他人随身携带的财物的（近身盗窃），而不限于窃取他人衣服口袋内体积较小的财物（贴身盗窃）。例如，盗窃别人背的双肩包内的财物，也是扒窃。

C选项，扒窃成罪虽无需数额较大。但诸如一张白纸等数额极其微薄的物品，不值得动用刑法手段进行保护，不具（刑法）法益侵害性，不认为是我国刑法值得保护的"财物"。扒窃得到此类物品，可认定未取得刑法所保护的财物，不认为是既遂。理论上应当认定对其他财物构成盗窃未遂，前述司法解释第12条规定数额巨大、珍贵文物、情节严重的盗窃未遂才处罚。

D选项，入户盗窃、数额较大、多次盗窃等五种成罪要素是并列关系，只要符合其一即可。

四、盗窃故意

8. 2010年某日，甲到乙家，发现乙家徒四壁。见桌上一块玉坠，断定是不值钱的仿制品，甲便顺手拿走。后甲对丙谎称玉坠乃秦代文物，值5万元，丙以3万元买下。经鉴定乃清代玉坠，市值5000元。关于本案的分析，下列哪一选项是错误的？[2]（2013/2/6）

A. 甲断定玉坠为不值钱的仿制品具有一定根据，对"数额较大"没有认识，缺乏盗窃犯罪故意，不构成盗窃罪

B. 甲将所盗玉坠卖给丙，具有可罚性，不属于不可罚的事后行为

C. 不应追究甲盗窃玉坠的刑事责任，但应追究甲诈骗丙的刑事责任

D. 甲诈骗丙的诈骗数额为5万元，其中3万元既遂，2万元未遂

【疑难辨析】本题的疑难点在于盗窃故意的认定，具体问题是对于数额的误认是否影响盗窃故意的成立。一般情况下，对数额的认识错误不影响故意的成立，只要认识到对象具有一定价值（认识到了"财物属性"），即使误认为价值较小，也认为具有盗窃故意。但是，误认为对象物价值极其微薄（即没有认识到"财物属性"），实则对象物价值数额较大、巨大乃至特别巨大，一般不认为有盗窃故意。

【解析】（1）第一段行为：客观上，甲到乙家盗窃系"入户盗窃"。主观上，甲误将市值5000元的财物认定为"不值钱的仿制品"，结合"家徒四壁"的情形，认定具有确切依据，系属认识错误。因认为对象"不值钱"，是没有认识到对象的"财物属性"，亦即，误将"财物"误认为"非财物"。对于盗窃对象没有认识，不认为具有盗窃故意。故而虽客观上有盗窃财物行为，但主观上对象无认识，无盗窃故意，不构成盗窃罪。选项A正确。

（2）第一段行为：客观上，甲谎称玉坠系秦代文物（实际上是清代玉坠），财物实际值5000元，卖得3万元，被害人因受骗而有损失，实施了虚拟事实诈骗财物的行为。主观上，认

---

[1] D　[2] D

为玉坠系不值钱的仿制品却谎称是文物，虽具有认识错误，但不影响诈骗罪故意的成立，主观上具有诈骗故意和非法占有目的，根据刑法第266条，构成诈骗罪。

（3）关于诈骗罪的犯罪数额。部分既遂、部分未遂的数额计算，根据《最高人民法院、最高人民检察院关于办理诈骗刑事案件具体应用法律若干问题的解释》（法释〔2011〕7号）第6条："诈骗既有既遂，又有未遂，分别达到不同量刑幅度的，依照处罚较重的规定处罚；达到同一量刑幅度的，以诈骗罪既遂处罚。"并不是将既遂、未遂累加，而是择一重处。本案3万元既遂、2万元未遂是同一量刑幅度的，应以诈骗罪3万元既遂处罚，2万元未遂作为量刑情节。亦即，诈骗数额为3万元。选项D错误。

（4）不可罚的事后行为的成立要求同一对象、同一法益、前行为已评价，盗窃对象是乙的玉坠，诈骗对象是丙的钱款，系不同对象（玉坠、钱）、不同人的不同法益，并且因前行为不构成犯罪也未包容对后行为的评价。后行为不属不可罚的事后行为，应当单独评价为诈骗罪。故选项B、C正确。

（5）本题应当注意的问题一：应当将"对数额的认识错误"（将大数额认定为一定程度的小数额，不影响故意成立）与"未认识到对象的财物属性"（认为对象价值极其轻微，不成立故意）区分开来。本题应当注意的问题二：如果本案中该玉坠客观上确实值3万元，或者相差不大；则丙不会损失（根据司法解释，善意取得赃物不能追缴），甲属诈骗罪的不能犯。

五、盗窃罪的既遂标准

9. 甲将汽车停在自家楼下，忘记拔车钥匙，匆匆上楼取文件，被恰好路过的乙发现。乙发动汽车刚要挂档开动时，甲正好下楼，将乙抓获。关于乙的行为，下列哪一选项是正确的？[1]（2007/2/6）

A. 构成侵占罪既遂
B. 构成侵占罪未遂
C. 构成盗窃罪既遂
D. 构成盗窃罪未遂

【解析】（1）物主距离财物近在咫尺，即使没有上锁，也应认定为被物主占有；趁物主不在而将汽车开走，系秘密窃取的盗窃行为，根据刑法第264条，构成盗窃罪。（2）触及财物应认为已经盗窃着手，但由于汽车未发生位移，不能认为行为人控制，都不构成盗窃既遂，应认定为盗窃罪未遂。（3）对于法律职业资格考试而言，盗窃罪的既遂标准为控制说为主，即首先考虑行为人是否控制财物。

10. 陈某趁珠宝柜台的售货员接待其他顾客时，伸手从柜台内拿出一个价值2300元的戒指，握在手中，然后继续在柜台边假装观看。几分钟后，售货员发现少了一个戒指并怀疑陈某，便立即报告保安人员。陈某见状，速将戒指扔回柜台内后逃离。关于本案，下列哪些说法是正确的？[2]（2002/2/42）

A. 陈某的盗窃行为已经既遂
B. 陈某的盗窃行为属于未遂
C. 陈某将戒指扔回柜台内不属于中止行为
D. 陈某将戒指扔回柜台内属于犯罪既遂后返还财物的行为

【解析】在法考中，盗窃罪的既遂标准为控制说为主。依控制说衍生的具体标准，小件财物以握在手里、放入口袋、藏入包中等为既遂。本案中行为人已将财物握在手里，虽可能并未脱离商场这个场所，也应认为是既遂。既遂之后无中止，故之后扔回财物不构成中止，认为是悔罪。

---

[1] D [2] ACD

11. 关于故意犯罪形态的认定，下列哪些选项是正确的？[1]（2013/2/54）

A. 甲绑架幼女乙后，向其父勒索财物。乙父佯装不管乙安危，甲只好将乙送回。甲虽未能成功勒索财物，但仍成立绑架罪既遂

B. 甲抢夺乙价值1万元项链时，乙紧抓不放，甲只抢得半条项链。甲逃走60余米后，觉得半条项链无用而扔掉。甲的行为未得逞，成立抢夺罪未遂

C. 乙欲盗汽车，向甲借得盗车钥匙。乙盗车时发现该钥匙不管用，遂用其他工具盗得汽车。乙属于盗窃罪既遂，甲属于盗窃罪未遂

D. 甲在珠宝柜台偷拿一枚钻戒后迅速逃离，慌乱中在商场内摔倒。保安扶起甲后发现其盗窃行为并将其控制。甲未能离开商场，属于盗窃罪未遂

【解析】A选项，绑架罪的既遂标准是控制人质使人质脱离显著困难或杀害（结果犯）。本案中甲已控制了乙，已成立绑架罪既遂，送乙回家是既遂后的悔罪行为。A选项说法正确。

B选项，抢夺罪的既遂标准是控制住数额较大的财物，甲已控制住了半条项链数额较大，构成抢夺罪的既遂。扔掉行为是对财物的处分行为，不影响既遂的认定。故B选项说法错误。

C选项，本选项考查共犯人的既未遂。从客观因果关系（"惹起说"）方面分析，甲的帮助行为即提供钥匙的行为对于实行犯乙盗车得逞客观上没有起到作用，没有因果关系（促进关系）。故认定甲是帮助犯，但与结果无因果关系，是未遂。

D选项，盗窃罪的具体既遂标准，小宗物品，拿在手里，放在口袋里即为既遂。本案中，行为人已偷拿到一枚钻戒，应当认定为犯罪既遂。故B选项说法错误。

六、盗窃罪与其他财产犯罪的区分

12. 以下行为人甲的行为构成盗窃罪的有[2]（2018/客/卷一/22仿）

A. 甲的汽车被法院扣押，停放在某停车场，甲对该停车场的保管员乙谎称自己是法院的人，受法院的委托过来把车开走。保管员乙信以为真，并收取了甲给的保管费后，让甲把汽车开走

B. 甲看到乙站在摩托车旁，误认为乙是车主，当前乙的面将车骑走，实际上，车主丙在别的地方不知情

C. 乙拿着包坐在公园长椅上，甲看着就默默坐他旁边。乙离开时忘记将自己的包拿走，甲见乙离开，迅速将包拿走。乙走出十米突然想起了自己的包，返回原处未看见包与甲

D. 乙骑摩托车搭载陌生人甲过山路，路面崎岖泥泞，乙便下车推着摩托车前行。这时甲提出帮忙把车骑过去，乙同意，并且紧跟其后，双眼一直注视甲。不料过了山路甲骑着摩托扬长而去

【解析】A选项，在犯罪对象上，尽管甲是汽车的所有权人，但汽车被法院扣押，法院占有效力更高，该汽车属他人占有的财物，系转移占有型财产犯罪的对象。在占有状态上，停车场的管理员乙受委托看管汽车，系占有人以及有权处分人。在转移占有手段上，甲欺骗有处分权的乙，让乙转移占有，构成诈骗罪。

B选项，在客观上，甲在取走摩托车时，车主丙另在别处，对于转移占有的事实并不知情，甲系在原占有人不知情的情况下转移占有，属盗窃行为。在主观上，甲误认乙是原占有人，当着他的面公然转移占有，主观上具有抢夺罪故意。客观主观统一为盗窃罪。

C选项，客观上，在财物的占有状态认定上，物主没走多远就回想起钱包，近在咫尺、立即归来，钱包应认为仍归物主占有。主观上，甲知乙没走多远的事实，对钱包仍属他人占有的

事实有认识，具有盗窃罪故意。客观主观相统一，构成盗窃罪。

D选项，该选项中甲的行为可分骗、夺两阶段。（1）前一段骗的行为，甲对乙实施了诈骗行为，骗取乙将摩托车让甲骑。但是，被骗人乙只是让甲临时骑一段，并没有让甲将摩托骑开，没有放弃占有、转移占有的意思。甲骑上摩托车之后，由于物主乙仍近在咫尺，摩托车仍归乙占有。因此，甲只是骗取乙转移持有，而没有骗取乙转移占有，甲不构成诈骗罪。（2）后一段当面骑开的行为，由于之前摩托车仍归乙占有，甲当面骑开，才使乙丧失占有，是公然转移占有的行为，构成抢夺罪。

13. 甲坐公交车的时候，偷偷把睡着的乙的手机支付宝账户里的钱转走。为了避免罪行被发现，临起起意又将乙手机拿走准备销毁。第二天，甲在销毁手机时，发现手机不错，又起意将手机卖了。甲的行为构成何罪？（如不考虑数额）[1]（2020/客/1/33仿）

A. 盗窃罪　　　　　　　　　　　B. 破坏计算机信息系统罪
C. 故意毁坏财物罪　　　　　　　D. 侵占罪

【解析】考查网络账户、财产犯罪，客观主观相统一。

（1）第一段（转走支付宝账户里的钱）：系支付宝账户，不是信用卡账户，不构成信用卡诈骗罪。秘密窃取乙网络账户里的钱，根据刑法第264条，构成盗窃罪。未破坏数据、程序，不构成破坏计算机信息系统罪；可触犯非法获取计算机信息系统数据罪。利用计算机实施盗窃，根据刑法第287条，以盗窃罪论处。

（2）第二段（拿手机）：客观上实施了盗窃行为，因主观上只有毁坏故意而没有非法占有目的，不构成盗窃罪；为了毁坏而拿走手机，系毁坏财物的预备行为，主观上具有毁坏故意，根据刑法第275、22条，触犯故意毁坏财物罪。后自动放弃，系预备阶段的中止。

（3）第三段（占有手机）：对因不当得利而占有委托保管的手机非法所有，根据刑法第270条，触犯了侵占罪。

（4）第四段（卖手机）：虽销售侵占所得手机，但系本犯欠缺期待可能，不构成掩饰、隐瞒犯罪所得罪。

（5）综上，以盗窃罪（钱，既遂）、故意毁坏财物罪（中止）、侵占罪（手机，既遂），数罪并罚。

14. 乙购物后，将购物小票随手扔在超市门口。甲捡到小票，立即拦住乙说："你怎么把我购买的东西拿走？"乙莫名其妙，甲便向乙出示小票，两人发生争执。适逢交警丙路过，乙请丙判断是非，丙让乙将商品还给甲，有口难辩的乙只好照办。关于本案的分析（不考虑数额），下列哪一选项是错误的？[2]（2014/2/19）

A. 如认为交警丙没有处分权限，则甲的行为不成立诈骗罪
B. 如认为盗窃必须表现为秘密窃取，则甲的行为不成立盗窃罪
C. 如认为抢夺必须表现为乘人不备公然夺取，则甲的行为不成立抢夺罪
D. 甲虽未实施恐吓行为，但如乙心生恐惧而交出商品的，甲的行为构成敲诈勒索罪

【解析】本题考查诈骗罪、盗窃罪、抢夺罪、敲诈勒索罪的概念及构成要素。

本题案情模型是"甲骗丙取得乙财物"情形；但出题模式是"设定观点，考查推理"型的观点设定题，即先设定观点前提，要求考生根据设定的观点，结合案情进行推理。

（1）区分"三角诈骗"与盗窃罪间接正犯。对于"甲骗丙取得乙财物"情形，首先涉及"三角诈骗"与盗窃罪间接正犯的区分，即A、B选项。诈骗罪要求被骗人具有处分（转移占

有）权限。①如认定丙无处分权限，甲不能构成诈骗罪；A选项正确。②B选项，如果按B选项设定将盗窃行为界定为秘密窃取，则本案甲是公然取财，不能构成盗窃，有可能涉嫌抢夺。③如果认为盗窃不必一定需秘密窃取（例如公然平和转移占有也可能是盗窃），则本案甲有可能是盗窃（盗窃罪的间接正犯）。A、B选项说法均正确。

（2）C选项，考查抢夺的界定。①如果按C选项设定将抢夺行为界定为乘人不备公然夺取，因甲取财虽公然但并未乘人不备，不成立抢夺罪；②如果认为抢夺只需公然无需乘人不备，则本案甲有可能成立抢夺；③如果认为抢夺不仅需公然而且需迅猛对人身有危险，则本案甲也不成立抢夺。

（3）D选项，考查行为人立场和被害人立场。我国刑法对犯罪的认定基本上采行为人立场，亦即认定行为人有无实施刑法规定的特定类型的行为。敲诈勒索罪的成立首先需行为人实施了敲诈勒索行为即威胁、要挟行为，被害产生恐惧而交财。如果如D选项所述行为人甲未实施恐吓行为，即使被害人乙心生恐惧而交财，也不能认定甲的行为构成敲诈勒索罪。D选项说法错误。

当然，对于本题，如不按观点设定的模式，而以通说观点来解析：①丙如系普通警察（治安警），一般认为有处分权限，应当认定甲的行为是诈骗（三角诈骗）；②但如其为交警或一般路人，只有"评理"的作用没有处分权限，甲的行为可认为是抢夺（以公然夺财界定抢夺）。

15. 某快递公司的快递员甲，在分拣包裹的过程工作中，趁人不注意，把传送带上不归自己负责的包裹，放入自己的快递车内，然后离开公司送货途中，拆开包裹，据为己有。则关于甲的行为，下列说法正确的是？[1]（2018/客/卷一/23仿）

A. 甲没有利用职务上的便利，其行为构成盗窃罪

B. 认定甲没有利用职务上的便利的理由在于，甲取走该包裹时，该包裹并不处于其主管、管理、经营、经手过程中

C. 甲利用了职务上的便利，其行为构成职务侵占罪

D. 认定甲利用了职务上的便利的理由在于，甲系该单位的员工，且其工作就是收取快递包裹

【解析】（1）快递公司里传送带上的包裹，属于快递公司控制领域中的财物，归快递公司占有。（2）甲趁快递公司不注意而拿走，系秘密窃取的盗窃行为。（3）快递公司未授权甲拿走不归自己负责的包裹，包裹并不属甲主管、管理、经营、经手，其盗窃行为不属于"利用职务便利"，而是利用熟悉作案环境。故不构成职务侵占罪，直接以盗窃罪论处。

七、罪数

16. 甲对陈某的毒品动起了歪脑筋，探知陈某将毒品藏在厨房灶膛内。某夜，甲先用毒包子毒死陈某的2条看门狗（价值6000元），然后翻进陈某院墙，从厨房灶膛拿走陈某50克纯冰毒。关于此事实的判断，下列选项正确的是[2]（2014/2/90）

A. 甲翻墙入院从厨房取走毒品的行为，属于入户盗窃

B. 甲进入陈某厨房的行为触犯非法侵入住宅罪

C. 甲毒死陈某看门狗的行为是盗窃预备与故意毁坏财物罪的想象竞合

D. 对甲盗窃50克冰毒的行为，应以盗窃罪论处，根据盗窃情节轻重量刑

【解析】A选项，考查入户盗窃中"户"的含义，指家庭住宅，院墙和厨房都是家庭住宅

---

〔1〕 AB 〔2〕 ABCD

的组成部分，进入属于进入家庭住宅，构成"入户"。

B选项，单独评价入户行为，可认定为触犯非法侵入住宅罪；与盗窃罪是吸收犯关系，认定为盗窃罪一罪（入户盗窃）。

C选项，如单独评价，毒死狗的行为触犯故意毁坏财物罪，同时是为入户盗窃作准备，又触犯盗窃罪预备；一行为同时触犯数罪，是想象竞合。

D选项，违禁品有价值也是财物，盗窃毒品等违禁品的行为是盗窃财物行为，构成盗窃罪。根据《最高人民法院、最高人民检察院关于办理盗窃刑事案件适用法律若干问题的解释》第1条第4款的规定，"盗窃毒品等违禁品，应当按照盗窃罪处理的，根据情节轻重量刑"。

17. 下列哪些说法是错误的？[1]（2006/2/59）

A. 甲盗窃乙的一本存折后，假冒乙的名义从银行取出存折中的5万元存款。甲的行为应认定为盗窃罪与诈骗罪

B. 甲盗窃了乙的200克海洛因，因本人不吸毒，就将海洛因转卖给丙。甲的行为应认定为盗窃罪和贩卖毒品罪

C. 甲盗窃了博物馆的一件国家珍贵文物，以20万元的价格转卖给乙。甲的行为应认定为盗窃罪和倒卖文物罪

D. 甲盗窃了乙的一块名表，以2万元的价格转卖给丙，甲的行为应认定为盗窃罪和销售赃物罪（现为掩饰、隐瞒犯罪所得罪）

【解析】A选项，（1）在触犯罪名方面，前一行为触犯盗窃罪（盗窃财产凭证），后一行为触犯诈骗罪（"三角诈骗"，欺骗银行而取得乙的钱）。（2）在罪数方面，后一行为是前一行为的兑现行为，最终都是针对存折上的钱，后行为是事后不可罚，应当以盗窃罪一罪论处。（3）法条依据，最新解释可参见《最高人民法院、最高人民检察院关于办理盗窃刑事案件适用法律若干问题的解释》（2013）第5条。盗窃记名、可挂失存折后又兑现的，盗窃数额以兑现金额计算，这说明，刑法已将盗窃存折的行为规定为盗窃罪，则之后的冒名兑现虽符合诈骗罪的构成条件，但属事后不可罚行为，不再单独定罪，而只定盗窃罪一罪。故A选项表述错误，当选。

B选项，（1）盗窃毒品的行为可触犯盗窃罪；转卖给丙的行为触犯贩卖毒品罪。（2）罪数方面，依照《最高人民法院关于审理抢劫、抢夺刑事案件适用法律若干问题的意见》第7条规定可知，抢劫、盗窃毒品等违禁品后又以违禁品实施其他犯罪的，应数罪并罚。故B选项表述正确，不当选。

C选项，（1）盗窃博物馆里的珍贵文物，根据刑法第264条，构成盗窃罪。（2）但争议在于，之后单纯的违规向个人出卖文物行为可否构成倒卖文物罪？争议的关键在于对于倒卖文物罪中的"倒卖"一词如何解释。一种解释是将"倒卖"解释为"低价买进高价卖出或转手贩卖"，即"买后再卖赚取差价"，如此解释，盗窃文物后单纯的出卖的行为就不属"倒卖"，不能构成倒卖文物罪。另一种解释是基于该罪保护的法益出发，认为《文物保护法》规定私人收藏的文物只可向文化行政部门指定的单位出售，从而将"倒卖"解释为"以谋取非法利益为目的，收购、出售国家禁止经营的文物"，单纯的出卖也可构成倒卖文物罪。（3）《最高人民法院、最高人民检察院关于办理妨害文物管理等刑事案件适用法律若干问题的解释》（法释〔2015〕23号）第6条采用了第二种解释，将"倒卖"解释为"出售或者为出售而收购、运输、储存"。故而，行为人后行为触犯倒卖文物罪。（4）在罪数方面，行为人触犯盗窃罪、倒

〔1〕 AD

卖文物罪两罪，盗窃之后的行为侵害新的法益，不属事后不可罚（类比于盗窃毒品后又贩卖毒品），应当数罪并罚。该选项说法正确，不当选。

D 选项，盗窃手表触犯盗窃罪；又销赃的，因本犯欠缺期待可能性，不能构成掩饰、隐瞒犯罪所得罪。故只触犯一罪，D 选项表述错误，当选。

考点六　诈骗罪

一、诈骗罪的构成要件

1. 下列哪些行为触犯诈骗罪（不考虑数额）？[1]（2015/2/63）

A. 甲对李某家的保姆说："李某现在使用的手提电脑是我的，你还给我吧。"保姆信以为真，将电脑交给甲

B. 甲对持有外币的乙说："你手上拿的是假币，得扔掉，否则要坐牢。"乙将外币扔掉，甲乘机将外币捡走

C. 甲为灾民募捐，一般人捐款几百元。富商经过募捐地点时，甲称："不少人都捐一、二万元，您多捐点吧。"富商信以为真，捐款 2 万元

D. 乙窃取摩托车，准备骑走。甲觉其可疑，装成摩托车主人的样子说："你想把我的车骑走啊？"乙弃车逃走，甲将摩托车据为己有

【解析】本题考查诈骗罪的构成要件、盗窃罪间接正犯与三角诈骗的区分

A 选项，盗窃罪间接正犯与三角诈骗的区分。保姆具有处分（转移占有）的权限，骗取有处分权限的人转移占有，系三角诈骗，构成诈骗罪。

B 选项，诈骗罪中骗取他人处分（放弃所有、放弃占有均可）的意思，包括欺骗他人放弃所有权后行为人进而取得。

C 选项，被骗人在转移财物占有时，对财物的性质、数量均有明确认识，对财物的去处和自己行为的后果也有认识。亦即，即使富商信以为真，也有捐多捐少的选择自由。行为人虽有欺骗行为，但未对处分法益的结果虚构、隐瞒，不属刑法上欺骗，与富商转移占有的行为没有因果关系。富商的处分和承诺在刑法上有效。

D 选项，与选项 B 相同，诈骗罪中骗取他人处分的意思，包括骗人放弃所有权后行为人进而取得。

2. 关于诈骗罪，下列哪些选项是正确的？[2]（2007/2/62）

A. 收藏家甲受托为江某的藏品进行鉴定，甲明知该藏品价值 100 万，但故意贬其价值后以 1 万元收买。甲的行为构成诈骗罪

B. 文物贩子乙收购一些赝品，冒充文物低价卖给洪某。乙的行为构成诈骗罪

C. 店主丙在柜台内陈列了两块标价 5 万元的玉石，韩某讲价后以 3 万元购买其中一块，周某讲价后以 3000 元购买了另一块。丙对韩某构成诈骗罪

D. 画家丁临摹了著名画家范某的油画并署上范某的名章，通过画廊以 5 万元出售给田某，丁非法获利 3 万元。丁的行为构成诈骗罪

【疑难辨析】本题考点是商品交易中的哪些欺骗行为可以构成诈骗罪。以及隐瞒真相的诈骗。如果存在真实的商品交易，尽管买卖双方为议价而对质量、真实价值有些隐瞒，一般不构

---

[1] ABD　[2] AB

成诈骗罪，而认为是正常交易或民事欺诈。因为出售方没有揭示真实价格的义务。只有在商品完全不具有真实性，价值极其低贱；或者法律强制规定一方存在披露真相的义务时，他人有信任行为人的法律期待，才可能涉嫌犯罪。

【解析】A选项，作为鉴定人的甲具有"被信任身份"，有披露真相的法律强制义务，甲利用此种"被信任身份"故意隐瞒真相，骗取他人信任处分财产，自己得益他人受损的，可认为是诈骗罪。

B选项，由于交易对象为赝品，价值低贱，与真实物品（例如有瑕疵品）价值相差太大，以假充真不能认为存在真实的交易，可以构成诈骗罪。

C选项，尽管相同商品价格相差悬殊，但由于存在真实的交易商品，店主丙对玉石的性质并没有进行虚假陈述、实施诈骗行为；根据日常生活的交易习惯，对价金的审核义务归于购买者，故而不能认为是诈骗罪。

D选项，假冒他人署名出售美术作品的，根据刑法第217条，触犯侵犯著作权罪；同时虚构事实诈骗财物，根据刑法第266条，也触犯诈骗罪。两罪是整体法与部分法的法条竞合，以整体法侵犯著作权罪论处。

3. 关于诈骗罪的理解和认定，下列哪些选项是错误的？[1]（2013/2/61）

A. 甲曾借给好友乙1万元。乙还款时未要回借条。一年后，甲故意拿借条要乙还款。乙明知但碍于情面，又给甲1万元。甲虽获得1万元，但不能认定为诈骗既遂

B. 甲发现乙出国后其房屋无人居住，便伪造房产证，将该房租给丙住了一年，收取租金2万元。甲的行为构成诈骗罪

C. 甲请客（餐费1万元）后，发现未带钱，便向餐厅经理谎称送走客人后再付款。经理信以为真，甲趁机逃走。不管怎样理解处分意识，对甲的行为都应以诈骗罪论处

D. 乙花2万元向甲购买假币，后发现是一堆白纸。由于购买假币的行为是违法的，乙不是诈骗罪的受害人，甲不成立诈骗罪

【解析】A选项，甲虽实施了诈骗行为，但乙并未产生认识错误，是基于其他理由交付财物。取财非因诈骗导致，诈骗行为与取财无因果关系，不能认定为诈骗既遂，应当认定为未遂。

B选项，（1）甲对丙实施了诈骗行为，丙也受骗，但关键在于判断受害人有无损失。丙虽交付租金，但已获得了一年居住权，财产并未损失，甲对丙不构成诈骗罪。（2）乙的房屋虽被甲占用，但所有权并未受到侵害，乙房屋所有权未损失。甲的行为可认为是盗用财物使用权能、用益物权的行为（出租获利），而是盗窃财物本身，通说认为该使用权能、用益物权不属财物，不能构成盗窃罪。（3）乙的房屋被人占用，可认为甲构成非法侵入住宅罪（间接正犯）；乙的房屋收益权被人盗用，甲在民法上对2万元租金属不当得利，乙可追讨。

C选项，需区分"食宿诈骗（吃霸王餐）"的不同情形：①"犯意先行型"的食宿诈骗，即骗取食物之前即有不给钱的意图，隐瞒了不付钱的真相，犯罪对象是食物，可构成诈骗罪。②"食宿先行型"的食宿诈骗，即原本是想付钱，吃完饭后趁机开溜，没有隐瞒真相，也未消灭债权，不构成犯罪，系民事纠纷。③"骗取免单型"的食宿诈骗，即食宿完毕后骗取他人免除债务，犯罪对象是债权，可构成诈骗罪。本题属"食宿先行型"的食宿诈骗，一般不认为是诈骗罪。诈骗罪中的"处分意识"应当理解为对财物转移占有或进行处分（交付、转让所有权、放弃债权），而不理解为"同意延期交付"。

---

[1] BCD

D 选项，（1）甲假借违法交易而骗取乙的钱财，系虚构事实的诈骗行为，构成诈骗罪。乙是被害人。（2）只不过，对于假币犯罪而言，甲客观上未实施出售假币的行为，主观上无该罪故意，不构成出售假币罪。（3）乙虽主观上有购买假币罪的故意，但客观上购买的不是假币，可能成立购买假币罪的不能犯。

4. 关于侵犯财产罪及相关犯罪，下列哪一选项是正确的？[1]（2007/2/17）

A. 甲用假币到电器商场购买手机，甲的行为构成（应认定为）诈骗罪

B. 乙受王某之托将价值 5 万元的手表送给 10 公里外的朱某，乙在路上让某捆绑自己，伪造了抢劫现场，将表据为己有。报案后，乙向警方说自己被抢。乙的行为构成侵占罪

C. 丙假冒某部委名义，以组织某高层论坛为名发布广告、寄送材料，要求参会人员每人先邮寄会务费 1 万元。丙收款 50 万元后潜逃。丙的行为构成虚假广告罪

D. 丁为孩子升学，买了一辆假冒某名牌的摩托车送给教育局长何某。丁的行为构成诈骗罪

【解析】选项 A，触犯使用假币罪、诈骗罪两罪。在罪数上，由于刑法规定为使用假币罪中可包括诈骗的内容，故而两罪之间是整体法与部分法的法条竞合关系。以整体法使用假币罪一罪论处，不再以诈骗罪论处。

选项 B，将代他人保管的财物据为己有的，构成侵占罪；侵占之后欺骗物主的，是犯罪后的掩饰行为，没有骗取转移占有，不能构成诈骗罪。

选项 C，（1）丙发布虚假信息，骗取他人信任而交付钱财，构成诈骗罪。（2）虚假广告罪是为出售商品、服务而作虚假宣传，虽要存在实际的商品、服务，本案中不存在实际的商品、服务交易，不构成该罪。

选项 D，（1）诈骗罪要求骗取他人钱财，即有行为人获得财产、被骗人财产损害的结果和可能性，本案是送给"被害人"财物，被害人根本不可能会有财产损失，也没有损失可能性，故不构成诈骗罪。（2）假冒某名牌的摩托车也是财物，收受者是对象错误、具体错误，可构成受贿罪；行贿者可构成行贿罪。

5. 甲经常驾驶车辆在高速路收费站时，驶入，驶出高速时紧跟前车快速通过 ETC，在挡车杆落下之前跟着前车过去，其 ETC 没有被扣费。其采用这种方式偷逃高速通行费共计 1 万余元。关于甲的行为定性，下列选项说法正确的是？[2]（2021/客/卷一/仿 18）

A. 盗窃罪　　　　B. 诈骗罪　　　　C. 抢夺罪　　　　D. 不构成犯罪

【解析】本题考查财产犯罪的推理方法，盗窃罪、诈骗罪等犯罪的区分。

在，这种"跟车逃费"的情形，被害人是高速路收费站，损失对象是高速通行费（债权）。行为人使债权消灭的手段，是通过跟行前车、让收费站误信车辆已经交费的虚构事实的诈骗手段，骗取收费站放行、放弃债权。收费站没有对 ETC 扣费，说明其对收费金额知情而免除，对于放弃债权具有处分意识。根据刑法第 266 条，构成诈骗罪。

虽司法实务中对此类案的处理五花八门，当前也无最高院、最高检的司法解释的明文规定。但是，类似的解释，《最高人民法院关于审理非法生产、买卖武装部队车辆号牌等刑事案件具体应用法律若干问题的解释》第 3 条第 2 款规定："使用伪造、变造、盗窃的武装部队车辆号牌，骗免养路费、通行费等各种规费，数额较大的，依照刑法第二百六十六条的规定定罪处罚。"相关地方性规范，例如：《四川省高级人民法院、省检察院、省公安厅关于办理偷逃收费公路车辆通行费违法犯罪案件适用法律若干问题的意见》规定，以非法占有为目的，采用

---

[1]　B　[2]　B

欺骗手段不交或者少交车辆通行费，数额较大的以诈骗罪定罪处罚。

关于其中人工智能即"机器（背后设置机器的人）能够被骗"的原理在于，如果"机器"按照设定好的自动交付或处理程序进行处理，应当认定为设置该机器的"人"具有处分意识；除非机器发生故障不按处理程序进行处理。本案中，车辆通过 ETC 出口时由机器识别放行，该识别功能是按照"当两车小于一定距离时无法识别出两辆车通行，只对前车进行收费"预设程序操作的。行为人通过紧跟前车的方式，使机器误认为两车为一车而放行，只收取前车的通行费，而免除后车的通行费；符合前述设置机器的"人"具备处分意思的前提。

类比的案例，相当于三种不同种类"食宿诈骗"（犯意先行、食宿先行而逃单、骗取免单）中"骗取免单"的情形。有人认定构成盗窃罪，问题是：盗窃的对象是什么？

二、盗窃罪与诈骗罪的区分

6. 郑某冒充银行客服发送短信，称张某手机银行即将失效，需重新验证。张某信以为真，按短信提示输入银行卡号、密码等信息后，又将收到的编号为 135423 的"验证码"输入手机页面。后张某发现，其实是将 135423 元汇入了郑某账户。关于本案的分析，下列哪一选项是正确的？[1]（2017/2/17）

A. 郑某将张某作为工具加以利用，实现转移张某财产的目的，应以盗窃罪论处

B. 郑某虚构事实，对张某实施欺骗并导致张某处分财产，应以诈骗罪论处

C. 郑某骗取张某的银行卡号、密码等个人信息，应以侵犯公民个人信息罪论处

D. 郑某利用电信网络，为实施诈骗而发布信息，应以非法利用信息网络罪论处

【解析】本题考查盗窃罪与诈骗罪的区分，以及诈骗罪中的"意识处分行为说"。诈骗罪的本质在于骗取被骗人的处分（转移占有）行为，根据"意识处分行为说"，要求被骗人知情转移占有的事实。行为人有骗不一定构成诈骗罪，只有被骗人有处分意识并实施了转移占有的行为，行为人才能构成诈骗罪。（1）本案中，行为人实施了欺骗行为，但被害人受骗后，并不知晓 135423 是转账钱款数额，不知其实施了转移占有的行为。没有处分意识，不能构成诈骗罪。（2）行为人在原占有人不知情的情况下，将钱款转移占有的，系秘密窃取的盗窃行为，根据刑法第 264 条，构成盗窃罪，选项 A 正确。（3）选项 C，行为人通过欺骗的方法获取被害人银行卡号、密码等个人信息，确属第 253 条之一（侵犯公民个人信息罪）第 3 款规定的行为；但并未达到《最高人民法院、最高人民检察院关于办理侵犯公民个人信息刑事案件适用法律若干问题的解释》第 5 条规定的成罪标准。即使达到成罪标准，也属牵连犯，择一重处，应以盗窃罪论处，而不是以侵犯公民个人信息罪"论处"。故选项 C 错误。（4）选项 D，①第 287 条之一（非法利用信息网络罪）第 1 款第 2 项规定的"利用电信网络…发布信息"，指散布、传播的意图。本选项"点对点"的发送短信的行为，不属"利用电信网络…发布信息"，不构成该罪。②如果利用手机群发诈骗短信，可以触犯非法利用信息网络罪。在罪数上，根据第 287 条之一第 3 款，应当择一重处，应以盗窃罪论处，而不是以非法利用信息网络罪"论处"。

7. 甲与乙一起乘火车旅行。火车在某车站仅停 2 分钟，但甲欺骗乙说："本站停车 12 分钟"，乙信以为真，下车购物。乙刚下车，火车便发车了。甲立即将乙的财物转移至另一车厢，然后在下一站下车后携物潜逃。甲的行为构成何罪？[2]（2008 延/2/15）

A. 诈骗罪   B. 侵占罪   C. 盗窃罪   D. 故意毁坏财物罪

【解析】（1）将财物所有人、管理人骗离财物所在场所，趁其不在而取得财物，行为人虽

---

〔1〕 A 〔2〕 C

有诈骗行为，但被害人没有处分意识、实施处分转移财物占有的处分行为，不构成诈骗罪。

（2）取财的关键手段是趁其不在秘密窃取，系盗窃行为，根据刑法第264条，构成盗窃罪。

8. 陈某在商场金店发现柜台内放有一条重12克、价值1600元的纯金项链，与自己所戴的镀金项链样式相同。陈某以挑选金项链为名，乘售货员不注意，用自己的镀金项链调换了上述纯金项链。陈某的行为构成？[1]（2004/2/11）

A. 构成盗窃罪　　　　　　　　　B. 构成诈骗罪

C. 构成诈骗罪与盗窃罪的想象竞合犯　　D. 构成诈骗罪与盗窃罪二罪

【解析】（1）行为人虽有诈骗行为，但被害人没有处分意识、实施处分转移财物占有的处分行为。骗的目的和结果是让他人转移注意力，而不是骗取他人处分财产，不构成诈骗罪。（2）取财的关键手段是"调包"，亦即趁人不注意以假换真秘密窃取，而非骗取他人处分财物转移占有。系盗窃行为，根据刑法第264条，构成盗窃罪。

9. 欣欣在高某的金店选购了一条项链，高某趁欣欣接电话之际，将为其进行礼品包装的项链调换成款式相同的劣等品（两条项链差价约3000元）。欣欣回家后很快发现项链被"调包"，即返回该店要求退还，高某以发票与实物不符为由拒不退换。关于高某的行为，下列哪些说法是错误的？[2]（2009/2/59）

A. 构成盗窃罪　　　　　　　　　B. 构成诈骗罪

C. 构成侵占罪　　　　　　　　　D. 不构成犯罪，属民事纠纷

【解析】本题考查盗窃罪与其它财产犯罪的区分，特别是盗窃罪与诈骗罪的区分。诈骗罪的构成要求"意识处分行为说"，亦即受害人对物品的性质、属于有所认识。（1）本案的行为形式是趁人不备而掉包，行为人虽有欺骗，但被害人根本没有认识到真品项链被他人拿走，没有处分意识和处分行为。行为人不是以劣等品假冒真品骗取被害人处分，故不能构成诈骗罪。（2）取财的关键手段是"调包"，亦即趁人不注意以假换真秘密窃取，系盗窃行为，根据刑法第264条，构成盗窃罪。

10. 下列情形不构成诈骗罪的有[3]（2021/客/卷一/仿17）

A. 甲在超市里把矿泉水倒掉，然后往矿泉水空瓶里装上白酒冒充矿泉水去结账

B. 乙在餐厅吃完饭后，告知收银员送完朋友后回来结账，收银员未吭声，乙一去不回

C. 丙使用电费5000元，通过技术手段使电表显示为1000元，电力公司收取丙1000元电费

D. 丁见邻居房子无人居住，便擅自将房子出租给李某，收取李某租金5万元占为己有

【解析】本题考查诈骗罪。选项A考查处分意识，选项B考查食宿诈骗，选项C考查行为对象，选项D考查与民事纠纷的区分。

选项A，调包型盗窃。行为对象是白酒，原占有人超市不知情白酒被转移占有，没有处分意识，不构成诈骗罪；甲在超市不知情的情况下转移占有，是秘密窃取的盗窃行为，根据刑法第264条，构成盗窃罪。

选项B，"食宿先行型"食宿诈骗，乙虽谎称会回来，实施了欺骗行为，但被害人没有实施处分行为（交付、转让所有权、放弃债权）、未消灭债权，不构成诈骗罪，系民事纠纷。

选项C，偷电。（1）行为对象实为电力，相当于只出了1000元，弄走了电力公司价值5000元的电力；对于丙多用走的价值4000元的电力，电力公司并不知情，没有处分意识，不构成诈骗罪；构成盗窃罪。（2）即使认为行为对象是电费，电力公司并不知情还存在4000元

---

[1]　A　[2]　BCD　[3]　ABCD

的债权，对此债权不知情、没有放弃，没有处分意识，也不构成诈骗罪。

选项 D，（1）丁对李某实施了诈骗行为（无权处分），李某也受骗，但关键在于判断受害人有无损失。李某虽交付租金，但已获得了居住权，财产并未损失，丁对李某不构成诈骗罪。（2）邻居的房屋虽被丁占用，但所有权并未受到侵害，邻居房屋所有权未损失。丁的行为可认为是盗用财物使用权能、用益物权的行为（出租获利），而是盗窃财物本身，通说认为该使用权能、用益物权不属财物，不能构成盗窃罪。（3）邻居的房屋被李某占用，可认为丁构成非法侵入住宅罪（间接正犯）；邻居的房屋收益权被人盗用，丁在民法上对 5 万元租金属不当得利，邻居可追讨。

11. 下列哪种说法是正确的？[1]（2006/2/17）

A. 甲潜入乙家，搬走乙家 1 台价值 2000 元的彩电，走到门口，被乙 5 岁的女儿丙看到。丙问甲为什么搬我家的彩电，甲谎称是其父亲让他来搬的。丙信以为真，让甲将彩电搬走。甲的行为属于诈骗

B. 甲在柜台假装购买金项链，让售货员乙拿出 3 条进行挑选，甲看后表示对 3 条金项链均不满意，让乙再拿 2 条。甲趁乙弯腰取金项链时，将柜台上的 1 条金项链装入口袋。乙拿出 2 条金项链让甲看，甲看后表示不满意，将金项链归还给乙。乙拿少了 1 条，便隔着柜台一把抓住甲的手不让其走，甲猛地甩开乙的手逃走。甲的行为属于抢夺

C. 甲在柜台购买 2 条中华香烟，在售货员乙拿给甲 2 条中华香烟后，甲又让乙再拿 1 瓶五粮液酒。趁乙转身时，甲用事先准备好的 2 条假中华香烟与柜台上的中华香烟对调。等乙拿出五粮液酒后，甲将烟酒又看了看，以烟酒有假为由没有买。甲的行为属于盗窃

D. 甲与乙进行私下外汇交易。乙给甲 1 万美元，甲在清点时趁乙不注意，抽出 10 张 100 元面值的美元，以 10 张 10 元面值的美元顶替。清点完成后，甲将总面额 8.3 万元的假人民币交给乙，被乙识破。乙要回 1 万美元，经清点仍是 100 张，拿回家后才发现美元被调换。甲的行为属于诈骗

【解析】A 选项，（1）本案中受骗人只有 5 岁，没有财物处分能力；由于诈骗罪的实质是骗取他人处分财产，因此，骗取没有财物处分能力的人交付财产的，不能认定为骗取处分，对象人不符合，不构成诈骗罪。（2）财产的真正占有人为父亲乙，甲在其不知情的情况下转移占有，系秘密窃取的盗窃行为，根据刑法第 264 条，构成盗窃罪。

BCD 选项，（1）以上案件中，行为人虽有欺骗，但被害人都没有认识到自己经手的财物的性质，没有处分意识，也未作出处分行为，不构成诈骗罪。（2）案件中都存在"骗"，但都是通过骗的方式转移被害人注意力，行为人取得财物的关键是乘人不备而调包取走财物，系秘密窃取的盗窃行为，根据刑法第 264 条，构成盗窃罪。

12. 关于诈骗罪的认定，下列哪一选项是正确的（不考虑数额）？[2]（2016/2/17）

A. 甲利用信息网络，诱骗他人点击虚假链接，通过预先植入的木马程序取得他人财物。即使他人不知点击链接会转移财产，甲也成立诈骗罪

B. 乙虚构可供交易的商品，欺骗他人点击付款链接，取得他人财物的，由于他人知道自己付款，故乙触犯诈骗罪

C. 丙将钱某门前停放的摩托车谎称是自己的，卖给孙某，让其骑走。丙就钱某的摩托车成立诈骗罪

D. 丁侵入银行计算机信息系统，将刘某存折中的 5 万元存款转入自己的账户。对丁应以

诈骗罪论处

【解析】 A选项，考查诈骗罪与盗窃罪的区分。（1）本选项中被害人"不知点击链接会转移财产"，没有处分意识。行为人不构成诈骗罪；在其不知情的情况下转移占有，系秘密窃取的盗窃行为，构成盗窃罪。

B选项，与A选项考查的考点相同。被害人"知道自己付款"，对处分行为有认识，行为人诈骗他人转移占有，可构成诈骗罪。

C选项，考查三角诈骗与盗窃罪间接正犯的区分，关键要看被骗人有无处分（转移占有）权限。（1）对于孙某支付的购车款，丙虽有骗的行为，但因被骗人孙某可主张善意取得无损失，被骗人没有财产受损，行为人不能构成诈骗罪。（2）对于钱某的摩托车，归钱某占有，孙某客观上实施了秘密窃取的盗窃行为，因无盗窃故意，不构成盗窃罪。丙虽欺骗孙某，但被骗人孙某客观上没有骑走摩托车的权限，丙欺骗的并不是具有处分权限的人，不构成诈骗罪；支配利用没有盗窃故意的孙某来盗窃钱某的摩托车，构成盗窃罪的间接正犯。

D选项，存折中的5万元存款是财物，归银行占有，丁转移占有时银行不知情，构成盗窃罪。丁触犯非法获取计算机信息系统数据罪、盗窃罪，根据第287条的规定，以盗窃罪论处。

三、三角诈骗与盗窃罪间接正犯的区分

13. 丙是乙的妻子。乙上班后，甲前往丙家欺骗丙说："我是乙的新任秘书，乙上班时好像忘了带提包，让我来取。"丙信以为真，甲从丙手中得到提包（价值3300元）后逃走。关于甲的行为，下列哪些选项是错误的？[1]（2008延/2/59）

A. 盗窃罪的直接正犯　　　　　　　　　B. 诈骗罪的间接正犯

C. 盗窃罪的间接正犯　　　　　　　　　D. 诈骗罪的直接正犯

【解析】（1）甲骗丙而取得乙的财物，由于被骗人丙是被害人乙的妻子，丙具有处分（转移占有）财物的权限，故而，本案属于受骗人与受害人不是同一人的"三角诈骗"情形。甲直接对有处分权限的人实施了诈骗实行行为，因此其为直接正犯，而不是间接正犯。故ABC均错误。

（2）如果被骗人没有处分财物的权限，行为人支配利用无犯意的第三人为工具而窃取到他人的财物，才能成为盗窃罪的间接正犯。三角诈骗与盗窃罪的间接正犯的区分在于：受骗人有无处分财物的权限。

14. 乙全家外出数月，邻居甲主动帮乙照看房屋。某日，甲谎称乙家门口的一对石狮为自家所有，将石狮卖给外地人，得款1万元据为己有。关于甲的行为定性，下列哪一选项是错误的？[2]（2015/2/18）

A. 甲同时触犯侵占罪与诈骗罪

B. 如认为购买者无财产损失，则甲仅触犯盗窃罪

C. 如认为购买者有财产损失，则甲同时触犯盗窃罪与诈骗罪

D. 不管购买者是否存在财产损失，甲都触犯盗窃罪

【解析】 本题考查盗窃罪、诈骗罪、侵占罪的构成要件，他人占有的财物的认定，盗窃罪间接正犯与三角诈骗的区分。

B选项，如认为购买者无财产损失（认为第三人善意取得）。（1）甲虽对购买者实施了诈骗行为，但因被害者无财物损失，甲不能触犯诈骗罪。（2）则财物损失者为乙，犯罪对象是仅是石狮。（3）尽管甲受乙委托帮照看房屋，但就财物的占有认定来看，乙家门口的石狮在

乙的控制领域内，属于乙占有的财物，系盗窃罪的对象。甲因受委托对石狮也有占有，但系辅助占有人，不是独立占有。石狮不属脱离乙占有的委托保管物，不属侵占罪的对象，甲不构成侵占罪。（4）甲骗外地人，而取得了乙的石狮，甲虽有欺骗行为，但外地人对甲的石狮没有处分（转移占有）权限，乙不构成三角诈骗。（5）外地人客观上实施了秘密窃取乙家石狮的盗窃行为，因无盗窃故意，不构成盗窃罪。甲诈骗支配利用没有盗窃故意的外地人来盗窃乙的石狮，构成盗窃罪的间接正犯。B 选项说法正确。

C 选项，如认为购买者有财产损失（如第三人不能主张善意取得）。（1）对于 1 万元钱。甲对购买者实施了诈骗行为，被骗者基于认识错误转移占有，有财物损失，甲对外地人触犯诈骗罪。（2）对于石狮，甲仍构成盗窃罪间接正犯。理由同上。（3）二行为对象不同，有两个受害人，不属事后不可罚，应当数罪并罚。故 BCD 选项说法正确，A 选项说法错误。

15. 甲将自己的淘宝账号借给乙使用，乙用该账号在网上购买了一部手机。乙用自己的银行卡付了款，留的是自己的号码。在发货之前，商家丙打电话确认收货地址，按照淘宝账号信息打到甲那里去了。甲起了贪念，骗商家说手机是他买的，并告知商家更改收货地址。商家把手机发货给了甲，被其据为己有。则关于甲的行为，说法错误的有[1]（2018/客/卷一/19 仿）

A. 构成盗窃罪

B. 构成诈骗罪，系三角诈骗

C. 构成侵占罪

D. 对商家构成诈骗罪，对乙构成盗窃罪，两罪并罚

【解析】按被害人、犯罪对象、占有状态、转移占有手段四步来推理罪名。（1）在被害人上，尽管乙借用甲的账号购买商品，但所购商品的应然所有权归乙，并不属于甲。商家丙按账号主人要求更改收货地址，做法并没有违反法律规定，也没有过错，应当认为商品已经交付成功，商家丙不是被害人。故而被害人是乙。（2）犯罪对象是该商品。（3）商品在发货之前归商家占有。（4）在转移占有的手段上，甲欺骗丙，让丙发货交付货物，商家对该货物有处分权、有转移占有的权限。故而，甲构成诈骗罪。（5）被骗人是商家丙，与被害人乙，不是同一人，故而甲构成三角诈骗。（6）甲是以诈骗非法手段获取对商品的占有，乙未委托甲帮忙收货，或者让商家将货发给甲。甲对于商品不属合法占有，不构成侵占罪。

16. 甲冒充家电厂家工作人员，想骗取王某家电视。甲敲王某家门时，王某家保姆乙开门，甲以为乙是王某进行了欺骗。乙也误为甲是和雇主王某商量好的，来拿电视。故将电视给了甲。关于本案说法正确的有[2]（2019/客/卷一/仿36）

A. 甲属于打击错误

B. 甲属于因果关系错误

C. 甲未认识到是三角诈骗，系抽象错误，成立诈骗罪未遂

D. 甲属于具体错误，成立诈骗罪既遂

【解析】1. 在对象错误、打击错误的区分方面。诈骗罪的对象实际上有两个：一是对象人即具有转移占有权限的处分人，二是最终对象即他人占有的财物。对于财物对象，甲没有认识错误；但对于对象人，甲主观上认为诈骗的对象人是王某，客观上实际对象人是保姆乙，认错了对象人，系对象（人）错误，而不是打击错误。将对象人认错，也属对象错误。

2. 在因果关系错误方面，甲主观上计划的因果流程是通过诈骗财物所有人而取得财物，客观实际因果流程是诈骗到了财物代管人而取得财物，也属因果关系错误，为具体错误。

---

3. 在具体错误、抽象错误的区分方面，甲主观上是想诈骗王某、实施直接诈骗，具有诈骗罪的故意；客观上甲诈骗了具有处分权的财物代管人保姆乙、实施了三角诈骗行为。客观行为、对象人，仍在主观诈骗罪故意的范围之内，系具体错误，对此客观事实仍有诈骗罪故意。客观主观统一，根据刑法第266条，构成诈骗罪的既遂。

四、套路贷

17. 套路贷是以非法占有为目的，假借民间借贷之名诱使、迫使被害人签订借贷或变相借贷、抵押、担保等相关协议，通过虚增借贷金额，恶意制造违约，肆意认定违约，毁匿还款证据等方式，形成虚假债权债务，并使用暴力、威胁等非法手段概括性犯罪。以下选项正确的是？[1]（2019/客/卷一/仿35）

A. 套路贷既可能构成诈骗，也可能构成敲诈勒索罪，其间可能构成非法拘禁罪、虚假诉讼罪、寻衅滋事罪、绑架罪等

B. 平等主体之间基于自由意志形成的民间借贷关系，出借人要求借款人按照协议约定内容，还款本息的，不属于套路贷

C. 明知他人实施套路贷，而组织发送贷款信息、广告吸引介绍人贷款的，属于共犯

D. 因套路贷产生的利息、保险金、中介费、服务费、违约金等名目，被非法占有的财物，应计入套路贷的犯罪数额

【解析】 本题考查《最高人民法院、最高人民检察院、公安部、司法部关于办理"套路贷"刑事案件若干问题的意见》，其中选项均为《套路贷意见》原文。

A选项，《套路贷意见》第4条：实施"套路贷"过程中，未采用明显的暴力或者威胁手段，其行为特征从整体上表现为以非法占有为目的，通过虚构事实、隐瞒真相骗取被害人财物的，一般以诈骗罪定罪处罚；对于在实施"套路贷"过程中多种手段并用，构成诈骗、敲诈勒索、非法拘禁、虚假诉讼、寻衅滋事、强迫交易、抢劫、绑架等多种犯罪的，应当根据具体案件事实，区分不同情况，依照刑法及有关司法解释的规定数罪并罚或者择一重处。

B选项，《套路贷意见》第2条："套路贷"与平等主体之间基于意思自治而形成的民事借贷关系存在本质区别。

C选项，《套路贷意见》第5条第2款第1项：明知他人实施"套路贷"犯罪，具有以下情形之一的，以相关犯罪的共犯论处，但刑法和司法解释等另有规定的除外：组织发送"贷款"信息、广告，吸引、介绍被害人"借款"的。

D选项，《套路贷意见》第6条："虚高债务"和以"利息""保证金""中介费""服务费""违约金"等名目被犯罪嫌疑人、被告人非法占有的财物，均应计入犯罪数额。

五、食宿诈骗

18. 甲吃完饭想不给钱，遂跟着邻座结完账的顾客一起走出店门。店员以怀疑的眼光看着甲，甲装作若无其事的样子走出门去。甲的行为构成何罪？（如不考虑数额）[2]（2020/客/1/34仿）

A. 盗窃罪   B. 侵占罪   C. 诈骗罪   D. 不构成犯罪

【解析】 考查食宿诈骗。

"食宿诈骗（吃霸王餐）"的三种不同情形。（1）"犯意先行型"食宿诈骗，即骗取食物之前即有不给钱的意图。行为人隐瞒不想付钱的真相，骗取他人交付食物。犯罪对象是食物，可构成诈骗罪。（2）"食宿先行型"食宿诈骗，即行为人原本是想付钱，吃完饭后趁机开溜。

---

[1] ABCD   [2] D

行为人没有隐瞒真相，被害人没有实施处分行为（交付、转让所有权、放弃债权）、未消灭债权，不构成诈骗罪，系民事纠纷。（3）"骗取免单型"食宿诈骗，即食宿完毕后骗取他人免除债务。行为人有欺骗行为，被骗人处分了债权。犯罪对象是债权，可构成诈骗罪。

本案属于第二种"食宿先行型"，系民事纠纷。

考点七　侵占罪

一、侵占罪的构成要件（侵占罪的对象）

1. 甲、乙因涉嫌犯罪被起诉。在甲、乙被起诉后，甲父丙为使甲获得轻判，四处托人，得知丁的表兄刘某是法院刑庭庭长，遂托丁将15万元转交刘某。丁给刘某送15万元时，遭到刘某坚决拒绝。丁告知丙事情办不成，但仅退还丙5万元，其余10万元用于自己炒股。在甲被定罪判刑后，无论丙如何要求，丁均拒绝退还余款10万元。丙向法院自诉丁犯有侵占罪。

【问题】有人认为丁构成侵占罪，有人认为丁不构成侵占罪。你赞成哪一观点？具体理由是什么？（2013/4/2 部分）

【答案】丁的"截贿"行为是否构成侵占罪，涉及基于不法原因而取得的保管物是否属于侵占罪的对象的问题。

（1）观点一：①如认为侵占罪的对象"代为保管的他人财物"，包括基于不法原因而取得的保管物。侵占罪对象的"合法的占有"财物，是指之前转移占有行为不构成犯罪。本案中乙托甲将贿赂款送与丙，该款项属于侵占罪的对象。

②乙非法所有其中60万元，将代为保管的他人财物非法占为己有，数额较大，拒不退还，根据刑法第270条的规定，触犯侵占罪。

③无论丙对10万元是否具有返还请求权，10万元都不属于丁的财物，因此该财物属于"他人财物"。

④虽然民法不保护非法的委托关系，但刑法的目的不是确认财产的所有权，而是打击侵犯财产的犯罪行为，如果不处罚侵占代为保管的非法财物的行为，将可能使大批侵占赃款、赃物的行为无罪化，这并不合适。

（2）观点二：①如认为侵占罪的对象"代为保管的他人财物"，应是民法上"合法的占有"财物。本案中乙托甲将贿赂款送与丙，该款项属于乙帮甲保管的赃款，占有本身非法，不属于侵占罪的对象，乙非法所有其中60万元，不能触犯侵占罪。

②从民法上讲，10万元为贿赂款，丙没有返还请求权，该财物已经不属于丙，因此，丁没有侵占"他人的财物"。

③该财产在丁的实际控制下，不能认为其已经属于国家财产，故该财产不属于代为保管的"他人财物"。据此，不能认为丁虽未侵占丙的财物但侵占了国家财产。

④如认定为侵占罪，会得出民法上丙没有返还请求权，但刑法上认为其有返还请求权的结论，刑法和民法对相同问题会得出不同结论，法秩序的统一性会受到破坏。

二、盗窃罪与侵占罪的区分

（一）客观对象区分

2. 某地突发百年未遇的冰雪灾害，乙离开自己的住宅躲避自然灾害。两天后，大雪压垮了乙的房屋，家中财物散落一地。灾后最先返回的邻居甲路过乙家时，将乙垮塌房屋中的2万

元现金拿走。关于甲行为的定性，下列哪一选项是正确的？[1]（2008/2/16）

A. 构成盗窃罪
B. 构成侵占罪
C. 构成抢夺罪
D. 仅成立民法上的不当得利，不构成犯罪

【解析】（1）遭受自然灾害后，即使物主乙已经离开财物，但财物处于乙家垮塌房屋中，系物主乙支配领域内，应认为仍归物主的控制、占有。不属脱离占人的遗弃物，不构成侵占罪。（2）趁他人不在场而将他人占有的财物据为己有，系秘密窃取的盗窃行为，根据刑法第264条，构成盗窃罪。

3. 下列哪一行为成立侵占罪？[2]（2017/2/18）

A. 张某欲向县长钱某行贿，委托甲代为将5万元贿赂款转交钱某。甲假意答应，拿到钱后据为己有

B. 乙将自己的房屋出售给赵某，虽收取房款却未进行所有权转移登记，后又将房屋出售给李某

C. 丙发现洪灾灾区的居民已全部转移，遂进入居民房屋，取走居民来不及带走的贵重财物

D. 丁分期付款购买汽车，约定车款付清前汽车由丁使用，所有权归卖方。丁在车款付清前将车另售他人

【解析】A选项，（1）题意叙述的事实是"甲假意答应"，然后再"拿到钱"；亦即，犯罪对象是在甲实施涉案行为之前，原归张某占有的5万元行贿款。（2）甲虚构事实骗取张某转移占有，构成诈骗罪。（3）由于之前的转移占有行为是非法诈骗，甲是先实施了诈骗行为，然后取得财物，最后再侵吞，不再以侵占罪论处。（4）如果案情如前述2013/4/2部分，是张某将钱款转交给甲之后，甲才起意侵吞，才可构成侵占罪（侵吞基于不法原因的取得物）。本选项不当选。

B选项，（1）从所有权方面分析，乙将房屋出售给李某时，产权仍属乙所有，乙有合法处分权，李某也能因此获得产权，乙对李某不能构成诈骗罪。（2）而之前乙将房屋出售给赵某时，当时乙也有产权，未对赵某实施诈骗，不构成诈骗罪。（3）对于已经收取的赵某房款，如乙拒不退还，因二人之间构成的是债权债务关系，该房款交付之后，系种类物，已归乙所有。乙不归还没有侵犯所有权，不构成侵占罪。不履行债务，只是民事违约而不构成犯罪。本选项不当选。

C选项，（1）从财物占有状态上讲，居民房屋里的财物，系他人控制领域中的财物，归他人占有，不属脱离他人占有的遗忘物，不构成侵占罪。（2）趁他人不在场而将他人占有的财物据为己有，系秘密窃取的盗窃行为，根据刑法第264条，构成盗窃罪。本选项不当选。

D选项，（1）从所有权方面分析，汽车所有权归卖方；（2）从占有状态上分析，汽车脱离卖方占有，归丁独立占有，可认为是受委托保管物，系侵占罪对象。将独立占有的他人所有财物非法所有，构成侵占罪。本选项当选。

4. 甲系私营速递公司卸货员，主要任务是将公司收取的货物从汽车上卸下，再按送达地重新装车。某晚，乘公司监督人员上厕所之机，甲将客户托运的一台价值一万元的摄像机夹带出公司大院，藏在门外沟渠里，并伪造被盗现场。关于甲的行为，下列哪一选项是正确的？[3]（2009/2/18）

A. 诈骗罪
B. 职务侵占罪
C. 盗窃罪
D. 侵占罪

---

[1] A [2] D [3] C

【解析】（1）在占有状态上，摄像机位于公司大院内、监督人员近在咫尺，应认为仍处于公司及公司监督人员的监管之下，归公司及监督人员控制、占有。（2）甲是卸货员，没有独立控制、占有、管理财物的职权，充其量只是辅助占有人，对摄像机不独立占有。（3）涉案财物不属脱离他人占有的遗忘物或委托保管物，不属侵占罪对象。不构成侵占罪。（4）甲趁占有人不备而将他人占有的财物据为己有，系秘密窃取的盗窃行为，根据刑法第264条，构成盗窃罪。（2）刑法第271条规定的职务侵占罪要求"利用职务上的便利"，即利用职务上主管、管理、经手本单位财物的权利及方便条件，本案行为人没有这种权利（只是劳务不是职务），不构成职务侵占罪。

5. 甲路过某自行车修理店，见有一辆名牌电动自行车（价值1万元）停在门口，欲据为己有。甲见店内货架上无自行车锁便谎称要购买，催促店主去50米之外的库房拿货。店主临走时对甲说："我去拿锁，你帮我看一下店。"店主离店后，甲骑走电动自行车。甲的行为构成何罪？[1]（2007/2/15）

A. 诈骗罪　　　　B. 盗窃罪　　　　C. 侵占罪　　　　D. 职务侵占罪

【解析】第一段：虽然行为人在"看店"之前，即有非法占有财物的意图；客观上甲谎称购车，欺骗店主离开，虽有诈骗行为，但被害人店主没有交付财物的处分行为，不构诈骗罪。

第二段：犯罪对象是店内自行车。

（1）在占有状态上，顾客受店主委托临时"看店"，可认为是辅助管理人，对自行车有占有。但是，自行车位于店内，系店主控制领域；且店主临时到50米之外的库房拿货，可认为物主近在咫尺。应认为仍归物主占有。甲对涉案财物不独立占有，不属脱离他人占有的遗忘物或委托保管物，不属侵占罪对象。不构成侵占罪。

（4）甲趁占有人不备而将他人占有的财物据为己有，系秘密窃取的盗窃行为，根据刑法第264条，构成盗窃罪。但本案取财的关键是被害人被骗离财物之后行为人的窃取行为，应当以盗窃罪论处。

6. 结合犯罪构成理论以及刑法分则的相关规定分析，以下案件哪些不构成侵占罪？[2]（2003/2/47）

A. 某游戏厅早上8点刚开门，甲就进入游戏厅玩耍，发现6号游戏机上有一个手机，甲马上装进自己口袋，然后逃离。事后查明，该手机是游戏厅老板打扫房间时顺手放在游戏机上的。甲被抓获后称其始终以为该手机是其他顾客遗忘的财物

B. 乙知道邻居肖某的8岁小孩被他人绑架，肖某可能会按照歹徒的要求交付赎金，即终日悄悄跟随在肖某身后。某日，见肖某将一塑料口袋塞入某桥洞下，即在肖某离开10分钟后，将口袋挖出，取得现金20万元

C. 丙到某装饰城购买价值2万元的装修材料，委托三轮车夫田某代为运输。田某骑三轮车在前面走，丙骑自行车跟在后面。在经过一路口时，田某见丙被警察拦住检查自行车证，即将装修材料拉走倒卖，获款4000元

D. 丁闲极无聊在一自动取款机按键上胡乱敲击。在准备离开时，丁无意中触动了一个按钮，取款机即吐出一张100元钞票，丁见此情景，就连续不断地进行操作，直至取出现金1万元，然后迅速离去

【解析】A选项，（1）本案财物客观上是未脱离物主控制、占有的财物，是盗窃罪对象；主观上行为人存在认识偏差，将游戏厅里的占有物误当作顾客遗忘在游戏厅的物品，能否认定

---

[1] B　[2] ABCD

为侵占罪？关键在于这种认识偏差是否可以成为阻却盗窃故意成立的认识错误。（2）本选项中行为人的认识偏差不属抽象错误，仍可认定具有盗窃故意。①理由是：即使在客观上该手机真的是其他顾客遗忘的财物，手机已脱离物主控制，但于其丢失的场所封闭，有临时代管人（游戏厅）代为占有，仍为他人占有之物，系盗窃罪对象。如果甲趁人不注意将此种财物据为自己有，构成盗窃罪。②在主观上，只需行为人认识到遗忘物是位于特定场所，即应认定行为人认识到了财物归他人（临时代管人）占有。（3）因此，本案行为人主观上虽有认识偏差，但属具体的认识错误（只是对具体占有人产生了认识错误，但对他人占有事实没有认识错误），而不是抽象的认识错误。仍为盗窃故意，而非侵占故意。因此，符合盗窃罪的主客观构成条件，应认定为盗窃罪。（4）当然，本题也有小的纰漏：一般认为，物品遗落在相对封闭的、有管理人的场所（如出租车内、宾馆），才认为有临时代管人；遗落在开放的、公共场所（如公交车上、广场上、街道上）不认为有临时代管人。当然，本题命题者是将游戏厅设定为有临时代管人的场所（小游戏厅）。

B选项，按照一般的社会观念，此赎金仍归肖某占有，或者归歹徒占有，不属脱离他人占有的遗忘物，不构成侵占罪。秘密窃取他人占有的财物，构成盗窃罪。

C选项，三轮车夫田某基于运输合同占有装修材料，但物主近在咫尺，财物归物主占有，且占有效力更高。田某不是独立占有，只是辅助占有。装修材料不属脱离他人占有的遗忘物，不构成侵占罪。趁人不注意秘密窃取他人占有的财物，构成盗窃罪。

D选项，许霆案发生在2006年，却先知先觉的出现在2003年的法律职业资格考试中（原型实为"何鹏案"的引申）。（1）前一行为中，100元原归银行占有，行为人无意中取得，没有通过非法手段转移占有；之后，该100元可认为是脱离占有的委托保管物，可认为是侵占行为，由于未达数额不构成犯罪。（2）后面的连续取款行为，对象是提款机中的现金1万元，原归银行占有，是他人占有的财物。丁利用机器故障而取财，相当于见他人家里门一推就开，而推开房门取财；系采取物主不允许的方式（正当提款程序）而取财，是非法转移占有，转移占有时原占有人银行不知情，系秘密窃取的盗窃行为，根据刑法第264条，构成盗窃罪。（3）不构成侵占罪的原因在于：行为人（主动）转移占有获取财物的手段本身违法，不属合法持有（占有）。

7. 乙驾车带甲去海边游玩。到达后，乙欲游泳。甲骗乙说："我在车里休息，把车钥匙给我。"趁乙游泳，甲将该车开往外地卖给他人。甲构成何罪？[1]（2013/2/17）

A. 侵占罪　　　　　　　　　　　　B. 盗窃罪
C. 诈骗罪　　　　　　　　　　　　D. 盗窃罪与诈骗罪的竞合

【解析】本题考查侵占罪、盗窃罪、诈骗罪的区分。（1）甲骗乙交付车钥匙，乙虽交付了车钥匙，但并非交付汽车或授权甲将汽车开离，被害人受骗，但未作出处分行为，甲不构成诈骗罪。（2）甲开走汽车时，车主乙近在咫尺，汽车仍认为归乙占有。甲趁其不注意而开车，是秘密窃取的盗窃行为，构成盗窃罪。

（二）主观故意及认识错误问题

8. 甲潜入乙的住宅盗窃，将乙的皮箱（内有现金3万元）扔到院墙外，准备一会儿翻墙出去再捡。偶尔经过此处的丙发现皮箱无人看管，遂将其拿走，据为己有。15分钟后，甲来到院墙外，发现皮箱已无踪影。对于甲、丙行为的定性，下列哪一选项是正确的？[2]（2008/2/6）

---

[1] B　[2] C

A. 甲成立盗窃罪（既遂），丙无罪

B. 甲成立盗窃罪（未遂），丙成立盗窃罪（既遂）

C. 甲成立盗窃罪（既遂），丙成立侵占罪

D. 甲成立盗窃罪（未遂），丙成立侵占罪

【解析】（1）甲潜入乙的住宅盗窃，系入户盗窃，构成盗窃罪。按既遂标准"控制说"衍生出的具体标准，财物已拿出特定区域，为盗窃罪既遂。

（2）丙：客观上拿走甲占有的皮箱，系盗窃对象、盗窃行为；主观上误将其认为"无人看管"是脱离他人占有的遗忘物。系对象错误，具有侵占故意，没有盗窃故意，客观主观统一，构成侵占罪。

9. 甲在8楼阳台上浇花时，不慎将金镯子（价值3万元）甩到了楼下。甲立即让儿子在楼上盯着，自己跑下楼去拣镯子。路过此处的乙看见地面上有一只金镯子，以为是谁不慎遗失的，在甲到来之前捡起镯子迅速逃离现场。甲经多方询查后找到乙，但乙否认捡到金镯子。乙的行为构成何罪？[1]（2008 延/2/16）

A. 盗窃罪　　　　B. 侵占罪　　　　C. 抢夺罪　　　　D. 不构成犯罪

【解析】（1）客观上，物主近在咫尺，财物应认定归物主占有，系盗窃罪对象。实施了秘密窃取的盗窃行为。

（2）行为人主观上误将他人占有的财物，当作已脱离占有的财物（遗忘物），系对象错误，具有侵占罪故意。

（3）行为人主观上不具有盗窃故意，不构成盗窃罪；盗窃罪的对象＋侵占故意＝侵占罪，应认定构成侵占罪。

10. 甲乘坐长途公共汽车时，误以为司机座位后的提包为身边的乙所有（实为司机所有）；乙中途下车后，甲误以为乙忘了拿走提包。为了非法占有该提包内的财物（内有司机为他人代购的13部手机，价值26万元），甲提前下车并将提包拿走。司机到站后发现自己的手提包丢失，便报案。公安人员发现甲有重大嫌疑，便询问甲，但甲拒不承认，也不交出提包。关于本案，下列说法正确的是？[2]（2004/2/88）

A. 由于甲误认为提包为遗忘物，所以，甲的认识错误属于事实认识错误

B. 由于甲误认为提包为遗忘物，因而没有盗窃他人财物的故意，根据主客观相统一的原则，甲的行为成立侵占罪

C. 由于提包实际上属于司机的财物，所以，甲的行为成立盗窃罪

D. 由于提包实际上属于司机的财物，而甲又没有盗窃的故意，所以，甲的行为不成立盗窃罪；又由于甲具有侵占遗忘物的故意，但提包事实上不属于遗忘物，所以，甲的行为也不成立侵占罪

【解析】（1）客观上，物主近在咫尺，财物应认定归物主占有，系盗窃罪对象。实施了秘密窃取的盗窃行为。（2）行为人误将他人占有的财物当作脱离他人占有的遗忘物。系对象错误、抽象错误，具有侵占故意，没有盗窃故意，客观主观统一，构成侵占罪。

三、侵占罪与职务侵占罪的区分

11. 不计数额，下列哪一选项构成侵占罪？[3]（2012/2/18）

A. 甲是个体干洗店老板，洗衣时发现衣袋内有钱，将钱藏匿

B. 乙受公司委托外出收取货款，隐匿收取的部分货款

---

[1]　B　[2]　AB　[3]　A

C. 丙下飞机时发现乘客钱包掉在座位底下，捡起钱包离去

D. 丁是宾馆前台服务员，客人将礼品存于前台让朋友自取。丁见久无人取，私吞礼品

【解析】A 选项，客人衣袋内的钱，随着客人交付衣物一起合法交付给了干洗店（受委托管理），已脱离主人的占有。甲将受委托保管、独立占有的财物据为己有，构成侵占罪。个体工商户是自然人连带责任，不认为是基于职务便利侵吞，不构成职务侵占罪。

B 选项，乙受公司委托而独立保管货款，将其侵吞，是侵占行为；受单位委托利用职务便利侵吞，构成职务侵占罪。

C 选项，飞机座位底下乘客掉的钱包，主人尚未走远，物主近在咫尺，归主人占有；或者落在飞机范围内，马上会被管理人员发现，应当认为归临时占有人航空公司占有，没有脱离他人占有，不属侵占罪的对象遗忘物，不构成侵占罪。丙在原占有人不知情的情况下秘密窃取、转移占，构成盗窃罪。

D 选项，宾馆前台服务员保管客人财物，客人有向宾馆追索的权利，可认为是受单位委托基于其职务代为保管，构成职务侵占罪。

12. 公司保安甲在休假期内，以"第二天晚上要去医院看望病人"为由，欺骗保安乙，成功和乙换岗。当晚，甲将其看管的公司仓库内价值 5 万元的财物运走变卖。甲的行为构成下列哪一犯罪？[1]（2014/2/17）

A. 盗窃罪　　　　　B. 诈骗罪　　　　　C. 职务侵占罪　　　　　D. 侵占罪

【解析】本题考查诈骗罪、盗窃罪、职务侵占罪、侵占罪的关系和区分。

（1）甲欺骗了乙，但乙并未处分（转移交付）财物，故甲不构成诈骗罪。

（2）甲的职务为保安，对公司仓库里的财物负有保管职责（题眼"将其看管的"），基于职务而监守自盗，构成职务侵占罪。

13. 甲在某公司招聘司机时，用假身份证应聘并被录用。甲在按照公司安排独自一人将价值 7 万元的货物从北京运往山东途中。在天津将该货物变卖后潜逃，得款 2 万元。甲的行为构成何罪？[2]（2008 延/2/18）

A. 盗窃罪　　　　　B. 诈骗罪　　　　　C. 职务侵占罪　　　　　D. 侵占罪

【解析】本题涉及的问题有：（1）虚构事实骗取的身份是否属于具有刑法中的特定身份？回答是肯定的。本案中行为人应当被认定为公司人员。（2）构成职务侵占罪需要"利用职务便利"，即经手、主管、管理财物的便利，本案行为人独立运输货物占有货物，系利用职务便利侵吞财产，可构成职务侵占罪。（3）不构成诈骗罪，是因为行为人用假身份证骗取的是应聘机会，而不是对方转移财物占有；实施侵吞财物的实行行为时，没有实施欺骗行为。（4）不构成侵占罪是因为本案是利用职务便利实施的侵占，不再以侵占罪论处。

考点八　故意毁坏财物罪

1. 甲对乙使用暴力，欲将其打残。乙慌忙掏出手机准备报警，甲一把夺过手机装进裤袋打成重伤。甲在离开现场五公里后，把乙价值 7000 元的手机扔进水沟。甲的行为构成何罪？[3]（2009/2/17）

A. 故意伤害罪、盗窃罪　　　　　　　　B. 故意伤害罪、抢劫罪

---

[1] C　[2] C　[3] D

C. 故意伤害罪、抢夺罪　　　　　　　　　D. 故意伤害罪、故意毁坏财物罪

【解析】本题考查非法占有目的。本案可分为两阶段行为：

（1）第一阶段：甲故意伤害乙致其重伤，根据刑法第234条，构成故意伤害罪（重伤）。

（2）第二阶段：①利用被害人不敢反抗夺取手机，实施了抢劫行为；但主观上没有非法占有目的，只有毁坏目的，不构成抢劫罪。②夺过手机之后又毁损，根据刑法第275条，构成故意毁坏财物罪。

（3）数罪并罚。

（4）"非法占有目的"是攫取型财产犯罪与毁损型财产犯罪的区别之所在。所谓"非法占有目的"指排除权利人占有，而自己利用、处分的意思，包括"排除"和"利用"两重意思。此外，故意毁坏财物罪中的"毁坏"可以解释为使物丧失利用可能性，如本案"扔进水沟"物虽存在但不能再利用，也属毁坏。故本题选 D 选项。

2. 下列哪些说法是错误的？[1]（2006/2/60）

A. 甲将乙价值2万元的戒指扔入海中，由于戒指本身没有被毁坏，甲的行为不构成故意毁坏财物罪

B. 甲见乙迎面走来，担心自己的手提包被乙夺走，便紧抓手提包。乙见甲紧抓手提包，猜想包中有贵重物品，在与甲擦肩而过时，当面用力夺走甲的手提包。由于乙并非乘人不备而夺取财物，所以不构成抢夺罪

C. 甲将一张作废的 IC 卡插入银行的自动取款机试探，碰巧自动取款机显示能够取出现金，于是甲取出 5000 元。甲将 IC 卡冒充借记卡的欺骗行为在本案中起到了主要作用，因而构成诈骗罪

D. 甲系汽车检修厂职工，发现自己将要检修的一辆公交车为仇人乙驾驶，便在检修时破坏了刹车装置，然后交付使用。乙驾驶该车时，因刹车失灵，导致与其他车辆相撞，造成三人死亡，一人重伤。由于甲不是对正在使用中的交通工具实施破坏手段，所以不构成破坏交通工具罪

【解析】A 选项，财物虽然仍然客观存在，但已不再具有使用可能性的，丧失使用效能，也可认为毁坏了财产，可以构成故意毁坏财物罪。

B 选项，抢夺罪不以趁人不备为必备要件，只要趁被害人来不及反抗，而公然的、迅速的夺取，而未采取压制被害人反抗行为的，即便被害人有备，也可认为构成抢夺罪。

C 选项，（1）如果使用作废的信用卡、伪造的信用卡提款的，依照刑法第196条规定可构成信用卡诈骗罪，法条依据是最高人民检察院《关于拾得他人信用卡并在自动柜员机（ATM机）上使用的行为如何定性问题的批复》也如此认为）。（2）但是，作废的 IC 卡不属"信用卡"，当然也不属"作废的信用卡"或"伪造的信用卡"，实际上相当于假配的钥匙等，因此对于本案不能适用刑法第196条认定为信用卡诈骗罪。（3）诈骗罪的成立需要对人实施欺骗（指普通诈骗罪，信用卡诈骗罪出于刑法强制规定而例外），诈骗机器不能认定为诈骗罪。（4）本案相当于利用假配的钥匙开门取得财物，对此银行不知情，应认定为盗窃罪。

D 选项，正在使用中既包含正在运营中的车辆，也包含修理完毕已交付处于可以随时使用的状态。甲的行为危害了公共交通运输领域中的公共安全，已构成破坏交通工具罪。

---

[1]　ABCD

考点九　拒不支付劳动报酬罪

老板甲春节前转移资产，拒不支付农民工工资。劳动部门下达责令支付通知书后，甲故意失踪。公安机关接到报警后，立即抽调警力，迅速将甲抓获。在侦查期间，甲主动支付了所欠工资。起诉后，法院根据《刑法修正案（八）》拒不支付劳动报酬罪认定甲的行为，甲表示认罪。关于此案，下列哪一说法是错误的？[1]（2012/2/1）

A. 《刑法修正案（八）》增设拒不支付劳动报酬罪，体现了立法服务大局、保护民生的理念

B. 公安机关积极破案解决社会问题，发挥了保障民生的作用

C. 依据《刑法修正案（八）》对欠薪案的审理，体现了惩教并举，引导公民守法、社会向善的作用

D. 甲已支付所欠工资，可不再追究甲的刑事责任，以利于实现良好的社会效果

【解析】根据第276条之一第3款，在提起公诉前支付劳动者的劳动报酬，并依法承担相应赔偿责任的，可以减轻或者免除处罚。甲在侦查期间即提起公诉前，主动支付了所欠工资，仍构成拒不支付劳动报酬罪，但可以减轻或者免除处罚。D选项中"可不再追究甲的刑事责任"说法错误。

考点十　职务侵占罪

下列哪些行为应以职务侵占罪论处？[2]（2008/2/63）

A. 甲系某村民小组的组长，利用职务上的便利，将村民小组集体财产非法据为己有，数额达到5万元

B. 乙为村委会主任，利用协助乡政府管理和发放救灾款物之机，将5万元救灾款非法据为己有

C. 丙是某国有控股公司部门经理，利用职务上的便利，将本单位的5万元公款非法据为己有

D. 丁与某私营企业的部门经理李某内外勾结，利用李某职务上的便利，共同将该单位的5万元资金非法据为己有

【解析】A选项，村民小组组长，不协助政府从事公务时，系其他单位人员，其利用职务之便，侵吞集体财产的，构成职务侵占罪。

B选项，根据《全国人大常委会关于＜中华人民共和国刑法＞第九十三条第2款的解释》的规定，村委会主任乙在协助乡政府管理和发放救灾款物时，属于刑法第93条规定的"其他依照法律从事公务的人员"，其利用职务之便侵吞救灾款物的，构成贪污罪。

C选项，根据《最高人民法院关于在国有资本控股、参股的股份有限公司中从事管理工作的人员利用职务便利非法占有本公司财物如何定罪问题的批复》《关于如何认定国有控股、参股股份有限公司中的国有公司、企业人员的解释》，在国有资本控股、参股的股份有限公司中

从事管理工作的人员，除受国家机关、国有公司、企业、事业单位委派从事公务的以外，不属于国家工作人员。对其利用职务上的便利，将本单位财物非法占为已有，数额较大的，以职务侵占罪定罪处罚。

D选项，公司、企业的外部人员勾结公司、企业人员，利用公司、企业人员的职务之便侵吞公款的，成立职务侵占罪的共犯。

专题二十　妨害社会管理秩序罪（分则第六章）

增设罪名	冒名顶替罪、高空抛物罪、催收非法债务罪、侵害英雄烈士名誉、荣誉罪等
公务证章	妨害公务罪与袭警罪。伪造证章犯罪：无权者制作、有权者制作内容不符，均是伪造
寻衅滋事罪	寻滋4种行为（殴打；拦截、恐吓；毁财；起哄）；网络寻滋需实体结果。主观4种流氓动机
聚众斗殴罪	一方聚众，该方（首要、积极参加）可定本罪。致人重伤、死亡，直接、首要分子需要担责
信息网络犯罪	1. 侵入三领域：侵入……罪；侵入其他领域：获取控制……罪；提供程序工具：提供……程序、工具罪；破坏系统数据：破坏……罪；2. 设立网组、发布消息：非法利用……罪；提供网络服务、广告、结算：帮助……罪。3. 侵入、获取控制、破坏＋目的行为（盗窃、挪用、秘密罪）＝定目的行为。4. 利用、帮助罪＋诈骗、卖淫周边、赌博罪＝择一重
黑社会	1. 首要分子：全部责任。2. 又犯他罪，数罪并罚。3. 国机：包庇、纵容…罪；罪数。
考试作弊犯罪	1. 法律规定的考试；2. 组织考试作弊罪，组织完成即既遂；3. 非法出售、提供试题、答案罪：不求完整一致。4. 代替考试罪：枪手、被替都构成。5. 数罪：非法获取后，又作弊
妨害司法犯罪	伪证罪：刑事诉讼中，证人包括被害人。妨害作证，帮助毁灭、伪造证据罪：所有诉讼中。窝藏、包庇罪，掩饰、隐瞒犯罪所得、收益罪：上游犯罪只需事实存在。为卖淫、嫖娼通风报信，构成包庇。事前有通谋为共犯。本犯妨害司法，欠缺期待可能。
医疗卫生犯罪	1. 非法行医罪：医生未取得《医疗机构执业许可证》，不是。行医指诊疗。结果加重，需主要、直接原因。2. 非法植入基因编辑、克隆胚胎罪。3. 妨害传染病防治罪，与公共安全区分。
环境犯罪	区分和关系：1. 林木：盗伐林木罪、滥伐林木罪；破坏自然保护地罪。2. 动物：珍贵、濒危野生动物，陆生野生动物，非法狩猎罪。
毒品犯罪	贩卖：换钱。制造：加工、配制。代购属持有（运输），加价属贩卖。盗窃、抢夺、抢劫后，又实施毒品犯罪，数罪并罚。毒罪再犯：5种行为＋所有毒品犯罪，不论执行完毕与否
卖淫周边、淫秽物品犯罪	组织卖淫罪，又引诱、容留、介绍：同批人员择一重，以外人员数罪。杀害、伤害、强奸、绑架，数罪并罚。协助组织卖淫罪：是正犯。有性病卖淫、嫖娼，传播性病罪；使人染病，故伤

考点一 扰乱公共秩序罪（第六章第一节）

一、妨害公务罪

1. 下列哪一行为应以妨害公务罪论处？[1]（2016/2/19）

A. 甲与傅某相互斗殴，警察处理完毕后让各自回家。傅某当即离开，甲认为警察的处理不公平，朝警察小腿踢一脚后逃走

B. 乙夜间入户盗窃时，发现户主戴某是警察，窃得财物后正要离开时被戴某发现。为摆脱抓捕，乙对戴某使用暴力致其轻微伤

C. 丙为使其弟逃跑，将前来实施行政拘留的警察打倒在地，其弟顺利逃走

D. 丁在组织他人偷越国（边）境的过程中，以暴力方法抗拒警察检查

【解析】妨害公务罪是指以暴力、威胁方法阻碍国家机关工作人员依法执行职务的行为，阻碍的是"国家机关工作人员依法执行职务"。

（1）在考试当年：

A选项，警察已执行职务完毕，行为人实施暴力的目的是为报复，而不是阻碍执行职务。

B选项，戴某抓捕乙时不是以警察身份来抓，而是以被害人身份来抓，其行为不能认定为执行职务行为。

C选项，警察进行行政拘留是执行职务行为。

D选项，根据第318条第1款第5项的规定，组织他人偷越国（边）境的过程中，以暴力、威胁方法抗拒检查的，是该罪的加重犯，不再单独以妨害公务罪论处。

（2）在现在，A、C、D选项还触犯第277条第5款规定袭警罪。对于C选项，应以特别法袭警罪论处。

二、招摇撞骗罪

2. 甲男在网上以嫖娼为名，约了卖淫女乙女去某快捷酒店。之后，甲男以印有"警察"字样的钱包冒充工作证，手持电警棍，以扫黄为名要求乙女交罚款5000元。关于甲的行为，以下说法正确的有？（如不考虑数额）[2]（2020/客/1/35仿）

A. 甲男使用印有"警察"字样的钱包的行为，构成招摇撞骗罪，应与诈骗罪择一重处

B. 甲男构成抢劫罪，系冒充警察抢劫

C. 电警棍是供犯罪所用的本人财物，应当予以没收

D. 因被害人乙女也有过错，故对甲男应当从轻处罚

【解析】（1）甲男冒充警察骗人，根据刑法第279条，触犯招摇撞骗罪。

（2）冒充警察骗取乙女交纳罚款，根据刑法第266条，触犯诈骗罪。

（3）虽手持电警棍，但并未实施暴力、威胁，乙女是基于认识错误，而不是基于被压制反抗而交付财物，不构成抢劫罪。题干也未叙述"不给钱就抓人"的要挟手段，不构成敲诈勒索罪。

（4）同时触犯招摇撞骗罪、诈骗罪的，系交叉关系的法条竞合，择一重处。

（5）参考司法解释：《最高人民法院关于审理抢劫、抢夺刑事案件适用法律若干问题的意见》：行为人冒充正在执行公务的人民警察"抓赌""抓嫖"，没收赌资或者罚款的行为，构成

---

[1] 无［考试当年的答案为C］　　[2] AC

犯罪的，以招摇撞骗罪从重处罚；在实施上述行为中使用暴力或者暴力威胁的，以抢劫罪定罪处罚。《最高人民法院、最高人民检察院关于办理诈骗刑事案件具体应用法律若干问题的解释》第8条：冒充国家机关工作人员进行诈骗，同时构成诈骗罪和招摇撞骗罪的，依照处罚较重的规定定罪处罚。

（6）电警棍是犯罪工具，即供犯罪所用的本人财物，根据刑法第64条，应当予以没收。

（7）一码事归一码事，乙女实施卖淫的行政违法行为，不是甲男实施诈骗罪的量刑情节。在诈骗案中，利用被害人过错，也不是量刑情节。不能因此对甲男从宽。

3. 甲潜入某公安交通管理局会计室盗窃，未能打开保险柜，却意外发现在该局工作的乙的警官证，随即将该证件拿走。随后，甲到偏僻路段，先后向9个驾车超速行驶的司机出示警官证，共收取罚款900元。对于本案，下列哪些选项是正确的？[1]（2008延/2/56）

A. 甲潜入会计室盗窃的行为，成立盗窃未遂

B. 甲收取罚款的行为，构成敲诈勒索罪

C. 甲收取罚款的行为，构成招摇撞骗罪

D. 甲收取罚款的行为，构成诈骗罪

【解析】（1）窃取保险柜内财物，在着手后因客观原因而未能得逞，构成盗窃罪未遂。（2）将他人警官证窃走的行为涉嫌盗窃国家机关证件罪，但选项中没有涉及此行为的定性，故不用深究。（3）甲冒充警察收取罚款的行为，比照《最高人民法院关于审理抢劫、抢夺刑事案件适用法律若干问题的意见》第9条第1项的规定，冒充正在执行公务的人民警察以抓卖淫嫖娼、赌博等违法行为为名非法占有财物的，以招摇撞骗罪从重处罚。（4）本案诈骗财产较小，没有达到诈骗罪的定罪标准，不构成诈骗罪。如果该行为可构成诈骗罪的话，理论上由于诈骗罪与招摇撞骗罪存在交叉竞合关系，应按重法优于轻法原则处理。法条依据是，《最高人民法院关于办理诈骗刑事案件具体应用法律若干问题的解释》第8条规定，冒充国家机关工作人员进行诈骗，同时构成诈骗罪（数额较大）和招摇撞骗罪的，依照处罚较重的规定定罪处罚。（5）行为人只实施了欺骗行为，被害人是基于认识错误而不是同产生恐惧交付钱财，只构成诈骗罪，不能构成敲诈勒索罪。从而，选项AC是正确的。

4. 关于罪数判断，下列哪一选项是正确的？[2]（2013/2/10）

A. 冒充警察招摇撞骗，骗取他人财物的，适用特别法条以招摇撞骗罪论处

B. 冒充警察实施抢劫，同时构成抢劫罪与招摇撞骗罪，属于想象竞合犯，从一重罪论处

C. 冒充军人进行诈骗，同时构成诈骗罪与冒充军人招摇撞骗罪的，从一重罪论处

D. 冒充军人劫持航空器的，成立冒充军人招摇撞骗罪与劫持航空器罪，实行数罪并罚

【解析】A、C选项，考查法条竞合的种类。（1）A选项，根据《最高人民法院关于办理诈骗刑事案件具体应用法律若干问题的解释》第8条规定，冒充国家机关工作人员进行诈骗，同时构成诈骗罪（数额较大）和招摇撞骗罪的，依照处罚较重的规定定罪处罚。在法条竞合关系上，可认为是交叉竞合，而不是一般法与特别法的竞合。（2）C选项，原理同前，系交叉竞合，依照处罚较重的规定定罪处罚。

B、D选项，考查法条竞合与想象竞合的区分。（1）刑法第263条第6项，抢劫罪加重犯明文规定有"冒充军警人员抢劫"，包容了招摇撞骗罪，可认为是整体法与部分法的竞合，只以整体法即抢劫罪加重犯一罪论处，而不属想象竞合犯。（2）D选项，冒充军人劫持航空器的，触犯冒充军人招摇撞骗罪与劫持航空器罪。刑法第121条（劫持航空器罪）没有规定该罪

---

〔1〕 AC 〔2〕 C

构成要件与冒充军人招摇撞骗罪有重叠关系。冒充军人同时也是劫持的暴力威胁行为，故属一行为触犯两罪，属想象竞合犯，应当择一重罪处断。

三、寻衅滋事罪

5. 甲在公园游玩时遇见仇人胡某，顿生杀死胡某的念头，便欺骗随行的朋友乙、丙说："我们追逐胡某，让他出洋相。"三人捡起木棒追逐胡某，致公园秩序严重混乱。将胡某追到公园后门偏僻处后，乙、丙因故离开。随后甲追上胡某，用木棒重击其头部，致其死亡。关于本案，下列哪些选项是正确的?[1]（2015/2/58）

A. 甲触犯故意杀人罪与寻衅滋事罪

B. 乙、丙的追逐行为是否构成寻衅滋事罪，与该行为能否产生救助胡某的义务是不同的问题

C. 乙、丙的追逐行为使胡某处于孤立无援的境地，但无法预见甲会杀害胡某，不成立过失致人死亡罪

D. 乙、丙属寻衅滋事致人死亡，应从重处罚

【解析】本题考查寻衅滋事罪、因果关系、过错、不作为、共同犯罪

（一）对于甲

1. 教唆乙、丙随意追逐他人，触犯寻衅滋事罪的教唆犯。

2. 之后实施了杀人行为，触犯故意杀人罪正犯。死亡结果归因于甲的杀人行为，甲构成既遂。

3. 数罪并罚。

（一）对于乙、丙

1. 前行为追逐行为，构成寻衅滋事罪。

2. 乙、丙的寻衅滋事行为、甲的杀人行为，均是导致胡某被杀的条件。但甲的杀人行为应负主要责任，与被杀、死亡结果有因果关系。乙、丙的寻衅滋事行为，只是造成被杀的条件，而无因果关系，客观上没有先前行为引起的救助义务。

3. 之前的寻衅滋事行为，与之后涉嫌是否构成不作为犯罪，涉及先后两个行为，当然是不同问题。

4. 既然胡某死亡结果仅与寻衅滋事有条件关系，而无因果关系，故乙、丙也不属寻衅滋事致人死亡。

5. 从主观上讲，乙、丙没有预见也不能预见，主观上无过错，不成立过失致人死亡罪。

四、聚众斗殴罪

6. 甲、乙两村因水源发生纠纷。甲村 20 名村民手持铁锹等农具，在两村交界处强行修建引水设施。乙村 18 名村民随即赶到，手持木棍、铁锹等与甲村村民互相谩骂、互扔石块，甲村 3 人被砸成重伤。因警察及时疏导，两村村民才逐渐散去。关于本案，下列哪些选项是正确的?[2]（2013/2/62）

A. 村民为争水源而斗殴，符合聚众斗殴罪的主观要件

B. 不分一般参加斗殴还是积极参加斗殴，甲、乙两村村民均触犯聚众斗殴罪

C. 因警察及时疏导，两村未发生持械斗殴，属于聚众斗殴未遂

D. 对扔石块将甲村 3 人砸成重伤的乙村村民，应以故意伤害罪论处

【解析】本案来源于最高人民检察院第一批指导性案例（高检发研字〔2010〕12 号）"检

---

〔1〕 ABC 〔2〕 AD

例第 1 号：施某某等 17 人聚众斗殴案"。考查的关键在于聚众斗殴罪的主观要件是否要求具有"流氓动机"，以及如何理解"流氓动机"。依据可比照《最高人民法院、最高人民检察院关于办理寻衅滋事刑事案件适用法律若干问题的解释》对寻衅滋事罪主观方面的规定。

A 选项，按"检例第 1 号"的结论，按"犯罪情节轻微，不需要判处刑罚"而对其不起诉，最高人民检察院的观点认为本案行为人具有流氓动机，符合聚众斗殴罪的主观要件。具体而言，属于借故生非。选项 A 正确。

B 选项，本罪只处罚首要分子和积极参加者，不处罚一般参加者。

C 选项，已经发生了聚众斗殴行为，行为完成，已经既遂。持械斗殴是本罪的加重犯情形，而不是既遂标准。

D 选项，聚众斗殴致人重伤的，转化为故意伤害罪；只对查明直接实施伤害的村民、首要分子，认定为转化犯。

7. 首要分子甲通过手机指令所有参与者"和对方打斗时，下手重一点"。在聚众斗殴过程中，被害人被谁的行为重伤致死这一关键事实已无法查明。关于本案的分析，下列哪一选项是正确的？[1]（2014/2/20）

A. 对甲应以故意杀人罪定罪量刑

B. 甲是教唆犯，未参与打斗，应认定为从犯

C. 所有在现场斗殴者都构成故意杀人罪

D. 对积极参加者按故意杀人罪定罪，对其他参加者按聚众斗殴罪定罪

【解析】本题考查聚众斗殴转化故意杀人、共犯人（尤其是聚众犯罪中首要分子）的责任问题。

（1）对于在聚众斗殴过程中，被害人被重伤致死的行为性质定性：根据刑法第 292 条第 2 款的规定，聚众斗殴，致人死亡的，定故意杀人罪。

（2）如果能够查明是参与者 A 某直接致死，则对直接实行者 A 某、首要分子甲认定为故意杀人罪；对于其他参与者仍认定为聚众斗殴罪。如果不能够查明直接致死者，则按疑罪从无的规则，只对首要分子甲认定为故意杀人罪；对于其他参与者仍认定为聚众斗殴罪。C、D 选项错误。

（3）无论哪种情况，首要分子甲均认定为故意杀人罪。A 选项正确。

（4）聚众犯罪中首要分子一般认定为主犯。"聚众"本身就是一种实行行为（教唆行为正犯化），不再是教唆犯，即使未参与实行，也一般认定为主犯。B 选项错误。

（5）本题的来源，参见"李勇故意伤害、汪家伟聚众斗殴案"，载最高人民法院中国应用法学研究所编：《人民法院案例选》2008 年第 4 辑。

五、投放虚假危险物质罪；编造、故意传播虚假恐怖信息罪；编造、故意传播虚假信息罪

8. 甲给机场打电话谎称"3 架飞机上有炸弹"，机场立即紧急疏散乘客，对飞机进行地毯式安检，3 小时后才恢复正常航班秩序。关于本案，下列哪一选项是正确的？[2]（2013/2/1）

A. 为维护社会稳定，无论甲的行为是否严重扰乱社会秩序，都应追究甲的刑事责任

B. 为防范危害航空安全行为的发生，保护人民群众，应以危害公共安全相关犯罪判处甲死刑

C. 从事实和法律出发，甲的行为符合编造、故意传播虚假恐怖信息罪的犯罪构成，应追究其刑事责任

---

[1] A　[2] C

D. 对于散布虚假信息，危及航空安全，造成国内国际重大影响的案件，可突破司法程序规定，以高效办案取信社会

【解析】根据第 291 条之一，构成编造、故意传播虚假恐怖信息罪。选项 A 错在本罪是结果犯，需"严重扰乱社会秩序"的结果。选项 B 错在本罪无死刑。选项 D 错在"可突破司法程序规定"。

六、组织、领导、参加黑社会性质组织罪

9. 关于黑社会性质组织犯罪的认定问题，下列说法哪些是正确的？[1] (2003/2/43)

A. 黑社会性质组织是犯罪集团，具有犯罪集团的一般属性

B. 黑社会性质组织所从事的危害行为，既包括犯罪行为，又包括违法行为

C. 组织、领导、参加黑社会性质组织罪，既包括组织、领导、参加黑社会性质组织的行为，又包括在该黑社会性质组织统一策划、指挥下从事的其他犯罪行为

D. 具有国家工作人员的非法保护，是认定黑社会性质组织的必要条件

【解析】A 选项，黑社会性质组织是犯罪集团，具有犯罪集团的一般属性（刑法总则规定），另参见刑法第 294 条第 5 款第 1 项。

B 选项，刑法第 294 条第 5 款第 2 项"有组织地通过违法犯罪活动或者其他手段获取经济利益"，措辞为"违法犯罪活动"。

C 选项，依据刑法第 294 条第 4 款的规定，犯前两款罪（指组织、领导黑社会性质组织罪和参加黑社会性质组织罪）又有其他犯罪行为的，依照数罪并罚的规定处罚。因此，组织、领导、参加黑社会性质组织罪，只包括组织、领导、参加黑社会性质组织的行为，不包括在该黑社会性质组织统一策划、指挥下从事的其他犯罪行为。实施其他犯罪，需数罪并罚

D 选项，依据第 294 条第 5 款第 4 项"通过实施违法犯罪活动，或者利用国家工作人员的包庇或者纵容，称霸一方，在一定区域或者行业内，形成非法控制或重大影响，严重破坏经济、社会生活秩序"。"保护伞"是选择性条件，不是必要条件。

10. 关于黑社会性质组织犯罪，以下说法正确的有[2] (2018/客/卷一/24 仿)

A. 组织、领导黑社会性质组织的犯罪分子的罪行，一定比参加并实施具体罪行的实行者的罪行要重

B. 甲是某有组织犯罪的首要分子，该组织成立两年后甲中途离开，后该组织未被认定为黑社会性质组织。甲不需要对其离开后该组织实施的犯罪行为负责

C. 具有保护伞亦即"利用国家工作人员的包庇或者纵容"，不是认定黑社会性质组织的必备条件

D. 对黑社会性质组织中首要犯罪分子的判处的刑罚，一定比组织中其他人的刑罚要重

【解析】A 选项，(1) 组织、领导黑社会性质组织的犯罪分子，可构成组织、领导黑社会性质组织罪；同时需对黑社会成员实施的犯罪负责，另行构成具体犯罪，可认为是间接正犯；需数罪并罚。(2) 参加社会性质组织的犯罪分子，可构成参加黑社会性质组织罪；同时另行构成具体犯罪，系直接正犯；需数罪并罚。(3) 在罪行轻重比较上，组织、领导黑社会性质组织罪，重于参加黑社会性质组织罪。但具体犯罪的教唆犯，并不一定重于具体犯罪的正犯。故而选项 A 说法错误。

B 选项，即使有组织犯罪即集团犯罪没有被认定为黑社会性质组织，但仍是集团犯罪。根据刑法第 26 条第 3 款的规定，对组织、领导犯罪集团的首要分子，按照集团所犯的全部罪行

---

[1] AB [2] C

处罚。故而，即使不是黑社会性质组织犯罪的首子，而是其他集团犯罪的首要分子，也应按照集团所犯的全部罪行处罚。即使集团犯罪首要犯罪分子脱离该组织之后，如果其之前实施的组织、领导行为，与离开后该组织实施的犯罪行为有因果关系，仍需对离开后该组织实施的犯罪行为负责。B选项说法错误。

C选项，根据刑法第294条（组织、领导、参加黑社会性质组织罪）第5款第4项的规定，"国家工作人员的包庇或者纵容"亦即保护伞特征，只是"或者"条件，亦即只是选择性要件。C选项说法正确。

D选项，对黑社会性质组织中首要犯罪分子的判处的刑罚时，可能其还具有自首、立功等量刑情节，不一定比组织中其他人的刑罚要重。

11. 关于组织、领导、参加黑社会性质组织罪，下列选项说法正确的有[1]（2019/客/卷一/仿38）

A. 黑社会性质组织成员实施的符合组织的一般活动规则形式的犯罪活动，可认为是集团所犯的罪行

B. 组织、领导黑社会性质组织的首要分子，对集团所犯的全部罪行负责，无论其是否参与、组织、指挥

C. 黑社会性质组织的一般参加者甲，为了组织的利益而实施强迫交易罪，应以参加黑社会性质组织罪、强迫交易罪择一重处

D. "国家工作人员的包庇或者纵容"亦即保护伞特征，不是黑社会性质的组织成立的必要要件，只是选择性要件。国家机关工作人员包庇或纵容黑社会性质的组织的，触犯包庇、纵容黑社会性质组织罪、滥用职权罪的，应当数罪并罚

【解析】A选项，黑社会性质组织系特殊的犯罪集团。刑法第26条第3款规定的"集团所犯的全部罪行"，是指为了集团利益、实施的符合组织的一般活动规则形式的犯罪活动。

B选项，刑法第26条第3款（犯罪集团的首要分子）规定：对组织、领导犯罪集团的首要分子，按照集团所犯的全部罪行处罚。第4款（其他主犯责任）规定：对于第3款规定以外的主犯，应当按照其所参与的或者组织、指挥的全部犯罪处罚。按体系解释，对比第4款解释第3款，可得出B选项的结论。

C选项，根据刑法第294条（组织、领导、参加黑社会性质组织罪）第4款的规定，犯黑社会性质犯罪，又有其他犯罪行为的，依照数罪并罚的规定处罚。

D选项，根据刑法第294条（组织、领导、参加黑社会性质组织罪）第5款第4项的规定，"国家工作人员的包庇或者纵容"亦即保护伞特征，只是"或者"条件，亦即只是选择性要件。国家机关工作人员包庇或纵容，可触犯包庇、纵容黑社会性质组织罪、滥用职权罪，但根据刑法第397条（滥用职权罪）第2款最后一句"本法另有规定的，依照规定"，应属特别法与一般法的法条竞合关系，应以特别法包庇、纵容黑社会性质组织罪一罪论处。不是数个行为，不能按刑法第294条第4款数罪并罚。

七、计算机及信息网络类犯罪

12. 甲购买了乙公司的一批车辆，支付购车首付款；双方约定，在甲支付完全款之后，才能获得车辆所有权。乙公司为保障其权利，在车辆上安装了定位系统。甲获取车辆之后，不想继续支付余款，欲变卖该批车辆，遂将计划告知好友丙，请其利用信息网络干扰定位系统，致使车辆定位系统崩溃。之后，甲顺利将车辆变卖。关于丙的行为性质，下列说法正确的有？[2]

（2021/客/卷一/仿19）

    A. 非法利用信息网络罪   B. 破坏计算机信息系统罪

    C. 非法侵入计算机信息系统罪   D. 盗窃罪

【解析】本题考查网络犯罪、财产犯罪、罪数。

（1）干扰系统而使车辆定位系统崩溃的行为，根据刑法第286条，触犯破坏计算机信息系统罪。

（2）关于财产犯罪：①被害人。从所有权方面分析，汽车所有权仍归卖方乙公司所有；乙公司是被害人。②对象是该批车辆。③占有状态。汽车脱离卖方乙公司占有，归甲独立占有，可认为是受委托保管物，系侵占罪对象。④甲将独立占有的他人所有财物非法所有，构成侵占罪。

（3）罪数上：甲触犯破坏计算机信息系统罪教唆犯、侵占罪的正犯；乙触犯破坏计算机信息系统罪教唆犯、侵占罪的帮助犯。根据刑法第287条的规定，以目的行为侵占罪论处。

本题只选正确的选项，故选项B当选。

13. 下列哪些情形应以破坏计算机信息系统罪论处？[1]（2005/2/63）

A. 甲采用密码破解手段，非法进入国家尖端科学技术领域的计算机信息系统，窃取国家机密

B. 乙因与单位领导存在矛盾，即擅自对单位在计算机中存储的数据和应用程序进行修改操作，给单位的生产经营管理造成严重的混乱

C. 丙通过破解密码的手段，进入某银行计算机信息系统，为其朋友的银行卡增加存款额10万元

D. 丁为了显示自己在计算机技术方面的本事，设计出一种计算机病毒，并通过互联网进行传播，影响计算机系统正常运行，造成严重后果

【疑难辨析】根据刑法第287条规定："利用计算机实施金融诈骗、盗窃、贪污、挪用公款、窃取国家秘密或者其他犯罪的，依照本法有关规定罪处罚"。本题考查的即是此法条规定的罪数规则。但在运用此条时，需要明确此条规定的原理和规则：手段行为、目的行为，当计算机犯罪为其他犯罪的手段行为（"利用"）时，以其他犯罪即目的行为"论处"。

【解析】A选项，系非法获取国家秘密罪（目的行为）和非法侵入计算机信息系统罪（手段行为），应依第287条以目的行为即非法获取国家秘密罪定罪。

B选项，（1）系破坏计算机信息系统罪（后果严重的，法定最高刑15年；后果特别严重的，法定最高刑15年）与破坏生产经营罪（一般情况，法定最高刑3年；情节严重的，法定最高刑7年）的想象竞合，择一重应以重罪即计算机信息系统罪论处。（2）不以破坏生产经营罪论处的原因，不是因为第287条没有列举破坏生产经营罪罪名，"其他犯罪"说明该条列举的罪名只是例举而不穷尽；（3）而是因为本案中行为只有一个，破坏计算机信息系统行为即是破坏生产经营行为，故属想象竞合犯；不是两个行为，不能适用前述刑法第287条的规定。

C选项，系盗窃罪（目的行为）与非法获取计算机信息系统数据罪（手段行为），应依第287条以目的行为即盗窃罪论处。

D选项，构成刑法第286条规定的破坏计算机信息系统罪。

本题具有一定难度，但由于是多选项，只要排除AC两项，得出BD两项基本没有问题。

---

[1] BD

14. 关于利用计算机网络的犯罪，下列哪一选项是正确的？[1]（2007/2/18）

A. 通过互联网将国家秘密非法发送给境外的机构、组织、个人的，成立故意泄露国家秘密罪

B. 以营利为目的，在计算机网络上建立赌博网站，或者为赌博网站担任代理，接受投注的，属于刑法第303条规定的"开设赌场"

C. 以牟利为目的，利用互联网传播淫秽电子信息的，成立传播淫秽物品罪

D. 组织多人故意在互联网上编造、传播爆炸、生化、放射威胁等虚假恐怖信息，严重扰乱社会秩序的，成立聚众扰乱社会秩序罪

【解析】A选项，（1）《最高人民法院关于审理为境外窃取、刺探、收买、非法提供国家秘密、情报案件具体应用法律若干问题的解释》第6条，通过互联网将国家秘密非法发送给境外的机构、组织、个人的，构成为境外非法提供国家秘密罪。（2）构成故意泄露国家秘密罪。（3）罪数：整体法与部分法的法条竞合关系，以整体法为境外非法提供国家秘密罪定罪。

B选项，《最高人民法院、最高人民检察院关于办理赌博刑事案件具体应用法律若干问题的解释》第2条的规定，以营利为目的，在计算机网络上建立赌博网站，或者为赌博网站担任代理，接受投注的，属于刑法第303条规定的开设赌场罪。

C选项，《最高人民法院、最高人民检察院关于办理利用互联网、移动通讯终端、声讯台制作、复制、出版、贩卖、传播淫秽电子信息刑事案件具体应用法律若干问题的解释》第1条，以牟利为目的，利用互联网、移动通讯终端制作、复制、出版、贩卖、传播淫秽电子信息，以制作、复制、出版、贩卖、传播淫秽物品牟利罪定罪。故本选项构成传播淫秽物品牟利罪。

D选项，由于编造、传播的是虚假恐怖信息，故构成刑法第291条之一的编造、故意传播虚假恐怖信息罪。聚众扰乱社会秩序罪需要有纠集多人到实地场所进行扰乱。

15. 根据有关司法解释，关于利用互联网实施的犯罪行为，下列哪些说法是正确的？[2]（2017/2/51）

A. 在网络上建立赌博网站的，属于开设赌场

B. 通过网络传播淫秽视频的，属于传播淫秽物品

C. 在网络上传播电子盗版书的，属于复制发行他人文字作品

D. 盗用他人网络账号、密码上网，造成他人电信资费损失的，属于盗窃他人财物

【解析】A选项，根据《最高人民法院、最高人民检察院、公安部关于办理网络赌博犯罪案件适用法律若干问题的意见》（公通字〔2010〕40号）第1条规定："利用互联网、移动通讯终端等传输赌博视频、数据，组织赌博活动……属于刑法第三百零三条第2款规定的开设赌场行为"。本选项说法正确。

B选项，根据《最高人民法院、最高人民检察院关于办理利用互联网、移动通讯终端、声讯台制作、复制、出版、贩卖、传播淫秽电子信息刑事案件具体应用法律若干问题的解释》法释〔2010〕3号第1条的规定，"利用互联网、移动通讯终端制作、复制、出版、贩卖、传播淫秽电子信息……"属于传播淫秽物品行为。本选项说法正确。

C选项，根据《最高人民法院、最高人民检察院关于办理侵犯知识产权刑事案件具体应用法律若干问题的解释》（法释〔2004〕19号）第11条第3款的规定："通过信息网络向公众传播他人文字作品……及其他作品的行为，应当视为刑法第二百一十七条规定的复制发行"。本

---

[1] B [2] ABCD

选项说法正确。

D 选项，根据《最高人民法院关于审理扰乱电信市场管理秩序案件具体应用法律若干问题的解释》（法释〔2000〕12 号）第 8 条的规定："盗用他人公共信息网络上网账号、密码上网，造成他人电信资费损失数额较大的，依照刑法第二百六十四条的规定，以盗窃罪定罪处罚。"本选项说法正确。

16. 关于网络犯罪，以下说法正确的有[1]（2019/客/卷一/仿 39）

A. 甲破译某游戏公司管理员账号、密码，登录游戏管理系统，通过篡改游戏玩家账户的数据，将某款热门游戏的"装备"转至自己游戏账户，出售牟利数额巨大。则甲可触犯破坏计算机信息系统罪

B. 乙见某公司的某款电脑游戏热门，遂编写可向该公司游戏服务器系统中植入木马程序的游戏外挂程序，将外挂程序出售获利数额巨大。则乙可触犯提供侵入、非法控制计算机信息系统的程序、工具罪

C. 丙编制"爬虫"程序，破解某网络公司的防抓取措施，入侵其服务器，抓取、复制其中存储的视频数据，数额巨大，给该网络公司造成重大损失。则丙可触犯非法获取计算机信息系统数据罪

D. 甲非法利用信息网络实施诈骗，乙明知仍为甲提供网络帮助。则甲触犯非法利用信息网络罪、诈骗罪，系想象竞合；乙触犯帮助信息网络犯罪活动罪、诈骗罪，系想象竞合

【解析】A 选项，甲侵入游戏公司系统，对其中存储的数据进行修改，根据刑法第 286 条第 2 款，触犯破坏计算机信息系统罪。同时，将有价值、可控制的游戏"装备"秘密转移占有，属于盗窃他人财物，根据刑法 264 条，触犯了盗窃罪。根据刑法第 287 条，以盗窃罪论处。

B 选项，可向该公司游戏服务器系统中植入木马程序的游戏外挂程序，属于侵入、非法控制计算机信息系统的程序、工具。乙编制程序并出售、提供给他人，根据刑法第 285 条第 3 款，触犯提供侵入、非法控制计算机信息系统的程序、工具罪。

C 选项，根据刑法第 285 条第 2 款，触犯非法获取计算机信息系统数据罪。

D 选项，甲：根据 287 条之一第 1 款第 1 项、第 266 条，触犯非法利用信息网络罪（正犯）、诈骗罪（正犯）；根据 287 条之一第 2 款，系想象竞合，应择一重处。乙：根据 287 条之二第 1 款、第 266 条及第 27 条，触犯帮助信息网络犯罪活动罪（正犯）、诈骗罪（帮助犯）；根据 287 条之二第 2 款，系想象竞合，应择一重处。

八、考试作弊犯罪

17. 2016 年 4 月，甲利用乙提供的作弊器材，安排大学生丙在地方公务员考试中代替自己参加考试。但丙考试成绩不佳，甲未能进入复试。关于本案，下列哪些选项是正确的?[2]（2016/2/60）

A. 甲组织他人考试作弊，应以组织考试作弊罪论处

B. 乙为他人考试作弊提供作弊器材，应按组织考试作弊罪论处

C. 丙考试成绩虽不佳，仍构成代替考试罪

D. 甲让丙代替自己参加考试，构成代替考试罪

【解析】（1）地方公务员考试是《公务员法》规定的考试，属于"国家规定的考试"。（2）对于甲，刑法第 284 条之一第 1 款规定的组织考试作弊罪，其中的"组织"行为既可以组

---

[1] ABCD [2] CD

织多人，也可以是组织流程；本案中甲没有实施组织行为，只是实施了第3款规定的"让他人代替自己参加考试"的行为，构成代替考试罪，而不构成组织考试作弊罪。（3）对于乙，第2款规定，为他人实施组织考试作弊犯罪提供作弊器材或者其他帮助的，才构成组织考试作弊罪的共犯；本案中甲不构成组织考试作弊罪，乙也无法构成组织考试作弊罪的共犯。只是代替考试罪的帮助犯。（4）对于丙，代替考试罪的构成只要实施代替他人或者让他人代替自己参加考试的行为即可，不必考试成功。

考点二　妨害司法罪（第六章第二节）

一、伪证罪

1. 下列哪一种行为可以构成伪证罪？[1]（2004/2/7）

A. 在民事诉讼中，证人作伪证的

B. 在刑事诉讼中，辩护人伪造证据的

C. 在刑事诉讼中，证人故意作虚假证明意图陷害他人的

D. 在刑事诉讼中，诉讼代理人帮助当事人伪造证据的

【解析】刑法第305条规定：在刑事诉讼中，证人、鉴定人、记录人、翻译人对与案件有重要关系的情节，故意作虚假证明、鉴定、记录、翻译，意图陷害他人或者隐匿罪证的，构成伪证罪。

选项A，伪证罪只能发生在刑事诉讼中，不能发生在民事诉讼中。选项B，伪证罪的主体是证人、鉴定人、记录人、翻译人，辩护人伪造证据的，构成辩护人伪造证据罪。选项C正确。选项D，诉讼代理人帮助当事人伪造证据的，构成诉讼代理人伪造证据罪。

二、妨害作证罪

2. 律师王某在代理一起民事诉讼案件时，编造了一份对自己代理的一方当事人有利的虚假证言，指使证人李某背熟以后向法庭陈述，致使本该败诉的己方当事人因此而胜诉。王某的行为构成何罪？[2]（2003/2/11）

A. 伪证罪　　　　　　　　　　　　B. 诉讼代理人妨害作证罪

C. 妨害作证罪　　　　　　　　　　D. 帮助伪造证据罪

【解析】（1）本案发生在民事诉讼中，故王某不构成诉讼代理人妨害作证罪，也不构成伪证罪，这两罪只发生在刑事诉讼中。故AB项不选。（2）帮助伪造证据罪中的证据一般指实物证据，故不构成帮助伪造证据罪。故D项不选。（3）王某编造虚假证言是教唆、指使证人违背事实作伪证的方式，其行为构成妨害作证罪。故选C项。

三、帮助毁灭、伪造证据罪

3. 甲的下列哪些行为成立帮助毁灭证据罪（不考虑情节）？[3]（2014/2/61）

A. 甲、乙共同盗窃了丙的财物。为防止公安人员提取指纹，甲在丙报案前擦掉了两人留在现场的指纹

B. 甲、乙是好友。乙的重大贪污罪行被丙发现。甲是丙的上司，为防止丙作证，将丙派往境外工作

C. 甲得知乙放火致人死亡后未清理现场痕迹，便劝说乙回到现场毁灭证据

D. 甲经过犯罪嫌疑人乙的同意，毁灭了对乙有利的无罪证据

【解析】A选项，考查本犯妨害司法。（1）一般认为，本犯为本人犯罪、教唆他人为本人犯罪，共同犯罪人为同案犯共同犯罪人而实施妨害司法行为，因欠缺期待可能而阻却责任。（2）立法体现是，该罪的行为是"帮助当事人毁灭、伪造证据"，即不是该罪犯罪人的人，来帮助当事人来毁灭证据，故而，本犯（"当事人"）不能构成帮助毁灭证据罪。

B选项，甲构成刑法第307条的妨害作证罪（针对证人证言），不构成帮助毁灭证据罪（针对实体证据）。

C选项，考查"帮助毁灭证据"行为的理解。"帮助"的含义是"为了他人"，而不是"帮助（犯）"行为；既包括行为人自己亲自实施毁灭证据的行为，也包括指使他人实施毁灭证据的行为。此外，本犯乙虽不能构成帮助毁灭证据罪；但是，帮助毁灭证据罪的成立，并非要以行为人成立类似于帮助犯的情形为必要前提。

D选项，考查"证据"的范围、被害人承诺。（1）帮助毁灭证据罪保护的法益是司法秩序，是社会法益；而不是犯罪人的权益，不是个人法益。只要侵害司法公正审理（无论是可能造成应有罪判无罪，还是应无罪判有罪后果的）的帮助毁灭证据行为，均可侵害司法秩序，构成本罪。（2）从而据此规范目的进行目的解释：其一，由此解释，帮助毁灭证据中的"证据"既包括有罪证据、也包括无罪证据。其二，个人不能处分社会法益，犯罪嫌疑人本人的承诺无效，行为人仍构成帮助毁灭证据罪。

4. 王某担任辩护人时，编造了一份隐匿罪证的虚假证言，交给被告人陈小二的父亲陈某，让其劝说证人李某背熟后向法庭陈述，并给李某5000元好处费。陈某照此办理。李某收受5000元后，向法庭作了伪证，致使陈某被无罪释放。后陈某给陈小二10万美元，让其逃往国外。关于本案，下列哪些选项是错误的？[1]（2007/2/64）

A. 王某的行为构成辩护人妨害作证罪

B. 陈某劝说李某作伪证的行为构成妨害作证罪的教唆犯

C. 李某构成辩护人妨害作证罪的帮助犯

D. 陈某让陈小二逃往国外的行为构成脱逃罪的共犯

【解析】（1）对于王某，作为辩护人，策划、指使证人作伪证，构成辩护人妨害作证罪。（2）陈某引诱证人作伪证的，成立妨害作证罪；陈某与王某在妨害作证罪的范围内构成共同犯罪。（3）李某在刑事诉讼中故意作伪证，构成伪证罪。刑法分则已将教唆、指使他人作伪证的行为独立规定为妨害作证罪，系共同行为正犯化。（4）陈小二是在被判无罪释放后逃往国外的，不属被依法关押的罪犯、被告人、犯罪嫌疑人，不构成脱逃罪，陈某自然不能成为脱逃罪的共犯。此外，即使陈小二是犯罪人，陈某帮助犯罪人逃跑的，也只构成窝藏罪。由于欠缺期待可能性，犯罪人窝藏本人的行为不能构成窝藏罪；同样由于对合犯的关系，被窝藏者也不能与窝藏者构成共犯。

5. 甲杀人后将凶器忘在现场，打电话告诉乙真相，请乙帮助扔掉凶器。乙随即把凶器藏在自家地窖里。数月后，甲生活无着落准备投案自首时，乙向甲汇款2万元，使其继续在外生活。关于本案，下列哪一选项是正确的？（2015/2/20）[2]

A. 乙藏匿凶器的行为不属毁灭证据，不成立帮助毁灭证据罪

B. 乙向甲汇款2万元不属帮助甲逃匿，不成立窝藏罪

C. 乙的行为既不成立帮助毁灭证据罪，也不成立窝藏罪

---

[1] BCD [2] D

D. 甲虽唆使乙毁灭证据，但不能认定为帮助毁灭证据罪的教唆犯

【解析】本题考查帮助毁灭证据罪、窝藏罪，本犯教唆行为的定性

就乙的行为而言：（1）帮助毁灭证据罪中的"毁灭"指的是使司法机关无法查证，乙帮助藏匿凶器属藏匿行为，触犯帮助毁灭证据罪。（2）窝藏罪中帮助犯罪分子逃匿既包括直接帮助逃匿，也包括为逃匿提供物质条件（"帮助"），汇款即是为逃匿提供物质条件，触犯窝藏罪。（3）在罪数上，两行为触犯两罪，应当数罪并罚。A选项、B选项、C选项的说法均错误。

就甲的行为而言：本犯教唆他人为其犯罪帮助毁灭证据的，符合帮助毁灭证据罪的教唆犯的不法要件、具有教唆故意，但因不具期待可能性（不能期待犯罪人不实施此行为），不具有责任，不能认定为帮助毁灭证据罪的教唆犯。另一种解释认为，按照出罪举重以明轻的当然解释，本犯本人实施毁灭证据的实行行为都不认为构成帮助毁灭证据罪，教唆他人实施的教唆行为更轻，举重以明轻，当然更不能以帮助毁灭证据罪的教唆犯论处。

四、窝藏、包庇罪

6. 甲在经过某偏僻路口时，发现其好友乙抢劫了丙的财物，且由于乙先前的暴力行为，导致丙流血过多，陷入昏迷状态。甲赶忙对乙说："你惹麻烦了，快找个地方躲躲，走得越远越好。"甲还将自己远房亲戚的姓名、住址提供给乙，并给乙3000元。乙于是坐火车投奔甲的亲戚。甲、乙分别离开现场，3小时后，丙死亡。甲的行为构成何罪？[1]（2008延/2/19）

A. 抢劫罪   B. 故意杀人罪

C. 过失致人死亡罪   D. 窝藏罪

【解析】（1）乙独自实施抢劫已经完全结束，甲在他人犯罪完全结束后再加入进来不能成立承继的共犯，故甲不构成抢劫罪（共犯），故不选A选项。（2）甲明知乙是犯罪人还为其提供隐匿处所，构成窝藏罪。故D选项正确。（3）问题在于：甲能否成立乙的不作为行为（犯罪后不救治）的教唆犯？回答是否定的。首先，乙不救治被害人的行为是其自身决意，而非甲造意，甲不属教唆。其次，甲的行为与被害人的死亡无因果关系，死亡结果不是因甲阻止乙施救而造成。没有甲的行为，按常理乙照样会逃走并造成同样结果，故而，没有甲的行为，被害人仍然死亡，甲的行为与死亡结果之间不存在条件关系。此外，甲对乙没有支配利用，也不能成立间接正犯。因此，即便死亡结果是因乙犯罪后不救治而引起的（此不作为行为被先前的抢劫罪所包容），甲也不能成立此不作为行为的共犯。本题是单选题，故直接以事后犯定窝藏罪即可。

7. 甲路过偏僻路段，看到其友乙强奸丙的犯罪事实。甲的下列哪一行为构成包庇罪？[2]（2012/2/19）

A. 用手机向乙通报公安机关抓捕乙的消息

B. 对侦查人员的询问沉默不语

C. 对侦查人员声称乙、丙系恋人，因乙另有新欢遭丙报案诬陷

D. 经法院通知，无正当理由，拒绝出庭作证

【解析】A选项，为犯罪人通风报信，帮助其逃匿，构成窝藏罪。

B、D选项，提供虚假证明包庇犯罪人（作为），成立包庇罪；司法机关对知情他人犯罪事实的人进行调查取证时，其单纯不提供证言（不作为）的，不构成犯罪。

C选项，系属作假证明包庇犯罪人（作为），成立包庇罪。如果成为证人，还可涉嫌伪

---

[1] D [2] C

证罪。

8. 下列哪些行为构成包庇罪?[1]（2009/2/62）

A. 甲帮助强奸罪犯毁灭证据

B. 乙（乘车人）在交通肇事后指使肇事人逃逸，致使被害人因得不到救助而死亡

C. 丙明知实施杀人、放火犯罪行为是恐怖组织所为，而作假证明予以包庇

D. 丁系歌舞厅老板，在公安机关查处卖淫嫖娼违法行为时为违法者通风报信，情节严重

【解析】A选项，构成刑法第307第2款帮助毁灭证据罪。

B选项，根据《最高人民法院关于审理交通肇事刑事案件具体应用法律若干问题的解释》第5条第2项，构成交通肇事罪。

C选项，（1）对杀人、放火的犯罪人作假证明，构成第310条的包庇罪。（2）而不构成294条第4款的包庇黑社会性质组织罪，因该罪是国家机关工作人员利用职权包庇，且本项不是黑社会性质的组织；此外，刑法中也无包庇恐怖组织犯罪分子的专门罪名。

D选项，根据刑法第362条，构成包庇罪（窝藏罪）。注意此规定很特别，是拟制规定，窝藏、包庇的对象不是犯罪分子而是违法分子。

9. 下列哪些行为不构成包庇罪?[2]（2006/2/63）

A. 国家机关工作人员包庇黑社会性质的组织的

B. 帮助当事人毁灭、伪造证据的

C. 明知他人有间谍行为，在国家安全机关向其收集有关证据时，拒绝提供，情节严重的

D. 包庇走私、贩卖、运输、制造毒品的犯罪分子的

【解析】A选项，国家机关工作人员包庇黑社会性质的组织的，构成刑法第294条规定的包庇、纵容黑社会性质组织罪。

B选项，帮助当事人毁灭、伪造证据的，构成帮助毁灭、伪造证据罪，不构成包庇罪。

C选项，明知他人有间谍行为，在国家安全机关向其收集有关证据时，拒绝提供，情节严重的，构成刑法第311条的拒绝提供间谍犯罪证据罪。

D选项，（1）包庇走私、贩卖、运输、制造毒品的犯罪分子的，构成刑法第349条的包庇毒品犯罪分子罪。（2）也触犯了包庇罪。（3）罪数上，两罪是特别法与一般法的法条竞合关系，应以特别法包庇毒品犯罪分子罪论处。题干中的"构成"应理解为"认定为"。

五、掩饰、隐瞒犯罪所得、犯罪所得收益罪

10. 下列哪一选项的行为应以掩饰、隐瞒犯罪所得罪论处?[3]（2011/2/17）

A. 甲用受贿所得1000万元购买了一处别墅

B. 乙明知是他人用于抢劫的汽车而更改车身颜色

C. 丙与抢劫犯事前通谋后代为销售抢劫财物

D. 丁明知是他人盗窃的汽车而为其提供伪造的机动车来历凭证

【解析】A选项，甲是受贿罪的本犯，本犯掩饰、隐瞒自己犯罪所得的，欠缺期待可能，不构成掩饰、隐瞒犯罪所得罪。

B选项，注意选项中系"用于抢劫的汽车"，亦即，是他人实施抢劫犯罪之前有通谋，事先有通谋，以抢劫罪的共犯论处。

C选项，"事前通谋"以抢劫罪的共犯论处。

D选项，《最高人民法院、最高人民检察院关于办理与盗窃、抢劫、诈骗、抢夺机动车相

---

[1] CD　[2] ABCD　[3] D

关刑事案件具体应用法律若干问题的解释》第 1 条第 6 项，明知是盗窃、抢劫、诈骗、抢夺的机动车，而提供或者出售伪造、变造的机动车来历凭证、整车合格证、号牌以及有关机动车的其他证明和凭证的，以掩饰、隐瞒犯罪所得、犯罪所得收益罪定罪。

11. 甲抢劫出租车，将被害司机尸体藏入后备箱后打电话给堂兄乙，请其帮忙。乙帮助甲把尸体埋掉，并把被害司机的证件、衣物等烧掉。两天后，甲把抢来的出租车送给乙。乙的行为构成何罪？[1]（2009/2/63）

A. 抢劫罪
B. 包庇罪
C. 掩饰、隐瞒犯罪所得罪
D. 帮助毁灭证据罪

【解析】（1）乙未参与甲的抢劫行为，系事后知情，不属抢劫罪的共同犯罪。（2）乙帮助埋尸、烧证件、衣物的行为构成刑法第307第2款帮助毁灭证据罪，即D选项。（3）乙明知出租车系抢劫犯罪所得而占有，系刑法312条掩饰、隐瞒犯罪所得罪。值得注意的是，该罪行为形式为"明知是犯罪所得及其产生的收益而予以窝藏、转移、收购、代为销售或者以其他方法掩饰、隐瞒的"，本案行为可认为是窝藏、转移。

六、虚假诉讼罪

12. 甲于 2011 年 8 月 31 日借给乙 50 万元，一年后乙通过银行转账将 50 万元转给甲，乙因为有银行转账证明，未索回欠条。后甲将欠条涂改为 2017 年 8 月 31 日借款，并于 2017 年 9 月 1 日向法院起诉乙还款本息 62 万元。乙以银行转账记录为证提起抗辩，但法官丙并未采信该证据，作出了甲向乙归还欠款本息 62 万元的判决。乙向当地公安报案，关于本案正确的是？[2]（2019/客/卷一/仿40）

A. 甲的行为构成虚假诉讼罪，在一审判决做出时才构成犯罪既遂
B. 甲的行为只构成诈骗罪，法官是受骗人，乙是被害人
C. 甲的行为构成诈骗罪、虚假诉讼罪，系想象竞合
D. 法官丙虽然受骗，但不构成民事枉法裁判罪

【解析】（一）对于甲的行为：

1. 隐瞒债务已经全部清偿的事实，向人民法院提起民事诉讼，要求他人履行债务的，以捏造的事实提起民事诉讼，根据刑法第 307 条之一，以及《最高人民法院、最高人民检察院关于办理虚假诉讼刑事案件适用法律若干问题的解释》（法释〔2018〕17 号）第 1 条第 2 款，触犯虚假诉讼罪。

2. 关于犯罪形态，根据前条虚假诉讼罪系结果犯，以"妨害司法秩序或者严重侵害他人合法权益"为既遂结果。前述司法解释第 2 条第 2 项，"致使人民法院开庭审理，干扰正常司法活动的"即可认为"妨害司法秩序"的结果发生，构成既遂，而无需一审判决做出。

3. 甲欺骗具有处分权的法院，骗取法院对乙的财物进行处分，系三角诈骗，根据刑法第266 条，触犯诈骗罪。还未控制住财物，系犯罪未遂。B 选项错在"只"字。

4. 在罪数上，根据第 307 条之一（虚假诉讼罪）第 3 款，系想象竞合，应以虚假诉讼罪（既遂）、诈骗罪（未遂）择一重处。

（二）对于法官丙

1. 并非故意违背事实和法律作枉法裁判，主观上无故意，不能构成民事枉法裁判罪。

2. 即使严重不负责任、存在重大过失，判错案造成重大损失，根据刑法第 397 条，也只涉嫌玩忽职守罪。

---

[1] CD [2] CD

13. A法院依法作出生效民事判决，涉及甲的一处房产的执行。为使房产不被执行，甲与乙合谋，签订虚假借款和担保合同，虚构该房产已被抵押的事实，并让乙向B法院提起民事诉讼，B法院采信该合同，遂判决将房产转移给乙。因甲无其他可供执行的财产，导致A法院的判决无法执行。则甲的行为[1]（2019/客/卷一/仿41）

A. 只构成虚假诉讼罪

B. 构成虚假诉讼罪、拒不执行判决罪，系想象竞合

C. 构成虚假诉讼罪、拒不执行判决罪，数罪并罚

D. 构成诈骗罪

【解析】（1）在触犯罪名方面，被执行人甲与乙恶意串通，捏造债权以及对查封、扣押、冻结财产的优先权、担保物权，捏造民事法律关系，向B法院提起民事诉讼，根据刑法第307条之一，以及《最高人民法院、最高人民检察院关于办理虚假诉讼刑事案件适用法律若干问题的解释》（法释〔2018〕17号）第1条第1款第6项，触犯虚假诉讼罪。

（2）对于A法院已经生效的判决，被执行人甲与乙串通，通过虚假诉讼方式妨害执行，隐藏、转移财产，致使判决无法执行，根据刑法第313条、《全国人民代表大会常务委员会关于〈中华人民共和国刑法〉第三百一十三条的解释》第2款第2项、《最高人民法院关于审理拒不执行判决、裁定刑事案件适用法律若干问题的解释》（法释〔2015〕16号）第2条第4项，触犯拒不执行判决罪。

（3）甲、乙虽以虚假事实欺骗B法院，但因该房产在此之前还未被执行，仍归甲占有，B法院的判决只转移了甲占有的财物，并未转移他人占有的财物，不符合诈骗罪的对象要求，故而甲不能触犯诈骗罪。

（4）在罪数方面，根据第307条之一（虚假诉讼罪）第3款，系想象竞合，应以虚假诉讼罪（既遂）、拒不执行判决罪（既遂）择一重处。

14. 《刑法修正案（九）》增设了虚假诉讼罪，关于虚假诉讼罪，有如下表述：（1）虚假诉讼行为人通过虚假诉讼的手段，拒不执行判决、裁定的，构成虚假诉讼罪、拒不执行判决、裁定罪，依照处罚较重的规定定罪从重处罚；（2）虚假诉讼行为人通过虚假诉讼骗取他人财物，构成虚假诉讼罪与诈骗罪，系想象竞合；（3）虚假诉讼行为人为了骗取他人财物，而与审理案件的法官串通，法官作出枉法裁决的；法官也可触犯诈骗罪；（4）虚假诉讼行为人通过虚假诉讼骗取他人财物，没有与审理案件的法官串通；但法官明知事情真相，仍作出枉法裁决的；虚假诉讼行为人可构成虚假诉讼罪，但不能构成诈骗罪。关于上述表述的判断，下列选项正确的有？[2]（2021/客/卷一/仿20）

A. （1）（2）（3）（4）均正确

B. （1）（2）（3）正确，（4）错误

C. （1）（2）正确，（3）（4）错误

D. （1）正确，（2）（3）（4）错误

【解析】本题考查虚假诉讼罪，以及相关罪数规则。

对于（1）（2），根据刑法第307条之一（虚假诉讼罪）第3款，以及《最高人民法院、最高人民检察院关于办理虚假诉讼刑事案件适用法律若干问题的解释》第4条，分别触犯两罪，系想象竞合，照处罚较重的规定定罪从重处罚。说法正确。

对于（3）主要涉及的问题是：法官知情诈骗真相仍然枉法裁决，其可否构成诈骗罪？虚假诉讼中的诈骗，实质上是"三角诈骗"，被骗的对象人是法院单位（而不是法官个人），通过骗取法院对被害人财产作出处分，从而使被害人财产受损。尽管法官的裁判行为是职权行

为，但仍可认为是与虚假诉讼行为人合谋，共同骗取法院，也可触犯诈骗罪（可以类比于：贷款诈骗罪中内外勾结，共同诈骗金融机构贷款的情形）；同时触犯民事枉法裁判罪、虚假诉讼罪，根据刑法第 307 条之一第 4 款、前述解释第 5 条，系想象竞合，择一重罪从重处罚。

对于（4），对虚假诉讼行为人的定性，涉及问题同前述（3），因诈骗的对象人是法院单位（而不是法官个人），因此其仍可触犯诈骗罪；同时触犯虚假诉讼罪，系想象竞合。对于法官的定性，主要涉及的问题是：对诈骗正犯的片面的帮助可否构成帮助犯？通说认为片面的帮助可成立帮助犯；同时触犯民事枉法裁判罪、虚假诉讼罪，想象竞合。本选项可类比于：甲合同诈骗 A 公司，而 A 公司审查合同的法务人员故意不揭露，以不作为形式实施片面帮助。

六、脱逃罪

15. 下列哪些人可以成为脱逃罪的主体？[1]（2004/2/58）

A. 被判处管制的犯罪分子

B. 依法被关押的罪犯

C. 依法被关押的被告人

D. 依法被关押但尚无充分证据证明有罪的犯罪嫌疑人

【解析】 根据刑法第 316 条的规定，脱逃罪的主体是依法被关押的罪犯、被告人、犯罪嫌疑人。管制不予关押，故不构成本罪，A 选项不选。

16. 下列哪些行为不应当认定为脱逃罪？[2]（2006/2/61）

A. 犯罪嫌疑人在从甲地押解到乙地的途中，乘押解人员不备，偷偷溜走

B. 被判处管制的犯罪分子未经执行机关批准即到外地经商，直至管制期满未归

C. 被判处有期徒刑的犯罪分子组织多人有计划地从羁押场所秘密逃跑

D. 被判处无期徒刑的 8 名犯罪分子采取暴动方法逃离羁押场所

【解析】选项 A，主体是犯罪嫌疑人，符合刑法第 316 条关于脱逃罪的规定。选项 B，被判处管制的人由于并没有被关押，不能构成脱逃罪。选项 C，构成刑法第 317 条规定的组织越狱罪，其与脱逃罪的区分在于有无组织行为。选项 D，构成刑法第 317 条规定的暴动越狱罪。

17. 被某监狱关押的罪犯赵某、钱某、孙某三人，密谋约好一起越狱。按照计划，赵某在看电视时故意制造事端、殴打其他被关押罪犯，扰乱秩序，情节严重，钱某、孙某趁机出逃。钱某还未逃出、孙某在逃出监狱之后不久即被抓获。关于三人的行为，以下说法正确的有[3]（2018/客/卷一/25 仿）

A. 孙某构成脱逃罪，系犯罪既遂　　　　　B. 钱某构成脱逃罪，系犯罪未遂

C. 赵某构成破坏监管秩序罪　　　　　　　D. 赵某、钱某、孙某三人构成共同犯罪

【解析】 本题考查妨害司法类犯罪。

（1）赵某、钱某、孙某共谋越狱，根据刑法第 316 条，三人构成脱逃罪的共同犯罪。钱某、孙某是脱逃罪的共同正犯，赵某是帮助犯。

（2）在犯罪形态上，脱逃罪通常认为是亲手犯（自手犯），不存在间接正犯；对于正犯而言，仅有亲自实施既遂，才构成既遂。其一，孙某已逃出，认定为脱逃罪的既遂。其二，钱某还未逃出，如将其认定为正犯，其脱逃正犯行为系未遂。但是，如将其视为正犯孙某的帮助犯（共同正犯可认为包容帮助行为），因孙某既遂，钱某仍可认为是孙某脱离罪既遂的帮助犯，亦为犯罪既遂。其三，赵某亦是孙某脱离罪既遂的帮助犯，为犯罪既遂。故而，三人均为犯罪既遂。

---

[1] BCD　[2] BCD　[3] ACD

（3）赵某殴打其他被关押罪犯，根据刑法第315条第4项的规定，可触犯破坏监管秩序罪。是该罪与脱逃罪帮助犯的想象竞合。

七、拒不执行判决、裁定罪

18. 甲欠乙10万元久拖不还，乙向法院起诉并胜诉后，甲在履行期限内仍不归还。于是，乙向法院申请强制执行。当法院的执行人员持强制执行裁定书到甲家执行时，甲率领家人手持棍棒在门口守候，并将试图进入室内的执行人员打成重伤。甲的行为构成何罪？[1]（2008/2/17）

A. 拒不执行判决、裁定罪　　　　　　B. 聚众扰乱社会秩序罪

C. 妨害公务罪　　　　　　　　　　　D. 故意伤害罪

【解析】（1）以重伤的手段拒不执行判决、裁定的，触犯拒不执行判决、裁定罪与故意伤害罪（致人重伤），系想象竞合，择一重罪处断以重罪故意伤害（重伤）罪论处。法条依据1998年《最高人民法院关于审理拒不执行判决、裁定案件具体应用法律若干问题的解释》第6条的规定，暴力抗拒人民法院执行判决、裁定，杀害、重伤执行人员的，依照故意杀人罪、故意伤害罪的规定定罪处罚。注意：前述1998年解释的该规定与下文最新发布的2015年解释并不矛盾，仍然有效。

（2）以一般暴力手段抗拒国家机关工作人员，拒不执行判决、裁定的，认定为拒不执行判决、裁定罪，不认定为妨害公务罪。法条依据是：《全国人民代表大会常务委员会关于〈中华人民共和国刑法〉第三百一十三条的解释》第2款第5项，以及2015年《最高人民法院关于审理拒不执行判决、裁定刑事案件适用法律若干问题的解释》（自2015年7月22日起施行）第2条第5~7项，其中规定，以暴力、威胁方法阻碍执行人员进入执行现场或者聚众哄闹、冲击执行现场，致使执行工作无法进行的，属于刑法第三百一十三条规定的"有能力执行而拒不执行，情节严重"的情形，构成拒不执行判决、裁定罪。

八、传授犯罪方法罪

19. 乙、丙二人分别在甲开设的网店里买迷药"西班牙红苍蝇"。卖家甲明知乙、丙购买迷药后，可能会拿去做坏事，仍告诉二人如何使用，以及剂量用多少。乙购买之后，多次使用该迷药将他人迷晕，拿走其财物。未查明丙将迷药用于何处。则关于甲的行为的定性，下列选项说法不正确的有[2]（2018/客/卷一/26 仿）

A. 乙构成盗窃罪，甲构成盗窃罪的共犯

B. 乙构成抢劫罪，甲构成抢劫罪的共犯

C. 不论乙、丙有没有将迷药用于犯罪，甲都构成传授犯罪方法罪，系犯罪既遂

D. 甲出于经营的目的出售迷药，构成非法经营罪，不与乙、丙构成共同犯罪

【解析】（1）对于乙的行为，将他人迷晕后，拿走其财物，是对人实施暴力后取财，根据刑法第263条的规定，构成抢劫罪。选项A说法错误，当选。

（2）对于甲的行为，知道他人将迷药用于犯罪，还传授使用方法，根据刑法第295条的规定，构成传授犯罪方法罪。该罪是行为犯，只需行为人的行为实施完毕即为既遂。该罪是正犯，不是帮助犯，不以下游犯罪人实施犯罪为成立前提，也不以下游犯罪人实施犯罪既遂为既遂标准。故而选项C说法正确，不当选。

（3）刑法第225条规定的非法经营罪的具体行为，以及相关司法解释规定中，尚未将出售违禁迷幻药剂的行为纳入（只有未经许可出售药品的规定，而迷药不属药品），故难以认定为非法经营罪。选项D说法错误，当选。

---

[1]　D　[2]　ABD

（4）本题难点在于，乙构成抢劫罪，甲明知乙可能用迷药做坏事，仍然为其提供迷药，可否构成抢劫罪的帮助犯（如果同时触犯抢劫罪的帮助犯，又触犯传授犯罪方法罪，应当择一重处）？这主要涉及帮助故意的认识内容。帮助故意的成立，必须帮助者认识到正犯的行为、结果，以及帮助行为对实行行为的促进关系。本案中甲只是明知乙可能将迷药用于做坏事，但并不明确知晓其会用于抢劫，可否认定甲有帮助抢劫的故意？通说认为，犯罪故意的认识内容必须是具体的，需对特定罪名的构成要件要素有认识，甲必须明知乙用于抢劫，才能认定具有帮助抢劫的故意。少数观点基于"概括故意"的理解，认为明知"做坏事"可以包容明知"抢劫"，至少可认为是放任心态的间接故意。故而按照通说，甲主观上不具有帮助抢劫的故意，不能构成抢劫罪的帮助犯。选项 B 说法错误，当选。

考点三　妨害国（边）境管理罪（第六章第三节）

关于组织他人偷越国（边）境罪、运送他人偷越国（边）境罪及其罪数关系，以下说法正确的有（注：根据历年真题的选项拼凑）[1]

A. 在组织他人偷越国（边）境过程中，以暴力方法抗拒检查的，应当数罪并罚（2006/2/7 – C）

B. 组织他人偷越国边境又强奸被组织人，应当数罪并罚（2003/2/36 – D）

C. 已满 14 周岁不满 16 周岁的人实施下列行为，应当承担刑事责任：参与运送他人偷越国（边）境，造成被运送人死亡的（2006/2/51 – A）

D. 在运送他人偷越国（边）境过程中，以暴力方法抗拒检查的，应当数罪并罚（2006/2/7 – D）

【解析】选项 A，按刑法第 318 第 1 款第（5）项，按组织他人偷越国（边）境罪加重犯处罚，不数罪并罚。

选项 B，根据刑法第 318 条第 2 款，犯组织他人偷越国边境罪，对被组织人有强奸、拐卖等犯罪行为，依照数罪并罚的规定处罚。

选项 C，运送他人偷越国（边）境"造成被运送人死亡"应解释为过失致人死亡，已满 14 不满 16 周岁的人对运送他人偷越国（边）境、过失致死行为均不承担刑事责任。如果是"杀害"运送人，则应承担故意杀人罪的刑事责任。

选项 D，刑法第 321 条第 2 款，按运送他人偷越国（边）境罪加重犯处罚，不数罪并罚。

考点四　妨害文物管理罪（第六章第四节）

一、盗掘古文化遗址、古墓葬罪

1. 甲盗掘国家重点保护的古墓葬，窃取大量珍贵文物，并将部分文物偷偷运往境外出售牟利。司法机关发现后，甲为毁灭罪证将剩余珍贵文物损毁。关于本案，下列哪些选项是错误的？[2]（2010/2/63）

A. 运往境外出售与损毁文物，属于不可罚的事后行为，对甲应以盗掘古墓葬罪、盗窃罪

---

[1]　B　[2]　ABD

论处

B. 损毁文物是为自己毁灭证据的行为，不成立犯罪，对甲应以盗掘古墓葬罪、盗窃罪、走私文物罪论处

C. 盗窃文物是盗掘古墓葬罪的法定刑升格条件，对甲应以盗掘古墓葬罪、走私文物罪、故意损毁文物罪论处

D. 盗掘古墓葬罪的成立不以盗窃文物为前提，对甲应以盗掘古墓葬罪、盗窃罪、走私文物罪、故意损毁文物罪论处

【疑难辨析】 本题考查盗掘古墓葬罪及关联犯罪之间的罪数关系。不仅涉及到法条规定，还涉及到总论的罪数理论，特别是事后不可罚的认定，具有一定的难度。事后不可罚要求前后两行为针对同一对象、侵害相同法益，并且后行为已被前行为包容评价。

【解析】 根据刑法第328条第4项的规定，盗掘古文化遗址、古墓葬，并盗窃珍贵文物或者造成珍贵文物严重破坏的，是该罪的加重犯。指在盗掘过程中盗窃、毁坏所盗文物。

（1）甲盗掘国家重点保护的古墓葬，构成盗掘古墓葬罪。

（2）甲盗掘时盗窃珍贵文物，触犯盗窃罪，按前述规定构成盗掘古墓葬罪的加重犯，对此行为不再单独定盗窃罪。

（3）甲将文物偷偷运往境外，触犯刑法第151条的走私文物罪。由于走私行为侵害的是国家对特定物品的管制权，侵害新的法益，不认定为不可罚的事后行为，应另定它罪。

（4）甲为毁灭罪证将剩余珍贵文物损毁，如将文物视为犯罪证据，甲确系毁灭证据的行为。但本犯欠缺期待可能性，甲不构成帮助毁灭证据罪。

（5）但是，对珍贵文物进行损毁的行为本身，构成刑法第324条规定的故意损毁文物罪。

（6）同时触犯了故意毁坏财物罪，该罪与故意毁坏财物罪是一般法与特别法的法条竞合关系，以特别法故意损毁文物罪论处。

（7）在罪数上，根据前述第328条第4项规定的盗掘古墓葬罪的加重犯中的"造成珍贵文物严重破坏"，特指在盗掘古墓葬过程中造成破坏，本题情形是在盗掘完毕后再故意损毁，不符合加重犯情形，应当单独认定为故意损毁文物罪。

（8）从保护法益角度来看，故意损毁文物罪侵害的是文物，盗掘古墓葬罪侵害的是古墓葬，两罪对象不同，保护法益也不相同，故应数罪并罚，而不认为是不可罚的事后行为。

（9）综上，选项C说法正确。不可罚的事后行为要求没有侵害新的法益，走私文物、事后损毁文物都侵害了新的法益，不能认定为不可罚的事后行为。

二、倒卖文物罪

2. 甲晚上潜入一古寺，将寺内古墓室中有珍贵文物编号的金佛的头用钢锯锯下，销赃后获赃款10万元。对甲应以什么罪追究刑事责任？[1]（2004/2/19）

A. 故意损毁文物罪   B. 倒卖文物罪

C. 盗窃罪   D. 盗掘古文化遗址、古墓葬罪

【解析】 （1）盗掘古文化遗址、古墓葬罪的行为对象是盗掘尚未出土的古文化遗址、古墓葬；本案中是古寺中的文物，系出土文物，故不构成盗掘古文化遗址、古墓葬罪。

（2）本案属于毁坏型的盗窃，毁坏行为的对象是国家保护的珍贵文物，触犯故意损毁文物罪（故意损毁文物罪与故意毁坏财物罪是特别法与一般法的法条竞合关系，应按特别法论处）；盗窃行为触犯盗窃罪。系想象竞合，依照《最高人民法院、最高人民检察院关于办理盗

---

[1] BC

窃刑事案件适用法律若干问题的解释》第11条第1项的规定："采用破坏性手段盗窃公私财物，造成其他财物损毁的，以盗窃罪从重处罚；同时构成盗窃罪和其他犯罪的，择一重罪从重处罚。"

（3）按刑法第324条规定，故意损毁文物罪一般刑罚为3年，情节严重法定最高刑为徒刑10年；按刑法第264条规定以及盗窃罪最新解释，盗窃珍贵文物，法定最高刑为无期徒刑。故盗窃罪是重罪，应按盗窃罪论处。当然，本题的疏漏在于没有明示文物的级别；但由于本题是单选题，一般情况下，盗窃罪要重于故意损毁文物罪，故C选项最为合理。

（4）此外，本案行为人盗窃文物后销赃（违规向私人出售文物）的行为，根据《最高人民法院、最高人民检察院关于办理妨害文物管理等刑事案件适用法律若干问题的解释》（（法释〔2015〕23号）第6条的解释，倒卖文物罪中的"倒卖"，指"出售或者为出售而收购、运输、储存"，亦即将"倒卖"解释为"销售"的话，可另外成立倒卖文物罪。因盗窃罪、倒卖文物罪侵害不同法益，类比于盗窃毒品后又贩卖毒品，不属事后不可罚，应当数罪并罚。B选项也当选。

考点五　危害公共卫生罪（第六章第五节）

一、医疗事故罪；非法行医罪

1. 医生甲退休后，擅自为人看病2年多。某日，甲为乙治疗，需注射青霉素。乙自述以前曾注射过青霉素，甲便未做皮试就给乙注射青霉素，乙因青霉素过敏而死亡。关于本案，下列哪一选项是正确的？[1]（2013/2/18）

A. 以非法行医罪的结果加重犯论处　　　B. 以非法行医罪的基本犯论处

C. 以过失致人死亡罪论处　　　　　　D. 以医疗事故罪论处

【解析】（1）医生退休后已无"执业资格"，系非法行医罪的主体；擅自为人看病系营业性的非法行医行为，情节严重可构成非法行医罪。

（2）不做皮试注射导致过敏死亡，死亡结果与行医行为之间具有因果关系，系非法行医致人死亡，属结果加重犯。

2. 医生甲未获得医疗机构许可证而开设诊所，病患乙去甲的诊所看病，对甲称说自己青霉素不过敏。甲遂未作皮试而乙注射青霉素，导致乙因青霉素过敏死亡。则甲的行为应当认定为[2]（2018/客/卷一/27仿）

A. 非法行医罪的结果加重犯

B. 过失致人死亡

C. 医疗事故罪

D. 乙的死亡系其欺骗甲导致，甲的行为与死亡结果之间没有因果关系

【解析】本题的案情与上题不同。关于非法行医罪，根据《最高人民法院关于修改〈关于审理非法行医刑事案件具体应用法律若干问题的解释〉的决定》以及《最高人民法院关于审理非法行医刑事案件具体应用法律若干问题的解释》，删除原《解释》第一条第二项。亦即，不再将"个人未取得《医疗机构执业许可证》开办医疗机构的"的情况，认定为"未取得医生执业资格的人非法行医"的情况，不再构成非法行医罪。本案中甲系医生，具有医生执业资

----

[1]　A　[2]　C

格，只是未获得医疗机构许可证而开设诊所，不符合刑法第 336 条的规定，不构成非法行医罪。因此，也不构成非法行医罪致人死亡（结果加重犯）。A 选项不当选。

关于因果关系，不管病患乙有何举动，作为医生的甲都需遵守执业规范作皮试，未作皮试导致死亡，违规行为与死亡结果之间具有因果关系。D 选项说法错误。甲具有医生资格，符合刑法第 335 条的规定，构成医疗事故罪。

同时，甲也触犯过失致人死亡罪，但该罪与医疗事故罪是部分法与整体法的法条竞合关系，应以整体法医疗事故罪一罪论处。

二、组织卖血罪；强迫卖血罪等血液违规犯罪

3. 某镇医院医生贾某在为患者输血时不按规定从县血站提取，而是习惯于直接从献血者身上采血后输给患者，住院病人于某因输了贾某采集的不符合国家规定的血液发生不良反应死亡。贾某的行为构成何罪？[1]（2003/2/6）

A. 非法采集、供应血液罪   B. 采集、供应血液事故罪

C. 医疗事故罪   D. 过失致人死亡罪

【解析】（1）先比较 AB 两项的区别。非法采集、供应血液罪的主体是没有采供血液资格的人，即处罚非法采供行为；采集、供应血液事故罪的主体是具有采供血液资格的部门（血站），即处罚合法采供"违规操作"造成后果的行为。依据两高《关于办理非法采供血液等刑事案件具体应用法律若干问题的解释》第 1 条，未经批准和超批准范围而采供血液的，都认为是非法采供。本案中贾某虽为医务人员，但不是在有合法采血资格的部门（血站）中的工作人员，不具有采供血液资格，其采供行为不能认定为合法采供"违规操作"，而是非法采供，非法采集、供应血液罪为危险犯，足以危害人体健康即可构成犯罪，本案已造成病人死亡的重大后果，符合前述解释第 4 条第 1 项规定，构成非法采集、供应血液罪，而不构成采集、供应血液事故罪。（2）再分析 ABCD 三项的关系。①如将合法的采供血液行为认定为医疗行为中的一种，则采集、供应血液事故罪与医疗事故罪是特别法与一般法的法条竞合关系，因合法采供血液而导致的医疗事故，应适用特别法即采集、供应血液事故罪法条。②采集、供应血液事故罪与过失致人死亡罪，医疗事故罪与过失致人死亡罪之间存着整体法（包容）和部分法（被包容）的法条竞合关系，应优先适用整体法即采集、供应血液事故罪，或医疗事故罪法条。③非法采集、供应血液罪中也可包容过失致人死亡罪。（3）本案行为人的行为触犯了非法采集、供应血液罪，过失致人死亡罪两个法条，但由于非法采集、供应血液罪中可包容过失致人死亡罪，故最终适用整体法法条即以非法采集、供应血液罪论处。

考点六 破坏环境资源保护罪［盗伐林木罪；滥伐林木罪］（第六章第六节）

1. 甲公司竖立的广告牌被路边树枝遮挡，甲公司在未取得采伐许可的情况下，将遮挡广告牌的部分树枝砍掉，所砍树枝共计 6 立方米。关于本案，下列哪一选项是正确的？[2]（2013/2/19）

A. 盗伐林木包括砍伐树枝，甲公司的行为成立盗伐林木罪

B. 盗伐林木罪是行为犯，不以破坏林木资源为要件，甲公司的行为成立盗伐林木罪

C. 甲公司不以非法占有为目的，只成立滥伐林木罪

---

[1] A [2] D

D. 不能以盗伐林木罪判处甲公司罚金

【解析】（1）盗伐林木罪、滥伐林木罪的"林木"指活的树木、成片的树林，把活树砍死；因砍伐树枝不致使树死亡，故不属盗伐林木、滥伐林木。法条依据比照《最高人民法院关于审理破坏森林资源刑事案件具体应用法律若干问题的解释》第15条，非法实施采种、采脂、挖笋、掘根、剥树皮等行为，牟取经济利益数额较大，不使树死亡的，构成盗窃罪。故选项A错误，选项B也错误。

（2）甲公司没有以非法占有为目的，但砍伐的对象不属"林木"，故而既不构成盗伐林木罪，也不构成滥伐林木罪，盗窃罪，选项C错误。选项D正确。

2. 李某多次尾随盗伐林木人员，将其砍倒尚未运走的林木偷偷运走，销赃获利数千元。此外，他还盗伐了他人自留地、责任田等地边田坎种植的零星树木5个多立方米。对李某的上述行为应当如何定罪处罚？[1]（2003/2/8）

A. 以盗伐林木罪定罪处罚

B. 以盗窃罪定罪处罚

C. 以盗伐林木罪和盗窃罪定罪，实行数罪并罚

D. 以盗伐林木罪、盗窃罪和销售赃物罪定罪，实行数罪并罚

【解析】盗伐林木罪的对象是成片的、活着的"林木"。根据《关于审理破坏森林资源刑事案件具体应用法律若干问题的解释》第9条规定，将国家、集体、他人所有并已经伐倒的树木窃为己有，以及偷砍他人房前屋后、自留地种植的零星树木，数额较大的，以盗窃罪定罪处罚。故本案构成盗窃罪。

3. 关于盗伐林木罪，下列哪一选项是正确的？[2]（2017/2/20）

A. 甲盗伐本村村民张某院落外面的零星树木，如果盗伐数量较大，构成盗伐林木罪

B. 乙在林区盗伐珍贵林木，数量较大，如同时触犯其他法条构成其他犯罪，应数罪并罚

C. 丙将邻县国有林区的珍贵树木移植到自己承包的林地精心养护使之成活的，不属于盗伐林木

D. 丁在林区偷扒数量不多的具有药用价值的树皮，致使数量较大的林木枯死的，构成盗伐林木罪

【解析】A选项，"林木"指活的、成片的树林，不包括零星树木。《最高人民法院关于审理破坏森林资源刑事案件具体应用法律若干问题的解释》（法释〔2000〕36号）第9条规定："偷砍他人房前屋后、自留地种植的零星树木，数额较大的，依照刑法第二百六十四条的规定，以盗窃罪定罪处罚"。故本选项构成盗窃罪，不构成盗伐林木罪。本选项说法错误。

B选项，前述解释第8条规定"盗伐、滥伐珍贵树木，同时触犯刑法第三百四十四条、第三百四十五条规定的，依照处罚较重的规定定罪处罚。"系想象竞合，而不是数罪并罚。本选项说法错误。

C选项，（1）从盗伐林木罪保护的法益来看，本罪属于"破坏环境资源保护罪"，保护树的生命；故而移植树木使其成活，没有把树弄死，不构成盗伐林木罪，或者非法采伐、毁坏国家重点保护植物罪。（2）在判例方面，最高法《刑事审判参考》总第86集载"李波盗伐林木案——以出售为目的，盗挖价值数额较大的行道树的行为，如何定性"（第785号），将此类行为定性为盗窃罪。判决要旨为："行道树属于'其他林木'的范畴，可以成为盗伐林木犯罪的对象，因此，仅从行道树的角度，不能认定本案不构成盗伐林木罪。本案被告人的行为属于

———————————

[1] B 　[2] C

"盗挖"，而非"盗伐"，不构成盗伐林木罪。盗挖行为虽然未经绿化行政主管部门审批，在一定程度上违反了有关城市绿化管理制度，但毕竟未终结树木生命，尚未对生态环境造成无法挽救的后果，因此其行为危害最主要体现在侵害了树木所有人的财产所有权"。故而，本选项说法正确。

D选项，（1）根据前述解释第15条"非法实施采种、采脂、挖笋、掘根、剥树皮等行为，牟取经济利益数额较大的，依照刑法第二百六十四条的规定，以盗窃罪定罪处罚。同时构成其他犯罪的，依照处罚较重的规定定罪处罚。"在本选项中，因为"数量不多"，不能构成盗窃罪。（2）问题在于：能否构成盗伐林木罪？关键在于对于"盗伐"如何解释，是否包括毁坏？前述司法解释第3条，将"盗伐"解释为"擅自砍伐"，并不包括毁坏。从文理解释来看，"伐"的最大文义为"砍"，不能包容"毁坏"。并且，刑法第344条规定有"危害国家重点保护植物罪"，是将"非法采伐"与"毁坏"并列；而第345条只规定有"盗伐林木罪、滥伐林木罪"。通过对比和体系解释可知，第345条"盗伐林木罪"的"盗伐"应当解释为"擅自砍伐"，并不包括毁坏，否则是类推解释。（3）故而，毁坏普通林木的，不能认定为"盗伐林木罪"；如林木有产权，可触犯故意毁坏财物罪。本选项说法错误。

4. 村长甲谎称其已经办理了采伐许可证，把本村30亩集体林地上的300多棵树木，出售给木材店老板乙。乙信以为真将树木砍伐运走，村长将所得款项据为己有。则甲的行为应当认定为？[1]（2019/客/卷一/仿42）

A. 盗窃罪　　　　　B. 诈骗罪　　　　　C. 盗伐林木罪　　　　D. 合同诈骗罪

【解析】（一）对于林木。林木的所有权人、占有人是村集体，不是村长甲，系盗伐林木罪、盗窃罪的对象。

1. 对于实行者乙，实施了盗伐林木、盗窃实行行为，但因主观上无故意，不构成盗伐林木罪、盗窃罪的正犯。

2. 村长甲欺骗、利用没有犯罪故意的乙，支配乙实施盗伐林木、盗窃行为，甲主观上具有故意，根据刑法第345条、第264条，可触犯盗伐林木罪、盗窃罪的间接正犯。

3. 罪数上，两罪是整体法与部分法的法条竞合关系，应以整体法盗伐林木罪一罪论处。

4. 村长甲利用职务便利盗窃村集体财产，还可以触犯职务侵占罪。与盗伐林木罪系想象竞合，应当择一重处。本题选项中由于没有出现该罪名，所以在此不考虑。

（二）对于甲从乙处获得的钱款的行为

甲虽实施了欺骗行为，但根据《最高人民法院、最高人民检察院关于办理诈骗刑事案件具体应用法律若干问题的解释》第10条第2款，乙可以基于善意取得而获得树木，乙没有财产损失，故而甲对乙不构成诈骗罪。也不构成合同诈骗罪。

5. 甲见校园周边的景观林（所有权人为乙）长势茂盛，就以欺骗手段向林管部门取得了采伐证，然后谎称林木为自己所有，将其出售给丙，丙信以为真，将树木砍伐卖掉。关于甲的行为[2]（2019/客/卷一/仿43）

A. 构成盗窃罪（间接正犯）、诈骗罪，系想象竞合

B. 构成诈骗罪（间接正犯）、诈骗罪（直接正犯），数罪并罚

C. 以盗伐林木罪论处

D. 以滥伐林木罪论处

【解析】1、对于林木，甲利用没有犯罪故意的丙，盗伐乙所有的林木，可触犯盗伐林木

---

[1] C　[2] C

罪、盗窃罪的间接正犯。两罪是整体法与部分法的法条竞合关系，应以整体法盗伐林木罪一罪论处。

2. 甲对丙虽实施有欺骗行为，但丙可以基于善意取得而获得树木，乙没有财产损失，故而甲对乙不构成诈骗罪。

3. 盗伐林木罪中本来就包容滥伐林木的内容，两罪系整体法与部分法的法条竞合关系，应以整体法盗伐林木罪一罪论处。

考点七　走私、贩卖、运输、制造毒品罪（第六章第七节）

一、走私、贩卖、运输、制造毒品罪

1. 甲、乙均为吸毒人员，且关系密切。乙因买不到毒品，多次让甲将自己吸食的毒品转让几克给乙，甲每次均以购买价转让毒品给乙，未从中牟利。关于本案，下列哪些选项是错误的？[1]（2008/2/65）

A. 贩卖毒品罪必须以营利为目的，故甲的行为不成立贩卖毒品罪

B. 贩卖毒品罪以获利为要件，故甲的行为不成立贩卖毒品罪

C. 甲属于无偿转让毒品，不属于贩卖毒品，故不成立贩卖毒品罪

D. 甲只是帮助乙吸食毒品，刑法没有将吸食毒品规定为犯罪，故甲不成立犯罪

【解析】本题涉及对贩卖毒品罪的构成条件的理解。贩卖毒品指有偿转让毒品或者以贩卖为目的出售毒品，构成此罪确需以牟利为目的（见《最高人民法院全国部分法院审理毒品犯罪案件工作座谈会纪要》（2008）第1条）。但这里的"牟利"目的（主观构成要素），应当解释为有偿转让或者是"卖"即可，并不需要以"获利"（挣取差价）为目的。故而B项错误。

"牟利"即是"有偿转让"或"卖"，即追求获取对价或对价物。本案中行为人以原价出售毒品，虽未获利，但也获取的对价，应当认定为以牟利为目的"贩卖"；只有赠与而未获取对价或对价物时，才能认定为"无偿"。故AC两选项错误。

D选项是想以共犯原理来解释本案行为，由于本案行为人的贩卖行为已被规定为贩卖毒品罪的实行行为，无需再考虑共犯问题。此外，吸食毒品虽不是犯罪，但是，周边行为如制造、贩卖、运输、走私、引诱、教唆、容留他人吸毒的行为本身却被规定为了犯罪实行行为，无需依据共犯原理解说。

2. 关于毒品犯罪，下列哪些选项是正确的？[2]（2016/2/61）

A. 甲无牟利目的，为江某代购仅用于吸食的毒品，达到非法持有毒品罪的数量标准。对甲应以非法持有毒品罪定罪

B. 乙为蒋某代购仅用于吸食的毒品，在交通费等必要开销之外收取了若干"劳务费"。对乙应以贩卖毒品罪论处

C. 丙与曾某互不知情，受雇于同一雇主，各自运输海洛因500克。丙将海洛因从一地运往另一地后，按雇主吩咐交给曾某，曾某再运往第三地。丙应对运输1000克海洛因负责

D. 丁盗窃他人200克毒品后，将该毒品出卖。对丁应以盗窃罪和贩卖毒品罪实行数罪并罚

【解析】A选项，《全国法院毒品犯罪审判工作座谈会纪要》（2015）第二部分第一条第3

---

[1]　ABCD　[2]　ABD

款前半句，"行为人为吸毒者代购毒品，在运输过程中被查获，没有证据证明托购者、代购者是为了实施贩卖毒品等其他犯罪，毒品数量达到较大以上的，对托购者、代购者以运输毒品罪的共犯论处。""在购买、存储毒品过程中被查获，没有证据证明其是为了实施贩卖毒品等其他犯罪，毒品数量达到刑法第三百四十八条规定的最低数量标准的，以非法持有毒品罪定罪处罚。"

B选项，《全国法院毒品犯罪审判工作座谈会纪要》（2015）第二部分第一条第3款后半句，"行为人为他人代购仅用于吸食的毒品，在交通、食宿等必要开销之外收取"介绍费""劳务费"，或者以贩卖为目的收取部分毒品作为酬劳的，应视为从中牟利，属于变相加价贩卖毒品，以贩卖毒品罪定罪处罚。"

C选项，《全国法院毒品犯罪审判工作座谈会纪要》（2015）第二部分第二条第2款"受雇于同一雇主同行运输毒品，但受雇者之间没有共同犯罪故意，或者虽然明知他人受雇运输毒品，但各自的运输行为相对独立，既没有实施配合、掩护他人运输毒品的行为，又分别按照各自运输的毒品数量领取报酬的，不应认定为共同犯罪。受雇于同一雇主分段运输同一宗毒品，但受雇者之间没有犯罪共谋的，也不应认定为共同犯罪。"丙交接时，运输毒品的行为已经完成，不再对后续的行为和数量负责。丙运输500克，曾某运输1000克。

D选项，《最高人民法院全国部分法院审理毒品犯罪案件工作座谈会纪要（2008）》第1条第6款的规定"盗窃、抢夺、抢劫毒品后又实施其他毒品犯罪的，对盗窃罪、抢夺罪、抢劫罪和所犯的具体毒品犯罪分别定罪，依法数罪并罚。"

3. 关于毒品犯罪，下列哪些选项是正确的？[1]（2010/2/60）

A. 明知他人实施毒品犯罪而为其居间介绍，代购代卖的，即使没有牟利目的，也成立贩卖毒品罪

B. 为便于隐蔽运输，对毒品掺杂使假的行为，或者为了销售，去除毒品中的非毒品物质的行为，不成立制造毒品罪

C. 甲认为自己管理毒品不安全，将数量较大毒品委托给乙保管时，甲、乙均成立非法持有毒品罪

D. 行为人对同一宗毒品既走私又贩卖的，量刑时不应重复计算毒品数量

【解析】选项A，《最高人民法院全国部分法院审理毒品犯罪案件工作座谈会纪要》（2008年）第1条第5款后半句的规定，"明知他人实施毒品犯罪而为其居间介绍、代购代卖的，无论是否牟利，都应以相关毒品犯罪的共犯论处"，故选项A正确。另见《全国法院毒品犯罪审判工作座谈会纪要》（2015年）第2部分第2条第1款，居间介绍者在毒品交易中处于中间人地位，发挥介绍联络作用，通常与交易一方构成共同犯罪，但不以牟利为要件……居间介绍者受贩毒者委托，为其介绍联络购毒者的，与贩毒者构成贩卖毒品罪的共同犯罪；明知购毒者以贩卖为目的购买毒品，受委托为其介绍联络贩毒者的，与购毒者构成贩卖毒品罪的共同犯罪。

选项B，根据前述《2008年纪要》第4条第1款后半句的规定，"为便于隐蔽运输、销售、使用、欺骗购买者，或者为了增重，对毒品掺杂使假，添加或者去除其他非毒品物质，不属于制造毒品的行为"，故选项B正确。

选项C，（1）题意中并未言明甲可构成其他毒品犯罪，甲、乙二人对于毒品均有控制，乙是直接持有，甲是间接持有，均构成非法持有毒品罪，系共同正犯。（2）问题在于，乙为何不能构成窝藏、转移、隐瞒毒品、毒赃罪？根据体系解释，该罪对象"毒品、毒赃"，是指作为

上游犯罪"走私、贩卖、运输、制造毒品罪"（刑法第 347 条具体罪名，则不是该节全部毒品犯罪）所得的毒品、毒赃。乙帮犯持有毒品罪的甲窝藏毒品，不构成该罪。故选项 C 正确。

选项 D，根据前述《2008 年纪要》第 1 条第 1 款第一句的规定，"刑法第三百四十七条规定的走私、贩卖、运输、制造毒品罪是选择性罪名，对同一宗毒品实施了两种以上犯罪行为并有相应确凿证据的，应当按照所实施的犯罪行为的性质并列确定罪名，毒品数量不重复计算，不实行数罪并罚"，故选项 D 正确。

4. 魏某走私海洛因 50 克，贩卖甲基苯丙胺 30 克，运输鸦片 500 克。则关于魏某的行为，下列选项正确的有[1]（2019/客/卷一/仿 44）

A. 需将鸦片、甲基苯丙胺数量折算为海洛因定罪处罚

B. 无论是否折算，都以 580 克毒品量刑

C. 魏某构成走私、贩卖、运输毒品罪，不能数罪并罚

D. 若被判处十年以上有期徒刑或者无期徒刑，则不能假释。

【解析】A 选项、B 选项，《全国法院毒品犯罪审判工作座谈会纪要》（法〔2015〕129 号）第二部分第 3 条规定：走私、贩卖、运输、制造、非法持有两种以上毒品的，可以将不同种类的毒品分别折算为海洛因的数量，以折算后累加的毒品总量作为量刑的根据。

C 选项，《全国部分法院审理毒品犯罪案件工作座谈会纪要》（法〔2008〕324 号）第 1 条规定：对不同宗毒品分别实施了不同种犯罪行为的，应对不同行为并列确定罪名，累计毒品数量，不实行数罪并罚。

D 选项，刑法第 81 条第 2 款：对累犯以及因故意杀人、强奸、抢劫、绑架、放火、爆炸、投放危险物质或者有组织的暴力性犯罪被判处十年以上有期徒刑、无期徒刑的犯罪分子，不得假释。没有毒品犯罪。

5. 王某从李某处购买手枪一支，用自己持有的毒品甲基苯丙胺 50 克抵了部分价款，供李某吸食。后王某携带枪支坐火车在过安检时被公安机关当场查获。未等盘问，王某就如实交代了用毒品买卖枪支的过程，提供了李某电话、住址。公安机关随即将李某抓获，将李某家的毒品全部没收。关于本案，下列选项正确的有[2]（2019/客/卷一/仿 45）

A. 王某构成非法买卖枪支罪、贩卖毒品罪、非法持有毒品罪，系想象竞合

B. 李某构成非法买卖枪支罪、非法持有毒品罪，数罪并罚

C. 王某如实供述买卖枪支的过程，对于非法买卖枪支罪构成自首

D. 王某提供的李某的电话、住址经确证属实，构成立功

【解析】（一）对于王某

1. 王某从李某处购买枪支，根据刑法第 125 条，触犯了非法买卖枪支罪。

2. 用毒品折抵价款，根据刑法第 347 条，触犯了贩卖毒品罪。

3. 两行为在关键部分、主要部分不重合，属于数行为而不是一行为，不构成想象竞合，应当数罪并罚。

4. 在量刑情节方面：（1）王某在公安人员查获枪支后才如实交代买卖枪支，对于非法买卖枪支罪，不构成自首，构成坦白。（2）但对于贩卖毒品罪，公安机关尚未掌握，可构成特别自首。（3）王某提供了非法买卖枪支罪的同案犯李某电话、住址，属于交代同案犯基本信息，系坦白的内容。没有交代基本信息之外的信息，也没有协助抓捕，不构成立功。

---

[1] AC　[2] B

（二）对于李某

1. 王某从李某处购买枪支，根据刑法第125条，触犯了非法买卖枪支罪。

3. 购入毒品用于吸食，数量较大，根据刑法第348条，触犯了非法持有毒品罪。

2. 两行为触犯两罪，应当数罪并罚。

二、非法持有毒品罪

6. 关于非法持有毒品罪，下列哪一选项是正确的？[1]（2011/2/18）

A. 非法持有毒品的，无论数量多少都应当追究刑事责任

B. 持有毒品不限于本人持有，包括通过他人持有

C. 持有毒品者而非所有者时，必须知道谁是所有者

D. 因贩卖而持有毒品的，应当实行数罪并罚

【解析】A选项，刑法第348条，非法持有毒品的数量较大，才追究刑事责任。

B选项，持有指事实上的支配，包括直接握有，也包括间接握有，例如利用他人控制支配。

C选项，持有毒品罪的主体既可以是所有者，也可以是非所有者。只要明知是毒品而非法持有，就可构成本罪。无需知道所有者为谁。

D选项，因贩卖而持有毒品，因贩卖不可能不持有，持有是贩卖的必经阶段和必然过程，属吸收犯，只以贩卖毒品罪一罪处罚。

7. 甲、乙通过丙向丁购买毒品，甲购买的目的是为自己吸食，乙购买的目的是为贩卖，丙则通过介绍毒品买卖，从丁处获得一定的好处费。对于本案，下列哪些选项是正确的？[2]（2006/2/62）

A. 甲的行为构成贩卖毒品罪　　　　　B. 乙的行为构成贩卖毒品罪

C. 丙的行为构成贩卖毒品罪　　　　　D. 丁的行为构成贩卖毒品罪

【解析】根据《最高人民法院全国部分法院审理毒品犯罪案件工作座谈会纪要》（2008年）第1条的规定：（1）以自己吸食目的购买毒品，不构成贩卖毒品罪，数量大的可构成持有毒品罪；甲的行为即是如此。（2）以牟利为目的（为了贩卖）购买毒品，构成贩卖毒品罪；乙的行为即是如此。（3）明知他人实施毒品犯罪而为其居间介绍、代购代卖的，无论是否牟利，都应以相关毒品犯罪的共犯论处；丙居中介绍毒品买卖，属于贩卖毒品罪的共犯。（4）丁向他人出售毒品，构成贩卖毒品罪。（5）另见《全国法院毒品犯罪审判工作座谈会纪要》（2015年）第2部分第1条，吸毒者在购买、存储毒品过程中被查获，没有证据证明其是为了实施贩卖毒品等其他犯罪，毒品数量达到刑法第三百四十八条规定的最低数量标准的，以非法持有毒品罪定罪处罚。居间介绍者受贩毒者委托，为其介绍联络购毒者的，与贩毒者构成贩卖毒品罪的共同犯罪。

三、本节其他罪名

8. 关于毒品犯罪，下列哪些选项是正确的？[3]（2017/2/61）

A. 甲容留未成年人吸食、注射毒品，构成容留他人吸毒罪

B. 乙随身携带藏有毒品的行李入关，被现场查获，构成走私毒品罪既遂

C. 丙乘广州至北京的火车运输毒品，快到武汉时被查获，构成运输毒品罪既遂

D. 丁以牟利为目的容留刘某吸食毒品并向其出卖毒品，构成容留他人吸毒罪和贩卖毒品罪，应数罪并罚

---

[1]　B　[2]　BCD　[3]　ABCD

【解析】A选项，《最高人民法院关于审理毒品犯罪案件适用法律若干问题的解释》（法释〔2016〕8号）第12条第1款第4项"容留未成年人吸食、注射毒品的"，以容留他人吸毒罪定罪处罚。本选项说法正确。

B选项，本选项虽是毒品犯罪，但属走私行为，可比照走私犯罪的司法解释认定既未遂。根据最高人民法院、最高人民检察院关于办理走私刑事案件适用法律若干问题的解释第23条第1款的规定："实施走私犯罪，具有下列情形之一的，应当认定为犯罪既遂：（一）在海关监管现场被查获的。"本选项说法正确。

C选项，运输毒品的既遂标准，以从始发地出发有相对位移为既遂，不以运达目的地为既遂。本选项说法正确。

D选项，前述A选项解释第12条第2款规定："向他人贩卖毒品后又容留其吸食、注射毒品，或者容留他人吸食、注射毒品并向其贩卖毒品，符合前款规定的容留他人吸毒罪的定罪条件的，以贩卖毒品罪和容留他人吸毒罪数罪并罚。"本选项说法正确。

9. 毒贩甲得知公安机关近来要开展"严打"斗争，遂将尚未卖掉的50多克海洛因和贩毒所得赃款8万多元拿到家住偏远农村的亲戚乙处隐藏。公安机关得到消息后找乙调查此事，乙矢口否认。乙当晚将上述毒品、赃款带到后山山洞隐藏时被跟踪而至的公安人员当场抓获。乙的上述行为应当以何罪论处？[1]（2005/2/12）

A. 非法持有毒品罪

B. 掩饰、隐瞒犯罪所得、犯罪所得收益罪（注：原为窝藏、转移赃物罪）

C. 窝藏、转移、隐瞒毒品、毒赃罪

D. 包庇毒品犯罪分子罪

【解析】（1）乙明知对象物是毒贩甲贩卖毒品罪的毒品、毒赃，而为他人窝藏的，构成刑法第349条规定的窝藏、转移、隐瞒毒品、毒赃罪。（2）窝藏、转移、隐瞒毒品、毒赃罪与掩饰、隐瞒犯罪所得、犯罪所得收益罪（注：原为窝藏、转移赃物罪）之间，是特别法与一般法的法条竞合关系，应当适用特别法即窝藏、转移、隐瞒毒品、毒赃罪法条。（3）在法条依据方面，《最高人民法院关于审理洗钱等刑事案件具体应用法律若干问题的解释》第3条规定"明知是犯罪所得及其产生的收益而予以掩饰、隐瞒，构成刑法第三百一十二条（掩饰、隐瞒犯罪所得、犯罪所得收益罪）规定的犯罪，同时又构成刑法第一百九十一条（洗钱罪）或者第三百四十九条（窝藏、转移、隐瞒毒品、毒赃罪）规定的犯罪的，依照处罚较重的规定定罪处罚"。将掩饰、隐瞒犯罪所得罪与窝藏、转移、隐瞒毒品、毒赃罪法条竞合的规则设定为择重处罚。两罪一样重时，适用特别法。（4）窝藏、转移、隐瞒毒品、毒赃罪与非法持有毒品罪是整体法与部分法的法条竞合关系（或吸收犯），应依整体法窝藏、转移、隐瞒毒品、毒赃罪定罪，不再单独认定构成非法持有毒品罪。（5）包庇毒品犯罪分子罪要求对"人"即毒品犯罪分子进行包庇，即作假证明予以包庇；本案只有对"物"即毒品、毒赃的窝藏、转移、隐瞒行为，没有对人的包庇行为，故不构成包庇毒品犯罪分子罪。综上，行为人只构成窝藏、转移、隐瞒毒品、毒赃罪一罪。

10. 关于毒品犯罪的论述，下列哪些选项是错误的？[2]（2012/2/62）

A. 非法买卖制毒物品的，无论数量多少，都应追究刑事责任

B. 缉毒警察掩护、包庇走私毒品的犯罪分子的，构成放纵走私罪

C. 强行给他人注射毒品，使人形成毒瘾的，应以故意伤害罪论处

---

[1] C　[2] ABC

D. 窝藏毒品犯罪所得的财物的，属于窝藏毒赃罪与掩饰、隐瞒犯罪所得罪的法条竞合，应以窝藏毒赃罪定罪处刑

【解析】A 选项，刑法仅规定走私、贩卖、运输、制造毒品，无论数量多少，都应当追究刑事责任（第 347 条）；第 349 条非法买卖制毒物品罪在立法层面虽未规定数额，但也未明文规定无论数量多少都应追究刑事责任，在司法适用层面还是需要达到一定数量才追究刑事责任。《最高人民法院关于审理毒品犯罪案件适用法律若干问题的解释》（2016）第 1 条规定了该罪定罪量刑的具体数量标准。

B 选项，放纵走私罪的主体是海关工作人员，行为是放纵正在进行的走私。缉毒警察非海关工作人员，其掩护、包庇走私毒品的犯罪分子的，行为是对犯罪之后的犯罪人包庇，构成包庇毒品犯罪分子罪。第 349 条第 2 款明确规定"缉毒人员或者其他国家机关工作人员掩护、包庇走私、贩卖、运输、制造毒品的犯罪分子的，依照包庇毒品犯罪分子罪的规定从重处罚"。

C 选项，强行给他人注射毒品，使人形成毒瘾的，而未造成的伤害的，构成强迫他人吸毒罪；同时造成轻伤以上伤害的，构成强迫他人吸毒罪与故意伤害罪的想象竞合犯。

D 选项，窝藏毒赃罪与掩饰、隐瞒犯罪所得罪两罪之间，系特别法与一般法的法条竞合关系；窝藏毒品犯罪所得的赃物的，按特别法窝藏毒赃罪定罪处刑。

考点八　组织、强迫、引诱、容留、介绍卖淫罪（第六章第八节）

一、组织卖淫罪；强迫卖淫罪；协助组织卖淫罪；引诱、容留、介绍卖淫罪

1. 对刑法关于组织、强迫、引诱、容留、介绍卖淫罪的规定，下列解释正确的是？[1]（2004/2/89）

A. 引诱、容留、介绍卖淫罪，包括引诱、容留、介绍男性向同性恋者卖淫

B. 引诱成年人甲卖淫、容留成人乙卖淫的，成立引诱、容留卖淫罪，不实行并罚

C. 引诱幼女甲卖淫，容留幼女乙卖淫的，成立引诱幼女卖淫罪与容留卖淫罪，实行并罚

D. 引诱幼女向他人卖淫后又嫖宿该幼女的，以引诱幼女卖淫罪论处，从重处罚

【解析】A 选项，卖淫的本质特征是金钱与性的交易，所以同性之间、异性之间皆可成立卖淫，引诱、容留、介绍者可成立引诱、容留、介绍卖淫罪。根据著名的南京"李宁组织同性卖淫案"，以及"王志明组织卖淫案"，载《中国审判案例要览（2006 年刑事审判案例卷）》。法条依据见《公安部关于以钱财为媒介尚未发生性行为或发生性行为尚未给付钱财如何定性问题的批复》（公复字〔2003〕5 号）："卖淫嫖娼是指不特定的异性之间或同性之间以金钱、财物为媒介发生性关系的行为。选项 A 正确。

B 选项，刑法第 359 条规定的引诱、容留、介绍卖淫罪，是选择性罪名。引诱、容留不同人员卖淫的，成立引诱、容留卖淫罪，选项 B 正确。

C 选项，（1）引诱、容留、介绍卖淫罪的行为对象是 14 周岁以上的女性和各年龄的男子，引诱幼女卖淫的，成立刑法第 359 条第 2 款规定的引诱幼女卖淫罪。（2）而容留、介绍卖淫罪的行为对象年龄没有限定，容留、介绍幼女卖淫的，仍然构成容留、介绍幼女卖淫罪。（3）故而，引诱幼女甲卖淫的，构成引诱幼女卖淫罪；容留幼女乙卖淫的，构成容留卖淫罪，应当数罪并罚。（4）法条依据，类比《最高人民法院、最高人民检察院关于办理组织、强迫、引诱、

---

[1] ABC

容留、介绍卖淫刑事案件适用法律若干问题的解释》（法释〔2017〕13号）第8条第5款："被引诱卖淫的人员中既有不满十四周岁的幼女，又有其他人员的，分别以引诱幼女卖淫罪和引诱卖淫罪定罪，实行并罚。"选项C正确。

D选项，引诱幼女向他人卖淫的，构成引诱幼女卖淫罪；嫖宿幼女的，构成强奸罪（注意：《刑法修正案（九）》已废除嫖宿幼女罪），应数罪并罚。

2. 1998年11月4日，甲到娱乐场所游玩时，将卖淫女乙（1984年12月2日生）带到住所嫖宿。一星期后甲请乙吃饭时，乙告知了自己年龄，并让甲到时为自己过生日。饭后，甲又带乙到住处嫖宿。甲的行为属于[1]（2004/2/8）

A. 奸淫幼女罪
B. 强奸罪
C. 嫖宿幼女罪（现已废除）
D. 应受治安处罚的嫖娼行为

【解析】按照当前的刑法，明知对方为不满14周岁的幼女而予以嫖宿，构成强奸罪（注意：《刑法修正案（九）》已废除嫖宿幼女罪）。

考点九 制作、贩卖、传播淫秽物品罪（第六章第九节）

1. 关于利用互联网传播淫秽物品牟利的犯罪，可以由哪些主体构成？[2]（2010/2/64）

A. 网站建立者
B. 网站直接管理者
C. 电信业务经营者
D. 互联网信息服务提供者

【解析】本题考查《最高人民法院、最高人民检察院关于办理利用互联网、移动通讯终端、声讯台制作、复制、出版、贩卖、传播淫秽电子信息刑事案件具体应用法律若干问题的解释（二）》的法条规定。选项A，该解释第4条；选项B，该解释第4条；选项C，该解释第6条；选项D，该解释第6条，均为传播淫秽物品牟利的主体。答案选ABCD。

2. 孙某制作、复制大量的淫秽光盘，除出卖外，还多次将淫秽光盘借给许多人观看。对其行为应如何处理？[3]（2002/2/2）

A. 以制作、复制、贩卖、传播淫秽物品牟利罪处罚
B. 以组织播放淫秽音像制品罪从重处罚
C. 以制作、复制、贩卖淫秽物品牟利罪和传播淫秽物品罪数罪并罚
D. 以传播淫秽物品罪从重处罚

【解析】（1）根据刑法第364条第3款的规定，制作、复制淫秽的电影、录像等音像制品组织播放的，依照组织播放淫秽音像制品罪从重处罚。也就是说，行为人在不具有牟利目的的情况下，既制作、复制淫秽的电影、录像等音像制品，又组织播放的，只认定为组织播放淫秽音像制品罪一罪。（2）由于本案中行为人制作、复制淫秽光盘具有牟利目的，因此不符合前述规定，应认定为制作、复制、贩卖、传播淫秽物品牟利罪。（3）之后将淫秽光盘借给他人观看的行为，不具有牟利目的，构成传播淫秽物品罪。（4）应当数罪并罚。

---

[1] B（当年正确答案为C） 〔2〕 ABCD 〔3〕 C

专题二十一 贪污贿赂罪（分则第八章）

国家工作人员	核心是"公务"。四类：国家机关、国有单位、行政委派人员、村官协公。多种身份，以实际利用的身份定罪。需要利用职务，不利用构成普通犯罪（盗、骗、侵）
共同犯罪与身份	贪污罪、挪用公款罪、受贿罪的共同犯罪
贪污罪	二主体：国家工作人员，民事委托人员。利用职务，否则盗、骗、侵。与受贿区分：财物权属
私分类犯罪	（私分国有资产罪、私分罚没财物罪）与贪污罪特别是集体贪污的区分
巨额财产来源不明罪	不作为犯；家庭成员的行为定性
挪用公款罪	挪作私用有三"私"；主观用途分三类。共犯各依主观确定用途。部分贪污，数罪并罚
贿赂犯罪	1. 收贿需谋利，承诺即可。斡旋受贿。离职后受贿，需在职时约定。贿赂（财物）包括货币、物品和财产性利益。2. 关系密切人与国工通谋，是受贿共犯；无通谋，是利用影响力受贿。3. "中间人"的定性。4. 行贿罪：不当利益有三种；因勒索未实际不当得利，不构成。行贿人揭发受贿人，从宽。

考点一 国家工作人员

1. 关于贪污罪的认定，下列哪些选项是正确的？[1]（2011/2/63）

A. 国有公司中从事公务的甲，利用职务便利将本单位收受的回扣据为己有，数额较大。甲行为构成贪污罪

B. 土地管理部门的工作人员乙，为农民多报青苗数，使其从房地产开发商处多领取 20 万元补偿款，自己分得 10 万元。乙行为构成贪污罪

C. 村民委员会主任丙，在协助政府管理土地征用补偿费时，利用职务便利将其中数额较大款项据为己有。丙行为构成贪污罪

D. 国有保险公司工作人员丁，利用职务便利编造未发生的保险事故进行虚假理赔，将骗取的 5 万元保险金据为己有。丁行为构成贪污罪

【疑难辨析】贪污罪的主体包括两类：国家工作人员，受国有单位委托管理、经营国有财

---

[1] ACD

产的人员。本题实际上只考查国家工作人员的认定。国家工作人员包括四类人员：（1）国家机关中从事公务的人员；（2）国有公司、企业、事业单位、人民团体中从事公务的人员；（3）国家机关、国有公司、企业、事业单位委派到非国有公司、企业、事业单位、社会团体从事公务的人员；（4）其他依照法律从事公务的人员。

【解析】A选项，国有公司中从事公务的人，系国有单位工作人员（第二类），是国家工作人员；本单位收受的回扣归本单位所有，系贪污罪对象。甲可构成贪污罪。

B选项，本选项犯罪对象是房地产开发商的补偿款，不属于国有单位财物，不构成贪污罪，构成诈骗罪。

C选项，村民委员会主任协助政府时，是国家工作人员（第四类），可构成贪污罪。

D选项，国有保险公司工作人员，系国有单位工作人员（第二类），是国家工作人员；骗取本单位财物可构成贪污罪。

2. 关于贿赂犯罪的认定，下列哪些选项是正确的？[1]（2016/2/62）

A. 甲是公立高校普通任课教师，在学校委派其招生时，利用职务便利收受考生家长10万元。甲成立受贿罪

B. 乙是国有医院副院长，收受医药代表10万元，承诺为病人开处方时多开相关药品。乙成立非国家工作人员受贿罪

C. 丙是村委会主任，在村集体企业招投标过程中，利用职务收受他人财物10万元，为其谋利。丙成立非国家工作人员受贿罪

D. 丁为国有公司临时工，与本公司办理采购业务的副总经理相勾结，收受10万元回扣归二人所有。丁构成受贿罪

【解析】A选项，受国有单位委托从事公务，是国家工作人员，构成受贿罪。

B选项，考查利用职务便利、多个身份的问题。（1）《最高人民法院、最高人民检察院关于办理商业贿赂刑事案件适用法律若干问题的意见》第4条第1款，"医疗机构中的国家工作人员，在药品、医疗器械、医用卫生材料等医药产品采购活动中，利用职务上的便利，索取销售方财物，或者非法收受销售方财物，为销售方谋取利益，构成犯罪的，依照刑法第三百八十五条的规定，以受贿罪定罪处罚。"（2）但本题中，乙具有国家工作人员的身份（国有医院副院长），但同时也具有非国家工作人员身份（医生）；此时需判断其是利用何种身份来收贿。（3）利用"为病人开处方时"，说明其实际利用的是医生身份，而不是利用国有医院副院长国家工作人员的身份和职权便利。故而不构成受贿罪，而构成非国家工作人员受贿罪。

C选项，村委会主任负责村集体企业事务时，是非国家工作人员，构成非国家工作人员受贿罪。参见《最高人民法院关于村民小组组长利用职务便利非法占有公共财物行为如何定性问题的批复》。

D选项，无身份人与国家工作人员相互勾结，利用国家工作人员职务便利收受回扣的，构成受贿罪的共犯。

3. 甲、乙二人均是某国有公司的国家工作人员，共同保管公司的保险箱。甲是会计保管钥匙，乙是出纳保管密码。关于二人的行为定性，以下说法正确的有[2]（2019回忆版）

A. 如果甲偷看乙保管的密码、打开保险箱拿走钱款，则甲构成盗窃罪

B. 如果甲骗得乙保管的密码、打开保险箱拿走钱款，则甲构成诈骗罪

C. 如果乙捡到甲的钥匙、打开保险箱拿走钱款，则乙构成职务侵占罪

──────────

[1] ABCD　[2] D

D. 如果甲、乙二人共谋打开保险箱拿走钱款，则二人构成贪污罪

【疑难辨析】本题考查共同犯罪与身份，甲、乙均系国家工作人员，均有监管保险箱的职务便利。本题的难点在于：国家工作人员获取本单位财物时，一半行为利用的职务便利，另一半行为没有利用职务便利，应当如何处理？比照《全国法院审理经济犯罪案件工作座谈会纪要》（法发〔2003〕167号）第2条第3项关于"国家工作人员与非国家工作人员勾结共同非法占有单位财物行为的认定"的精神，以及相关判例，应该判断何种行为的作用大；在作用相当，难以区分时，可以贪污罪定罪处罚。

【解析】A选项，甲得款成功一半作用是利用偷看密码，系未利用职务便利的盗窃（此盗窃的对象不是密码，而是与乙共同占有的单位财物）；一半作用是利用本人掌管钥匙，系利用了职务便利侵吞；二者作用相当，应以贪污罪论处。

B选项，甲得款成功一半作用是利用骗取密码，系未利用职务便利的盗窃（此盗窃的对象不是密码，而是与乙共同占有的单位财物。因密码不是财物，不构成诈骗）；一半作用是利用本人掌管钥匙，系利用了职务便利侵吞；二者作用相当，应以贪污罪论处。

C选项，乙得款成功一半作用是利用捡到钥匙，系未利用职务便利的盗窃（此盗窃的对象不是钥匙，而是与甲共同占有的单位财物。因密码不是钥匙，不构成侵占）；一半作用是利用本人掌管密码，系利用了职务便利侵吞；二者作用相当，应以贪污罪论处。

D选项，甲、乙二人共同利用职务便利侵吞，当然构成贪污罪的共同正犯。

4. 镇长黄某负责某重点工程项目占地前期的拆迁和评估工作。黄某和村民李某勾结，由李某出面向某村租赁可能被占用的荒山20亩植树，以骗取补偿款。但村长不同意出租荒山。黄某打电话给村长施压，并安排李某给村长送去1万元现金后，村长才同意签订租赁合同。李某出资1万元购买小树苗5000棵，雇人种在荒山上。

【问题】对村长收受黄某、李某现金1万元一节，应如何定罪？为什么？（2012/4/2部分）

【解析】村长构成非国家工作人员受贿罪，黄某、李某构成对非国家工作人员行贿罪。理由是：（1）根据立法解释，村民委员会等村基层组织人员协助政府从事公务（7种公务）时，属于其他依照法律从事公务的人员，是国家工作人员。（2）但在本案中，出租荒山是村民自治组织事务，不是接受乡镇政府从事公共管理活动，村长此时不具有国家工作人员身份，不构成受贿罪；而是单位人员，构成非国家工作人员受贿罪。

5. 无业人员甲通过伪造国家机关公文，骗取某县工商局副局长的职位。在该局股级干部竞争上岗时，甲向干部乙声称："如果不给我3万元，你这次绝对没有机会。"乙为获得岗位，只好送甲3万元。关于对甲的行为的处理意见，下列哪一选项是正确的？[1]（2007/2/19）

A. 甲触犯的伪造国家机关公文罪与招摇撞骗罪之间具有牵连关系，应从一重罪论处

B. 对甲的行为以伪造国家机关公文罪与敲诈勒索罪实行并罚

C. 对甲的行为以伪造国家机关公文罪与受贿罪实行并罚

D. 甲触犯的伪造国家机关公文罪与受贿罪之间具有牵连关系，应从一重罪论处

【解析】（1）根据《最高人民法院研究室关于对行为人通过伪造国家机关公文、证件担任国家工作人员职务并利用职务上便利侵占本单位的财物、收受贿赂、挪用本单位资金等行为如何适用法律问题的答复》规定：行为人通过伪造国家机关公文、证件担任国家工作人员职务以后，又利用职务上的便利实施侵占本单位财务、收受贿赂、挪用本单位资金等行为，构成犯罪的，应当分别以伪造国家机关公文、证件罪和相应的贪污罪、受贿罪、挪用公款罪等追究刑事

---

[1] C

责任，实行数罪并罚。（2）刑法原理是：构成受贿罪要求的主体身份即国家工作人员（"公务说"），实质上是对"利用职务便利"这一要件的重申，因此，虚构事实取得国家工作人员身份的，只要利用职务便利收受、索取贿赂，仍然侵害公务廉洁性法益，可以构成受贿罪。（3）索贿型受贿罪与敲诈勒索罪的区分在于是否利用职务便利，利用职务便利敲诈勒索的，构成索贿型受贿罪，而不以敲诈勒索罪论处。

考点二 贪污罪

（一）贪污罪的主体、对象、行为

1. 下列哪些行为应当以贪污罪论处？[1]（2008 延/2/65）

A. 国家工作人员甲在国内公务活动中收受礼物，依照国家规定应当交公而不交公，数额较大

B. 乙受国家机关的委托经营某小型国有企业，利用职务上的便利，将该国有企业的资产转移到个人名下

C. 国家工作人员丙利用职务上的便利，挪用公款数额巨大不能退还

D. 国家工作人员丁利用职务之便，将依法扣押的陈某私人所有的汽车据为己有

【解析】A 选项，刑法第 394 条规定，国家工作人员在国内公务活动或者对外交往中接受礼物，依照国家规定应当交公而不交公，数额较大的，依照本法第 382 条、第 383 条的（贪污罪）规定定罪处罚。因此，A 项正确。

B 选项，刑法第 382 条第 2 款规定，受国家机关、国有公司、企业、事业单位、人民团体委托管理、经营国有财产的人员，利用职务上的便利，侵吞、窃取、骗取或者以其他手段非法占有国有财物的，以贪污论。因此，B 项正确。

C 选项，刑法第 384 条规定，"……挪用公款数额巨大不退还的，处 10 年以上有期徒刑或者无期徒刑"。丙是挪用公款的加重犯。因此，C 项错误。

D 选项，刑法第 91 条第 2 款规定，在国家机关、国有公司、企业、集体企业和人民团体管理、使用或者运输中的私人财产，以公共财产论。第 382 条规定，国家工作人员利用职务上的便利，侵吞、窃取、骗取或者以其他手段非法占有公共财物的，是贪污罪。因此，D 项正确。

（二）贪污罪与侵占罪、盗窃罪、诈骗罪的关系

2. 某国有公司出纳甲意图非法占有本人保管的公共财物，但不使用自己手中的钥匙和所知道的密码，而是使用铁棍将自己保管的保险柜打开并取走现金 3 万元。之后，甲伪造作案现场，声称失窃。关于本案，下列哪一选项是正确的？[2]（2008/2/18）

A. 甲虽然是国家工作人员，但没有利用职务上的便利，故应认定为盗窃罪

B. 甲虽然没有利用职务上的便利，但也不属于将他人占有的财物转移为自己占有，故应认定为侵占罪

C. 甲将自己基于职务保管的财物据为己有，应成立贪污罪

D. 甲实际上是通过欺骗手段获得财物的，应认定为诈骗罪

【疑难辨析】区分贪污罪与侵占罪、盗窃罪、诈骗罪的关键是看是否利用职务便利。不利

---

[1] ABD [2] C

用职务便利的侵吞、窃取、骗取构成侵占罪、盗窃罪、诈骗罪，利用职务便利的侵吞、窃取、骗取构成贪污罪（利用国家工作人员职务便利）或职务侵占罪（利用公司、企业、单位等非国家工作人员职务便利）。

【解析】本案中甲具有国家工作人员身份，负有保管保险柜中国有财物的职责，由于其对保险柜具有独立的控制权。无论采取何种手段，将自己监管下的财物非法据为己有，就属于"利用职务便利"的监守自盗，利用钥匙和密码或者用铁棍打开只是具体方法的差异，作为财物管理人的本人均知情真相，故不属盗窃（要求趁物主、管理人不在场、不注意）、诈骗（要求物主、管理人产生错误认识），而系侵吞或其他手段，构成贪污罪。

3. 李某系 A 市建设银行某储蓄所记账员。2002 年 3 月 20 日下午下班后，李某发现本所出纳员陈某将 2 万元营业款遗忘在办公桌抽屉内（未锁）。当日下班后，李某趁所内无人之机，返回所内将该 2 万元取出，用报纸包好后藏到自己办公桌下面的垃圾袋内，并用纸箱遮住垃圾袋。次日上午案发，赃款被他人找出。对此，下列哪一说法是正确的？[1]（2002/2/9）

A. 李某的行为属于贪污既遂　　　　　B. 李某的行为属于贪污未遂

C. 李某的行为属于盗窃既遂　　　　　D. 李某的行为属于盗窃未遂

【解析】（1）营业款不归记账员李某管理，而归出纳员管理陈某。李某窃取该款项，没有利用本人的职务便利，而只是利用因工作关系熟悉作案环境，故构成盗窃罪，而不构成贪污罪。（2）按盗窃既遂标准（控制说为主，失控说为补充），藏到自己办公桌下面的垃圾袋内，近在自己身旁，处于行为人控制范围内，行为人已经控制了财物，为盗窃罪既遂。

（三）贪污罪与受贿罪的区分

4. 交警甲和无业人员乙勾结，让乙告知超载司机"只交罚款一半的钱，即可优先通行"；司机交钱后，乙将交钱司机的车号报给甲，由在高速路口执勤的甲放行。二人利用此法共得 32 万元，乙留下 10 万元，余款归甲。关于本案的分析，下列哪一选项是错误的？[2]（2014/2/21）

A. 甲、乙构成受贿罪共犯　　　　　B. 甲、乙构成贪污罪共犯

C. 甲、乙构成滥用职权罪共犯　　　　D. 乙的受贿数额是 32 万元

【疑难辨析】本题考查贪污罪、受贿罪、滥用职权罪的关系和区分；共同犯罪与身份。贪污罪、受贿罪的区分关键是，看获取的财物的来源或应然权属（所有权），是国家财产、公共财产，涉嫌贪污罪；是对方行贿人的财物（赂贿），则涉嫌受贿罪。

【解析】（1）对于甲、乙二人的行为性质，先从取得钱款 32 万元的来源或应然权属（所有权）层面看：如果二人取得的钱款属于罚款（国家财物）的话，则罚款是利用交警甲的职权对违章行为处罚而获取，应当上缴国家属于国家所有。国家工作人员甲利用职权将其据为己有，构成贪污罪。但是，本题题干中说的是"只交罚款一半的钱"，暗示的是让司机不交罚款，而是交钱放行。故而，二人取得的钱款不是罚款，而是从司机那里收来的钱，应当属于贿赂款。甲、乙二人合谋，乙利用交警甲的身份和职权索要贿赂，无身份人利用有身份人的身份，系索贿型的受贿。

（2）对于受贿罪与贪污罪的区别，超载司机给付款项在处分意图上是送给甲，让甲放行，是给予贿赂款；不是上缴给国家，不缴纳罚款。故甲构成受贿罪，不构成贪污罪。A 选项说法正确，B 选项说法错误。

（3）在共同犯罪方面，乙虽无国家工作人员身份，但其与有身份的甲合谋，利用甲的身

份和职权犯罪，可构成受贿罪的共犯。对共同犯罪数额承担责任，故二人受贿数额均为32万，D选项说法正确。

（4）交警甲故意将行政违章应当超载处罚的司机放行，系滥用职权行为；造成国家罚款损失64万元，经济损失在30万以上，可构成滥用职权罪。同理，无身份的乙与其合谋利用其身份和职权犯罪，可构成滥用职权罪的共犯。C选项说法正确。

（5）在罪数方面，同时触犯滥用职权罪和受贿罪，应当数罪并罚。

5. 甲送给国有收费站站长吴某3万元，与其约定：甲在高速公路另开出口帮货车司机逃费，吴某想办法让人对此不予查处，所得由二人分成。后甲组织数十人，锯断高速公路一侧隔离栏、填平隔离沟（恢复原状需3万元），形成一条出口。路过的很多货车司机知道经过收费站要收300元，而给甲100元即可绕过收费站继续前行。甲以此方式共得款30万元，但骗吴某仅得20万元，并按此数额分成。围绕吴某的行为，下列论述正确的是？[1]（2015/2/88）

A. 利用职务上的便利侵吞本应由收费站收取的费用，成立贪污罪
B. 贪污数额为30万元
C. 收取甲3万元，利用职务便利为甲谋利益，成立受贿罪
D. 贪污罪与受贿罪成立牵连犯，应从一重罪处断

【解析】本题考查贪污罪、受贿罪的区分。贪污罪、受贿罪的区分在于财物性质。利用职务非法获取属于国家应得的公款公物的，构成贪污罪；利用职务非法获取属于原属请托人财物的私款私物的，构成受贿罪。

（1）本案甲和吴某二人合谋取得30万元，系共同犯罪。认定本案的关键在于取得的30万元的应然权属。应当认为，题意中"甲在高速公路另开出口帮货车司机逃费，吴某想办法让人对此不予查处，所得由二人分成""路过的很多货车司机知道经过收费站要收300元，而给甲100元即可绕过收费站继续前行"，命题者想提示的是司机交出的钱，计30万元系本应由收费站收取的过路费中的一部分，本质上是国家应得的公款公物的。故而二人构成贪污罪。（2）注意：本题与2014/2/21题具有相似性，但定性结论不一样。是命题时对案情叙述不明造成的，不必太过纠结。记住贪污罪与受贿罪的区分标准即可：对方送与国家工作人员的钱款，如属用于换取公务行为（包括不收费）的对价的，系行贿受贿；如属本应交付给国家的款项部分的，系贪污。（3）二人因属共同犯罪，数额整体计算，不以实际分赃计。（4）吴某收取甲3万元，属于原属请托人财物的私款私物，成立受贿罪。（5）受贿后实施他罪，按《最高人民法院、最高人民检察院关于办理渎职刑事案件适用法律若干问题的解释（一）》第3条"国家机关工作人员实施渎职犯罪并收受贿赂，同时构成受贿罪的，除刑法另有规定外，以渎职犯罪和受贿罪数罪并罚"，原则上应当数罪并罚。尽管有手段和目的的关系，但不属于"伪造后又诈骗"的牵连犯模型，不构成牵连犯。

6. 国有化工厂车间主任甲与副厂长乙（均为国家工作人员）共谋，在车间的某贵重零件仍能使用时，利用职务之便，制造该零件报废、需向五金厂（非国有企业）购买的假象（该零件价格26万元），以便非法占有货款。甲将实情告知五金厂负责人丙，嘱咐丙接到订单后，只向化工厂寄出供货单、发票而不需要实际供货，等五金厂收到化工厂的货款后，丙再将26万元货款汇至乙的个人账户。【问题】甲、乙、丙三人定何罪？（2014/4/2部分）。

【简要答案】

涉及贪污罪与受贿罪的区分，关键在于作为犯罪目标的 26 万元应然所有权归谁？最终是想把化工厂的 26 万元搞出来，故应认定为贪污。丙虽无国家工作人员身份，但可构成贪污罪的共犯。

7. 国有甲公司领导王某与私企乙公司签订采购合同，以 10 万元的价格向乙公司采购一批设备。后王某发现，丙公司销售的相同设备仅为 6 万元。王某虽有权取消合同，但却与乙公司老总刘某商议，由王某花 6 万元从丙公司购置设备交给乙公司，再由乙公司以 10 万元的价格卖给甲公司。经王某签字批准，甲公司将 10 万元货款支付给乙公司后，刘某再将 10 万元返给王某。刘某为方便以后参与甲公司采购业务，完全照办。关于本案的分析，下列哪一选项是正确的？[1]（2017/2/21）

A. 王某利用职务上的便利套取公款，构成贪污罪，贪污数额为 10 万元

B. 王某利用与乙公司签订合同的机会谋取私利，应以职务侵占罪论处

C. 刘某为谋取不正当利益，事后将货款交给王某，刘某行为构成贪污罪

D. 刘某协助王某骗取公款，但因其并非国家工作人员，故构成诈骗罪

【解析】 本案主要考查贪污罪、受贿罪以及相关犯罪的区分，以及共同犯罪。关键在于涉案钱款应然权属的认定。（1）王某有权取消合同，但并未取消，而是通过内外勾结的方式获取本单位钱款。从钱款性质上，甲公司支付给乙公司的 10 万元，其中有 6 万元是货款，属于乙公司的财产；另有 4 万元属于甲公司实质上不应支付的钱款，在实然权属上应属甲公司所有。（2）甲、乙内外勾结，主要利用甲的职权，通过欺骗方式获取甲公司钱款，二人对此 4 万元构成贪污罪的共犯罪。（3）选项 A 数额错误，选项 B、D 罪名错误。选项 C 说法正确。

（四）不同身份人内外勾结的定性

8. 村民乙为了多获土地补偿款，找到负责核定土地面积的国家机关工作人员甲，与甲商量，让甲核定面积时多写面积。甲答应，将乙的核定土地面积从 30 平方米改到 100 平米，之后让其具体负责核定面积的下属丙签字。乙因此多获了 40 万元的土地补偿款，取出 10 万元给了甲。对于甲的行为，应当认定为[2]（2018 回忆版）

A. 贪污罪   B. 诈骗罪   C. 滥用职权罪   D. 受贿罪

【解析】 本题的原型是最高人民法院指导案例 11 号 "杨延虎等贪污案"。裁判要点有二：一是利用职务上有隶属关系的其他国家工作人员的职务便利，也是利用职务便利；二是土地使用权也属公共财物。在此基础上，对于本案的其他问题讨论如下。

关于共同犯罪与身份。甲、乙合谋，多骗国家补偿款 40 万元，行为单纯来讲是诈骗行为；当然，利用职务便利的诈骗就是贪污（部分法与整体法的法条竞合关系）。甲有国家工作人员身份，乙没有，涉及共同犯罪与身份的问题。根据《最高人民法院关于审理贪污、职务侵占案件如何认定共同犯罪几个问题的解释》第 3 条、《全国法院审理经济犯罪案件工作座谈会纪要》第 2 条第 3 项，非国家工作人员与国家工作人员勾结，分别利用各自的职务便利，共同将本单位财物非法占有的，应当尽量区分主从犯，按照主犯的犯罪性质定罪。亦即，以职权作用大者定罪。本案中，没有甲的利用职权行为，不可能骗钱成功，甲的作用大，甲、乙二人构成贪污罪的共同犯罪。

关于贪污罪与受贿罪的区分，乙多获 40 万元后，给了甲 10 万元。对此 10 万元如何定性，是认为构成受贿罪，还是贪污罪的分赃？关键在于该 10 万元的应然权属，是原本应归单位所

有的公款，还是应归请托人所有的贿赂？如果是前者，只构成贪污罪一罪。如果是后者，就应认定为受贿罪、滥用职权罪数罪并罚。本题中，10万元是从骗得的40万元公款的组成部分，应然权属是单位公款，应当认定为贪污罪的分赃。故而，应当选A选项。

9. 镇长黄某负责某重点工程项目占地前期的拆迁和评估工作。黄某和村民李某勾结，由李某出面向某村租赁可能被占用的荒山20亩植树，以骗取补偿款。后李某获得补偿款50万元，分给黄某30万元。黄某认为自己应分得40万元，二人发生争执，李某无奈又给黄某10万元。【问题】对黄某、李某取得补偿款的行为，应如何定性？二人的犯罪数额应如何认定？（2012/4/2部分）

【疑难辨析】 本题考查贪污罪的共同犯罪，涉及刑法总论中有身份之人与无身份之人共同犯罪的问题。如果二人利用了有身份之人的身份，或者该身份对于犯罪起到主要作用，则二人应当认定为有身份之罪的共犯。如果二人没有利用有身份之人的身份，或者该身份对于犯罪仅起到次要作用，则二人应当认定为无身份之罪的共犯。

【简要答案】

镇长黄某是国家工作人员，李某不是国家工作人员。伙同他人贪污的，以共犯论。黄某、李某取得补偿款的行为，共同利用了黄某的职务便利骗取公共财物，职务便利对于获取财物起到了主要作用，构成贪污罪，二人是贪污罪共同犯罪。二人要对共同贪污的犯罪数额负责，犯罪数额都是50万元，而不能按照各自最终分得的赃物确定犯罪数额。

（五）贪污罪与挪用公款罪的区分

10. 甲是A公司（国有房地产公司）领导，因私人事务欠蔡某600万元。蔡某让甲还钱，甲提议以A公司在售的商品房偿还债务，蔡某同意。甲遂将公司一套价值600万元的商品房过户给蔡某，并在公司财务账目上记下自己欠公司600万元。三个月后，甲将账作平，至案发时亦未归还欠款（事实一）。关于事实一的分析，下列选项正确的是？[1]（2016/2/89 - 事实一）

A. 甲将商品房过户给蔡某的行为构成贪污罪

B. 甲将商品房过户给蔡某的行为构成挪用公款罪

C. 甲虚假平账，不再归还600万元，构成贪污罪

D. 甲侵占公司600万元，应与挪用公款罪数罪并罚

【解析】 本题考查贪污罪与挪用公款罪的区分。（1）先从民法上分析：可认为前行为是甲以600万元买了公司商品房，欠公司600万未还；后行为是把账做平，具有非法占有目的，构成贪污罪。贪污对象是欠公司的600万元。（2）存在挪用公款罪向贪污罪"转化"的情况，只定贪污罪一罪。《全国法院审理经济犯罪案件工作座谈会纪要》第4条第8项，"挪用公款罪与贪污罪的主要区别在于行为人主观上是否具有非法占有公款的目的。挪用公款是否转化为贪污，应当按照主客观相一致的原则，具体判断和认定行为人主观上是否具有非法占有公款的目的。在司法实践中，具有以下情形之一的，可以认定行为人具有非法占有公款的目的：……行为人挪用公款后采取虚假发票平帐、销毁有关帐目等手段，使所挪用的公款已难以在单位财务帐目上反映出来，且没有归还行为的，应当以贪污罪定罪处罚。"

---

〔1〕 C

考点三 挪用公款罪

(一) 挪用公款归个人使用

1. 下列哪些选项属于"挪用公款归个人使用"?[1] (2006/2/64)

A. 以个人名义将公款借给某国有企业使用

B. 以个人名义将公款借给某私营企业使用

C. 个人决定以单位名义将公款借给其他单位使用,谋取个人利益的

D. 以单位名义将公款借给其他自然人使用,未谋取个人利益的

【疑难辨析】本题考查挪用公款罪中的挪用公款归个人使用要素。根据《全国人民代表大会常务委员会关于〈中华人民共和国刑法〉第三百八十四条第1款的解释》,"挪用公款归个人使用"包括三种情况:(1)将公款供本人、亲友或者其他自然人使用的;(2)以个人名义将公款供其他单位使用的;(3)个人决定以单位名义将公款供其他单位使用,谋取个人利益的。

【解析】A、B选项属于以个人名义将公款供其他单位使用;C选项属于个人决定以单位名义将公款供其他单位使用,谋取个人利益的。D选项属于将公款供本人、亲友或者其他自然人使用,将公款供本人、亲友或者其他自然人使用的,不要求必须以个人的名义,也未要求谋取个人利益,只要是个人决定的,均属"挪用公款归个人使用"。故本题答案为ABCD。

2. 下列哪些情形,属于挪用公款归个人使用,从而可能构成挪用公款罪?[2] (2003/2/31)

A. 国有公司经理甲将公款供亲友使用

B. 国有企业财会人员乙以个人名义将公款供其他国有单位使用

C. 国家机关负责人丙个人决定以单位名义将公款供其他单位使用,但未谋取个人利益

D. 国有企业的单位领导集体研究决定将公款给私有企业使用

【解析】A选项属于将公款供本人、亲友或者其他自然人使用;B选项属于以个人名义将公款供其他单位使用;C选项由于未谋取个人利益,不符合"个人决定以单位名义将公款供其他单位使用,谋取个人利益的";D选项,单位领导集体决定将公款给私有企业使用,属于单位行为,不符合"个人决定""个人名义"。

3. 下列哪一情形不属于"挪用公款归个人使用"?[3] (2010/2/20)

A. 国家工作人员甲,将公款借给其弟炒股

B. 国家机关工作人员甲,以个人名义将公款借给原工作过的国有企业使用

C. 某县工商局长甲,以单位名义将公款借给某公司使用

D. 某国有公司总经理甲,擅自决定以本公司名义将公款借给某国有事业单位使用,以安排其子在该单位就业

【解析】选项A属于将公款供本人、亲友或者其他自然人使用;选项B属于以个人名义将公款供其他单位使用;选项D属于个人决定以单位名义将公款供其他单位使用,谋取个人利益,其中的"谋取个人利益",根据《全国法院审理经济犯罪案件工作座谈会纪要》第4条第2款的规定,"既包括财产性利益,也包括非财产性利益,但这种非财产性利益应当是具体的实际利益,如升学、就业等",这三项都属"挪用公款归个人使用"。由于选项C系行为人以

---

[1] ABCD [2] AB [3] C

单位名义将公款借给其它单位使用，欠缺"个人决定"和"谋取个人利益"的要素，故不属于"挪用公款归个人使用"。

4. 某事业单位负责人甲决定以单位名义将本单位资金 150 余万元贷给另一公司，所得高利息归本单位所有。甲虽未牟取个人利益，但最终同意。关于该行为的定性，下列哪几种是可以排除的？[1]（2004/2/54）

A. 挪用公款罪   B. 挪用资金罪

C. 违法发放贷款罪   D. 高利转贷罪

【解析】（1）以单位名义将本单位资金借贷他人，没有谋取个人利益，不属挪归个人使用，不成立挪用公款罪或挪用资金罪。（2）行为对象系事业单位资金，不是金融机构的贷款，不成立违法发放贷款罪、高利转贷罪。

（二）挪用公款的主观用途及数量的规定

5. 根据刑法与司法解释的规定，国家工作人员挪用公款进行营利活动、数额达到 5 万元，或者挪用公款进行非法活动、数额达到 3 万元的，以挪用公款罪论处。国家工作人员甲利用职务便利挪用公款 6 万元，将 4 万元用于购买股票，2 万元用于赌博，在 1 个月内归还 6 万元。关于本案的分析，下列哪些选项是错误的？[2]（2014/2/62 修改）

A. 对挪用公款的行为，应按用途区分行为的性质与罪数；甲实施了两个挪用行为，对两个行为不能综合评价，甲的行为不成立挪用公款罪

B. 甲虽只实施了一个挪用公款行为，但由于既未达到挪用公款进行营利活动的数额要求，也未达到挪用公款进行非法活动的数额要求，故不构成挪用公款罪

C. 国家工作人员购买股票属于非法活动，故应认定甲属于挪用公款 6 万元进行非法活动，甲的行为成立挪用公款罪

D. 可将赌博行为评价为营利活动，认定甲属于挪用公款 6 万元进行营利活动，故甲的行为成立挪用公款罪

【疑难辨析】本题考查挪用公款罪，行为人用于不同用途时，犯罪成立的认定、数额的计算方法。在挪用公款罪中，当行为人将不同笔数的款项分别用于不同用途时，认定犯罪是否成立，采用"向下折算"的数额的计算方法。亦即，如用于非法活动的数额未达成罪数额，则将该数额与用于营利活动的数额累加；如仍未达营利活动的成罪数额，则再与用于其它活动的数额累加；如累加仍未达其它活动的成罪数额，则无罪。具体情形参见方鹏编著《刑法宝典》。

【解析】（1）本案中，用于非法活动 2 万元，未达 3 万元的成罪数额标准；故将用于非法活动 2 万元 + 用于营利活动的 4 万元 = 用于营利活动的 6 万元，达到 5 万元的成罪数额标准。认定为挪用公款 6 万元进行营利活动，故甲的行为成立挪用公款罪。D 选项说法正确，ABC 选项说法错误。（2）注意：新的司法解释发布后，挪用公款罪的既遂标准现已上调至 3 万元、5 万元了。

6. 国家工作人员甲挪用 4 万元用于炒股，之后又挪用 4 万元用于生活消费。该两笔款项均超过 3 个月未归还。关于甲的行为，以下选项说法正确的是[3]（2020 回忆版）

A. 甲不构成挪用公款罪

B. 甲构成挪用公款罪未遂，犯罪数额为 8 万元

C. 甲构成挪用公款罪既遂，犯罪数额为 8 万元

D. 应以挪用公款罪 4 万元未遂、4 万元既遂，择一重处

---

[1] ABCD   [2] ABC   [3] C

【解析】考查挪用公款罪的不同用途、数额计算。

多次挪用公款，分别用于非法活动、营利活动与其他活动等不同用途，各项用途均未达到定罪数额的，判断成罪与否可考虑"向下折算累加"（非法活动折成营利活动，再折成其他活动），来计算数额。如3个月内均未归还，累计计算数额时，应当累计至较为轻缓（严重程度：非法活动＞营利活动＞生活消费）的用途。

甲挪用4万元用于炒股，系进行营利活动，单独计算未达到成罪数额（5万以上）；可将其"向下折算"为其他活动。4万＋4万生活消费＝8万元，达到了用于其他活动的成罪数额（5万以上），超过3个月未还，可构成挪用公款罪，系既遂。

（三）挪用公款罪与贪污罪的关系

7. 国有公司财务人员甲于2007年6月挪用单位救灾款100万元，供自己购买股票，后股价大跌，甲无力归还该款项。2008年1月，甲挪用单位办公经费70万元为自己购买商品房。两周后，甲采取销毁账目的手段，使挪用的办公经费70万元中的50万元难以在单位财务账上反映出来。甲一直未归还上述所有款项。关于甲的行为定性，下列选项正确的是[1]（2008/2/92）

A. 甲挪用救灾款的行为，不构成挪用特定款物罪

B. 甲挪用办公经费的行为构成挪用公款罪，挪用数额为70万元

C. 甲挪用办公经费后销毁账目且未归还的行为构成贪污罪，贪污数额为50万元

D. 对于甲应当以挪用公款罪、贪污罪实行并罚

【疑难辨析】本案中行为人实施了前后两个行为，对这两个行为的定性的关键是确定其犯意故意内容及目的。贪污罪要求行为人具有非法占有目的，挪用公款罪只是挪用目的，而不能具有非法占有目的。

【解析】（1）对于挪用100万元购买股票，系属挪归个人使用，构成挪用公款罪。而不构成挪用特定款物罪（该罪要求挪作其他公用，本案是挪作私用）。挪用进行营利活动，不能归还属客观上不能还，还是以挪用公款罪定罪。（2）挪用70万购买商品房，由于之后对其中的50万销账，可认为对于此笔50万具有非法占有目的，主观上不愿归还，构成贪污罪。对于剩余的20万元，应认定为挪作生活所用，如果达到数额和时间要求，这20万元另行构成挪用公款罪，应当数罪并罚。B选项中将挪用数额认定为70万不正确。故ACD选项正确。

8. 甲找到某国有企业出纳乙称自己公司生意困难，让乙想办法提供点资金，并许诺给乙好处。乙便找机会从公司账户中拿出15万借给甲。甲从中拿了3万元给乙。之后，甲因违法行为被公安机关逮捕，乙害怕受牵连，携带100万元公款潜逃。关于乙的全部犯罪行为，下列哪些说法是错误的？[2]（2008延/2/64）

A. 挪用公款罪与受贿罪，应择一重罪从重处罚

B. 应以挪用资金罪、职务侵占罪论处，实行数罪并罚

C. 应以挪用公款罪、贪污罪论处，实行数罪并罚

D. 应以挪用公款罪、贪污罪、受贿罪论处，实行数罪并罚

【解析】（1）乙挪用公款给甲是为了进行营利活动，数额较大，构成挪用公款罪。（2）乙收受甲的贿赂为其谋取利益，构成受贿罪。（3）根据《最高人民法院关于审理挪用公款案件具体应用法律若干问题的解释》第7条的规定，收受贿赂后挪用公款构成犯罪的，实行数罪并罚。（4）根据刑法第382条的规定，挪用公款携款潜逃，应以贪污论处。对于乙携带100万元

---

[1] ACD [2] ABC

公款潜逃的行为，应认定为贪污罪。故而应以挪用公款罪、贪污罪、受贿罪论处，数罪并罚。

（5）对于甲而言，只是"让乙想办法提供点资金"，并未指使乙挪用，不构成挪用公款罪的共犯。甲只构成行贿罪。

（四）挪用公款罪与共同犯罪

9. 乙为某国有企业出纳，甲对乙说："你挪用300万给我炒股，2个月后还你；挣的100万我们平分"。乙遂挪用300万元公款打到甲指定银行账户上。甲收到款后，将100万用于炒股，200万用于自购房屋。2个月后，甲将300万元归还给乙，乙归还单位账户。关于甲乙二人所犯挪用公款罪的数额，以下说法正确的是[1]（2021回忆版）

    A. 甲乙都是100万元　　　　　　　B. 甲100万元，乙300万元

    C. 甲300万元，乙100万元　　　　　D. 甲乙都是300万元

【解析】本题考查挪用公款罪中共同犯罪"各怀鬼胎"的情形。依据《最高人民法院关于审理挪用公款案件具体应用法律若干问题的解释》第2条第3项，"挪用公款给他人使用，不知道使用人用公款进行营利活动或者用于非法活动，数额较大、超过三个月未还的，构成挪用公款罪；明知使用人用于营利活动或者非法活动的，应当认定为挪用人挪用公款进行营利活动或者非法活动。"可见，挪用公款罪中的"用途"实际上是行为人的主观目的，在挪用公款给他人使用的情况下，本人认识的用途与使用人实际用途不一致时，应以本人主观认识为根据。

本案中，（1）乙是挪作私用的正犯，主观用途是"炒股"，应认定其行为属于挪用公款进行营利活动，不计挪用时间，对300万构成挪用公款罪。（2）甲是挪用行为的教唆犯，对100万属挪用公款进行营利活动，不计挪用时间，构成挪用公款罪。对200万属挪用公款进行其它活动，需要超过三个月才构成犯罪，本案只挪用了2个月，对该数额不构成犯罪。

10. 甲恳求国有公司财务主管乙，从单位挪用10万元供他炒股，并将一块名表送给乙。乙做假账将10万元交与甲，甲表示尽快归还。20日后，乙用个人财产归还单位10万元。关于本案，下列哪一选项是错误的？[2]（2012/2/20）

    A. 甲、乙勾结私自动用公款，构成挪用公款罪的共犯

    B. 乙虽20日后主动归还10万元，甲、乙仍属于挪用公款罪既遂

    C. 乙非法收受名表，构成受贿罪

    D. 对乙不能以挪用公款罪与受贿罪进行数罪并罚

【解析】本题考查挪用公款罪的共同犯罪。（1）甲教唆国家工作人员乙挪用公款，二是构成挪用公款罪的共犯，选项A正确。（2）甲、乙挪用的用途是进行营利活动，只需挪用数额较大就构成挪用公款罪既遂，挪用之后案发前归还，仍属于挪用公款罪既遂。选项B正确。（3）为他人谋取利益而收受财物，可构成受贿罪。选项C正确。受贿后挪用公款的，应当数罪并罚。选项D错误。

考点四　受贿罪

（一）受贿罪构成要件以及行为形式

1. 下列关于受贿罪的说法哪些是不正确的？[3]（2003/2/38）

    A. 甲系地税局长，1993年向王某借钱3万元。1994年王某所办企业希望免税，得到甲的

---

[1]　B　[2]　D　[3]　ABCD

批准，王当时就对甲说："上次借给你的钱就不用还了，算我给你的感谢费"。但甲始终不置可否。2003年5月甲因其他罪被抓获时，主动交待了借钱不还的事实。甲不构成受贿罪

B. 乙的妻子在乡村小学教书，乙试图通过关系将其妻调往县城，就请县公安局长胡某给教育局长黄某打招呼，果然事成。事后，乙给胡某6万元钱，胡将其中3万元给黄某，剩余部分自己收下。本案中，黄某构成受贿罪、胡某构成介绍贿赂罪、乙构成行贿罪

C. 丙为贷款而给某（国有）银行行长李某5万元钱，希望在贷款审批时多多关照。李某收过钱，点了点头。但事后，在行长办公会上，由于其他领导极力反对发放此笔贷款，丙未获取分文贷款资金。李某虽然收受他人财物，但由于没有为他人谋取利益，所以不构成受贿罪

D. 丁系工商局长，1995年在对赵某所办企业进行年检时，发现该企业并不完全符合要求，就要求其补充材料。在某些主要材料难以补齐的情况下，赵某多次找到丁，希望高抬贵手。丁见赵某开办企业也不容易，就为其办理了年检手续，但未向赵提出任何不法要求。2001年丁退休后欲自己开办公司，就向赵某提出：6年前自己帮助了赵，希望赵给3万元作为丁自己公司的启动资金，赵推脱不过，只好给钱。丁应当构成受贿罪

【解析】A选项，考查受贿罪的对象"财物"，可包括财产性利益。免除债务，实质是使他人财产应当减少而未减少，也是取得财产利益的一种方式。可以构成受贿罪。参见《最高人民法院、最高人民检察院关于办理贪污贿赂刑事案件适用法律若干问题的解释》第12条。

B选项，考查斡旋型受贿罪。（1）办事"打招呼"，即使达到调动标准，依法也应认定为"要求国家工作人员违反程序办事"，系谋取不正当利益。国家工作人员利用本人职权或者地位形成的便利条件，通过其他国家工作人员职务上的行为，为请托人谋取不正当利益，索取请托人财物或者收受请托人财物的，系斡旋型受贿罪。故胡某构成受贿罪（斡旋型受贿罪），黄某构成受贿罪（普通受贿罪），乙构成行贿罪。（2）改变一下题目，如果乙谋取的是正当利益的话，则胡某构成介绍受贿罪，黄某构成受贿罪，乙不构成犯罪。

C选项，考查"为他人谋取利益"。"为他人谋取利益"只需存在为他人谋取利益的承诺即可，无需实际上谋取到利益。无论利益是否正当或利益是否真正实现，均可构成受贿罪。参见《最高人民法院、最高人民检察院关于办理贪污贿赂刑事案件适用法律若干问题的解释》第13条。

D选项，考查离职后受贿。根据《最高人民法院、最高人民检察院关于办理受贿刑事案件适用法律若干问题的意见》第10条、《最高人民法院关于国家工作人员利用职务上的便利为他人谋取利益离退休后收受财物行为如何处理问题的批复》，国家工作人员在退休前为他人谋取利益，退休后获取财物的，需要具备"事先约定"这个条件，才能构成受贿罪；事先无约定的，不能认定构成受贿罪。

2. 关于受贿罪的判断，下列哪些选项是错误的？[1]（2007/2/65）

A. 公安局副局长甲收受犯罪嫌疑人家属10万元现金，允诺释放犯罪嫌疑人，因为局长不同意未成。由于甲并没有为他人谋取利益，所以不构成受贿罪

B. 国家机关工作人员乙在退休前利用职务便利为钱某谋取了不正当利益，退休后收受了钱某10万元。尽管乙与钱某事前并无约定，仍应以受贿罪论处

C. 基层法院法官丙受被告人孙某家属之托，请中级法院承办法官李某对孙某减轻处罚，并无减轻情节的孙某因此被减轻处罚。事后，丙收受孙某家属10万元现金。丙不具有制约李某的职权与地位，不成立受贿罪

---

〔1〕 ABCD

D. 海关工作人员丁收受 10 万元贿赂后徇私舞弊，放纵走私，触犯受贿罪和放纵走私罪。由于具有牵连关系，应从一重罪论处

【解析】A 选项，考查"为他人谋取利益"。"为他人谋取利益"只需存在为他人谋取利益的承诺即可，无需实际上谋取到利益。无论利益是否正当或利益是否真正实现，均可构成受贿罪。

B 选项，考查离职后受贿。国家工作人员在退休前为他人谋取利益，退休后获取财物的，需要具备"事先约定"这个条件，才能构成受贿罪；事先无约定的，不能认定构成受贿罪。

C 选项，考查斡旋型受贿罪。斡旋受贿型受贿罪中的"利用自己职务形成的便利条件"，既可以是上级与下级之间（上级对事项无直接职权），也可以是下级与上级之间，或者同事、平级之间，以及工作关系，除制约关系以外，影响关系也属于"职务形成的便利条件"。

D 选项，考查受贿罪的罪数。根据《最高人民法院、最高人民检察院关于办理渎职刑事案件适用法律若干问题的解释（一）》第 3 条、《最高人民法院、最高人民检察院、海关总署关于办理走私刑事案件适用法律若干问题的意见》第 16 条第 2 款规定：海关工作人员收受贿赂又放纵走私的，应以受贿罪和放纵走私罪数罪并罚。

3. 关于受贿罪，下列哪些选项是正确的？[1]（2017/2/62）

A. 国家工作人员明知其近亲属利用自己的职务行为受贿的，构成受贿罪

B. 国家工作人员虚假承诺利用职务之便为他人谋利，收取他人财物的，构成受贿罪

C. 国家机关工作人员实施渎职犯罪并收受贿赂，同时构成渎职罪和受贿罪的，除刑法有特别规定外，以渎职罪和受贿罪数罪并罚

D. 国家工作人员明知他人有请托事项而收受其财物，视为具备"为他人谋取利益"的构成要件，是否已实际为他人谋取利益，不影响受贿的认定

【解析】A 选项，《最高人民法院、最高人民检察院关于办理贪污贿赂刑事案件适用法律若干问题的解释》（法释〔2016〕9 号）第 16 条第 2 款，"特定关系人索取、收受他人财物，国家工作人员知道后未退还或者上交的，应当认定国家工作人员具有受贿故意"，可构成受贿罪。本选项说法正确。

B 选项，前述解释第 13 条第 1 款第 1 项"实际或者承诺为他人谋取利益的"，系"为他人谋取利益"。亦即，"为他人谋取利益"系客观要素，最低限度只需有客观承诺即可，不论承诺是否真实；也无需行为人主观上有为他人谋取利益的故意。本选项说法正确。

C 选项，前述解释第 17 条，"国家工作人员利用职务上的便利，收受他人财物，为他人谋取利益，同时构成受贿罪和刑法分则第三章第三节、第九章规定的渎职犯罪的，除刑法另有规定外，以受贿罪和渎职犯罪数罪并罚。"另参见《最高人民法院、最高人民检察院关于办理渎职刑事案件适用法律若干问题的解释（一）》第 3 条。本选项说法正确。

D 选项，前述解释第 13 条第 1 款第 2 项"明知他人有具体请托事项的"，第 1 项"实际或者承诺为他人谋取利益的"，均系"为他人谋取利益"。本选项说法正确。

4. 关于受贿相关犯罪的认定，下列哪些选项是正确的？[2]（2013/2/63）

A. 甲知道城建局局长张某吸毒，以提供海洛因为条件请其关照工程招标，张某同意。甲中标后，送给张某 50 克海洛因。张某构成受贿罪

B. 乙系人社局副局长，乙父让乙将不符合社保条件的几名亲戚纳入社保范围后，收受亲戚送来的 3 万元。乙父构成利用影响力受贿罪

C. 国企退休厂长王某（正处级）利用其影响，让现任厂长帮忙，在本厂推销保险产品后，王某收受保险公司 3 万元。王某不构成受贿罪

D. 法院院长告知某企业经理赵某"如给法院捐赠 500 万元办公经费，你们那个案件可以胜诉"。该企业胜诉后，给法院单位账户打入 500 万元。应认定法院构成单位受贿罪

【解析】A 选项，受贿罪的对象为财物，指有价值之物。海洛因虽属违禁品，也是有价值之物，可以是贿赂。构成受贿罪。

B 选项，国家工作人员的近亲属，通过该国家工作人员职务上的行为，为请托人谋取不正当利益，收受请托人财物数额较大的，构成利用影响力受贿罪。本选项中并未明示"乙明知收钱事"，应当认为乙并不明知收钱事，故乙父并不构成受贿罪的共犯。

C 选项，离职的国家工作人员利用原职权影响的，构成利用影响力受贿罪。

D 选项，国有单位利用职务索取贿赂的，构成单位受贿罪。国家机关也可成立单位犯罪的主体。

5. 甲的女儿 2003 年参加高考，没有达到某大学录取线。甲委托该高校所在市的教委副主任乙向该大学主管招生的副校长丙打招呼，甲还交付给乙 6 万元现金，其中 3 万元用于酬谢乙，另 3 万元请乙转交给丙。乙向丙打了招呼，并将 3 万元转交给丙。丙收下 3 万元，并答应尽量帮忙，但仍然没有录取甲的女儿。1 个月后，丙的妻子丁知道此事后，对丙说："你没有帮人家办事，不能收这 3 万元，还是退给人家吧。"丙同意后，丁将 3 万元退给甲。关于本案，下列哪些说法是错误的？[1]（2004/2/59）

A. 乙的行为成立不当得利与介绍贿赂罪

B. 丙没有利用职务上的便利为他人牟取利益，所以不成立受贿罪

C. 丙在未能为他人牟取利益之后退还了财物，所以不成立受贿罪

D. 丁将 3 万元贿赂退给甲而不移交司法机关，构成帮助毁灭证据罪

【解析】（1）甲的女儿不符合条件，要求录取应属"谋取不正当利益"。国家工作人员利用本人职权或者地位形成的便利条件，通过其他国家工作人员职务上的行为，为请托人谋取不正当利益，索取请托人财物或者收受请托人财物的，系斡旋型受贿罪。故乙构成受贿罪（斡旋型受贿罪），丙构成受贿罪（普通受贿罪），乙构成行贿罪。

（2）受贿的既遂以取得、控制贿赂款物为标准，乙、丙均已收下贿赂款，构成受贿罪既遂；事后退还属悔罪行为。此外，《最高人民法院、最高人民检察院关于办理受贿刑事案件适用法律若干问题的意见》第 9 条规定，"国家工作人员收受请托人财物后及时退还或者上交的，不是受贿。国家工作人员受贿后，因自身或者与其受贿有关联的人、事被查处，为掩饰犯罪而退还或者上交的，不影响认定受贿罪。"这里的"及时退还"，指根本没有受贿故意，知情后马上退还；本案行为人是在未办成事后才退还，不属"及时退还"。（3）退还财物不能认定为毁灭证据，贿赂款没有任何形式毁灭，丁也无此犯罪故意，不能认定成立故意毁灭证据罪。（4）注意：新的司法解释发布后，受贿罪的既遂标准现已上调至 3 万元了。

6. 甲（为了谋了不正当利益）向乙（国家工作人员）行贿 5 万元，乙收下后顺手藏于自家沙发垫下，匆忙外出办事。当晚，丙潜入乙家盗走该 5 万元。事后查明，该现金全部为假币。下列哪些选项是正确的？[2]（2009/2/60）

A. 甲用假币行贿，其行为成立行贿罪未遂，是实行终了的未遂

B. 丙的行为没有侵犯任何人的合法财产，不构成盗窃罪

C. 乙虽然收受假币，但其行为仍构成受贿罪

D. 丙的行为侵犯了乙的占有权，构成盗窃罪

【解析】（一）对于乙

1. 客观上国家工作人员乙收受甲给予的假币5万元，为其谋取利益，实施了受贿行为。

2. 主观上乙误将假币认为是真币而收受，系对象错误；但因假币也属于财物，可成为贿赂的目的物，误将假币当作真币收受，是同一构成要件内的具体错误，对假币仍有受贿罪故意。根据刑法第385条，构成受贿罪。C选项正确。

3. 关于以违禁品为对象的财产犯罪的既遂标准，以情节计。（1）比照《最高人民法院、最高人民检察院关于办理盗窃刑事案件适用法律若干问题的解释》第1条第4款、《最高人民法院关于审理抢劫、抢夺刑事案件适用法律若干问题的意见》第7条，以违禁品数量作为情节。（2）关于假币的数量及情节，比照《最高人民法院关于审理伪造货币等案件具体应用法律若干问题的解释》第5条：明知是假币而持有、使用，总面额在四千元以上不满五万元的，属于"数额较大"。总面额在五万元以上不满二十万元的，属于"数额巨大"；总面额在二十万元以上的，属于"数额特别巨大"。（3）本案中甲收受假币面额为5万元，应当认为是既遂。

（二）对于甲

1. 为了谋取不正当利益，给予国家工作人员财物，根据刑法第389条，构成行贿罪。已将财物送出，系犯罪既遂。A选项错误。

2. 使用假币行贿，根据刑法第172条，构成使用假币罪。

3. 行贿者明知是假币，故意以假币冒充真币送与国家工作人员，虽实施了欺骗行为，但被害人无损失，不构成诈骗罪。

4. 一行为触犯两罪，系想象竞合犯，应择一重处。

（三）对于丙

1. 客观上潜入乙家盗走假币，因假币也属于财物，赃物也属盗窃罪对象，系入户盗窃。

3. 主观上误将假币认为是真币而盗窃，系对象错误、具体错误，对假币仍有盗窃罪故意，根据刑法第264条，构成盗窃罪。

3. 法条依据，根据《最高人民法院、最高人民检察院关于办理盗窃刑事案件适用法律若干问题的解释》第1条第4款的规定，"盗窃毒品等违禁品，应当按照盗窃罪处理的，根据情节轻重量刑"，说明假币可以成为盗窃罪的对象。盗窃罪保护的法益是他人效力更高的事实占有，无论该占有是否合法。B选项错误，D选项正确。

4. 控制取得了财物，系盗窃罪既遂。

（二）连环贿赂的认定

7. 某地工商局长王某之前帮助过企业老板陈某，为其谋取过一些不正当利益。后王某被监察机关调查。王某想请该县副县长赵某帮忙"打招呼"为其开脱，赵某说要"经费"50万。王某没钱，遂找陈某，表示以前曾帮过陈某，现在让陈某帮自己送给赵某50万，陈某答应。赵某收钱后，找到监察委主任张某，说要给张某20万，要张某帮忙把王某的事情搞定，被张某拒绝。则关于王某、陈某、赵某的行为，说法正确的有[1]（2019回忆版）

A. 王某构成受贿罪、行贿罪，系想象竞合

B. 王某、陈某构成行贿罪的共同犯罪

---

[1]　B

C. 王某、赵某构成受贿罪的共同犯罪

D. 赵某斡旋受贿失败，构成受贿罪未遂

【解析】本题考查"连环贿赂"。解题方法是：从最后办事人"倒着推"，各自认定。

（一）张某：系国家工作人员，但没有拿钱，也没有办事，不构成犯罪。

（二）对于赵某

1. 系国家工作人员，收受50万元，承诺利用其地位形成的便利条件，通过另一国家工作人员张某，为请托人王某谋取不正当利益，根据刑法第388条，系斡旋型受贿，构成受贿罪。

2. 根据《最高人民法院、最高人民检察院关于办理贪污贿赂刑事案件适用法律若干问题的解释》（法释〔2016〕9号）第13条第1项的规定，受贿罪（包括斡旋型受贿）的构成要素"为他人谋取利益"（"谋取不正当利益"）只需客观承诺即可；无需实际谋得利益。本案中，赵某已向王某作出承诺，可构成斡旋型受贿。

3. 受贿罪以收受到财物为既遂标准，赵某虽实际为王某谋取得利益，但已收受到财物，构成受贿罪既遂。

（二）对于王某

1. 为了谋取不正当利益，而给予国家工作人员赵某50万元，根据刑法第389条，构成行贿罪。

2. 王某送给赵某的钱款来源于陈某。在为请托人陈某谋利之后，收受其给予的50万元，根据刑法第385条，构成受贿罪。

3. 应以行贿罪、受贿罪，数罪并罚。

（三）对于陈某

简要过程可以简述为：陈某先送给王某50万，王某（与陈某一起）再转送给赵某50万。

1. 陈某为了报答之前王某帮忙，谋取不正当利益，送给王某50万，根据刑法第389条，构成行贿罪。

2. 陈某知情王某向赵某行贿，代表王某将50万送给赵某，帮助王某实施行贿行为，根据刑法第389、27条，构成行贿罪的帮助犯。

3. 系连续犯，应以行贿罪一罪论处。

（四）王某、赵某先后分别构成受贿罪，二人对于先后两次受贿没有共同故意，不构成受贿罪的共同犯罪。

8. 陈某欲承包某市一工程项目，送给非国家工作人员的刘甲100万元，希望其能够向管理工程的副市长刘乙（系刘甲胞弟）说情。刘甲将100万元现金以及陈某的请求告诉刘乙，刘乙说："钱你留着，工程我会帮助的"。后在刘乙的帮助下，陈某获得工程。关于本案下列正确的是？[1]（2019回忆版）

A. 刘甲、刘乙构成受贿罪的共同犯罪，陈某构成对有影响力的人行贿罪

B. 刘甲构成利用影响力受贿罪，刘乙构成受贿罪，陈某构成对有影响力的人行贿罪

C. 刘甲构成利用影响力受贿罪，刘乙不构成受贿罪，陈某构成对有影响力的人行贿罪

D. 刘甲构成受贿罪，刘乙不构成受贿罪，陈某构成行贿罪

【解析】（一）对于副市长刘乙，知情胞弟刘甲收受请托人财物，不仅不退还或者上交，而且还为请托人谋利，根据刑法第385条、《最高人民法院、最高人民检察院关于办理贪污贿赂刑事案件适用法律若干问题的解释》（法释〔2016〕9号）第16条第2款的规定，刘乙构成

---

[1] A

受贿罪的正犯。

（二）刘甲帮助刘乙收受贿赂，有共同故意，根据刑法第385、27条，构成受贿罪的共同犯罪，系帮助犯。

（三）请托人陈某为了谋取不正当利益，客观上实施了对共同受贿人刘乙、刘甲行贿的行为，但主观上仅具有对有影响力的人行贿的故意，客观主观统一，根据刑法第390条之一，构成对有影响力的人行贿罪。

9. 赵某老公被监察机关依法留置，甲告知赵某称自己是赵某丈夫的熟人，可以帮忙捞人，但需要花费50万元。赵某给甲50万，甲得钱后拿出10万元用于偿还自己债务，用40万托乙办理"捞人"事宜。乙试图用40万找监察机关的孙某帮忙，被孙某拒绝。关于本案，下列选项说法正确的有[1]（2021 回忆版）

A. 甲成立行贿罪、侵占罪　　　　　　B. 甲成立介绍贿赂罪、诈骗罪

C. 乙成立行贿罪　　　　　　　　　　D. 乙成立介绍贿赂罪

【解析】本题考查贿赂犯罪、"截贿"、财产犯罪（诈骗罪、侵占罪等）。

"连环贿赂倒着推"。（1）首先，对于国家工作人员孙某，不构成犯罪。（2）其次，对于试图给孙某的乙，系送钱人，构成行贿罪的未遂，数额是40万元。尽管钱款并不是乙本人的、谋取的不正当利益也不是乙本人事务，但乙是实施"给予国家工作人员以财物"实行行为者，系正犯。（3）对于甲和赵某，对该笔40万元，为乙向孙某行贿提供资金，构成行贿罪的帮助犯。（4）对于被甲用于偿债的10万元，在甲向赵某"开价"当时，只是说"需要花费50万元"，并没有虚构事实、隐瞒真相（例如谎称"已找好办事的人、对方开价50万"），不构成诈骗罪。没有使用非法手段转移占有。获取该笔钱款后用于偿债、据为自己所有，系"截贿"行为。如认为侵占罪的对象"代为保管的他人财物"，包括基于不法原因而取得的代为保管物，则根据刑法第270条的规定，构成侵占罪。（5）罪数上，行贿罪（40万）未遂、侵占罪（10万），两罪并罚。（6）根据刑法第392条，介绍贿赂罪的罪状是"向国家工作人员介绍贿赂"，亦即，在行贿人、受贿人之间居中介绍；既然甲、乙本身就是行贿人，当然就不再构成介绍贿赂罪。

（三）受贿罪的既遂标准、数额认定

10. 关于贿赂犯罪以及犯罪数额的认定，下列选项说法正确的是[2]（2020 回忆版）

A. 甲携带100万元欲向国家工作人员乙行贿，来到乙的办公室。乙对甲说：钱先放到你那里吧。甲便将钱拿回放在自家保险柜中，直至案发。则甲构成行贿罪100万元既遂，乙构成受贿罪100万元未遂

B. 国家工作人员甲违规审批，让乙违规经营彩票业务。甲欺骗乙说，办理该业务需要10万元审批费，乙信以为真，给了甲10万元。则甲仅构成诈骗罪10万元既遂，不构成受贿罪

C. 甲为了谋取不正当利益，给国家工作人员乙送了一张空白支票（印鉴齐全），该支票最高可以填999万元，但至案发乙都没有填写金额。则乙构成受贿罪999万元未遂

D. 甲为了谋取不正当利益，给国家工作人员乙送了一张银行卡，告知乙卡中有金额为6万元。乙一直没有取出使用，至案发时银行卡中本金利息共计7万元。则乙构成受贿罪7万元既遂

【解析】考查贿赂犯罪的既未遂标准。

选项A，"钱先放到你那里吧"表明甲乙已经达到决意，甲已经收受、后委托乙代管。乙

属交付后受委托代管，而不是没有交付。故而二人均为既遂。

选项B，（1）甲利用职务便利向乙索贿，触犯受贿罪。（2）谎称审批费骗取乙交付，也触犯诈骗罪。（3）受贿罪能够包含诈骗的内容，系整体法与部分法的法条竞合关系，以整体法受贿罪论处。参见《刑事审判参考》总第1147号"吴六侾受贿案"：以欺骗方式让行贿人主动交付财物的，应认定为索贿。（4）只不过乙没有行贿故意，不构成行贿罪。

选项C，未填写金额的现金支票，数额还未确定。比照盗窃有价票证的计价方法。《最高人民法院、最高人民检察院关于办理盗窃刑事案件适用法律若干问题的解释》第5条，盗窃不记名、不挂失的有价支付凭证、有价证券、有价票证的，应当按票面数额和盗窃时应得的孳息、奖金或者奖品等可得收益一并计算盗窃数额；盗窃记名的有价支付凭证、有价证券、有价票证，已经兑现的，按照兑现部分的财物价值计算盗窃数额；没有兑现，但失主无法通过挂失、补领、补办手续等方式避免损失的，按照给失主造成的实际损失计算盗窃数额。本案因不记名支票尚未填写数额，故而没有票面数额；只要一填写上确定数额，即以数额认定为既遂。故而，只能以可能填写的最大数额（行贿人已授权的最大范围）认定为未遂。

选项D，应以实际转移占有（收受时）当时认定贿赂价值。银行卡可即时兑现，故以收受时6万元为犯罪数额，系既遂；另外取款时多出的1万元为受贿孳息。

11. 甲请托国家工作人员乙帮助办事，乙遂利用职务便利帮助甲成立了A公司，甲出资1000万元作为A公司的注册资本。甲为了表示感谢，给了乙A公司10%股份。二年后，A公司10%股份市价升值为200万元，甲遂用600万元购回该10%股份。则乙受贿罪的犯罪金额为[1]（2020回忆版）

A. 100万　　　　B. 200万　　　　C. 500万　　　　D. 600万

【解析】考查受贿罪的数额计算。

受贿罪的对象是财物（贿赂），以财物的实际价值计算数额。本案中乙实施收受了两次贿赂，第一次收受的贿赂形式是干股，第二次收受的是交易形式的差价款。

（1）对于干股，根据《最高人民法院、最高人民检察院关于办理受贿刑事案件适用法律若干问题的意见》第2条：进行了股权转让登记，或者相关证据证明股份发生了实际转让的，受贿数额按转让行为时股份价值计算，所分红利按受贿孳息处理。股份未实际转让，以股份分红名义获取利益的，实际获利数额应当认定为受贿数额。本案中，转让行为时股份价值为100万，为受贿数额。之后股份升值价值（100万）系受贿孳息。

（2）对于交易形式的受贿，前述意见第1条第2款：受贿数额按照交易时当地市场价格与实际支付价格的差额计算。本案中，购买股份的差额为600万-200万=400万。

（3）故而，受贿数额累加计算，应为100万+400万=500万。另有100万受贿孳息予以没收。

（4）本案相当于：甲送乙一套房子，送时市价100万（行为时犯罪对象价值）；后升值为200万，乙将其以200万卖出（销赃数额）；另外甲又送乙400万。

（四）受贿罪的罪数

12. 某国有银行行长甲指使负责贷款业务的科长乙向申请贷款的丙单位索要财物。乙将索要所获15万元中的9万元交给甲，其余6万元自己留下。后来，甲、乙均明知丙单位不具备贷款条件，仍然向丙单位贷款1000万元，使银行遭受800万元损失。对于本案，下列哪些选项是正确的？[2]（2008/2/56）

---

[1] C　[2] BCD

A. 甲的受贿数额是 9 万元

B. 乙的受贿数额是 15 万元

C. 甲、乙均构成违法发放贷款罪

D. 对于甲、乙的违法发放贷款罪和受贿罪，应当数罪并罚

【解析】（1）国家工作人员甲教唆国家工作人员乙利用职务之便索取贿赂，二人构成受贿罪共犯。对共同犯罪的总数额而不是分赃数额承担责任，故受贿罪的数额为 15 万元。（2）甲、乙明知丙单位不具备贷款条件而向其贷款的，构成刑法第 186 条的违法发放贷款罪。（3）国家工作人员收受贿赂之后为他人谋利益的，如无刑法明文规定，一般应当数罪并罚。

考点五　利用影响力受贿罪；对有影响力的人行贿罪

1. 根据刑法有关规定，下列哪些说法是正确的？[1]（2009/2/64）

A. 甲系某国企总经理之妻，甲让其夫借故辞退企业财务主管，而以好友陈某取而代之，陈某赠甲一辆价值 12 万元的轿车。甲构成犯罪

B. 乙系已离职的国家工作人员，请接任处长为缺少资质条件的李某办理了公司登记，收取李某 10 万元。乙构成犯罪

C. 丙系某国家机关官员之子，利用其父管理之便，请其父下属将不合条件的某企业列入政府采购范围，收受该企业 5 万元。丙构成犯罪

D. 丁系国家工作人员，在主管土地拍卖工作时向一家房地产公司通报了重要情况，使其如愿获得黄金地块。丁退休后，该公司为表示感谢，自作主张送与丁价值 5 万元的按摩床。丁构成犯罪

【解析】A 选项，刑法第 388 条之一，"甲让其夫"为陈某谋取不正当利益时，如果并未告知其夫（国家工作人员）赠轿车事，则构成利用影响力受贿罪；如果告知其夫知情与其有共谋，则构成受贿罪共犯。题意是前者。

B 选项，刑法第 388 条之一，离职的国家工作人员"利用余热"为请托人谋取不正当利益，构成利用影响力受贿罪。

C 选项，刑法第 388 条之一，国家工作人员的近亲属利用国家工作人员职务上的行为，为请托人谋取不正当利益，构成利用影响力受贿罪。

D 选项，根据《最高人民法院、最高人民检察院关于办理受贿刑事案件适用法律若干问题的意见》第 10 条第 1 款，国家工作人员利用职务上的便利为请托人谋取利益之前或者之后，约定在其离职后收受请托人财物，并在离职后收受的，以受贿论处。国家工作人员在退休前为他人谋取利益，退休后获取财物的，需要具备"事先约定"这个条件，才能构成受贿罪。事先无约定的，不能认定构成受贿罪。但如果造成国家损失，可构成滥用职权罪，本选项没有明示损失结果。

2. 乙的孙子丙因涉嫌抢劫被刑拘。乙托甲设法使丙脱罪，并承诺事成后付其 10 万元。甲与公安局副局长丁早年认识，但多年未见面。甲托丁对丙作无罪处理，丁不同意，甲便以揭发隐私要挟，丁被迫按甲的要求处理案件。后甲收到乙 10 万元现金。关于本案，下列哪一选项是错误的？[2]（2013/2/21）

A. 对于"关系密切"应根据利用影响力受贿罪的实质进行解释，不能仅从形式上限定为亲朋好友

B. 根据 A 选项的观点，"关系密切"包括具有制约关系的情形，甲构成利用影响力受贿罪

C. 丁构成徇私枉法罪，甲构成徇私枉法罪的教唆犯

D. 甲的行为同时触犯利用影响力受贿罪与徇私枉法罪，应从一重罪论处

【解析】A 选项，利用影响力受贿罪中"关系密切的人"，指能够影响国家工作人员或者离职的国家工作人员，利用其职权或者地位形成的便利条件的人；此类人员，包括范围太广，难以从形式上予以限定，只能根据有无"影响力"予以实质解释和判断。选项 A 说法正确。

B 选项，甲可以揭发隐私对丁进行要挟，可对国家工作人员施加影响，具有制约关系；按照 A 选项的观点，可认定甲是"关系密切的人"，可构成利用影响力受贿罪。

C 选项，丁系公安局副局长，在刑事诉讼中，利用处理刑事案件的职权，明知丙有罪而使其不受处理，构成徇私枉法罪；甲制造其犯意，构成教唆犯。C 选项正确。

D 选项，刑法只规定受贿后徇私枉法罪从一重罪论处，没有规定触犯利用影响力受贿罪后教唆他人徇私枉法罪应当如何处理。因为该二行为大部分并不重合，不属想象竞合犯，而应当数罪并罚。

3. 副县长赵某带队前来开展拆迁、评估工作的验收。李某给赵某的父亲（原县民政局局长，已退休）送去 6 万元现金，请其帮忙说话。赵某得知父亲收钱后答应关照李某，令人将邻近山坡的树苗都算到李某名下。（2012/4/2 部分）

【问题】对赵某父亲收受 6 万元一节，对赵某父亲及赵某应如何定罪？为什么？

【简要答案】

对赵某父亲收受 6 万元一节，赵某构成受贿罪，赵某父亲构成受贿罪的帮助犯（从犯）。

（1）副县长赵某系国家工作人员，明知其近亲属收受请托人财物不予退还，为请托人谋取利益，根据刑法第 385 条，以及《最高人民法院、最高人民检察院关于办理贪污贿赂刑事案件适用法律若干问题的解释》第 16 条第 2 款的规定，构成受贿罪。

（2）赵某父亲帮助赵某受贿，有共同故意，根据刑法第 25 条第 1 款、第 27 条，构成受贿罪的帮助犯（从犯）。

（3）赵某父亲虽具有国家工作人员近亲属、离职国家工作人员的身份，但因已构成受贿罪的帮助犯，不再以利用影响力受贿罪论处。

4. 张某为谋取不正当利益，给李某（国家工作人员）的妻子钱某 10 万元，让其帮忙代为转交给李某。钱某给李某说起此事，李某拒绝，让钱某将钱退还给张某。但钱某谎称钱已退回，实际并未退钱，而是将其用于家庭生活。关于本案，以下说法正确的有[1]（2018 回忆版）

A. 李某没有尽到监督钱某将钱归还的义务，故李某构成受贿罪

B. 钱某构成受贿罪的片面共犯

C. 钱某构成利用影响力受贿罪

D. 张某构成对有影响力的人行贿罪

【解析】（1）对于李某，其系国家工作人员，但其认为其妻已归还钱款，主观上没有受贿故意，不构成受贿罪。A 选项错误。

（2）对于钱某，因李某没有实施受贿行为，不能构成受贿罪的正犯；根据共犯从属说，钱某不能构成受贿罪的共犯。B 选项错误。钱某身为国家工作人员的近亲属，承诺为请托人谋

---

[1] CD

取不正当利益，收受财物（尽管其用于包括李某在内的家庭生活，但仍应认定为钱某收受，而不是李某收受），可构成利用影响力受贿罪。C 选项正确。

（3）对于张某，客观上贿赂实际上被钱某收受，是对有影响力的人行贿行为；主观上意图将钱送给李某，是行贿罪故意。客观主观统一，关键在于，行贿罪故意是否可以包容对有影响力的人行贿的故意？是可以的。故而重合于对有影响力的人行贿罪（既遂）。D 选项正确。同时，张某还触犯行贿罪的未遂（"代为转交"未成）。想象竞合择一重处，以对有影响力的人行贿罪（既遂）论处。

5. 陈某为谋取不正当利益，想找国家机关某局局长马某帮忙，可惜不认识马某。遂找到马某的妻子王某，骗王某说已经跟马某说好的，请王某将 20 万元转交马某。王某收钱后跟马某说此事，马某大怒，批评了王某，并让王某把钱退还。王某却私自把钱拿去消费。关于马某、陈某、王某的行为，以下选项说法正确的是[1]（2020 回忆版）

A. 马某构成受贿罪   B. 王某构成利用影响力受贿罪

C. 陈某不能构成行贿罪   D. 陈某构成对非国家工作人员行贿罪

【解析】同上题。

6. 刘某之弟因涉嫌故意伤害罪被某市公安机关刑事拘留，刘某找到其远房亲戚昆某（其在该市任财务局副局长），让他向公安局局长王某说情，给予其弟治安处罚。事成之后，刘某给予昆某 50 万元以表感谢。昆某收下后，留给自己 30 万元，给予王某 20 万元，对此刘某并不知情。对于王某、昆某的行为，以下说法正确的有[2]（2019 回忆版）

A. 王某、昆某构成受贿罪的共同犯罪，犯罪数额为 50 万

B. 昆某构成受贿罪（数额 30 万）、行贿罪（数额 20 万），王某构成受贿罪（数额 20 万）

C. 昆某构成受贿罪（数额 50 万）、行贿罪（数额 20 万），王某构成受贿罪（数额 20 万）

D. 刘某、昆某构成行贿罪的共同犯罪，犯罪数额为 50 万

【解析】（一）对于王某

1. 公安局局长王某，收受昆某给予的 20 万元，为请托人谋取利益，根据刑法第 385 条，构成受贿罪。

2. 同时，王某对明知刘某之弟是有罪的人而故意包庇不使他受追诉，根据刑法第 399 条，构成徇私枉法罪。

3. 根据刑法第 399 条第 4 款，应以受贿罪（20 万）、徇私枉法罪择一重处。

（二）对于昆某

1. 昆某为谋取不正当利益，给予王某 20 万元，根据刑法 389 条，构成行贿罪。

2. 昆某教唆王某徇私枉法，根据刑法 399 条、29 条，构成徇私枉法罪的教唆犯。

3. 市任财务局副局长昆某，收受刘某给予的 50 万元，利用其地位形成的便利条件，通过国家工作人员王某职务上的行为，为请托人刘某谋取不正当利益，根据刑法第 388 条，系斡旋型受贿，构成受贿罪。

4. 昆某收受刘某 50 万元、王某收受昆某 20 万元，是由二人各自独立进行的，没有共同行为、共同故意，不构成受贿罪的共同犯罪。

5. 应以行贿罪（20 万）、受贿罪（50 万）、徇私枉法罪教唆犯，数罪并罚。

（三）对于刘某

1. 刘某为谋取不正当利益，给予昆某 50 万元，根据刑法 389 条，构成行贿罪。

---

[1]　B　[2]　C

2. 刘某对于昆某送给王某20万元并不知情，没有共同行为、共同故意，不构成受贿罪的共同犯罪。

考点六　行贿罪

1. 下列行为人所谋取的利益，哪些是行贿罪中的"不正当利益"？[1]（2005/2/65）

A. 甲向某国有公司负责人米某送3万元，希望能承包该公司正在发包的一项建筑工程

B. 乙向某高校招生人员刘某送3万元，希望刘某在招生时对其已经进入该高校投档线的女儿优先录取

C. 丙向某法院国家赔偿委员会委员高某送3万元，希望高某按照国家赔偿法的规定处理自己的赔偿申请

D. 丁向某医院药剂科长程某送6万元，希望程某在质量、价格相同的条件下优先采购丁所在单位生产的药品

【疑难辨析】行贿罪中的"不正当利益"指以下三种情况之一：①内容违法。指行贿者谋取的利益违反法律、法规、规章、政策规定。②程序违法。指行贿者要求国家工作人员违反法律、法规、规章、政策、行业规范的规定，为自己提供帮助或者方便条件。③不当竞争。违背公平、公正原则，在经济、组织人事管理等活动中，谋取竞争优势的，应当认定为"谋取不正当利益"。

【解析】A选项，甲希望通过非正常程序承包工程，程序违法。

B选项、D选项，属于在谋取不确定利益时，要求通过非正常程序获取不正当的优先权，系不当竞争，属谋取不正当利益。

C选项，希望"按照国家赔偿法的规定处理赔偿申请"，要求的内容合法、程序合法，不属谋取不正当利益。

2. 大学生甲为获得公务员面试高分，送给面试官乙（某机关领导）2瓶高档白酒，乙拒绝。次日，甲再次到乙家，偷偷将一块价值3万元的金币放在茶几上离开。乙不知情。保姆以为乙知道此事，将金币放入乙的柜子。对于本案，下列哪一选项是错误的？[2]（2011/2/19）

A. 甲的行为成立行贿罪

B. 乙的行为不构成受贿罪

C. 认定甲构成行贿罪与乙不构成受贿罪不矛盾

D. 保姆的行为成立利用影响力受贿罪

【解析】（1）甲为谋取不正当利益而主动送与国家工作人员财物，无论其是否实际谋取到不正当利益，根据刑法389条，都构成行贿罪。选项A正确。

（2）乙不并知情贿赂一事，主观上没有受贿故意，不构成受贿罪。选项B正确。

（3）行贿罪与受贿罪虽为对合犯，但各自有不同的构成要件，并不一定一方构成行贿罪，另一方必然构成受贿罪。选项C说法正确。

（4）保姆：①虽可认为是"关系密切的人"，但其客观上没有实施利用影响力受贿的行为，而只是代甲收受贿赂，也没有利用国家工作人员乙为甲谋取不正当利益的利用影响力受贿罪故意，不能构成利用影响力受贿罪。②保姆主观上虽有帮助受贿的故意，但因正犯没有实施

---

〔1〕 ABD 〔2〕 D

受贿行为，客观上没有帮助受贿的行为，不构成受贿罪的帮助犯。

3. 甲为使其弟乙逃脱处罚，送给正在审理乙涉嫌非法拘禁一案的合议庭审判长丙5万元。在审判委员会上，丙试图为乙开脱罪责，但未能得逞，于是丙将收受的5万元退还给甲。甲经过思想斗争，到司法机关主动交代了自己向丙行贿的行为。关于本案的处理，下列哪些说法是正确的？[1]（2002/2/48）

 A. 对甲的行为应以行贿罪论处

 B. 对丙的行为应当认定为受贿中止

 C. 对甲应当适用刑法总则关于自首的处罚规定

 D. 对甲可以减轻处罚或免除处罚

【解析】（1）对于丙，为他人谋取利益而收受财物，构成受贿罪。已经取得、控制了财物，应认定为受贿罪既遂。已经收受了贿赂并作出了为他人谋取利益的努力，只是因未谋得利益而退还贿赂，不属"及时退还"，是受贿既遂，不能构成中止。

（2）对于甲，为了谋取不正当利益而给予国家工作人员钱财，是行贿罪。

（3）关于甲是否构成自首，甲主动投案、如实交代，可构成自首。

（4）对于甲如何处罚的问题。①在现在，《刑法修正案（九）》将刑法第390条第2款修正为："行贿人在被追诉前主动交待行贿行为的，可以从轻或者减轻处罚。其中，犯罪较轻的，对侦破重大案件起关键作用的，或者有重大立功表现的，可以减轻或者免除处罚"。只有行贿人"犯罪较轻的，对侦破重大案件起关键作用的，或者有重大立功表现"，才可以减轻或者免除处罚。结合本题选项所述事实来看，行贿数额为5万，可认为"犯罪较轻"；如不揭发案件难以发现，可认为"检举揭发行为对侦破重大案件起关键作用"，故对甲"可以减轻或者免除处罚"。D选项说法仍然正确，应选择。②在考试当年，按原刑法分则第390条第2款规定，行贿人在被追诉前主动交待行贿行为的，可以减轻处罚或免除处罚。而主动投案、如实交代又构成自首，按刑法总则第67条的规定，对于一般自首，可以从轻、减轻处罚。适用分则第390条第2款，比适用总则第67条，对被告人更为有利，故应适用分则规定"可以减轻处罚或免除处罚"。

4. 关于贿赂犯罪，下列哪些选项是错误的？[2]（2010/2/65）

 A. 国家工作人员利用职务便利，为请托人谋取利益并收受其财物而构成受贿罪的，请托人当然构成行贿罪

 B. 因被勒索给予国家工作人员以财物的，当然不构成行贿罪

 C. 行贿人在被追诉前主动交代行贿行为的，可以从轻或者减轻处罚

 D. 某国家机关利用其职权或地位形成的便利条件，通过其他国家机关的职务行为，为请托人谋取利益，索取请托人财物的，构成单位受贿罪

【解析】A选项，根据刑法第389条第1款的规定，为谋取不正当利益，给予国家工作人员以财物的，才构成行贿罪。当请托人谋取正当利益时，受贿者国家工作人员可构成受贿罪，但行贿者即请托人不构成行贿罪，故选项A错误。

B选项，根据刑法第389条第3款的规定，因被勒索给予国家工作人员以财物，没有获得不正当利益的，不是行贿。如果行贿人虽被勒索，但获得了不正当利益，也构成行贿罪，故选项B错误。

C选项，（1）在现在，《刑法修正案（九）》将刑法第390条第2款修正为："行贿人在被

追诉前主动交待行贿行为的，可以从轻或者减轻处罚。其中，犯罪较轻的，对侦破重大案件起关键作用的，或者有重大立功表现的，可以减轻或者免除处罚"。C 选项说法正确。（2）在考试当年，按原刑法第 390 条第 2 款的规定："行贿人在被追诉前主动交待行贿行为的，可以减轻处罚或者免除处罚"。选项 C 的措辞是"从轻或者减轻"，C 选项说法错误。

D 选项，（1）对于斡旋型受贿行为构成受贿罪的，刑法第 388 条只规定了由国家工作人员自然人主体构成，没有规定可以由单位构成，故选项 D 错误。（2）亦即，受贿罪（包括刑法第 85 年规定的普通受贿、刑法第 388 条斡旋型受贿罪）都只能由自然人构成。而刑法第 387 条单位受贿罪又没有规定斡旋型受贿的情形。（3）单位实施斡旋型受贿行为的，单位不构成单位受贿罪，参与的自然人（国家工作人员）构成自然人受贿罪。

考点七　介绍贿赂罪

甲、乙因涉嫌犯罪被起诉。在甲、乙被起诉后，甲父丙为使甲获得轻判，四处托人，得知丁的表兄刘某是法院刑庭庭长，遂托丁将 15 万元转交刘某。丁给刘某送 15 万元时，遭到刘某坚决拒绝。【问题】丁是否构成介绍贿赂罪？是否构成行贿罪（共犯）？是否构成利用影响力受贿罪？理由分别是什么？（2013/4/2 部分）

【疑难辨析】介绍贿赂罪指为行贿、受贿居中介绍，提供信息。行为人在行贿人与国家工作人员之间进行引见、沟通、撮合，促使行贿与受贿得以实现。行为人是否获得利益，不影响本罪成立。如果行为人站在行贿人一方为其提供帮助，构成行贿罪共犯；如果行为人站在受贿人一方为其提供帮助，构成受贿罪共犯。介绍贿赂罪，只能站在中立立场上，明知某人欲通过行贿谋求国家工作人员的职务行为，而向国家工作人员提供该信息。

【简要答案】
丁构成行贿罪（未遂）的帮助犯（从犯）。不构成介绍贿赂罪、利用影响力受贿罪。

（1）丁虽系国家工作人员近亲属，但客观上并未索取或者收受他人财物，主观上也无收受财物的意思，不构成利用影响力受贿罪。

（2）丁接受丙的委托，帮助请托人丙实施行贿行为，客观上有帮助行贿的行为，主观上有帮助行贿的故意，根据刑法第 389 条、第 27 条的规定，构成行贿罪（未遂）帮助犯（从犯）。

（3）丁没有在丙和法官刘某之间牵线搭桥，没有实施居中介绍促成行贿、受贿事实的介绍贿赂行为，不构成介绍贿赂罪。

考点八　单位受贿罪、单位行贿罪

何经理为了销售本公司经营的医疗器械，安排公司监事刘某在与某市立医院联系销售业务过程中，按销售金额 25% 的比例给医院 4 位正、副院长回扣共计 25 万余元。本案中，该公司提供回扣的行为构成何罪？[1]（2009/2/20）

A. 行贿罪 　　　　　　　　　　　　　　B. 对非国家工作人员行贿罪

---

[1]　C

C. 单位行贿罪   D. 对单位行贿罪

【解析】（1）本案的主体是单位而非自然人。本案行为是经单位领导决定、为了单位利益、以单位名义实施、利益归单位所有的单位行为，故属单位犯罪。（2）本案的行为属于在经济往来中，违反国家规定，给予回扣的行为，是行贿行为。（3）行贿对象是4个自然人，而不是市立医院单位。故不构成对单位行贿罪。（4）4个自然人是市立医院中的领导，属国有事业单位中从事公务的人员，亦即国家工作人员。根据《最高人民法院、最高人民检察院关于办理商业贿赂刑事案件适用法律若干问题的意见》第4条规定，医疗机构中的国家工作人员应构成受贿罪。（5）综上，由于是单位给予国家工作人员自然人贿赂，故构成刑法第393条的单位行贿罪。

考点九　巨额财产来源不明罪

国家工作人员甲与民办小学教师乙是夫妻。甲、乙支出明显超过合法收入，差额达300万元。甲、乙拒绝说明财产来源。一审中，甲交代300万元系受贿所得，经查证属实。关于本案，下列哪些选项是正确的？[1]（2012/2/63）

A. 甲构成受贿罪   B. 甲不构成巨额财产来源不明罪

C. 乙不构成巨额财产来源不明罪   D. 乙构成掩饰、隐瞒犯罪所得罪

【解析】（1）若以一审之前查明的事实认定。巨额财产来源不明罪是身份犯、不作为犯。①甲、乙家庭支出明显超过合法收入，因甲是国家工作人员，有说明来源的作为义务，如甲拒绝说明来源，则可构成巨额财产来源不明罪。②乙不是国家工作人员，没有说明来源的作为义务，拒绝说明来源，行为也不认为是刑法上的不作为行为，不构成巨额财产来源不明罪的正犯；③题干也未写明乙对甲的拒绝说明来源行为（正犯行为）有帮助、教唆，不构成该罪共犯。

（2）若以一审之中查明的事实认定。①题干写可以查明财产系甲受贿所得，则直接认定甲构成受贿罪。②题干未写"乙参与受贿"，不能构成受贿罪的共犯；③也未写"乙明知受贿款项而帮助保存、消费"，或者"乙明知款项可能来路不正仍帮助保存、消费"，不能构成掩饰、隐瞒犯罪所得罪。④只写"乙拒绝说明财产来源"，据此不能认定其构成犯罪。

（3）很多考生对选项D产生疑惑。①是把题意误解为这样的情景：官员老公回家了，拎了300万块钱，朝老婆一扔，说"老婆帮我存一下"。老婆问"是什么钱？怎么会有这么多？"老公说"你别管，存就是了"。类比《最高人民法院关于审理洗钱等刑事案件具体应用法律若干问题的解释》第1条第2款第6项的规定"协助近亲属或者其他关系密切的人转换或者转移与其职业或者财产状况明显不符的财物的"，推定"被告人明知系犯罪所得及其收益，但有证据证明确实不知道的除外"，因此构成掩饰、隐瞒犯罪所得罪。因为老婆实施了"存"的行为。②但事实上，题干描述的案情是这样的情况：官员老公账户上多了300万，老婆也知道老公是受贿所得，监察委来调查，问老婆"你知道你老公账上的钱是怎么来的吗？"老婆答道"知道也不告诉你，打死我也不说"。老婆只是不说而已。仅是知情不举，是无罪。

---

[1]　ABC

考点十　私分国有资产罪

某国有企业高层领导班子成员经集体研究决议，将该国有企业100万元利润，没有按规定上交国家，而是均分给全体高层领导成员。关于本案，以下说法正确的有？[1]（2018回忆版）

A. 该国有企业构成私分国有资产罪

B. 本案系单位犯罪

C. 该国有企业高层领导成员构成贪污罪

D. 本案系共同犯罪

【解析】本题考查私分国有资产罪与集体贪污的区分。主要区分要点在于：前罪是单位行为，后罪是个人行为。另外就是私分的人员的多少。将国有资产分配给单位的所有成员或者多数人的，构成私分国有资产罪；分配给少数人甚至仅在领导班子成员内部私分的，构成贪污罪。

（1）在行为主体确认上，尽管经领导班子成员集体研究，但只分给高层领导成员，没有分给全体或大部分企业员工，不属单位行为，而是个人共同行为。B选项错误，D选项正确。

（2）在罪名认定上，既然不是单位行为，是个人共同行为；则不构成私分国有资产罪，构成贪污罪。A选项错误，C选项正确。

---

[1]　CD

专题二十二　渎职罪（分则第九章）

法条竞合	1. 两罪是一般法，其它罪是特别法。2. 受贿后渎职：数罪，三种［徇私、民行、执行］择一重。3. 与对象人共谋，可触犯共同犯罪（与渎职罪想象竞合）；又不利用职权，数罪并罚
滥用职权罪/玩忽职守罪	两罪的区分；重大损失的地位
司法工作人员渎职犯罪	1. 徇私枉法罪：刑事诉讼中。2. 徇私舞弊予以减刑、假释、监外执行罪。3. 私放在押人员罪对象："在押"人员。4. 通风报信：帮助犯罪分子逃避处罚罪
其他	1. 放纵走私罪：海关；2. 徇私舞弊不征、少征税款罪：税务；3. 不解救被拐卖、绑架妇女、儿童罪；4. 食品、药品监管渎职罪

考点一　本章罪名的法条竞合关系

1. 下列哪一行为应以玩忽职守罪论处？[1]（2012/2/21）

A. 法官执行判决时严重不负责任，因未履行法定执行职责，致当事人利益遭受重大损失

B. 检察官讯问犯罪嫌疑人甲，甲要求上厕所，因检察官违规打开械具后未跟随，致甲在厕所翻窗逃跑

C. 值班警察与女友电话聊天时接到杀人报警，又闲聊 10 分钟后才赶往现场，因延迟出警，致被害人被杀、歹徒逃走

D. 市政府基建负责人因听信朋友介绍，未经审查便与对方签订建楼合同，致被骗 300 万元

【疑难辨析】本题考查玩忽职守罪与特别法的法条竞合。本章罪名中，滥用职权罪、玩忽职守罪为一般法，其它罪名是特别法。根据《最高人民法院、最高人民检察院关于办理渎职刑事案件适用法律若干问题的解释（一）》第 2 条，法条竞合的处理规则是：特别法优于一般法。（1）国家机关工作人员实施滥用职权或者玩忽职守犯罪行为，触犯刑法分则第九章第 398 条至第 419 条规定（特别法）的，依照该规定（特别法）定罪处罚。（2）国家机关工作人员滥用职权或者玩忽职守，因不具备徇私舞弊等情形，不符合刑法分则第九章第 398 条至第 419 条的规定（特别法），但依法构成第 397 条规定（一般法）的犯罪的，以滥用职权罪或者玩忽职守罪定罪处罚。

---

[1]　C

【解析】 A 选项，以特别法执行判决、裁定失职罪论处。

B 选项，以特别法失职致使在押人员脱逃罪论处。

C 选项，国家机关工作人员过失不认真履行职责造成重大损失，构成玩忽职守罪。

D 选项，以特别法国家机关工作人员签订、履行合同失职被骗罪论处。

2. 关于渎职罪的认定，下列选项说法正确的是[1]（2020 回忆版）

A. 国家机关以"集体研究"形式实施的渎职犯罪，负责人员可被追究刑事责任，具体执行人员也有可能被追究刑事责任

B. 税务局工作人员甲因为工作失误漏征税款，给国家造成重大税收损失，甲构成徇私舞弊不征、少征税款罪

C. 警察甲在接到被拐卖儿童家属的解救要求后，故意不解救被拐卖儿童，甲构成不解救被拐卖儿童罪、滥用职权罪，应当择一重处

D. 狱警甲明知被关押的罪犯乙可能逃脱，仍未采取相关措施阻止，导致乙逃脱。甲构成私放在押人员罪、脱逃罪的帮助犯，应当数罪并罚

【解析】 选项 A，《最高人民法院、最高人民检察院关于办理渎职刑事案件适用法律若干问题的解释（一）》（以下简称《渎职解释（一）》）第 5 条第 2 款：以"集体研究"形式实施的渎职犯罪，应当依照刑法分则第九章的规定追究国家机关负有责任的人员的刑事责任。对于具体执行人员，应当在综合认定其行为性质、是否提出反对意见、危害结果大小等情节的基础上决定是否追究刑事责任和应当判处的刑罚。

选项 B，徇私舞弊不征、少征税款罪的成立，要求行为人主观上为故意；本选项主观上为过失，构成玩忽职守罪。

选项 C，警察甲构成不解救被拐卖儿童罪、滥用职权罪，依刑法第 397 条第 1 款最后一句"本法另有规定的，依照规定"，以及前述《渎职解释（一）》第 2 条，系法条竞合，以应以特别法不解救被拐卖儿童罪论处。

选项 D，狱警甲与罪犯乙事前无通谋，不触犯脱逃罪的帮助犯；只触犯私放在押人员罪一罪。参见前述《渎职解释（一）》第 4 条。

考点二　滥用职权罪（故意）、玩忽职守罪（过失）

1. 关于渎职犯罪，下列哪些选项是正确的？[2]（2016/2/63）

A. 县财政局副局长秦某工作时擅离办公室，其他办公室人员操作电炉不当，触电身亡并引发大火将办公楼烧毁。秦某触犯玩忽职守罪

B. 县卫计局执法监督大队队长武某，未能发现何某在足疗店内非法开诊所行医，该诊所开张三天即造成一患者死亡。武某触犯玩忽职守罪

C. 负责建房审批工作的干部柳某，徇情为拆迁范围内违规修建的房屋补办了建设许可证，房主凭此获得补偿款 90 万元。柳某触犯滥用职权罪

D. 县长郑某擅自允许未经环境评估的水电工程开工，导致该县水域内濒危野生鱼类全部灭绝。郑某触犯滥用职权罪

【解析】 A 选项，事故和损失与秦某的职务行为无关，秦某无罪；其他办公室人员可构成

---

[1] A 　[2] CD

失火罪。

B 选项，在足疗店内非法开诊所行医，一般执法监督大队也无法发现，武某对结果没有过失。

C 选项，柳某违规补办了建设许可证的滥用职权行为，是房主非法获得补偿款的前提，应认定造成国家损失；滥用职权行为与损失之间具有因果关系，可构成滥用职权罪。

D 选项，郑某实施有超越权职的滥用职权行为，与损失结果之间具有因果关系，构成滥用职权罪。

2. 下列哪种行为可以构成玩忽职守罪？[1]（2007/2/20）

A. 在安全事故发生后，负有报告职责的人员不报或者谎报情况，贻误事故抢救，情节严重的

B. 国有公司工作人员严重不负责任，造成国有公司破产，致使国家利益遭受重大损失的

C. 负有环境保护监督管理职责的国家机关工作人员严重不负责任，导致发生重大环境污染事故，造成人身伤亡的严重后果的

D. 负有管理职责的国家机关工作人员发现他人非法从事天然气开采、加工等违法活动而不予查封、取缔，致使国家和人民利益遭受重大损失的

【解析】A 选项，（1）根据刑法第 139 条之一之规定，在安全事故发生后，负有报告职责的人员不报或者谎报情况，贻误事故抢救，情节严重的，构成不报、谎报安全事故罪。本选项构成此罪。（2）与之区别的是玩忽职守罪、滥用职权罪。根据《最高人民法院、最高人民检察院关于办理危害生产安全刑事案件适用法律若干问题的解释》第 15 条第 1 款的规定，国家机关工作人员在履行安全监督管理职责时滥用职权、玩忽职守，致使公共财产、国家和人民利益遭受重大损失的……以滥用职权罪、玩忽职守罪……定罪处罚。（3）可见，刑法第 139 条之一的主体"负有报告职责的人员"（前述两高《解释》第 4 条：负有组织、指挥或者管理职责的负责人、管理人员、实际控制人、投资人，以及其他负有报告职责的人员），与玩忽职守罪的主体"负有报告职责的国家机关工作人员"还是不同的。

B 选项，（1）根据刑法第 168 条的规定，国有公司工作人员严重不负责任，造成国有公司破产，致使国家利益遭受重大损失的，构成国有公司人员失职罪。（2）玩忽职守罪的主体要求是国家机关工作人员，国有公司工作人员不能构成。对国有企业负有监管职责的国家机关工作人员，不履行监管职责造成国有公司破产，才构成滥用职权罪或者玩忽职守罪。

C 选项，根据刑法第 408 条的规定，负有环境保护监督管理职责的国家机关工作人员严重不负责任，导致发生重大环境污染事故，致使公私财产遭受重大损失或者造成人身伤亡的严重后果的，按照环境监管失职罪处理。另见《最高人民检察院关于渎职侵权犯罪案件立案标准的规定》。环境监管失职罪与玩忽职守罪是特殊法与一般法的法条竞合关系，按特殊法优于一般法的原则，只适用环境监管失职罪条款。

D 选项，《最高人民法院、最高人民检察院关于办理盗窃油气、破坏油气设备等刑事案件具体应用法律若干问题的解释》第 7 条第 4 项，国家机关工作人员对发现或者经举报查实的未经依法批准、许可擅自从事石油、天然气勘查、开采、加工、经营等违法活动不予查封、取缔的，以滥用职权罪或者玩忽职守罪定罪处罚，本选项情况可以构成玩忽职守罪（对结果系过失）。

<hr>

[1] D

考点三　徇私枉法罪

1. 关于徇私枉法罪，下列哪些选项是正确的？[1]（2009/2/65）

A. 甲（警察）与犯罪嫌疑人陈某曾是好友，在对陈某采取监视居住期间，故意对其放任不管，导致陈某逃匿，司法机关无法对其追诉。甲成立徇私枉法罪

B. 乙（法官）为报复被告人赵某对自己的出言不逊，故意在刑事附带民事判决中加大赵某对被害人的赔偿数额，致使赵某多付10万元。乙不成立徇私枉法罪

C. 丙（鉴定人）在收取犯罪嫌疑人盛某的钱财后，将被害人的伤情由重伤改为轻伤，导致盛某轻判。丙不成立徇私枉法罪

D. 丁（检察官）为打击被告人程某，将对程某不起诉的理由从"证据不足，指控犯罪不能成立"擅自改为"可以免除刑罚"。丁成立徇私枉法罪

【解析】选项A，《最高人民检察院关于渎职侵权犯罪案件立案标准的规定》第一部分第5条第4项，在立案后，虽然采取强制措施，实际放任不管，致使犯罪嫌疑人、被告人实际脱离司法机关侦控的。构成徇私枉法罪。

选项B，刑事附带民事诉讼由刑事法官及刑事法庭审理，也应属"在刑事审判活动过程中"，法官以报复动机违背事实和法律作枉法裁判，其行为也构成徇私枉法罪。

选项C，徇私枉法罪的主体是司法工作人员，丙是鉴定人，在刑事诉讼中作虚假鉴定构成刑法第305条规定的伪证罪。

选项D，《最高人民检察院关于渎职侵权犯罪案件立案标准的规定》第一部分第5条第5项，在刑事审判活动中故意违背事实和法律，作出枉法判决、裁定，即有罪判无罪、无罪判有罪，或者重罪轻判、轻罪重判的，都属于以徇私枉法罪立案的情形，构成徇私枉法罪。本案情形是结局不变，但不起诉理由变化，由于"证据不足，指控犯罪不能成立"与"可以免除刑罚"存在实质差异，前者为证据不足无罪（绝对无罪），后者为免除刑罚（有罪但不处罚）。表面上虽只是理由变化，但该理由实际上是刑事司法程序的"结论"，因此属故意违背事实和法律作出枉法裁定。

2. 张某是某检察院检察长，李某的丈夫赵某因涉嫌犯罪而被提请逮捕。后向他人了解情况，得知张某负责批捕，于是去找张某求情。张某见李某美色，便以保其丈夫平安为由，向李某提出性要求。李某救夫心切，虽不情愿，但被迫答应。张某遂对赵某不予批准逮捕，造成恶劣的社会影响。张某的行为，应当认定为[2]（2018回忆版）

A. 滥用职权罪　　　B. 徇私枉法罪　　　C. 强奸罪　　　D. 受贿罪

【解析】（1）关于强奸罪。张某向李某提出性要求，李某为了救其丈夫而同意，虽不情愿，但属经其同意的利益交换，不能认定为违背性自由意志。就张某而言，给予了李某多出来的非法利益，并且让其进行选择；而不是以剥夺既有的合法权益相威胁，不能认为实施了"强"的行为。故而，张某不能构成强奸罪。C选项不当选。

（2）司法工作人员张某，在刑事诉讼中，违法不予批准逮捕，根据第399条第1款，构成徇私枉法罪。

（3）同时，张某也触犯了滥用职权罪。但滥用职权罪与徇私枉法罪是一般法与特别法之

---

[1]　ACD　　[2]　B

间的法条竞合关系，根据《最高人民法院、最高人民检察院关于办理渎职刑事案件适用法律若干问题的解释（一）》第2条第1款的规定，应以特别法徇私枉法罪论处。故而A选项不当选，B选项当选。

（4）刑法第385规定的受贿罪的对象是"财物"，性利益不属财物，故不能构成受贿罪。D选项不当选。

3. 刘某以赵某对其犯故意伤害罪，向法院提起刑事附带民事诉讼。因赵某妹妹曾拒绝本案主审法官王某的求爱，故王某在明知证据不足、指控犯罪不能成立的情况下，毁灭赵某无罪证据，认定赵某构成故意伤害罪，并宣告免予刑罚处罚。对王某的定罪，下列哪一选项是正确的？[1]（2011/2/20）

　　A. 徇私枉法罪　　　　B. 滥用职权罪　　　　C. 玩忽职守罪　　　　D. 帮助毁灭证据罪

【解析】（1）刑事诉讼中的法官，明知证据不足、不能定罪，而故意违背法律定罪，触犯徇私枉法罪。（2）也触犯滥用职权罪。（3）利用审判职权帮助毁灭证据的，也可触犯帮助毁灭证据罪。（4）在罪数上，帮助毁灭证据罪与徇私枉法罪，二罪是部分法与整体法法条竞合关系，应以整体法徇私枉法罪论处。（5）滥用职权罪与徇私枉法罪之间是一般法与特别法的法条竞合关系，应以特别法徇私枉法罪论处。A选项当选。

4. 某中级法院的主审法官甲收受故意杀人案被告人乙的家属现金3万元后，伪造乙防卫过当、自首的证据，欺骗该院审判委员会，导致原本可能被判死刑的乙最终仅被判处3年徒刑。对甲应当以何罪论处？[2]（2008延/2/20）

　　A. 徇私枉法罪　　　　B. 滥用职权罪　　　　C. 受贿罪　　　　D. 伪证罪

【解析】（1）司法工作人员甲在刑事诉讼中利用司法职权徇私枉法，故意违背法律和事实作枉法裁判的，根据刑法第399条的规定，构成徇私枉法罪。（2）也触犯滥用职权罪。（3）伪造乙防卫过当、自首的证据，触犯帮助毁灭证据罪。（4）根据刑法第305条的规定，在刑事诉讼中，证人、鉴定人、记录人、翻译人对与案件有重要关系的情节，故意作虚假证明、鉴定、记录、翻译，意图陷害他人或者隐匿罪证的，涉及的言辞证据。本案主体是法官，未涉言辞证据，不能触犯伪证罪。（5）甲收受贿赂，根据刑法第385条，构成受贿罪。（6）在罪数上，帮助毁灭证据罪与徇私枉法罪，二罪是部分法与整体法法条竞合关系，应以整体法徇私枉法罪论处。（7）滥用职权罪与徇私枉法罪之间是一般法与特别法的法条竞合关系，应以特别法徇私枉法罪论处。（8）根据第399条第4款的规定，收受贿赂后徇私枉法构成犯罪的，以徇私枉法罪、受贿罪从一重处罚。（9）本题是单选题，本案属于徇私枉法情节严重的情况，从一重罪处罚应该按照徇私枉法罪处理，故A项当选。

5. 丙实施抢劫犯罪后，分管公安工作的副县长甲滥用职权，让侦办此案的警察乙想办法使丙无罪。乙明知丙有罪，但为徇私情，采取毁灭证据的手段使丙未受追诉。关于本案的分析，下列哪些选项是正确的？[3]（2014/2/63）

　　A. 因甲是国家机关工作人员，故甲是滥用职权罪的实行犯

　　B. 因甲居于领导地位，故甲是徇私枉法罪的间接正犯

　　C. 因甲实施了两个实行行为，故应实行数罪并罚

　　D. 乙的行为同时触犯徇私枉法罪与帮助毁灭证据罪、滥用职权罪，但因只有一个行为，应以徇私枉法罪论处

【解析】（1）对于乙的行为。其一，就触犯罪名而言：司法工作人员利用办理刑事案件职

────────────

[1]　A　[2]　A　[3]　AD

权对明知有罪的人故意使其不受追诉，可触犯徇私枉法罪；采用的手段系毁灭证据，可触犯帮助毁灭证据罪；国家机关工作人员故意滥用职权乱办案，可触犯滥用职权罪。其二，就三罪关系以及罪数而言：徇私枉法罪中内含有毁灭证据的手段行为，二罪之间是整体法与部分法的法条竞合关系，按整体法优于部分法的规则，认定为徇私枉法罪；徇私枉法罪与滥用职权罪是特别法与一般法的法条竞合关系，按特别法优于一般法的规则，认定为徇私枉法罪。D选项说法正确。

（2）对于甲的行为。其一，就触犯罪名而言：甲不具有司法工作人员身份，不能构成徇私枉法罪的正犯，包括间接正犯，只构成徇私枉法罪的教唆犯。B选项说法错误。甲是国家机关工作人员，其本人滥用本人职权以权谋私，触犯滥用职权罪的实行犯。A选项说法正确。其二，就罪数而言：甲一行为触犯两罪，造成不同结果，不是法条竞合，而是想象竞合犯，应当择一重罪论处。C选项说法错误。

考点四　私放在押人员罪（故意）、失职致使在押人员脱逃罪（过失）

1. 深夜，警察丙上厕所，让门卫丁（临时工）帮忙看管犯罪嫌疑人乙。乙发现丁是老乡，请求丁放人。丁说："行，但你以后如被抓住，一定要说是自己逃走的。"乙答应后逃走，丁未阻拦。关于此事实，下列选项错误的是？[1]（2011/2/91）

A. 乙构成脱逃罪，丁不构成犯罪

B. 乙构成脱逃罪，丁构成私放在押人员罪

C. 乙离开讯问室征得了丁的同意，不构成脱逃罪，丁构成私放在押人员罪

D. 乙与丁均不构成犯罪

【解析】（1）犯罪嫌疑人乙构成脱逃罪，此判断比较简单。（2）丁构成何罪，问题稍微有些复杂。①如丁是负有看管职责的司法工作人员，则其故意私放可构成私放在押人员罪。②但丁是派出所的门卫，本身身份不是司法工作人员。但是，丁受警察丙所托帮忙临时看管犯罪嫌疑人，可否认为其是被监管机关聘用、委托、委派承担监管职责的人员（司法工作人员）呢？回答是否定的，因为这类人员的聘用、委托、委派单位是监管机关，而不是个人。本案中丁是派出所的门卫，其虽受监管机关聘用，但聘用其从事的事实不是承担监管职责，而是看门守院；丁受警察丙所托帮忙临时看管犯罪嫌疑人，是受个人委托临时帮忙，而不是受派出所委托从事监管。③故而，丁不属被监管机关聘用、委托、委派承担监管职责的人员（司法工作人员），故意放走犯罪嫌疑人不构成私放在押人员罪。④其应构成乙脱逃罪的共犯。因此，乙、丁均构成脱逃罪。

2. 看守所值班武警甲擅离职守，在押的犯罪嫌疑人乙趁机逃走，但刚跑到监狱外的树林即被抓回。关于本案，下列哪一选项是正确的？[2]（2010/2/2）

A. 甲主观上是过失，乙是故意　　　　　　B. 甲、乙是事前无通谋的共犯

C. 甲构成私放在押人员罪　　　　　　　　D. 乙不构成脱逃罪

【解析】本题涉及的考点有：故意、过失的区分，私放在押人员罪、失职致使在押人员脱逃罪、脱逃罪、共同犯罪。（1）甲的行为构成失职致使在押人员脱逃罪。根据刑法第400条，司法工作人员私放在押的犯罪嫌疑人、被告人或者罪犯的，构成私放在押人员罪；司法工作人

员由于严重不负责任，致使在押的犯罪嫌疑人、被告人或者罪犯脱逃，造成严重后果的，构成失职致使在押人员脱逃罪。甲系看守所值班武警，根据刑法第94条的规定，司法工作人员是指有侦查、检察、审判、监管职责的工作人员，甲属负有监管职责的司法工作人员。甲虽擅离职守，对行为可能是故意，但对造成犯罪嫌疑人脱逃的结果是根本反对的，因此主观上应认定为过失，构成失职致使在押人员脱逃罪，而不构成私放在押人员罪。（2）根据刑法第316条第1款，依法被关押的罪犯、被告人、犯罪嫌疑人脱逃的，构成脱逃罪，乙的行为符合此条规定，构成脱逃罪。（3）甲是过失犯罪，乙是故意犯罪，二人之间亦无通谋，不能构成共同犯罪。

考点五　徇私舞弊不征、少征税款罪等

税务稽查员甲发现A公司欠税80万元，便私下与A公司有关人员联系，要求对方汇10万元到自己存折上以了结此事。A公司交10万元汇到甲的存折上以后，甲利用职务上的便利为A公司免交80万元税款办理了手续应如何处理？[1]（2000/2/31、2002/2/10）

A. 认定为徇私舞弊不征、少征税款罪，从重处罚
B. 认定为受贿罪，从重处罚
C. 认定为徇私舞弊不征、少征税款罪与受贿罪的竞合，从一重罪处罚
D. 认定为徇私舞弊不征、少征税款罪与受贿罪，实行并罚

【解析】（1）税务稽查员对应当收取的税款不予以收取，构成徇私舞弊不征、少征税款罪。（2）国家工作人员利用职务便利收受贿赂，为他人谋取利益，构成受贿罪。（3）根据《最高人民法院、最高人民检察院关于办理渎职刑事案件适用法律若干问题的解释（一）》第3条，对于受贿后又滥用职权的罪数，除刑法明文规定的以外，均数罪并罚。

考点六　综合题

关于渎职罪，下列哪些选项是正确的？[2]（2017/2/63）
A. 省渔政总队验船师郑某，明知有8艘渔船存在套用船号等问题，按规定应注销，却为船主办理船检证书，船主领取国家柴油补贴640万元。郑某构成滥用职权罪
B. 刑警曾某办理冯某抢劫案，明知冯某被取保候审后未定期到派出所报到，曾某也未依法传唤冯某或将案件移送起诉或变更强制措施。期间，冯某再次犯罪。曾某构成徇私枉法罪
C. 律师于某担任被告人马某的辩护人，从法院复印马某贪污案的案卷材料，允许马某亲属朱某查阅。朱某随后游说证人，使数名证人向于某出具了虚假证明材料。于某构成故意泄露国家秘密罪
D. 公安局协警闫某，在协助抓捕行动中，向领导黑社会性质组织的李某通风报信，导致李某等主要犯罪分子潜逃。闫某构成帮助犯罪分子逃避处罚罪

【解析】A选项，完全符合滥用职权罪的构成要件，并且损失结果也达到了标准，可构成该罪。本选项说法正确。

---

〔1〕　D　〔2〕　AD

B 选项，根据《最高人民检察院关于渎职侵权犯罪案件立案标准的规定》第一部分第 5 条第 4 项，"……虽然采取强制措施，但中断侦查或者超过法定期限不采取任何措施，实际放任不管……致使犯罪嫌疑人、被告人实际脱离司法机关侦控的"，才作为徇私枉法罪立案；本选项没有致使脱离监控。此外，冯某再次犯罪应当归因于冯某本人，与行为人放任不管没有条件关系。本选项说法错误。

C 选项，（1）根据《中华人民共和国保守国家秘密法》第 2 条的规定："国家秘密是关系国家安全和利益，依照法定程序确定，在一定时间内只限一定范围的人员知悉的事项"。亦即，国家秘密的内容必须是涉及国家安全和利益。本案卷宗材料不是国家秘密。律师的行为属违规，但不构成犯罪。（2）判例参见《最高人民法院刑事审判参考》（2002 年第 5 辑，总第 28辑）载"于萍故意泄露国家秘密案［第 210 号］——辩护律师将在法院复制的案件证据材料让被告人亲属查阅的行为是否构成犯罪"。本选项说法错误。（3）朱某可构成妨害作证罪，出具了虚假证明材料的证人构成伪证罪。

D 选项，本选项可以构成帮助犯罪分子逃避处罚罪。问题在于，是否触犯刑法第 294 条第 3 款规定的包庇黑社会性质组织罪？该罪中的"包庇"是指对黑社会性质组织放任不管，本选项中行为人的行为不符合该罪构成要件。本选项说法正确。

专题二十三　军人违反职责罪［考点战时自伤罪］（分则第十章）

战时自伤罪	主体身份、时间条件、自伤行为
涉密犯罪	为境外窃取、刺探、收买、非法提供军事秘密罪与其它涉密犯罪的关系
军人	修正

可能构成战时自伤罪的情况是？[1]（2004/2/84）

A. 预备役人员张某在战时为逃避征召，自伤身体

B. 战士李某为尽早脱离战场，在敌人火力猛烈向我方阵地射击时，故意将手臂伸出掩体之外，被敌人子弹击中，无法继续作战

C. 战士王某战时奉命守卫仓库，站岗时因困倦睡着，导致仓库失窃，为了掩盖过错，他用匕首自伤身体，谎称遭到抢劫

D. 战士陈某为了立功当英雄，战时自伤身体，谎称在与偷袭的敌人交火时受伤

【解析】刑法第434条规定的战时自伤罪，指军人战时自伤身体，逃避军事义务的情形。

选项A，根据刑法第450条规定，只有执行军事任务的预备役人员才属"军人"，本案张某作为预备役人员并不是处在执行军事任务的过程中，不属军人，不符合该罪的主体身份要求。可能构成刑法第376条规定的战时拒绝、逃避征召、军事训练罪。

选项B，李某作为军事战斗人员，系军人，正在执行军事任务，系战时，故意利用他人使本人受伤，系自伤，目的是为逃避军事义务，可构成战时自伤罪。

选项C，王某自伤的目的不是为了逃避军事义务，而是为了掩盖过错，不符合战时自伤罪的目的要素，不构成该罪。

选项D，陈某不具有逃避军事义务的目的，也不构成该罪。

---

[1]　B

一、2017 年不定项选择题

（一）某小区五楼刘某家的抽油烟机发生故障，王某与李某上门检测后，决定拆下搬回维修站修理。刘某同意。王某与李某搬运抽油烟机至四楼时，王某发现其中藏有一包金饰，遂暗自将之塞入衣兜。（事实一）

王某与李某将抽油烟机搬走后，刘某想起自己此前曾将金饰藏于其中，追赶前来，见王某神情可疑，便要其返还金饰。王某为洗清嫌疑，乘乱将金饰转交李某，李某心领神会，接过金饰藏于裤兜中。刘某确定王某身上没有金饰后，转身再找李某索要。李某突然一拳击倒刘某，致其倒地重伤。李某与王某随即逃走。（事实二）

后王某建议李某将金饰出售，得款二人平分，李某同意。李某明知金饰价值 1 万元，却向亲戚郭某谎称金饰为朋友委托其出售的限量版，售价 5 万元。郭某信以为真，花 5 万元买下金饰。拿到钱后，李某心生贪念，对王某称金饰仅卖得 1 万元，分给王某 5000 元。（事实三）请回答第 86～88 题。

2017/2/86. 关于事实一的分析，下列选项正确的是？[1]

A. 王某从抽油烟机中窃走金饰，破除刘某对金饰的占有，构成盗窃罪

B. 王某未经李某同意，窃取李某与其共同占有的金饰，应构成盗窃罪

C. 刘某客观上已将抽油烟机及机内金饰交给王某代为保管，王某取走金饰的行为构成侵占罪

D. 刘某将金饰遗忘在抽油烟机内，王某将其据为己有，是非法侵占他人遗忘物，构成侵占罪

【解析】本题考查盗窃罪与侵占罪的区分，重点在于犯罪对象占有状态的认定。犯罪对象是抽油烟机中所藏的金饰，而抽油烟机此时由五楼被搬至四楼。

（1）尽管抽油烟机及其中金饰已被搬离物主家，但由于物主近在咫尺，马上想起就去追赶，可类比于物主短暂离开、可立即归来的情形，认为仍归物主刘某占有；不属脱离刘某占有的委托保管物、遗忘物。是盗窃罪的对象，不是侵占罪的对象。

（2）金饰既然没有脱离物主刘某占有，则也不归王某、李某共同占有，选项 B 也不当选。

（3）对于王某的行为。王某将刘某占有财物秘密转移占有，系盗窃行为，根据刑法第 264 条，构成盗窃罪。不构成侵占罪。故而选项 A 当选；选项 C、D 不当选。

（4）应当注意的是：作为财产犯罪对象的"占有"的认定，不同于作为既遂标准的"控制"。类比一下另一个事例：假设王某在刘某家中即发现金饰就与抽油烟机一起带走、行至四楼时被抓住，王某是盗窃罪的既遂还是未遂？按照"控制说"的标准，小宗物品拿在手里、大宗物品拿走控制区域即告既遂，则其只要拿出刘某家门之后、即使在四楼被抓，也是盗窃罪的既遂才对。也就是说，此例中认定已到四楼的金饰就没认定为归王某控制，物主李某已失去控制。

---

[1]　A

（5）另外还需要区分往年的法考题，甲是个体干洗店老板，洗衣时发现衣袋内有钱，将钱藏匿（2012/2/18-A）。此时应当认定为脱离物主占有、物主也未立即想起，应认为归干洗店老板独立占有，构成侵占罪。

2017/2/87. 关于事实二的分析，下列选项正确的是？[1]

A. 李某接过金饰，协助王某拒不返还他人财物，构成侵占罪的帮助犯

B. 李某帮助王某转移犯罪所得的金饰，构成掩饰、隐瞒犯罪所得罪

C. 李某为窝藏赃物将刘某打伤，属事后抢劫，构成抢劫（致人重伤）罪

D. 王某利用李某打伤刘某的行为顺利逃走，也属事后抢劫，构成抢劫罪

【解析】（1）李某的第一个行为：①在王某盗窃罪既遂、盗窃行为终了之后，李某才加入，没有共同实施盗窃行为，不构成盗窃罪承继共犯。当然也不构成侵占罪的帮助犯。②李某帮助王某窝藏盗窃所得赃物，根据刑法第312条，构成掩饰、隐瞒犯罪所得罪。选项A说法错误，选项B说法正确。

（2）李某的第二个行为：①既然前行为李某不构成盗窃罪的共同犯罪，其本人为窝藏赃物而使用暴力，也不能构成转化型抢劫罪（事后抢劫）。选项C说法错误。②单独对该行为定罪，伤害刘某致其重伤，根据刑法第234条，构成故意伤害罪（致人重伤）。③当然，如果把案情改为刘某夺回财物后，李某为夺财而使用暴力的话，可单独构成普通抢劫罪（致人重伤）。④综上，李某以掩饰、隐瞒犯罪所得罪、故意伤害罪，数罪并罚。

（3）王某的行为。客观上，王某对于李某实施的暴力行为没有参与，也没有制止义务不构成不作为；主观上也没有共同故意，对该暴力行为不与李某构成共同犯罪，不承担责任。①既不构成故意伤害罪（致人重伤）的共同犯罪。②也不构成事后抢劫。选项D说法错误。

2017/2/88. 关于事实三的分析，下列选项正确的是？[2]

A. 李某对郭某进行欺骗，导致郭某以高价购买赃物，构成诈骗罪

B. 李某明知金饰是犯罪所得而出售，构成掩饰、隐瞒犯罪所得罪

C. 李某欺骗王某放弃对剩余2万元销赃款的返还请求，构成诈骗罪

D. 李某虽将金饰卖得5万元，但王某所犯财产犯罪的数额为1万元

【解析】（1）对于李某欺骗郭某的行为。因欺骗内容涉及交易标的的本质不同（以普通版冒充限量版），是可影响交易决意的重大欺骗，系刑法中的诈骗行为；骗取郭某支付货款，造成被害人损失，根据刑法第266条，可构成诈骗罪。犯罪对象是5万元货款。选项A说法正确。

（2）对于李某利用金饰的行为。既然李某对郭某构成诈骗罪，是将金饰作为道具去骗取郭某财物，则其行为不属"出售赃物"。单纯对此行为而言，没有实施对赃物的掩饰、隐瞒行为，不构成掩饰、隐瞒犯罪所得罪。选项B说法错误。事实上，选项A、选项B是对立关系，涉及对案情的理解：到底是拿赃物来骗钱，还是销赃？应当认为是前者。

（3）对于李某欺骗王某的行为。①由于5万元赃款实际上是李某实施诈骗罪（诈骗郭某）的犯罪所得，而不是王某实施的盗窃罪（盗窃刘某）的犯罪所得，因此不存在选项C所说"王某……对剩余2万元销赃款的返还请求"，王某不存在财物损失。②因此，李某虽然欺骗王某，但王某没有财产损失，李某不能对王某构成诈骗罪。选项C说法错误。③即使存在受委托销赃而分钱的问题，类比于合法的委托代销合同，甲委托乙卖黄金首饰，乙实际卖得5万，骗甲说只卖得1万，只给甲1万，自己留下4万，则乙也不构成诈骗罪，只构成侵占罪。

---

[1] B [2] AD

（4）王某的行为。对于李某实施的诈骗罪，王某与李某没有没有共同行为、共同故意，不构成共同犯罪。

（5）在犯罪数额认定上。对于李某而言，其诈骗郭某，所犯诈骗罪的数额是5万元。

（6）对于王某而言，王某之前的行为构成盗窃罪，盗窃数额是该金饰的价值（1万元）。对于李某实施的诈骗罪，王某与其不构成共同犯罪，不对其诈骗5万的行为负责。故选项D说法正确。

（二）某地政府为村民发放扶贫补贴，由各村村委会主任审核本村申请材料并分发补贴款。某村村委会主任王某、会计刘某以及村民陈某合谋伪造申请材料，企图每人套取5万元补贴款。王某任期届满，周某继任村委会主任后，政府才将补贴款拨到村委会。周某在分发补贴款时，发现了王某、刘某和陈某的企图，便只发给三人各3万元，将剩余6万元据为己有。三人心知肚明，但不敢声张。（事实一）

后周某又想私自非法获取土地征收款，欲找县国土局局长张某帮忙，遂送给县工商局局长李某10万元，托其找张某说情。李某与张某不熟，送5万元给县财政局局长胡某，让胡某找张某。胡某找到张某后，张某碍于情面，违心答应，但并未付诸行动。（事实二）

周某为感谢胡某，从村委会账户取款20万元购买玉器，并指使会计刘某将账做平。周某将玉器送给胡某时，被胡某拒绝。周某只好将玉器退还商家，将退款20万元返还至村委会账户，并让刘某再次平账。（事实三）请回答第89~91题。

2017/2/89. 关于事实一的分析，下列选项正确的是？[1]

A. 王某拿到补贴款时已经离任，不能认定其构成贪污罪

B. 刘某参与伪造申请材料，构成贪污罪，贪污数额为3万元

C. 陈某虽为普通村民，但参与他人贪污行为，构成贪污罪

D. 周某擅自侵吞补贴款，构成贪污罪，贪污数额为6万元

【解析】（1）对于王某

①在身份上，王某身为村委会主任受政府委托审核材料、分发补贴，按《全国人民代表大会常务委员会关于〈中华人民共和国刑法〉第九十三条第2款的解释》，属于协助人民政府从事行政管理工作，系刑法第93条第2款规定的"其他依照法律从事公务的人员"，系国家工作人员。

②王某利用审核材料的职务便利，与刘某、陈某合谋，伪造申请材料，骗取国家扶贫补贴，根据刑法第382条，构成贪污罪。

③王某在实施骗取行为时尚在任职，行为当时王某具有国家工作人员身份，并且利用了审核材料的职务便利。虽然拿到补贴款的结果发生时王某已经离任，但刑法只要求行为当时具有国家工作人员身份，即可构成贪污罪；并不要求结果发生时有身份。如结果与行为之间具有因果关系，即可构成既遂。故选项A说法错误。

④贪污罪的既遂标准，根据《全国法院审理经济犯罪案件工作座谈会纪要》（法发〔2003〕167号），以行为人实际控制财物为标准。本案补贴款拨到村委会时，因还处于政府委托人员的控制之中，未失去控制，贪污罪尚未既遂；只是在分发之后，贪污罪才既遂。

（2）对于刘某、陈某

①刘某、陈某虽无国家工作人员身份（政府只委托村委会主任），但与王某合谋，帮助王某贪污，根据刑法第382条第3款、第27条，构成贪污罪的帮助犯。选项C说法正确。

---

[1] C

②王某、刘某、陈某三人系贪污罪的共同犯罪,犯罪数额应整体计算;而不是只按各自分赃数额计算。三人最终总共获得9万元,对该9万元构成既遂;另有6万元在控制之前被周某截取,对该6万元构成未遂。部分既遂、部分未遂,以9万元构成既遂论处,6万元未遂作为量刑情节。选项B说法错误。

(3) 周某

①周某身为村委会主任也受政府委托分发补贴,具有国家工作人员身份和管理国家补贴款的职权,系国家工作人员。

②周某在王某、刘某、陈某三人实施贪污罪尚未既遂、行为尚未终了之前加入,利用本人职权将补贴款9万发放给三人,帮助三人继续实施贪污既遂;主观上具有共同故意("发现……企图、三人心知肚明"),系承继的共同犯罪,系贪污罪的共同正犯。与三人在"后半截"的范围内构成的共同犯罪,对贪污9万既遂承担共同责任。

③同时,周某利用分发补贴的职务便利,将政府补贴款6万据为己有,构成贪污罪的单独正犯。

③综上,周某构成贪污罪,犯罪数额为15万。选项D罪名正确,犯罪数额错误。

2017/2/90. 关于事实二的分析,下列选项正确的是?[1]

A. 周某为达非法目的,向国家工作人员行贿,构成行贿罪

B. 李某请托胡某帮忙,并送给胡某5万元,构成行贿罪

C. 李某未利用自身职务行为为周某谋利,但构成受贿罪既遂

D. 胡某收受李某财物进行斡旋,但未成功,构成受贿罪未遂

【解析】 事实二的案情比较复杂、环环相扣,首先需要梳理大概流程:①周某送给李某10万元,想让李找张→②李某送给胡某5万元,想让胡找张→③胡某找到张某,想让张帮忙,张某没收钱,假装只答应但没办事。再从办事者入手"倒着推",分别分析各人行为。

(1) 在第三个环节中:张某没收钱,也没有真实承诺办事,不构成受贿罪,也不构成滥用职权犯罪。

(2) 在第二个环节中:①胡某收受李某5万元,承诺利用职务便利实施斡旋为李某谋取不正当利益,根据刑法第388条,构成斡旋型受贿罪。②请托人李某为了让胡某斡旋谋取不正当利益送钱给5万元,根据刑法第389条,构成行贿罪。选项B正确。

(3) 在第一个环节中:①李某收受周某10万元,承诺利用职务便利实施斡旋为周某谋取不正当利益,根据刑法第388条,构成斡旋型受贿罪。②请托人周某为了让李某斡旋谋取不正当利益送钱给10万元,根据刑法第389条,构成行贿罪。选项A正确。

(4) 受贿罪以收受到财物为既遂,不以请托事项实现为既遂,故胡某、李某均构成既遂,而不是未遂。选项C正确,选项D错误。

2017/2/91. 关于事实三的分析,下列选项正确的是?[2]

A. 周某挪用村委会20万元购买玉器行贿,属挪用公款进行非法活动,构成挪用公款罪

B. 周某使用村委会20万元购买玉器,属贪污行为,但后又将20万元还回,构成犯罪中止

C. 刘某第一次帮周某将账面做平,属于帮周某成功实施犯罪行为,与周某构成共同犯罪

D. 刘某第二次帮周某将账面做平,属于作假证明掩护周某的犯罪行为,构成包庇罪

【解析】 (1) 关于周某从村委会账户取款20万元购买玉器用于行贿行为的定性,涉及职务侵占罪与挪用资金罪的区分。理论上区分二者的关键在于行为人主观上是否具有非法占有公

---

[1] ABC 　[2] C

款的目的。可类比于贪污罪与挪用公款罪的区分，根据《全国法院审理经济犯罪案件工作座谈会纪要》（法发〔2003〕167号）第4条第8项的规定："……行为人挪用公款后采取虚假发票平帐、销毁有关帐目等手段，使所挪用的公款已难以在单位财务帐目上反映出来，且没有归还行为的，应当以贪污罪定罪处罚。"

（2）周某利用担任村委会主任的职务便利，从村委会账户取款20万元，指使会计把账做平、并将钱款用于购买贿赂之后行贿，应当认定具有非法占有目的，根据刑法第271条，构成职务侵占罪。选项A说法错误。

（3）关于周某所犯职务侵占罪的既未遂认定，可以比照贪污罪的既未遂标准。根据前述纪要第2条第1项的规定："贪污罪是一种以非法占有为目的的财产性职务犯罪，与盗窃、诈骗、抢夺等侵犯财产罪一样，应当以行为人是否实际控制财物作为区分贪污罪既遂与未遂的标准。对于行为人利用职务上的便利，实施了虚假平帐等贪污行为，但公共财物尚未实际转移，或者尚未被行为人控制就被查获的，应当认定为贪污未遂。行为人控制公共财物后，是否将财物据为己有，不影响贪污既遂的认定。"

（4）本案周某已经平账，构成职务侵占罪既遂；既遂之后无中止，不构成中止。选项B说法错误。

（5）周某为谋取不正当利益，给予国家工作人员胡某玉器，根据刑法第389条，构成行贿罪，系犯罪未遂。与职务侵占罪数罪并罚。

（6）刘某与周某通谋，利用担任村委会会计的职务便利，与之共同实施职务，构成职务侵占罪的共同犯罪，系共同正犯。也属既遂。选项C说法正确。

（7）刘某没有实施作假证明的包庇行为，不构成包庇罪。虽实施了伪造证据的行为，但由于刘某系职务侵占罪的本犯，本犯实施妨害司法犯罪，不具期待可能性，因阻却责任而不构成帮助毁灭、伪造证据罪。选项D说法错误。

二、2016年不定项选择题

（一）甲将私家车借给无驾照的乙使用。乙夜间驾车与其叔丙出行，途中遇刘某过马路，不慎将其撞成重伤，车辆亦受损。丙下车查看情况，对乙谎称自己留下打电话叫救护车，让乙赶紧将车开走。乙离去后，丙将刘某藏匿在草丛中离开。刘某因错过抢救时机身亡（事实一）。

为逃避刑事责任，乙找到有驾照的丁，让丁去公安机关"自首"，谎称案发当晚是丁驾车。丁照办。公安机关找甲取证时，甲想到若说是乙造成事故，自己作为被保险人就无法从保险公司获得车损赔偿，便谎称当晚将车借给了丁（事实二）。

后甲找到在私营保险公司当定损员的朋友陈某，告知其真相，请求其帮忙向保险公司申请赔偿。陈某遂向保险公司报告说是丁驾车造成事故，并隐瞒其他不利于甲的事实。甲顺利获得7万元保险赔偿（事实三）。请回答第86～88题。

2016/2/86. 关于事实一的分析，下列选项正确的是？[1]

A. 乙交通肇事后逃逸致刘某死亡，构成交通肇事逃逸致人死亡

B. 乙交通肇事且致使刘某死亡，构成交通肇事罪与过失致人死亡罪，数罪并罚

C. 丙与乙都应对刘某的死亡负责，构成交通肇事罪的共同正犯

D. 丙将刘某藏匿致使其错过抢救时机身亡，构成故意杀人罪

【解析】（一）对于乙

1. 无照驾驶，致一人重伤，根据刑法第133条，构成交通肇事罪；乙将车开走属于"逃

---

〔1〕 D

逸"。

2. 但丙的死亡结果，有两个条件：一是乙逃逸不救助（不作为），二是刘某藏匿（作为），二者系独立关系，刘某藏匿的作用较大，死亡结果归刘某藏匿承担，与乙的逃逸不救助行为没有因果关系。故乙不构成"因逃逸致人死亡"。

3. 在逃逸之前，乙违章将刘某撞成重伤，加上无照情节，可构成基本犯；之后再逃逸，乙属于交通肇事后逃逸。

4. 因丙的死亡结果与乙的行为没有因果关系，故而乙也不构成过失致人死亡罪。

（二）对于丙

1. 对于乙实施的交通肇事没有参与，不对此负责。

2. 尽管丙没有参与之前的交通肇事，但其将被害人藏匿，增加了死亡风险，对死亡结果有因果关系，其行为亦支配死亡结果，系杀人行为；主观上具有杀人故意，根据刑法第232条，构成故意杀人罪。可比照《最高人民法院关于审理交通肇事刑事案件具体应用法律若干问题的解释》第6条，行为人在交通肇事后为逃避法律追究，将被害人带离事故现场后隐藏或者遗弃，致使被害人无法得到救助而死亡，构成故意杀人罪。

3. 丙虽指使乙逃逸，但由于乙不构成因逃逸致人死亡，不符合《最高人民法院关于审理交通肇事刑事案件具体应用法律若干问题的解释》第5条第2款"交通肇事后，单位主管人员、机动车辆所有人、承包人或者乘车人指使肇事人逃逸，致使被害人因得不到救助而死亡的，以交通肇事罪的共犯（共同过失犯罪）论处"的规定。故而丙也不构成"指使肇事者逃逸致死"的交通肇事罪。

（三）对于甲

1. 明知乙无驾照仍然借给其使用，可认为是指使其无照驾驶，因而造成交通肇罪。

2. 依据是《最高人民法院关于审理交通肇事刑事案件具体应用法律若干问题的解释》第7条规定："单位主管人员、机动车辆所有人或者机动车辆承包人指使、强令他人违章驾驶造成重大交通事故的，具有本解释第二条规定情形之一的，以交通肇事罪定罪处罚。"

2016/2/87. 关于事实二的分析，下列选项错误的是？[1]

A. 伪证罪与包庇罪是相互排斥的关系，甲不可能既构成伪证罪又构成包庇罪

B. 甲的主观目的在于骗取保险金，没有妨害司法的故意，不构成妨害司法罪

C. 乙唆使丁代替自己承担交通肇事的责任，就此构成教唆犯

D. 丁的"自首"行为干扰了司法机关的正常活动，触犯包庇罪

【解析】A选项，对于甲，在公安机关取证时作伪证，可构成伪证罪。但在罪名关系上，伪证罪与包庇罪并不是相互排斥的关系，而是具有交叉关系（有利于犯罪嫌疑人的伪证可与包庇重叠）；同时触犯时，伪证罪是基本法，包庇罪是补充法。

B选项，只要明知作伪证能够影响司法机关的秩序，就应认定具有妨害司法的故意；骗取保险金的主观故意和目的，可与妨害司法的故意并存。

C选项，本犯自己包庇自己都不构成包庇罪，举重以明轻，本犯教唆他人包庇自己，更不能构成包庇罪。原理是欠缺期待可能性，系责任阻却事由。

D选项，根据刑法第310条，明知是犯罪的人而为其作假证明包庇的，构成包庇罪，说法正确。

---

[1] ABC

2016/2/88. 关于事实三的分析，下列选项正确的是？[1]

A. 甲对发生的保险事故编造虚假原因，骗取保险金，触犯保险诈骗罪

B. 甲既触犯保险诈骗罪，又触犯诈骗罪，由于两罪性质不同，应数罪并罚

C. 陈某未将保险金据为己有，因欠缺非法占有目的不构成职务侵占罪

D. 陈某与甲密切配合，骗取保险金，两人构成保险诈骗罪的共犯

【解析】A选项，说法正确，甲是车主，是投保人、受益人，符合保险诈骗罪主体要求。

B选项，保险诈骗罪与诈骗罪，是特别法与一般法的法条竞合关系，应当适用特别法即保险诈骗罪一罪。

C选项，D选项，职务侵占罪中的"非法占有目的"不仅包括占为己有，而且包括帮助他人占有。如把题干中的"私营保险公司当定损员"理解为负责甲理赔工作的定损员，则陈某可以触犯职务侵占罪，也可触犯保险诈骗罪的共犯。则按照不同身份人、相互勾结、利用各自身份共同犯罪，应以主犯身份定罪。作用相同，可以各自按各自身份定罪，仍为共同犯罪。

（二）甲是A公司（国有房地产公司）领导，因私人事务欠蔡某600万元。蔡某让甲还钱，甲提议以A公司在售的商品房偿还债务，蔡某同意。甲遂将公司一套价值600万元的商品房过户给蔡某，并在公司财务账目上记下自己欠公司600万元。三个月后，甲将账作平，至案发时亦未归还欠款（事实一）。

A公司有工程项目招标。为让和自己关系好的私营公司老板程某中标，甲刻意安排另外两家公司与程某一起参与竞标。甲让这两家公司和程某分别制作工程预算和标书，但各方约定，若这两家公司中标，就将工程转包给程某。程某最终在A公司预算范围内以最优报价中标。为感谢甲，程某花5000元购买仿制古董赠与甲。甲以为是价值20万元的真品，欣然接受（事实二）。

甲曾因公务为A公司垫付各种费用5万元，但由于票据超期，无法报销。为挽回损失，甲指使知情的程某虚构与A公司的劳务合同并虚开发票。甲在合同上加盖公司公章后，找公司财务套取"劳务费"5万元（事实三）。请回答第89～91题。

2016/2/89. 关于事实一的分析，下列选项正确的是？[2]

A. 甲将商品房过户给蔡某的行为构成贪污罪

B. 甲将商品房过户给蔡某的行为构成挪用公款罪

C. 甲虚假平账，不再归还600万元，构成贪污罪

D. 甲侵占公司600万元，应与挪用公款罪数罪并罚

【解析】（1）前行为中，甲以600万元买了公司商品房，欠公司600万未还，系债权债务关系，不涉嫌犯罪。后行为中，把账做平，具有非法占有目的，构成贪污罪。贪污对象是欠公司的600万元。（2）存在挪用公款罪向贪污罪"转化"的情况，只定贪污罪一罪。《全国法院审理经济犯罪案件工作座谈会纪要》第4条第8项，"挪用公款与贪污罪的主要区别在于行为人主观上是否具有非法占有公款的目的。挪用公款是否转化为贪污，应当按照主客观相一致的原则，具体判断和认定行为人主观上是否具有非法占有公款的目的。在司法实践中，具有以下情形之一的，可以认定行为人具有非法占有公款的目的：行为人挪用公款后采取虚假发票平帐、销毁有关帐目等手段，使所挪用的公款已难以在单位财务帐目上反映出来，且没有归还行为的，应当以贪污罪定罪处罚。"

---

[1] AD [2] C

2016/2/90. 关于事实二的分析，下列选项正确的是?[1]

A. 程某虽与其他公司串通参与投标，但不构成串通投标罪

B. 甲安排程某与他人串通投标，构成串通投标罪的教唆犯

C. 程某以行贿的意思向甲赠送仿制古董，构成行贿罪既遂

D. 甲以受贿的意思收下程某的仿制古董，构成受贿罪既遂

【解析】（1）根据刑法第223条，串通投标罪的成立，需要损害参与投标者或招标者的利益，或者损害国家、集体、公民的合法利益。本案报价也在A公司预算范围内，谁的利益都没有受损，不构成该罪。

（2）二人确有受贿、行贿的行为，但按最新司法解释（《最高人民法院、最高人民检察院关于办理贪污贿赂刑事案件适用法律若干问题的解释》），受贿罪、行贿罪中的"数额较大"（既遂标准）以3万元为起点。本案中受贿、行贿财物数额（仿制古董）为5000元，未达两罪的既遂标准数额，不构成既遂。并且，也没有收受到3万元以上的可能性，亦不构成未遂，不构成犯罪。

2016/2/91. 关于事实三的分析，下列选项错误的是?[2]

A. 甲以非法手段骗取国有公司的财产，构成诈骗罪

B. 甲具有非法占有公共财物的目的，构成贪污罪

C. 程某协助甲对公司财务人员进行欺骗，构成诈骗罪与贪污罪的想象竞合犯

D. 程某并非国家工作人员，但帮助国家工作人员贪污，构成贪污罪的帮助犯

【解析】（1）贪污罪、诈骗罪的构成都需客观上被害人有损失、行为人主观上具有非法占有目的。（2）本案中甲虚开发票套取"劳务费"5万元，虽有诈骗、虚开等欺骗行为；但其之前曾因公为公司垫付费用5万元，客观上获取的款项为公司应当支付的欠款，主观上其也认为如此。单位没有实际损失。甲不构成贪污罪、诈骗罪。只能以手段行为虚开发票罪论罪。

三、2015年不定项选择题

（一）甲送给国有收费站站长吴某3万元，与其约定：甲在高速公路另开出口帮货车司机逃费，吴某想办法让人对此不予查处，所得由二人分成。后甲组织数十人，锯断高速公路一侧隔离栏、填平隔离沟（恢复原状需3万元），形成一条出口。路过的很多货车司机知道经过收费站要收300元，而给甲100元即可绕过收费站继续前行。甲以此方式共得款30万元，但骗吴某仅得20万元，并按此数额分成。请回答第86~88题。

2015/2/86. 关于甲锯断高速公路隔离栏的定性，下列分析正确的是?[3]

A. 任意损毁公私财物，情节严重，应以寻衅滋事罪论处

B. 聚众锯断高速公路隔离栏，成立聚众扰乱交通秩序罪

C. 锯断隔离栏的行为，即使得到吴某的同意，也构成故意毁坏财物罪

D. 锯断隔离栏属破坏交通设施，在危及交通安全时，还触犯破坏交通设施罪

【解析】本题考查故意毁坏财物罪、破坏交通设施罪，寻衅滋事罪、聚众扰乱交通秩序罪等罪的构成要件、竞合关系

（1）锯断高速公路一侧隔离栏、填平隔离沟，造成财产损失3万元，根据刑法第275条，触犯故意毁坏财物罪。（2）虽属"损毁公私财物"的行为，但没有破坏社会秩序的结果，不构成寻衅滋事罪。（3）虽聚众锯断高速公路隔离栏，但没有扰乱交通秩序罪的故意，不成立聚众扰乱交通秩序罪。（4）高速公路隔离栏是交通设施，破坏后有可能危及交通安全，根据

---

[1] A [2] ABCD [3] CD

刑法第 117 条，触犯破坏交通设施罪。（5）吴某个人对于公共财物没有处分权限，承诺无效。
（6）一行为触犯两罪，可认为是法条竞合，以整体法破坏交通设施罪论处。

2015/2/87. 关于甲非法获利的定性，下列分析正确的是？[1]

A. 擅自经营收费站收费业务，数额巨大，构成非法经营罪

B. 即使收钱时冒充国有收费站工作人员，也不构成招摇撞骗罪

C. 未使收费站工作人员基于认识错误免收司机过路费，不构成诈骗罪

D. 骗吴某仅得 20 万元的行为，构成隐瞒犯罪所得罪

【解析】本题考查非法经营罪、招摇撞骗罪、诈骗罪、隐瞒犯罪所得罪等罪的构成要件。

A 选项，刑法第 225 条规定的非法经营罪只规定有四大类行为（最后一类只包括司法解释规定的 18 种行为），即使是擅自经营收费站进行收费，也不在刑法规定的行为范围内，不构成非法经营罪。

B 选项，招摇撞骗罪的构成要件除了冒充国家机关工作人员，还要有"骗"，即使国家机关形象受损；本案中货车司机对此心知肚明，没有"骗"，不构成此罪。此外，国有收费站工作人员一般也不属国家机关工作人员，只是国家工作人员。

C 选项，构成诈骗罪要求行为人实施了诈骗行为。没有对收费站工作人员实施欺骗行为，即使有财产损失，也不构成诈骗罪。

D 选项，甲和吴某是共同犯罪，二人是分赃不均，本犯不能构成掩饰、隐瞒犯罪所得、犯罪所得收益罪。

2015/2/88. 围绕吴某的行为，下列论述正确的是？[2]

A. 利用职务上的便利侵吞本应由收费站收取的费用，成立贪污罪

B. 贪污数额为 30 万元

C. 收取甲 3 万元，利用职务便利为甲谋利益，成立受贿罪

D. 贪污罪与受贿罪成立牵连犯，应从一重罪处断

【解析】本题考查贪污罪、受贿罪的区分。贪污罪、受贿罪的区分在于财物性质。利用职务非法获取属于国家应得的公款公物的，构成贪污罪；利用职务非法获取属于原属请托人财物的私款私物的，构成受贿罪。

（1）本案甲和吴某二人合谋取得 30 万元，系共同犯罪。认定本案的关键在于取得的 30 万元的应然权属。应当认为，题意中"甲在高速公路另开出口帮货车司机逃费，吴某想办法让人对此不予查处，所得由二人分成""路过的很多货车司机知道经过收费站要收 300 元，而给甲 100 元即可绕过收费站继续前行"，命题者想提示的是司机交出的钱，30 万元系本应由收费站收取的过路费中的一部分，本质上是国家应得的公款公物的。故而二人构成贪污罪。

（2）注意：本题与 2014/2/21 题有相似性，但定性结论不一样。是命题时对案情叙述不明造成的，不必太过纠结。记住贪污罪与受贿罪的区分标准即可：对方送与国家工作人员的钱款，如属用于换取公务行为（包括不收费）的对价的，系行贿受贿；如属本应交付给国家的款项部分的，系贪污。

（3）二人因属共同犯罪，数额整体计算，不以实际分赃计。

（4）吴某收取甲 3 万元，属于原属请托人财物的私款私物，成立受贿罪。

（4）受贿后实施他罪，按《最高人民法院、最高人民检察院关于办理渎职刑事案件适用法律若干问题的解释（一）》第 3 条"国家机关工作人员实施渎职犯罪并收受贿赂，同时构成

---

[1] BC [2] ABC

受贿罪的，除刑法另有规定外，以渎职犯罪和受贿罪数罪并罚"，原则上应当数罪并罚。尽管有手段和目的的关系，但不属于"伪造后又诈骗"的牵连犯模型，不构成牵连犯。

（二）朱某系某县民政局副局长，率县福利企业年检小组到同学黄某任厂长的电气厂年检时，明知该厂的材料有虚假、残疾员工未达法定人数，但朱某以该材料为准，使其顺利通过年检。为此，电气厂享受了不应享受的退税优惠政策，获取退税300万元。黄某动用关系，帮朱某升任民政局局长。检察院在调查朱某时发现，朱某有100万元财产明显超过合法收入，但其拒绝说明来源。在审查起诉阶段，朱某交代100万元系在澳门赌场所赢，经查证属实。请回答第89～91题。

2015/2/89. 关于朱某帮助电气厂通过年检的行为，下列说法正确的是？[1]

A. 其行为与国家损失300万元税收之间，存在因果关系

B. 属滥用职权，构成滥用职权罪

C. 属徇私舞弊，使国家税收遭受损失，同时构成徇私舞弊不征、少征税款罪

D. 事后虽获得了利益（升任局长），但不构成受贿罪

【解析】本题考查滥用职权罪、徇私舞弊不征、少征税款罪、受贿罪的构成要件。

朱某帮助电气厂通过年检的行为：（1）国家机关工作人员在履行职务，明知不合标准，还故意顺利通过年检，有滥用职权行为。（2）通过年检是退税优惠的前提，故而行为与国家损失300万元税收之间，存在因果关系。（3）尽管朱某对此损失结果没有故意，可能也没有过失，但滥用职权罪的成立不需要行为人对损失结果有故意，只需对滥用职权行为有故意即可。损失是纯粹的客观上的量的因素，只要有因果关系即可。由此，根据刑法第397条，朱某构成滥用职权罪。（4）朱某是民政局副局长，不是税务机关的工作人员，不符合徇私舞弊不征、少征税款罪的主体身份要件（税务机关的工作人员），不构成此罪。（5）黄某动用关系，帮朱某升任民政局局长；因我国当前的受贿罪的对象仅是"财物"（刑法第385条），故而非财产性利益升任局长不是受贿对象，不构成受贿罪。

2015/2/90. 关于朱某100万元财产的来源，下列分析正确的是？[2]

A. 其财产、支出明显超过合法收入，这是巨额财产来源不明罪的实行行为

B. 在审查起诉阶段已说明100万元的来源，故不能以巨额财产来源不明罪提起公诉

C. 在澳门赌博，数额特别巨大，构成赌博罪

D. 作为国家工作人员，在澳门赌博，应依属人管辖原则追究其赌博的刑事责任

【解析】本题考查巨额财产来源不明罪、赌博罪、属人管辖

（1）巨额财产来源不明罪的实行行为是"不能说明来源"，即该罪是不作为犯，以不说明来源为实行行为。"国家工作人员的家庭财产、支出明显超过合法收入，差额巨大"是构成本罪的事实前提，不是实行行为。

（2）能够说明来源，即使来源非法，也属"能说明来源"，不再构成巨额财产来源不明罪。

（3）根据刑法第303条第1款，赌博罪指以营利为目的，聚众赌博或者以赌博为业的，本案中朱某无"聚众赌博"或者"以赌博为业"的行为，即使获利甚多，也不构成犯罪。

（4）根据刑法第7条规定，属人管辖的前提是"犯本法规定之罪"，根据C选项的解析，朱某未触犯我国刑法，当然不适用属人管辖。

---

[1] ABD　[2] B

2015/2/91. 关于黄某使电气厂获取 300 万元退税的定性，下列分析错误的是？[1]

A. 具有逃税性质，触犯逃税罪

B. 具有诈骗属性，触犯诈骗罪

C. 成立逃税罪与提供虚假证明文件罪，应数罪并罚

D. 属单位犯罪，应对电气厂判处罚金，并对黄某判处相应的刑罚

【解析】本题考查逃税罪、诈骗罪、提供虚假证明文件罪、单位犯罪

（1）首先注意，本案的骗回的退税，不是出口退税，因此不能构成刑法第 204 条第 1 款规定的骗取出口退税罪。应当理解为骗回普通税款。

（2）根据刑法第 201 条规定，纳税人采取欺骗、隐瞒手段进行虚假纳税申报或者不申报，逃避缴纳税款数额较大，构成逃税罪。逃税罪是在未缴之前，不缴税款或缴税不足的行为，本质是不履行缴纳税款的义务。如果本案中电气厂隐瞒真相，在缴税之前少缴税款，可触犯逃税罪。

（3）但是，本案案情是已将税款缴纳之后，采用欺骗手段，将已缴纳的退税款 300 万元骗回；不符合前述逃税罪的规定。

（4）在所有权上，税款在缴纳之前不属国家财物，而是单位财物，在缴纳之后就属国家财物的。因此，本案情况是故意隐瞒真相，享受不应有的退税优惠政策，骗取国家转移占有，不是逃税行为，而是诈骗犯罪，根据刑法第 266 条，构成诈骗罪。

（5）单位诈骗的，因诈骗罪的主体不能是单位，但根据《全国人民代表大会常务委员会关于〈中华人民共和国刑法〉第三十条的解释》"公司、企业、事业单位、机关、团体等单位实施刑法规定的危害社会的行为，刑法分则和其他法律未规定追究单位的刑事责任的，对组织、策划、实施该危害社会行为的人依法追究刑事责任"，应对相关自然人定诈骗罪，不构成单位犯罪。

（6）刑法第 229 条规定的提供虚假证明文件罪，是指承担资产评估、验资、验证、会计、审计、法律服务等职责的中介组织的人员故意提供虚假证明文件，本案显然不符合。

四、2014 年不定项选择题

（一）郑某等人多次预谋通过爆炸抢劫银行运钞车。为方便跟踪运钞车，郑某等人于 2012 年 4 月 6 日杀害一车主，将其面包车开走（事实一）。后郑某等人制作了爆炸装置，并多次开面包车跟踪某银行运钞车，了解运钞车到某储蓄所收款的情况。郑某等人摸清运钞车情况后，于同年 6 月 8 日将面包车推下山崖（事实二）。同年 6 月 11 日，郑某等人将放有爆炸装置的自行车停于储蓄所门前。当运钞车停在该所门前押款人员下车提押款时（当时附近没有行人），郑某遥控引爆爆炸装置，致 2 人死亡 4 人重伤（均为运钞人员），运钞车中的 230 万元人民币被劫走（事实三）。请回答第 86~88 题。

2014/2/86. 关于事实一（假定具有非法占有目的），下列选项正确的是？[2]

A. 抢劫致人死亡包括以非法占有为目的故意杀害他人后立即劫取财物的情形

B. 如认为抢劫致人死亡仅限于过失致人死亡，则对事实一只能认定为故意杀人罪与盗窃罪（如否认死者占有，则成立侵占罪），实行并罚

C. 事实一同时触犯故意杀人罪与抢劫罪

D. 事实一虽是为抢劫运钞车服务的，但依然成立独立的犯罪，应适用"抢劫致人死亡"的规定

---

[1] ACD　[2] ABCD

【解析】本题考查抢劫致人死亡、抢劫罪与故意杀人罪的关系。

A选项，抢劫罪的暴力手段包括杀人，故而，以非法占有为目的故意杀害他人后立即劫取财物，客观上实施杀人暴力行为时主观故意是抢劫故意，构成抢劫罪；抢劫行为（杀人手段）导致死亡，构成"抢劫致人死亡"。一般认为，"抢劫致人死亡"既可包括故意致死，也可包括过失致死。A选项说法正确。

B选项，观点设定推理题，如果如B选项设定的观点，仅将"抢劫致人死亡"仅限于过失致人死亡；则因事实一是故意杀人，不属"抢劫致人死亡"；只能认定为两行为两罪：故意杀人罪与盗窃罪（如否认死者占有，则成立侵占罪）。B选项说法正确。

C选项，事实一同时"触犯"故意杀人罪与抢劫罪，属结果加重犯，以抢劫罪一罪"论处"，系"抢劫致人死亡"。C选项说法正确。

D选项，事实一虽是为抢劫运钞车服务，但与后面的抢劫运钞车行为针对不同对象，是先后两个不同的抢劫行为。认为触犯两个抢劫罪（系同罪名的数罪），司法实务宣判为一罪。D选项说法正确。

2014/2/87. 关于事实二的判断，下列选项正确的是？[1]

A. 非法占有目的包括排除意思与利用意思

B. 对抢劫罪中的非法占有目的应与盗窃罪中的非法占有目的作相同理解

C. 郑某等人在利用面包车后毁坏面包车的行为，不影响非法占有目的的认定

D. 郑某等人事后毁坏面包车的行为属于不可罚的事后行为

【解析】A、B选项，本题考查"非法占有目的"，说法正确。特别是，对于抢劫机动车用于犯罪工具的情况，《最高人民法院关于审理抢劫、抢夺刑事案件适用法律若干问题的意见》规定的"为抢劫其他财物，劫取机动车辆当作犯罪工具或者逃跑工具使用的，被劫取机动车辆的价值计入抢劫数额"，亦即，推定行为人对机动车辆具有非法占有目的。

C、D选项，（1）在触犯罪名方面，先后实施了抢劫、毁坏行为，实施两行为当时的主观目的分别是非法占有目的、毁坏目的；客观主观相统一分别触犯两罪：抢劫罪、故意毁坏财物罪。（2）在罪数层面，两行为针对同一对象（同一汽车）、侵害同一法益（财产权）、前行为评价为抢劫既遂时已包容了后行为的处分毁坏，故认为后行为故意毁坏财物属于不可罚的事后行为，最终认定为抢劫罪一罪。说法正确。

2014/2/88. 关于事实三的判断，下列选项正确的是？[2]

A. 虽然当时附近没有行人，郑某等人的行为仍触犯爆炸罪

B. 触犯爆炸罪与故意杀人罪的行为只有一个，属于想象竞合

C. 爆炸行为亦可成为抢劫罪的手段行为

D. 对事实三应适用"抢劫致人重伤、死亡"的规定

【解析】A选项，爆炸罪需危害公共安全，即不特定或者多数人的安全，虽然当时附近没有行人，但行为发生在公共场所，且本案中运钞车上有"多数人"，故仍危害公共安全，可触犯爆炸罪。

B选项，在触犯罪名上，触犯爆炸罪、故意杀人罪两罪。在罪数层面上，因刑法第115条明文规定爆炸罪的结果中包括"致人重伤、死亡或者使公私财产遭受重大损失的"的结果，本案死亡结果也是公共安全结果的组成部分；故而，应当认定本选项系结果加重犯（爆炸罪的实害犯亦即结果加重犯），以爆炸罪一罪（致人死亡）论处。不是想象竞合犯。

---

[1] ABCD [2] ACD（当年正确答案为ABCD）

C选项，抢劫罪的手段行为"暴力"指对人暴力，包括故意杀人，以爆炸的方式故意杀人等。

D选项，抢劫罪的手段可包括爆炸的方式故意杀人等，则本案中致人重伤、死亡结果，与抢劫行为有因果关系，应适用"抢劫致人重伤、死亡"的规定。最终，触犯爆炸罪的结果加重犯（致人重伤、死亡），与抢劫罪的结果加重犯（致人重伤、死亡），系想象竞合，应择一重处。

（二）甲在强制戒毒所戒毒时，无法抗拒毒瘾，设法逃出戒毒所。甲径直到毒贩陈某家，以赊账方式买了少量毒品过瘾。后甲逃往乡下，告知朋友乙详情，请乙收留。乙让甲住下（事实一）。甲对陈某的毒品动起了歪脑筋，探知陈某将毒品藏在厨房灶膛内。某夜，甲先用毒包子毒死陈某的2条看门狗（价值6000元），然后翻进陈某院墙，从厨房灶膛拿走陈某50克纯冰毒（事实二）。甲拿出40克冰毒，让乙将40克冰毒和80克其他物质混合，冒充120克纯冰毒卖出（事实三）。请回答第89～91题。

2014/2/89. 关于事实一，下列选项正确的是？[1]

A. 甲是依法被关押的人员，其逃出戒毒所的行为构成脱逃罪

B. 甲购买少量毒品是为了自吸，购买毒品的行为不构成犯罪

C. 陈某出卖毒品给甲，虽未收款，仍属于贩卖毒品既遂

D. 乙收留甲的行为构成窝藏罪

【解析】A选项，考查脱逃罪的主体，根据刑法第316条第1款，脱逃罪的主体是依法被关押的罪犯、被告人、犯罪嫌疑人，本案中甲是被行政强制羁押人员，不是犯罪人员，不符合脱逃罪主体身份，不构成此罪。

B选项，根据《全国法院毒品犯罪审判工作座谈会纪要》第二部分第1条第2款，吸毒者在购买、存储毒品过程中被查获，没有证据证明其是为了实施贩卖毒品等其他犯罪，毒品数量达到最低数量标准的，以非法持有毒品罪定罪处罚。吸毒者在运输毒品过程中被查获，没有证据证明其是为了实施贩卖毒品等其他犯罪，毒品数量达到较大以上的，以运输毒品罪定罪处罚。另参见《全国部分法院审理毒品犯罪案件工作座谈会纪要》第1条第3款。甲购买少量毒品是为了自吸，不能构成犯罪。

C选项，考查贩卖毒品罪中"贩卖"的含义，即出卖的意思，无需实际收钱，以赊账方式出卖也是"贩卖"；毒品卖出、贩卖行为完成即为既遂，不要求实际收到钱。

D选项，考查窝藏罪的对象，根据刑法第310条，窝藏罪的对象是犯罪的人，事实一中甲是违法人员不是犯罪人员，乙收留甲的行为不构成窝藏罪。

2014/2/90. 关于事实二的判断，下列选项正确的是？[2]

A. 甲翻墙入院从厨房取走毒品的行为，属于入户盗窃

B. 甲进入陈某厨房的行为触犯非法侵入住宅罪

C. 甲毒死陈某看门狗的行为是盗窃预备与故意毁坏财物罪的想象竞合

D. 对甲盗窃50克冰毒的行为，应以盗窃罪论处，根据盗窃情节轻重量刑

【解析】A选项，考查入户盗窃中"户"的含义，指家庭住宅，院墙和厨房都是家庭住宅的组成部分，进入属于进入家庭住宅，构成"入户"。

B选项，单独评价入户行为，可认定为触犯非法侵入住宅罪；与盗窃罪是吸收犯关系，认定为盗窃罪一罪（入户盗窃）。

---

[1] BC [2] ABCD

C 选项，毒死狗的行为触犯故意毁坏财物罪，同时是为入户盗窃作准备，又触犯盗窃罪预备；一行为同时触犯数罪，是想象竞合。

D 选项，违禁品有价值也是财物，盗窃毒品等违禁品的行为是盗窃财物行为，构成盗窃罪。根据《最高人民法院、最高人民检察院关于办理盗窃刑事案件适用法律若干问题的解释》第 1 条第 4 款的规定，"盗窃毒品等违禁品，应当按照盗窃罪处理的，根据情节轻重量刑"。

2014/2/91. 关于事实三的判断，下列选项正确的是?[1]

A. 甲让乙卖出冰毒应定性为甲事后处理所盗赃物，对此不应追究甲的刑事责任

B. 乙将 40 克冰毒掺杂、冒充 120 克纯冰毒卖出的行为，符合诈骗罪的构成要件

C. 甲、乙既成立诈骗罪的共犯，又成立贩卖毒品罪的共犯

D. 乙在冰毒中掺杂使假，不构成制造毒品罪

【解析】A 选项，甲的前行为触犯盗窃罪，后行为触犯贩卖毒品罪的教唆犯；因前行为侵害的是财产法益，后行为侵害的是社会秩序，前后两行为侵害的不是同一法益，不认为是事后不可罚，应当数罪并罚。根据《最高人民法院全国部分法院审理毒品犯罪案件工作座谈会纪要》第 1 条第 6 款的规定"……盗窃、抢夺、抢劫毒品后又实施其他毒品犯罪的，对盗窃罪、抢夺罪、抢劫罪和所犯的具体毒品犯罪分别定罪，依法数罪并罚。"

B 选项，通过掺杂的方式增重，欺骗购买者使其误信数量，而基于认识错误交付多出的钱款，可构成诈骗罪。

C 选项，根据 A 选项、B 选项的结论，C 选项说法正确。

D 选项，根据《最高人民法院全国部分法院审理毒品犯罪案件工作座谈会纪要》第 4 条的规定"……为便于隐蔽运输、销售、使用、欺骗购买者，或者为了增重，对毒品掺杂使假，添加或者去除其他非毒品物质，不属于制造毒品的行为。"

五、2013 年不定项选择题

甲于某晚 9 时驾驶货车在县城主干道超车时，逆行进入对向车道，撞上乙驾驶的小轿车，乙被卡在车内无法动弹，乙车内黄某当场死亡、胡某受重伤。后查明，乙无驾驶资格，事发时略有超速，且未采取有效制动措施（事实一）。

甲驾车逃逸。急救人员 5 分钟后赶到现场，胡某因伤势过重被送医院后死亡（事实二）。

交警对乙车进行切割，试图将乙救出。此时，醉酒后的丙（血液中的酒精含量为 152mg/100ml）与丁各自驾驶摩托车"飙车"经过此路段（事实三）。

丙发现乙车时紧急刹车，摩托车侧翻，猛烈撞向乙车左前门一侧，丙受重伤。20 分钟后，交警将乙抬出车时，发现其已死亡。现无法查明乙被丙撞击前是否已死亡，也无法查明乙被丙撞击前所受创伤是否为致命伤（事实四）。

丁离开现场后，找到无业人员王某，要其假冒飙车者去公安机关投案（事实五）。

王某虽无替丁顶罪的意思，但仍要丁给其 5 万元酬劳，否则不答应丁的要求，丁只好付钱。王某第二天用该款购买 100 克海洛因藏在家中，用于自己吸食。5 天后，丁被司法机关抓获（事实六）。

2013/2/86. 关于事实一的分析，下列选项错误的是?[2]

A. 甲违章驾驶，致黄某死亡、胡某重伤，构成交通肇事罪

B. 甲构成以危险方法危害公共安全罪和交通肇事罪的想象竞合犯

C. 甲对乙车内人员的死伤，具有概括故意

D. 乙违反交通运输管理法规，致同车人黄某当场死亡、胡某重伤，构成交通肇事罪

【解析】本题考查交通肇事罪、因果关系判断、故意过失认定、想象竞合犯的理解。

A、C选项，(1) 在危害行为方面，甲有逆行违章行为（A1）；乙亦有两项违章行为：无驾驶资格（A2）、略有超速（A3）。(2) 在因果关系方面，无论乙有无驾驶资格（A2），事故都会发生，事故（R）与乙无驾驶资格的违章行为（A2）之间无条件关系。乙"略有超速"（A3）是轻微过错，不负主要责任，与结果之间没有因果关系，故乙不构成交通肇事罪。D选项错误。(3) 黄某死亡、胡某重伤的结果（R），与甲逆行的行为（A1）之间具有因果关系，甲构成交通肇事罪，A选项正确。

B、C选项，(1) 以危险方法危害公共安全罪是故意犯罪。本案中甲虽是有意实施违章行为，但对危害结果的造成是过失心态，应当认定为过失犯罪，C选项错误。甲不构成以危险方法危害公共安全罪，故不属想象竞合犯，B选项错误。(2) 交通肇事罪是过失以危险方法危害公共安全罪的特别法，两者是特别法与一般法的法条竞合关系，触犯两罪，应以特别法交通肇事罪一罪论处。

2013/2/87. 关于事实二的分析，下列选项正确的是？[1]

A. 胡某的死亡应归责于甲的肇事行为

B. 胡某的死亡应归责于甲的逃逸行为

C. 对甲应适用交通肇事"因逃逸致人死亡"的法定刑

D. 甲交通肇事后逃逸，如数日后向警方投案如实交待罪行的，成立自首

【解析】本题考查因果关系判断、"因逃逸致人死亡"的理解、自首。

A、B、C选项，(1)"因逃逸致人死亡"指因肇事者逃逸、被害人因得不到及时救治而死亡，须死亡结果与逃逸不救治行为之间具有因果关系。(2) 胡某因伤势过重"5分钟后"即死亡，说明即使甲当时及时救助，胡某仍会死亡，死亡结果（R）与逃逸行为（A2）无因果关系，不属"因逃逸致人死亡"。(3) 介入因素不中断因果关系链，只能将死亡结果（R）归因于之前的肇事行为（A1），属交通肇事行为致人死亡。故而A选项正确，B、C选项错误。

D选项，《最高人民法院关于处理自首和立功若干具体问题的意见》第1条第3款后段：交通肇事逃逸后自动投案，如实供述自己罪行的，应认定为自首，但应依法以较重法定刑为基准，视情况决定对其是否从宽处罚以及从宽处罚的幅度。D选项正确。

2013/2/88. 关于事实三的定性，下列选项正确的是？[2]

A. 丙、丁均触犯危险驾驶罪，属于共同犯罪

B. 丙构成以危险方法危害公共安全罪，丁构成危险驾驶罪

C. 丙、丁虽构成共同犯罪，但对丙结合事实四应按交通肇事罪定罪处罚，对丁应按危险驾驶罪定罪处罚

D. 丙、丁未能完成预定的飙车行为，但仍成立犯罪既遂

【解析】(1) 丙既醉酒开车，又追逐竞驶（"飙车"），构成危险驾驶罪；丁追逐竞驶（"飙车"），构成危险驾驶罪。二是共同犯罪。A选项正确。

(2) 危险驾驶罪与以危险方法危害公共安全罪之间，在造成具体危险的情况下，是特别法与一般法的法条竞合关系，应按特别法危险驾驶罪论处。在只造成抽象危险的情况下，危险驾驶行为不能构成以危险方法危害公共安全罪。故丙应按危险驾驶罪论处。B选项错误。

(3) 根据事实四，因无法查明死亡结果由丙、丁造成，故死亡结果与丙、丁的行为无因

---

[1] AD　[2] AD

果关系，不能认定二人构成交通肇事罪。C 选项错误。

（4）危险驾驶罪是抽象危险犯（四项行为除违规运输化学品是具体危险犯，其他三项均为抽象危险犯），只要实施行为即认为具有抽象危险，即构成既遂，无须飙车行为实施完毕。故 D 选项正确。

2013/2/89. 关于事实四乙死亡的因果关系的判断，下列选项错误的是?[1]

A. 甲的行为与乙死亡之间，存在因果关系

B. 丙的行为与乙死亡之间，存在因果关系

C. 处置现场的警察的行为与乙死亡之间，存在因果关系

D. 乙自身的过失行为与本人死亡之间，存在因果关系

【解析】本题考查因果关系判断，主要涉及条件关系的认定、同时犯因果关系。涉嫌与乙死亡结果具有条件关系的因素有四个：甲逆行，乙无驾驶资格、略有超速，丙的撞击，警察处置现场。（1）首先，警察处置现场的行为无任何过错，无条件关系，更无因果关系；乙无驾驶资格、略有超速的违章行为，与事故的造成无条件关系，也无因果关系。（2）对于甲逆行（A）、丙撞击（B），可认为是"同时犯因果关系"模型，关键问题在于事实认定问题。（3）假设事实可能一：如果乙被丙撞击前已经死亡，则丙死亡与甲逆行（A）有因果关系，与丙撞击（B）无因果关系；（4）假设事实可能二：如果乙被丙撞击之后才死亡。①如丙的责任大（如丙直接轧死），则死亡结果与丙撞击（B）有因果关系；②如甲的责任大、丙的责任小（如一般司机都来不及刹车），则死亡结果与甲逆行（A）有因果关系；③如甲、丙责任一样大，或不能查明二人责任大小（推定同等责任），则死亡结果与甲逆行（A）、丙撞击（B）都有因果关系。（5）但是，因为无法查清乙被丙撞击之前已死亡，还是撞击之后才死亡。由于无法证明死亡结果具体是由甲、丙谁的行为导致，根据存疑有利于被告人的事实认定、证据推定规则，应当认为都无因果关系。（6）故而，涉案四个因素均与死亡结果之间无刑法上的因果关系，其中两个因素是本来就无条件关系，两个因素系因无法查明事实而无法证明有因果关系。

2013/2/90. 关于事实五的定性，下列选项错误的是?[2]

A. 丁指使王某作伪证，构成妨害作证罪的教唆犯

B. 丁构成包庇罪的教唆犯

C. 丁的教唆行为属于教唆未遂，应以未遂犯追究刑事责任

D. 对丁的妨害作证行为与包庇行为应从一重罪处罚

【解析】（一）王某

1. 如果王某真的为丙顶罪，其明知是犯罪的人而为其作假证明包庇，根据刑法第 310 条，可构成包庇罪。此种情况下，因王某自担罪责，不属"证人"，不能构成伪证罪。

2. 但本案案情是，王某客观上没有实施无顶罪的包庇行为，主观上也无顶罪的意思，没有包庇故意，不能构成包庇罪。

3. 王某谎称帮助顶罪而欺骗丁给其 5 万元酬劳，根据刑法第 266 条，构成诈骗罪。

（二）对于丁

1. 丁驾驶摩托车"飙车"，根据刑法第 133 条之一，构成危险驾驶罪。

2. 丁教唆王某帮助顶罪，按照共犯从属说，因王某未实施包庇不法行为，故而丁不能构成包庇罪的教唆犯。注意：这里不构成包庇罪教唆犯的原因，并不是因本犯不具期待可能性。

3. 关于妨害作证罪，因其是伪证罪教唆行为正犯化的情况，本身是正犯，故而无需具备

共犯从属性。该罪的实行行为是威胁、引诱证人违背事实改变证言或者作伪证。在本案中，由于王某不属"证人"，对象人不符合，故丁不能构成妨害作证罪。注意：这里不构成妨害作证罪的原因，也不是因本犯不具期待可能性。故 ABCD 说法均错误。

2013/2/91. 关于事实六的定性，下列选项错误的是？[1]

A. 王某乘人之危索要财物，构成敲诈勒索罪

B. 丁基于不法原因给付 5 万元，故王某不构成诈骗罪

C. 王某购买毒品的数量大，为对方贩卖毒品起到了帮助作用，构成贩卖毒品罪的共犯

D. 王某将毒品藏在家中的行为，不构成窝藏毒品罪

【解析】A 选项，王某没有以加害丁为内容对丁进行威胁、要挟，没有实施敲诈行为，不能构成敲诈勒索罪。

B 选项，诈骗罪的成立只需骗取他人认识错误而交付，并未限定基于合法原因给付才构成诈骗；隐瞒真相骗取他人认识错误基于不法原因而给付，也构成诈骗。

C 选项，根据片面对合犯的原理，刑法只规定贩卖毒品的行为构成犯罪，未规定购买数量较少毒品的购买行为本身构成犯罪（当然购买数量较大可构成非法持用毒品罪）；购买者既不构成独立的罪名，也不构成贩卖毒品罪的共犯。

D 选项，根据《最高人民法院全国部分法院审理毒品犯罪案件工作座谈会纪要》第 1 条的规定，以自己吸食目的购买毒品，不构成贩卖毒品罪，数量大的可构成持有毒品罪。根据刑法第 349 条（窝藏、转移、隐瞒毒品、毒赃罪）的规定，窝藏毒品罪中的毒品，特指走私、贩卖、运输、制造毒品的犯罪分子的用于犯罪的毒品，不包括以自己吸食目而购买的毒品。

六、2012 年不定项选择题

甲在国外旅游，见有人兜售高仿真人民币，用 1 万元换取 10 万元假币，将假币夹在书中寄回国内（事实一）。

赵氏调味品公司欲设加盟店，销售具有注册商标的赵氏调味品，派员工赵某物色合作者。甲知道自己不符合加盟条件，仍找到赵某送其 3 万元真币和 10 万元假币，请其帮忙加盟事宜。赵某与甲签订开设加盟店的合作协议（事实二）。

甲加盟后，明知伪劣的"一滴香"调味品含有害非法添加剂，但因该产品畅销，便在"一滴香"上贴上赵氏调味品的注册商标私自出卖，前后共卖出 5 万多元"一滴香"（事实三）。

张某到加盟店欲批发 1 万元调味品，见甲态度不好表示不买了。甲对张某拳打脚踢，并说"涨价 2000 元，不付款休想走"。张某无奈付款 1.2 万元买下调味品（事实四）。

甲以银行定期存款 4 倍的高息放贷，很快赚了钱。随后，四处散发宣传单，声称为加盟店筹资，承诺 3 个月后还款并支付银行定期存款 2 倍的利息。甲从社会上筹得资金 1000 万，高利贷出，赚取息差（事实五）。

甲资金链断裂无法归还借款，但仍继续扩大宣传，又吸纳社会资金 2000 万，以后期借款归还前期借款。后因亏空巨大，甲将余款 500 万元交给其子，跳楼自杀（事实六）。请回答第 86～91 题。

2012/2/86. 关于事实一的分析，下列选项正确的是？[2]

A. 用 1 万元真币换取 10 万元假币，构成购买假币罪

B. 扣除甲的成本 1 万元，甲购买假币的数额为 9 万元

---

[1] ABC [2] AD

C. 在境外购买人民币假币，危害我国货币管理制度，应适用保护管辖原则审理本案

D. 将假币寄回国内，属于走私假币，构成走私假币罪

【解析】A、D 选项，当然正确。B 选项，计算购买假币的数额，不扣除犯罪，而只是按照假币面价和张数计算，故该选项错误。C 选项，单就购买假币这一行为而言，行为发生在境外，但行为人是中国公民，应当适用属人管辖，而不是保护管辖。

2012/2/87. 关于事实二的定性，下列选项正确的是？[1]

A. 甲将 3 万元真币送给赵某，构成行贿罪

B. 甲将 10 万假币冒充真币送给赵某，不构成诈骗罪

C. 赵某收受甲的财物，构成非国家工作人员受贿罪

D. 赵某被甲欺骗而订立合同，构成签订合同失职被骗罪

【解析】（1）赵某是非国家工作人员，构成非国家工作人员受贿罪，甲为谋取不正当利益而贿赂，构成对非国家工作人员行贿罪。选项 C 正确，选项 A 错误。（2）甲将 10 万假币冒充真币送给赵某，虽欺骗赵某，但并未使赵某受到损失，未获取到财物，不构成诈骗罪。选项 B 正确。（3）假币也是财物，甲即使全送假币，也构成对非国家工作人员行贿罪，另触犯使用假币罪，是两罪的想象竞合。（4）签订合同失职被骗罪的主体是国有公司、企业、事业单位直接负责的主管人员，赵某不符合。

2012/2/88. 关于事实三的定性，下列选项正确的是？[2]

A. 在"一滴香"上擅自贴上赵氏调味品注册商标，构成假冒注册商标罪

B. 因"一滴香"含有害人体的添加剂，甲构成销售有毒、有害食品罪

C. 卖出 5 万多元"一滴香"，甲触犯销售伪劣产品罪

D. 对假冒注册商标行为与出售"一滴香"行为，应数罪并罚

【解析】（1）"一滴香"含有有害非法添加剂，是有毒、有害食品，明知而销售，触犯销售有毒、有害食品罪，选项 B 正确。（2）销售金额超过 5 万，触犯销售伪劣产品罪。选项 C 正确。（3）贴上赵氏调味品的注册商标，触犯假冒注册商标罪。选项 A 正确。（4）在罪数上，销售有毒、有害食品罪与销售伪劣产品罪是法条竞合关系，按刑法 149 条，应当择一重处。（5）前述得出的罪名，与假冒注册商标罪之间，依照《最高人民法院、最高人民检察院关于办理生产、销售伪劣商品刑事案件具体应用法律若干问题的解释》第 10 条的规定，系想象竞合犯，应当择一重罪处断。

2012/2/89. 关于事实四甲的定性，下列选项正确的是？[3]

A. 应以抢劫罪论处
B. 应以寻衅滋事罪论处

C. 应以敲诈勒索罪论处
D. 应以强迫交易罪论处

【解析】暴力强迫他人购买商品，虽强行要求以高价购买，但价格（1.2 万元）与货值（1 万元）并不悬殊，不构成抢劫罪，而以强迫交易罪论处。

2012/2/90. 关于事实五的定性，下列选项正确的是？[4]

A. 以同期银行定期存款 4 倍的高息放贷，构成非法经营罪

B. 甲虽然虚构事实吸纳巨额资金，但不构成诈骗罪

C. 甲非法吸纳资金，构成非法吸收公众存款罪

D. 对甲应以非法经营罪和非法吸收公众存款罪进行数罪并罚

【解析】（1）根据 2019 年两高两部《关于办理非法放贷刑事案件若干问题的意见》，未经

---

[1] BC [2] ABC [3] D [4] BC

批准、营利目的、经常性、向社会不特定对象非法放高利贷（年利息36%），达到数额标准，可构成非法经营罪。当前银行定期存款4倍的高息，未达年利息36%的数额标准，不构成非法经营罪。选项A、D错误。（2）因不具非法占有目的，不构成诈骗罪。选项B正确。（3）宣传筹资，承诺还本付息的行为，符合非法集资行为的四个特征，不具非法占有目的，构成非法吸收公众存款罪。选项C正确。

2012/2/91. 关于事实六的定性，下列选项正确的是？[1]

A. 甲以非法占有为目的，非法吸纳资金，构成集资诈骗罪

B. 甲集资诈骗的数额为2000万元

C. 根据刑法规定，集资诈骗数额特别巨大的，可判处死刑

D. 甲已死亡，导致刑罚消灭，法院对余款500万元不能进行追缴

【解析】 （1）明知不能归还，仍然以后期借款归还前期借款，符合《最高人民法院关于审理非法集资刑事案件具体应用法律若干问题的解释》第4条"非法占有目的"的第1项情形。对后吸收的资金2000万具有非法占有目的，对此款项构成集资诈骗罪。选项AB正确。（2）《刑法修正案（九）》已废除集资诈骗罪的死刑，选项C在考试当年说法正确，在现在说法错误，不当选。（3）甲死亡，导致对其不能追究刑事责任。但对赃款的追缴、退还被害人，不属刑罚内容，仍须进行。

七、2011年不定项选择题

（一）甲将一只壶的壶底落款"民国叁年"磨去，放在自己的古玩店里出卖。某日，钱某看到这只壶，误以为是明代文物。甲见钱某询问，谎称此壶确为明代古董，钱某信以为真，按明代文物交款买走。又一日，顾客李某看上一幅标价很高的赝品，以为名家亲笔，但又心存怀疑。甲遂拿出虚假证据，证明该画为名家亲笔。李某以高价买走赝品。请回答第86~87题。

2011/2/86. 关于甲对钱某是否成立诈骗罪，下列选项错误的是？[2]

A. 甲的行为完全符合诈骗罪的犯罪构成，成立诈骗罪

B. 钱某自己有过错，甲不成立诈骗罪

C. 钱某已误以为是明代古董，甲没有诈骗钱某

D. 古玩投资有风险，古玩买卖无诈骗，甲不成立诈骗罪

【解析】 本题考查"诈骗行为"的含义。本行为属于积极制造虚假事实，骗取他人信任的典型诈骗行为（虚构事实）。诈骗罪是被害人有过错的犯罪，被害人的过错不影响行为人诈骗罪的成立。因开办的是古玩店，在法律上负有特定义务，除非特别声明免责，对于标明的内容负有真实陈述的义务。况且，本案中行为人还是故意造假的行为，不能以"古玩投资有风险"而免责。

2011/2/87. 关于甲对李某是否成立诈骗罪，下列选项正确的是？[3]

A. 甲的行为完全符合诈骗罪的犯罪构成，成立诈骗罪

B. 标价高不是诈骗行为，虚假证据证明该画为名家亲笔则是诈骗行为

C. 李某已有认识错误，甲强化其认识错误的行为不是诈骗行为

D. 甲拿出虚假证据的行为与结果之间没有因果关系，甲仅成立诈骗未遂

【解析】 本题考查"诈骗行为"的含义。在他人存在认识错误不能确实真相时，用虚假事实坚定、强化他人的认识错误，也属诈骗行为（隐瞒真相）。

（二）甲花4万元收买被拐卖妇女周某做智障儿子的妻子，周某不从，伺机逃走。甲为避

---

[1] AB（当年正确答案为ABC） [2] BCD [3] AB

免人财两空，以 3 万元将周某出卖（事实一）。

乙收买周某，欲与周某成为夫妻，周某不从，乙多次暴力强行与周某发生性关系（事实二）。

不久，周某谎称怀孕要去医院检查，乙信以为真，周某乘机逃走向公安机关报案。警察丙带人先后抓获了甲、乙。讯问中，乙仅承认收买周某，拒不承认强行与周某发生性关系。丙恼羞成怒，当场将乙的一只胳膊打成重伤。乙大声呻吟，丙以为其佯装受伤不予理睬（事实三）。

深夜，丙上厕所，让门卫丁（临时工）帮忙看管乙。乙发现丁是老乡，请求丁放人。丁说："行，但你以后如被抓住，一定要说是自己逃走的。"乙答应后逃走，丁未阻拦（事实四）。

请回答第 88～91 题。

2011/2/88. 关于事实一的定性，下列选项正确的是？[1]

A. 甲行为应以收买被拐卖的妇女罪与拐卖妇女罪实行并罚

B. 甲虽然实施了收买与拐卖二个行为，但由于二个行为具有牵连关系，对甲仅以拐卖妇女罪论处

C. 甲虽然实施了收买与拐卖二个行为，但根据刑法的特别规定，对甲仅以拐卖妇女罪论处

D. 由于收买与拐卖行为侵犯的客体相同，而且拐卖妇女罪的法定刑较重，对甲行为仅以拐卖妇女罪论处，也能做到罪刑相适应

【解析】按刑法第 241 条第 5 款的规定，收买后又出卖，以拐卖妇女罪一罪论处。A、B 选项错误，C、D 选项正确。

2011/2/89. 关于事实二的定性，下列选项错误的是？[2]

A. 乙行为成立收买被拐卖的妇女罪与强奸罪，应当实行并罚

B. 乙行为仅成立收买被拐卖的妇女罪，因乙将周某当作妻子，故周某不能成为乙的强奸对象

C. 乙行为仅成立收买被拐卖的妇女罪，因乙将周某当作妻子，故缺乏强奸罪的故意

D. 乙行为仅成立强奸罪，因乙收买周某就是为了使周某成为妻子，故收买行为是强奸罪的预备行为

【解析】按刑法第 241 条第 4 款的规定，收买后又强奸的，数罪并罚。

2011/2/90. 关于事实三的定性，下列选项正确的是？[3]

A. 丙行为是刑讯逼供的结果加重犯

B. 对丙行为应以故意伤害罪从重处罚

C. 对丙行为应以刑讯逼供罪与过失致人重伤罪实行并罚

D. 对丙行为应以刑讯逼供罪和故意伤害罪实行并罚

【解析】丙在讯问中恼羞成怒，将嫌犯打成重伤；如其打人具有逼供的目的，则系刑讯逼供罪转化为故意伤害罪，按刑法第 234 条规定从重处罚。

2011/2/91. 关于事实四，下列选项错误的是？[4]

A. 乙构成脱逃罪，丁不构成犯罪

B. 乙构成脱逃罪，丁构成私放在押人员罪

C. 乙离开讯问室征得了丁的同意，不构成脱逃罪，丁构成私放在押人员罪

D. 乙与丁均不构成犯罪

---

〔1〕 CD 〔2〕 BCD 〔3〕 B 〔4〕 ABCD

【解析】 (1) 犯罪嫌疑人乙构成脱逃罪，此判断比较简单。(2) 丁构成何罪，问题稍微有些复杂。①如丁是负有看管职责的司法工作人员，则其故意私放可构成私放在押人员罪。②但丁是派出所的门卫，本身身份不是司法工作人员。但是，丁受警察丙所托帮忙临时看管犯罪嫌疑人，可否认为其是被监管机关聘用、委托、委派承担监管职责的人员（司法工作人员）呢？回答是否定的，因为这类人员的聘用、委托、委派单位是监管机关，而不是个人。本案中丁是派出所的门卫，其虽受监管机关聘用，但聘用其从事的事实不是承担监管职责，而是看门守院；丁受警察丙所托帮忙临时看管犯罪嫌疑人，是受个人委托临时帮忙，而不是受派出所委托从事监管。③故而，丁不属被监管机关聘用、委托、委派承担监管职责的人员（司法工作人员），故意放走犯罪嫌疑人不构成私放在押人员罪。④其应构成乙脱逃罪的共犯。因此，乙、丁均构成脱逃罪。

八、2010 年不定项选择题

甲、乙预谋修车后以假币骗付。某日，甲、乙在某汽修厂修车后应付款 4850 元，按照预谋甲将 4900 元假币递给乙清点后交给修理厂职工丙，乙说："修得不错，零钱不用找了"，甲、乙随即上车。丙发现货币有假大叫"别走"，甲迅即启动驶向厂门，丙扑向甲车前风档，抓住雨刮器。乙对甲说："太危险，快停车"，甲仍然加速，致丙摔成重伤。请回答 91～94 题。

2010/2/91. 甲、乙用假币支付修车费被识破后开车逃跑的行为应定的罪名是？[1]

A. 持有、使用假币罪   B. 诈骗罪

C. 抢夺罪   D. 抢劫罪

【解析】 本题考查假币犯罪。(1) 甲、乙用假币支付修车费，是将假币置于流通领域，用假币代替真币使用，构成使用假币罪，其之前还有持有状态。根据《全国法院审理金融犯罪案件工作座谈会纪要》（2001 年 1 月 21 日施行）第二部分第（二）节第 2 条第（1）项规定，"对同一宗假币实施了法律规定为选择性罪名的行为，应根据行为人所实施的数个行为，按相关罪名刑法规定的排列顺序并列确定罪名，数额不累计计算，不实行数罪并罚。故认定为持有、使用假币罪。(2) 使用假币罪中包含了诈骗的内容，两者可认为是整体法与部分法的法条竞合关系，应按整体法即使用假币罪认定。(3) 由于前行为不是诈骗罪的特别法，故无法援引转化型抢劫罪的法条规定认定二人构成抢劫罪。

2010/2/92. 对于丙的重伤，甲的罪过形式是？[2]

A. 故意   B. 有目的的故意

C. 过失   D. 无认识的过失

【解析】 本题考查罪过形式的认定，主要是间接故意与过于自信的过失的区别。甲明知高速驾驶汽车，造成乙重伤的可能性极大，仍然加速行驶，而没有停车或减速避免结果，说明其不反对结果发生，应认定其放任结果产生，为间接故意。

2010/2/93. 关于致丙重伤的行为，下列选项错误的是？[3]

A. 乙明确叫甲停车，可以成立犯罪中止

B. 甲、乙构成故意伤害的共同犯罪

C. 甲的行为超出了共同犯罪故意，对于丙的重伤后果，乙不应当负责

D. 乙没有实施共同伤害行为，不构成犯罪

【解析】本题考查共同犯罪。(1) 乙让甲停车，说明其根本反对丙重伤的结果，故其主观心态不能认定为故意。甲、乙不存在伤害的共同故意，不能构成共同犯罪，故选项 B 错误。

---

[1] A [2] A [3] AB

（2）乙不能构成故意伤害罪，也就不存在犯罪中止的问题，故选项 A 错误。（3）乙只有使用假币的故意，也只与甲共同实施了使用假币的行为；对于重伤，乙既无故意，也无伤害行为，系甲单独的行为，乙不能成立故意伤害罪。故选项 C、选项 D 正确。

2010/2/94. 对甲的定罪，下列选项错误的是？[1]

    A. 抢夺罪、故意伤害罪

    B. 诈骗罪、以危险方法危害公共安全罪

    C. 持有、使用假币罪，交通肇事罪

    D. 抢劫罪、故意伤害罪

【解析】本题考查罪数。综合 91、92 题，甲构成持有、使用假币罪和故意伤害罪，应当两罪并罚。故四个选项均错误。甲对丙的重伤系故意，不构成交通肇事罪；针对的是特定个人，不构成以危险方法危害公共安全罪。

九、2009 年不定项选择题

甲为某国有企业出纳，为竞争公司财务部主任职位欲向公司副总经理乙行贿。甲通过涂改账目等手段从公司提走 20 万元，委托总经理办公室秘书丙将 15 万元交给乙，并要丙在转交该款时一定为自己提升一事向乙“美言几句”。乙收下该款。八天后，乙将收受钱款一事报告了公司总经理，并将 15 万元交到公司纪检部门。

一个月后，甲得知公司委任其他人担任财务部主任，恼羞成怒找到乙说：“还我 15 万，我去把公司钱款补上。你还必须付我 10 万元精神损害赔偿，否则我就将你告到检察院。”乙反复向甲说明钱已上交不能退还，但甲并不相信。数日后，甲携带一桶汽油闯入乙办公室纵火，导致室内空调等财物被烧毁。请回答 91～94 题。

2009/2/91. 关于甲从公司提出公款 20 万元并将其中一部分行贿给乙的行为，下列选项错误的是？[2]

    A. 甲构成贪污罪，数额是 20 万元；行贿罪与贪污罪之间是牵连关系，不再单独定罪

    B. 甲构成贪污罪、行贿罪，数罪并罚，贪污数额是 5 万元，行贿 15 万元

    C. 甲构成贪污罪、行贿罪，数罪并罚，贪污数额是 20 万元，行贿 15 万元

    D. 甲对乙说过要“去把公司钱款补上”，应当构成挪用公款罪，数额是 20 万元，再与行贿罪并罚

【解析】国家工作人员利用职务便利将公款据为己有，构成贪污罪，数额为 20 万。为谋取不正当利益而给与国家工作人员贿赂，是行贿罪，行贿数额为 15 万。两罪应当数罪并罚。C 选项正确，不当选。D 选项，甲对乙说过要“去把公司钱款补上”，但是在行贿之后所言，行贿即表明是处分财产，已具有非法占有目的，不属挪用。

2009/2/92. 关于乙的行为，下列选项错误的是？[3]

    A. 乙构成受贿罪既遂

    B. 乙构成受贿罪中止

    C. 乙犯罪以后上交赃物的行为，属于酌定从轻处罚情节

    D. 乙不构成犯罪

【解析】《最高人民法院、最高人民检察院关于办理受贿刑事案件适用法律若干问题的意见》第 9 条第 1 款规定：国家工作人员收受请托人财物后及时退还或者上交的，不是受贿。此处的“及时退还”应当理解为行为人主观上没有受贿故意。本题根据“乙收下该款”、“八天

---

[1] ABCD   [2] ABD   [3] BCD（原答案为 ABC）

后"可推知，乙收钱时是有受贿故意的，故而不适用前款规定，应当认定为受贿罪既遂。

2009/2/93. 关于丙的行为，下列选项正确的是？[1]

A. 丙构成受贿罪共犯　　　　　B. 丙构成介绍贿赂罪

C. 丙构成行贿罪共犯　　　　　D. 丙没有实行行为，不构成犯罪

【解析】 受贿罪共犯、行贿罪共犯、介绍贿赂罪，三者的区分在于行为人与谁有共同犯意、共同行为。如果偏向于行贿方，帮行贿方打点、联系、提供帮助，则是行贿罪的共犯；如果偏向于受贿方，帮受贿方收受、管理，则是受贿罪的共犯；只有居间牵线搭桥、联络双方信息，不偏向任何一方者，才是介绍贿赂罪。本案丙明知甲为谋取不正当利益向领导行贿，为其转交行贿款，构成甲行贿罪的共犯。

2009/2/94. 关于甲得知财务部主任由他人担任后实施的行为，下列选项错误的是？[2]

A. 甲的行为只构成放火罪

B. 甲索要10万元"精神损害赔偿"的行为不构成敲诈勒索罪

C. 甲的行为是敲诈勒索罪与放火罪的想象竞合犯

D. 甲的行为是敲诈勒索罪与放火罪的吸收犯

【解析】 （1）由于行贿已完成，贿赂款项应认定为收受方事实占有。以揭发罪行要挟要求贿赂款项，并额外要求没有根据的10万元精神损害赔偿，应认定具有非法占有目的，构成敲诈勒索罪。（2）纵火行为触犯放火罪。（3）罪数上，放火罪与敲诈勒索罪之间，是两行为触犯两罪，应当数罪并罚。不是一行为触犯两罪，不属想象竞合犯；也不是吸收犯的模型。四个选项均不正确。

十、2008年不定项选择题

甲手持匕首寻找抢劫目标时，突遇精神病人丙持刀袭击。丙追赶甲至一死胡同，甲迫无奈，与丙博斗，将其打成重伤。此后，甲继续寻找目标，见到丁后便实施暴力，用匕首将其刺成重伤，使之丧失反抗能力，此时甲的朋友乙驾车正好经过此地，见状后下车和甲一起取走丁的财物（约2万元），然后逃跑，丁因伤势过重不治身亡。请回答93～94题。

2008/2/93. 关于甲将精神病人丙打成重伤的行为，下列选项正确的是？[3]

A. 甲的行为属于正当防卫，因为对精神病人的不法侵害也可以进行正当防卫

B. 甲的行为属于紧急避险，因为"不法"必须是主客观相统一的行为，而精神病人没有责任能力，其客观侵害行为不属于"不法"侵害，故只能进行紧急避险

C. 甲的行为属于自救行为，因为甲当时只能依靠自己的力量救济自己的法益

D. 甲的行为既不是正当防卫，也不是紧急避险，因为甲当时正在进行不法侵害，精神病人丙的行为客观上阻止了甲的不法行为，甲不得针对丙再进行正当防卫与紧急避险

【解析】 本题考查对正当防卫起因条件"不法侵害"的理解。由于未设定观点，故应按通说观点（客观不法论），"不法"指客观不法，不考虑主观责任要素。精神病人的自主攻击行为，客观上是伤害、杀人不法行为，只是因无责任能力，而不构成犯罪。按构成要件"客观不法－主观有责"的体系，仍属不法行为，因此可以对其进行正当防卫。

2008/2/94. 关于乙与甲一起取走丁的财物的行为，下列选项正确的是？[4]

A. 乙与甲成立抢劫罪的共同犯罪

B. 甲的行为构成抢劫罪，乙的行为属于抢夺罪，两者在抢夺罪这一重合犯罪之内成立共同犯罪，即成立抢夺罪的共同犯罪

---

[1] C　[2] ABCD　[3] A　[4] AC

C. 乙既不对丁的重伤承担刑事责任，也不对丁的死亡承担刑事责任

D. 乙不对丁的死亡承担刑事责任，但应对丁的重伤承担刑事责任

【解析】（一）先行为人甲

1. 实施了抢劫罪的暴力行为、取财行为，根据刑法第263条，成立抢劫罪的正犯。

2. 对于劫财结果，甲需负责。丁重伤、死亡的结果是由甲的暴力行为造成的，甲需负责。甲构成抢劫罪既遂，系抢劫致人死亡，属结果加重犯。

（二）后行为人乙

1. 在抢劫行为终了之前，后行为人乙加入，帮助甲实施劫财行为；具有共同故意。根据刑法第263、27条，构成抢劫罪的承继的共同犯罪。

2. 二人在后半截的范围内构成抢劫罪的共同犯罪。后行为人只对与其加入之后共同行为有因果关系的结果负责，不对前行为人之前实施的单独行为造成的结果负责。

3. 对于劫财结果，二人承担共同责任。乙构成抢劫罪既遂。

4. 而丁的重伤结果发生在乙加入之前，是由甲之前的暴力行为造成的，乙不承担刑事责任；丁的死亡是由重伤导致的，而重伤是由甲之前的暴力造成，与乙加入之后的行为没有因果关系，故乙对丁的死亡结果也不承担刑事责任。

十一、2008年四川地震灾区延期考试不定项选择题

甲受国有事业单位委派，担任某农村信用合作社主任。某日，乙找甲，说要贷款200万做生意，但无任何可抵押财产也无担保人，不符合信贷条件。乙表示若能贷出款来，就会给甲10万元作为辛苦费。于是甲嘱咐该合作社主管信贷的职员丙"一定办好此事"。丙无奈，明知不符合条件仍然放贷。乙当即给甲10万元，其余190万元贷后用于挥霍，经合作社多次催收，乙拒绝归还。请回答93~94题。

2008/2/93. 甲的行为触犯的罪名是？[1]

A. 受贿罪
B. 贷款诈骗罪
C. 玩忽职守罪
D. 违法发放贷款罪

【解析】（1）客观上，甲违反法律、行政法规规定，向为乙发放贷款，造成了重大损失，具备违法发放贷款的行为和结果。主观上，甲对于乙的欺骗行为、非法占有目的并不明知，不具有欺骗金融机构的故意、非法占有目的，不构成骗取贷款罪、贷款诈骗罪的共犯。构成违法发放贷款罪（刑法第186条第2款）的正犯。（2）甲受国有事业单位委派到非国有单位任职，是国家工作人员；收受乙10万，利用职务便利为乙谋取利益，构成受贿罪。（3）受贿后又犯他罪，应当数罪并罚。（4）甲不是国家机关工作人员，不构成玩忽职守罪。

2008/2/94. 对于乙、丙的行为，下列说法正确的是？[2]

A. 乙构成贷款诈骗罪
B. 乙构成行贿罪
C. 丙构成违法发放贷款罪
D. 丙构成玩忽职守罪

【解析】（1）对于乙：①在客观上，乙的真实目的是挥霍，却谎称做生意编造资金用途的贷款理由、隐瞒非法占有目的，欺骗金融机构信用合作社（本题与前题不同，本题中合作社主任被虚构的贷款理由欺骗）骗取贷款。主观上，用于挥霍，可推定具有非法占有目的，触犯贷款诈骗罪。②为了谋取不正当利益给与国家工作人员财物，触犯行贿罪。③行贿又犯他罪，应当数罪并罚。

（2）丙是信用社的工作人员，明知乙的贷款不符合条件，却违反法律、行政法规规定，

---

[1] AD　[2] ABC

向乙发放贷款，造成了重大损失，构成违法发放贷款罪。丙不是国家机关工作人员，不构成玩忽职守罪。丙对甲收钱事并不知情、也无共同行为，不构成受贿罪的共犯。

十二、2007年不定项选择题

甲系某国有公司经理。生意人乙见甲掌管巨额资金，就以小恩小惠拉拢甲。后乙以做生意需要资金为由，劝诱甲出借公款，并与甲共同策划了挪用的方式，还送给甲好处费5万元。甲未经公司董事会决定就将100万元资金借给乙。乙得到巨款以后，告知银行职员丙该款的真实来源，丙为乙提供资金账户，乙随时提款用于贩卖毒品。在甲的催促下，一年后，乙归还30万元，后来就拒绝和甲见面。甲见追回剩余70万元无望，就携带乙归还的30万元潜逃。甲半年内将30万元挥霍一空，走投无路后向司法机关投案，并交代了借公款给乙、接受乙贿赂和携款潜逃的事实，并提供线索协助司法机关将乙捉拿归案。乙归案后主动交待了行贿和司法机关尚未掌握的贩卖毒品的犯罪事实。请回答94～97题。

2007/2/94. 关于甲的犯罪行为，下列说法正确的是？[1]

A. 甲将公款挪用给乙使用的行为属于挪用公款进行营利活动

B. 甲不知道乙将公款用于犯罪活动，所以甲乙不构成挪用公款罪的共犯

C. 甲携带30万元公款潜逃的行为构成贪污罪

D. 对甲的行为应以挪用公款罪、受贿罪、贪污罪实行并罚

【解析】（1）甲实施了三个行为：①个人决定将公款100万借给乙进行营利活动（做生意），数额较大，构成挪用公款罪。依据《最高人民法院关于审理挪用公款案件具体应用法律若干问题的解释》第2条第3项，"挪用公款给他人使用，不知道使用人用公款进行营利活动或者用于非法活动，数额较大、超过三个月未还的，构成挪用公款罪；明知使用人用于营利活动或者非法活动的，应当认定为挪用人挪用公款进行营利活动或者非法活动。"可见，挪用公款罪中的"用途"实际上是行为人的主观目的，在挪用公款给他人使用的情况下，本人认识的用途与使用人实际用途不一致时，应以本人认识为根据。本案中，甲由于受到乙的欺骗而产生认识错误，主观上认为乙将公款用于"做生意"即进行合法营利活动，则应认定其行为属于挪用公款进行营利活动。②收受乙给予的好处费5万元，为其谋取利益，构成受贿罪。③携带公款30万元潜逃，根据《最高人民法院关于审理挪用公款案件具体应用法律若干问题的解释》第6条，构成贪污罪。

（2）根据《最高人民法院关于审理挪用公款案件具体应用法律若干问题的解释》第7条，以上三罪应数罪并罚。故ACD选项正确。

（3）甲、乙主观认识确有差异，但对于挪用公款的行为性质认识无误，仅仅只是对于挪用的用途目的认识不同。挪用公款罪故意的成立，只要认识到是"挪归个人使用"即可，无需认识到具体的用途。故而，二人对于挪用仍然具有共同故意；又有共同行为，可以成立挪用公款罪的共犯。甲不知道乙将公款用于犯罪活动，只是不成立乙另外犯罪的共犯而已。故B选项错误。

2007/2/95. 关于乙的犯罪行为，下列说法正确的是？[2]

A. 乙的行为属于挪用公款进行非法活动

B. 乙与甲不构成挪用公款罪的共犯

C. 乙归还30万元公款的行为导致甲犯贪污罪，故乙成立贪污罪的帮助犯

D. 对乙的行为应以挪用公款罪、行贿罪、贩卖毒品罪实行并罚

---

[1] ACD　[2] AD

【解析】（1）乙实施了三个行为：①指使、策划挪用公款，与甲一起构成挪用公款罪的共犯，其属于挪用公款进行非法活动。故 B 选项错误。②向甲行贿谋取不正当利益，构成行贿罪。③从事贩卖毒品活动，构成贩卖毒品罪。

（2）根据《最高人民法院关于审理挪用公款案件具体应用法律若干问题的解释》第 7 条第 2 款的规定，以上三罪应当数罪并罚。故 AD 选项正确。

（3）乙归还挪用的 30 万公款，但并未指使、策划、参与甲贪污，与甲的贪污行为没有共同犯意、共同行为，不构成共同犯罪。甲贪污是其自己决定的单独行为。故 C 选项错误。

2007/2/96. 关于甲投案以及乙归案后的行为，下列说法正确的是？[1]

A. 甲在走投无路的情况下被迫投案，不应认定为自首

B. 甲提供线索致使乙被抓获的行为属于立功

C. 乙对贩卖毒品罪成立自首

D. 乙对行贿罪不成立自首

【解析】（1）甲向司法机关投案，并交代了犯罪事实及同案犯，符合自首的条件，成立自首。对于投案动机没有限定，故 A 项错误。（2）提供线索帮助司法机关抓捕同案犯的，成立立功。故 B 项正确。（3）甲犯有挪用公款罪、受贿罪、贪污罪，对自己所犯之罪成立自首。（4）特殊自首的成立需交代司法机关尚未掌握的犯罪事实。乙犯有挪用公款罪、行贿罪、贩卖毒品罪，乙因挪用公款罪被抓获，交代了司法机关尚未掌握的贩卖毒品罪，对此一罪成立特殊自首。故 C 项正确。由于挪用公款罪是共犯，行贿罪是受贿罪的对合犯，对此共犯甲已供述，系属司法机关已经掌握的犯罪，对此二罪不能再成立自首，而是坦白。故 D 项正确。

2007/2/97. 银行职员丙的行为构成？[2]

A. 挪用公款罪的共犯　　　　　　　　B. 贩卖毒品罪的共犯

C. 洗钱罪　　　　　　　　　　　　　D. 赃物犯罪

【解析】（1）根据刑法第 191 条的规定，明知是贪污贿赂犯罪的犯罪所得及其产生的收益而为其提供资金账户的，构成洗钱罪。

（2）丙并未参与挪用公款，所以不构成挪用公款罪的共犯。

（3）丙只是知道款项的真实来源，并不明知款项的用途，也没有参与乙的贩卖毒品实行行为，也无帮助其实施实行行为的共犯故意，所以不构成贩卖毒品罪的共犯。

（4）洗钱罪与赃物犯罪（掩饰、隐瞒犯罪所得、犯罪收益罪等）之间存在特别法与一般法的法条竞合关系，但根据司法解释按重罪一罪论处，如果两罪一样重则应按特别法洗钱罪论处。在法条依据方面，《最高人民法院关于审理洗钱等刑事案件具体应用法律若干问题的解释》第 3 条规定，"明知是犯罪所得及其产生的收益而予以掩饰、隐瞒，构成刑法第三百一十二条（掩饰、隐瞒犯罪所得、犯罪所得收益罪）规定的犯罪，同时又构成刑法第一百九十一条（洗钱罪）或者第三百四十九条（窝藏、转移、隐瞒毒品、毒赃罪）规定的犯罪的，依照处罚较重的规定定罪处罚"。将掩饰、隐瞒犯罪所得罪与洗钱罪法条竞合的规则设定为择重处罚。因洗钱罪法定刑更重，故依此解释也定洗钱罪。当然，在法理上，掩饰、隐瞒犯罪所得罪与洗钱罪是一般法与特别法的法条竞合关系，如果没有刑法特别规定，原则上应当适用特别法即洗钱罪法条，不再单独适用掩饰、隐瞒犯罪所得罪法条；当然，刑法有特别规定处理规则的，应按刑法特别规定，前述解释可以认为是规定了从重处罚的特别规则。综上，丙只能构成洗钱罪一罪。

---

[1]　BCD　　[2]　C

甲、乙共谋教训其共同的仇人丙。由于乙对丙有夺妻之恨，暗藏杀丙之心，但未将此意告诉甲。某日，甲、乙二人共同去丙处。为确保万无一失，甲、乙以入户盗窃为由邀请不知情的丁在楼下望风。进入丙的房间后，甲、乙同时对丙拳打脚踢，致丙受伤死亡。（事实一）甲、乙二人旋即逃离现场。在逃离现场前甲在乙不知情的情况下从丙家的箱子里拿走人民币 5 万元。出门后，甲背着乙向丁谎称从丙家窃取现金 3 万元，分给丁 1 万元，然后一起潜逃。（事实二）潜逃期间，甲窃得一张信用卡，向乙谎称该卡是从街上捡的，让乙到银行柜台取出了信用卡中的 3 万元现金。（事实三）犯罪所得财物挥霍一空后，丁因生活无着，向公安机关投案，交待了自己和甲共同盗窃的事实，但隐瞒了事后知道的甲、乙致丙死亡的事实。（事实四）请回答 96～100 题。

2006/2/96. 就被害人丙的死亡而言，下列对甲、乙所应成立犯罪的何种判断是错误的？[1]

A. 甲、乙均成立故意杀人（既遂）罪，属于共同犯罪

B. 甲、乙均成立故意伤害（致人死亡）罪，属于共同犯罪

C. 甲成立故意伤害（致人死亡）罪，乙成立故意杀人（既遂）罪，不属于共同犯罪

D. 甲成立故意伤害（致人死亡）罪，乙成立故意杀人（既遂）罪，在故意伤害罪的范围内成立共同犯罪

【解析】（1）甲实施了伤害行为，乙实施了杀人行为，二人在故意伤害罪的范围内成立共同犯罪。

（2）丙死亡的结果与甲、乙二人的共同行为有因果关系，二人均均需对丙的死亡结果负责。

（3）甲具有伤害故意，对死亡结果系过失，构成故意伤害罪（致人死亡）。

（4）乙具有杀人故意，构成故意杀人罪（既遂）。

故选项 D 表述正确，不当选；选项 ABC 表述错误，当选。

2006/2/97. 就被害人丙死亡这一情节，下列对与丁有关行为的何种判断是错误的？[2]

A. 丁成立故意杀人罪的共犯

B. 丁成立故意伤害罪的共犯

C. 丁成立抢劫罪（致人死亡）的共犯

D. 丁对丙的死亡不承担刑事责任

【解析】（1）丁客观上实施了帮助甲伤害、乙杀人的帮助行为，以及对入户进行了帮助。

（2）主观上具有入户盗窃的帮助故意，客观主观相统一，不构成故意伤害罪、故意杀人罪的帮助，只构成非法侵入住宅罪的帮助犯。

（3）由于不与甲、乙构成故意伤害罪、故意杀人罪的共同犯罪，因此对二人致丙死亡的结果，不承担刑事责任。

所以选项 D 表述正确，不当选；A 选 BC 项表述错误，当选。

2006/2/98. 对于甲从丙家的箱子里拿走人民币 5 万元，丁望风并分得赃物这一情节，下列何种判断是正确的？[3]

A. 对甲应定抢劫罪、对丁应定盗窃罪

B. 对甲、丁的行为应定盗窃罪

---

[1] ABC [2] ABC [3] BC

C. 甲、丁都应对 5 万元承担刑事责任

D. 甲对 5 万元承担刑事责任，丁只对 3 万元承担刑事责任

【解析】（1）甲伤害丙后，临时起意拿钱，根据《最高人民法院关于审理抢劫、抢夺刑事案件适用法律若干问题的意见》第 8 条的规定，故意伤害致人死亡行为导致被害人死亡后，另起犯意拿走被害人财物的，构成盗窃罪。

（2）丁客观上实施了帮助甲盗窃的行为，主观上具有盗窃的帮助故意，构成甲盗窃罪的帮助犯。

（3）二人对客观上的共同盗窃的总数额承担刑事责任，而不是对分赃数额或知晓数额承担责任，均应认定为盗窃 5 万元。故选项 B、C 正确。

2006/2/99. 对于甲、乙盗窃和使用信用卡的行为，下列何种判断是错误的？[1]

A. 甲、乙构成盗窃罪的共同犯罪

B. 甲、乙构成信用卡诈骗罪的共同犯罪

C. 甲构成盗窃罪，乙构成信用卡诈骗罪

D. 甲构成盗窃罪，乙构成诈骗罪

【解析】（1）甲盗窃信用卡并使用，根据刑法第 196 条第 3 款的规定，盗窃信用卡并使用，应该按照盗窃罪定罪处罚。

（2）乙对甲之前盗窃行为并不知情，甲、乙并无盗窃信用卡的共同故意，故二人不对"盗窃信用卡"的行为成立共犯，乙不构成盗窃罪的承继共犯。乙在客观上仅实施了冒用他人信用卡的行为，其主观上认识到了自己的行为是冒用他人信用卡，是信用卡诈骗的故意，依刑法第 196 条第 3 项的规定，乙的行为构成信用卡诈骗罪。

（3）在共同犯罪方面，"盗窃信用卡并使用（冒用）"型的盗窃罪，包容了冒用信用卡（信用卡诈骗罪）的内容。甲、乙二人在信用卡诈骗罪的范围内成立共同犯罪。故 A、D 选项说法错误，B、C 选项说法正确。

2006/2/100. 对于丁的投案行为，下列何种判断是正确的？[2]

A. 丁虽然投案，但隐瞒了甲、乙致丙死亡的事实，因而不构成自首

B. 丁虽然隐瞒了甲、乙致丙死亡的事实，但交待了本人与甲共同犯罪的事实，因而构成自首

C. 丁构成自首且揭发甲与自己共同犯罪的行为成立立功

D. 丁构成坦白但揭发甲与自己共同犯罪的行为成立立功

【解析】根据《最高人民法院关于处理自首和立功具体应用法律若干问题的解释》第 1 条第 2 项第 3 款的规定，共同犯罪案件中的犯罪嫌疑人，除如实供述自己的罪行，还应当供述所知的同案犯才能成立自首。丁只构成盗窃罪，只需对盗窃事实及同案犯进行供述，即成立自首。不需要揭发与自己没有构成共犯的甲乙致丙死亡的事实；如果揭发，可构成立功。

十四、2003 年不定项选择题

（一）王某怀疑其妻与其表兄刘某有不正当关系，遂于某晚跟踪其妻至刘某住所。进屋后，王发现其妻披头散发，正在哭泣，刘某站在旁边，王大怒，遂殴打其妻，并与刘发生争吵。王知道刘某有百万家财，决定抓住这个机会狠狠敲诈他一笔，于是谎称到其父母家中解决问题，将刘某骗至其姘妇叶某的住所（当时叶不在家），并对刘某进行殴打、捆绑，反锁屋门将刘拘禁达一天之久。刘某在不堪忍受的情况下，承认与王妻有不正当关系，提出用金钱补

---

[1] AD（原答案为 ABD） [2] B

偿，并在王的胁迫下，先后三次给家人打电话，要家人将30万元放在某公园指定场所，刘的家人并未照办。不久，叶某返回住所，王某以实情相告，叶未加制止，并与王某一起致信刘妻，信称：刘某系卑鄙小人，现在我等控制之中，为示惩戒，速送30万元至某公园指定地点，钱到放人，不得报警；否则，后果自负。刘妻害怕，将钱放至指定地点，并通知王。王某叫叶某去公园取钱，叶某不敢去。于是，王某留下叶某看管刘某，自己去取赃款。在王外出取钱之时，刘某哀求叶某将自己放掉，并称王某心狠手辣，钱到手后，决不会放过叶某。叶某恐惧，将刘某放掉，并和刘某一起去派出所报警，带领公安人员去公园捉拿王某。人们赶到公园时，王某早已携款逃走。请回答以下81～84题。

2003/2/81. 王某的行为不属于？[1]

A. 敲诈勒索罪　　　B. 绑架罪　　　　C. 抢劫罪　　　　D. 非法拘禁罪

【解析】王某以勒索财物为目的，采取暴力的方式绑架刘某，并以刘某为人质，向刘的家人勒索钱财，根据刑法第239条，构成绑架罪。

2003/2/82. 叶某的行为属于？[2]

A. 犯罪预备　　　　B. 犯罪未遂　　　C. 犯罪中止　　　D. 犯罪既遂

【解析】（1）叶某得知王某的行为后，在绑架罪尚未完全结束之前，以共同故意加入到犯罪中来，其实施了帮助看守、控制被绑人的实行行为，以及勒赎行为，根据根据刑法第239条、第25条第1款，构成绑架罪的共同正犯，系承续的共同犯罪。（2）叶某加入之后共同犯罪中帮助看守、控制被绑人的行为，使刘某人身受到控制，与绑架罪的既遂结果之间存在因果关系。其行为也应认定为既遂。

2003/2/83. 叶某在共同犯罪中属于？[3]

A. 主犯　　　　　　B. 从犯　　　　　C. 胁从犯　　　　D. 实行犯

【解析】（1）叶某与王某构成绑架罪的共同犯罪，并实施了看守、控制被绑人的实行行为，为实行犯（共同正犯）。（2）叶某系次要的实行犯，为从犯。

2003/2/84. 假设王某在犯罪过程中杀害了刘某，其行为构成？[4]

A. 绑架罪　　　　　　　　　　　　　B. 故意杀人罪

C. 抢劫罪　　　　　　　　　　　　　D. 绑架罪和故意杀人罪

【解析】根据刑法第239条第2款，犯绑架罪，杀害被绑架人的，或者故意伤害绑架人，致人重伤、死亡的，处无期徒刑或者死刑，并处没收财产（注意：《刑法修正案（九）》修正）。故而，绑架中杀人的，以绑架罪一罪论处，不另定故意杀人罪。

（二）被告人江某与被害人郑某是同一家电脑公司的工作人员，二人同住一间集体宿舍。某日，郑某将自己的信用卡交江某保管，3天之后索回。一周后，郑某发现自己的信用卡丢失，到银行挂失时，得知卡上1.5万元已被人取走。郑某报案后，司法机关找到了江某。江承认是其所为，但对作案事实前后供述不一。第一次供述称，在郑某将信用卡交其保管时，利用以前与郑某一起取款时偷记下的郑某信用卡上的密码，私下在取款机上取款；第二次供述称，是仿制了一张信用卡后，用所获取的郑某信用卡上的有关信息取款；第三次供述却称，是拾得郑某的信用卡后，用该卡取款。但被害人郑某怀疑是江某盗窃其信用卡后取走卡上所存的钱款。请回答以下85～88题。

2003/2/85. 如果郑某将信用卡交江某保管时，江某私下用来取走了现金，下列说法正确的是？[5]

---

[1] ACD　[2] D　[3] BD　[4] A　[5] B

A. 江某构成侵占罪　　　　　　　　　　　B. 江某构成信用卡诈骗罪

C. 江某构成盗窃罪　　　　　　　　　　　D. 江某不构成犯罪

【解析】 属于刑法第196条第1款第（3）项规定的"冒用他人信用卡"的情形，以信用卡诈骗罪定罪。

2003/2/86. 如果江某用自己仿制的信用卡在自动取款机上提取了现金，下列说法正确的是？[1]

A. 江某构成伪造金融票证罪　　　　　　　B. 江某构成伪造信用卡罪

C. 江某构成信用卡诈骗罪　　　　　　　　D. 应该实行数罪并罚

【解析】 属于刑法第196条第1款第1项规定的"使用伪造的信用卡"的情形，以信用卡诈骗罪定罪。注意：根据《最高人民检察院关于拾得他人信用卡并在自动柜员机（ATM机）上使用的行为如何定性问题的批复》《最高人民法院、最高人民检察院关于办理妨害信用卡管理刑事案件具体应用法律若干问题的解释》第5条第2款第3项的规定，信用卡诈骗中的"使用""冒用"，不区分机器和柜台，包括在自动柜员机（ATM机）使用。

2003/2/87. 如果江某拾得信用卡后，用该信用卡在自动取款机上提取了现金，下列说法错误的是？[2]

A. 江某构成侵占罪　　　　　　　　　　　B. 江某构成信用卡诈骗罪

C. 江某构成侵占遗失物罪　　　　　　　　D. 江某不构成犯罪，其行为属不当得利

【解析】 （1）应将这里的"拾得"理解为在公共场所或其他地方拾得。根据前述解释，拾得他人信用卡并在自动柜员机（ATM机）上使用的行为，属于"冒用他人信用卡"的情形，以信用卡诈骗罪定罪。（2）如果将这里的"拾得"理解为在同一间集体宿舍"拾得"，则属窃取他人占有的物，应按盗窃信用卡的使用条款认定为盗窃罪。本题干中没有明示在宿舍里"拾得"，故应按前者理解按信用卡诈骗罪定罪。

2003/2/88. 如果江某盗窃信用卡后，用该信用卡在自动取款机上提取了现金，下列说法正确的是？[3]

A. 江某构成盗窃信用卡罪

B. 江某构成信用卡诈骗罪

C. 江某既构成盗窃罪又构成信用卡诈骗罪，应实行数罪并罚

D. 江某构成盗窃罪

【解析】 根据刑法第196条第3款的规定，盗窃信用卡并使用的，构成盗窃罪。在自动取款机上提取了现金的行为，如上文所述，也属于"使用"（通说观点）。江某的行为即是"盗窃信用卡并使用"。

十五、2002 年不定项选择题

（一）A 为某国家机关工作人员，依法配备有公务用枪。A 在有配偶（B 女，生活在外地）的情况下，长期与 C 女共同生活，并生有一子（周围群众均认为 A 与 C 为夫妻关系），为此借用了 D 的 3 万元现金。D 多次讨债，A 无力偿还，于是 A 将公务用枪（无子弹）用作借债质押物交给 D，约定 A 还款时，D 将枪支归还 A。3 个月后，A 仍然未能归还借款，D 便将枪支送给其外甥 E 玩耍。E 在一周后使用该枪支抢劫某银行储蓄所现金 20 余万元。请根据案情回答81~83 题。

---

[1] C　　[2] ACD　　[3] D

2002/2/81. 关于 A 与 C 女共同生活的行为，下列哪些说法是错误的?[1]

A. 法律不承认事实婚姻，所以，A 不成立重婚罪

B. 事实婚姻是无效的，所以，A 不成立重婚罪

C. A 与 C 女属于同居而非事实婚姻，所以，A 不成立重婚罪

D. 重婚罪侵犯的是配偶权，如果 B 女同意，则 A 不成立重婚罪

【解析】（1）在重婚罪中，需要区分被保护的合法"婚姻"，与作为犯罪行为"重婚行为"。重婚罪保护的法益是合法婚姻（登记婚姻），不保护事实婚姻（没有登记的非法婚姻）。重婚的情况包括：法律婚＋法律婚、法律婚＋事实婚两种情况。这也就是说，事实婚姻本身不受法律保护，故侵害事实婚姻的，不能构成重婚罪。但是，事实婚姻行为，可以成为侵害法律婚姻的危害行为，刑法并不要求犯罪行为必须形式上是合法行为。（2）本案 A 与 C 女以共同生活的目的长期同居，且周围群众也认为是夫妻，应认定为事实婚。（3）前有法律婚后有事实婚，A 的事实婚行为构成重婚罪。（4）重婚罪不是亲告罪，保护的法益是合法婚姻秩序，而不是配偶权。故四个选项均不正确。

2002/2/82. 关于 A 将枪支质押给 D 的行为，下列哪些说法是错误的?[2]

A. A 的行为既不属于非法出租，也不属于非法出借，根据罪刑法定原则，不成立非法出租、出借枪支罪

B. A 的行为本身没有造成严重后果，故不成立非法出租、出借枪支罪

C. 由于枪内无子弹，A 的行为不可能危害公共安全，故不成立非法出租、出借枪支罪

D. 对 A 的行为以滥用职权罪论处较为合适

【解析】（1）在字面上，"质押"确与"出租""出借"不同，但如果拘泥于字面的限制解释，刑法将很难适用于生活。因此，需要探讨"质押"能否被解释进"出租""出借"之中。出租的实质是转移物品的占有，以换取收益，出借的实质是无偿转让占有，二者均未转移所有权。将枪支用做借债的质押物，使枪支处于非依法持枪人的控制、使用之下，与出租、出借一样转移了占有，并且均未转移所有权；由于质押并未因此而获取收益，与出租不同，而与出借相同。因此，可以将"质押"解释进"出借"之中。行为人质押枪支的行为可视为是出借枪支的行为。法条依据是《最高人民检察院关于将公务用枪用作借债质押的行为如何适用法律问题的批复》（高检发释字〔1998〕4 号）。（2）本案行为人为依法配备有公务用枪的人员，根据刑法第 128 条第 2 款，依法配备有公务用枪的人员出借枪支，无需造成严重后果，也可构成犯罪，系行为犯。故四选项均不正确，均当选。

2002/2/83. 关于 D 的行为，下列哪些说法是错误的?[3]

A. D 的行为仅成立非法持有枪支罪

B. D 的行为成立非法持有枪支罪和抢劫罪

C. D 的行为虽然不成立抢劫罪，但应对 E 抢劫银行的犯罪行为承担一定的刑事责任

D. D 的行为不成立犯罪

【解析】（1）D 没有合法持有枪支的资格，故其持枪构成非法持有枪支罪。

（2）刑法将非法出租枪支罪的主体限定为"依法配备公务用枪的人员、依法配置公务用枪的人员"，即合法持枪人员。D 系非法持枪人员，而不是合法持枪人员。故而其出借枪支的行为，不能构成非法出借枪支罪。

（3）E 使用该枪支抢劫银行并未与 D 共谋，D 不成立抢劫罪的共犯，对 E 抢劫银行的行为

---

[1] ABCD 　[2] ABCD 　[3] BCD

也不承担刑事责任。

（二）甲找到在某国有公司任出纳员的朋友乙，提出向该公司借款 5 万元用于购买假币，并许诺出售假币获利后给乙好处费。乙便擅自从自己管理的公司款项中借给甲 5 万元。甲拿到 5 万元后，让丙从外地购得假币若干，然后在本地出售。出售一部分后，甲便送给乙 2 万元好处费。甲后来在出售假币的过程中被公安人员抓获。甲如实交代了让丙购买假币和自己出售假币的行为，还主动交代了自己使用面值 5000 元的假币购买家电产品的事实，但未能如实说明购买假币的 5 万元现金的来源。乙得知甲被抓后，担心受刑罚处罚，便携带 10 万元公款潜逃外地，后被司法机关抓获归案。请根据上述案情回答 84～88 题。

2002/2/84. 关于出售、购买假币罪的共犯关系，下列哪些说法是错误的？[1]

A. 甲、乙、丙三人成立出售、购买假币罪的共犯

B. 甲、乙二人成立出售、购买假币罪的共犯

C. 甲、丙二人成立出售、购买假币罪的共犯

D. 甲单独成立出售、购买假币罪，乙、丙不成立出售、购买假币罪

【解析】（1）甲、乙对于购买、出售假币具有共谋，并且，乙为甲的购买行为提供了资金，对实行行为进行了帮助，二人成立购买、出售假币共同犯罪。（2）甲让丙购买假币，自己出售假币，二人可成立购买假币罪的共同犯罪；但对于出售假币，丙并未参与，不能与甲成立共同犯罪。故而，只有 B 选项表述正确，ACD 选项表述错误，当选。

2002/2/85. 关于挪用公司 5 万元的行为，下列哪些说法是错误的？[2]

A. 甲唆使乙挪用公司 5 万元，故甲与乙就挪用行为成立共同犯罪

B. 甲没有指使、参与策划挪用公司 5 万元，故甲与乙就挪用行为不成立共同犯罪

C. 甲明知是挪用的款项而使用，故甲与乙就挪用行为成立共同犯罪

D. 乙明知甲欲从事营利活动，却仍然挪用 5 万元，故即使没有超过 3 个月也构成犯罪

【解析】（1）根据《最高人民法院关于审理挪用公款案件具体应用法律若干问题的解释》第 8 条之规定，挪用公款给他人使用，使用人与挪用人共谋，指使或者参与策划取得挪用公款的，应当以挪用公款罪的共犯定罪处罚。（2）本案中，甲只向乙提出借款用于购买假币，并未指使、参与、策划、教唆、共谋与其挪用公款，故而不能成立共同犯罪。选项 B 表述正确，选项 A 表述错误。（3）仅仅明知是挪用的公款而使用，由于没有参与挪用行为，没有共同行为，不能构成挪用公款罪的共同犯罪，故选项 C 表述错误。可以涉嫌掩饰、隐瞒犯罪所得罪等。（4）乙挪用公款的目的是借与他人进行非法活动，用途是非法活动，而不是营利活动，故选项 D 表述错误。因此，ACD 当选。

2002/2/86. 关于甲出售、购买假币与使用假币的行为，下列哪些说法是错误的？[3]

A. 使用假币罪应被出售、购买假币罪吸收

B. 使用假币罪与出售、购买假币罪为牵连关系，应从重处罚

C. 对使用假币罪与出售、购买假币罪应实行并罚

D. 甲就使用假币罪成立自首

【解析】（1）《最高人民法院关于审理伪造货币等案件具体应用法律若干问题的解释》第 2 条第 1 款规定："行为人购买假币后使用，构成犯罪的，依照刑法第一百七十一条的规定，以购买假币罪定罪，从重处罚。"可认为使用假币的行为被购买假币行为所"吸收"（精确地讲不属吸收犯），故 A 选项表述正确，BC 选项表述错误。（2）被采取强制措施的犯罪嫌疑人、

---

[1] ACD　[2] ACD　[3] BCD

被告人如实供述司法机关尚未掌握的本人其他的罪行，与司法机关掌握的罪行属于不同种罪行的，成立特别自首。甲因出售假币罪被抓，如实供述司法机关尚未掌握的购买、使用假币罪事实；但因最终只宣判为出售、购买假币罪一罪，宣判罪名中没有使用假币罪，故而，严格意义上不能说甲就使用假币罪成立自首，此种情况量刑时可以作为量刑情节考虑。故 D 选项表述错误。

2002/2/87. 关于乙携带 10 万元公款潜逃的行为，下列哪些说法是错误的？[1]

A. 对该行为应认定为贪污罪

B. 对该行为应认定为职务侵占罪

C. 该行为属于挪用公款罪中的挪用公款数额巨大不退还

D. 该行为属于挪用资金罪中的挪用本单位资金数额较大不退还

【解析】《最高人民法院关于审理挪用公款案件具体应用法律若干问题的解释》第 6 条规定："携带挪用的公款潜逃的，依照刑法第三百八十二条、第三百八十三条的规定定罪处罚。"

2002/2/88. 关于乙的全部犯罪行为，下列哪些说法是错误的？[2]

A. 对乙应以挪用公款罪、贪污罪、出售、购买假币罪论处，实行数罪并罚

B. 对乙应以挪用资金罪、职务侵占罪、出售、购买假币罪论处，实行数罪并罚

C. 对乙应在挪用公款罪与受贿罪中择一重罪从重处罚

D. 对乙应以贪污罪、受贿罪论处，实行数罪并罚

【解析】（1）根据《最高人民法院关于审理挪用公款案件具体应用法律若干问题的解释》第 7 条第 2 款之规定，挪用公款进行非法活动构成其他犯罪的，依照数罪并罚的规定处罚。

（2）乙构成挪用公款罪（单独犯），出售、购买假币罪（与甲构成共同犯罪），受贿罪，贪污罪。应当数罪并罚。选项 A 最接近正确答案，但少了受贿罪。

---

[1] BCD [2] ABCD